PAUL ZSOLNAY VERLAG

DEREK WILSON

Die Rothschild Dynastie

Eine Geschichte von Ruhm und Macht

Aus dem Englischen von Gunther Martin

PAUL ZSOLNAY VERLAG
WIEN – DARMSTADT

Titel der englischen Ausgabe: Rothschild. A Story of Wealth and Power.
First published by André Deutsch Ltd., London

Umschlag und Einband: Angela Hartenstein, Wien
Satz: Satz Repro Zentrum Ges. m. b. H., Korneuburg
Druck und Bindung: May & Co., Darmstadt
ISBN 3-552-04127-3

CIP-Titelaufnahme der Deutschen Bibliothek
Wilson, Derek:
Die Rothschild Dynastie : eine Geschichte von Ruhm und Macht / Derek Wilson. Aus d. Engl. von Gunther Martin. – Wien ; Darmstadt : Zsolnay, 1989
Einheitssacht.: Rothschild <dt.>
ISBN 3-552-04127-3

Die Rothschild Dynastie

Inhalt

Danksagung

Ohne die großzügige Hilfe mehrerer Mitglieder der Familie Rothschild hätte ich dieses Buch nicht schreiben können, und hier sei festgestellt, daß der vorliegende Band keine „offizielle" Geschichte der Rothschilds ist. Bereitwillig wurde mir Material zugänglich gemacht. Ich bemühte mich, dieses so gewissenhaft wie möglich zu verwenden, aber die Interpretation lag voll und ganz bei mir, ebenso wie die Verantwortung für etwaige Fehler, die sich in die Schilderung eingeschlichen haben mögen.

Mr. Lionel de Rothschild hat mich in seine Familie eingeführt und mir zudem ermöglicht, die Stammtafeln durch neuere Daten zu ergänzen. Ich danke allen im folgenden genannten Personen, die mir im persönlichen Gespräch brieflich oder telefonisch Informationen gegeben und mich bei der Überprüfung der Fakten unterstützt haben: Lord Rothschild, Mrs. James de Rothschild, Dr. Miriam Rothschild, Baron Guy de Rothschild, Baron Elie de Rothschild, Madame Batschewa de Rothschild, Mr. Edmund de Rothschild, Mrs. Evelyn de Rothschild, Baronin Philippine de Rothschild, the Hon. Jacob Rothschild, Mrs. Bettina Looram, Mr. Lionel de Rothschild, Miß Charlotte de Rothschild.

Ferner danke ich den Mitarbeitern zahlreicher Archive und Studienbibliotheken, besonders jenen der Archives Nationales in Paris, der Museen der Stadt Wien, der Österreichischen Nationalbibliothek, des Österreichischen Staatsarchivs/Finanzarchiv Wien, des Historischen Museums Frankfurt, der British Library, der Druck- sowie der Handschriftenabteilung des British Museum, der Kent Court Library und der Cambridge University Library. Eine Reihe von Privatpersonen und Bildarchiven lieferten mir Illustrationen, sie sind jeweils im Abbildungsnachweis genannt.

Meine Forschungen bedingten viele Reisen, und auch in diesem Zusammenhang fühle ich mich zum Dank für freundliche Hilfe verpflichtet. Der Verlag der vorliegenden deutschsprachigen Ausgabe, Paul Zsolnay, bot mir während meiner Aufenthalte in Wien Gastfreundschaft. Frau Ariane Engelhorn unterstützte mich wochenlang in geduldiger Arbeit bei der Suche nach Dokumenten im Österreichischen Staatsarchiv und dem daran angeschlossenen Finanzarchiv sowie von Texten in Büchern und alten Periodika in der Universitätsbibliothek Wien und der Wiener Stadt- und Landesbibliothek. Sie leistete auch Beachtliches bei den Übersetzungen ins Englische. Prof. Eduard März (†) und Dr. Dieter Stiefel brachten mir die Geschichte der Österreichischen Creditanstalt nahe, insbesondere die Abläufe der Bankenkrise des Jahres 1931. In Paris stellte mir Baron Elie de Rothschild Publikationen über die Kunststiftungen und die sozialen Leistungen der Familie zur Verfügung und ermöglichte mir eine Besichtigung der Fondations Rothschild an der Rue Picpus. Durch eine jener unerwartet günstigen Wendungen, die einem Forscher manchmal zustatten kommen, erhielt ein gemeinsamer Freund von Mrs. Sylvia Anderson die unveröffentlichten Memoiren des Barons George de Worms, eines direkten Nachkommen von Mayer Amschel Rothschild, eine Schrift, die über die Chronik der Rothschilds im 19. Jahrhundert und darüber hinaus ein faszinierendes Zeitbild bietet. Mr. M. B. Cullen erlaubte mir die Verwendung von Resultaten seiner familiengeschichtlichen Forschungen. Mr. Michael Hall lenkte meine Aufmerksamkeit auf einige kaum bekannte Aspekte des Wirkens der Rothschilds als Kunstsammler.

Die Hauptlast der Lektoratsarbeit bewältigte Mrs. Sara Menhüç vom Verlag André Deutsch in London. Ihr begeisterter Einsatz und ihre Umsicht bewahrten den Autor vor einer Reihe von Irrtümern und Widersprüchlichkeiten. Mehrere Textfassungen dieses Buches liefen durch die geheimnisvolle Elektronik meines Textverarbeitungsgerätes. Buchstabe für Buchstabe wurde unverdrossen von meiner Frau eingegeben.

Und schließlich gilt ein Wort des Dankes meinem Freund Anthony Wilkinson, der mich dazu anregte, dieses Buch zu schreiben.

Mai 1988 Derek Wilson

Der Übersetzer ist für verständnisvolle Hilfe bei der Feststellung des Wortlauts der im Original deutschen, historischen Zitate sowie für sachliche Erläuterungen folgenden Institutionen zu Dank verpflichtet: Universitätsbibliothek Wien; Wiener Stadt- und Landesbibliothek; Erste Österreichische Spar-Casse Wien; Naturhistorisches Museum Wien.

Teil I
1560–1836

KAPITEL 1
Im Schatten der Judengasse

Von den Schauplätzen, an denen diese Geschichte beginnt, ist nichts mehr vorhanden. Dafür sorgte ein alliierter Luftangriff im März 1944.[1] Wer heute nach Frankfurt am Main kommt, wird feststellen, daß im dichten Gefüge der modernen Straßen nur ein kümmerlicher Rest der nordöstlichen Stadtmauer aus dem Mittelalter erhalten blieb, der als historische Orientierungshilfe dienen mag. Direkt hinter jener Mauer, vom Bereich der christlichen Bevölkerung abgesondert, erstreckte sich eine etwa siebenhundert Meter lange, gewundene Doppelzeile elender überbelegter Häuser: die Judengasse. Nach Goethes Worten „gleichsam in einem Zwinger eingeklemmt".

Verschwunden ist im Lauf der Jahrhunderte auch das gemalte Bild am Brückenturm, dem Hauptzugang zur Frankfurter Altstadt. Darauf war der Teufel dargestellt, der vergnügt zusah, wie ein rittlings auf einem Schwein sitzender Rabbiner dessen Schwanz in die Höhe hielt, damit ein anderer Rabbi den Kot des Tieres fressen konnte. Unter der Sau lagen Judenkinder, die an ihren Zitzen sogen. Der Sinn der Malerei war leicht zu verstehen: „Juden und Schweine haben keinen Zutritt." In der stolzen Reichsstadt Frankfurt, dem alten Krönungsort der Kaiser des Heiligen Römischen Reiches, schon damals eines der Wirtschaftszentren Europas, lebten Christen und Juden streng getrennt. Geschieden durch uralten Haß, Neid und Argwohn, der manchmal offen zum Ausbruch kam, mit Plünderung, Brandlegung und Totschlag, wenn der antijüdische Schlachtruf „Hepp, hepp!"* durch die Judengasse schallte, worauf die Bewohner hastig ihre Kinder in die Häuser holten und die Türen verriegelten. Getrennt durch kulturelle Barrieren, welche die Rabbiner mit der gleichen Hartnäckigkeit aufrechterhielten wie die katholischen Priester. Getrennt durch die eingewurzelte Auffassung der

* Als Spottruf besonders im 19. Jahrhundert bei den Antisemiten gebräuchlich. Die sprachliche Herkunft ist ungeklärt, laut einer Deutung ein Akrostichon des lateinischen Satzes „*H*ierosolyma *e*st *p*erdita", Jerusalem ist zerstört. Nach einer anderen Version die Abkürzung von „Hebräer", einer dritten Vermutung zufolge liegt keine Ableitung von einem konkreten Begriff vor, die Wortbildung habe gleichsam nur den Charakter eines Signals, sich zur Jagd auf die Juden zusammenzurotten.

Nichtjuden, daß Leute, die im Schmutz und Gestank des überfüllten Judenviertels lebten, keine vollwertigen Menschen sein könnten.

Dabei war diese Übervölkerung des Ghettos ursprünglich nicht beabsichtigt. Das Wort selbst stammt wahrscheinlich vom italienischen „borghetto" her, was einen eng begrenzten Stadtteil bezeichnet. Aber auch hier gibt es mehrere Erklärungen. Die bekannteste besagt, der Ausdruck stamme aus Venedig, wo das Judenviertel an eine Metallgießerei – getto – anschloß. Auf einer Hypothese beruht die Verbindung mit einem Begriff aus dem Talmud: „ghet", Absonderung. Als die Stadtväter im Jahr 1460 den jüdischen Familien, nicht mehr als elf an der Zahl, dieses Quartier zuwiesen, war darin genug Platz für sie. Eine solche Maßnahme sollte den Juden ihr Eigenleben ermöglichen und nicht ihre Herabsetzung bewirken. Aber Apartheid entsprach nie dem Geist der Aufklärung. Sie entsprang immer, bis heute, dem Vorurteil und der Furcht. Ihre unvermeidlichen Konsequenzen sind Gewalt, Elend und Mißachtung der Menschenwürde. Die jüdische Bevölkerung nahm zu, nicht aber das Ausmaß des Ghettos. Dessen Bewohner durften die Stadt nur zur Abwicklung ihrer Geschäfte betreten, an Sonn- und Feiertagen war ihnen der Zutritt streng verboten. Ihre Frauen konnten nicht in den Frankfurter Läden einkaufen, und ihre Kinder durften nicht auf den öffentlichen Plätzen spielen.

Um das Jahr 1750 lebten dreitausend Männer, Frauen und Kinder in kaum hundert Häusern eng zusammengepfercht. Fünfundvierzig Jahre später schrieb ein ausländischer Reisender: „Alle Winkel bis an das Dach hinauf voll enger Stuben und Kammern, in diesen . . . Menschen zusammengeschichtet, welche sich glücklich schätzen, wenn sie ihre Höhlen verlassen und auf ihrer schmutzigen und feuchten Straße Luft schöpfen können."[2] Die geräumigen Wohnsitze der jüdischen Händler des 15. Jahrhunderts waren immer wieder unterteilt worden. Freiflächen und Hinterhöfe wurden verbaut. Als auf den meisten der Grundstücke zu beiden Seiten der Straße Häuser errichtet waren, kam die Bautätigkeit zum Stillstand. Hin und wieder stürzten ein paar Häuser ein, weil ihre Fundamente die Überbelastung nicht mehr aushielten. Anno 1711 zerstörte eine Feuersbrunst den ganzen Straßenzug, doch selbst nach dieser Katastrophe nahm der Stadtrat nicht die Gelegenheit wahr, etwas für die Besserung der Verhältnisse im Ghetto zu tun.

Frankfurt entfaltete sich, aber das Judenviertel stagnierte. Ringsum entstanden die wohnlichen Heimstätten der christlichen Bevölkerung. Ein Plan von 1678 zeigt die Judengasse, eingeklemmt zwischen den engen Gassen der Frankfurter Altstadt und einem neuen, großzügiger angelegten Wohnviertel, das sich bis zu den neuen Befestigungswerken erstreckte. Auch durften die Juden laut dem für sie geltenden „Baubuch“ aus dem Jahr 1702 zur Stadtseite keine Fenster haben, „wodurch etwa in der Christen Häuser könne gesehen werden, sondern sie sollen vermauert und zugeklebt werden.“[3] Daher reichte der Gesichtskreis der Bewohner nicht weiter als bis zu den Marktbuden und offenen Abwässern ihrer eigenen nach innen gewandten Welt: der Judengasse selbst, bevölkert von Frauen in blau-schwarz gestreiften Schultertüchern und Männern in den behördlich vorgeschriebenen Judenhüten und Kaftans. Das Nordende der Straße schloß die Bornheimer Pforte ab, das südliche der Mönchsturm. Den Zugang überwachten sowohl der Rat der Stadt wie auch die Führer der Judengemeinde, denn die Einschränkungen des Verkehrs dienten ebenso zum Schutz der Bewohner wie der Außenstehenden. Es sollte verhütet werden, daß brave christliche Frankfurter in „entehrende“ Berührung mit den Juden kamen.

Für die Menschen im Ghetto war der Antisemitismus etwas Alltägliches. Eine Tatsache, die ebenso außerhalb des engen Bereichs der Judengasse als gegeben galt. So war z. B. „wohlbekannt“, daß die Juden Christenkinder raubten, weil sie deren Blut brauchten, um es in den Teig des Mazzes für das Pessach-Fest zu mischen. Der Geruch des Ghettos, der den Kleidern seiner Bewohner anhaftete, wurde vom katholischen Klerus oft als Gestank der Hölle gedeutet. Schon allein die Armut und entwürdigende Stellung der meisten Juden erschien ihren christlichen Nachbarn als Beweis dafür, daß dieses Volk auf einer tieferen, animalischen Existenzstufe stand. Der wohlhabenden jüdischen Minderheit erging es nicht besser. Durch die Zunftordnungen von allen handwerklichen Berufszweigen ferngehalten, hatten die Juden keine andere Wahl, als sich auf Geldverleih und Handel zu beschränken, und dies auch nur deshalb, weil die Kirche des Mittelalters den Wucher mit strengen Verboten belegte. Aber die Erfolge der Juden auf diesen Gebieten weckten nur Abneigung, Habgier und Neid. Denn wenn ein Jude so gut verdiente, daß er sich an materiellem Reichtum mit den Patriziern messen konnte, galt dies geradezu als Beweis dafür, daß er mit dem Teufel im Bunde war und mit dessen Hilfe ehrlichen Christenmenschen ihr sauer verdientes Geld aus dem Säckel zog.

Auch manifestierte sich der Antisemitismus nicht nur im Aberglauben der Unwissenden und dem Vorurteil breiter Volksschichten. Philosophen vom Rang Immanuel Kants verliehen ihm intellektuelles Gewicht:

> „Die unter uns lebenden Palästiner sind durch ihren Wuchergeist seit ihrem Exil, auch was die größte Menge betrifft, in den nicht unbegründeten Ruf des Betruges gekommen. Es scheint nun zwar be-

fremdlich, sich eine Nation von Betrügern zu denken; aber ebenso befremdlich ist es doch auch, an eine Nation von lauter Kaufleuten zu denken, deren bei weitem größter Teil, durch einen alten, von dem Staat darin sie leben, anerkannten Aberglauben verbunden, keine bürgerliche Ehre sucht, sondern dieser ihren Verlust durch die Vorteile der Überlistung des Volks, unter dem sie Schutz finden, und selbst ihrer untereinander ersetzen wollen. Nun kann dieses bei einer ganzen Nation von lauter Kaufleuten als nicht-produzierenden Gliedern der Gesellschaft (z. B. der Juden in Polen) auch nicht anders sein; ..."[4]

Der Antisemitismus war auf allen Ebenen der deutschen Gesellschaft verbreitet, und die Führer der jüdischen Gemeinde hatten allen Grund, dafür zu sorgen, daß ihre Leute nachts, oder immer wenn Gefahr drohte, durch Absperrung des Ghettos geschützt waren.

Wie andere Formen des Drucks von außen, so wirkt auch die Verfolgung auf das Objekt, gegen das sie sich richtet, festigend. Unter den Zwängen jahrhunderte-, ja jahrtausendelanger Verfolgung hatten die jüdischen Gemeinden einen inneren Zusammenhalt entwickelt wie wenige andere Volksgruppen Europas. Die Männer und Frauen des Ghettos verband eine Religion, eine Sprache und das Bewußtsein einer historischen Schicksalsgemeinschaft, das viel älter war als das Glaubensbekenntnis oder die Kultur der Menschen, unter denen sie lebten. Die Drangsale verstärkten nur das Gefühl jüdischer Identität, das herzliche Einverständnis untereinander und den Lebensmut. Ein Autor des 19. Jahrhunderts, selbst ein Kind des Frankfurter Ghettos, formulierte es so: „In der Frankfurter Judengasse wurden an einem Tag mehr Erfindungsgabe und mehr Geist aufgewendet als im übrigen Deutschland während eines ganzen Jahres ... jahrhundertelang bot diese Straße inmitten von Barbarei das Bild eines zivilisierten Lebens, wo bei einer unterdrückten Gemeinschaft Glaube, Milde und Gerechtigkeit herrschten."[5]

Das war natürlich eine krasse Übertreibung. Es gab viele Juden, die sich gegen die schmählichen Einschränkungen des Ghettos auflehnten. In jeder Generation flüchteten manche in Länder, die größere Freiheiten verhießen, wie etwa England. Aber es wäre sicherlich verfehlt, die negativen Aspekte des Lebens in der Judengasse allzu stark zu betonen. Die Frauen hielten ihre Häuser sauber, sorgten für anständige Kleidung ihrer Männer und die Erziehung der Kinder. In Zeiten der Krankheit oder der Nöte bewährte sich nachbarliche Hilfe. Um die Angelegenheiten der Gemeinde kümmerte sich ein eigenes Ratskollegium, theoretisch durch freie Wahl bestimmt, tatsächlich aber von den reicheren Familien beherrscht. Vorsitzender des Rates, zugleich Richter, religiöses Oberhaupt und Leiter des Schulwesens war der Rabbi. Zentrum des Ghettos war die Synagoge, ein nach dem Brand von 1711 wiedererstandenes imposantes Bauwerk mit drei Kuppeln. Das Verhalten im häuslichen Kreis und in der Öffentlichkeit war durch den Talmud genau geregelt, die hohen Feiertage und Feste bildeten die Höhepunke im Leben der Gemeinschaft, deren administrative Agenden eine kleine Gruppe besoldeter Funktionäre führte, zu der außer dem Rabbi der Schächter, der Tempelsänger oder Kantor, die Synagogendiener und der Friedhofswärter zählten.

Nicht einmal im Tod entgingen die Frankfurter Juden der Beengtheit. Trotz häufiger Gesuche wurde die ihnen anno 1241 zugestandene kleine Begräbnisstätte nie erweitert. Da die Exhumierung der Gebeine auch vor langer Zeit Verstorbener nach ritueller Auffassung eine Leichenschändung war, konnten neue Gräber nur durch Aufschüttung von Erdschichten geschaffen werden. Als der Friedhof im Jahr 1828 geschlossen wurde, gab es dort 5930 Grabsteine. Eine jener einfachen Granitplatten erinnerte daran, daß 1585 Isaak Elchanan dahingegangen war, der erste Rothschild. Dieser Mann, über den sonst nichts bekannt ist, erwarb irgendwann nach 1560 in der Judengasse ein Haus, das als Zeichen einen roten Schild trug. Juden führten damals nicht die Namen ihrer Väter, und Isaaks Nachkommen schienen daher unter mehreren verschiedenen Namen auf: Bacharach, Hahn, Waag und Bauer. Aber einige nannten sich nach dem Haus, das sie bewohnten, und obwohl spätere Generationen übersiedelten, blieb ihnen die einprägsame Bezeichnung: Rothschild.

Ein Jahrhundert nach Isaaks Tod scheinen es seine Erben zu bescheidenem Wohlstand gebracht zu haben. 1690 wurde das Familienoberhaupt nach einem disponiblen Einkommen von 6000 Gulden besteuert.[6] Bedenkt man, daß dieser Mann in seiner Lebensweise sehr anspruchslos war, dann konnte er wohl auskömmlich für den Unterhalt der Seinen sorgen und in der Synagoge den Kopf stolz erhoben tragen. In jener winzigen Welt des Ghettos, wo die Unterschiede nach Besitz und Stand genau beachtet wurden, mehrten die Rothschilds Generation um Generation stetig ihr Vermögen und ihr Ansehen.

Im fünften Dezennium des 18. Jahrhunderts war der Familienvater ein gewisser Amschel Moses, der verschiedenartige Waren verkaufte, darunter auch Seidentaft, und das trotz einer städtischen Verordnung, die den Juden den Handel mit diesem Luxusartikel verbot. Außerdem hatte er von seinem Vater eine Geldwechselstube geerbt. Damals war Deutschland ein sehr buntes Mosaik aus 235 Herzog- und Fürstentümern sowie geistlichen Territorien und 51 Freien und Reichsstädten, fast alle von ihnen mit eigener Münzhoheit. Daher waren in einem großen Handelszentrum wie Frankfurt Kaufleute gefragt, welche den Wert und Gegenwert österreichischer und sächsischer Taler und Hunderter anderer Münzsorten genau kannten. Aber Moses Amschel setzte nicht nur die Tätigkeit des Geldwechslers fort, er ging schon etwas weiter und wagte sich behutsam auf das viel riskantere Terrain des Bankenwesens. Damit beschritt er einen Weg, den ein anderer Sohn eines jüdischen Ghettos bereitet hatte: Joseph Süß-Oppenheimer.

Dessen Karriere zeigt eine Möglichkeit auf – vielleicht die einzige –, wie ein mit Unternehmungsgeist begabter Jude den Schimpf des Ghettos abstreifen konnte. Er wurde 1692 in Heidelberg geboren, ging aber nach Hannover, wo seine Verwandten das Bankgeschäft betrieben. Dort ließ er die Verbindungen seiner Familie spielen, trat in die Dienste des Herzogs Carl Alexander von Württemberg und stieg zu dessen „Geheimem Finanzrat" auf. Reiche große Herren brauchten tüchtige Finanzfachleute, deshalb zogen sie in vielen Fällen Juden heran. Die erfolgreiche Laufbahn Joseph Süß-Oppenheimers zeigte eine Möglichkeit auf, die Amschel Moses prompt ergriff. Er suchte Oppenheimers Freundschaft, und dieser ließ ihm einige Geschäfte zukommen.

Aber das Leben eines „Hofjuden" brachte nicht nur Privilegien, sondern auch Gefahren mit sich. Er genoß beträchtliche Bewegungsfreiheit und war von der Kopfsteuer für Juden sowie von den entwürdigenden Bestimmungen für Wohnsitz und Kleidung ausgenommen. Dagegen stand die Unsicherheit, die sich aus der totalen Abhängigkeit von seinem Fürsten ergab. Gerade dieses Abhängigkeitsverhältnis war es, was die Verbindung aus der Sicht des Souveräns so erstrebenswert machte. Er konnte einem der verachteten Söhne Abrahams getrost sein Finanzwesen anvertrauen, denn ein solcher Mann würde es niemals wagen, ihn zu betrügen. Zudem: Wenn die Steuerlast das Volk allzusehr drückte, gab es wohl eher dem Juden die Schuld daran als seinem Herrn. Dieses Schicksal hatte Oppenheimer, allgemein als „Jud Süß" bekannt, im Jahr 1737 zu erleiden. Damals starb Herzog Carl Alexander, und ohne diesen Protektor war Oppenheimer dem Grimm seiner Feinde ausgeliefert. Er wurde aus seinem Amt gejagt, des Hochverrates angeklagt, verurteilt und am 4. Februar 1738 gehängt.

Rothschild scheint diesen Rückschlag gut überwunden zu haben. Sicherlich widmete er sich weiterhin dem Handel und zog daraus so viel Gewinn, daß er bald heiraten konnte. Am 23. Februar 1744 wurde sein erster Sohn geboren, er bekam die Namen Mayer Amschel. Als er ins Schulalter kam, zeigte sich, daß der Vater mit ihm etwas Besonderes vorhatte. Die Ortssynagoge, wo die meisten Buben der Judengasse jenen Unterricht erhielten, den ihre Eltern als nötig erachteten, war für den Rothschild-Erben nicht gut genug. Er wurde in die Rabbinatsschule von Fürth geschickt; dort lernte er Hochdeutsch und Hebräisch, Sprachen, die weit höher standen als das Kauderwelsch des Jiddischen, das die Christen so komisch fanden.[7] Der offensichtlich sehr talentierte Knabe war von seinem Vater zum Rabbi ausersehen.

Mag sein, daß er schon in Fürth jene Neigungen eines Sammlers entwickelte, die für den Aufschwung seines eigenen Unternehmens so wichtig werden sollten und sich als markanter Wesenszug auf die nachfolgenden Generationen der Rothschilds vererbten. Ganz bestimmt wurden ihm während der Fürther Jahre die Augen für die große Welt außerhalb der engen Judengasse geöffnet und manche der beunruhigenden neuen Ideen bewußt, die sich in dieser großen Welt immer lauter Gehör verschafften. Denn er wurde in eine Periode der Gärungen und der Erneuerungen hineingeboren, wie Europa sie seit der Reformation nicht mehr erlebt hatte, in eine Epoche, welche spätere Historiker das Zeitalter der Aufklärung nennen sollten.

Während Mayer Amschels Lebenszeit sollte die Aufklärung das geistige Klima Europas verändern und gerade für das Judentum große Bedeutung erlangen. Ein frühes Vorzeichen kommender Dinge ereignete sich, als er erst vier Jahre alt war. In Leipzig wurde Lessings Drama *Die Juden* aufgeführt und bewirkte eine Sensation. Der Autor zeichnete seine Hauptfigur nicht als Schurken oder lächerlichen Tropf, sondern als Mann von Kultur und natürlichem Adel. Der Geist der Toleranz und der klaren Absage an den Rassenhaß in diesem Stück sprach viele radikale Intellektuelle an.

Im Jahre 1755 begann Lessings Freundschaft mit Moses Mendelssohn, dem kränkelnden, unscheinbaren, buckligen kleinen Juden, der einer der hellsten Köpfe seiner Zeit war. Allenthalben wurden seine Bücher von Philosophiestudenten gelesen, und viele suchten ihn in seinem Berliner Domizil auf, um seine weisen Lehren von ihm selbst zu hören. Die Begegnung zwischen Mendelssohn und Lessing war ein Wendepunkt in der westlichen Geistesgeschichte. Im weiteren entwikkelte der jüdische Philosoph die „Haschkalah", die Aufklärung innerhalb des Judentums. Er bemühte sich, jüdisches Glaubensgut und jüdische Gesetze mit den Postulaten der Vernunft in Einklang zu bringen, die von christlichen und jüdischen Theologen errichteten Barrieren ausschließlicher Glaubenswahrheiten abzubauen, zu wechselseitiger kultureller Durchdringung anzuregen und die Überzeugung zu festigen, daß vor Gott alle Menschen gleich seien.

> „Der Christ, dem es um Licht und Wahrheit im Ernste zu thun ist, wird beim Anscheine eines Widerspruchs zwischen Wahrheit und

> Wahrheit, zwischen Schrift und Vernunft, nicht den Juden zum Kampfe auffordern, sondern mit ihm gemeinschaftlich den Urgrund des Widerspruchs zu entdecken suchen. Es gehet ihrer beiden Sache an. Was sie unter sich auszumachen haben, mag auf eine andere Zeit ausgesetzt bleiben. Voritzt müssen sie mit vereinigten Kräften die Gefahr abwenden, und entweder den Fehlschluß der Vernunft entdecken, oder zeigen, daß es blos (sic!) ein Scheinwiderspruch sey, der sie erschrekt (sic!) hat.“[8]

Solchen Ideen widersetzten sich eifernde Rabbiner ebenso wie konservative Christen und reaktionäre Sachwalter des Ancien régime, wenn auch ohne nachhaltigen Erfolg. Ein neuer Geist wehte durch Europa, ein Geist, der für Mayer Amschel Rothschild und seine noch ungeborenen fünf Söhne bisher ungeahnte Möglichkeiten schaffen sollte.

Im Jahr der ersten Begegnung Lessings und Mendelssohns verlor der junge Rothschild seinen Vater. Acht Wochen später war auch seine Mutter tot, ein Opfer jener Pockenfälle, die in der engen, übervölkerten Judengasse rasch epidemisch wurden. Die Pläne für den Zwölfjährigen, auf dem nun die Hoffnungen von vier Geschwistern ruhten, mußten geändert werden. Der neue Vormund schickte ihn nach Hannover, zu Moses Amschels alten Freunden, den Oppenheimers, die alle Wechselfälle der Jud-Süß-Affäre gut überstanden hatten und bereit waren, den Knaben als Lehrling in ihre Bank aufzunehmen.

Während der sechs Jahre, die Mayer Amschel in Hannover verbrachte, lernte er viele reiche, mächtige Männer und ihre Vertrauensleute kennen. Der Junge aus dem Ghetto muß sich diese hohen Herren mit ihren kunstvollen Perücken, bestickten Staatsröcken und prächtigen Kutschen genau besehen und die Erkenntnis gewonnen haben, daß der Weg zu Wohlstand, ja einem gewissen Luxus darin lag, solchen Männern dienstbar zu sein und ihr Vertrauen zu gewinnen. Wie, so mag er sich wohl gefragt haben, verwendeten sie ihr Geld? Wofür gaben sie es aus? Wie könnte er es einrichten, daß manches davon durch seine eigenen Hände ginge?

Viele von ihnen waren passionierte Sammler. Kunstgegenstände und Antiquitäten standen hoch im Kurs. Herzöge, Erzbischöfe, Fürsten und Grafen wetteiferten miteinander im Erwerb von antiken Statuen, Renaissancegemälden, Büchern, Pretiosen, Münzen, Bronzen – kurzum von allem, was ihre Schlösser schmücken und ihren Ruf heben konnte. Der junge Rothschild hegte bereits Interesse für Ausgefallenes. Nun begann er diese Dinge zu studieren, eine zunächst bescheidene eigene Sammlung anzulegen und seine fachlichen Kenntnisse zu vertiefen.

Sein Spezialgebiet waren alte Münzen. Schon als Helfer im Unternehmen seines Vaters hatte er gelernt, Stücke zu bestimmen, die wegen ihrer feinen Prägung oder ihres Alters Seltenheitswert besaßen. Laut Überlieferung machte er in Hannover die Bekanntschaft des Generals v. Estorff, eines eifrigen Sammlers und Ratgebers des Erbprinzen Wilhelm von Hanau, Erbe der Landgrafschaft Hessen-Kassel. Sicher ist, daß Mayer Amschel bereits in den sechziger Jahren des 18. Jahrhunderts den jungen Herrn mit Numismatika belieferte, immer zu Sonderpreisen, die manchmal unter dem Einkaufspreis lagen. Mayer Amschel hatte es nicht auf prompten Gewinn abgesehen. Er baute vorerst eine Verbindung auf. Wenn ihm dies gelang, konnte er Hofjude des reichsten und geschäftstüchtigsten Herrschers Europas werden.

Die Vorfahren des Prinzen Wilhelm waren durch den Krieg reich geworden. Aber nicht als Feldherren, sondern als „Lieferanten". Von 1618 an gab es in Europa und auch in den überseeischen Kolonien kaum einen Konflikt, in dem nicht hessische Söldner kämpften. Jeder an England, Preußen, Schweden oder eine andere Macht vermietete Soldat brachte Geld für die Schatztruhe des Landgrafen von Hessen-Kassel. Jeder Gefallene trug eine Sonderprämie ein. Die Gewinne aus diesem Handel mit dem Tod, vermehrt durch dynastisch günstige Heiraten, versetzten die Landgrafen in die Lage, Kassel in eine der schönsten Residenzstädte Mitteleuropas mit grandioser Barockarchitektur, wunderbaren Parkanlagen und einer sehr bedeutenden Gemäldegalerie zu verwandeln. Das monumentale Schloß Wilhelmshöhe erweckte den Neid von Fürsten, die über größere, bedeutendere Staaten herrschten. Doch als die guten Geschäftsleute, die sie waren, verwendeten die Landgrafen nicht ihre gesamten Einkünfte für Prachtentfaltung. Manches davon wurde nutzbringend angelegt, das übrige zu recht beachtlichem Zinsfuß als Darlehen an andere Herrscher vergeben. Kein souveräner Staat wurde jemals so konsequent nach den Prinzipien eines kommerziellen Unternehmens geführt wie Hessen-Kassel.

Der Anwärter auf den „Generaldirektorsposten" dieses „Konzerns", der Mann, um dessen Wohlwollen Rothschild behutsam warb, erfüllte in geradezu idealer Weise alle Voraussetzungen für diese Stellung. Wilhelm von Hanau, ein Jahr älter als Mayer Amschel, war energisch, eigenwillig, zügellos und habgierig. Was er tat, das tat er gründlich, schon in jungen Jahren, sei es der Umgang mit Weibern – er zeugte mehr als siebzig illegitime Söhne und Töchter –, das Studium des klassischen Altertums oder der Drill seiner Truppen. Er war ein scharfer Zuchtmeister, der sich persönlich davon überzeugte, ob die Knöpfe seiner Soldaten blank geputzt waren, und mit einem Zollstock, den er zu diesem Zweck stets bei sich trug, überprüfte er, ob die Länge des Zopfes genau dem Reglement entsprach. Seine Münzensammlung bildete keine Ausnahme. Anno 1761 wählte Erbprinz Wilhelm das Schloß Hanau bei Frankfurt als Residenz. Wenige Monate später kehrte Mayer Amschel in die Judengasse heim, in der festen Absicht, die bereits angeknüpfte Geschäftsverbindung zu Hessens künftigem Landesherrn enger zu gestalten.

Aber solche Ambitionen waren auf Fernziele gerichtet. Vorläufig etablierte sich Mayer Amschel als Kleinkaufmann. Der Achtzehnjährige, schon Familienoberhaupt, handelte mit Textilien aller Art, mit Wein und mit Fellen, ja mit jeglicher Ware, die auf die Jahr- und sonstigen Märkte von Frankfurt gebracht wurde und Gewinn verhieß. Gleichzeitig betätigte er sich weiterhin als Geldwechsler. Doch dieser junge Mensch, der schon weit herumgekommen war und dabei vieles gesehen und gelernt hatte, wollte sich nun nicht auf die herkömmlichen Handelsformen des Ghettos beschränken lassen. Er hatte Sinn und sachliches Verständnis für Luxusartikel, die nur für einen anspruchsvollen, begüterten Kundenkreis in Betracht kamen. Deshalb investierte er Jahr um Jahr seine Überschüsse in eben dieses Nebengeschäft. Alljährlich brachte er für seine Kunden einen Katalog heraus, in dem die seltenen, schönen Stücke, die er anzubieten hatte, beschrieben waren. Und mit jedem Jahr wurde sein Angebot an „Kunstsachen" reichhaltiger und kostbarer.

Um 1783 konnte er außer Münzen, Medaillen und Kupferstichen auch „eine Anzahl Antique geschnittene Figuren und Stein, schöne geschnittene Bildgen zum Theil mit Diamanten besetzt" offerieren. „Sollten solche von einem Liebhaber zum Ansehen begehrt werden, so wird man selbige einsenden, und den billigsten Preis bestimmen."[9] Diese Kataloge oder eher Preislisten, in Oktavformat und acht bis sechzehn Seiten stark, wurden an Adelssitze und Residenzen im weiten Umkreis Frankfurts versandt, und Mayer Amschel ließ den Laden in der Judengasse oft in der Obhut seiner Brüder, während er selbst in den Vorzimmern irgendeines fernen Schlosses mit Hofchargen günstige Abschlüsse aushandelte. Geduldig arbeitete er an den so überaus wichtigen Kontakten – nicht nur mit dem Haus Hessen-Kassel, sondern auch mit anderen führenden Persönlichkeiten des politischen und gesellschaftlichen Lebens in Deutschland.

Im Lauf der Zeit gewann er als Kunden auch das Fürstenhaus Thurn und Taxis, dem im Heiligen Römischen Reich als erbliches Lehen das Amt des Generalpostmeisters übertragen war. Seit mehreren Generationen betrieben die Thurn und Taxis vom Kaiserlichen Reichs-Oberpostamt zu Frankfurt aus einen regelmäßigen Staffettendienst berittener Kuriere, die mit Depeschen über die entsetzlich schlechten, von Räubern unsicher gemachten Straßen der deutschen und österreichischen Länder galoppierten. Eine solche Vertrauensstellung bedingte Verpflichtungen gegenüber ihrem kaiserlichen Herrn, die oft über die Annahme und Zustellung von Schriftstücken hinausgingen: Sie waren ermächtigt, alle Briefe, deren Inhalt für den Hof zu Wien von Interesse sein konnte, zu öffnen, abzuschreiben und wieder zu versiegeln.

Gefälligkeiten für das Haus Thurn und Taxis brachten Rothschild in – wenn auch nur sehr entfernten – Kontakt zum Kaiserhof. Noch wichtiger aber: Er erkannte die Bedeutung eines gut funktionierenden Nachrichtensystems. Das war eine entscheidende Lehre oder vielleicht die überzeugende Bestätigung einer bereits früher gewonnenen Erkenntnis, daß Informationen Reichtum schaffen. Jedenfalls hielt sich Mayer Amschel daran, denn als er sich einige Jahre später mit seinen Söhnen auf Finanzoperationen von internationaler Reichweite verlegte, verdankten sie ihre Erfolge vor allem ihrem unvergleichlichen Apparat von Kurieren und Beobachtern. Sie verdienten viel Geld, weil sie noch *vor* ihren Konkurrenten Nachrichten über Markttendenzen, Warenpreise, Börsenkurse und wichtige politische Ereignisse erhielten.

Im Augenblick allerdings lag der Schlüssel zu Mayer Amschels Aufstieg gleichsam in Reichweite. Gewiß, der Kreis seiner einflußreichen Kunden wurde immer größer, aber es war die Gönnerschaft des Erbprinzen Wilhelm, die den entscheidenden Anstoß für das weitere Schicksal der Rothschilds geben sollte. Im Jahr 1769 glaubte der fünfundzwanzigjährige Kaufmann den Zeitpunkt gekommen, um von dem hohen Herrn eine Gunst zu erbitten. An sich eine Bagatelle, die Wilhelm keinen Pfennig kostete, das Haus Rothschild aber auf eine höhere Stufe beruflichen Ansehens erhob. Dem submissesten Gesuch wurde stattgegeben, und voll Stolz ließ Mayer Amschel über seiner Tür ein neues Schild anbringen, auf dem der heißbegehrte offizielle Titel „Fürstlich Hessen-Hanauscher Hoffaktor" zu lesen stand.

Im darauffolgenden Jahr heiratete der junge, aufstrebende Kaufmann. Seine Braut Gutle oder Gudula, die siebzehnjährige Tochter von Salomon Baruch Schnapper, einem anderen Händler in der Judengasse, brachte in die Ehe nicht nur eine bescheidene Mitgift von 2400 Gulden, sondern auch menschliche Wärme und eine Emsigkeit mit, die sie zur idealen Gattin des ehrgeizigen Mayer Amschel machte. In zweiundzwanzig Ehejahren gebar sie ihm, jeweils in Abständen von sechzehn Monaten, insgesamt neunzehn Kinder, zehn davon blieben am Leben: fünf Söhne und fünf Töchter.

Das Haus „Zur Hinterpfann" diente als Geschäftssitz und als Wohnstätte. Da mag es wohl recht turbulent zugegangen sein, aber man darf annehmen, daß das Familienleben trotz der Beengtheit nicht weniger glücklich verlief als in anderen Häusern der Judengasse. Das Unternehmen florierte. Beide Eltern waren fromm und erzogen ihre Kinder nach dem rechten Glauben des jüdischen Volkes. Höhepunkte des häuslichen Jahreslaufes waren die alten geheiligten Feste Pessach, Schabuoth, Sukkoth, Rosch Haschan und Jom Kippur. Und alle fühlten sich geborgen im Kreis der jüdischen Gemeinde, treu verbunden durch gemeinsames Leid und durch die Gottesdienste in der Synagoge.

Doch selbst in diese nach innen gerichtete, von den Traditionen beherrschte kleine Welt war ein erster Schimmer der Aufklärung gedrungen. Mayer Amschel gehörte im Ghetto zu einer Minderheit, die den neuen radikalen Ideen zuneigte, welche bei manchen Juden Hoffnungen weckten, bei anderen indes Mißtrauen und Furcht. Moses Mendelssohns Jünger, die sich „Maskilim" nannten, verbreiteten nun ihre Botschaft unter den gebildeten Juden durch die Herausgabe von Schriften und eines Journals *Hameasef* (Der Sammler). Sie schrieben nicht auf Jiddisch, sondern auf Hebräisch, und forderten die Juden auf, durch die Beschäftigung mit der Kultur der Völker, unter denen sie lebten, ihren Horizont zu erweitern.

Auch aus ganz anderer Richtung kamen ermutigende Impulse. Im Jahre 1782 erließ Kaiser Joseph II. ein Toleranzpatent, das darauf abzielte, seine jüdischen Untertanen in die Gesellschaft zu integrieren und ihren Reichtum und ihre Talente außerhalb des Ghettos nutzbar zu machen.* Peinliche Beschränkungen, wie die Vorschrift bestimmter Kleidung und der Zahlung einer Kopfsteuer, wurden aufgehoben, auch sollte das Schulwesen verbessert werden. Die Kehrseite der Medaille war die Verdrängung der jiddischen Sprache und die Militärdienstpflicht auch für junge Juden. Diese Bestimmungen trafen zwar für die Reichsstadt Frankfurt nicht zu, aber die Regungen des Liberalismus in Wien, ebenso wie die Ideen der Maskilim, werden wohl in der Synagoge und in den Läden der Judengasse immer wieder besprochen worden sein.

Sicherlich übten sie ihre Wirkung auf Mayer Amschel aus. Ganz abgesehen davon, daß er diese Schritte zur Toleranz sehr bejahte, nahm er die kommerziellen Vorteile eines freizügigeren Systems wahr. Im Jahr 1792 wollte er eine jüdische Schule gründen, das „Philanthropin", bewußt nach dem Muster der von Mendelssohn 1778 in Berlin eröffneten „Freischule". Ein Institut, das die neuen Wertvorstellungen vermitteln sollte. Dagegen stellten sich die konservativen Elemente der Frankfurter Judengemeinde, allen voran Rabbi Horwitz.** Vielleicht war dies Rothschilds erste Erfahrung mit der Gegnerschaft jüdischer Kon-

* Diesem Schritt war 1781 ein Toleranzpatent für die evangelischen und die griechisch-orthodoxen Glaubensgemeinschaften vorausgegangen.

** Das „Philanthropin" konnte schließlich im Jahr 1804 eröffnet werden.

servativer. Es sollte nicht die letzte sein. Im Verlauf der folgenden Jahrzehnte, als Mayer Amschel und seine Söhne die Umwälzungen in der europäischen Politik und Gesellschaft so gut wie nur möglich nützten, fanden sie sich häufig im Kreuzfeuer zwischen den Befürwortern der Assimilation und der Eigenständigkeit.

Doch in den siebziger und achtziger Jahren des 18. Jahrhunderts war Mayer Amschel in erster Linie darauf bedacht, sein eigenes Unternehmen zu konsolidieren, und zwar indem er in seiner nichtjüdischen Umwelt festen Fuß zu fassen suchte. Vor allem bemühte er sich um enge Kontakte zu Erbprinz Wilhelms wichtigstem Finanzberater, Carl Friedrich Buderus, einem ehemaligen Beamten der Landkasse in Hanau. Mayer Amschel nahm jede Gelegenheit wahr, um dem Höfling seinen eigenen finanziellen Status recht deutlich vor Augen zu führen und sparte nicht mit Beweisen seines redlichen Eifers, dem jungen hohen Herrn nicht bloß als Lieferant seltener Münzen dienlich zu sein. Er wollte Bankier des Hofes von Hanau und somit zu gegebener Zeit auch des Hofes von Kassel werden. Der durch solche Vertrauensstellung erworbene Ruf würde auch Geschäfte mit anderen reichen Kunden bringen, und langsam, aber sicher würde Rothschild den Spuren der Oppenheimers und anderer Juden folgen, die sich aus dem Ghetto emporgearbeitet hatten.

Die Hauptfunktion der Bankiers, in deren Kreis Mayer Amschel eintreten wollte, war der Diskont von Wechseln. Ein Wechsel war eine bestimmte Art des Schuldscheins, auch Promesse genannt, ein Dokument, das die Zahlung höherer Beträge ermöglichte, ohne größere Gold- oder Silbermengen zu bewegen. Der Aussteller des Wechsels verpflichtete sich, eine bestimmte Summe zu einem festgesetzten Datum zu bezahlen, und zwar an jeden, der das Schriftstück vorlegte. Jeder durch eine finanziell gesicherte Einzelperson oder Institution – etwa Staatsämter, Banken oder Handelshäuser – ausgestellte Wechsel konnte vom Inhaber zediert, d. h. bei Dritten gegen Bargeld eingelöst werden. In der Praxis verhielt es sich so, daß der Wechsel am Ort selbst bei Bankiers oder Kaufleuten vorgelegt wurde. Diese kauften ihn mit Diskont an. Ihr Gewinn bestand aus der Provision, die sie für ihre Dienste berechneten, sowie aus dem Unterschied zwischen dem tatsächlich in bar ausbezahlten Betrag und der vollen Summe, die sie schließlich beim Aussteller einforderten.

Ein frei erfundenes Beispiel: Gesetzt den Fall, König Georg III. von England nahm gegen eine vereinbarte Zahlung in der Höhe von 100 000 Pfund ein Regiment von Söldnern aus Hanau in Empfang – wie es 1776 zum Einsatz gegen die rebellierenden amerikanischen Kolonisten tatsächlich geschah. Seine Regierung stellte einen auf diese

Summe lautenden Wechsel aus, und zwar in dreifacher Ausfertigung, als Absicherung gegen allfälligen Verlust von einem oder zwei Exemplaren. Das Schriftstück enthielt die bindende Zusage, am 1. Januar 1777 dem Inhaber den angegebenen Betrag auszuzahlen. Es gelangte nun zusammen mit anderen gleichartigen Belegen nach Hanau, wo ein ganzes Amt ständig damit beschäftigt war, die Wechsel durch Bankiers oder Handelshäuser diskontieren zu lassen. Das war eine schwierige, heikle Operation, denn die Wechsel mußten so wohlüberlegt auf den Markt gebracht werden, daß sich keine Schwankungen der Diskontspanne ergaben, und sie mußten Bankiers und Kaufleuten angeboten werden, die für die Einlösung in bar keine zu hohe Provision veranschlagten. Natürlich konnten sich die verschiedensten wirtschaftlichen und politischen Krisen sowohl auf den Diskont wie auch auf die Provisionshöhe auswirken. Daher lag es im Interesse der Kronagenten, die Geschäfte auf möglichst viele Finanziers zu verteilen.

Zum Glück mangelte es nicht an Bankiers und Händlern, die sich nur zu gern die Gunst des Erbprinzen erkaufen wollten. Sobald ein Goldschmied, ein Pelzhändler oder ein Münzenhändler seine Zahlungsfähigkeit und seine kommerzielle Solidität unter Beweis gestellt hatte, durfte er auf einen Anteil am Diskontgeschäft rechnen, das nicht nur finanziellen, sondern auch außerordentlichen Prestigegewinn brachte.

Nehmen wir an, unser fiktiver Wechsel wird von einem führenden Hanauer Bankier um 95 000 Pfund angekauft, abzüglich der Provision. Durch seine eigenen Mittelsmänner sendet er zwei Exemplare getrennt zwecks Einlösung nach London. Das britische Schatzamt bezahlt bei Vorlage des ersten Exemplars, sei es am 1. Januar 1777 oder später.

Wahrscheinlich hatte Wilhelm von Hanau bereits vor 1785 Rothschild mit einer Reihe kleiner Finanztransaktionen betraut. Sicherlich war Mayer Amschel damals schon wohlhabend. Durch Fleiß und Beharrlichkeit war es ihm gelungen, sein Vermögen zwar nicht beträchtlich, aber doch zufriedenstellend zu mehren. Im erwähnten Jahre konnte er es sich leisten, mit seiner Familie in ein größeres Haus zu übersiedeln. Mit einem grünen (!) Schild als Zeichen, doch nach heutigen Begriffen eine Bude. Darin gab es einen Raum für das Geschäft, ein Wohnzimmer, eine Küche, ein Schlafzimmer für Mayer Amschel und Gutle und ein zweites für die sieben Kinder, die das Paar bereits hatte. Außerdem waren ein kleiner Hof, ein winziger Dachgarten und – höchster Luxus! – ein eigener Brunnen vorhanden. Hätte Gutle ihre Kinder nicht streng zur Ordnung erzogen und das Haus peinlich sauber gehalten, es wäre ein Elendsquartier geworden. Aber für die Familie brachte es eine deutlich spürbare Verbesserung der Lebensverhältnisse.

Allein, noch bevor sie sich in dem neuen Heim richtig eingelebt hatten, mag Mayer Amschel den Entschluß, die Wohnung zu wechseln, schon bereut haben. Denn im Oktober 1785 ereignete sich Unerwartetes, das seine Zukunft ernstlich zu beeinträchtigen drohte: Im fernen Kassel starb ganz plötzlich der regierende Landgraf Friedrich II. Sofort verließ Prinz Wilhelm Hanau, um das Erbe anzutreten. Hätte Rothschild bereits das volle Vertrauen des neuen Landgrafen gehabt, dann wäre dies eine Freudenbotschaft gewesen. Doch trotz all seiner Bemühungen war er im Wirtschaftsleben des Hanauer Hofes noch immer bloß eine Randfigur, und dieser Hof war nun mit Sack und Pack abgereist, auf der Straße, die durch das Tal nach Fulda und weiter nach Kassel führte.

Nun mußte Rothschild seine Anstrengungen verdoppeln, um bei seinem landesfürstlichen Gönner an Ansehen zu gewinnen. Er verwendete Monate darauf, eine wunderbare Auswahl von antiken Münzen, Medaillen und anderen Antiquitäten zusammenzustellen, dann reiste er damit nach Kassel. Landgraf Wilhelm, in Hessen der Neunte seines Namens, zeigte sich wohl beeindruckt, aber nicht so sehr, daß er dem Händler einen wichtigen Platz in seiner kommerziellen Equipe zuerkannt hätte. Doch immerhin erhielt Rothschild einige Aufträge. Im Jahre 1786 war er an den Abwicklungen eines Darlehens Hessen-Kassels in der Höhe von 300 000 Gulden an das Fürstengeschlecht Salm beteiligt und an einem zweiten im folgenden Jahr, das sich auf 150 000 Gulden belief und dem Fürsten von Thurn und Taxis gewährt wurde.

Aber noch immer entgingen ihm die einträglichen Geschäfte des Wechseldiskonts. Im Jahr 1789 erinnerte er den Landgrafen in einem Schreiben an seine langjährigen Dienste und versicherte dem Souverän, daß er Wechsel zu günstigeren Bedingungen übernehmen könne als die großen Kasseler Banken. Das einzige prompte Ergebnis war eine Erhöhung seines Kreditrahmens bei Hof von 1000 auf 2000 Gulden.

Rothschild hätte sich wahrscheinlich weiterhin unverdrossen darum bemüht, nach und nach die Wertschätzung des Landgrafen zu erringen, hätte Enttäuschungen und Zurückweisungen hingenommen – wäre nicht im selben Jahr 1789 ein Ereignis eingetreten, das für Millionen Menschen eine plötzliche Wendung ihres Schicksals brachte, wenn auch nicht so dramatisch wie für Mayer Amschel und seine fünf Söhne.

Am 14. Juli bemächtigte sich der Pariser Mob des königlichen Gefängnisses der Bastille. In ihrem stürmischen Verlauf entfesselte die Französische Revolution nicht nur eine Welle der Gewalt, die Europa ein Vierteljahrhundert lang immer wieder überrollte, sie schuf auch freie Bahn für Ideen, welche die Welt, nicht zuletzt die Welt des Judentums, für immer veränderten. Im Jahr 1791 wurde in Paris ein neues Gesetz erlassen:

> „Die Nationalversammlung befindet, daß die Erfordernisse für den Stand eines französischen Bürgers ... durch die Verfassung festgelegt sind und daß jeder Mann, der rechtens den Bürgereid ablegt und gewillt ist, alle durch die Verfassung vorgeschriebenen Pflichten zu erfüllen, ein Anrecht auf alle die Vergünstigungen besitzt, die sie gewährleistet; aufgehoben sind alle Vertagungen, Einschränkungen und Ausnahmen, die frühere Dekrete enthalten, betreffend Einzelpersonen mosaischen Bekenntnisses, die den Bürgereid leisten werden."

Noch hatte die Anerkennung der Juden als vollwertige Bürger in Frankreich keine Bedeutung für die Bewohner der Frankfurter Judengasse. Aber binnen kurzem wurden die neuen radikalen Ideen in den Troßwagen der Heere der Republik über die Grenzen getragen. Der Zaubertrank von Liberté, Egalité et Fraternité – Freiheit, Gleichheit und Brüderlichkeit – war frei zu haben, sogar im Ghetto. Manche Juden berauschten sich daran, andere fürchteten die Auswirkungen. Manche ergriffen die Gelegenheit, um die enge, stinkende Gasse hinter sich zu lassen und draußen in der Welt ihren Weg zu machen. Andere verharrten geistig in der Judengasse, verschanzten ihre Eigenart hinter Schutzwällen aus Tradition und Konservativismus. Zwangsläufig schieden sich die Geister auch innerhalb der Familien. Wohl in keiner ging die Spaltung so tief wie bei den Rothschilds.

KAPITEL 2
„Nicht Raum genug für uns alle."

So paradox es klingt: nicht die Revolutionäre selbst, sondern die erklärten Feinde der Französischen Revolution taten den ersten folgenschweren Schritt, mit dem eine radikale Veränderung begann, die Europa ein neues Gesicht gab. Im April 1792 provozierte Kaiser Franz II. im Bündnis mit dem König von Preußen einen Krieg, durch den, wie er hoffte, das republikanische Pack rasch Mores gelehrt und die gottgegebene Autorität Ludwigs XVI. wiederhergestellt würde.

Dies löste dramatische Konsequenzen aus. In Paris rissen die Extremisten unter der Führung Dantons die Macht an sich, das Königspaar wurde eingekerkert, und der Konvent rief zur Verteidigung des Vaterlandes auf. Die französischen Truppen, die zunächst vor den über die Grenzen eindringenden Preußen zurückgewichen waren, sammelten sich und errangen am 20. September durch die berühmte „Kanonade von Valmy" einen großen Sieg. Zwei Tage später wurde die Staatsform der Monarchie definitiv abgeschafft. Frankreich war nun eine Republik.

Und die erzwang eine militärische Wende. Noch im Herbst 1792 stieß eine französische Armee nach Nizza und Savoyen vor, eine andere eroberte die österreichischen Niederlande, während eine dritte Heeresmacht unter dem Kommando des ausgezeichneten Strategen General Adam Philippe de Custine den Rhein überquerte und Speyer, Worms und Mainz einnahm. Am 22. Oktober öffnete der Rat der Stadt Frankfurt Custines Truppen kampflos die Tore.

Einige Monate früher hatte Gutle Rothschild ihr letztes Kind geboren, einen Knaben, der den Namen Jakob erhielt. Später sollte er sich James nennen. Vielleicht wurde der Säugling an eines der Fenster gehalten, an denen die französischen Soldaten vorbeimarschierten. Er begriff noch nichts von alledem, und weder seine verängstigten Eltern noch seine neugierigen Brüder und Schwestern konnten auch nur im entferntesten ahnen, welche Folgen diese Besetzung für die ganze Familie haben würde. Das Wickelkind sollte zu dem Zeitpunkt, als endlich wieder auf Dauer Friede in Europa einkehrte, ein junger Mann von dreiundzwanzig Jahren sein. Seine Brüder sollten sich in alle Windrichtungen zerstreut haben, fern von Frankfurt. Und er selbst, James, würde in der Hauptstadt Frankreichs leben, sogar als einer ihrer reichsten, angesehensten Bewohner.

Doch im Augenblick mögen Mayer Amschel und die anderen Führer der Frankfurter Judengemeinde die Invasoren wohl mit gemischten Gefühlen betrachtet haben. Diese seltsam gekleideten, schlecht ausgerüsteten Soldaten waren freie Männer, die für eine Sache kämpften, an die sie glaubten. Sie waren ganz anders als Landgraf Wilhelms tadellos adjustiertes, gut gedrilltes Militär, Kanonenfutter bloß, nur zum Dienst unter Waffen gepreßt, um den Landesherrn zu bereichern. Außerdem repräsentierten die Franzosen einen Staat, der, zumindest theoretisch, die Ideale der Brüderlichkeit und Gleichheit zu verwirklichen trachtete, ohne Ansehen der Rasse oder der Konfession. Mit einem Kapital von mindestens 100 000 Gulden und einem jährlichen Einkommen von 10 000–15 000 Gulden war Mayer Amschel nun eines der reichsten Mitglieder des Frankfurter Bürgertums, doch als Jude hatte er keinen Platz im politischen und gesellschaftlichen Leben der Stadt.[1] Die Ideen, welche die Franzosen begeisterten und unter den radikalen Denkern in ganz Europa rasch Anhänger gewannen, konnten auch ihn nicht völlig kaltgelassen haben.

Doch als schlauer, ambitionierter Geschäftsmann begriff er sicherlich, daß ihn seine Interessen, zumindest vorläufig, noch immer an die Vertreter des Ancien Régime banden. In der republikanischen Ordnung der Dinge war die Position eines Hofjuden nicht vorgesehen, und obgleich Mayer Amschel kaum glücklich darüber war, daß er um die Gunst von Leuten buhlen mußte, die bei jeder Gelegenheit ihre Verachtung für seine Rasse bekundeten, war er jedenfalls ein Realist. Zweifellos wußte er genau, daß sein eigenes Geschick untrennbar mit dem seiner Klienten verknüpft war. Deshalb herrschte im Haus Rothschild wahrscheinlich große Erleichterung, als Frankfurt nach einem Gefecht beim Bockenheimer Tor am 2. Dezember durch hessische und preußische Truppen befreit wurde.[2]

Aber in der Beziehung zwischen den Juden und ihren Gönnern vollzog sich ein Wandel. Infolge des Krieges brauchte Wilhelm IX. von Hessen-Kassel seine Bankiers dringender denn je. Für die Streitmacht der Koalition hatte er Truppen in bisher unerhörter Stärke aufzustellen, zu bewaffnen und auszurüsten. Dazu benötigte er Bargeld. Doch ein erheblicher Teil seines Kapitals war in englischen Anlagewerten gebunden, und eine der unmittelbaren Auswirkungen des Kriegszustands waren die enormen Schwierigkeiten bei jedem Bemühen, in Europa große Summen in barer Münze aufzutreiben. Reiche Grundherren und Kaufleute versteckten Gold und Wertsachen oder schafften alles außer

Landes. Die französische Invasion in Holland während des Jahres 1795 führte zur Schließung der Amsterdamer Börse, der wichtigsten auf dem Kontinent. Die republikanische Regierung in Paris versuchte, die französischen Grenzen für den internationalen Handel zu sperren. Das Resultat: Viele Kaufleute und Bankiers bekamen die Einschränkungen ihrer Geschäftstätigkeit empfindlich zu spüren und waren daher nicht in der Lage, dem Landgrafen mit hohen kurzfristigen Krediten zu dienen.

Deshalb mußten vier von Wilhelms bisherigen Finanziers – Metzler, Bethmann, Gontard und d'Orville – ablehnen, als er sie im Jahre 1794 um 150 000 Gulden gegen englische Sicherstellungen ersuchte. Dafür sprang ein Konsortium aus Ruppel, Jordis und Rothschild ein.

Dies war der Moment, in dem Mayer Amschels geduldige Bemühungen um Buderus schließlich Früchte trugen, denn dank der Empfehlung des Höflings fand er nun doch Eingang in den sorgsam gesiebten Kreis von Finanzagenten, die im Namen des reichsten Fürsten Europas mit gewaltigen Summen operierten. Endlich hatte er die Gelegenheit, seine Fähigkeiten und sein persönliches Vermögen für Geldgeschäfte wahrhaft großen Stils einzusetzen. Und bei diesen neuen Vorhaben konnten ihm seine Söhne bereits zur Seite stehen.

Von James' Geburt an bis zur Verheiratung der ältesten Tochter im Jahr 1795 hatten Mayer Amschel und Gutle all ihre Kinder um sich. Das waren 1792: Jeanette (21), Amschel (19), Salomon (18), Nathan (15), Isabella (11), Babette (8), Carl (4), Julie (2), Henriette (1) und der Säugling James. Es war ein sehr betriebsames Hauswesen, in dem erwartet wurde, daß jedes der Kinder schon sehr früh Pflichten übernahm: der Mutter zu helfen, die jüngeren Geschwister zu beaufsichtigen und vor allem den Beruf zu erlernen. Im Jahre 1792 stellten die drei älteren Brüder bereits im Unternehmen ihren Mann, und es gab wahrscheinlich bei den komplizierten Geschäften ihres Vaters weniges, was ihnen nicht schon geläufig war.

Tag für Tag nahm Mayer Amschel seine Söhne in strenge Zucht, um aus ihnen Erfolgsmenschen zu machen. Ganz bewußt gründete er eine Finanzdynastie. Im Jahre 1796 stellte er Amschel und Salomon in aller Form als Associés ein, und auch ihre jüngeren Brüder wurden der Reihe nach aufgenommen, sobald sie ins entsprechende Alter kamen. Seinen Töchtern gestand der Prinzipal keinen Anteil an der Führung des Familienunternehmens zu. Daran war nicht Ungewöhnliches. Aber ebenso rigoros schloß er alle männlichen Verwandten und die Schwägerschaft aus. Jeanettes Gatte Benedict Moses Worms durfte sich nicht an Rothschilds Geschäften beteiligen, das gleiche galt für Mayer Amschels Cousins und Neffen. Dabei gab es genug zu tun. Doch das Familienoberhaupt hielt eisern an dem Grundsatz fest, nur jene Personen zur Mitarbeit heranzuziehen, auf deren Pflichteifer und Verschwiegenheit er sich absolut verlassen konnte: seine Söhne.

Das waren die jungen Männer, die der Nachwelt als „die Fünf Frankfurter" bekannt sind. Im Charakter sehr verschieden und keineswegs alle mit gleichen Begabungen ausgestattet. Man kann sogar sagen, während zwei von ihnen unbestreitbar Finanzgenies waren, hätten die anderen drei, wären sie in eine andere Familie geboren worden, ganz durchschnittliche Lebenswege vor sich gehabt. Sie unterschieden sich auch deutlich von ihren Persönlichkeiten her, und da sie viele Dinge nicht aus dem gleichen Blickwinkel sahen, stritten sie häufig. Dennoch waren es diese fünf Brüder, die, auf die Zentren Europas verteilt, in der Zeitspanne von zwei Jahrzehnten das größte internationale Bankensyndikat der Welt aufbauten. Um jeden einzelnen dieser Männer kurz zu charakterisieren, müssen wir dem Gang der Ereignisse etwas vorgreifen.

Amschel, der Älteste, blieb immer ein Sohn des Ghettos. Fromm und streng orthodox, in allem ultrakonservativ, stand er in seinen Anschauungen dem Vater am nächsten, allerdings fehlten ihm Mayer Amschels kommerzieller Spürsinn und selbständiges Urteil. Er wurde zum Adlatus seines Vaters, der bewußte „Zweite" eben, ein Aufgabenbereich, der ihm mit seiner inneren Abhängigkeit und seinem Mangel an Phantasie angemessen war. Er fungierte als Vertreter seines Vaters in der Synagoge und im Rat der Judengasse, wo er einmal dessen Sitz einnehmen würde. Darin erfüllten sich seine Erwartungen, höhere Ambitionen hatte er nicht. Dünn, mit verkniffenem Gesicht, sorgte er sich ständig um irgend etwas. Wegen riskanter Unterfangen seiner Partner. Wenn die Geschäfte schlecht gingen. Gingen sie gut, dann befürchtete er, daß sie am nächsten Tag schlechter gehen könnten. Doch vor allem sorgte er sich, daß seine Brüder und deren Familien vom Pfad des orthodoxen Judentums abweichen würden. Er selbst hatte keine Familie. Seine Eheschließung mit der Tochter einer anderen prominenten Sippe aus der Judengasse war ein Akt der Pflichterfüllung, eine Verbindung, der keine Liebe und kein Kindersegen beschieden war. Er brachte seine Frau Eva ins Elternhaus, erst mehrere Jahre später übersiedelte das Paar in ein eigenes Heim, das seinem immensen Reichtum entsprach. Amschel fühlte sich nur in Frankfurt wohl, und von Geschäftsreisen abgesehen, verblieb er dort bis zum Ende seines langen Lebens.

Salomon war der Diplomat der Familie. Ein freundlicher, verständnisvoller, unaufdringlicher Mensch, dem es ebenso gelang, die Gunst von Fürsten und Höflingen zu gewinnen, wie den Frieden zwischen seinen Brüdern zu sichern. Ja, es war Salomon, an den sich die anderen spontan wandten, wenn sie sich über Zumutungen oder Vorwürfe eines Geschäftspartners ärgerten. Obwohl körperlich nicht robust, unternahm er die meisten der anstrengenden Reisen, welche die schnelle geschäftliche Expansion während der Kriegsjahre erforderte. Wenn er einen Fehler hatte, dann den, daß er zu gutmütig war, um nicht ausgenützt zu werden. Dies wirkte sich manchmal nachteilig auf die Geschäftsgebarung aus. Aber es ist zu bezweifeln, ob die Partnerschaft der Fünf Frankfurter ohne Salomons Talent, immer wieder die Wogen zu glätten, die ersten Jahre überstanden hätte.

Der dritte Sohn, Nathan Mayer – oder „N. M." wie er oft genannt wurde –, war aus ganz anderem Guß. Dieser rothaarige, stämmige, sehr lebhafte, ungeduldige und oft unwirsche Mann konnte und wollte die Beschränkungen des Lebens im Ghetto nicht ertragen. Mit seinem Ehrgeiz und seiner Findigkeit ließ er sich nicht einengen. Seine rege kommerzielle Phantasie witterte in den europäischen Kriegswirren verlockende Möglichkeiten für eine große geschäftliche Karriere. Bei der ersten Gelegenheit verließ er Frankfurt und suchte sich eine neue Basis für seinen dynamischen Unternehmungsgeist.

Carl, um elf Jahre jünger als Nathan, war den widersprüchlichen Einflüssen seiner Brüder ausgesetzt. Er vergötterte N. M. wegen dessen Tatkraft und Einfallsreichtum, wollte unbedingt von Frankfurt fort und es dem Älteren an Wagemut gleichtun. Aber seine Unruhe entsprang nicht behindertem Talent, sondern einem Mangel an Selbstvertrauen. Und obwohl er immer klagte, daß Amschels konservative, kleinliche Art ihn einenge, scheint er auch gespürt zu haben, daß er ohne den Rückhalt seiner Familie, seiner Religion und seiner Gemeinschaft nicht leben konnte. Carl ließ sich schließlich in Neapel nieder, aber er fand sich in der Fremde niemals ganz zurecht und hielt sich ebenso lange in Frankfurt auf wie in seiner „Wahlheimat".

Zu der Zeit, als James heranreifte, hatten sein Vater und seine Brüder das Familienvermögen bereits geschaffen und gesichert. Er hatte weite Reisen unternommen, die Annehmlichkeiten der Weltstädte genossen, die freiere Atmosphäre Frankreichs und Englands kennengelernt und dem Ghetto für immer den Rücken gekehrt. Er faßte sehr rasch auf und offenbarte schon früh ausgeprägte kommerzielle Begabung. Er schätzte die schönen Dinge des Lebens und war bereit, fleißig zu arbeiten, um sie sich leisten zu können. Er forderte viel von sich selbst und seinen Angestellten, und stieß er auf Untüchtigkeit oder Dummheit, konnte er sehr unduldsam sein. Obgleich der jüngste Sohn, war er der zweite, der seinen ständigen Wohnsitz im Ausland nahm und sich beim Aufbau und in der Führung eines selbständigen Unternehmens fast so talentiert zeigte wie N. M.

Zu dem Zeitpunkt, bei dem wir wieder zu den chronologischen Abläufen zurückkehren, lebten alle Rothschilds noch in der Judengasse, wo man in jenem Jahr 1796 noch schlechter dran war als vordem. Preußen hatte sich gezwungen gesehen, den Kampf einzustellen und im April 1795 den Friedensvertrag von Basel zu schließen. Österreich, das den Krieg allein fortsetzen mußte, kam vor allem durch die Operationen eines jungen Generals namens Bonaparte in große Bedrängnis und war nicht fähig, deutsche Gebiete gegen die französischen Armeen zu verteidigen. Im Juli wurde Frankfurt wieder belagert. Diesmal setzten sich die zurückgehenden österreichischen Truppen hinter den Mauern der Stadt fest und zwangen den Stadtrat, die Aufforderung zur Übergabe abzulehnen.

Daraufhin eröffneten die Angreifer am Abend des 14. Juli die Beschießung. An mehreren Stellen brachen Brände aus, wurden aber rasch bekämpft – bis auf jenes Feuer, das in der Judengasse entstand. Den Bürgern ging es eher darum, ihre eigenen Häuser zu retten, als den Bewohnern des Ghettos zu Hilfe zu kommen, und die Juden mußten so gut wie möglich selber eingreifen. Bis zum Morgen waren die Synagoge und hundertvierzig Häuser an der Nordseite der Straße niedergebrannt. Das Haus zum Grünen Schild war wohl beschädigt, aber von der völligen Zerstörung verschont geblieben. So hatten die Rothschilds noch Glück im Unglück, denn während des Wiederaufbaus wurden die Beschränkungen des Wohnrechtes für Juden aufgehoben, und Mayer Amschel konnte einen Teil der Räume eines Lederhändlers in der Schnurrgase im Stadtzentrum als Lagerhaus und Kontor mieten.

Ihm eröffneten sich viele neue Möglichkeiten. Mit dem Frieden von Basel war für Hessen-Kassel der Krieg zu Ende, doch auf dem Gebiet der Finanzen verdoppelte Landgraf Wilhelm seine Bemühungen, ja, er entwickelte sich rasch zum führenden Geldverleiher Europas. Fast jede Obrigkeit und fast jedes gekrönte Haupt, vom Rat der Stadt Basel bis zum Kaiser in Wien, schien in Kassel Darlehen aufgenommen zu haben. Natürlich konnten solche Geschäfte nicht offen getätigt werden, aus Angst vor Repressalien der Franzosen. Daher bediente sich der Landesherr einiger Vermittler, unter ihnen die Rothschilds, die einen großen Teil der Transaktionen übernahmen.[3]

Wilhelm war auch nicht der einzige Souverän, der allen Grund hatte, Mayer Amschel für die prompte umsichtige Erledigung seiner Aufträge dankbar zu sein. Das ist erwiesen, da sich manche dadurch erkenntlich zeigten, daß sie dem bejahrten Juden Ehrungen und Titel zuerkannten. Gerade darauf hielt Rothschild sehr viel. Offizielle Auszeichnungen waren gut fürs Geschäft, und voller Stolz wies er etwa auf die Wertschätzung hin, die er beim Johanniterorden genoß.

Aber es gab Titel, die noch mehr Prestige und auch greifbaren Nutzen einbrachten. Im Jahr 1799 richtete Mayer Amschel an Kaiser Franz II. ein in blumigster Sprache abgefaßtes Majestätsgesuch um die Ernennung zum kaiserlichen Hoffaktor. Er hob seine finanziellen Verdienste um Gefolgsleute und Verbündete des Monarchen hervor, insbesondere um das Fürstenhaus Thurn und Taxis. Durch ein Patent vom 29. Januar 1800 wurde seine Bitte erfüllt, und mit dieser Ernennung waren verschiedene Vergünstigungen verbunden, so zum Beispiel die Erlaubnis zum Tragen von Waffen, aber auch „daß der Inhaber . . . bei Vorzeigung seines Hoffaktorpatentes von allem Leibzoll, Mauth und Aufschlag oder anderen seinen Glaubensgenossen abgefordert werdenden Gebühren befreit sein solle und mit seiner Familie und seinen Bedienten überall im Heiligen Römischen Reich, zu Wasser und zu Lande, sicher und unaufgehalten passieren möge“.

So wurde Mayer Amschel Rothschild zum Prototypus einer neuen Kategorie von Geschäftsleuten: der wahrhaftig internationale Bankkaufmann. Seit Jahrhunderten spielten Juden im zwischenstaatlichen Handel eine prominente Rolle. Ihr Rassenbewußtsein, ihre jahrhundertelange Ghetto-Existenz und die ablehnende Haltung ihrer christlichen Nachbarn schufen enge Verbindungen zwischen den Judengemeinden Europas und eine kommerzielle „Subkultur“. Schon im Jahr 1712 hatte die Londoner Zeitschrift *Spectator* die Geschäftswelt mit einem Rahmenwerk verglichen, bei dem die Juden die Pflöcke und die Nägel seien. Aber immer hatten die Söhne der Diaspora der Gönnerschaft und des Schutzes von Königen, Fürsten und Adeligen bedurft, wenn sie in einer von Grund auf feindseligen Umwelt handlungsfähig sein wollten.

Doch nun verschob sich der Schwerpunkt wirtschaftlicher Macht. Die industrielle Revolution und radikale politische Leitsätze förderten die Bildung einer Gattung von Unternehmern, deren Status nicht durch Herkunft bestimmt wurde, sondern fest auf dem Kapital beruhte. Die überlieferten Formen wurden von Napoleon nicht einfach hinweggefegt, sie machten vielmehr einen langsamen Abbauprozeß durch. Anno 1800 lag ein Jahrhundert der Umstürze und der tiefgreifenden Reformen noch in der Zukunft. Doch da Mayer Amschels Hartnäckigkeit und Wendigkeit bereits die Feuerprobe der Revolutionszeiten bestanden hatten, konnten seine Söhne ihre Plätze unter den Führern der neuen Klasse einnehmen. Selten im politischen Schlaglicht, bei den Abwicklungen der Geschäfte stets diskret, errang sich das Haus Rothschild eine Unabhängigkeit, eine Stärke und eine Würde, die sich in der alten Ordnung keine jüdische Familie hätte erhoffen dürfen.

Der entscheidende Bruch mit der Vergangenheit wurde 1798 vollzogen, als der erste Rothschild die Judengasse verließ. Nathan wartete kaum seine Großjährigkeit ab, um von Frankfurt nach England zu übersiedeln. Dort gründete er eine Firma auf eigene Rechnung. Selten kehrte er auf das Festland zurück, 1806 erwarb er die britische Staatsbürgerschaft, und soweit feststellbar, sah er seinen Vater vor dessen Tod nur ein einzigesmal wieder. Die Trennung vom Ghetto war ebenso plötzlich wie unwiderruflich. Über die Beweggründe für diese Entscheidung sagte „N. M." selbst dreißig Jahre später im Gespräch bei einem Abendessen:

> „Es war in der Stadt (Frankfurt) nicht genug Raum für uns alle. Ich machte Geschäfte in englischen Waren. Ein Engländer kam herüber, der den Markt ganz für sich hatte; er spielte den Großen und tat, als erweise er uns eine Gnade, wenn er an uns verkaufte. Ich beleidigte ihn auf irgendeine Weise; er lehnte es daher ab, mir seine Muster vorzulegen. Dies geschah an einem Dienstag. Ich sagte zu meinem Vater: ‚Ich will nach England gehen.' Ich konnte nur Deutsch sprechen; aber am Donnerstag schon reiste ich ab."[4]

Diese Schilderung sollte nicht ganz für bare Münze genommen werden. In seinen späteren Jahren war Nathan ein großer Fabulierer vor dem Herrn, und diese Version weist alle Kennzeichen einer oft und gern erzählten Anekdote, die er immer wieder zum Besten gab, wenn man ihn befragte, wie er mit dem Aufbau seines unermeßlichen Vermögens begonnen habe. Aber wenn wir die Geschichte analysieren und andere authentische Details hinzufügen, dann werden wir der Wahrheit wohl zumindest nahekommen.

Am aufschlußreichsten an Nathans Darstellung ist der erste Satz: „Es war in der Stadt nicht genug Raum für uns alle." „N. M." war ein junger Mann mit hochfliegenden Plänen. Im Ghetto fühlte er sich beengt, rieb sich ständig an seinem nicht so einfallsreichen Vater und seinen älteren Brüdern. Nie vertrug er Dummköpfe um sich, und ein Dummkopf war seiner Meinung nach jeder, dem in Finanzdingen eine präzise rasche Auffassung fehlte. Deshalb gab es in der stickigen Atmosphäre von Mayer Amschels Haus häufig Streit. Auch in späteren Jahren kam es zu Zerwürfnissen. „Mein lieber Nathan, Du darfst nicht auf Deinen Vater zornig sein",[5] schrieb Mayer Amschel 1805, und die Brüder beklagten sich über N. M.s ausfälliges, verletzendes Betragen:

> „Deine Briefe bereiten mir Übelkeit. Ich bin außerstande, solche Briefe nach Frankfurt zu schicken. Selbst wenn ich der ‚ach so ge-

scheite Nathan Rothschild‘ wäre, könnte ich nicht glauben, daß die anderen vier Brüder alle dumme Jungen wären und ich der einzige Kluge. Aber denken wir nicht mehr an all dies. Ich möchte mich nicht noch mehr aufregen ... Daher sende ich Dir all diese Briefe ... Der englische Posttag ist ein richtiger Schrecken für mich. Jede Nacht träume ich von diesen Briefen.“[6]

Kein Wunder, daß für diesen ungebärdigen Visionär „nicht Raum“ im Kontor seines Vaters war. Nathan wußte, daß er weggehen mußte. Schließlich gewann er für seine Fluchtpläne einen Helfer in seinem Schwager Benedict Worms. Die beiden gründeten miteinander einen Textilimport, Worms sollte die deutsche Niederlassung leiten und Nathan die englische Firma in Manchester.[7] So ging N. M., wie er später behauptete, mit einem Kapital von 20 000 Pfund auf eine der bedeutsamsten Reisen der Wirtschaftsgeschichte Europas.

Sein Entschluß war keineswegs ein Einzelfall. Mehrere Handelshäuser deutscher Juden hatten Repräsentanten in England, bedingt durch die wachsende kommerzielle Bedeutung dieses Landes und die tolerantere Einstellung zu ihrer Rasse. Doch ist dies eher in den größeren Zusammenhängen der jüdischen Migration zu sehen. Während des 18. Jahrhunderts wanderten Tausende Juden nach England ein, um der Verfolgung und den schauderhaften Verhältnissen des Ghettos zu entgehen. Da genaue Volkszählungsdaten fehlen, ist es schwierig, die Zahl der damals in England lebenden Juden zu bestimmen, aber laut Angaben lag der jüdische Bevölkerungsanteil um das Jahr 1800 zwischen 12 000 und 25 000 Personen.[8] Die meisten der Einwanderer waren arme Leute, sie ließen sich als Hausierer und Kleinhändler in London und den Seehäfen nieder. Einige freilich waren sehr reich, sie betätigten sich im Kolonialhandel, an der Börse und im Bankwesen. An der Spitze der Gemeinschaft stand eine kleine Gruppe von Finanziers, die das Vertrauen der Regierung genossen und Darlehen für militärische Zwecke und Sonderausgaben aufbrachten. Männer wie Aaron Hart, der 1760 als Kriegskommissär General Amhersts Armee nach Kanada begleitet hatte, oder Abraham Franco, ein Kaufmann in der Londoner City, der bei seinem Tod im Jahr 1777 Gerüchten zufolge ein Vermögen in der exorbitanten Höhe von 900 000 Pfund hinterließ.*

Daher war England gegen Ende des 18. Jahrhunderts geradezu das Land der Verheißung und muß seine Anziehungskraft auf Nathan schon einige Zeit ausgeübt haben, bevor er sich entschloß, dorthin auszuwandern. Zwar schuf er in erster Linie sein eigenes Unternehmen,

* Um einen annähernden Begriff von der heutigen Kaufkraft zu gewinnen, müßte man diese Summe mindestens mit fünfzig multiplizieren!

doch galt sicherlich als ausgemacht, daß er auch als Agent für seinen Vater fungieren würde, und Mayer Amschel wird klar erkannt haben, welche Vorteile eine ständige Vertretung in England bringen könnte. Um ihre anwachsenden Bankgeschäfte zu sichern, mußten die Rothschilds maximale Liquidität haben, und ihre täglichen Bareingänge stammten aus dem Handel. Die meisten der nach Frankfurt, dem Lagerhaus des freien Europa, gelieferten Waren kamen entweder direkt aus englischer Erzeugung oder durch englische Zwischenhändler aus den Kolonien. Kattun und Schafwollgewebe, Zucker, Indigo, Kaffee, Tabak und Wein waren die Hauptartikel in Mayer Amschels Handelshaus. Ein leidiger Umstand: Die Frankfurter Kaufleute waren faktisch wehrlos gegen ihre englischen Lieferanten. Diese konnten als Vorwand für Preiserhöhungen die kriegsbedingten Transportschwierigkeiten ganz bewußt in den schwärzesten Farben malen, was sie natürlich taten. Demnach kam es also darauf an, den lästigen Mittelsmann nach Möglichkeit auszuschalten, und Mayer Amschel beugte sich schließlich den zwingend logischen Argumenten seines ungeduldigen Sohnes.

In früheren historischen Darstellungen der Familie wurde der Mythos vom weitsichtigen Mayer Amschel geschaffen, der im Zug eines genialen Planes seine Söhne in den wichtigsten europäischen Hauptstädten verteilte, um ein Finanzimperium aufzubauen. Seit langem weiß man aber, daß das Wachstum des Rothschild-Konzerns eher in mehr oder weniger zufälligen Schüben verlief. Doch selbst bei ernsthaften Historikern halten sich noch manche Elemente aus dem alten Abenteuerroman der Hochfinanz. Sie setzen voraus, daß Nathan von seinem Vater nach England „entsandt" wurde, um eine Auslandsfiliale von M. A. Rothschild und Söhne zu errichten. Tatsächlich kam es aber erst einige Jahre später zur stärkeren Integration von Nathans Tätigkeit in das Familienunternehmen, und selbst dann wurden gemeinsame Operationen nicht von Frankfurt, sondern in erster Linie von London aus gesteuert. Im Jahr 1796 ging es Nathan zunächst und vor allem darum, aus der Enge des Ghettos in eine freiere Umwelt zu entfliehen. Danach nützte er zwar gelegentlich Mayer Amschels Kredit in London, war aber vom kommerziellen Standpunkt sein eigener Herr. Als sein Vater und seine Brüder im Jahr 1810 einen Gesellschaftsvertrag schlossen, wurde er nicht einbezogen.

Nathans erstes Ziel: Er konzentrierte seine Bemühungen darauf, in der Textilbranche von Manchester Fuß zu fassen – für einen Ausländer mit geringen Englischkenntnissen ein sehr schwieriges Unterfangen. Um die Sprache zu lernen und sich mit den kaufmännischen Usancen der Briten vertraut zu machen, praktizierte er einige Monate lang in London bei zwei Kaufleuten, mit denen sein Vater regelmäßig Geschäfte tätigte, L. B. Cohen und Levi Salomons (dessen Sohn der erste jüdische Lord Mayor der Stadt werden sollte).[9]

Der junge Mann aus Frankfurt wurde von den Vorstehern der Judengemeinde sehr freundlich empfangen. Oder besser gesagt, von den Führern der Aschkenasim. Die britische Judenschaft teilte sich in zwei Gruppen, die Sepharden, die aus Spanien und von den Mittelmeerküsten stammten, und die Aschkenasim aus Deutschland und Frankreich. Bis vor kurzem hatten die in Fragen des Glaubens und der Lebensweise sehr großzügigen Sepharden die Mehrheit, aber Einwanderung aus Nordeuropa schuf einen Ausgleich. Die beiden Gemeinschaften hatten getrennte Gebetsstätten in London. Die Sepharden gingen in die Bevis-Marks-Synagoge nahe bei Houndsditch am Rande der City, die Synagoge der Aschkenasim befand sich am Duke's Place. Beide Gruppen waren im „Joint Board of Deputies" vertreten, jener Körperschaft, welche die jüdischen Interessen wahrnahm, nur herrschte dort oft Unfrieden statt Einigkeit. Aber Nathan hatte gar keine Zeit, um sich in solche Auseinandersetzungen verwickeln zu lassen, denn im Mai 1799 übersiedelte er nordwärts in jene Industriestadt, deren schnelles Wirtschaftswachstum in Europa ohne Beispiel war.

Dieser kleine, beleibte rothaarige Jude mit dem starken deutschen Akzent, dieser Eindringling in der Börse von Manchester, galt bei den hartgesottenen lokalen Händlern bald als Witzfigur – so wie ihn später die Karikaturisten zu ihrem Lieblingsmodell erkoren. Einigen der Händler verging das Lachen freilich sehr rasch.

> „Ich fand bald, daß bei dem ganzen Geschäft ein dreifacher Nutzen gemacht werde: am Rohmaterial, beim Färben und bei der eigentlichen Fabrikation. Ich sagte zum Fabrikanten: Ich liefere Dir Material und Farbe, und Du lieferst mir fertige Ware. So zog ich dreifachen Nutzen und konnte billiger als alle anderen verkaufen . . . Mein Erfolg beruhte auf einem einzigen Grundsatze. Ich sagte mir: Was ein anderer kann, das kann ich auch, deshalb bin ich dem Mann mit den Mustern gewachsen und ebenso allen anderen!"[10]

N. M. hatte Erfolg, weil er fleißiger als seine Konkurrenten war, weil er seinen Kunden für ihr Geld Qualität bot und weil er immer nach neuen Märkten, neuen Anregungen und neuen Geschäftsmethoden Ausschau hielt. Als Ausländer hatte er den Baumwollkönigen von Manchester gegenüber einen Vorteil: Er war nicht durch Tradition gebunden. Er vereinigte in seiner Hand so viele Einzelphasen des Textilhandels wie nur möglich, und bei den Lieferanten machte er sich durch prompte Zahlung beliebt.

Die Weberei war noch immer vorwiegend Heimindustrie, die Erzeuger blieben größtenteils von der Gnade der Händler abhängig, diese übernahmen Waren nur auf Kredit und beglichen die Rechnungen häufig erst zwei, ja sogar sechs Monate später. Nathan aber trat mit Bargeld auf den Markt, deshalb erhielt er alle Mengen, die er benötigte, zu einem günstigeren Preis. Bei solcherart verringerten Gestehungskosten konnte er billig weiterverkaufen. Außerdem richtete er sich immer nach der jeweiligen Kriegslage, so daß er durch Änderung der Transportwege über den Ärmelkanal – falls erforderlich – möglichst rasche Lieferung garantieren konnte. Aber er war viel zu klug, um bloß zuverlässige, aber indifferente Dienstleistung zu bieten. Im Laden seines Vaters hatte er die kaufmännische Grundregel gelernt: „Gib dem Kunden das Gefühl, daß er die Hauptperson ist." Seine Geschäftsbriefe waren mit Höflichkeitsfloskeln und Kulanzangeboten hübsch ausstaffiert: ein kleines Geschenk für die werte Gattin des geschätzten Kunden, ein „vertrauliches" Offert, Waren zu denselben Konditionen zu liefern, die er normalerweise nur führenden Frankfurter Handelshäusern einräumte, etc. etc.[11]

Doch Nathans geschäftlicher Aufstieg erfolgte gewiß nicht nach einem genau vorausgeplanten, direkten Kurs. Er hatte viele Schwierigkeiten zu bewältigen, erlebte Fehlschläge. Die kriegsbedingten Hemmnisse brachten finanzielle Aderlässe und harte Geduldproben für einen Choleriker wie ihn. Immer mehr Staaten, die Britanniens Handelspartner waren, wurden von Napoleon entweder erobert oder zum Bündnis mit Frankreich bewogen. Immer mehr Häfen wurden für englische Schiffe gesperrt. N. M. mußte sich laufend darüber informieren, welche festländischen Straßen und Häfen durch französische Aktionen blokkiert werden könnten. Die Wahl der besten Routen und Transportschiffe verursachte ihm ständig Kopfzerbrechen. Aber diese mißliche Situation zwang ihn und seine Agenten auch, ihr Verbindungsnetz immer dichter und fester zu knüpfen. Sie hatten eine wachsende Zahl von Kurieren in ihrem Dienst, und Nathan reuten niemals die Ausgaben, um schnelle Schiffe für die Überquerung des Kanals mit wichtigen Nachrichten anzuheuern.

Sobald sich 1802/03 nach dem Friedensschluß von Amiens die Bedingungen besserten, reiste er selber auf das europäische Festland, zwecks Akquisition weiterer Kunden, aber sehr bald sah er ein, daß seine neuen Geschäftsverbindungen die Mühe nicht lohnten. „Ich verstehe nicht, warum all diese französischen Häuser so viel Aufhebens machen, da ich sicher bin, daß alle Waren billig sind und keine Firma in Manchester Waren billiger einkauft . . . als ich."[12] Eine zusätzliche Belastung war sein ständiger Bargeldbedarf. Seine Geschäftsmethode zwang ihn, jederzeit Summen für Waren flüssig zu haben. Auch wollte er vermeiden, daß sein Ruf als begüterter, zahlungsfähiger Mann durch eine momentane Verlegenheit in Frage gestellt würde. Daher war er immer wieder genötigt, da und dort zu borgen. „Ich bin gerade knapp bei Kasse", schrieb er an das Amsterdamer Kontor von Hanau & Co. „Als Ihr Bruder in der Stadt weilte, sagte er mir, daß ich mich an Sie wenden könnte."[13] Solche Wünsche äußerte er häufig, und wenn dies in Frankfurt bekannt wurde, war es dem guten Einvernehmen innerhalb der Familie nicht sehr förderlich. Sehr aufmerksam und voll Skepsis beobachtete Mayer Amschel Handel und Wandel seines verlorenen Sohnes, keineswegs überzeugt davon, daß sich N. M.s gewagte Taktiken rentieren würden.

Doch nach den ersten turbulenten Jahren machte Nathan Gewinne, und da sein Unternehmen expandierte, konnten auch sein Vater und Benedikt Worms Profite verzeichnen. Der „Engländer" handelte mit einem stetig erweiterten Gütersortiment. Britische, amerikanische, orientalische und Waren aus den Kolonien gelangten durch das Rothschildsche Kommerznetz auf Märkte in ganz Europa. Und was noch wichtiger war: N. M. sicherte sich eine Position als Finanzmann. Er eroberte sich einen Platz im Diskontgeschäft dadurch, daß er bei Fakturen vom Festland als Provision 1 Prozent berechnete – zu einem Zeitpunkt, als die eingeführten Banken 1½ oder 2 Prozent forderten.

So zeigt das Bild des jungen Nathan Rothschild insgesamt einen Mann von enormen Energien und sehr viel Selbstvertrauen, vor Ideen förmlich berstend und darauf erpicht, sie zu verwirklichen. Einen Mann, der bereit ist, Risiken einzugehen und den kürzesten Weg zu wählen. Einen Mann, zu sehr auf raschen Erfolg eingeschworen, um sich mit kleinlichen Details wie Buchhaltung und Administration abzugeben. Einen Mann, intolerant gegen alle, die nicht fähig waren, sein kühnes Planen zu verstehen oder seine Aufträge auszuführen. Auf der Parforcejagd nach dem Erfolg schonte er sich selber nie und stellte auch an Untergebene und Kollegen hohe Anforderungen. Ohne Zweifel brauchte er nicht nur Energie und Mut, sondern auch seine dicke Haut, um einen Vorsprung vor den Konkurrenten zu halten, denn er machte seinen Weg in einer umbarmherzigen Welt, in der viele renommierte Kaufleute bankrott gingen. Aber N. M. ging nicht bankrott. Im neuen Jahrhundert nahm sein Geschick eine deutliche Wendung zum Besseren. 1806 konnte er ans Heiraten denken. Die Auserkorene war Hannah Cohen.

Diese Ehe sicherte ihm die Aufnahme in die oberste Schicht der anglo-jüdischen Gesellschaft. Hannah war die älteste Tochter von Levi Barent Cohen, dem führenden Londoner Finanzmann. Sechs Jahre später verheiratete Cohen eine andere Tochter an Moses Montefiore, dem es beschieden war, der am meisten gefeierte Jude Englands zu werden. Er war Hauptmann der Freiwilligenmiliz von Surrey und ein prominentes Mitglied der Börse – ein Privileg, für das sein Vater 1200 Pfund bezahlt hatte. Die Beziehungen zwischen den beiden Familien wurden noch enger, als Moses' Bruder im Jahr 1815 Nathans Schwester Henrietta ehelichte. Die Einheirat brachte N. M. auch in Verbindung mit den Salomons, den Goldsmids und anderen Familien von Rang und Namen. Seine Braut war in vieler Hinsicht eine ideale Ergänzung. Außer Liebenswürdigkeit, Schönheit und Geschäftssinn besaß sie die Eleganz und den gesellschaftlichen Schliff, die Nathan so offenkundig fehlten. Zwanzig Jahre später sagte ein sehr kluger deutscher Adeliger, als er Vergleiche zwischen Hannah und der Gattin eines Konkurrenten anstellte, die jüdische Königin des Goldes übertreffe die christliche an Charme, Würde und guter Erziehung bei weitem. Laut diesem Augenzeugen war sie ihrem Gatten zwar nicht an Scharfsinn und kommerziellen Talenten, wohl aber an Takt und Weltläufigkeit überlegen.[14] Hannah Cohen mochte nicht imstande sein, aus Nathan Rothschild mit seiner mangelhaften Kenntnis der Sprache und seiner brüsken Art einen englischen Gentleman zu machen. Aber sie konnte dafür sorgen, daß seine Söhne sich zu englischen Gentlemen entwickeln würden.

N. M. seinerseits identifizierte sich vollkommen mit dem Land seiner Wahl. Er wurde britischer Staatsbürger und schloß viele Freundschaften in der Londoner Geschäftswelt. Wie so viele Einwanderer war er brennend an allen Fragen interessiert, welche die Nation bewegten. Im Jahr 1806 war der Krieg gegen Napoleon das die Öffentlichkeit beherrschende Thema. Und im Verlauf dieses Krieges hatte eine kritische Phase begonnen.

KAPITEL 3

„O Gott! Welche Änderung der Dinge."

Gegen Ende des Jahres 1806 war Napoleon bereits der unbestrittene Herr über die meisten Territorien Europas. Österreich war 1805 bei Ulm und Austerlitz entscheidend geschlagen worden, und Preußen büßte in der Doppelschlacht bei Jena und Auerstädt im Oktober 1806 für seinen Beitritt zur Koalition. Der Kaiser der Franzosen hatte nur mehr einen einzigen Gegner: Britannien. Aber anders als die Festlandmächte, waren die Briten nicht in einem einzigen dramatisch verlaufenden Feldzug zu besiegen. In der Seeschlacht vor Trafalgar am 21. Oktober 1805 hatte die Royal Navy den Beweis geliefert, daß sie die Herrschaft über die Meere besaß und behauptete. Somit wäre es völlig aussichtslos gewesen, nun eine französische Invasionsarmee in Dünkirchen und Boulogne für die Eroberung Englands einzuschiffen.

Es gab allerdings eine Waffe, mit der Napoleon diese trotzigen Inselbewohner vielleicht doch in die Knie zwingen würde: Er konnte ihren Handel mit dem Kontinent blockieren. Voraussetzung dafür war die absolute Kontrolle der europäischen Seehäfen sowie des binnenländischen Handels. Deshalb galt Napoleons besondere Aufmerksamkeit gerade Frankfurt als dem großen internationalen Wirtschaftsmarkt. Er konnte nicht zulassen, daß der Freistadt-Status weiterhin aufrechtblieb. Daher machte er Frankfurt zum Schwerpunkt jenes neuen Gefüges von deutschen Vasallenstaaten, das der Rheinbund genannt wurde. Die Frankfurter Bürger sahen sich an neue, zum Teil sehr moderne Gesetze gebunden, über deren Einhaltung Behörden des französischen Kaiserreichs wachten.

Dieser Umschwung barg konkrete Gefahren für die Rothschilds und ihr Unternehmen. Gleich anderen Bankiers und Kaufleuten hätten sie Verluste abschreiben und sich mit dem neuen Regime arrangieren können. Immerhin gab es viele Geschäfte mit den französischen Machthabern und ihren Marionettenfürsten zu tätigen. Eine andere Vorgangsweise, nämlich die Verbindungen mit exilierten Monarchen aufrechtzuerhalten und Handel mit Frankreichs Feinden zu treiben, würde höchstwahrscheinlich nur zu polizeilichen Hausdurchsuchungen herausfordern, zu genauer Kontrolle der Korrespondenz, Konfiskation von Waren und scharfen Verhören, ja sogar zu Verhaftung und Tribunal.

Außerdem brachte die neue Ära vieles, was die Rothschilds und ihre Glaubensgenossen gutheißen konnten. Die liberalen Gesetze, die im französischen Kaiserreich Geltung hatten und gemäß dem „Organisationspatent“ vom 16. August 1810 auch in den Rheinbundstaaten in Kraft traten, boten den Juden erhebliche Vorteile. Sie erlangten nun die volle Gleichberechtigung und konnten Bürger werden – allerdings mußten sie für diese Vergünstigung bezahlen. Im Jahr 1811 fielen die Schranken des Ghettos, doch Mayer Amschel und Gutle blieben weiterhin dort. Erinnert man sich der Tatsache, daß Rothschildsches Geld bereits für die Gründung einer Schule verwendet worden war, wo die umwälzenden Grundsätze der Gleichheit und Toleranz gelehrt wurden, und zieht man ferner in Betracht, daß die jüdische Emanzipation auch künftig, Generationen hindurch, eine Konstante des Rothschildschen Denkens bildete, dann darf man wohl annehmen, daß die Familie diese Veränderungen bejahte.

Aber Mayer Amschel und seine Söhne mußten auch andere Faktoren einkalkulieren. So z. B. die Lage am Ort selbst, in Frankfurt, wo sich nicht alles zum Besseren wendete: Die Bürger waren verpflichtet, Quartiere für fremde Truppen zur Verfügung zu stellen, noch dazu wurden ihnen hohe Steuern auferlegt, sie beliefen sich in der vierzehnjährigen Besatzungszeit auf insgesamt 8 Millionen Gulden. Und da waren die Beziehungen der Rothschilds zum Landgrafen von Hessen und zu anderen, den Franzosen feindlich gesinnten Souveränen. Buderus setzte alles daran, um sie bei der Stange zu halten, mit dem Argument, es sei zwar gefährlich, seinem Herrn nun zu helfen, doch der Wandel in Wilhelms Lage eröffne Bankiers, die ihm die Treue hielten, bisher ungeahnte Möglichkeiten.

Die beschwörenden Rufe des Finanzberaters waren bloße Schalmeientöne im Vergleich zu Nathans eindringlichen Vorhaltungen. Im Verlauf des Krieges waren Importgüter ständig im Wert gestiegen. Ebenso die Gewinnspannen für die Rothschilds und Benedict Worms, deshalb sträubten sie sich gegen die Aufgabe eines Systems, das bestens funktionierte. Aber sie mußten immer energischer und raffinierter vorgehen, denn Napoleon war entschlossen, scharf durchzugreifen. Am 21. November 1806 verhängte er die Kontinentalsperre.

Im sogenannten Berliner Dekret jenes Datums verfügte er, daß „kein Schiff, das geradewegs aus England oder aus den englischen Kolonien kommt . . . einen unserer Häfen anlaufen darf“.[1] Während des nächsten Jahres zwang er Rußland und seine anderen Verbündeten auf dem Festland, sich an den Wirtschaftssanktionen gegen seinen einzigen unbesiegten Feind zu beteiligen. Zu Beginn des Jahres 1808 waren alle Häfen von der Ostsee bis zum Mittelmeer zumindest theoretisch für britische Waren gesperrt. Die Londoner Regierung erwiderte mit der Deklaration einer Blockade aller Küstenstädte, welche sich an der Kontinentalsperre beteiligten, und drohte mit der Aufbringung jener Schiffe, die dort ihre Frachten löschen wollten.

Die deutschen Rothschilds ihrerseits entschlossen sich, weiterhin geheimen Handel mit Britannien zu treiben und auch andere Feinde Napoleons zu unterstützen. Natürlich gaben sie sich in der Öffentlichkeit als treue Gefolgsleute des französischen Kaisers. So kamen sie z. B. ihren neuen Herren mit der Gewährung gering verzinster Darlehen entgegen und bemühten sich um gute Beziehungen zu der Obrigkeit Frankfurts, die tatsächlich kein allzu strenges Regiment führte. Der Fürstprimas des Rheinbundes, Erzbischof Carl v. Dalberg, seit 1810 Großherzog von Frankfurt, war ein deutscher Patriot aus alter Familie, er hatte sich für Napoleon entschieden, weil er in ihm den einzigen Mann sah, der dem Land die Einheit zu geben vermochte. Persönlich stand Dalberg positiv zum Kurfürsten von Hessen und übersah geflissentlich, daß die Rothschilds in dessen Namen Geschäfte tätigten.

Manche von Napoleons Organen zeigten wenig Begeisterung für die hochfliegenden Pläne ihres Herrschers. Andere wieder waren schlicht und einfach korrupt. Deshalb fiel es den Frankfurter Rothschilds nicht allzu schwer, ein Doppelspiel zu treiben. Ihre Verbindungen zum hessischen Hof geben davon Zeugnis.

Nun, da sich Napoleon zum Herrn Europas aufgeschwungen hatte, war er endlich in der Lage, alte Rechnungen zu begleichen. Nichts stachelte ihn stärker dazu an, als sein Groll gegen den Landesvater von Hessen-Kassel, dem Kaiser Franz, damals noch als Herrscher des Heiligen Römischen Reiches, der Zweite seines Namens, anno 1803 die Kurfürstenwürde verliehen hatte. Napoleon wußte natürlich, daß Wilhelm jahrelang Neutralität vortäuschte, in Wahrheit aber die Feinde Frankreichs unterstützte. Nun war die Zeit für Vergeltung gekommen. Prompt erteilte der Kaiser seinem Marschall Mortier folgenden Befehl:

> „Sie werden Kassen und Magazine versiegeln, den General Lagrange zum Gouverneur des Landes ernennen, Sie werden in meinem Namen Steuern einheben und Recht sprechen. Geheimnis und Schnelligkeit seien Ihre mächtigen Mittel für volles Gelingen. Meine Absicht geht dahin, die Herrschaft des Hauses Hessen-Kassel zu beseitigen und es aus der Reihe der Mächte zu streichen.“[2]

Indes, Napoleons ausführende Organe hatten kein Monopol auf „Geheimnis und Schnelligkeit". Wilhelm hatte die Gefahr vorausgesehen, und wochenlang war seine Dienerschaft mit der gewaltigen Aufgabe beschäftigt, Kisten voll Silberbarren zu verfrachten oder zu verstecken, zusammen mit den Kontobüchern sowie Stapeln von Wechseln und Pfandbriefen, die, falls sie in die Hände der Eroberer fielen, einen Schlüssel zu den komplexen Geschäften des Kurfürsten bieten würden.

Tatsächlich war den Bemühungen des Souveräns nur ein Teilerfolg beschieden. Die Schuld daran lag einzig und allein bei ihm selber. Von Natur aus geradezu krankhaft geizig und mißtrauisch, brachte er es nicht einmal in dieser akuten Krise über sich, seinen Leuten Vertrauen zu schenken. Das Resultat: Der Großteil des Silbers verblieb in Kassel, weil sich der Kurfürst mit dem Schiffer, der die Fracht auf dem Strom bis zur Küste und übers Meer nach England schaffen sollte, nicht über den Preis einigen konnte. Die strittige Summe betrug ganze fünfzig Taler. Der Wert der Barren, deren sich die Franzosen bemächtigten, ging in die Millionen. Wilhelms Widerstreben, sich von seinem Schatz zu trennen, kostete ihn sogar um ein Haar seine Freiheit. Seine sechsspännige Kutsche rollte durch ein Tor der Hauptstadt Kassel, als durch ein anderes bereits die Franzosen einmarschierten.

Amschel Rothschild war nur wenige Tage früher abgereist. Er hatte sich 1803 in Kassel ansässig gemacht, um die Interessen des Unternehmens zu wahren und den Umtrieben von Konkurrenten zu begegnen, die den Frankfurter Bankiers ihren wachsenden Einfluß neideten. Doch wenn er hoffte, 1806 aus der Zwangslage des Kurfürsten Nutzen zu ziehen, wurde er enttäuscht. Weder den Rothschilds noch ihren Mitbewerbern fiel die Treuhandverwaltung von Wilhelms Vermögenswerten zu, das meiste davon wurde rund um das Residenzschloß versteckt oder vergraben.

Aber im folgenden Frühjahr bedurfte der nun im Exil lebende Fürst der Hilfe Mayer Amschels. Dringend brauchte er jemanden, der sich seiner wichtigen Geschäftspapiere annahm. So hielt eines Tages an einem Ende der Judengasse eine Kutsche, und vier Kisten wurden zum Haustor der Rothschilds getragen. Dieser eine Vorfall zeitigte eine der seither gängigsten Mären über die Ursprünge des Familienvermögens. Schon 1836 war diese Geschichte so weit verbreitet, daß sie in einem englischen Blatt publiziert wurde, ein Umstand, der natürlich keine Garantie für ihren Wahrheitsgehalt bot. Der Verfasser beteuerte, Kurfürst Wilhelm habe den alten Bankier gebeten, sein Geld und seine Pretiosen in Verwahrung zu nehmen, Rothschild aber, des Risikos wohl bewußt, habe sich nur zögernd, mit großen inneren Vorbehalten dazu überreden lassen.

„In dem Moment, als es Rothschild gelungen war, die Schätze des Fürsten in einer Ecke seines kleinen Gartens zu vergraben, zogen schon die französischen Truppen in Frankfurt ein. Seinen eigenen Besitz, in Waren und Barschaft etwa 40 000 Taler wert, versteckte er nicht, weil er wußte, wollte er dies tun, dann würde eine gründliche Durchsuchung erfolgen und nicht nur seine eigene Habe, sondern auch der Hort des Fürsten entdeckt und geplündert werden.

Die Republikaner, die wie die Philister alter Zeiten über Rothschild herfielen, ließen ihm nicht einen einzigen Taler seines eigenen Geldes und Besitzes. Wie alle anderen Juden und Bürger wurde er in bitterste Armut gestürzt. Indes, der Schatz des Fürsten war in Sicherheit, und einige Zeit, nachdem die französischen Truppen Frankfurt verlassen hatten, fing Rothschild bescheiden als Bankier wieder an, unverdrossen mehrte er seine Geschäfte vermittels des fürstlichen Geldes."

Im weiteren wird erzählt, daß Mayer Amschel dem Kurfürsten bei dessen Rückkehr das verwahrte Kapital samt Zinsen zurückerstatten wollte, aber Wilhelm habe erklärt:

„Ich will weder die Zinsen, die mir Ihr redlicher Sinn bietet, noch will ich mein Geld schon aus Ihren Händen nehmen. Die Verzinsung reicht nicht aus, um zu ersetzen, was Sie verloren, indem Sie das Meinige retteten. Mein Geld soll Ihnen für weitere zwanzig Jahre zu Diensten stehen – und zwar bloß zu zwei Prozent Zinsen."[3]

Diese romantisierte und allzusehr vereinfachte Schilderung über die Entstehung des Rothschild-Vermögens wurde viele Jahre allgemein geglaubt. Mit fast absoluter Sicherheit ist Nathan als eigentlicher Urheber festzustellen. Die Geschichte klingt nämlich ganz so wie jene Schnurren, die er gern erzählte, wenn er sich auf Kosten gutgläubiger Zuhörer amüsieren und die wirklichen Geheimnisse seines Erfolges noch mysteriöser erscheinen lassen wollte. Sie stimmt zudem weitgehend mit der Darstellung überein, die er 1834 im Gespräch mit Sir Thomas Fowell Buxton gab:

„‚Der Kurfürst von Hessen-Kassel', so sagte Rothschild, ‚übergab meinem Vater sein Geld. Es war keine Zeit zu verlieren. Er sandte es an mich. Unerwartet trafen bei mir per Post 600 000 Pfund Sterling ein (nach heutiger Kaufkraft etwa 30 Millionen Pfund). Und ich legte sie so gut an, daß mir der Kurfürst all seinen Wein und all sein Tafelweißzeug zum Geschenk machte.'"[4]

Was wirklich geschah, war prosaischer und für die menschliche Natur weniger schmeichelhaft. Als der französische General Lagrange den Inhalt von Wilhelms hastig verborgenen Truhen so nahe vor Augen hatte, erwachte seine Habgier. Und als ihm Buderus Geld dafür anbot, wenn er es zuließe, daß die kurfürstlichen Diener mehrere Kisten mit Papieren aus der Stadt schafften, nahm er die Bestechungssumme bereitwillig an. So fanden vier Kisten voller Obligationen und Geschäftsbüchern, in denen wichtige Informationen über die private Finanzgebarung des Kurfürsten verzeichnet waren, ihren Weg in das Frankfurter Ghetto. Im Hof des Rothschild-Hauses gab es eine verborgene Tür zu einem Keller, der durch einen unterirdischen Gang mit dem Nebengebäude verbunden war. Die Judengasse war von solchen Katakomben unterwühlt, ursprünglich als Zuflucht für Zeiten der Verfolgung angelegt – einer der Gründe, warum manche der Häuser unsicher auf ihren Fundamenten standen und einzustürzen drohten. In diesem geheimen Gelaß bewahrte der alte Rothschild Bargeldreserven und all seine geheimsten Dokumente auf. Dort deponierte er nun auch die Truhen des Kurfürsten.

Aber im weiteren Verlauf des Jahres benötigte Wilhelm bald andere Dienste, die, wenn auch nicht weniger gefahrvoll, so doch ungleich einträglicher waren. Im Schloß Gottorp bei der damals dänischen Stadt Schleswig im Exil, und außerstande, über seine verbleibenden Vermögenswerte auf direktem Weg zu verfügen, fand sich der Kurfürst in arger finanzieller Bedrängnis. Ein Brief von Buderus an einen Londoner Makler vermittelt ein klares Bild der höchst mißlichen Situation: Das Datum ist der 17. November 1806. „Wir sind hier im größten Elend. Helfen Sie doch, daß wir baldigst Geld bekommen, denn wir wissen nicht, was wir sonst anfangen sollen, weil von Kassel kein Kreuzer verabfolgt wird. O Gott, welche Änderung der Dinge."

Mayer Amschel tat, was ihm möglich war, um seinem Gönner Erleichterung zu verschaffen. Er nahm in Wilhelms Namen Zinsenbeträge in Empfang, die Kaiser Franz für Darlehen bezahlte. Er entsandte seine Söhne nach England und Holland, um fällige Schuldforderungen des Kurfürsten zu lokalisieren und geltend zu machen. Amschel und später auch Carl reisten häufig nach Prag, wo der exilierte Monarch gegen Ende des Jahres 1807 seinen Wohnsitz nahm.

Während seiner erzwungenen Abwesenheit aus Deutschland wurden drei Bankhäuser beauftragt, möglichst viele Außenstände einzutreiben, ehe die Franzosen die Summen konfiszieren konnten. Es waren: Lennap in Kassel, Lawatz in Hamburg und Rothschild in Frankfurt. Buderus leitete das gesamte Unternehmen und ließ den Rothschilds immer mehr Transaktionen zukommen. „Frankfurt ist der Zentralpunkt aller meiner Geschäfte", teilte er dem Kurfürsten im März 1807 mit.[6] Aber bald hatten eben diese Rothschilds viel Wichtigeres zu tun, als bloß Schulden einzutreiben. Sie gingen dazu über, für den Kurfürsten Kapitalanlagen zu tätigen. Wilhelm hatte in England Bargelddepots, die sich durch Verzinsung mehrten, und wollte diese Summen günstig anlegen. Doch in seinem sagenhaften Geiz wehrte er sich gegen den Gedanken, jemanden anderen mit der Verwaltung seines Vermögens zu betrauen. Schließlich überredete ihn Buderus, Nathan Rothschild, der nur bescheidene Provisionen berechnen würde, freie Hand zu geben. Im Jahre 1808 kaufte N. M. für den Kurfürsten mit drei Prozent verzinste britische Staatspapiere im Gegenwert von 150 000 Pfund Sterling.

Rasch verbreitete sich der gute Ruf der Rothschilds für die zuverlässige und effiziente Abwicklung heikler „grenzüberschreitender" Transaktionen auch unter den anderen in Bedrängnis geratenen Duodezfürsten. Immer häufiger hatten Mayer Amschel und seine Söhne chiffrierte Depeschen durch ganz Europa zu senden, Geld in Geheimfächern von Kutschen zu befördern und in den Tunnels der Judengasse die verschiedensten Dokumente zu verstecken, die für die Franzosen von enormem Interesse gewesen wären.

Inzwischen reagierte Nathan mit gewohnter Energie und Findigkeit auf die Herausforderung der Kontinentalsperre. Wahrscheinlich ist es kein Zufall, daß er im selben Jahr (1808), als er Anlagemakler des Hofes von Hessen-Kassel wurde, sein eigenes Unternehmen von Grund auf reorganisierte und erweiterte. Er zog aus der Provinz in die Hauptstadt und eröffnete ein Kontor in der Great St. Helen's Street im Londoner Finanzviertel. Die Firma in Manchester wurde unter dem Namen „Rothschild Brothers" weitergeführt. Laut Plan sollte Carl bei seinem Bruder eintreten und die Niederlassung im Norden leiten. Schon seit seinem ersten Aufenthalt in England im Jahr 1804 war er darauf erpicht, wiederzukommen, allerdings hatte ihn Mayer Amschel bisher nicht entbehren können. Carl reiste nicht nur häufig an den Exilhof des Kurfürsten, er betätigte sich auch als Kontaktmann am Frankfurter Standort des England-Geschäftes. Im Jahre 1809 wurde er großjährig und war nun der richtige Nachfolger Nathans für den tagtäglichen Betrieb des Textilhandels.[7] Aber das Problem der getrennten Standorte zwang N. M., solche Erwägungen aufzugeben und den Schwerpunkt seiner kommerziellen Tätigkeit zu verlegen. Er ließ seine Textilfirma auf und arbeitete fortan ausschließlich in London. Dort konzentrierte er all seine Kräfte darauf, die Kontinentalsperre zu durchbrechen. Vermutlich damals zahlte N. M. seinen Schwager und Partner aus, denn man weiß nichts über eine weitere Beteiligung von Benedict Worms. Nathans berufliche Interessen verlagerten sich vom Handel auf den Finanzsektor, und dies wiederum bedingte engere Zusammenarbeit mit dem Unternehmen und den Kunden seines Vaters. Über der Tür seines Londoner Kontors stand „N. M. Rothschild and Brothers". Mit vollen Segeln ging Nathan unter die Blockadebrecher, oder, aus der Sicht der Franzosen: unter die Schmuggler. Er heuerte mehrere wagemutige Kapitäne an, die meisten von ihnen an der Küste Kents rund um Folkestone beheimatet, Männer, welche die holländischen und die baltischen Häfen gut kannten und bereit waren, bei jedem Wetter in See zu stechen. Mit ihrer Hilfe und dem unbezahlbaren Informationsnetz seiner Familie brachte er eine Schiffsladung nach der anderen über die Nordsee zu kleinen, unbewachten Häfen, wo seine Agenten warteten, um die Güter auszuladen und rasch ins Landesinnere zu transportieren.

Nun war bereits London und nicht mehr Frankfurt das Zentrum der Rothschildschen Geschäftsunternehmen. Nathan ergriff die Initiative, weil er ein Finanzgenie war und klar die einmaligen Möglichkeiten erkannte, die der Krieg bot. Und nicht zuletzt deshalb, weil sich von der Warte Englands aus eine ganz andere Sicht des gesamten Zeitgeschehens eröffnete als in Deutschland. Die Briten waren fest entschlossen, „Bony" – Napoleon – niederzuringen. Hannahs Verwandte und N. M.s Kollegen hielten unbeirrbar an dem Vorsatz fest, die Kontinentalsperre zu durchbrechen. Ihre Motive waren selbstverständlich vorwiegend kommerzieller Natur, aber wie Nathan selbst, hatten sie auch einen patriotischen Beweggrund: Wenn sie Napoleons Blockade überwanden, leisteten sie damit ihren Beitrag zur Kriegsführung. So plante und kontrollierte Nathan von London aus die komplizierten Abläufe, um den Warenstrom in Fluß zu halten.

Zwei Faktoren kamen ihm dabei zugute. Es herrschte rege Nachfrage nach britischen und Kolonialgütern, was es für Schiffer, Transporteure und Kaufleute lohnend machte, die Risiken einzugehen. Zugleich war es unmöglich, die Kontinentalsperre lückenlos durchzuführen. Mit genauen Informationen über den jeweils aktuellsten Stand sowie mit Kühnheit, gefälschten Papieren und, wenn nötig, einer Bestechungssumme für einen korrupten Beamten, gelang es immer, irgendwo in der Mauer, die Napoleon um Europa aufzurichten trachtete, einen Durchschlupf zu finden.

Die wichtigste Voraussetzung aber war strenge Geheimhaltung, vor allem zum Schutz von Nathans Verwandten, die in Frankfurt unter massivem Druck und häufig unter Verdacht standen. Die meisten von ihnen waren dauernd unterwegs: Carl nach Prag und zurück, Amschel hatte vieles in Kassel zu erledigen, Salomon eilte immer wieder nach Amsterdam, Hamburg und in die Hafenstädte der Nord- und Ostsee, und der junge James unternahm bereits Reisen nach Frankreich.

Und ständig das Risiko der Aufdeckung. Die französischen Behörden wußten, daß die Rothschilds Kronagenten des Kurfürsten waren und verdächtigten sie des Handels mit Konterbande. Deshalb überwachten sie die Familie und fingen ihre Briefe ab. Für die Menschen im Haus zum Grünen Schild gehörte die Gefahr zum täglichen Leben. Eine schwere psychische Belastung. Napoleons Polizei wartete nur auf einen Vorwand, um die Räume zu durchsuchen und ihre Bewohner zur Preisgabe der Geheimnisse zu zwingen.

Im Frühjahr 1809 bot Wilhelm IX. seinen Gegnern diese Gelegenheit förmlich auf dem Präsentierteller. Er finanzierte eine Widerstandsbewegung in Hessen-Kassel, aber die Volkserhebung war stümperhaft vorbereitet. Sofort nach der Niederschlagung der Revolte wurde Buderus verhaftet und ins Kreuzverhör genommen. Am 10. Mai marschierte ein Kommissär mit einer Gruppe von Polizisten durch die Judengasse und hämmerte an Mayer Amschels Tür.

Zum Glück waren die Rothschilds durch Dalberg rechtzeitig gewarnt worden. Ihr erster Gedanke galt dem Depot des Kurfürsten; sie versuchten, alles durch den Geheimgang ins Nebenhaus zu schaffen. Aber die Truhen waren zu breit. In höchster Eile wurden sie geöffnet und die Dokumente auf mehrere andere Verstecke verteilt. Als die Polizei kam, fand sie ein Haus vor, in dem das gewohnte rege Treiben herrschte, jeder einzelne war offenbar mit seinen völlig legalen kaufmännischen Verrichtungen befaßt. Die Beamten überprüften Mayer Amschels Geschäftsbücher, entdeckten aber keinerlei Unregelmäßigkeiten. Kaum verwunderlich, denn seit Jahren führte der alte Mann doppelte Bücher: Das eine war für die Obrigkeit, das andere indes keinesfalls für fremde Augen bestimmt.

Die Polizei durchsuchte das Haus gründlich und verhörte alle zur Zeit in Frankfurt anwesenden Familienmitglieder, konnte aber den vorher abgesprochenen Aussagen nichts Verdächtiges entnehmen. Der Hausvater selbst machte den Eindruck eines ehrerbietigen kranken alten Juden – den Mayer Amschel nicht zu spielen brauchte, denn 1808 hatte er sich einem chirurgischen Eingriff unterziehen müssen und war so leidend, daß er bereits sein Testament gemacht hatte. So berief er sich auf sein nachlassendes Gedächtnis, namentlich was die Transaktionen betraf, die seine Befrager besonders interessierten. Schließlich rückte der Kommissär mit seiner Mannschaft ab. In seinem Bericht erwähnte er, die Rothschilds seien „sehr schlau und sehr klug". Die Familie atmete erleichtert auf.[8]

Aber die Krise war noch nicht überstanden. Buderus war als die Schlüsselfigur der geheimen Aktionen des Kurfürsten bekannt und wurde oft zu Verhören geholt. Im Jahre 1810 gelang es Mayer Amschel, seinem alten Freund zu helfen: Er bewog Dalberg, Buderus ein Amt zu übertragen. Doch noch ehe das Jahr um war, steckten die beiden Männer und ihr Anhang erneut in Schwierigkeiten. Napoleon befahl, Konterbande jeder Art zu beschlagnahmen. Er mußte sich die unerfreuliche Tatsache eingestehen, daß seine Kontinentalsperre ein Fehlschlag war. Sie hatte den Briten nur geringen Schaden zugefügt, wohl aber in seinem eigenen Herrschaftsbereich Inflation, Verknappungen und wirtschaftliche Schwierigkeiten bewirkt. Deshalb sah er sich 1810 genötigt, die Beschränkungen für ausländische Güter zu lockern und ein System von Importgenehmigungen einzuführen, das de facto den Schmuggel legalisierte. Das Ergebnis: ein Anstieg der Einfuhr britischer und Kolonialwaren, die trotz ihrer hohen Preise* reißend Absatz fanden. Aber statt Napoleons Aufsichtsbehörden eine Handhabe zur besseren Kontrolle des Importhandels zu bieten, zeitigte die Liberalisierung der Bestimmung nur die eine Folge, daß wagemutige Kaufleute wie Nathan Rothschild nun noch mehr undichte Stellen orten konnten.

Da der Kaiser der Lieferanten von Konterbande nicht Herr wurde, beschloß er, die Empfänger einzuschüchtern. Polizei, Spitzel und Militär wurden zu rigorosen Maßnahmen eingesetzt, um alle Händler, die verbotene Ware verkauften, aufzuspüren und Exempel zu statuieren. Am 2. November 1810 gab Buderus seinem Souverän ein beklemmendes Bild der Lage in Frankfurt:

> „Der Hofagent Callmann (Carl) Rothschild sollte eben nach Prag abreisen, als mehrere Regimenter Franzosen mit Artillerie und einer zahllosen Menge von Zollbeamten in Frankfurt einrückten, alle Tore besetzten, niemand das Auspassieren ohne die genaueste Visitation gestatteten, alle Gewölbe versiegelten und Haussuchungen nach Kolonial- und englischen Waren mit Anwendung der strengsten Maßregeln vornahmen. Die Größe der allgemeinen Verwirrung und des eingetretenen Notstandes übertrifft jede Beschreibung . . . die Menge der Aufpasser und Verräter unter jedem Gewande ist so groß, daß man niemand mehr vertrauen kann.“[9]

Wie es scheint, wollte Napoleon in Frankfurt ein ganz besonderes Exempel statuieren. Soldaten und Zollbeamte durchstöberten die Häuser und Geschäftsräume aller Kaufleute nach verstecktem Schmuggelgut. Wurde solches gefunden, dann mußten die Händler Zollstrafen bezahlen. Die Waren aber wurden beschlagnahmt und öffentlich verbrannt. Allein die Geldbuße für die bei Rothschild entdeckten Güter belief sich auf 19 348 Francs, und das war noch ein bescheidener Bruch

* Infolge der sehr hohen Zölle Zuschläge bis zu 50% des eigentlichen Preises.

teil der in der Stadt als Strafe eingehobenen Gesamtsumme von 9¼ Millionen Francs. Zweifellos war es zum Teil geschickter Tarnung und dem erkauften Wohlwollen von Beamten zu verdanken, daß die Familie so glimpflich davonkam. In seinen Situationsberichten an den Kurfürsten äußerte sich Buderus sehr lobend über die „unermüdete Sorgfalt" der Rothschild-Söhne, „und ihren Eifer zur Betätigung treuer Anhänglichkeit an Euer Kurfürstliche Durchlaucht".

Mayer Amschel war nun sechsundsechzig, vorzeitig gealtert und hinfällig. Die Sorgenlast jener Jahre muß für ihn sehr drückend gewesen sein, aber der Rückblick auf ein langes, ereignisreiches Leben erfüllte ihn wohl mit Genugtuung und Zufriedenheit: Er hatte das Familienunternehmen von bescheidenen Anfängen bis zu einer Dimension aufgebaut, in der es ein Kapital in der Höhe von 800 000 Gulden auswies. Er war Hauptbankier des reichsten Fürsten Europas und hatte auch anderen Monarchen wertvolle Dienste geleistet, einschließlich des Kaisers Franz. Er hatte ein weitverzweigtes Netz kommerzieller und politischer Kontakte geschaffen, dessen geschickte Nutzung seinen Söhnen noch größere Erfolge ermöglichen sollte. Von ihren Zwistigkeiten abgesehen, waren diese Söhne gehorsam, pflichtgetreu und einträchtig. Wenn sie so blieben, dann konnten sie Ungeahntes erreichen. Doch er selbst würde ihre Triumphe nicht mehr miterleben. Die Zeit war gekommen, um alles für sie zu ordnen.

Am 27. September 1810 wurde ein neuer Gesellschaftsvertrag der Firma M. A. Rothschild und Söhne abgeschlossen. Demnach ergab sich folgende Verteilung des Geschäftskapitals:

Mayer Amschel	370 000 Gulden
Amschel	185 000 Gulden
Salomon	185 000 Gulden
Carl	30 000 Gulden

Die Gewinn- oder Verlustrechnung war „dahin regulirt worden, daß man das Ganze aus 50 Theilen bestehend ansehen soll", davon entfielen

auf Mayer Amschel	24 Teile
auf Amschel	12 Teile
auf Salomon	12 Teile
auf Carl	1 Teil

Auch James, der noch kein Gesellschafter war, sollte 1 Anteil erhalten „statt eines Salairs für seine beschwerliche (sic!) Reisen in Handlungs Angelegenheiten".

In den Bestimmungen war auch der Schlüssel für eine Neuaufteilung bei Verheiratung der beiden jüngeren Söhne festgelegt, nicht zuletzt um zu verhindern, daß dem Unternehmen Kapital entzogen werde. Paragraph XI. z. B. besagt ausdrücklich: „Es haben auch Herr Callmann (Carl) und Herr Jacob (James) Rothschild ihr von derselben Herrn Vater dereinstig zu erhaltendes Heuraths Gut ebenfalls unverzinslich in die Handlung zu geben.“

Jeglicher Anspruch anderer Familienmitglieder auf Einsichtnahme in die Bücher und in die Geschäftskorrespondenz wurde a priori abgelehnt. Dies betraf eindeutig die Töchter und Schwiegerkinder, aber auch N. M.[10] Nathans Firma war nominell noch immer selbständig, und obwohl er nun der führende Kopf im Kreis der Rothschilds war, mußte das Frankfurter Haus unbedingt Distanz zu einem im feindlichen Ausland ansässigen Kaufmann wahren. Deshalb wurde die Fiktion von Nathans unabhängiger Geschäftsgebarung aufrechterhalten.

Aber eben zu jenem Zeitpunkt trat dieser ausländische Geschäftsmann in eine neue Phase, in der er sich viel höhere Ziele steckte. N. M. weitete seine Tätigkeit nicht nur auf Bereiche aus, wo er auf die Mitwirkung seiner Brüder zählen mußte, ob sie nun wollten oder nicht. Tollkühn ließ er sich auch auf eine Reihe sehr gewagter Abenteuer ein, durch die sich schon binnen fünf Jahren ein dramatischer Wandel der Größenordnung des Familienunternehmens vollziehen sollte. Was immer Mayer Amschel anno 1810 vorausgesehen haben mochte, er konnte wohl kaum eine Vorstellung davon haben, daß sein zweiunddreißigjähriger Sohn im Begriff war, das vom Vater gegründete Wechselhaus zum bedeutendsten Bankhaus der Welt zu machen.

KAPITEL 4
Finanzstrategie contra Napoleon

Binnen weniger Jahre hatte sich in der „Fortune" der Familie Rothschild ein in der Wirtschaftsgeschichte beispielloser Wandel vollzogen. Im Jahre 1810 war Nathan Rothschild einer von mehreren Londoner Unternehmern, aber 1815 war er bereits der wichtigste Finanzier der britischen Regierung, der Mann hinter Wellingtons erfolgreichem Feldzug in Spanien, der Mann, der das Geld für den größten aller britischen Siege beschaffte: Waterloo.

Zwischen einem Händler, der sich auch als Blockadebrecher betätigte, und einem offiziellen Bankier der Regierung Seiner Majestät gähnte eine gewaltige Kluft, dennoch hatte Nathan sie in knapp fünf Jahren überbrückt. Kein Wunder, daß die unwahrscheinlichsten Geschichten erfunden wurden, als Erklärung dafür, wieso die Familie aus dem Frankfurter Ghetto mit einem einzigen Sprung nicht nur einen Erfolg errungen, der alle anderen Handelshäuser Europas mit Neid erfüllte, sondern auch einen Status erreicht hatte, der nie mehr anzufechten war. Der erstaunliche Coup konnte nur durch eine komplizierte Verkettung von Manipulationen geglückt sein, viele davon so geheimnisvoll, daß sie heute nicht mehr zu enträtseln sind. Deutlich erkennbar bleibt aber, daß sich die Aktionen jener fünf Jahre ganz von selbst in drei Phasen gliedern, gleich den Akten eines spannenden Dramas.

Im ersten Akt geht es um die Vermögenswerte, die Wilhelm von Hessen-Kassel den Rothschilds zur Veranlagung anvertraute. Das Geld des Kurfürsten war der Fels, auf dem das Kapital der Familie ruhte, wie Carl im Jahr 1814 offen zugab: „Der Kurfürst schuf unser Vermögen. Wenn Nathan die 300 000 Pfund des Kurfürsten nicht in Händen gehabt hätte, dann hätte er nichts erreicht."[1] Carl, einige Jahre als Kurier zwischen Frankfurt und Prag eingesetzt, wußte am besten, wie wichtig die Verwaltung der Gelder des geizigen Souveräns war und wie schwierig ihre Sicherung.

Nach der Übergabe von 150 000 Pfund im Jahre 1808 hatte er seine Verwandten sofort gedrängt, den Kurfürsten um weitere Beträge zu bitten, aber der alte Herr beschäftigte andere Londoner Agenten und war nicht bereit, die Vertretung seiner Interessen auf allzu viele Personen aufzuteilen. Doch gegen Ende des Jahres 1809 gab er nach und gestattete Nathan, eine zweite Rate in der Höhe von 150 000 Pfund in London anzulegen, und bald verhandelte Buderus im Namen der Familie über eine dritte Summe.

Allein, der Kurfürst machte sich Sorgen. Er hatte noch nicht die schriftliche Bestätigung erhalten, daß sein Geld ordnungsgemäß in britischen Wertpapieren angelegt wurde. Buderus beeilte sich, ihm zu beteuern, daß die Zertifikate aus London übermittelt würden, sobald dies auf gesicherten Wegen geschehen könne. Um seinen zaudernden Herrn zu gewinnen, bot er eine Lockung, der, wie er wußte, Serenissimus gewiß nicht widerstehen würde:

„Durch häufige Überredungsgründe und mit größter Mühe habe ich den Oberhofagenten Rothschild bei einer nochmaligen Vernehmung über die Wertpapieranlage in Höhe von 150 000 Pfund Sterling noch um ein Viertel Prozent heruntergebracht, so daß er nun die Lieferung zu 73¾ folglich um 4521 Pfund wohlfeiler bewirkt.“[2]

Das leuchtete dem hohen Herrn ein. Er stimmte der Transaktion zu und versprach, weitere 100 000 Pfund in Teilbeträgen folgen zu lassen. Allerdings urgierte er wieder die Zertifikate: „Ich gebe demselben (Nathan) aber zugleich auf, dafür zu sorgen, daß mir das Dokument über das erste Stocks-Kapital nun baldigst zu Händen komme und diesem die anderen alsdann gleich folgen.“[3] Wahrscheinlich bezog sich der Kurfürst auf die zweite, 1809 an London geleistete Zahlung. Vielleicht hatte Nathan die erste, 1808 übergebene Summe von 150 000 Pfund prompter verrechnet, um sich dadurch das Vertrauen seines wichtigen Klienten zu erwerben.

Natürlich argwöhnte der Kurfürst, daß Nathan die anvertrauten Kapitalien für eigene Zwecke nütze und den Kriegsverlauf zum Vorwand nehme, um die Ausfolgung der Zertifikate hinauszuzögern. Dieser Verdacht war zweifellos gerechtfertigt. Es waren in der Tat die kurzfristigen Abzweigungen der enormen Summen aus Hessen-Kassel, die Nathan seine Bankoperationen ermöglichten, denn sie verschafften ihm sowohl Zahlungsfähigkeit als auch Prestige. Das Geld gelangte zwar schließlich in den britischen Staatsschatz, aber eben auf Umwegen. Man sagte Nathan oft nach, er verfüge über eine „Nase“ für den Kapitalmarkt, es hieß, er habe die Kurse aller an der Börse notierten Wertpapiere im Kopf und wisse instinktiv, welche Kursschwankungen zu erwarten wären. Solche Einschätzung mag zwar zu hoch gegriffen sein, doch in der Londoner City galt er bald als ein Phänomen, und die Geschicklichkeit, mit der er das Kapital des Kurfürsten durch eine Reihe kurzfristiger Transaktionen vermehrte, verdient jedenfalls Bewunderung. Er muß wohl recht raffinierte Taktiken angewandt haben, die heute nicht mehr lückenlos rekonstruiert werden können, sicherlich spekulierte er sehr intensiv mit Gold, einem Artikel, der während der späteren Kriegsjahre erheblich im Wert stieg.

Doch nicht nur das Geld des Kurfürsten war für Nathan wie ein Mannaregen. Auch die extreme Vorsicht des exilierten Herrschers kam ihm zustatten. Selbstverständlich wollte Wilhelm von Hessen-Kassel vermeiden, daß bekannt würde, mit welch hohen Summen er Napoleons Feinde unterstützte. Deshalb stellte er die Bedingung, daß alle seine Anlagen in Nathans Namen zu erfolgen hätten. Das Resultat: Dieser Neuankömmling schien die Londoner City im Sturm zu erobern. Binnen weniger Monate kaufte und verkaufte er Wertpapiere in solchen Mengen, daß er sich zu einem der wichtigsten Anleihenkontrahenten der Regierung aufschwang. Konkurrenten und Kollegen, die nicht wußten, woher Rothschilds Geld stammte, konnten dieses neue Finanzgenie nur anstaunen. Andere hommes d'affaires ahmten seine Geschäftsmethoden prompt nach. Bald bewegte sich Nathan in den höchsten Kreisen der Politik und des Kommerz.

Aber während er Kapital akkumulierte, bekamen seine Brüder und Buderus den Unmut und das Mißtrauen des Kurfürsten voll zu spüren. Monate waren vergangen, und er hatte seine Zertifikate noch immer nicht erhalten. Er drohte, den Rothschilds seine Gunst zu entziehen:

> „Ich bin darüber auf das äußerste betroffen und sehe mit wahrer Sehnsucht Dessen Äußerung über diesen Gegenstand entgegen. Bis dahin sind alle Zahlungen auf die Stocks zu sistieren, auch keine englischen Zinsen wieder auf solche anzulegen. Über das schon berichtigte Kapital erwarte ich die Dokumente noch immer vergebens; bei allem Zutrauen, welches ich zu Rothschild habe, kann ich dieses Zögern nicht länger nachsehen.“[4]

Der Kurfürst mußte durch den nochmaligen Hinweis auf die Schwierigkeiten der Übermittlung und einen weiteren Abschlag der Rothschildschen Provisionen beschwichtigt werden. Carl wurde nach England entsandt und kehrte mit einem Zertifikat über 189 500 Pfund zurück.

Nun, da Nathan Zugang zu großen Bargeldsummen hatte, verlegte er sich von den immer riskanter werdenden Blockadebrecherabenteuern in zunehmendem Maß auf reine Finanzgeschäfte. Trotz all seiner eigenen und der Bemühungen anderer erfinderischer Kaufleute fiel die britische Handelsbilanz sehr ungünstig aus. Im Jahre 1810/11 sank der Wert der Ausfuhren und Wiederausfuhren von 62 auf 44 Millionen Pfund ab.

Naheliegend also, daß Nathan, wie so viele andere Kaufleute und Finanziers, immer größere Aufmerksamkeit dem Handel mit Barrengold und Staatsschuldverschreibungen zuwandte. Wer den Markt kannte, dem winkten beträchtliche Gewinne. Britannien machte eine Inflationszeit durch, hervorgerufen durch die Kriegskosten, die Auswirkungen der Blockade und eine Reihe von Mißernten. Im Juli 1918 war die Regierung vom Goldstandard abgegangen und hatte Banknoten zu gesetzlichen Zahlungsmitteln erklärt. Dieser Schritt hatte einen weiteren Wertanstieg der Edelmetallmünzen zur Folge. Gleichzeitig bedingte der feste Entschluß der Regierung, den Krieg fortzusetzen, einen Jahr um Jahr stetig anwachsenden Anleihenbedarf, und demgemäß florierte das Geschäft mit Staatsobligationen.

Aber die Situation war keineswegs stabil. Ohne handlungsfähige Verbündete konnte Britannien den Kampf nicht unbegrenzt weiterführen, und im Sommer 1810 war das Königreich auf einem Tiefpunkt angelangt. Die militärische Lage zeigte sich so trist wie die wirtschaftliche. Nacheinander hatte Napoleon alle seine Feinde auf dem europäischen Festland ausgeschaltet. Nur Portugal widerstand der Eingliederung in seinen Machtbereich, und die Wahrung der portugiesischen Unabhängigkeit hatte Britannien seit 1808 bereits Millionen in Goldwährung und Tausende Soldaten gekostet. Auf der Iberischen Halbinsel war die britische Armee unter dem Kommando des kürzlich zum Lord erhobenen Wellington verpflichtet, nationalistische spanische Freischärler zu unterstützen, aber die Kämpfe zogen sich hin, erforderten immer höhere Aufwendungen für geringen Erfolg. Die britische Überlegenheit zur See hatte zwar Frankreichs Angriffe auf den Kolonialhandel vereitelt, doch da die Märkte in Europa ausfielen, lief das Mutterland Gefahr, zu einem großen Lagerhaus unverkäuflicher Waren zu werden. Öffentliche Proteste gegen die hohen Brotpreise und der Ruf der Whigs nach einem Rückzug aus dem Kriegsgeschehen übten starken Druck auf die Regierung unter Spencer Perceval aus, die schon an sich schwach und uneinig war. Noch dazu verfiel König George III. in geistige Umnachtung, und der Prinzregent, der nun an seine Stelle trat, verabscheute den Premierminister. Gespannt beobachteten Nathan und die anderen führenden Köpfe der Finanzwelt der Londoner City die politischen Vorgänge während des Sommers und des Herbstes; sie rechneten täglich mit dem Sturz der Regierung.

Indes, der angefeindete Perceval hielt sich auf seinem Posten. Ein Komplott, um ihn aus dem Sattel zu heben, schlug fehl, und er gewann die zwar widerwillig, aber doch gewährte Rückendeckung durch den Prinzregenten. Auf Betreiben des Kriegs- und Kolonialministers Lord Liverpool setzte er im Parlament ein neues Heeresbudget durch. Im Februar 1811 war den meisten Beobachtern klar, daß die Regierung weiterhin im Amt bleiben und den Konflikt mit Napoleon, sofern überhaupt möglich, einer militärischen Lösung zuführen werde, trotz Wellingtons Klage, dem Kabinett fehle „die Macht, der Wille oder die Beharrlichkeit, alles zu tun, was geschehen müßte, um diese Probe zu bestehen".

Am 5. März 1811 landete ein weiteres 5000 Mann starkes britisches Truppenkontingent in Lissabon. Binnen eines Monats vertrieb Wellington die Franzosen aus Portugal. Die Nachricht von diesem strategischen Erfolg wurde in Britannien begeistert aufgenommen, und die Regierung bewertete ihn als Rechtfertigung ihres politischen Kurses. Napoleon, der bereits auf den Bruch mit Rußland zusteuerte, konnte seine Truppen auf der Iberischen Halbinsel nicht verstärken. Wer genug politisches Verständnis besaß, um die Tragweite dieser Ereignisse abzuschätzen, der erkannte, daß sich das Kriegsglück gewendet hatte. Nathan Rothschild war solch ein Mann. Durch seine Verwandten und sein weitgespanntes Netz von Agenten und Kurieren war er über die gesamteuropäische Lage besser informiert als alle anderen Londoner, einschließlich der Regierungsmitglieder. Und er brannte darauf, sein Wissen, seine Verbindungen und seine Fähigkeiten in den Dienst seiner Wahlheimat zu stellen.

Nun bestand aber bereits ein beträchtlicher Unterschied zwischen Nathan und seinen älteren Brüdern, deren Denken noch immer in den uralten jüdischen Überlieferungen wurzelte. Dies galt in besonderem Maße für Amschel: Die tiefgreifenden Ereignisse, die er miterlebte, waren ihm nicht so wichtig wie die Angelegenheiten seiner lokalen Judengemeinde und die strikte Einhaltung der Fasten- und Sabbatgebote. Dieser fahrige, penible, phantasielose Mann übernahm im Frankfurter Judenviertel allmählich den angestammten Platz seines Vaters. Er gönnte sich kaum irgendwelche Annehmlichkeiten und sorgte sich wegen der engen Beziehungen seiner Brüder zu Gesellschaftskreisen der Christen. Für Amschel bedeutete das Wort Patriotismus wenig, außer der Treue zum auserwählten Volk und der Verpflichtung gegenüber dem Judentum. Nach dem Krieg verlegte er den Sitz der Bank zwar in ein schönes neues Gebäude in der Berkheimerstraße, aber er selbst und seine Frau, die ihm keine Kinder geboren hatte, wohnten weiterhin in der Judengasse, zusammen mit der alten Gutle, die bis zu ihrem Tod das bescheidene Leben einer Ghettojüdin führte.

Nathan indes gehörte einer neuen Generation von Juden an, er war ein Assimilant, der alle Möglichkeiten nützte, welche die freiere Atmosphäre Englands bot. Im Jahre 1809 übersiedelte er mit seiner Familie aus der Great St. Helen's Street am Rand der City, wo es ein florierendes jüdisches Geschäftsviertel gab, nach New Court 2, St. Swithin's Lane* in der Nähe der Bank of England und der Börse. Diesem Ortswechsel kam nicht nur symbolische Bedeutung zu, er entsprach vor allem kluger kaufmännischer Überlegung. Nathan stand nun im Mittelpunkt des englischen Finanzwesens. Er zählte noch nicht zum „Establishment", heuchelte sogar Verachtung für die Allüren der Aristokratie und gab sich gern als ruppiger Geschäftsmann, mit dem nicht zu spaßen war. Wenn er noch nichts unternahm, um sich die Aufnahme in die gute Gesellschaft zu erkaufen, dann waren es nicht religiöse Skrupel, die ihn davon abhielten. Er hatte einfach so viel zu tun, daß er sich um dergleichen nicht kümmern konnte.

Tag und Nacht saß er über seinen Geschäftsbüchern und den Briefen seiner Brüder, die ihm genaue Informationen über die Gold- und Warenpreise und die Wertpapierkurse auf den europäischen Märkten lieferten. Aus Sicherheitsgründen waren diese Mitteilungen auf Judendeutsch und in einem Code geschrieben. Ganz offen sagte er seinen Verwandten, was seinen Lebensinhalt ausmachte: „Ich lese Eure Briefe nicht nur einmal, sondern vielleicht hundertmal ... Nach dem Abendessen habe ich nichts zu tun. Ich lese keine Bücher, ich spiele nicht Karten, ich gehe nicht ins Theater. Meine einzige Freude ist das Geschäft und so lese ich die Briefe von Amschel, Salomon, James und Carl."[5] Doch der Ton seiner Antworten wurde immer herrischer. Er war nicht zuletzt deshalb nach England gekommen, um dort als Agent seines Vaters zu wirken. Nun aber hatte sich die Situation umgekehrt: Die Frankfurter Rothschilds waren es, die ihre Instruktionen von N. M. erhielten – eine Sachlage, die ihnen nicht immer sehr behagte.

Wenn Nathan in seinen Briefen oft einen so gereizten Ton anschlug, dann hatte das seine Gründe. Er ging immer höhere Risiken ein, war intensiv an illegalen Barrengoldgeschäften beteiligt. Für diesen lukrativen, aber gefährlichen Handel setzte er eine Gruppe von Küstenschiffern aus Kent ein. In den volkstümlichen Überlieferungen jener Gegend spielt der Name Rothschild noch immer eine große Rolle. So wird berichtet, als ein gewisser Mr. Cullen in Folkestone sich mit seiner Frau eines Abends eben zur Ruhe begeben wollte, habe jemand ans Fenster geklopft. Der Hausvater erblickte im Dunkel einen Mann, „in einen weiten Mantel gehüllt und mit einem großen Schlapphut, so daß man sein Gesicht nicht sah". Der Fremde bedeutete Cullen zu schweigen, huschte durch die geöffnete Tür und gab sich erst zu erkennen, als sie fest verriegelt war. Es war kein anderer als das Oberhaupt des Hauses Rothschild. Wie verlautete, hatte Nathan eine illegale Ladung von

* Nach wie vor Sitz von N. M. Rothschild and Sons.

100 000 Guineas, die er verstecken mußte, bis ein Schiff nach Frankreich sie an Bord nehmen konnte. Cullen war bereit, alles zu verwahren. Die Säcke voller Goldmünzen wurden ins Haus geschafft und in seinem eigenen Bett zwischen dem Rahmen und der Matratze verstaut. Der hohe Besucher verschwand, und das Ehepaar verbrachte „die unruhigste Nacht seines Lebens". Am nächsten Abend tauchte Nathan wieder auf, und im Schutz der Dunkelheit wurde sein Gold zum Hafen gebracht.[6]

Der Wahrheitsgehalt dieser romantisch ausgeschmückten Geschichte: Nathan stand in enger Verbindung mit einigen Seeleuten an der Küste von Kent, Männern, zu deren Lebensweise außer Fischerei und normaler Handelsschiffahrt auch Schmuggel, Blockadebrechen, Strandgutbergung und gelegentlich vielleicht sogar Freibeuterei gehörten. Diese Kontakte wurden zweifellos während der ersten Jahre seines Aufenthalts in England hergestellt, als er für Kuriere und Fracht einen rasch und gut funktionierenden Kanalfährdienst einrichtete. Damals erwarb er sich an der Küste den Ruf eines Mannes, der beste Leistung verlangte und bereit war, dafür gut zu bezahlen. Großzügig bemessene Prämien waren immer zu haben, wenn Mr. Rothschild dringend einen beherzten Kapitän brauchte, der auch bei rauher See auslief. So wurde das letzte, aber sehr wichtige Glied jener bewundernswerten Kette geschmiedet, die von Manchester und London bis nach Paris, Frankfurt und in Dutzende anderer Wirtschaftszentren reichte.

Die Cullens waren eine der führenden Familien der Kanalschiffahrt. Richard Cullen, ein Selfmademan, lebte als Seemann und Schiffseigner in Folkestone. Um 1810 gebot er über eine kleine Flotte von 75–250-Tonnen-Schiffen. Mit einer Lizenz der Postverwaltung betrieb er die Folkestone-Paketbootlinie, auch verheuerte er seinen „Rover" als kleinen bestückten Zweimaster an die Kriegsmarine und setzte sicherlich von Zeit zu Zeit andere Segler als Kaperschiffe ein. Außerdem spezialisierte er sich auf das riskante Geschäft des Goldtransportes. Die Schwankungen auf dem Goldmarkt machten den Schmuggel von Barren und Münzen zu einem sehr einträglichen Erwerbszweig, dem einige Kapitäne der englischen Südostküste im Dienst reicher Auftraggeber nachgingen. In den lokalen Überlieferungen steht der Name Rothschild markant in Verbindung mit solchen geheimen Aktionen.

Die ganze Wahrheit darüber wird man nie in Erfahrung bringen. Sicher ist, daß die Rothschilds dem Gebiet und den Bewohnern von Folkestone verbunden blieben. Mehrere Generationen der Familie Cullen waren in verschiedenen Funktionen in Rothschilds Londoner Bankhaus beschäftigt.[7]

Nathan setzte großes Vertrauen in die Seeleute von Kent, und sie waren bereit, für ihn Stürmen und feindlichen Angriffen zu trotzen. Aber nicht nur für ihn. Diese Schiffseigner und ihre Segler, die Kapitäne und die Besatzungen, sie alle waren ein wichtiger Faktor der britischen Streitmacht im Kampf gegen Napoleon. Die Royal Navy hielt die Meerengen frei, aber es waren Männer wie die Cullens, die eingesetzt wurden, um Breschen in die Kontinentalsperre zu schlagen und Nachschub für Wellingtons Truppen in Spanien zu befördern. Es ist durchaus denkbar, daß während des Feldzugs oft Geld der Rothschilds dafür verwendet wurde, die britischen Verbände auf der Iberischen Halbinsel zu versorgen.

Nathans vielfältige Beteiligung an kriegswirtschaftlichen Maßnahmen brachte ihn auf den Gedanken, sein Tätigkeitsfeld beträchtlich auszuweiten, in Bereiche, die für ihn selbst sehr einträglich und für das Land seiner Wahl von großem Nutzen sein würden. Den Anstoß zu seinen Plänen gab die Entscheidung der französischen Regierung im Jahr 1810, die Sanktionen gegen den illegalen Handel mit Gütern und Devisen zu lockern. Zwecks Kontrolle von Einfuhrkontingenten und offizieller Bestandsaufnahme von Konterbande wurde in Gravelines zwischen Calais und Dünkirchen ein Sonderzollamt eingerichtet. Nathans Kapitäne machten sich diese Regelung für „erlaubten Schmuggel" in vollem Ausmaß zunutze, um den kontinentalen Anschlußpunkt der Route genau zu erkunden. Salomon und James reisten häufig in die kleine Hafenstadt am Ärmelkanal, vom Herbst 1810 an verbrachte James sogar die meiste Zeit dort. Aber da das Projekt, das der englische Bruder nun vorschlug, eine ständige Anwesenheit der Rothschilds in Frankreich bedingte, bat Nathan seinen Vater brieflich, alles Nötige in die Wege zu leiten.

Für Mayer Amschel war es kein Problem, die erforderlichen Formalitäten zu erledigen. Dalberg als Großherzog von Frankfurt und Primas des Rheinbundes wollte im März 1811 zur feierlichen Taufe von Napoleons lange ersehntem Sohn und Erben nach Paris reisen, daher brauchte er dringend Bargeld für sich und sein Gefolge. Mayer Amschel zeigte sich gern gefällig und bat seinerseits um einen Paß für seinen neunzehnjährigen Sohn. Diese Gunst wurde ihm erwiesen, und mit James' Abreise nach Paris endet der 1. Akt des Schauspiels.

KAPITEL 5
Waterloo und die Wende

Die Ankunft des jüngsten Rothschild in Paris war für die gesamte Familie das Signal zu fieberhafter Tätigkeit. Jakob – oder James, wie er von nun an hieß – richtete sich in einem hübschen Haus in der Rue Napoléon ein (nun Rue de la Paix), von dort reisten er und auch Salomon häufig nach Gravelines, Dünkirchen und Amsterdam, mit gelegentlichen Exkursionen über den Ärmelkanal. Es verging kaum ein Tag, an dem Nathan nicht einen Agenten, eine Depesche oder eine Sendung an einen der anderen Brüder abfertigte. Amschel und Carl, welche die normalen Geschäfte des Frankfurter Stammsitzes führten, mußten oft alles liegen- und stehenlassen, um eine dringende Instruktion aus London zu befolgen.

Dieses geheime, hektische Hin und Her, das während des ganzen zweiten Aktes andauern sollte, war die Folge einer nachträglich nur schwer überschaubaren Reihe von Geschäften mit Münzen, Wechseln, Anleihepapieren und vor allem Gold. Denn nun intensivierte Nathan seine Spekulationen mit ungemünztem und geprägtem Edelmetall,[1] die bald bedeutende Ausmaße annahmen. Mit dem ihnen nun zur Verfügung stehenden Kapital waren die Rothschilds in einer geradezu idealen Position, um aus den Unsicherheiten des kontinentalen Geldmarktes Gewinn zu ziehen. De facto vermehrten sie ihr Vermögen binnen weniger Jahre um das Zehnfache.

Mit dem wechselnden Kriegsglück stiegen und fielen auch die Börsenkurse und die Preise auf dem Edelmetallsektor. Es war eine jener Situationen, in der man leicht alles gewinnen und wieder verlieren konnte. Die besten Erfolgschancen hatten Männer mit kühlem Kopf, der Fähigkeit, kühne Entschlüsse zu fassen und: einem ausgezeichneten Informationsdienst. Solch ein Mann war Nathan Rothschild, in der Londoner City sehr bald als eine Art Wunderrabbi des Finanzwesens gerühmt. Im Jahre 1813 schrieb ein Beobachter über Nathans Schwager Moses Montefiore, dieser pflege „ständigen Umgang mit Mr. N. M. Rothschild, dessen kluge, sachkundige Empfehlungen für die Gold- und Börsenmärkte ihn in die Lage versetzen, bedenkliche finanzielle

Transaktionen zu vermeiden und selbst in diesen schwierigen Zeiten gewagte Unternehmungen erfolgreich durchzuführen".[2]

Es ist unmöglich, das System der Rothschildschen Finanzgeschäfte jener Phase zu rekonstruieren, doch das wichtigste Element ihrer Strategie zeichnet sich klar und deutlich ab. Wie bereits erwähnt, war der Goldpreis in London hoch und die Ausfuhrbeschränkungen trieben ihn noch weiter in die Höhe. Wer einen Weg fand, Gold auf den Kontinent zu bringen, und zwar in genau abgestimmten Mengen, damit der Markt nicht gedrückt wurde, konnte daran ein Vermögen verdienen. Nun, Nathan fand solch einen Weg.[3] Das Frankfurter Haus – alle Geschäfte wurden im Namen des Stammsitzes getätigt, um die Beteiligung der englischen Rothschilds zu verschleiern – eröffnete hohe Kredite bei zwei Kommerzbanken in Dünkirchen, Dominique Morel et Fils und R. Faber & Co. Nathans Schiffer brachten Gold, vorwiegend englische Guineas, über den Ärmelkanal nach Gravelines. James nahm die Frachten in Empfang und bezahlte mit Wechseln, die auf Londoner Banken gezogen waren. Durch ihre Pariser Kontaktleute placierten Morel und Faber die Goldmünzen bei führenden Banken der Hauptstadt. Dort konnten James und seine Brüder mit diesem Geld Wechsel auf eine beliebige Bank des europäischen Festlandes ausstellen. Diese Unternehmungen verursachten vielerlei Gebühren und Kosten, aber der Bruttogewinn konnte bis zu dreiunddreißig Prozent betragen.

Natürlich wußten die französischen Behörden über diese Vorgänge Bescheid. Die Polizei hatte James schon mit beträchtlichem Mißtrauen empfangen, als er sich nach seiner Ankunft in Paris ordnungsgemäß anmeldete. Auch wäre es auf jeden Fall unmöglich gewesen, die Verschiebung großer Mengen von Edelmetall geheimzuhalten. Deshalb unternahm James erst gar nicht den Versuch, seine Aktionen zu tarnen. Im Gegenteil, schon kurz nach seinem Eintreffen gab er an, welche Geschäfte er zu tätigen gedenke. Die Angelegenheit war dem Finanzminister Vicomte de Mollien wichtig genug, um in einem Memorandum vom 26. März an Kaiser Napoleon näher darauf einzugehen:

> „Ich kann jetzt mit Sicherheit feststellen, daß ein Frankfurter Bürger, derzeit mit einem in Frankfurt auf den Namen Rothschild ausgestellten Paß in Paris weilend, hauptsächlich damit befaßt ist, Guineen-Münzen von der englischen Küste nach Dünkirchen zu befördern und daß er in einem einzigen Monat mehr als 100 000 Guineen (2 400 000 Francs) ins Land brachte. Er steht mit den führenden Pariser Bankhäusern Mallet, Charles Davillier und Hottinguer in Verbindung, die ihm auf London gezogene Wechsel ausstellen. Derselbe Mann erklärt, er habe soeben Briefe aus London erhalten, unter dem

Datum des 20. d. M., daraus gehe hervor, daß man in England mutmaße, der Wert der Kronen-Münze könne von 5 Shilling auf 5½ Shilling erhöht werden, und der Wert der Guinea von 21 Shilling auf 30 Shilling – dies um die Ausfuhr von Gold- und Silbermünzen zu verhindern."[4]

Mollien war über diese Nachricht hocherfreut. Er betrachtete den Ansturm auf Gold als Beweis dafür, daß Britannien am Rand des wirtschaftlichen Zusammenbruchs stehe und die Handelspartner sich beeilten, ihr Kapital noch vor dem Sturz in Sicherheit zu bringen. Das war kaum mehr als bloßes Wunschdenken. Es gab keine bemerkenswerte Abwertung der britischen Währung, und der Zustrom von Barrengold aus Amerika und den Kolonien glich den Abgang nach dem Kontinent reichlich aus. Jedenfalls war der Goldtransportweg über den Kanal keineswegs einseitig. James und Nathan – und sicher auch andere Bankiers – transferierten Geld in beide Richtungen, um von geringen Änderungen des Wechselkurses zu profitieren und um starke Schwankungen zu verhindern, die eine Instabilität ausgelöst hätten. Deshalb unternahm – zumindest vorläufig – keine der beiden Seiten irgendwelche Schritte, die die Bankiers daran gehindert hätten, ihren „Schnitt" zu machen. Die französische Regierung duldete ohne weiteres Geschäfte, die für sie sehr vorteilhaft erschienen. Und die britische Regierung war nicht so beunruhigt, wie manche Gerüchte behaupteten. Vielmehr hatte sie ihre triftigen Gründe, wenn sie so tat, als bemerke sie nichts.

Für die Rothschilds war diese ganze Operation eine aufreibende Bewährungsprobe, sie erforderte unablässig Umsicht, Wachsamkeit und Aufmerksamkeit für Details. Die vier Brüder auf dem Festland, die in ihren Kutschen quer durch Europa eilten, von früh bis spät arbeiteten, sich keinen Schlaf gönnten und vorwurfsvolle Briefe aus London hinnahmen, müssen sich wohl manchmal gefragt haben, ob das Spiel solchen Einsatz lohnte.

Was Nathan betrifft, so war es kein Wunder, daß er so ungeduldig und verdrossen war. Immerhin war er der planende Kopf einer der längstfristigen und kompliziertesten Finanzspekulationen, die jemals ausgedacht und durchgeführt wurden. Wenn er, wie es öfter vorgekommen sein muß, in einem stillen Moment überlegte, was auf dem Spiel stand, dann stiegen beängstigende Bilder vor ihm auf. Er arbeitete mit immer größeren Summen für Kunden höchsten Ansehens auf einem vom Krieg heimgesuchten Kontinent, wo Währungen und Börsenkurse starken Schwankungen unterworfen waren. Eine einzige Fehlentscheidung konnte das empfindliche Netz des Vertrauens zerstören, das er so behutsam zu Staatsmännern, Kaufleuten und anderen

Bankiers knüpfte. Obwohl die Familie nun Geld anhäufte wie nie zuvor, konnte ein plötzlicher Vertrauensverlust den Ruin bedeuten. Im August 1811 verkaufte Nathan seine Firma und Liegenschaften in Manchester, um sich ungeteilt den kontinentalen Unternehmungen widmen zu können. Nun setzte er alles auf eine Karte.

Seine größte Sorge galt der unbedingt erforderlichen Geheimhaltung. Die französischen Behörden durften auf keinen Fall entdecken, daß die Transaktionen in beide Richtungen liefen. In Paris war man mit dem Schmuggel von Gold aus England zwar durchaus einverstanden, die Entdeckung, daß ein Teil davon aber wieder zurückging, wäre eine Katastrophe gewesen. Ungemein wichtig war auch die Tarnung des wahren Verhältnisses zwischen London und Frankfurt. Aus diesem Grund mußten alle Aktionen unter dem Deckmantel legaler kommerzieller Abwicklung vor sich gehen.

Doch das Hauptmotiv für strikte Geheimhaltung ergab sich aus der Tatsache, daß einige der Rothschildschen Geschäfte unmittelbar die britische Regierung betrafen. Hatten die Brüder einst für den Kurfürsten von Hessen-Kassel britische Staatspapiere erworben, so kauften sie diese nun auf eigene Rechnung. Große Teile der Gewinne aus dem Goldgeschäft wurden in Londoner Obligationen angelegt. Wie schon erwähnt, bewirkte das entschlossene Eintreten des Kabinetts Perceval für eine Fortsetzung des Krieges einen massiven Anstieg des Anleihenbedarfs. Die im Jahr 1811 durch die Londoner City aufgebrachte Summe betrug 23 500 000 Pfund Sterling. Im Jahre 1812 erhöhte sie sich auf 32 250 000 Pfund. Einen erheblichen Anteil daran hatten die Rothschilds. Außerdem kauften sie von der Regierung und einzelnen Beamten ausgestellte Wechsel auf. Dies war besonders riskant, denn wären solche Papiere in Paris oder Frankfurt aufgetaucht und den Behörden zu Gesicht gekommen, dann wäre es James oder Amschel, die nun den normalen Geschäftsbetrieb von M. A. Rothschild und Söhne leiteten, sehr schwer gefallen, dafür plausible, unverdächtige Erklärungen vorzubringen.

Hält man sich allerdings an die populären Überlieferungen, dann gingen die Rothschilds weit über ihre rein bankmäßigen Agenden hinaus. Romantische Geschichten besagen, daß sie das Gold direkt bis in Wellingtons Kriegskommissariat schmuggelten. Es heißt, die jüngeren Rothschilds seien in Kutschen durch Europa geeilt, deren Geheimfächer bis zum Rand mit Goldbarren gefüllt waren.[5]

Was ist wahr an solchen „Mythen"? Fest steht, daß Nathan gegen Ende des Jahres 1813 Wellingtons Wechsel in London diskontierte, dies könnte er aber auch schon früher getan haben. Seit 1809 klagte der Feldherr über akuten Bargeldmangel zur Besoldung seiner Truppen. Er hatte sich sogar genötigt gesehen, bei spanischen und Malteser Bankiers Darlehen zu einem ungeheuer hohen Zinssatz aufzunehmen. Die verärgerten Depeschen vom iberischen Kriegsschauplatz waren ein häufiges Gesprächsthema in den Politiker- und Finanzkreisen, in denen Nathan verkehrte. Daher wußte er über die heftigen Unmutsäußerungen des Generals wohl genau Bescheid, und wahrscheinlich teilte er die Überzeugung, die Wellington in einem Schreiben an Lord Liverpool ausgesprochen hatte, Britannien habe nur die Wahl, Napoleon entweder in Spanien oder im eigenen Land zu bekämpfen. Doch am 1. Oktober 1811 exponierte sich Nathan noch weiter für die militärischen Operationen in Spanien.

An jenem Tag wurde John Charles Herries zum „Hauptkommissär“ ernannt, was bedeutete, daß er für die Finanzierung und die Ausrüstung der im Feld eingesetzten britischen Truppen verantwortlich war. Er entstammte einer Londoner Kaufmannsfamilie und stand fast genau im gleichen Alter wie Nathan. Einige Zeit hatte er in Leipzig studiert und war 1798 nach England zurückgekehrt, also im selben Jahr, in dem N. M. sich in Manchester niederließ. Während der junge Mann aus Frankfurt zur großen Persönlichkeit der Finanzwelt geworden war, hatte Herries einen nicht weniger glanzvollen Aufstieg im Dienst der Regierung erlebt. Es ist unvorstellbar, daß die zwei Männer, beide prominente Gestalten in der kleinen Welt der Londoner Politik und Hochfinanz, miteinander nicht gut bekannt gewesen wären.

Wie wir sehen werden, sollten John Herries und Nathan Rothschild 1813 einen gemeinsamen Plan für die Finanzierung der letzten Phasen des Spanienkriegs ausarbeiten. Allen Anhaltspunkten nach ist es sehr wahrscheinlich, daß N. M.s geschäftliche Beteiligung an diesem ungemein wichtigen Vorhaben eine Fortsetzung seiner früheren, inoffiziellen Hilfsaktionen für Wellington war.

Leider gestattet uns diese Schlußfolgerung trotzdem nicht, das romantische Bild von Nathans Brüdern für bare Münze zu nehmen: wie ihre Kutschen in sausender Fahrt auf den Landstraßen Südfrankreichs zu geheimen Treffen dahinrollen, bei denen ganze Truhen voll Guineas an Agenten übergeben werden, die sie über die engen Pässe der Pyrenäen zur britischen Armee befördern. Den Rothschilds waren derartige Praktiken nicht fremd, doch es war schlicht und einfach gar nicht nötig, Wellington solch abenteuerliche Dienste zu erweisen. Nathan und James brauchten nichts anderes zu tun, als Wechsel auf jene Pariser Banken zu beheben, die das aus England herübergeschaffte Gold in Verwahrung hatten. Diese Papiere wurden von einem Kurier der Bank oder der britischen Regierung Wellington überbracht, und er präsentierte sie spanischen Banken. Abgesehen davon wäre es völlig unmöglich gewesen, die erforderliche Menge an Münzen, eine tonnenschwere Fracht, in einer herrschaftlichen Kutsche, ja nicht einmal in einer Kolonne solcher Fahrzeuge zu verstecken.

Während die männlichen Familienmitglieder durch Europa reisten, hüteten die Rothschildschen Frauen nicht nur das häusliche Herdfeuer. Zu Beginn des 19. Jahrhunderts hob sich das Judentum in seiner Einstellung zur Frau sehr deutlich von anderen Kulturen ab. Die Frau war die Helferin ihres Mannes hinter dem Ladentisch und im Kontor. Man erwartete von ihr Verständnis und Teilnahme an seinem Beruf. Oft hatte sie eine ebenso gute Erziehung genossen wie ihre Brüder. Als die Emanzipation und die Partizipation an der männlich geprägten Welt aktuell wurden, hatte sie einen Vorsprung vor ihren christlichen Geschlechtsgenossinnen. So sorgte zum Beispiel Salomons Gattin Caroline nicht nur für den eigenen Hausstand und ihre beiden Kinder Betty und Anselm, sondern führte während der häufigen Abwesenheit ihres Mannes obendrein auch sein Kontor und wachte über seine Gesundheit. Die ständigen Reisen verschlimmerten Salomons Anfälligkeit gegen Rheumatismus, außerdem litt er an Migräne, Beschwerden, die durch geschäftliche Sorgen und die Zwistigkeiten mit seinen Brüdern nicht gerade gelindert wurden.

Salomon verbrachte viel Zeit in Paris, als Helfer für James, die Schlüsselfigur so vieler Unternehmungen. Der jüngste Rothschild stand unter enormer Belastung. Andauernd wurde er aus London und Frankfurt mit Forderungen nach Geld, Wechseln und Kontoabdeckung bombardiert. Er hatte die täglich anfallenden Geschäfte mit Morel und Faber sowie mit anderswo vor Ort tätigen Kontaktleuten zu erledigen. Er mußte stets über die Pariser Börsenkurse informiert sein, um zu entscheiden, welche Wertpapiere abzustoßen oder zu behalten waren. Und immer mußte er auf der Hut sein, um bei den Franzosen keinen Verdacht zu erwecken. Tag für Tag stand er um fünf Uhr morgens auf und kam selten vor Mitternacht ins Bett. Das war sehr viel verlangt von einem jungen Mann, der in einem fremden Land auf sich allein gestellt war, ohne Verwandte oder Freunde. Aus dieser Feuerprobe ging James schließlich als ein harter und wendiger Finanzfachmann hervor.

Den wachsenden Druck der Verhältnisse bekamen alle Rothschilds zu spüren. In den ersten Wochen des Jahres 1812 begann Napoleons Rekrutierungskampagne für die stärkste Armee, die bis dato je in Europa aufgeboten wurde. Der Kaiser bereitete seinen Rußlandfeldzug vor, mit hartem Druck zwang er die männliche Bevölkerung, bis hin zu vierzehnjährigen Knaben, aus allen seinen Herrschaftsgebieten in die „Grande Armée“, die auf dem Höhepunkt rund 675 000 Mann umfaßte. Zwei Drittel der Truppen stammten aus den Rheinbundstaaten, aus Italien und dem Großherzogtum Warschau; auch die nunmehrigen „Verbündeten", Preußen und Österreich, hatten sich mit je einem Hilfskorps zu beteiligen. Für taugliche junge Männer in den deutschen Satellitenländern gab es nur eine einzige Möglichkeit, sich der Aushebung zu entziehen: Und wie so viele andere reiche Väter kaufte auch Mayer Amschel um beträchtliche Summen zwei seiner Söhne vom Militärdienst frei. Wäre James und Kalmann der Marsch nach Moskau nicht erspart geblieben, dann hätte die Geschichte der Familie Rothschild, ja sogar die Geschichte Europas vielleicht einen anderen Verlauf genommen. Von dem riesigen Heer, das im Juni nach Rußland zog, kehrte im Dezember nur ein Bruchteil zurück.

Mittlerweile waren in Spanien die Franzosen aus dem gesamten Territorium südlich des Tajo verdrängt. Selbst nach so schweren Rückschlägen konnte kein kundiger Beobachter Napoleon verlorengeben, aber ein Umstand zeichnete sich deutlich ab: Britanniens beharrlicher, zäher Widerstand fand seine Bestätigung. Wer sich auf die Seite dieses einzigen, dieses einsamen Gegners gestellt hatte, durfte auf einen Anteil am Kriegsruhm und an der Siegesbeute hoffen.

Aber Mayer Amschel Rothschild erlebte den Sturz des Diktators nicht mehr. Er endete sein Leben in einem abgedunkelten Zimmer jenes Hauses in der Frankfurter Judengasse, wo er mit Gudula siebenundzwanzig Ehejahre verbracht und die bedeutendste Finanzdynastie der Geschichte gegründet hatte. Am 16. September erkrankte der Achtundsechzigjährige nach einem Besuch der Synagoge. Er hatte sich niemals geschont, weder beruflich noch im Dienst der jüdischen Gemeinde. Sein Organismus war verbraucht. Am nächsten Tag ließ er einen Notar rufen, um die Endfassung seines Testaments zu diktieren.

Es war eine vernünftige, ausgewogene letztwillige Verfügung. Großzügig wurde Gutles Versorgung auf Lebenszeit gesichert, ebenso wurden seine Töchter und deren Kinder bedacht, für Kalmann und James wurde je ein Heiratsgut vorgesehen. Ein Zusatz zum Testament erteilte Amschel und dessen Frau das Wohnrecht in einem Teil des Hauses Judengasse 148. All die anderen Söhne des alten Mannes, außer dem noch ledigen Kalmann, der aber die meiste Zeit auf Reisen war, hatten das Ghetto verlassen, doch Amschel war bei ihm geblieben, als sein treuer Helfer im Geschäft und in den Angelegenheiten der Synagoge. Mayer Amschels gesamtes übriges Vermögen, außer einem Legat von 100 Gulden an die Judenschaft für wohltätige Zwecke, sollte weiterhin im Unternehmen verbleiben, sein persönlicher Anteil war nun auf die anderen Gesellschafter aufzuteilen. Erneut bekräftigte das sterbende Familienoberhaupt seine Entscheidung, Töchter und Schwiegersöhne sowie deren Nachkommen von der Firma M. A. Rothschild und Söhne auszuschließen. Sie hatten kein Anrecht auf Zugang zur Geschäftsgebarung, zu Kontobüchern oder sonstigen Dokumenten, ferner war ihnen verwehrt, irgendwelche Ansprüche an die Bank zu stellen: Und, so wörtlich: „Ich würe es nie einem meiner Kinder vergeben können, wenn dasselbe gegen diesen meinen väterlichen Willen sich beigehen lassen würde, meine Söhne in dem ruhigen Besitz ihrer Handlung (gemeint ist das Unternehmen) zu stören."

Sollte eines seiner Kinder „wider Verhoffen" diese Verfügungen anfechten, dann würde ihm das letztwillig zugesprochene Erbe bis auf den Pflichtteil gekürzt. Mayer Amschel nützte diese letzte Gelegenheit, um sie alle zur Einigkeit zu ermahnen:

„XI. Empfehle ich meinen sämmtlichen lieben Kindern, sich mit steter wechselseitiger Liebe und Freundschaft einander zu begegnen, sowie gegen die Anordnungen dieser meiner wohlgemeinten und gewissenhaften väterlichen Disposition mit kindlichem Gehorsam sich zu betragen."[6]

Der sterbende Mayer Amschel rief seine Söhne in beschwörendem Ton zur Eintracht auf, denn ihr finanzieller Erfolg war nur um den Preis angespannter familiärer Beziehungen erkauft worden. Sie alle, Salomon vielleicht ausgenommen, waren willensstarke Persönlichkeiten. Bisher hatte die Verehrung für die Vaterfigur das einigende Band gebildet, aber er wußte von den widersprüchlichen Impulsen seiner Söhne und befürchtete, sie könnten ihren Zusammenhalt zerstören. Er kannte Amschels Glaubenseifer und Besorgnis, daß seine Brüder durch die engen Kontakte mit der nichtjüdischen Welt innerlich Schaden nehmen würden. Was Nathan betraf, ihn hatte der Ehrgeiz in die Fremde getrieben, und er konnte ihn zu völliger Unabhängigkeit führen. Kalmann und James waren beide ungeduldige junge Männer, die sich vom so erfolgreichen N. M. in den Schatten gestellt fühlten. Deshalb suchte der Patriarch in den Menschen, die sein Lebenswerk und sein Vermögen erbten, den Stolz auf den Namen Rothschild zu bestärken. Und deshalb ordnete er die wirtschaftlichen Angelegenheiten des Familienunternehmens so, daß es im Eigeninteresse jedes einzelnen lag, Einigkeit herzustellen, falls die brüderliche Verbundenheit nicht stark genug sein sollte. Die Zukunft sollte erweisen, wie klug und weitblickend er damit gehandelt hatte.

Mayer Amschel starb am 19. September 1812. Nur zwei seiner Söhne, Amschel und Kalmann, waren an seinem Sterbebett. Das Ende war zu rasch gekommen, um auch die anderen herbeizurufen; doch selbst wenn mehr Zeit geblieben wäre, hätte der alte Mann wahrscheinlich nicht gewünscht, daß man Nathan, Salomon und James für einen letzten Segen ins Vaterhaus zurückholte. Er wußte, wie wichtig ihre Tätigkeit war und wie schwer es für sie gewesen wäre, in solch unruhigen Zeiten ihren Kontoren auch nur wenige Tage fernzubleiben. So ging dieser ungewöhnliche Mann still dahin, zu seinen Ahnen – im Ghetto, wo sie alle gelebt hatten und wo ihn seine Frau um siebenunddreißig Jahre überleben würde.

Außer seinen bemerkenswerten kommerziellen Leistungen während des halben Jahrhunderts, das er dem Aufbau eines Familienunternehmens gewidmet hatte, war Mayer Amschel Rothschild entscheidend daran beteiligt gewesen, die Frankfurter Juden von ihren seit Generationen drückenden Fesseln zu befreien. Eine seiner letzten Handlungen war eine Vereinbarung mit Dalberg, den Juden der Stadt das Bürgerrecht zu gewähren und damit Klarheit über ihre Situation zu schaffen.

Napoleon hatte die liberalen Reformen der Französischen Revolution nicht aus Menschenfreundlichkeit beibehalten, sondern als ein Mittel, um seinem Reich Einheit und Zusammenhalt zu geben. Was die Juden anging, verfolgte er zwei Ziele: wirksame Kontrolle ihrer Geschäfte und Vermögensverhältnisse und ihre rasche Anpassung an die französische Kultur. Er hatte mit dem „großen Synedrion" eine zentrale Aufsichtsbehörde über die Tätigkeit aller israelitischen Kultusgemeinden eingesetzt, und in der später als „Schanddekret" bezeichneten Verfügung von 1808 regelte er die Ansiedlung der Juden in seinen deutschsprachigen Herrschaftsbereichen. Indem er die Bevölkerungszahl in den Ghettos beschränkte, versuchte er die historisch gewachsenen Strukturen zu zerstören. Von solchen Beschränkungen abgesehen, waren die Juden „frei", aber es lag bei den Vorstehern der einzelnen Gemeinden, mit der jeweils örtlichen Obrigkeit die Form der jüdischen Emanzipation im einzelnen auszuhandeln.

In Frankfurt waren es M. A. Rothschild und J. J. Gumprecht, die sich dieser Aufgabe annahmen. Sie bewogen den Großherzog, die jährliche Abgabenpflicht der jüdischen Gemeinde – 22 000 Gulden – gegen eine einmalige Zahlung der zwanzigfachen Summe, also 440 000 Gulden, von denen Mayer Amschel persönlich 100 000 aufbrachte, außer Kraft zu setzen. Damit war die letzte offizielle Unterscheidung zwischen dem Juden und seinem christlichen Nachbarn beseitigt, dem er nun vor dem Gesetz gleichgestellt war. Die alten Frankfurter Patrizierfamilien waren außer sich. Bald zirkulierten Gerüchte, Rothschild habe Dalbergs Beamte bestochen, und die Juden wurden nicht im Zweifel darüber gelassen, daß ihre neugewonnenen Rechte rasch wieder beschnitten würden, sobald ihr Protektor seine Position verloren habe. Das Ringen war keineswegs vorbei, aber Mayer Amschel durfte sich voll Genugtuung sagen, daß er für sein Volk alles getan hatte, was in seiner Macht stand. Mit seinem Tod endete der zweite Akt des Schauspiels.

Napoleons katastrophaler Rückzug aus Moskau im Jahre 1812 gab seinen Zwangsalliierten Auftrieb. Erneut auf britische Subsidien gestützt, verbündeten sich Österreich und Preußen mit Rußland, und der Feldzug von 1813 endete mit dem entscheidenden Sieg über die Franzosen in der Völkerschlacht bei Leipzig vom 16. bis zum 19. Oktober. Sofort zerfiel der Rheinbund. Dalberg verließ Frankfurt. Binnen weniger Wochen kehrten die exilierten Herrscher, so auch der Kurfürst von Hessen-Kassel, in ihre Hauptstädte zurück. Inzwischen hatte Wellington die letzte der französischen Armeen aus Spanien vertrieben und nördlich der Pyrenäen Stellung bezogen. Zum erstenmal seit zwanzig Jahren kämpften die Franzosen wieder auf ihrem eigenen Boden.

Aber der Krieg war noch nicht vorbei. Ein endgültiger Sieg über Napoleon würde weiterhin das Aufgebot starker Heere und hohen finanziellen Aufwand erfordern. Dies war die Grundsituation des dritten Aktes, und der Erfolg der Rothschilds gipfelte darin, daß sie offiziell als die Bankiers der Alliierten anerkannt wurden.

Nathan und seine Brüder hatten bereits überzeugend bewiesen, daß sie loyal, diskret und bestens befähigt waren, große Geldsummen rasch und sicher auf dem ganzen Kontinent zu transferieren. Deshalb wandte sich Herries prompt an Nathan, als er bei einem heiklen Versorgungsproblem fachmännische Hilfe brauchte. Wenn Wellingtons Truppen ungehindert vom Süden her vormarschieren sollten, mußte der ständige Nachschub französischer Goldmünzen garantiert sein. Eine andere Währung kam dafür nicht in Frage. Mit englischen Guineas oder Kronen konnten die Soldaten gar nichts anfangen. Sie wollten Geld, das sie am Ort ausgeben konnten. Herries nahm an, daß in den kurz vorher geräumten Gebieten des Kaiserreichs französische Münzen in großen Mengen vorhanden sein müßten. Wären die Rothschilds und deren Agenten in der Lage, ausreichende Bestände zu sammeln, nach Helvoetsluys an der holländischen Küste zu schaffen und auf englische Schiffe zu verladen? Nathan versicherte, daß dies möglich wäre.

Herries erstattete seinen Vorgesetzten Bericht. Daraufhin erhielt er von Schatzkanzler Nicholas Vansittart am 11. Januar 1814 ein vertrauliches Memorandum. Darin wurde er, auch im Namen des nunmehrigen Premierministers Lord Liverpool, ermächtigt, Mr. Rothschild den Auftrag zu erteilen, unter striktester Geheimhaltung

> „in Deutschland, Frankreich und Holland binnen zwei Monaten vom gegenwärtigen Zeitpunkt an die größtmögliche Menge französischer Gold- und Silbermünzen zu sammeln und zu liefern, im Gegenwert die Summe von 600 000 Pfund Sterling nicht übersteigend. Allerdings ist uns bewußt, daß man von Mr. Rothschild nicht eine genaue Ein-

schätzung der Summen erwarten darf, die seine einzelnen Agenten an verschiedenen, weit voneinander entfernten Orten aufzubringen vermögen. Daher wäre es ratsam, die von mir genannte Summe nicht als absolute Obergrenze für seinen Auftrag zu betrachten, wollen Sie ihm aber unsere Erwartung zum Ausdruck bringen, daß er bemüht sein werde, sich so genau als möglich an diesen Betrag zu halten . . . und wollen Sie dafür Sorge tragen, Mr. Rothschild eindeutig darüber aufzuklären, daß er nicht bloß alle Risiken und Verluste auf sich nehmen muß, die vor dem Zeitpunkt der Lieferung an Bord der Schiffe Seiner Majestät entstehen können, sondern auch für jegliche Mängel haftbar ist, die bei der Lieferung und bei der Überprüfung durch den Empfänger entdeckt werden."[7]

In Anbetracht der Wagnisse und des Aufwands für die Durchführung dieses äußerst schwierigen und streng geheimen Vorhabens hielt man es in London für angemessen, Nathan eine Provision in der Höhe von zwei Prozent einschließlich aller erforderlichen Spesen zu gewähren.

Für die Rothschilds war dies nicht nur die Chance ihres Lebens, sondern eines ganzen Jahrhunderts. Die Folgen waren in ihrer Tragweite kaum abzuschätzen. Falls die Familie versagte, würde sie die britische Regierung in eine schlimme Zwangslage bringen, vielleicht sogar den weiteren Verlauf des Krieges ungünstig beeinflussen und sicherlich ihre eigene kommerzielle Expansion gefährden. Gelang ihr aber dieser gigantische Coup, dann stand ihr das Tor zu einträglichen Geschäften mit den Regierungen offen – nicht nur in Britannien, sondern auch in anderen Staaten Europas und in Übersee. Nathan warf sich daher mit noch mehr Energie als sonst sofort auf diesen neuen Auftrag.

Die Aufgabe schien übermenschlich. Man kann sich vorstellen, wie schwierig es war, in den vom Krieg verheerten Landstrichen Napoleondor-Münzen in entsprechenden Mengen aufzutreiben. Die Truppen des Kaisers ließen gewiß wenig Bargeld zurück, und die Zivilisten, denen es gelungen war, Gold als das einzige wertbeständige Zahlungsmittel zu horten, waren nicht bereit, sich davon zu trennen. Doch abermals trat der Apparat der Rothschilds in Aktion. Neuerlich wurden Nathans Brüder und Agenten auf dem Festland mit seinen ungeduldigen Forderungen nach Resultaten überhäuft. Manche Besitzer französischer Edelmetallmünzen ließen sich bewegen, sie gegen aus England gebrachtes Barrengold oder gegen auf Londoner Banken gezogene Wechsel zu tauschen.

Und über die Straßen Nordeuropas holperten Karren dem holländischen Hafen Helvoetsluys entgegen, wo ihre kostbare Fracht auf britische Kriegsschiffe verladen wurde, mit dem Ziel Saint-Jean-de-Luz im

Golf von Biscaya. Herries und seine Vorgesetzten waren entzückt. Die Operation lief so gut, daß, wie Herries später schrieb,

> „die Kriegskasse in Südfrankreich mit französischem Gold via Holland durch Schiffstransporte aus Helvoetsluys so rasch und reichlich gefüllt wurde, daß der Generalkommissar für seinen gesamten Bedarf ausreichend versorgt war, ohne Wechsel ausstellen zu müssen. Und von jenem Zeitpunkt an entstanden auf dem Kontinent keine Kriegsschulden mehr, die Ursache so vieler Verluste und Unzukömmlichkeiten auf dem iberischen Kriegsschauplatz."[8]

Noch mehr Beachtung als die Menge der transferierten Goldmünzen verdient die Tatsache, daß das so schwierige Unternehmen unter perfekter Tarnung abgewickelt wurde. Niemand vermutete, daß die britische Regierung der Nutznießer der mit Hochdruck betriebenen Transaktionen Nathans und seiner Brüder war. Soviel die französischen Behörden feststellen konnten, spekulierten die Rothschilds eben weiterhin für die eigene Tasche in Edelmetallbarren. Und just dies sollten sie nach der Absicht Londons glauben. Während der stürmischen Monate des Jahres 1814 war Herries fast täglich mit Nathan in Kontakt, und als er mit eigenen Augen sah, wie der Bankier zu Werk ging, schwanden all seine anfänglich vielleicht gehegten Bedenken dagegen, ein solch gewaltiges Projekt den „Fünf Frankfurtern" anzuvertrauen. Bald erwog er, auch andere Staatsaufträge in N. M.s Hände zu legen.

Doch bei Beginn der Aktion hatte der Generalkommissar gewiß seine inneren Vorbehalte gehabt. Da so vieles auf dem Spiel stand – auch seine eigene Karriere –, ließ er Nathans Tun sorgfältig überwachen, außerdem hatte er einen Bevollmächtigten in Frankfurt ernannt, der die Zusammenarbeit mit den deutschen Rothschilds überwachte und ihre Geschäftsgebarung kontrollierte. Dies war Chevalier de Limburger, ein Leipziger Jude, von Beruf Tabakhändler, und, was den Ausschlag gab: ein alter intimer Freund von Herries. Ihre enge Beziehung rührte wahrscheinlich noch aus den Studienzeiten in Leipzig her, und Herries hatte mindestens ein Kind mit Madame de Limburger – vermutlich vor ihrer Ehe. Dieser gute Gefährte zog sofort diskrete Erkundigungen über den Ruf der Rothschilds ein, dann freundete er sich mit den Frankfurter Brüdern an. Amschel, Kalmann und Salomon ihrerseits sorgten dafür, daß dem Intimus ihres Gönners Herries nichts abginge und daß auch Madame de Limburger durch die Rothschildsche Sachkenntnis in Finanzfragen ihren Gewinn hatte.[9]

Die Rothschilds verstanden sich sehr geschickt darauf, einflußreiche Verbindungen zu nützen, aber sie arbeiteten auch sehr emsig für ihren

Erfolg und niemals fleißiger als während der Monate nach Napoleons Abdankung am 13. April. Am letzten Märztag waren die Truppen der Alliierten in Paris einmarschiert. So lange als möglich sträubte sich der Kaiser gegen das Unabwendbare, nahm aber schließlich das großmütige Angebot der Herrschaft über die winzige Insel Elba an und begab sich am 20. April ins Exil. Der bourbonische Thronprätendent, nunmehr König Ludwig XVIII., der seit 1807 in England lebte, faßte sofort Pläne für die Rückkehr in sein Land. Aber er hatte kein Geld für einen stilgemäßen triumphalen Einzug in Paris, deshalb wandte er sich an das britische Schatzamt. Herries wurde mit den Verhandlungen betraut und zog N. M. hinzu. Und als der neue Monarch, vom nicht allzu begeisterten Jubel seiner Pariser Untertanen nur con sordino „umbraust", zu den Tuilerien fuhr, geschah dies dank der Mithilfe der Rothschilds, die Seiner Majestät für die ersten Auslagen 200 000 Pfund Sterling vorgestreckt hatten.

Die Friedenszeit brachte keine Linderung der Geldnot in den europäischen Staaten. Obwohl der Krieg nun eigentlich schon beendet war, erwuchsen den Alliierten noch immer hohe Kosten. Da waren fürs erste die in ganz Europa stationierten Truppen. Sie mußten besoldet werden, und da es Wochen dauern würde, bis die Armeen wieder auf Friedensstand gebracht waren, blieb nichts anderes übrig, als mit der Goldmünzenaufbringung während des ganzen Sommers fortzufahren. Weiterhin organisierte Nathan von London aus die komplizierte Aktion und entsandte täglich Kuriere in die Häfen der Ostküste. Ende August wurde die Demobilisierung abgeschlossen, doch mußten Subsidien an die alliierten Festlandmächte geleistet werden, damit auch sie ihre Soldaten entlassen konnten. Frankreich wurden Reparationen in der Höhe von 25 Millionen Francs auferlegt. Und da die europäischen Staaten nun darangingen, ihre durch den Krieg geschädigte Wirtschaft wieder aufzubauen, galt es, Anleihen auszuschreiben. Die Rothschild-Banken in Frankfurt, Paris und London hatten immense Kapitalien angesammelt und untereinander ein einzigartiges Verrechungssystem für den internationalen Wechselverkehr eingerichtet. Daher durften sie sich mit Recht einen großen Anteil der neuen Möglichkeiten erhoffen, die sich nun dem Bankwesen eröffneten. Nathan schuf in New Court die Voraussetzungen, um eine stete geschäftliche Expansion zu bewältigen. Dabei erinnerte er sich seiner Dankesschuld an seinen ursprünglichen Partner Benedict Worms. Er ließ Salomon Worms, seinen eigenen Neffen und ältesten Sohn des alten Herrn, aus Frankfurt kommen, stellte ihn als Makler in seinem Unternehmen ein und verschaffte ihm Zugang zur Börse, wo der junge Mann unter der kundigen Anleitung des Onkels gute Fortschritte machte.[10]

Doch wenn die Rothschilds glaubten, daß die dankbaren Fürstenhöfe sie mit Aufträgen förmlich überschütten würden, dann verrechneten sie sich bei der Einschätzung der menschlichen Natur. Die dynastischen und erlauchten Herrschaften, die nun hochgemut in ihre Residenzen zurückkehrten, hatten die vollständige Restauration des Ancien régime im Sinn. Alles, wofür Napoleon und dessen revolutionäre Vorgänger eingetreten waren, sollte ausgetilgt und vergessen werden. So auch die Emanzipation der Juden. Durch Europa wehte der scharfe Wind der Reaktion. In Frankfurt und anderen deutschen Städten waren die alten Patrizierfamilien entschlossen, ihre Vorherrschaft wiederzuerlangen. Fürsten, die in den dunklen Tagen des Krieges Mayer Amschel umworben hatten, mieden nun jeden Kontakt mit seinen Söhnen. Neidische Konkurrenten im Bankwesen, die den meteorhaften Aufstieg der Rothschilds voll Mißgunst beobachtet hatten, zeigten sich nun fest entschlossen, sie von den großen Kapitalmärkten zu verdrängen. Das Resultat: die Familie mußte um jedes größere Geschäft hart kämpfen. Amschel war besonders darauf bedacht, die Verbindungen zu Österreich aufrechtzuerhalten, und zwar für die Zahlungsabwicklung der Subsidien sowie der Reparationsanteile. Doch trotz vieler Briefe an hohe Beamte und trotz der Interventionen Herries' und Limburgers wurden Wiener Bankhäuser mit den Verhandlungen betraut. Zwar gelang es Nathan und James, sich wichtige Kontrakte mit St. Petersburg zu sichern, aber die Durchführung der Reparationszahlungen an das Königreich der Vereinigten Niederlande, zu dem Flandern und Wallonien gehörten, blieb ihnen verwehrt.

Und dann, während alle Entscheidungsträger und auch die Rothschilds sich auf ganz andere Fragen konzentrierten, trat ein Ereignis ein, das alles wieder umzustürzen drohte. Am 2. März 1815 um fünf Uhr morgens wurde Moses Montefiore durch ein Pochen an seiner Haustür jäh aus dem Schlaf gerissen. Draußen stand sein Schwager Nathan und rief ihm die unfaßbare Schreckensnachricht zu: Napoleon hatte Elba verlassen und war in Frankreich gelandet. Nur wenige Minuten früher war der Bankkurier mit dieser Meldung eingetroffen, einige Stunden, bevor der britische Premierminister durch seinen eigenen Depeschendienst offiziell informiert wurde.[11]

Napoleon marschierte nordwärts, unterwegs gewann er wieder die spontanen Sympathien Tausender Franzosen, die den „im Troß der Alliierten“ ins Land gekommenen und willkürlich eingesetzten König Ludwig XVIII. ablehnten. Diese völlig unerwartete Krisensituation bot Nathan die Chance, seine unanfechtbare finanzielle Suprematie aufzurichten. – Wieder waren Subsidien zu bezahlen, und wieder waren ganze Armeen zu finanzieren. Und wieder weigerten sich die Österreicher, mit den Frankfurter Juden Geschäfte abzuschließen. Doch diesmal kam es mehr denn je auf rasches Handeln an. Nathan schaltete Herries ein, dieser verwendete sich für eine höfliche, aber bestimmte Intervention des Foreign Office bei der österreichischen Gesandtschaft in London, und am 22. Mai richtete der zuständige Gesandtschaftsrat v. Neumann an den österreichischen Bevollmächtigten in Frankfurt, Freiherrn von Hügel, folgendes Schreiben:

> „Herr Baron, die englische Regierung hat mich ersucht, Eurer Exzellenz das mit der Übermittlung unserer Subsidien betraute Haus Rothschild in Frankfurt ganz besonders zu empfehlen; es wird durch mehrere Brüder vertreten, deren einer hier etabliert und von der britischen Regierung zu all deren großen Finanzoperationen mit dem Festlande verwendet wird. Das Vertrauen, das er genießt, die Ausdehnung seiner Geschäfte haben, wie es scheint, ihm sowohl als seinen Brüdern die Eifersucht der Frankfurter Bankiers in einem Maße eingetragen, daß man versucht hat, sie dadurch zu belästigen, daß man sie zur militärischen Dienstleistung zwang. Da die englische Regierung scheinbar einen großen Wert darauf legt, daß dieses Haus in keiner Weise belästigt werde und die Wohlfahrt unseres Dienstes dabei direkt interessiert ist, habe ich geglaubt, mich dieser Demarche nicht entziehen zu können und bitte Sie daher, Herr Baron, dem genannten Hause allen Schutz und alle Hilfe angedeihen zu lassen, die von Ihnen abhängen.“[12]

Praktisch führten die Rothschilds alle Subsidienzahlungen des Jahres 1815 durch.

Das Problem der Aufbringung ausreichender Mengen französischer Münzen für die Verwendung im Kriegsgebiet konnte nicht auf die gleiche Weise gelöst werden wie vordem, denn nun waren einfach nicht genug Edelmetallmünzen im Umlauf. Deshalb schlug Nathan seinem Freund Herries vor, Barren und Hartgeld einzuschmelzen und daraus neue Gold- und Silbermünzen zu prägen. Bis heute wird in New Court eine mit Samt ausgeschlagene Kassette aufbewahrt; sie enthält abgegriffene Münzen, wie sie Nathan für die britische Regierung beschafft zu haben scheint. Die Kassette trägt das Datum „April – Oktober 1815“. Zwar gibt es keine schriftliche Erklärung dazu, aber es ist nicht daran zu zweifeln, daß diese Geldstücke aus jener Lieferung von Münzen stammen, die es ermöglichte, im Raum um Brüssel eine Streitmacht von 209 000 britischen, preußischen und holländischen Soldaten zusammenzuziehen und Napoleon auf der Ebene von Waterloo entgegenzutreten.[13]

Um die Mitte des Juni 1815 erwartete ganz Europa voll Spannung den Ausgang der – dies wußte man – allerletzten, endgültigen Entscheidungsschlacht einer Epoche der Kriege, die nun schon fast ein Vierteljahrhundert währte. Die ersten Nachrichten, die in den europäischen Hauptstädten eintrafen, sprachen von einer Niederlage der Preußen bei Ligny. Dann kam die Meldung, Napoleon habe sich am 18. Juni den von Wellington befehligten Korps der Alliierten zum Kampf gestellt. Erste Berichte, die London erreichten, besagten, die Briten hätten bei La Haye Sainte schwere Rückschläge erlitten. Am 21. Juni um elf Uhr nachts betrat Major Henry Percy das Gebäude des Kriegsministeriums in London und übergab Lord Bathurst eine persönliche Depesche Wellingtons, die von einem großen Sieg bei Waterloo kündete. Der Offizier war total erschöpft, denn er war sofort nach Beendigung der Kampfhandlungen losgeritten und hatte nirgends gerastet.

Aber Nathan Rothschild hatte die Nachricht volle vierundzwanzig Stunden früher in Händen!

Um dieses Faktum ranken sich viele Geschichten, die erklären wollen, auf welche Weise N. M. die Mitteilung erhielt und wie er sich dieses Primat zunutze machte.[14] Die meisten klingen recht bizarr. Laut einer Version sei der korpulente Bankier selber hoch zu Roß über das Schlachtfeld gesprengt. In einem antisemitischen Traktat wird der Profit, den Nathan und seine Brüder aus der rechtzeitigen Information schlugen, mit 135 Millionen Francs beziffert. Gemäß verschiedenen Auslegungen war der Überbringer ein Jude, der fast zufällig zu der Meldung kam; ein englischer Segler, der gerade vor der französischen Küste kreuzte; der geniale Techniker Isambard Kingdom Brunel – damals ein neunjähriger Junge –; ein Hellseher in Kent und ein Angestellter der Rothschilds namens John Roworth oder Rothworth, angeblich Augenzeuge der Schlacht.

Es ist durchaus begreiflich, daß die merkwürdigen Begleitumstände des glorreichsten englischen Landsieges dazu reizten, allerlei Fabeln auszuspinnen und Mutmaßungen anzustellen. Die Wahrheit indes ist prosaischer und zugleich ungewöhnlicher, denn sie liefert den denkbar besten Beweis für die Leistungsfähigkeit des damals bereits gut eingespielten Rothschildschen Kurierdienstes. Man braucht nicht nach irgendwelchen seltsam romanhaften Boten zu suchen. Davidson, der Amsterdamer Agent der Rothschilds, wird dafür gesorgt haben, daß jemand bereitstand, wenn schon nicht direkt im Bereich des Schlachtfeldes, so doch zumindest in Brüssel oder Gent. Dieser Jemand kann Roworth gewesen sein. Oder Rothworth. Oder aber der nächstbeste der regulären Rothschild-Kuriere. Die Siegesnachricht erreichte die belgische Hauptstadt am 18. Juni etwa um Mitternacht. Ein Bote mit frischen Postpferden konnte in rund acht bis neun Stunden in Dünkirchen oder Ostende sein, wo ihn bereits ein Schiff erwartete, vielleicht mit einem der Brüder Cullen als Kapitän.

Auf welchem Weg Nathan die Information auch erhalten haben mochte, sein erster Impuls war natürlich, diese Freudenbotschaft sofort dem Premierminister zu überbringen. Trotz der späten Stunde eilte er in die Downing Street, wo ihm ein hoheitsvoller Butler allerdings mitteilte, Seine Lordschaft habe sich bereits zur Ruhe begeben und dürfe nicht gestört werden. Und am nächsten Morgen, als ihm Rothschilds Depesche übergeben wurde, weigerte sich Lord Liverpool, einer Nachricht Glauben zu schenken, die all seinen offiziellen Informationen widersprach.

Mittlerweile hatte Nathan seinem zweiten Impuls gehorcht – nämlich an die Börse zu gehen und paketweise Staatsanleihepapiere aufzukaufen. Dies entsprach einer logischen Überlegung kaufmännischer Vernunft, könnte aber selbst bei kühnster Phantasie nicht als ein gigantischer Börsencoup bezeichnet werden. Die Spanne des Kursanstiegs, den die Nachricht aus Waterloo bewirkte, und die Anzahl der tatsächlich auf dem Markt frei verfügbaren Papiere bieten Indizien dafür, daß Nathans Gewinn in der Größenordnung von Tausenden, aber gewiß nicht in Millionen Pfund zu bemessen ist. Und zweifellos war jeder kurzfristige finanzielle Profit unwichtig im Vergleich zu der Tatsache, daß das Haus Rothschild den Großmächten Europas seine Fähigkeit bewiesen hatte, enorme Geldsummen diskret, redlich und umsichtig zu verwalten.

Dies also waren die drei Phasen der Errichtung des Rothschildschen Vermögens während der letzten Jahre der Napoleonischen Kriege. Sie ergeben eine der packendsten Erfolgsstories aller Zeiten.

KAPITEL 6
Die reichsten Leute Europas

Die Rothschilds gingen aus dem Krieg als Millionäre und Berühmtheiten hervor. Aber sie entwickelten noch keine Neigung zu jenem luxuriösen Lebensstil, für den sie später berühmt wurden. Im Gegenteil, ihr Reichtum brachte ihnen manche Probleme. Die Brüder aus der Judengasse waren nicht wie die Hunderten anderen Entrepreneurs, denen der Krieg den Aufstieg in die Gruppe der Neureichen ermöglicht hatte. Diese „Arrivistes" ahmten sofort in allem und jedem den Geburtsadel nach, leisteten sich erlesene Garderobe, elegante Kutschen, Antiquitäten, prächtige Stadthäuser und Landgüter. Sie kauften sich in die gute Gesellschaft ein. Manche der Rothschilds hatten wohl ähnliche Ambitionen, doch in ihrem Fall lagen die Dinge nicht so einfach. Es gab zwei schwerwiegende Faktoren, die ihren Drang zur demonstrativen Selbstbestätigung hemmten: erstens waren sie Juden, und zweitens waren sie an vertraulichen Finanzgeschäften des Staates beteiligt.

Fast zwangsläufig brachte die enge Verbindung der britischen Regierung zu den jüdischen Bankiers schlechte Nachrede. Beschuldigungen der Korruption waren an der Tagesordnung. In weiten Kreisen glaubte man, Nathan habe aus offiziellen Kontrakten unrechtmäßigen Gewinn gezogen. Man sagte, gewisse Minister stünden in seinem Sold. Kein Wunder also, daß er und Herries peinlich alles vermieden, was zu Kritik herausfordern konnte. Mehrere Jahre hindurch führten Nathan und seine Familie ein ziemlich bescheidenes Leben, erst in den letzten Monaten vor seinem Tod gestattete er sich den Luxus, ein Landgut zu erwerben.

Es gab weniges, was Nathan so sehr verabscheute wie das, was man nun Publicity nennt. Er selbst sah sich als einen redlichen, simplen Geschäftsmann ohne jede Allüre eines Gesellschaftsmenschen und ohne jene persönlichen Extravaganzen, durch welche die tonangebenden Herrschaften der Londoner Society Aufmerksamkeit erregten. Andererseits war es unmöglich, daß der Bankier, der beim Sturz Napoleons eine so wichtige Rolle gespielt hatte und im Verlauf dieser Ereignisse zu einem der reichsten Bürger Englands geworden war, in der Anonymität verharrte. Nathan und seine Brüder waren Leute, über die man in den Zeitungen schrieb, in den Salons redete und die man karikierte. Aber es fiel ihm sehr schwer, seine Position als markante Figur des öffentlichen Lebens psychisch zu bewältigen.

Gewiß, es war ja eigentlich schmeichelhaft, wenn bekannte Kommentatoren von ihm Notiz nahmen, gleichsam als Barometer für die Bedeutung der Rothschilds. Dennoch fand Nathan selbst die mildeste Form der Verspottung, wie etwa die satirische Karikatur „A View from the Royal Exchange" von Richard Dighton, ärgerlich. Seine Beleibtheit, seine wulstigen Lippen und sein starker deutscher Akzent machten ihn natürlich zu einem „dankbaren" Gegenstand für Karikaturisten und Satiriker, wobei Dightons Zeichnung das nicht einmal besonders gehässige Porträt eines Mannes ist, der nun als ein Wahrzeichen der Londoner Börse galt. Trotzdem mißfiel es Nathan, und der gute Salomon mußte ihn durch den Hinweis besänftigen, dies sei eben das Los aller prominenten Persönlichkeiten. „Ich hoffe, daß unsere geliebten Kinder . . . ebenso karikiert werden, wenn sie mit Gottes Hilfe eine geachtete Stellung in der Gesellschaft errungen haben."[1]

Wie auf Dightons Graphik zu ersehen ist, war Nathan stets in der südöstlichen Ecke der Börse anzutreffen, jenem Bereich, der Juden vorbehalten war, die keine Maklerlizenz hatten. Dort stand er immer vor einer bestimmten dorischen Säule. Ein amerikanischer Beobachter gab folgendes Bild:

> „Rothschild lehnte an einer der Säulen, das Gesicht dem Hof zugewandt, und lieh einer Schar von Bittstellern Gehör. Er wirkte sehr gewöhnlich, mit klobigen Gesichtszügen, schlaffen Lippen und hervortretenden Fischaugen. Seine dicke, ungeschlachte Gestalt war von den losen Falten eines weiten Überrocks umhüllt. Allein, in seinen Mienen und seiner Art lag etwas Gebieterisches, und die Verehrung, welche ihm jene, die sich ihm näherten, sichtlich aus freien Stücken zollten, zeigte, daß er gewiß nicht irgendjemand war."[2]

Diese Stelle des Börsenraumes, an der N. M. regelmäßig hof hielt, erfaßte auch Thomas Jones in seiner Karikatur „A Pillar of the Exchange" aus dem Jahr 1829. Natürlich gab es in Finanzkreisen auch Leute, denen Nathans schier königliche Auftritte nicht paßten. Am 1. Dezember 1833 berichtete der *Observer* über einen „merkwürdigen Vorfall in der Königlichen Börse":

> „Großes Aufsehen erregte es am Dienstag in der Königlichen Börse, als Mr. N. M. Rothschild, der prominente Kapitalist, daran gehindert

wurde, seinen gewohnten Platz einzunehmen. Er pflegt sich an eine der Säulen des Gebäudes zu lehnen in der Südostecke besagter Königlicher Börse. An eben jenen Punkt stellte sich ein gewisser Mr. Rose vom Trinity Square, als Mr. Rothschild die Börse betrat, um seine Wechselgeschäfte zu tätigen. Vergebens wies Mr. Rothschild den Eindringling in höflichem Ton zurecht, vergebens bemühten sich die Portiers der Börse. Mr. Rose wollte nicht weichen, und Mr. Rothschild sah sich schließlich genötigt, in einer der hinteren Bänke Platz zu nehmen ... er war über solche Vertreibung dermaßen erzürnt, daß es einige Zeit währte, bis er sich wieder beruhigt hatte und sich seinen Geschäften widmen konnte."

Solche Streiche und auch Karikaturen waren an sich harmlos. Doch manchmal nahmen der Rassenhaß und die Feindseligkeit, denen sie entsprangen, bedenklichere Formen an – ein weiterer Grund für die Rothschilds, ihren neuen Reichtum lieber nicht ostentativ zu zeigen. Amschel in Frankfurt erhielt Drohbriefe von einem Geheimbund, der sich der Austreibung der Juden verschworen hatte. In Österreich charakterisierte Metternichs Adlatus Friedrich v. Gentz die Einstellung des alten Adels zu den neureichen Rothschilds mit den Worten:

„Sie (die Rothschilds) sind gemeine, unwissende Juden, von gutem äußeren Anstand, in ihrem Handwerke bloße Naturalisten, ohne irgendeine Ahnung eines höheren Zusammenhangs der Dinge, aber mit einem bewunderungswürdigen Instinkt begabt, der sie immer das Rechte und zwischen zwei Rechten immer das Beste wählen heißt. Ihr ungeheurer Reichtum – sie sind die ersten in Europa – ist durchaus das Werk dieses Instinkts, welchen die Menge Glück zu nennen pflegt."[3]

Selbst im relativ liberalen England mußte Nathan mit Haß und Spannungen leben. Einmal jagte er einer Gruppe bei ihm vorsprechender kleiner Bankiers gehörigen Schrecken ein, als er sie plötzlich mit allem bewarf, was ihm zur Hand war und dabei gellend um Hilfe schrie. Der Grund dieser scheinbaren jähen Sinnesverwirrung lag darin, daß er am selben Morgen eine Morddrohung erhalten hatte. Als er nun sah, wie die Fremden in ihre Taschen langten, um Empfehlungsschreiben hervorzuholen, glaubte er in seiner Nervosität, sie wollten Pistolen ziehen.

Aber in seinen abstoßendsten Formen äußerte sich der Antisemitismus in den deutschen Staaten. Die Wirtschaftskrise der Nachkriegszeit hatte sie erfaßt, und wie seit jeher standen auf der Liste der Sündenböcke die Juden an erster Stelle. Im Jahr 1819 machten sich die aufgestauten Ressentiments gewaltsam Luft. In einigen Gegenden Süddeutschlands kam es zu antisemitischen Ausschreitungen, auch Frankfurt erlebte neuerliche Demonstrationen im Zeichen des alten Vorurteils und der Feindseligkeit. Am 10. August zog eine Schar junger Männer mit dem alten antijüdischen Schmähruf „Hepp, hepp!" durch die Judengasse und die angrenzenden Straßen und schmierte Haßparolen auf Mauern und Türen.

Von jenem Augenblick an entwickelte sich der „Straßenkampf" in einer uns noch allzugut bekannten Weise. Junge Juden reagierten auf die Verhöhnungen. Es kam zu Tätlichkeiten. Männer und Halbwüchsige griffen zu Steinen und allem, was als Waffe dienen konnte. Manche Bürger flüchteten vor diesem Getümmel, andere freilich taten sofort mit. Die Zusammenstöße, Brandlegungen und Plünderungen dauerten bis spät in die Nacht. Als der Morgen heraufdämmerte, waren die Straßen mit Trümmern und Blutlachen bedeckt, überall lagen Verletzte. Der einzige, schwache Trost war für die Juden in dieser Situation, daß zum erstenmal die Stadtwache zu ihrem Schutz ausgerückt war. Soldaten waren es, die Amschels Bank vor der Verwüstung bewahrten. Auch James und seine Glaubensgenossen in Paris waren nicht ganz sicher, denn auch dort flackerten judenfeindliche Unruhen auf.[4]

Häufig richteten sich solche Angriffe gezielt gegen die Rothschilds. Ihre Stellung innerhalb des Judentums hatte sich grundlegend gewandelt. Als den reichsten und berühmtesten Juden in einer christlichen Umwelt war ihnen nun, ob sie wollten oder nicht, eine symbolhafte Rolle zugewiesen, und in weiten Kreisen galten sie als die Repräsentanten ihres Volkes. Ein antisemitisches Pamphlet, das einige Jahre später zirkulierte, trug den Titel „Rothschild I., König der Juden", und in dieser Formulierung spiegelte sich haarscharf ein gängiges Bild der Familie. Die Brüder waren durchaus bereit, ihr Gewicht für den Kampf um die Rechte der Juden einzusetzen, andererseits war es auch durchaus in ihrem Interesse, in Deckung zu bleiben. Bei präsumtiven Kunden in hohem Ansehen, von anderen verachtet und befehdet, ließen sich die Rothschilds nicht über die Ambivalenz ihrer Stellung hinwegtäuschen.

Ein weiterer bestimmender Faktor im Leben der Fünf Frankfurter war ihre Mutter. Abgesehen von einigen kleinen Annehmlichkeiten, die sie sich gestattete, lehnte Gudula Rothschild entschieden jegliche Protzerei ab. Ihre Söhne versuchten wohl, sie zur Übersiedlung in eine sicherere, komfortablere Wohnung zu bewegen, aber standhaft weigerte sich die alte Frau, das Haus zu verlassen, das sie mit ihrem Gatten bewohnt hatte und in dessen Mauern noch immer eine Kanonenkugel vom französischen Bombardement des Jahres 1796 steckte. Es hätte mehr gebraucht als einige zerschlagene Fensterscheiben und hingeschmierte Hetzparolen, um sie aus der Judengasse zu vertreiben. Bis zu ihrem Tod im Alter von fünfundneunzig Jahren verblieb sie dort und führte das einfache Leben einer frommen jüdischen Witwe: resolut, warmherzig und diktatorisch. Heinrich Heine überliefert ein berührendes Bild vom Wesen dieser Frau und zitiert Aussprüche Ludwig Börnes, den er in Frankfurt besuchte:

> „Die Deutschen sollten bei der alten Madame Rothschild in die Schule gehen, um Patriotismus zu lernen. Sehen Sie, hier in diesem kleinen Hause wohnt die alte Frau, die Lätitia, die so viele Finanz-Bonaparten (sic!) geboren hat, die große Mutter aller Anleihen, die aber trotz der Weltherrschaft ihrer königlichen Söhne noch immer ihr kleines Stammschlößchen in der Judengasse nicht verlassen will und heute wegen des großen Freudenfestes ihre Fenster mit weißen Vorhängen geziert hat ... Wenn die gute Frau die Lämpchen betrachtet, treten ihr die Tränen in die alten Augen, und sie erinnert sich mit wehmütiger Wonne jener jüngeren Zeit, wo der selige Mayer Amschel Rothschild, ihr treuer Gatte, das Lampenfest mit ihr feierte und ihre Söhne noch kleine Bübchen waren und kleine Lichtchen auf den Boden pflanzten und in kindischer Lust darüber hin und her sprangen ...“[5]

Mit Interesse und Stolz verfolgte Gutle die Karrieren ihrer Söhne, empfing und gab Geschenke, erteilte kluge Ratschläge und legte ihnen stets eindringlich den Wert einer frommen, einfachen Lebensweise nahe. Doch niemals besuchte sie ihre Söhne, um mit eigenen Augen zu sehen, welch große Männer sie geworden waren. Ihre Kinder, Enkel und Urenkel mußten immer zu ihr kommen, das hieß freilich, daß man am einen Ende der engen Judengasse die Kutsche verlassen und vorsichtig über das kotige Straßenpflaster gehen mußte. Eine Urenkelin erinnerte sich an die Pilgerfahrt, die sie als Kind zu dem Haus im Ghetto und zu der alten Dame machte, die für ihre Nachkommen zu einer geliebten und ehrfürchtig bewunderten Symbolgestalt geworden war:

> „Ich weiß noch, daß mich zwei Mägde in ein Zimmer führten, zu einem Sofa, auf dem die winzige Gestalt einer alten Dame ruhte, angetan mit einer großen Haube, die ihr Gesicht umrahmte und ihr Haar verbarg. Sie richtete sich ein wenig auf und sagte einige Worte auf Deutsch zu mir. Etwas erschrocken wich ich zurück, aber die beiden Mägde boten mir Kuchen und Obst an, dann wurde ich aus dem Raum geleitet. Jahre später kam ich zu der Erkenntnis, daß es

mir vergönnt gewesen war, eine sehr ungewöhnliche Persönlichkeit leibhaftig vor mir zu sehen, die Mutter von neunzehn Kindern, von denen zehn herangewachsen waren. Lange vor der Französischen Revolution geboren, die Europa erschüttert und verändert hatte, verließ meine Urgroßmutter niemals ihre alte Heimstätte ... Sie lebte in einfachsten Verhältnissen, häufig besucht von ihren Kindern und Enkelkindern, die ihr sehr zugetan waren."[6]

Unnötige Prahlerei zu vermeiden, war eine Sache; sichtbare Auszeichnungen für geleistete Dienste anzustreben eine andere. Die Brüder auf dem Festland, die es mit Überheblichkeiten und Vorurteilen der höheren Gesellschaftsschichten zu tun hatten, waren eifrig um ein gutes Verhältnis zu den führenden Politikern Europas bemüht. Sie erhofften sich davon nicht nur neue Geschäfte, sondern auch jene konkreten Ehrungen, die ihnen selbst und dem gesamten Judentum erhöhtes Ansehen bringen würden. Dafür scheuten sie keine Kosten. Sie gingen dazu über, Prominenz an ihre Tafel zu laden, und erwiesen sich als großzügige, vollendete Gastgeber. Mit der Zeit nahmen immer mehr christliche Bankiers und Geschäftsleute ihre Einladungen an, besonders wenn sich herumsprach, daß unter den Gästen Ausländer von Rang und Namen anzutreffen sein würden. Einer von diesen war Friedrich v. Gentz, Metternichs Sekretär, der im Herbst 1818 in Frankfurt eintraf und dem die Rothschilds sofort große Aufmerksamkeit widmeten. Dem österreichischen Staatsbeamten wurde nicht nur Speis und Trank geboten, sondern die Brüder zögerten auch nicht, seine Freundschaft und Gunst durch Geld und Darlehen zu erkaufen. So wurde Gentz zu einem außerordentlich wichtigen Verbündeten. Er tat das Seinige dazu, um die von den Rothschilds bereits geschaffenen Verbindungen zu Metternich, dem einflußreichsten Staatsmann Europas, zu festigen. In dieser Epoche gehörten gewisse finanzielle Beweise der Erkenntlichkeit zu den allgemein üblichen Nebeneinkünften eines Amtes. Gentz etwa nannte ganz offen die Summen, die er von den Rothschilds erhielt.

Als Randbemerkung zum Thema Rothschildsche Gastlichkeit ist die Beobachtung amüsant, daß sie bisweilen alles andere als schwelgerisch sein konnte. Als Metternich im Jahr 1821 selbst nach Frankfurt kam, ließ ihm Amschel bescheiden eine Einladung überreichen. Vielleicht wollte der Bankier nicht zu prahlerisch erscheinen, jedenfalls bat er den größten Staatsmann Europas lediglich, „diesen Mittag die Suppe bei mir einnehmen zu wollen".[7]

Der erste größere Coup der Familie nach dem Krieg erfolgte in eben jenem Land, das bisher Abstand zu den Rothschilds gewahrt hatte. Das große Kaisertum Österreich war in höchster Geldnot. Metternich, der

Staatskanzler, und Graf Stadion, der Finanzminister, setzten alles daran, um die Staatsfinanzen wieder auszugleichen. Ihre Erfahrungen mit den Subsidien und den französischen Reparationszahlungen zeigten klar und deutlich, daß nur ein einziges Bankunternehmen in ganz Europa in der Lage war, die erforderlichen Summen zu einem günstigen Zinssatz und noch dazu rasch und wirksam vorzustrecken. Die enormen Geldbeträge, mit denen die fünf Brüder operierten, und die außergewöhnliche Expansion des Hauses Rothschild zeigten ein ganz anderes Format als das der großen Wiener Banken, die bisher die Geldgeschäfte des Kaisertums getätigt hatten. Stadion war Realist. Wie er persönlich auch über diese deutschen Juden denken mochte, er wußte, daß Österreich die Rothschilds brauchte. Aber er wußte auch, daß die Rothschilds Österreich brauchten. Es gab etwas Immaterielles, das sich Amschel und Salomon ersehnten und das nur der Kaiser in Wien gewähren konnte. Seit einigen Monaten ließen sie österreichischen Beamten gegenüber durchblicken, daß doch vielleicht eine Form der offiziellen Würdigung ihrer Verdienste angebracht wäre.

In der klassenbewußten Gesellschaft des 19. Jahrhunderts waren Titel wichtig: Als Beweis allerhöchster Huld, als Signum der Achtbarkeit und als Paß zu größeren, besseren geschäftlichen Möglichkeiten. In diesem Punkt unterschieden sich die Rothschilds nicht von ihren Rivalen, auch sie wollten Ehren einheimsen, ein Bestreben, das unweigerlich die Zahlung von Douceurs an Hofbeamte bedingte.

Wir kennen keine Einzelheiten der Finanztransaktionen zwischen Frankfurt und Wiener Regierungsämtern. Gewiß erörterte Stadion mit mehreren Beamten die geeignete Form einer Auszeichnung für die Rothschilds. Verschiedene Medaillen und Ehrentitel wurden in Erwägung gezogen. Der Hof hatte nicht nur die Verdienste der Frankfurter Brüder in Betracht zu ziehen, sondern auch, was andere als tragbar betrachten würden. Im Juni 1816 war Stadion bereit, Kaiser Franz I. zu referieren. Er führte aus:

> „Ich halte es für Pflicht (sic!), zugunsten des Frankfurter Wechselhauses Mayer Amschel Rothschild und Söhne auf eine Auszeichnung anzutragen, da dieses Haus ganz besonders zu dem guten Erfolg des schnellen und richtigen Einfließens der so bedeutenden englischen Subsidiengelder mitwirkte und es bei den gegenwärtigen Umständen vielleicht noch ferner benützt werden muß. Dieses Haus besitzt ein sehr großes Vermögen, aber einen noch größeren Kredit und kann sogar Geschäfte, die für einen Privaten auf dem Continente ungeheuer scheinen, aus dem Grunde machen, weil es von der großbritannischen Regierung zu den ausgedehntesten Operationen ge-

braucht und daher von ihr mit den entsprechenden Geldmitteln unterstützt wird."

Nach sorgfältiger Erwägung aller Möglichkeiten kam der Finanzminister zu dem Schluß, daß nichts anderes in Frage käme als die Erhebung der beiden älteren Brüder in den österreichischen Freiherrenstand. Allerdings würde eine solche Auszeichnung „... bei den christlichen Wechselhäusern Eifersucht erregen und in dem gegenwärtigen Augenblicke, wo die bürgerliche Existenz der Frankfurter Judengemeinde erst verhandelt werden soll, eine besondere Sensation machen". Aber respektvoll gab er zu bedenken, daß es im Fall eines so reichen und wichtigen Mannes wie Amschel Rothschild keine vertretbare Alternative gebe.

> „Die von Rothschild geleisteten Dienste sind nicht von der Art, um sie mit einem Orden belohnen zu können; die Zivilehrenmedaille hingegen dürfte seiner Erwartung nicht zusagen. Bei dem großen Vermögen, welches er besitzt, kann es ihm noch weniger darum zu tun sein, eine Belohnung im (sic!) Gelde oder Geldeswerte zu erhalten ... Die Verleihung von Titeln ist nach dem Erachten des Grafen Stadion mehr für Beamte angemessen und dürfte, da Rothschild deren schon mehrere führt, wenig Eindruck auf ihn machen. Daher bittet Graf Stadion, daß Euer Majestät als ein öffentliches Merkmal der Allerhöchsten Zufriedenheit mit den geleisteten Diensten des Frankfurter Hauses Meyer Amschel Rothschild & Söhne den beiden vorhandenen Brüdern dieses Hauses den deutscherbländischen Adelsstand mit gänzlicher Nachsicht der Taxe gnädigst verleihen und ihn, Graf Stadion, ermächtigen wollen, denselben in einem besonderen Schreiben Euer Majestät Allerhöchste Zufriedenheit zu erkennen geben zu dürfen."[8]

Diese Empfehlung ging zur üblichen Begutachtung und trat einen hindernisreichen Amtsweg an. Der zuständige Staats- und Konferenzrat Freiherr v. Lederer gab dem Antrag nicht statt. Und zwar mit zwei Begründungen. Erstens seien Juden nicht im Besitz der vollen Bürgerrechte, und Erbtitel sollten ihnen daher nur bei außergewöhnlichen Umständen verliehen werden. Zweitens seien die Brüder Rothschild reine Geschäftsmänner. Jeglicher Dienst sei nur aus Gründen des Profits, nicht aber aus Loyalität zum österreichischen Kaiserhaus erbracht worden. Seine Majestät, der Kaiser, habe zwar in einigen Fällen Juden in den Adelsstand erhoben, „allein, ob es nicht eine politische Inkongruität wäre, gerade jetzt, wo die Ansprüche der Frankfurter Juden auf das Bürgerrecht noch ein Gegenstand der Diskussion sind ... eine solche Auszeichnung jüdischen Handelsleuten angedeihen zu lassen, darüber kann ich mir kein Urteil erlauben ... Ich meinerseits halte es aber für das angemessenste, jeden der beiden Brüder Rothschild mit einer goldenen Dose, mit der Chiffre Euer Majestät in Brillanten geziert, zu beschenken."[9] Über den rein materiellen Wert einer derartigen Ehrengabe könne wohl Graf Stadion befragt werden. Angesichts solch widersprüchlicher Ratschläge überließ Kaiser Franz I. die Angelegenheit Metternich. Der Fürst war Pragmatiker. Er wußte, daß es wichtiger und ersprießlicher war, reichen Finanziers einen Gefallen zu erweisen als hochmütigen Aristokraten. Außerdem hatte er bereits enge Kontakte zu Salomon Rothschild – Verbindungen, die sich schließlich zur Freundschaft entwickeln sollten. So erging am 25. September 1816 das kaiserliche Handschreiben zur Adelsverleihung an Amschel und Salomon. Am 21. Oktober wurden per Kabinettserlaß die Namen von Kalmann und James hinzugefügt, in Würdigung ihrer wertvollen Dienste bei den Finanzverhandlungen des Jahres 1815.

Somit gehörten die Rothschilds nun dem Verdienstadel an, eine Standeserhöhung, die sie berechtigte, ihrem Familiennamen ein „von" voranzusetzen und um die Verleihung eines Wappens anzusuchen. Dieses Vorrecht nahmen sie sehr bald wahr. Das anno 1817 bewilligte Familienwappen, ein gevierter Schild, zeigt im zweiten und im dritten Feld einen Arm, der vier Pfeile hält, als Symbol der Rothschildschen Einheit. Es fällt auf, daß der fünfte Pfeil fehlte. Auf dem eingereichten Entwurf war er dargestellt gewesen, doch der Wappeninspektor vertrat die Auffassung, daß ein heraldischer Hinweis auf den fünften der Brüder nicht statthaft sei, und zwar wegen dessen fremder Staatsbürgerschaft. So blieb Nathan, der führende Kopf bei den komplizierten Transaktionen, für welche die Familie belohnt wurde, von der Ehrung ausgeschlossen.

Das kümmerte ihn nicht weiter. Oder zumindest gab er sich diesen Anschein. Wenn Amschel und die anderen Brüder klingende Titel wollten, war das ihre Sache. Er selber fand mit der einfachen Namensform „Mr. Rothschild" das Auslangen.

Nach wie vor lebte er nur fürs Geschäft. Jahre später reagierte er auf den Einwand eines Bekannten, gewiß würde er sich nicht wünschen, daß seine Kinder nur ans Geld dächten, ohne Rücksicht auf wichtigere und höhere Dinge, prompt mit der Entgegnung: „O doch, das würde ich mir wünschen! Ich möchte, daß sie mit Leib und Seele, Geist und Herz, ja mit allem, was sie haben, für das Geschäft da sind. *Das* ist Glück! Es braucht sehr viel Kühnheit und sehr viel Überlegung, um ein großes Vermögen zu schaffen."[10]

Aber Nathans Schlichtheit war in Wirklichkeit Eitelkeit mit umgekehrten Vorzeichen. Er gab damit zu verstehen: „Ich bin reich und habe Einfluß. Leute von Bedeutung hofieren mich. Ich brauche mich nicht aufzuspielen." Natürlich ranken sich um die Biografie dieses bemerkenswerten Mannes viele anekdotische Geschichten, die seine Verachtung für Prahlerei illustrieren. Manche von ihnen sind zweifellos erfunden, etwa jene über einen deutschen Fürsten, der in New Court erschien, um seine Kreditbriefe vorzulegen. Er wurde in Nathans Privatkontor geführt. Der Bankier war eben mit Papieren beschäftigt, ohne den Kopf zu heben, sagte er: „Nehmen Sie sich einen Stuhl." Eine oder zwei Minuten herrschte völliges Schweigen, schließlich rief der Besucher, der sich über diese Unhöflichkeit ärgerte: „Haben Sie nicht gehört, wer ich bin?" Und er wiederholte seinen eindrucksvollen Namen samt allen Titeln. Nun ließ sich Nathan endlich dazu herbei, seinen Gast anzublicken und sagte lakonisch: „Na gut, dann nehmen Sie sich zwei Stühle."[11]

Diese Anekdote wurde erst fünfunddreißig Jahre nach Nathans Tod gedruckt. Doch andere Geschichten sind belegt, etwa ein Vorfall über den Wilhelm v. Humboldt berichtete, damals preußischer Gesandter in London:

> „Gestern aß Rothschild bei mir, der ein ganz roher und ganz ungebildeter Mensch ist, aber sehr viel Verstand und für das Geld wirklich Genie hat. Den Major Martens, der auch hier aß und immer alles Französische lobte, hat er einige Male himmlisch abgeführt. Unter anderem apitoierte (sic!) sich Martens auf eine alberne sentimentale Weise über das Unglück der Kriege und die vielen Gebliebenen. Ach, sagte Rothschild, wenn die Leute nicht alle gestorben wären, Herr Major, wären Sie ja vermutlich noch Tambour. – Das Gesicht von Martens hättest Du sehen sollen."[12]

Doch selbst der unerschütterliche Nathan war nicht gegen das menschliche Laster der Eitelkeit gefeit, wie wir aus einem der lebendigsten Augenzeugenberichte aus seiner Privat- und Berufssphäre wissen. Er stammt von Hermann Fürst Pückler-Muskau, dem für seine Gartenschöpfungen berühmten, aber damals mittellosen deutschen Hocharistokraten, der nach London gekommen war, um Ausschau nach einer „guten Partie" zu halten, was, nebenbei gesagt, erfolglos blieb. Aber die 1831 in vier Bänden unter dem makabren Titel „Briefe eines Verstorbenen" publizierten Beschreibungen seiner Reisen durch England, Schottland und Irland fanden viele Leser. Den Bankier lernte der Fürst im Oktober 1826 kennen. Denn wie hätte er „die City verlassen können, ohne ihren wahren Löwen – ihren Beherrscher, mit einem Wort: Rothschild – besucht zu haben". Pückler war einigermaßen überrascht, als er sah, daß Nathan „hier nur ein unscheinbares Lokal" neben seinem Wechselhaus bewohnte. Weniger verwunderlich fand er, daß ihm den „Eingang zu diesem Haupt-Alliierten der Heiligen Allianz" ein mit Silberbarren beladener Frachtwagen verstellte.

Zufällig war gerade auch der russische Konsul anwesend, „ein feiner und gescheuter Mann, der seine Rolle perfekt zu spielen und den schuldigen Respekt cum dignitate zu verbinden wußte". Was keinem der beiden Besucher ganz leicht fiel, da Nathan verbal „nicht viel Umstände machte . . . wir wären glückliche reiche Leute, daß wir so umherreisen und uns amüsieren könnten, während auf ihm armen Manne Weltlasten lägen". Russen und Deutsche bettelten ihn um Geld an, murrte Nathan. „Dies wurde in einer ganz eigentümlichen Sprache, halb englisch, halb deutsch, das Englische aber ganz mit deutschem Akzent, vorgetragen, jedoch alles mit einer imponierenden Assurance, die dergleichen Kleinigkeiten unter ihrer Aufmerksamkeit zu finden scheint."

Als ihn Pückler-Muskau mit einem Kompliment über seinen entscheidenden Einsatz für das Wohl Europas besänftigen wollte, wehrte Nathan solches Lob bescheiden ab. „Ach nein, da machen Sie nur Spaß, ich bin nichts mehr als ein Bedienter, mit dem man zufrieden ist, weil er die Geschäfte gut macht, und dem man dann aus Erkenntlichkeit auch was zufließen läßt."[13] Das Gespräch verlief jedoch recht angenehm und endete mit einer Einladung an Pückler-Muskau zum Diner in Nathans Haus in Stoke Newington.

Auch dieses Domizil überraschte den Besucher durch seine Schlichtheit. Er hatte erwartet, daß „der königliche Bankier" zumindest einen „herzoglichen Sitz" sein eigen nenne und erblickte aber nicht mehr als eine „anmutige Villa". Die Tischgesellschaft vollends kam nicht aus den höheren Rängen der eleganten Gesellschaft, sondern bestand aus Nathans Geschäftsfreunden – jüdische Finanziers und einige Direktoren der East India Company. Der Gastgeber war in guter Stimmung und erheiterte die Anwesenden mit köstlichen Geschichten über manche seiner hoch- und höchstgeborenen Kunden. Diskret nennt der Fürst aber keine Namen.

> „Herr R. (Rothschild) war sehr guter Laune, amüsant und gesprächig. Es war drollig anzuhören, wie er uns die Gemälde seines Eßsaals, alles geschenkte Porträts der europäischen Souveräne und ihrer ersten Minister, explizierte und dabei von den Originalen wie von seinen besten Freunden und gewissermaßen wie von seinesgleichen

sprach. ‚Ja', rief er, ‚hier der ... drängte mich einmal um eine Anleihe, und in derselben Woche, wo ich seinen eigenhändigen Brief erhielt, schrieb mir sein Vater aus Rom auch eigenhändig, ich sollte um Himmels willen mich in nichts einlassen, da ich es mit keinem treuloseren Menschen als mit seinem Sohn zu tun haben könnte. C'etait sans doute très catholique, wahrscheinlich hatte aber doch die alte K ... den Brief geschrieben, die ihren eignen Sohn so sehr haßte, daß sie von ihm, jedermann weiß, mit welchem Unrecht, zu sagen pflegte: Il a le cœur d'unt ... avec la figure d'un à ...'"[14]

Nathan konnte es sich leisten, über die Großen und Mächtigen der Welt zu lachen, die genötigt waren, seine finanzielle Macht in Anspruch zu nehmen. „Zuletzt nannte er sich jedoch demütig nur den gehorsamen und großzügig bezahlten Geschäftsmann und Diener sämtlicher Potentaten, die er alle gleich hoch verehre, die Politik möge stehen wie sie wolle, denn, fügte er lachend hinzu: ‚I never like to quarrel with my bread and butter.'"

Pückler-Muskau scheint in der Folge, wenn schon kein Intimus N. M.s, so doch ein Habitué des Rothschildschen Kreises und häufig zu Gast in New Court und Stoke Newington gewesen zu sein. Offenbar hatten Nathan und dessen Gattin diesen in der Fremde weilenden Reisenden ins Herz geschlossen. Der Fürst nahm an einigen ihrer Galabankette teil, so etwa im Mai 1827, als man von einem Tafelservice aus „Vermeil und Silber" speiste, die Schätze des Bankiers bewunderte und nach dem Dessert sogar ein Konzert erstrangiger Interpreten jener Zeit geboten bekam. Aber er hatte auch Zutritt zu intimen Diners im engsten Familienkreis, wie am 13. März 1828. Bei dieser Gelegenheit gab sich der große Mann noch ungezwungener als sonst:

„... den man mit dem Sultan verglichen hat, weil dieser der Herrscher aller Gläubigen und jener der Gläubiger aller Herrscher sei ... Er war heute besonders lustig und ließ seine neue österreichische Konsularuniform holen, die ihm, wie er sagte, sein Freund M(etternich) von Wien geschickt habe, zeigte sie uns und ließ sich nachher sogar bereden, sie vor dem Spiegel anzuprobieren und damit einherzustolzieren, ja wie Virtuosen, wenn sie einmal angefangen haben, nicht wieder aufhören können, so ließ er nun auch noch andere prächtige Hofkleider bringen und wechselte mehrmals die Toilette, wie auf dem Theater ... Es war übrigens komisch anzusehen, wie der sonst so kaufmännisch ernste Mann sich mit den verschiedensten Wendungen und Reverenzen das leichte und graziöse Air eines Höflings zu geben versuchte, und durch unser Lachen gar nicht irre gemacht, mit ebenso vollkommener Überzeugung als Jovialität versicherte, daß N. M. R., wenn er wolle, jede Rolle spielen, und mit Hülfe von 6–8 extra Gläsern Wein bei Hof eine ebenso gute Figur machen könne als irgendeiner."[15]

Bei anderer Gelegenheit indes fand Pückler-Muskau den Bankier zu einem langen Privatgespräch über die Religionen bereit. Zu diesem Thema äußerte sich N. M. im durchaus konservativen Sinn eines Menschen, für den der Glaube seiner Väter unantastbar ist. Und der Fürst selbst schätzte an dieser Familie, daß sie ihrer jüdischen Konfession treu geblieben war. N. M. Rothschild machte offensichtlich tiefen Eindruck auf den deutschen Besucher, der sich keineswegs spontan dazu hinreißen ließ, jemanden zu bewundern und bei seiner Charakterisierung der feinen englischen Gesellschaft bisweilen ätzenden Witz entfaltete.

Nathan Rothschilds ungeheurer Reichtum regte seine Zeitgenossen immer wieder zu Kommentaren in ihren Briefen, Tagebüchern und Veröffentlichungen an. Heinrich Heine behauptete sogar, auf seiner Italienreise im Jahr 1828 sei er einem redseligen Hühneraugenoperateur begegnet, der sich rühmte, auch „den großen Nathan Rothschild, Nathan den Weisen, bei dem der Kaiser von Brasilien seine diamantene Krone versetzt hat", bedient zu haben. Heine gab die Erzählung seines Gesprächspartners im Grundton seiner eigenen Ironie wieder:

„Es geschah in seinem (Nathan Rothschilds) Kabinett; er saß dabei auf seinem grünen Sessel wie auf einem Thron, sprach wie ein König, um ihn herum standen seine Bourstiers (Börsianer), und er gab seine Ordres und schickte Stafetten an alle Könige, und wie ich ihm währenddessen die Hühneraugen schnitt, dacht' ich im Herzen: Du hast jetzt in Händen den Fuß des Mannes, der selbst jetzt die ganze Welt in Händen hat, du bist jetzt ebenfalls ein wichtiger Mensch; schneidest du ihn unten ein bißchen zu scharf, so wird er verdrießlich und schneidet oben die größten Könige noch ärger. – Es war der glücklichste Moment meines Lebens!"[16]

Das Haus in Stoke Newington, wo N. M. den Fürsten Pückler-Muskau empfing, hatte er im Jahr 1816 bezogen, um seiner anwachsenden Familie genügend Raum und gute Luft zu bieten. Es war nur gemietet, denn Nathan vermied jeden Eindruck eines Gutsbesitzers, aber dort ließ er seinen vier Söhnen und drei Töchtern einiges von dem Luxus zuteil werden, den er sich selbst versagte. Die Kinder hatten einen kleinen, von vier weißen Ziegen gezogenen Wagen. Lionel, der Älteste, ging später zu Pferden über, und sein Vater kaufte ihm die edelsten Vollblüter, einmal sogar einen Berberhengst aus dem Marstall des Sultans von Marokko. Die Jungen wurden in einem jüdischen Internat in Peckham erzogen, bereisten später mit einem Privatlehrer den Kontinent und beendeten ihre Ausbildung mit dem Universitätsstudium – Lionel, Anthony und Nathaniel in Göttingen, Mayer in Cambridge.

Gerade in der Erziehung ihrer Kinder zeigten die Rothschilds ihre wahre Wertschätzung der Emanzipation. Sie selbst mochten mit Luxus und gesellschaftlicher Form nicht viel im Sinn haben, aber sie sorgten dafür, daß ihre Söhne und Töchter von allem nur das Beste bekamen und die Fähigkeit erlangten, ihren Platz unter den Vornehmsten, Reichsten und Feinsten Europas einzunehmen.

Die Ältesten der nächsten Generation waren Salomons Kinder Anselm und Betty, bei Ende des Krieges gegen Napoleon gerade erst Halbwüchsige. Anselm besuchte das Philanthropin, Frankfurts beste jüdische Schule, zu deren Gründern sein Großvater gezählt hatte, seine Schwester wurde privat unterrichtet. Manchmal nahm Salomon eines der beiden Kinder auf seine Auslandsreisen mit und ermunterte sie, die europäische Kultur in sich aufzunehmen. Zu Hause konnten sie sich sowohl praktische Kenntnisse für den Beruf als auch gute gesellschaftliche Manieren aneignen. So wurden sie nach einem klugen Konzept auf ihre zukünftigen Rollen im Leben vorbereitet – Anselm als internationaler Finanzmann, Betty als gewandte junge Dame, die ein großes Haus zu führen verstand.

Amschel erfreute sich indessen an seinem neuen Adelstitel. Er betrachtete diese Auszeichnung als eine Errungenschaft für die deutschen Juden und als nützliches Mittel, um die geschäftlichen Aussichten noch weiter zu verbessern. Die beiden wichtigsten Dinge in seinem Leben waren „unser Vermögen und die Ehre unseres Stammes“.[17] Aber immer noch bewogen ihn Vorsicht und religiöse Bedenken, von jedem Prunk Abstand zu nehmen. Die Geschäfte mochten blühen, aber er bewahrte seinen Lebensstil.

Ganz anders der junge James. Er lebte in der elegantesten Hauptstadt Europas und wollte seinen Mitteln entsprechend leben. Die ständigen Mahnungen seiner älteren Brüder zu Nüchternheit und Bescheidenheit waren ihm ein Ärgernis, und im allgemeinen ignorierte er sie. James bestellte seine Anzüge bei den besten Londoner Schneidern. Er lernte Tanzen und Reiten. Bei einem bösen Sturz vom Pferde erlitt er einen Knöchelbruch, der ihm allerdings keinerlei Mitgefühl von Nathan eintrug. Hin und wieder sah er sich zu raffinierten Ausreden veranlaßt, da die Verwandten seinen Lebensstil bisweilen als frivoles Treiben ansahen. „Lieber, guter Nathan, sei doch nicht so unwirsch ... Ich denke an nichts anderes als das Geschäft. Wenn ich in Gesellschaft gehe, dann deshalb, um Leute kennenzulernen, die für das Geschäft nützlich sein könnten ...“[18]

Doch was James noch mehr störte als die Mißbilligung seiner Brüder, das war der Snobismus und Antisemitismus der Pariser „Großen Welt“. Er lechzte nach gesellschaftlicher Anerkennung, um so schmerzlicher empfand er seinen Ausschluß aus dem Kreis vornehmer Salons und glanzvoller Feste. „Laffitte gab einen großen Ball. Ich war nicht eingeladen. Aus Neid wollen sie nicht, daß wir größer werden, als wir schon sind.“[19] So klagte er im März 1817. Aber er nahm solche Zurücksetzungen nicht untätig hin. Wenige Tage vor dem Ball im Haus Laffitte, von dem er ausgeschlossen war, hatte er den Herzog von Wellington als Gast zum Diner und damit, wie er behauptete, „eine Sensation bewirkt“.[20] Er errang die Gönnerschaft des königlichen Günstlings Elie Decazes, seines Zeichens Polizeiminister und mächtigster Mann Frankreichs. Ein Coup von noch größerer, zukunftsträchtiger Bedeutung war es, den Duc d'Orléans als Bankkunden zu gewinnen, denn jener Herzog, besser bekannt als Louis Philippe, sollte der nächste französische König werden.

De facto war trotz der Schwierigkeiten, die ihm so arg zu schaffen machten, der Eintritt des stämmigen rothaarigen jungen Mannes in die große Welt der Metropole gesichert und rasch vollzogen, wie der zweimalige Wohnungswechsel zeigt. Im Jahre 1817 übersiedelte James in die Rue de Provence, das Zentrum der Pariser Finanzwelt. Und gegen Ende des Jahres 1818 verlegte er sein Domizil in die Rue d'Artois, später in Rue Laffitte umbenannt. Dort bewohnte er ein bewundertes Stadtpalais, das einst Königin Hortense gehört hatte, der Tochter des Generals Beauharnais und der nachmaligen Kaiserin Josephine. (Dieser Bau blieb der Sitz der französischen Rothschild-Bank bis zu ihrer Verstaatlichung einhundertfünfzig Jahre später.) Das war nun die Residenz, in der er Politiker, Höflinge, Künstler und Musiker als Gäste empfing und von wo er ausfuhr, um das Theater, die Oper und die eleganten Salons zu besuchen. Die Bemühungen des jungen Rothschild, sich in nichtjüdischer Gesellschaft beliebt zu machen, wurden Gegenstand zahlreicher Witze, denn es fiel auf, daß an seiner Tafel nur selten andere Juden zu sehen waren. In einer österreichischen Adelsfamilie erzählt man heute noch die Geschichte von jenem Ahnherrn, der zu einer von James' Soireen kam und den Gastgeber mit den Worten begrüßte: „Ja, was tun denn *Sie* hier?“[21]

Seine Mutter und Brüder meinten, es sei an der Zeit, daß James heirate. Also begannen Verhandlungen über eine Verbindung mit den Eskeles. Diese waren eine der ganz wenigen geadelten österreichisch-jüdischen Familien, und als solche erfüllten sie alle Bedingungen, auf denen die Rothschilds nun bei der Wahl einer Braut bestehen zu müssen glaubten: Jedes Mädchen, das in die Familie aufgenommen werden sollte, mußte jüdischer Konfession und dem Rang nach ebenbürtig sein und über eine ansehnliche Mitgift verfügen. Aber aus diesen Plänen wurde nichts. Vielleicht deshalb, weil James noch einige Zeit sein Junggesellenleben weiterzuführen gedachte. Er war der einzige bis dato unvermählte unter den Brüdern. Kalmann nahm als Dreißigjähriger 1818 die schöne achtzehnjährige Frankfurter Kaufmannstochter Adelheid Hertz zur Frau.

Zwischen 1816 und 1818 zogen die Brüder Bilanz ihrer Geschäftsverbindung. Nun, da ihre Tätigkeit nicht mehr unter dem Zwang höchster Dringlichkeit und strengster Geheimhaltung stand, konnten die Geschäfte in üblichen Bahnen abgewickelt werden, und somit war es möglich, die Gewinnquoten zu bestimmen und dafür zu sorgen, daß jeder der Beteiligten laufend über die Aktionen der anderen informiert wurde. Im Jahr 1816 erfolgte eine Neuorganisation der Pariser Bank unter dem Namen Rothschild Frères. Die drei Häuser blieben selbständige Unternehmen, aber die Bilanzdaten wurden regelmäßig ausgetauscht und die Gewinne zu gleichen Teilen verteilt. Es war diese flexible Verflechtung, die sich bei allen kommerziellen Großvorhaben des 19. Jahrhunderts als so mächtig erweisen sollte.

Nathans führende Rolle wurde nun auch formell anerkannt. Seine Brüder wußten, daß ihr gesamter Reichtum seiner Energie und seinem Weitblick zu verdanken war. Daher gestanden sie ihm einen größeren Gewinnanteil zu. Die Verteilung des Kapitals im Familienunternehmen sah, in französischen Francs angegeben, für das nächste Jahrzehnt wie folgt aus:

	1818	1825	1828
Amschel	7 776 000	18 943 750	19 693 750
Salomon	7 776 000	18 943 750	19 693 750
Nathan	12 000 000	26 875 000	28 200 000
Kalmann	7 488 000	18 643 750	19 393 750
James	7 488 000	18 643 750	19 393 750
Anselm (Salomons Sohn)			2 083 332,5[22]

Den anderen Brüdern war durchaus bewußt, daß gerade demjenigen, der ihr Vermögen begründet hatte, die offizielle Anerkennung versagt blieb, die ihnen nun zuteil geworden war. Sie wollten alles tun, damit der Ärmelkanal keine Kluft zwischen ihnen schuf. Aus den vier Pfeilen ihres Wappens sollten fünf werden, ihr Ziel war, daß der Kaiser von Österreich auch Nathans Leistung würdige. Dazu bedurfte es monatelanger Verhandlungen und einer weiteren größeren wirtschaftlichen Kraftprobe.

Im September 1818 trafen die führenden Politiker Europas auf dem Kongreß von Aachen zusammen, um die gleichberechtigte Wiederanerkennung Frankreichs zu erörtern, den Abzug der Besatzungstruppen und allgemeine Fragen der Erhaltung des Friedens zwischen den Mächten. Wie 1918 und 1945 glaubten die Staatsmänner, daß potentielle Konfliktsituationen am grünen Tisch – in diesem Fall durch das System periodischer Kongresse – aus der Welt geschafft werden könnten, ohne Ersatz der Kriegsschäden. Es waren auch wichtige finanzielle Vereinbarungen zu diskutieren, und die führenden Bankiers umlagerten die Kongreßteilnehmer wie aufdringliche Freier, die sich ins beste Licht setzen wollen.

Ein Schwerpunkt der Verhandlungen war die Aufbringung einer zweiten Rate einer französischen Staatsanleihe, um der restaurierten Bourbonen-Regierung die Reparationszahlungen zu erleichtern. Die Rothschilds hatten bei der ersten Emission nicht mitgewirkt, hofften aber auf einen namhaften Anteil der neuen. Deshalb eilten Salomon und Kalmann nach Aachen, um ihre Sache persönlich zu vertreten. Carls junge Frau Adelheid reiste mit ihnen. Obwohl erst wenige Stunden verheiratet, mußte sie schon die Erfahrung machen, daß die Frauen ebenso wie die Männer des Hauses Rothschild alles den Geschäftsinteressen unterzuordnen hatten, das wurde von ihnen erwartet. Adelheids Schönheit und Charme erwiesen sich bei den Bällen und Diners, die an den meisten Abenden stattfanden, als beträchtliche Pluspunkte, doch sie reichten nicht aus, um die starre Phalanx zu durchbrechen, mit der sich die Konkurrenten der Rothschilds gegen eine Beteiligung „jüdischer Emporkömmlinge" wehrten.

Die Hauptnutznießer der ersten französischen Anleihe waren Ouvrards in Paris und das alte englisch-holländische Bankhaus Hopes und Barings in London. Sie hatten binnen zweier Jahre einen erheblichen Kursanstieg ihrer französischen Anlagewerte zu verzeichnen und waren fest entschlossen, sich selbst und ihren Associés den Löwenanteil der neuen Emission zu sichern. Jedes dieser Bankhäuser hatte seine triftigen kommerziellen Gründe für den Wunsch, die Rothschilds abzudrängen. In manchen Fällen waren die Geschäftsinteressen aber auch von persönlichen Ressentiments begleitet. Namentlich Alexander Baring war ein Gegner der Allianz zwischen Herries und Rothschild. Sein Vater, Sir Francis, hatte das Unternehmen Baring Brothers and Company fast aus dem Nichts aufgebaut. Zum Zeitpunkt seines Todes im

Jahr 1810 galt er „fraglos als der erste Kaufmann Europas; der erste an Wissen und Begabung und der erste an Charakter und Großzügigkeit.“[23] Diese Bank war der führende Geldgeber der britischen Regierung während der längsten Zeit des Krieges gegen Napoleon – und dann mußte sie mitansehen, wie ihre Position 1814/15 von den Rothschilds usurpiert wurde. Baring hatte Herries im Parlament angegriffen und war in der Londoner City Nathans erbitterter Widersacher. Nun torpedierten er und seine Kollegen erfolgreich das Angebot dieser Rothschilds. Aber nicht für lange.

Salomon und Carl entsandten Kuriere nach Frankfurt, Paris und London. Binnen Tagen war der machtvolle Rothschildsche Finanzapparat in Aktion. Das erste, was die in Aachen versammelten Geschäftsleute davon merkten, war eine Baisse der französischen Anleihe an den Börsen, und das nach einer anfänglichen Hausse! Ganz plötzlich verlor die neue Emission, in die sie so hoch investiert hatten, ihren Wert. Es schien keine Erklärung oder keinen plausiblen Grund für diesen dramatischen Kurssturz auf dem Kapitalmarkt zu geben. Sofort zogen sich die Bankiers zu dringlichen Gesprächen zurück, bei denen sie ihre Aufzeichnungen und die von ihren eigenen Kurieren gelieferten Informationen verglichen. Allmählich wurde der wahre Sachverhalt erkennbar. Die Rothschilds und deren Agenten hatten alle auf den Markt kommenden Anleihepakete aufgekauft. Da der Kurs stieg, hatten andere Anleger rasch verkauft, und die Rothschilds hatten auch diese Pakete erworben. Und dann, zu einem abgesprochenen Zeitpunkt, hatten sie zugleich all ihre Anteile auf den Markt geworfen. Dies war eine beispiellose Demonstration kommerzieller Leistungsfähigkeit, mit dem erwünschten Erfolg: Die anderen Bankiers sahen sich genötigt, den Rothschilds eine entsprechende Tranche des Geschäftes zu überlassen.

Nichts veranschaulicht überzeugender die erstaunliche Machtposition, welche die drei Häuser Rothschild nun innehatten. Ihr Hauptgeschäft war der Handel mit Staatspapieren, die Emission von Staatsanleihen sowie Bargeld-Transaktionen. Vermöge der Leistungen, auf die sie verweisen konnten, gewannen sie ihren Rivalen gerade auf jenem wichtigen Gebiet laufend Verträge ab. Sie genossen nicht nur den Ruf der Tüchtigkeit und Vertrauenswürdigkeit, sondern auch den guten Leumund der Fairneß. Normalerweise berechneten sie geringere Provisionen und Zinsen als andere. 1818 zum Beispiel brauchte die preußische Regierung dringend ein Darlehen. Die Berliner Banken fanden sich zwar bereit, die Summen aufzubringen, wollten aber die finanzielle Zwangslage des Staates durch die Forderung hoher Zinsen ausnützen. Daraufhin wandte man sich an Nathan Rothschild. Die zuständigen Herren in Berlin müssen wohl erleichtert aufgeatmet haben, als ihnen Wilhelm v. Humboldt mitteilte, daß das englische Bankhaus den Abschluß zu einem annehmbaren Zinsfuß tätigen würde. Doch wie der Gesandte betonte, wickelte Nathan Geschäfte nur gemäß seinen eigenen Bedingungen ab:

„Rothschild ist leicht jetzt hier der unternehmendste Kaufmann . . . Er ist auch ein zuverlässiger Mann, mit dem die hiesige Regierung viel (sic!) Geschäfte macht. Er ist dabei, soviel ich ihn kenne, billig, sehr rechtlich und verständig. Allein ich muß auf der anderen Seite hinzufügen, daß, wenn man ihm das Geschäft in die Hände gibt, man ihm ziemlich wird in seinen Ideen folgen müssen, denn er hat durchaus die Unabhängigkeit, welche der Reichtum und längeres Leben in diesem Lande geben, und befindet sich in einem Zufluß von Spekulationen und Geschäften, in denen er sich nicht so viel daraus macht, eins zu entbehren. Er will die ganze Anleihe allein übernehmen. Hierin dürfte er sehr ausschließend sein, hat sich auch im voraus alle Einmischung des hiesigen preußischen Konsuls verbeten, gegen den er Vorurteile hat.“[24]

Es mangelte nicht an Leuten, die von der Fortune der Rothschilds profitieren wollten. Ständig mußten die Brüder vor Spionen auf der Hut sein. Konkurrenten scheuten keine Mühe, um sich interne Informationen zu beschaffen. Eine der Geschichten darüber ist zwar unbestätigt, doch verdient sie, wie der jetzige Lord Rothschild dazu bemerkte, „einen Platz unter den Apokryphen der Familiengeschichte.“[25] Als Hauptakteur tritt darin ein Börsenmakler namens Lucas auf. Er war Nathans Nachbar in Stoke Newington und wollte unbedingt Mitwisser der Geheimnisse des großen Mannes werden. Eines Abends, zu später Stunde, beobachtete er, wie Nathan sichtlich in Eile zur City fuhr. Sofort sprang er in seinen eigenen Wagen und folgte Rothschild, der nach New Court raste, seiner Stadtwohnung. Wenige Minuten später schwankte Lucas, scheinbar bezecht, durch die Türe und betrat trotz der Proteste der Dienerschaft Nathans Arbeitszimmer, wo er wie ein prall gefüllter Sack zu Boden fiel. Rothschild und dessen Freunde, durch diesen unerwarteten Besuch in nicht geringe Unruhe versetzt, beugten sich über den offenbar Bewußtlosen, betteten ihn auf ein Sofa, besprühten ihn mit kaltem Wasser und Kölnischwasser und rieben ihm die Glieder, um den Kreislauf wieder anzuregen. Alles vergebens. Da das Gespräch, das Lucas durch sein Erscheinen unterbrochen hatte, äußerst wichtig war und die ruhigen, regelmäßigen Atemzüge des Mannes anzuzeigen schienen, daß er in einen heilsamen Schlaf verfallen war, setzten sie die Erörterungen fort. Diese drehten sich um eine

Sache von höchster Dringlichkeit: Aus Spanien waren aufschlußreiche Nachrichten eingetroffen, und es bot sich die Chance für ein gutes Geschäft, sofern man gewisse Papiere prompt und ohne Aufsehen zu erregen aufkaufen konnte. Also legten die versammelten Gentlemen einen Schlachtplan fest und empfahlen sich mit der Absicht, am nächsten Morgen alles Erforderliche zu veranlassen. Natürlich vergaß man nicht auf den Kranken. Rothschild wies die Dienerschaft an, ihn nach Hause zu bringen, sobald er sich erholt hatte.

Das war nicht nötig. Kaum hatte sich Nathan entfernt, verließ auch Lucas das Haus, ohne auf die Einwände der Lakaien zu hören, denn er wirkte noch immer sehr geschwächt, und sein Gang war unsicher und torkelnd. Natürlich dachte er nicht im Traum daran, heimzufahren. Statt dessen eilte er in sein Kontor und traf Vorbereitungen, um Rothschild die bewußten Papiere vor der Nase wegzuschnappen. Dies gelang ihm denn auch, und er strich enormen Gewinn ein. Es kam nicht nochmals vor, daß Nathan Rothschild die Stirn von Mr. Lucas mit Eau de Cologne besprühte ...[26]

Nach dem Kongreß von Aachen konnte niemand die finanzielle Überlegenheit der Rothschilds ernstlich in Zweifel ziehen. Fürsten, Gesandte und Minister bemühten sich um die Brüder. Besonders hartnäckig zeigten sich die Repräsentanten Kaiser Franz I. In diesem Sinn wurden die eindringlichen Wünsche aus Frankfurt nach weiteren Ehrungen stets sorgfältig erwogen, und im März 1820 erreichte Amschel eine offizielle Anerkennung von Nathans Verdiensten: Mr. N. M. Rothschild wurde zum österreichischen Generalkonsul in London ernannt. Die Mitgliedschaft im Diplomatischen Corps hob Nathans gesellschaftlichen Rang um ein Beträchtliches. Sie brachte gewisse wertvolle Immunitäten und Vorrechte, etwa die Verwendung des diplomatischen Kuriergepäcks für Privat- und Geschäftskorrespondenz – allerdings wußte der Absender genau, daß auf diesem Weg beförderte Briefe von Beamten der k. k. Zensurbehörde geöffnet würden. Darüber hinaus verlieh der neue Rang der gesamten Familie höheres Ansehen in den Zirkeln der europäischen Politik. Aber auch das Kaiserreich zog Nutzen aus dieser Regelung, da der Generalkonsul verpflichtet war, jede Information, die für die Regierung in Wien von Interesse sein konnte, an die Londoner Gesandtschaft weiterzuleiten. Ein Jahr später wurde auch James Rothschild auf Salomons Initiative der Posten eines Konsuls angeboten.

Diese engen Verbindungen mit der Regierung des Habsburgerreiches und im besonderen die Verhandlungen über eine sehr hohe neue Anleihe führten Salomon, der sich auf das Geschäft mit Österreich spezialisierte, häufig nach Wien. Immer logierte er im führenden Gasthof, dem „Römischen Kaiser" in der Renngasse, in dem auch Aristokraten, ausländische Delegationen und sonstige „Fremde von Distinction" abzusteigen pflegten. Es war das einzige Hotel in der musikalischen Hauptstadt Europas, das über einen eigenen Konzertsaal verfügte, berühmt für seine vortreffliche Akustik. Dort fand sich regelmäßig ein musikkundiges Publikum zu den Quartettabenden des Beethoven-Freundes und gefeierten Interpreten Ignaz Schuppanzigh ein, und manchmal beehrte sogar Beethoven persönlich das Etablissement. So spielte er, obwohl bereits taub, am 11. April 1814 den Klavierpart seines Trios op. 97, und im folgenden Jahr dirigierte er eine Aufführung seines Oratoriums „Christus am Ölberge" vor der im „Römischen Kaiser" versammelten Elite Wiens.

Da Salomons Aufenthalte in diesem renommierten Hotel immer länger wurden, mietete er die beste Suite auf Dauer. Bald verbrachte er mehr Zeit in der österreichischen Hauptstadt als in Frankfurt. Er nahm noch einige Zimmer im „Römischen Kaiser" und richtete sie für seine Frau und seine beiden halbwüchsigen Kinder ein. Schließlich erfüllte sich für Salomon und und seine Frau Caroline deren sehnlichster Wunsch: Die Jahre der hektischen, oft sehr beschwerlichen Reisen waren vorbei. Nun hatten sie mehr Zeit füreinander, in einem eigenen Heim, aber nicht in ihrem eigenen Haus. Die jüdische Bevölkerung Österreichs hatte niemals die aufgeklärte, liberale Gesetzgebung Napoleons kennengelernt. Juden durften keinen Realbesitz haben. Sie waren von der Politik, der staatlichen Verwaltung und den meisten gehobenen Berufen ausgeschlossen. Sie konnten auch keine Offizierspatente der Armee erwerben, und sie mußten eine Kopfsteuer entrichten. Ihre Bewegungsfreiheit und sogar ihr Recht, sich zu verehelichen, waren rigoros eingeschränkt. Ausländische Juden erhielten nur jeweils kurz befristete Aufenthaltsgenehmigungen. Letztere Bestimmung wurde in Salomons Fall umgangen, wie so manche der anderen demütigenden gesetzlichen Vorschriften, aber sein Ansuchen um die Erlaubnis, ein Objekt für Geschäfts- und Wohnzwecke zu erwerben, wurde abgewiesen. Ihm selbst und Caroline muß dies als ein Rückschritt erschienen sein. Rechte, die in Frankfurt zumindest teilweise gewährt worden waren, zog man in Wien noch nicht einmal in Erwägung.

Salomon beschloß, sich in maßvoller Form dagegen aufzulehnen. Ohne Zweifel hätte er in der Stadt geeignete Räumlichkeiten mieten können, aber das tat er nicht. Stattdessen mietete er den gesamten „Römischen Kaiser". Alle Fremdenzimmer und sonstigen Räume wurden in Kontors und in Wohnräume für seine Familie umgewandelt. Vornehme Stammgäste des alten Hauses mußten sich nun eben eine andere Unterkunft suchen, und das sollte die Behörden immer wieder daran erinnern, daß Salomon Rothschild da war und was er von den diskriminierenden Bestimmungen hielt.

In dem ehemaligen Hotel warb Salomon um die Gunst des österreichischen Adels: Er lud die erlauchtesten Herrschaften zu Diners, Banketten und Bällen, die bald zum Stadtgespräch wurden. Kein Sproß eines alten Hauses hätte als solenner Gastgeber den jüdischen Bankier zu übertreffen vermocht. Heinrich Heine freilich ließ wieder seinem Sarkasmus die Zügel schießen, er legte die Schilderung einer Festivität einem eloquenten Zufallsbekannten aus Italien in den Mund, der betont, Salomon Rothschild habe ihn „ganz wie seinesgleichen, ganz famillionär" behandelt. Daraus wurde eine köstliche Satire auf die Beziehungen zwischen den Finanzmagnaten und den gekrönten Häuptern.

> „Ich war auch bei ihm auf dem berühmten Kinderball, der in der Zeitung gestanden. So viel Pracht bekomme ich mein Lebtag nicht mehr zu sehen. Ich bin doch auch in Hamburg auf einem Ball gewesen, der 1500 Mark und 8 Schilling kostete, aber das war doch nur wie ein Hühnerdreckchen gegen einen Misthaufen. Wie viel Gold und Silber und Diamanten habe ich dort gesehen! Wie viele Sterne und Orden! . . . Die Kinder waren gar schön maskiert und spielten Anleihe und waren angezogen wie Könige, mit Kronen auf den Köpfen, ein großer Junge aber war angezogen, präzise wie der alte Nathan Rothschild. Er machte seine Sache sehr gut, hatte beide Hände in der Hosentasche (sic!), klimperte mit Geld, schüttelte sich verdrießlich, wenn einer von den kleinen Königen was geborgt haben wollte, und nur dem Kleinen mit dem weißen Rock und den roten Hosen (gemeint ist der Kaiser von Österreich) streichelte er freundlich die Backen und lobte ihn: ‚Du bist mein Pläsier, mein Liebling, mein' Pracht . . .'"[27]

Metternich war sehr erfreut darüber, daß sich Salomon in Wien niedergelassen hatte. Der Bankier war ein kluger, gewitzter Ratgeber für Fragen der Wirtschaftspolitik, er bot der österreichischen Regierung Zugang zu dem einmaligen Informationsdienst der Rothschilds und war immer zur Stelle, um Gelder für den kaiserlichen Staatsschatz und für Habsburgs Vasallen zu beschaffen. Vor allem aber fand Seine Durchlaucht in dem ruhigen, respektvollen Juden einen kongenialen Gesprächspartner.

In der Familie wurde der Staatskanzler „Onkel Metternich" genannt. Die Entwicklung der engen Beziehungen zwischen Salomon und dem mächtigsten Mann Europas konnten die Rothschilds als einen ganz besonderen Erfolg für sich buchen. Während des ersten Jahrzehnts der neuen Friedenszeiten war Metternich der eigentliche politische Schiedsrichter des Kontinents, und auch später übte er international beträchtlichen Einfluß aus. Er schwor auf Stabilität, die Beilegung von Streitfällen am Konferenztisch, auf das Gleichgewicht der Kräfte zwischen legitimen Regierungen und die Unterdrückung revolutionärer Elemente. Die Existenz eines solchen starken Ordnungsfaktors kam den Rothschilds während einer Phase, in der sie ihre Position als Anleihengeber der Staaten festigten und auf Industriemärkte vorstießen, wie gerufen. Metternichs Gönnerschaft brachte ihnen nicht nur einen unermeßlichen Prestigegewinn und eröffnete ihnen neue geschäftliche Möglichkeiten, sie schuf auch das Instrument, um die Politik in einer für wirtschaftliche Expansion günstigen Weise zu beeinflussen. Rasch entwickelten die Rothschilds den richtigen Sinn für die Rolle von Impulsgebern hinter den Kulissen der politischen Bühne.

Metternich seinerseits war nicht abgeneigt, seinen finanziellen Bundesgenossen zu einer weiteren Aufwertung ihres Status zu verhelfen. Als Salomon mit der Bitte um eine Standeserhöhung über die unterste Stufe des Verdienstadels an ihn herantrat, gab es kein Zaudern mehr, keinen Amtsweg. Mit kaiserlicher Entschließung vom 29. September 1822 wurden alle fünf Brüder in den erblichen Freiherrnstand erhoben. Das ihnen bewilligte neue Wappen zeigt im ersten Feld einen einköpfigen Adler und im vierten Feld einen Löwen – freie heraldische Anspielungen auf Österreich und Hessen-Kassel. Die gewählte Devise lautet „Concordia Integritas Industria" (Eintracht, Redlichkeit, Fleiß). Das zweite und das dritte Feld weisen einen Arm, der *fünf* Pfeile hält. Doch abermals erhob der fünfte „Pfeil" keinen Anspruch auf diese Ehrung. Nach wie vor sehr auf die Reaktionen der Öffentlichkeit bedacht, ließ Nathan in englischen Regierungskreisen diskret Erkundigungen einziehen, ob Einwände gegen die Führung eines ausländischen Titels bestünden, doch wahrscheinlich noch ehe er Bescheid erhielt, hatte er beschlossen, auch weiterhin als schlichter Mr. Rothschild zu figurieren.

KAPITEL 7
Geld ist der Gott der Zeit

Im Jahr 1822 ließ Metternich die vom Haus Cotta herausgegebene „Allgemeine Zeitung“ für das gesamte Gebiet des Kaisertums Österreich verbieten. Er verschwieg nicht, welchen Verstoß er dem Blatt anlastete: es hatte gewagt, die Rothschilds als die finanziellen Stützen der „Reaktion“ zu kritisieren. Wie Friedrich v. Gentz in einem Brief an den Herausgeber klar und deutlich sagte, faßte man einen Vorwurf gegen die jüdischen Bankiers zugleich als eine Kritik des Metternichschen Regierungsstils auf:

> „Die immerwährenden Ausfälle gegen das Haus Rothschild treffen durchgängig und oft auf die unanständigste Art die österreichische Staatsverwaltung, die, wie jedermann weiß, mit diesem nicht nur unbescholtenen, sondern bürgerlich und moralisch achtbaren Hause in wichtigen Geldverhältnissen steht. Die unversiegbaren Gerüchte von neuen Anleihen werden einzig und allein erfunden, um das Vertrauen, welches unsere Staatspapiere erworben haben und verdienen, zu untergraben.“[1]

Metternichs Beschützergeste ist ein Indiz dafür, wie wichtig die Rothschilds für Österreich waren. Und nicht nur für Österreich. Während der zwanziger und dreißiger Jahre des 19. Jahrhunderts führten die Brüder große Transaktionen für England, Frankreich, Preußen, Österreich, Belgien, Spanien, Neapel, Portugal, Brasilien, mehrere deutsche Staaten und andere kleinere Länder durch. Sie betätigten sich als Bankiers vieler gekrönter Häupter Europas, und ein oft zitiertes Bonmot war nicht einfach aus der Luft gegriffen: „In alten Zeiten hatten die Juden einen König. Nun haben die Könige einen Juden.“ Ihre Kreditinstitute zählten die reichsten Leute der Welt zu ihren Kunden. Die Rothschilds finanzierten verschiedene kaufmännische und industrielle Vorhaben. Sie verwalteten die Gelder des amerikanischen Konsulardienstes und waren durch eigene Agenten auf so fernen Märkten wie den USA, Indien, Kuba und Australien aktiv.

Aber Europa war und blieb das Hauptgebiet ihrer Tätigkeit. Im Jahre 1821 wurde die fünfte Bank gegründet. Carl war der letzte der „Fünf Frankfurter", der aus seiner Heimat wegging und sich in einer ausländischen Hauptstadt niederließ. Ursprünglich war daran gedacht, daß er in Neapel, der Hauptstadt des damaligen Königreichs Beider Sizilien, nur eine befristete Aufgabe erfüllen sollte, doch die in ihren Zusammenhängen schwer überschaubare internationale Situation und Carls eigenes Bestreben, sich Amschels übermächtigem Einfluß auf Dauer zu entziehen, bewogen ihn, seinen Aufenthalt auf unbestimmte Zeit zu verlängern.

Die Krise, die zu dieser Übersiedlung führte, war durch einen Volksaufstand im Königreich Beider Sizilien hervorgerufen. Ähnlich wie Deutschland war auch Italien ein Mosaik größerer und kleinerer Staaten.* Unruhen in einem von ihnen konnten rasch auf andere Gebiete übergreifen, was eine Gefährdung österreichischer Einflußsphären auf der Halbinsel bedeutet hätte. Daher sandte Metternich dem sizilianischen Herrscher König Ferdinand I. Truppen zu Hilfe. Doch Heere mußten besoldet und versorgt werden, und der Staatskanzler war nicht gesonnen, Österreich zusätzliche Schulden aufbürden zu lassen. Darum berief er Salomon und vereinbarte mit ihm eine Anleihe, für deren Rückzahlung das sizilianische Königreich aufkommen sollte. Carl ging nach Süditalien, um die organisatorischen Maßnahmen an Ort und Stelle abzuwickeln. Doch binnen weniger Monate mußte ihn die Regierung in Neapel um weitere Summen bitten. Die Kosten der österreichischen „Befreiungsarmee" waren einfach zu hoch. So wurde das Königreich Beider Sizilien nach und nach völlig von den Rothschilds abhängig.

Nominell zumindest ließen sich Kalmann, der sich ab nun nur mehr Carl nannte, und Adelheid mit ihren Kindern, vier Söhnen und einer Tochter, in Süditalien nieder. Aber „niederlassen" ist in diesem Fall ein zu verbindliches Wort. Denn Carl und die Seinigen identifizierten sich niemals mit dem Land ihres Wohnsitzes, wie es etwa James tat – obgleich er nie französischer Bürger wurde! –, oder Nathan und in geringerem Maß auch Salomon. Die „neapolitanischen" Rothschilds zeigten wenig Animo, sich mit den kommerziellen Möglichkeiten der Region eingehender zu befassen. Sie reisten oft nach Frankfurt und blieben in ihrem Denken und Fühlen der Orthodoxie und der Frömmigkeit des alten Ghettos verbunden. Zudem: nach dem Tod des kinderlosen Am-

* Seit 1815 in folgender Zusammensetzung: Im Norden das Königreich Sardinien-Piemont, das unter österreichischer Herrschaft stehende Lombardo-Venetianische Königreich sowie die Herzogtümer Parma und Modena, in Mittelitalien das Großherzogtum Toscana und der Kirchenstaat, im Süden das Königreich Beider Sizilien.

schel würde einer von Carls Söhnen die Leitung des Stammhauses übernehmen.

Aber all dies lag noch in ferner Zukunft. Das nächste größere Ereignis im Familienkreis war James' Hochzeit. Im Jahre 1824, im Alter von zweiunddreißig Jahren, hatte der jüngste der Brüder schließlich dem Drängen der älteren nachgegeben, sich eine Frau zu suchen, um für den Fortbestand der Dynastie zu sorgen, immerhin auch eine ernste Aufgabe. Seine Brautwahl sollte bedeutsame, sehr weitreichende Konsequenzen haben, nicht nur für seine eigenen Berufserfolge und die seiner Nachkommen, sondern auch für die künftigen Geschicke der Rothschildschen Unternehmen in ihrer Gesamtheit. James bot seine Hand und sein Vermögen seiner neunzehnjährigen Nichte Betty, Salomons Tochter.

Sie hatte sich zu einer jungen Dame entwickelt, die, wenn auch keine blendende Schönheit, so doch gesellschaftlich gewandt, intelligent, lebhaft und voll Charme war. Von ihren Eltern mit aller Sorgfalt erzogen, hatte sie sich jene ruhige Selbstsicherheit angeeignet, die James abging. Sie sprach Französisch fast völlig akzentfrei und beherrschte jene Fertigkeiten, die damals für junge Damen standesgemäß waren – Klavierspiel, Sticken und Zeichnen –, hatte Reisen unternommen, war belesen und konnte bei Gesprächen über die verschiedensten Themen von der Philosophie und der Kunst bis zum politischen Zeitgeschehen teilnehmen. So war sie die ideale Gefährtin für einen „kommenden Mann" der Pariser Gesellschaft und Geschäftswelt.

Zudem war sie eine geborene Rothschild, und die Eheschließung mit ihrem Onkel schuf einen Präzedenzfall, dem die meisten ihrer jüngeren Verwandten folgten, so daß die Rothschilds im letzten Drittel des 19. Jahrhunderts eine der genealogisch „autarksten" Familien Europas waren. Ehen zwischen Blutsverwandten waren in den Kreisen des Adels und des reichen Bürgertums nicht ungewöhnlich, aber in keiner anderen Familie kamen sie so häufig vor wie bei den Rothschilds. In der Generation von Mayer Amschels Enkeln, in der diese Tendenz am deutlichsten auftrat, gab es von vierzehn Heiraten nur vier mit Außenstehenden. Das Resultat waren äußerst komplizierte Verwandtschaftsverhältnisse. Als etwa Carls Enkelin Emma Louise im Jahr 1867 Nathans Enkel Natty ehelichte, wurde ihre Tante Charlotte zu ihrer Schwiegermutter.

Dieses Geflecht von internen Eheverbindungen hatte offenkundig geschäftliche Vorteile. Es trug entscheidend dazu bei, den Zusammenhalt der fünf Banken zu gewährleisten und Mayer Amschels großes Wunschbild von einem vereinten Finanzpotential dauerhaft zu verwirklichen. Die Rothschilds der nächsten Generation würden Österreicher,

Franzosen, Engländer, Italiener und Deutsche sein, sie lebten, auch innerlich mehr oder weniger mit ihnen verbunden, in Staaten, die oft im Konflikt und manchmal sogar im Krieg miteinander standen. Es hätte leicht so weit kommen können, daß die Banken völlig getrennte Wege gegangen wären. Daß dies nicht geschah, bleibt einer der markantesten Aspekte des Phänomens Rothschild. Jedes der Häuser entwickelte seinen eigenen prägnanten Stil, seine eigene Gebarung und seine eigenen internationalen Kontakte, hielt aber fast täglich Verbindung zu den Schwesterbanken, mit denen es bedeutende Geschäfte tätigte und, wenn erforderlich, sich machtvoll zusammenschließen konnte. Das im Verlauf des 19. Jahrhunderts dicht gesponnene Netz von Verwandtenehen festigte die Familienbande und wurde zu einem wichtigen Faktor jener „Concordia", die den Rothschildschen Wappenspruch zierte.

Natürlich blieb dadurch auch der Großteil des Kapitals „in der Familie". Väter konnten bei der Bemessung der Mitgift großzügig sein, da sie wußten, die Barschaft werde nicht in fremde Hände übergehen. Salomon setzte Betty 1½ Millionen Francs aus. Nicht zuletzt war die Eheschließung innerhalb der Familie ein Schutz für die Rothschild-Töchter: es gab viele potentielle Bewerber, aber die meisten von ihnen kamen überhaupt nicht in Betracht – Mitgiftjäger, Christen, Männer mit geringen Geschäftsverbindungen. In den seltenen Fällen, wenn eigensinnige junge Rothschild-Töchter darauf beharrten, ihren Herzen statt ihrem Verstand zu folgen, mußten sie schwere Zerwürfnisse mit ihren nächsten Angehörigen in Kauf nehmen.

All das deutet auf einen Grad von kühler Berechnung bei Eheanbahnungen hin, der aber im Fall der Rothschilds überschätzt wird. Während des 19. Jahrhunderts wurden Heiraten allgemein arrangiert, namentlich in jenen Kreisen, in welche die Familie nun Eingang fand. Wohlhabende Eltern wünschten sich als künftige Schwiegertochter ein Mädchen, das in der Lage sein würde, ein großes Haus zu führen und gesunde Erben zu gebären und das obendrein eine hohe Mitgift und gesellschaftliche Verbindungen einbrachte. Wenn obendrein wahre Zuneigung im Spiel war und im Eheleben erhalten blieb, um so besser. Wenn nicht, konnte man diskret anderswo Tröstung suchen. So waren die Konventionen, und jeder akzeptierte sie. Aber den Rothschilds fehlte keineswegs der Sinn für romantische Liebe.

Man kann sogar sagen, daß es ihren Töchtern besser erging als vielen ihrer Zeitgenossinnen, für die aus dynastischen Gründen Ehepartner bestimmt wurden, die sie kaum kannten oder, in manchen Fällen, vor der Trauung überhaupt noch nie gesehen und gesprochen hatten. Die Rothschilds waren in diesen Belangen feinfühliger und mehr auf die Würde ihrer Töchter bedacht. Sie stifteten Ehen innerhalb der Familie, indem sie die jungen Leute einfach zwanglos zusammenführten – besonders wenn diese im richtigen Alter dafür waren –, mit der stillen Hoffnung, daß sich die beiden ineinander verlieben würden. Diese Methode bewährte sich überraschend oft. Und zwar aus mindestens einem sehr plausiblen Grund. Baron Elie aus dem französischen Zweig formulierte ihn kurz und bündig: „Für ein Rothschild-Mädchen war ein Rothschild-Jüngling vielfach die bestmögliche Partie." Seit ihrer Kindheit waren diese jungen Damen in engem Kontakt mit ihren Cousins aufgewachsen, lernten in ihnen kultivierte Kosmopoliten kennen, weltläufig und polyglott in mindestens drei europäischen Sprachen, zudem als amüsante, intelligente Gesellschafter schätzenswert. Und da die Rothschild-Töchter die kategorische Forderung anerkannten, sich mit reichen jüdischen Männern zu verheiraten, hätten sie nur wenige junge Herren gefunden, die sich mit ihren eigenen Verwandten zu messen vermochten.

So blieb die Familie physisch auf eine Weise vereint, die der alte Mayer Amschel nicht vorausgesehen haben mag, aber er wäre davon gewiß entzückt gewesen. Weder er noch seine Söhne, ja nicht einmal seine Enkel konnten etwas über die Folgen der Inzucht wissen und sich vorstellen, daß die Konzentration der Erbmasse, von einer Generation der nächsten weitergegeben, manche ungewöhnliche Resultate zeitigen werde.

James und seine junge Braut wurden im Jahr 1824 getraut, und Betty übernahm sofort die schwierige Aufgabe, den luxuriösen Haushalt ihres Gatten und Onkels zu führen. Ihr Erfolg stand niemals in Frage. Ein wohlgeneigter Gast, Lady Granville, die Gattin des britischen Botschafters in Paris, schrieb an ihre Schwester: „Am Samstag waren wir zu einem solennen Bankett bei Rothschild geladen. Er hat seine Nichte geheiratet, eine hübsche kleine Jüdin, née coifée (‚Mit einem Silberlöffel im Mund geboren'), was in Paris sehr günstig ist, denn geradewegs aus dem Kinderzimmer gekommen, macht sie die Honneurs ihres Hauses, als hätte sie nie etwas anderes getan."[2]

Bettys anmutiges Wesen bezauberte alle, die das Glück hatten, an die Tafel ihres Gemahls geladen zu werden. Laut einem anderen Besucher besaß sie „jene noble Selbstverständlichkeit, die dem verschwenderischesten Luxus ein Air des alltäglichen Gewohnten verleiht".[3]

Mit dieser jungen Frau an seiner Seite errang James schließlich den gesellschaftlichen Erfolg, den er so lange ersehnt hatte. Doch nicht einmal Betty wäre es gelungen, aus eigener Kraft die allzu deutlich erkennbaren Unzulänglichkeiten ihres Gatten auszugleichen. Ein englischer

Journalist dachte vor allem an ihn, als er schrieb: „Die Rothschilds sind plump und unmanierlich, auch ihre Redeweise hat nicht viel Gewinnendes."[4]

James besaß keinen gesellschaftlichen Schliff und kaum Sinn für Kunst und Literatur. In vieler Hinsicht war er ein typischer neureicher Bourgeois, der sich bemühte, den Mangel an feiner Lebensart hinter vulgärem Protz zu verbergen. Was ihn auszeichnete und auch weitgehend zu seinem beruflichen Erfolg beitrug, war sein untrügliches Urteil über die Fähigkeiten anderer Menschen. Er war von Haus aus kein Kenner von Gemälden, Möbeln, Silber, Porzellan und objets d'art, aber er war ein hervorragender Menschenkenner, und er umgab sich nur mit Spitzenkräften.

Den Prunk seines Hauswesens hätten Höflinge und Aristokraten wohl nur maliziös belächelt, wären nicht die Fachleute gewesen, die er heranzog, um alles zu überwachen. Seine Karosse mit Goldleisten und goldenem Monogramm hätte gewiß übertrieben gewirkt, wäre sie nicht von den Stallburschen so beeindruckend blankgeputzt gewesen und hätte wie die prächtig gestriegelten Eisenschimmel des Viergespanns den Zuschauern Bewunderung abgenötigt. Die vergoldeten Möbel und das Dekor seines Stadthauses sowie des Landsitzes in Boulogne-sur-Seine, den er bald nach seiner Hochzeit erwarb, wurden von einem führenden Innenarchitekten jener Epoche ausgewählt und arrangiert. Seine Küche leitete einer der größten Meisterköche aller Zeiten. Monsieur Carême war in den Diensten des englischen Prinzregenten und des Zaren von Rußland gestanden, bevor er beim Baron eintrat. Kein französischer oder ausländischer Gourmet, wie immer er über jüdische Emporkömmlinge denken mochte, konnte einer Einladung an die beste Tafel Europas widerstehen. Die Gastlichkeit des Barons war in ihrem Ausmaß sagenhaft. Regelmäßig empfing er mehr als dreißig Personen zu Mittag und sechzig zum Diner, darunter Diplomaten, Staatsmänner, Mitglieder des Königshauses und die Prominenz der Kunstwelt.

Paris während der Hochblüte der Romantik war reich an Talenten: Victor Hugo, Alfred de Musset, Honoré de Balzac, George Sand, Alexandre Dumas Vater, Heinrich Heine, Franz Liszt, Gioacchino Rossini, Eugène Delacroix, Jean Ingrès – selten ergab sich eine solche Konzentration genialen schöpferischen Geistes am selben Ort und zur selben Zeit. Künstler brauchen Förderer, und Förderer brauchen Künstler, schon aus Prestigegründen. So wurden viele große Schriftsteller, Maler und Musiker des Zeitalters in die privaten Kreise der Rothschilds aufgenommen.

Die Fama berichtet von einem jungen Komponisten, der im Jahre

1831 nach Paris kam, um sich dort einen Namen zu machen. Nach einigen Monaten voller Fehlschläge waren seine Ersparnisse fast gänzlich aufgezehrt, und er dachte schon daran, nach Amerika auszuwandern. Aber eines Abends führte ihn ein aristokratischer Freund, Fürst Valentin Radziwill, im Haus Rothschild ein, wo er zum Diner geladen war. Der junge Ausländer spielte der Gastgeberin vor, und sie war so hingerissen, daß sie ihn sofort als Klavierlehrer engagierte. So fand Frédéric Chopin Eingang in die Pariser Gesellschaft – und vergaß, was hinter ihm lag.

Doch leider, wie so oft bei schönen Anekdoten, ist der Wahrheitsgehalt dieser romantischen Geschichte fraglich. Sicher ist allerdings, daß Chopin schon während seiner ersten Pariser Jahre der Gönnerschaft von Baron James teilhaftig wurde und häufig zu Gast im Haus Rothschild war. Er unterrichtete Betty und später deren älteste Tochter Charlotte und war von beiden Damen sehr angetan. Kurz vor seinem frühen Tod vertraute er einem Freund an, daß er „das Haus Rothschild liebte und dieses liebte ihn".[5]

Der unbestrittene Herrscher der Pariser Musikwelt zwischen 1824 und 1836 war Rossini. Er wirkte als musikalischer Leiter des Théâtre Italien und Hofkomponist des Königs. Und auch er war regelmäßiger Gast bei Rothschild, außerdem Kunde der Bank. Beziehungen zwischen dem Gönner und dem Künstler sind zwangsläufig ambivalent, und es fällt schwer festzustellen, wie eng die Bande zwischen James und jenen Männern war, die auf seine finanzielle Hilfe oder seinen Einfluß zählten. Der einzige unter den Schriftstellern, den man als einen Vertrauten des Barons bezeichnen könnte, war wohl Heinrich Heine. Die beiden waren nicht nur durch ihre Abstammung, sondern auch durch Nationalität und Sprache verbunden (Heine war allerdings zum Christentum übergetreten, der besseren Chancen wegen, wie er offen zugab), und James führte gern Gespräche mit dem Dichter. In seiner zeitkritischen und autobiographischen Essaysammlung „Lutetia" schrieb Heine:

> „Als ich einst dem Herrn . . . erzählte, daß ich mit dem Baron Rothschild in den Gemächern seines Kontors en famille zu Mittag gespeist, schlug jener mit Erstaunen die Hände zusammen und sagte mir, ich hätte hier eine Ehre genossen, die bisher nur den Rothschilds von Geblüt oder allenfalls einigen regierenden Fürsten zuteil geworden, und die er selbst mit der Hälfte seiner Nase einkaufen würde. Ich will hier bemerken, daß die Nase des Herrn . . ., selbst wenn er die Hälfte einbüßte, dennoch eine hinlängliche Länge behalten würde."[6]

Doch weder Bevorzugung noch die großzügig bemessene Unterstützung, die er von seinem Gönner empfing, hielten Heine davon ab, seinen Wohltäter satirisch zu betrachten:

„. . . man muß doch Respekt vor diesem Mann haben, sei es auch nur wegen des Respektes, den er den meisten Leuten einflößt. Ich besuche ihn am liebsten in den Bureaus seines Kontors, wo ich als Philosoph beobachten kann, wie sich das Volk, und nicht bloß das Volk Gottes, sondern auch alle anderen Völker vor ihm beugen und bücken. Das ist ein Krümmen und Winden des Rückgrats, wie es selbst dem besten Akrobaten schwerfiele. Ich sah Leute, die, wenn sie dem großen Baron nahten, zusammenzuckten als berührten sie eine Volta'sche Säule. Schon vor der Tür seines Kabinettes ergreift viele ein Schauer der Ehrfurcht, wie ihn einst Moses auf dem Horeb empfunden, als er merkte, daß er auf heiligem Boden stand. Ganz so wie Moses alsbald seine Schuhe auszog, so würde gewiß mancher Mäkler oder Agent de Change, der das Privatkabinett des Herrn von Rothschild zu betreten wagt, vorher seine Stiefel ausziehen, wenn er nicht fürchtete, daß alsdann seine Füße noch übler riechen und den Herrn Baron dieser Mißduft inkommodieren dürfte. Jenes Privatkabinett ist in der Tat ein merkwürdiger Ort, welcher erhabene Gedanken und Gefühle erregt, wie der Anblick des Weltmeeres oder des gestirnten Himmels – wir sehen hier, wie klein der Mensch und wie groß Gott ist! Denn das Geld ist der Gott der Zeit und Rothschild ist sein Prophet.

Vor mehreren Jahren, als ich mich einmal zu Herrn von Rothschild begeben wollte, trug eben ein galonierter Bedienter das Nachtgeschirr desselben über den Korridor, und ein Börsenspekulant, der in demselben Augenblick vorbeiging, zog ehrfurchtsvoll seinen Hut ab vor dem mächtigen Topfe. So weit geht, mit Respekt zu sagen, der Respekt gewisser Leute. Ich merkte mir den Namen jenes devoten Mannes, und ich bin überzeugt, daß er mit der Zeit ein Millionär sein wird."[7]

Besonders schlagfertig reagierte der Dichter, wenn er glaubte, James behandle ihn als einen bezahlten Spaßmacher zur Erheiterung seiner Freunde. Als Heine die Einladung erhielt, an einem bestimmten Abend bei den Rothschilds und deren Gäste zum Kaffee zu erscheinen, antwortete er brieflich, er pflege den Kaffee nur dort zu trinken, wo er auch diniert habe.

Rossini konnte ebenfalls bissig sein, wenn er fand, sein Förderer erweise sich nicht als genügend großzügig. Einmal wurden ihm Weintrauben aus dem Gewächshaus des Barons geschickt. In Rossinis Dankschreiben stand: „Ihre Trauben waren ausgezeichnet, indes, ich bin nicht gewohnt, Wein in Tablettenform zu mir zu nehmen."

Nun waren die Zeiten vorbei, in denen die Rothschilds ihre Ausgaben in Grenzen halten mußten, aus Angst, sie könnten einen ungünstigen Eindruck erwecken. Sie hatten die Erfahrung gewonnen, daß, wie immer sie auch leben mochten, politische Feinde und Judenhasser sie auf jeden Fall als Blutsauger und Wucherer anprangern würden. Daher gab es für sie keinen Grund mehr, sich ihres Reichtums nicht zu erfreuen. Im Jahr 1825 entschied Nathan, New Court sei zu klein geworden, um als Wohn- und Geschäftsgebäude zu dienen. Er erwarb das prächtige Haus Piccadilly 107, am Rand von Mayfair, mit Ausblick auf den Green Park, mitten in einem der elegantesten Viertel Londons.* Auch war es nur wenige Schritte von Apsley House entfernt, der Londoner Residenz des Herzogs von Wellington. Zehn Jahre später tauschte Nathan seinen Besitz Stoke Newington gegen ein ansehnliches Landgut, das noch dazu in bequemer Entfernung von der City lag. Gunnersbury Park nahe den Dörfern Acton und Ealing war eines der schönsten Herrenhäuser im Umkreis Londons. Im 18. Jahrhundert hatte es Prinzessin Amelia bewohnt, eine der Töchter König Georgs II. Während der Napoleonischen Kriege kam der Besitz an Alexander Copland, einen Bauunternehmer, der an Armeeunterkünften ein Vermögen verdient hatte. Er errichtete ein ansehnliches neues Haus, und dieses erwarb Nathan im Jahr 1835. Aber für den Bankier war es noch nicht schön genug. Sobald der Kaufvertrag perfekt war, ließ er Architekten, Baumeister, Landschaftsgärtner und Maler kommen, um die Anlage zu erweitern und auszugestalten. Nur das Beste war gut genug für den reichsten Bürger Londons, den Mann, der 1825 die Bank von England und die britische Regierung vor einer Katastrophe gerettet hatte.

Diese Episode besiegelte Nathans enges Verhältnis zu seiner Wahlheimat und demonstrierte überzeugend das Ausmaß der Finanzkraft eines Rothschild. Während des Jahrzehnts nach der Schlacht von Waterloo hatte die Wirtschaft im Land selbst und auch in anderen Staaten einen raschen Aufschwung genommen, was einen enormen Anstieg von Kredittransaktionen nach sich zog. Hunderte kleine Banken waren dadurch in Schwierigkeiten geraten. Viele von ihnen hatten sich mit übereilten Spekulationen, besonders in den lateinamerikanischen Republiken, übernommen. Die Situation war so gespannt, daß ein plötzlicher Vertrauensverlust der Öffentlichkeit leicht einen Ansturm auf Gold

* Bis weit in unser Jahrhundert verblieb es im Familienbesitz, zudem hatten die Rothschilds später in der Umgebung so viele andere Bauten gekauft, daß Piccadilly im Londoner Volksmund „Rothschild Row" genannt wurde.

auslösen und dem Land eine neuerliche Wirtschaftskrise bescheren konnte.

Eben dies ereignete sich im November 1825. Binnen weniger Tage brachen fast siebzig Banken zusammen, was sofort zu einem Druck auf die Bank von England selbst führte. Im Nu schrumpften die Bestände an Sovereign-Münzen auf bloß 100 000 Pfund, und schon war abzusehen, daß es bald unmöglich sein werde, die laufenden Verpflichtungen zu erfüllen. Die Bankgouverneure ersuchten die Regierung um die Erlaubnis, die Zahlungen einstweilen einzustellen, bis die Bankreserven wieder aufgefüllt waren. Lord Liverpool lehnte ab. Offenkundige Zusammenhänge zwischen seinem Kabinett und der Krise hätten zu Rücktrittsforderungen geführt und die Situation nur verschärft. In der City und in Westminster nahmen die Sitzungen einen stürmischen Verlauf. Indessen wetterte „The Times" gegen eine Regierung, die zu Spekulationen mit „windigen, schwindelhaften, schädlichen Unternehmen" ermutigt und so das Kapital seiner „richtigen" Funktion entzogen habe, nämlich der Investition in Industrie und Landwirtschaft.[8] Weiterhin wurden Banken zahlungsunfähig. In den Jahren 1825/26 gingen insgesamt einhundertfünfundvierzig Geldinstitute zugrunde. Aber die Bank von England schloß ihre Pforten nicht. Sie wahrte gegenüber der Allgemeinheit das Bild felsenfester Zuverlässigkeit und kam allen ihren Verpflichtungen nach. Die Krise wurde eingedämmt, und die gefürchtete Panik blieb aus.

Der Schöpfer dieses Finanzwunders war kein anderer als Nathan Rothschild. Um die Mitte des November zog ihn die Regierung ins Vertrauen, wahrscheinlich war Herries der Mittelsmann. Nathans spontane brüske Reaktion: wäre man früher zu ihm gekommen, dann hätte er die Krise überhaupt verhindern können, soviel fürs erste. Unverzüglich machte er sich daran, die Bank von England mit Sovereigns aus New Court und der Rue Laffitte zu versorgen. Trotzdem waren nicht genug Münzen vorhanden, um das Manko zwischen dem Ausstoß der Königlichen Prägeanstalt und der Nachfrage der Kunden auszugleichen. Im Lauf des nächsten Jahres mußte N. M. Zufuhren aus Österreich, der Türkei, Rußland und anderen Staaten organisieren. Die von ihm flüssiggemachte Gesamtsumme für diese Rettungsaktion betrug etwa 10 Millionen Pfund. Es war eine gigantische Aufgabe. Nur Rothschilds konnten sie bewältigen.[9]

Nathans Neffe Salomon Worms berichtete über einen anderen Vorfall, als auf dem Höhepunkt der Krise ein schwerer Kurssturz von Staatspapieren verhindert wurde. Hier die Schilderung, wie sie später Worms junior niederschrieb:

„Eines Morgens sagte N. M. barsch: ‚Salomon, komm amal (sic!) mit, zum Herzog von Wellington. Ich werd machen der Panik ein End.'" (Obgleich nur ein zweitrangiges Kabinettsmitglied, hatte Wellington mehr Gewicht als der Premierminister Lord Liverpool.)

In einer Droschke fuhren die beiden nach Apsley House. Der Diener erklärte, so früh am Tag – es war etwa zehn Uhr – empfange der Herzog noch nicht, außer nach vorheriger Anmeldung. Darauf antwortete Nathan: ‚Sagen Sie ihm, Mr. Rothschild möchte ihn sprechen, in wichtigen Geschäften.' Wenige Minuten später wurden Mr. Rothschild und sein Neffe zu Wellington geführt. Der Herzog war noch im Flanellschlafrock.

‚Nun, Mr. Rothschild, was gibt es Neues . . .?' fragte er.

‚Schöne Geschichten sind das in der City', sagte Nathan.

‚Und was soll man unternehmen?' fragte der Herzog.

‚Schicken Sie Cole.'

‚Kohle –? Mr. Rothschild, ich verstehe nicht ganz . . .'

‚Ich meine, schicken Sie Cole, den staatlichen Makler, mit einer Order, er soll aufkaufen die kurzfristig verzinslichen Schatzwechsel, alle die er kriegt, und Sie werden sehen, die Panik wird aufhören.'

‚Gut, Mr. Rothschild, gehen Sie nach Hause, ich werde alles veranlassen.'

Nachmittags begab sich Cole in die Börse, kaufte Staatspapiere auf – und die Wogen glätteten sich."

Ein andermal stoppte Nathan einen Ansturm auf Masterman's Bank durch einen einfachen Trick: er betrat das Bankgebäude in der St. Nicholas Lane, bahnte sich einen Weg durch das Gedränge erregter Kunden, warf ein dickes Bündel Banknoten auf das Pult und rief so laut, daß es alle hören konnten: „Geben Sie das zu dem Guthaben auf meinem Konto!"[10]

Um 1830 trat bereits eine neue Generation von Bankiers aus dem Haus Rothschild in Erscheinung. Es war selbstverständlich, daß keiner von ihnen einen anderen Beruf gewählt hätte. Sie alle waren zu Nachfolgern ihrer Väter und Onkel herangebildet worden. Der älteste und begabteste war Salomons Sohn Anselm, der nur für das Geschäft lebte. Das war gut so, denn mehrere Jahre mußte er in Frankfurt und Wien praktizieren, wo Amschel bzw. Salomon allein die Agenden ihrer Firmen führten. Anselm hatte einige der Wesenszüge seines Vaters. Er war freundlich, gutmütig und glättete oft auch die Wogen in der Familie. Aber alles in allem war er aus härterem Holz geschnitzt als Salomon, ein gewiegter Geschäftsmann, nicht belastet durch ein allzu vertrauensseliges Naturell. Im Jahr 1826 heiratete er Charlotte Rothschild, die älteste Tochter seines Onkels Nathan, eine reizvolle junge Dame mit einem von dunklen Korkenzieherlocken umrahmten heiteren Gesicht. Sie hatte viel Sinn für Musik und Kunst und führte im Frankfurter Haus den einzigen „Salon“ der Stadt, der diesen Namen verdiente. An ihrer glänzenden Tafel saßen Mendelssohn, Liszt, Rossini und andere zu Besuch weilende Künstler häufig neben den Geschäftsfreunden und vornehmen Kunden ihres Gemahls. Anselm legte eine schöne Sammlung von Gemälden alter Meister an, allerdings nur mit Hilfe sachkundiger Händler und Berater. Es war Charlotte, die diese Bilder wirklich zu würdigen wußte und ihre Kinder lehrte, „einen Teniers von einem Ostade oder einen Wouwermans von einem Jan Both zu unterscheiden“, wie sich einer ihrer Sprößlinge später erinnerte. Charlotte gebar und erzog drei Söhne und vier Töchter, alle liebten sie von ganzem Herzen. In reiferen Jahren rief sich einer ihrer Söhne seine schöne Kindheit wieder ins Gedächtnis:

> „All meine Liebe gehörte meiner Mutter, die ihr ganzes kurzes Leben der Obsorge und Unterweisung ihrer Kinderschar widmete. Ich ertrug es kaum, wenn sie nicht in Sichtweite war. Meine glücklichsten Augenblicke waren es, wenn ich von einer Krankheit genas und sie mich pflegte, an meinem Bett saß und mir Geschichten erzählte, deren ich nie müde wurde. Meine Mutter war mein Schutzengel, das Wesen, um das meine Existenz kreiste ... wir wohnten in Frankfurt, im Winter in der Stadt und im Sommer in der nahegelegenen Villa. Sobald die Schwalben kamen, wurden die Kostbarkeiten meines Vaters verpackt und in einem Tresor verwahrt, wo sie verblieben, bis uns die Kälte wieder heimzu trieb. Bei solchen Anlässen hatte ich das Privileg, einige der kleineren Objekte in die alten Ledertaschen zu legen und dann im Winter mitzuhelfen, sie wieder hervorzuholen und auf ihre Plätze zu stellen. Schon die bloße Berührung ließ meinen kleinen Körper vor Seligkeit erschauern.“[11]

Kein Wunder, daß drei von Charlottes Kindern Kunstsammler internationalen Rufs wurden, während ein viertes sich zu einer außerordentlich begabten Komponistin und Interpretin entwickelte. Musisches Wesen war nicht nur für Mayer Amschels Frankfurter Enkel, sondern für die meisten Rothschilds ihrer Generation charakteristisch. Sie hegten größere Sympathien und mehr Verständnis für schöpferisches Talent als ihre Väter. Chopin und Rossini standen James' Tochter Charlotte immer näher als James selbst, und Rossini schloß eine herzliche, dauerhafte Freundschaft mit Nathans Sohn Lionel. Diese Generation wuchs bereits in Häusern auf, wo erlesene Werke der Kunst und des Kunstgewerbes vertraute Dinge des täglichen Lebens waren. Die Sammlungen mochten von ihren zahlungskräftigen Vätern angelegt und erweitert worden sein, aber durch ihre Mütter wurde ihnen die Bedeutung und der ideelle Wert dieser Schöpfungen offenbar, und sie lernten Schönes zu schätzen.

Während Charlotte in Deutschland zur eleganten Gastgeberin wurde, schlossen ihre Brüder nacheinander ihre Ausbildung ab und traten in das Familienunternehmen ein. Lionel, ein etwas spröder junger Mann mit einem Hang zu sardonischem Humor ging direkt von der Universität nach New Court. Sobald er sich die geschäftlichen Grundbegriffe angeeignet hatte, wurde er für vier Jahre nach Paris entsandt, um seinem Onkel James zur Seite zu stehen. Nathaniel, immer „Nat" genannt, verbrachte seine Lehrzeit bei Carl in Neapel. Als Lionel nach England zurückkehrte, nahm er dessen Platz bei Rothschild Frères ein. James, dessen beide Söhne noch Knaben waren – zwei Kinder sollten noch folgen –, hatte in seinen Neffen zuverlässige Stützen. Anselm aus Wien und die vier jungen Engländer verbrachten lange Lehrjahre in der Rue Laffitte.

Nat sollte überhaupt hierbleiben, obwohl er Frankreich gern wieder verlassen hätte. Dem eleganten jungen Mann gefiel es wohl in Paris, aber im Lauf der Jahre wuchs seine Abneigung gegen die Franzosen. Er war eben durch und durch Engländer, las täglich aufmerksam „The Times", hörte mit Wonne die Klatschgeschichten seiner zu Besuch kommenden Landsleute und reiste unter den fadenscheinigsten Vorwänden über den Ärmelkanal. Einige Zeit hoffte er, daß sein Aufenthalt in Frankreich nicht von Dauer sein werde und daß er heimkehren könnte, sobald James' Söhne herangewachsen waren. Aber der Onkel übertrug ihm immer größere Verantwortung, und als echter Rothschild erfüllte Nat seine Pflicht. Erst nach sieben Jahren fügte er sich ins Unvermeidliche und ließ die ihm liebsten seiner Kostbarkeiten aus New Court nach Paris bringen.

Reisen spielten in der Erziehung aller Söhne Nathans eine sehr wichtige Rolle. Wie schon erwähnt, studierte der drittgeborene Anthony in Göttingen und Straßburg und unternahm mit seinem Hofmeister eine ausgedehnte Kavaliersreise durch Europa, bevor er in Frankfurt eingestellt wurde, um in die Grundlagen des Finanzwesens eingeführt zu werden. Anthonys Wanderungen endeten aber nicht in Frankfurt. Schon nach einem Jahr kam dieser joviale, rundliche junge Mann, in der Familie zärtlich „Billy" genannt, wieder nach Hause, um eine Zeitlang in New Court zu arbeiten. Dann wurde er nach Wien geschickt.

Lehrzeiten in jeder der fünf Banken gehörten zur Standardausbildung des Rothschildschen Nachwuchses. Die meisten der jungen Leute freuten sich darauf, denn es brachte den Zauber weiter Reisen und die Befreiung aus der Zucht des Elternhauses. Sie sahen neue Städte, lernten neue Menschen und neue Geschäftspraktiken kennen, vervollkommneten sich in den Sprachen, in denen sie bis dahin von ihren Hauslehrern unterrichtet worden waren. Sie konnten Männer von Welt werden und die damit verbundenen Freuden genießen. Paris, Neapel, Wien und London, all diese Städte hatten Köstliches zu bieten. Nicht aber Frankfurt.

Frankfurt, das bedeutete den strengen, frommen Onkel und seine unglückliche, kinderlose Frau. Frankfurt, das hieß koschere Speisen und strikte Einhaltung des Sabbat. Frankfurt, das hieß kulturelle Schmalkost und langweilige Gesellschaft. Ja, Frankfurt bedeutete sogar veraltete Geschäftspraktiken.

> „Ein fälliger Wechsel wurde im Kontor des Annehmers präsentiert und zur Gänze in Silbermünzen – Talern, Gulden etc. – eingelöst. Diese wurden in Säcke gefüllt und von zweien oder mehreren Angestellten auf einem Schubkarren durch die Straßen zum Kontor des Empfängers geschafft, um dort nachgezählt zu werden . . . die denkbar primitivste Abwicklung. Schecks und Banknoten wie in London waren völlig unbekannt.“[12]

Aber es war noch mehr. Frankfurt war nicht einfach eine Art tristes Krähwinkel. Nach Auffassung der jüngeren Rothschilds hatte es zweifache Bedeutung: Dort stand das Haus der Ahnen, dem sie sich alle verpflichtet fühlten. Und dort war das Ghetto, dem sie alle entkommen waren. Die eine oder andere dieser beiden Gegebenheiten würde immer im Vordergrund stehen. Rothschilds würden sich immer zu Frankurt und allem, was es symbolisierte, hingezogen fühlen oder aber abgestoßen. Der Ort ihrer Herkunft war für sie ein „Heiliges Land“. Einige kehrten dorthin zurück, Carls Söhne etwa, die aus dem sonnigen Neapel kamen. Andere waren die Rothschilds der Diaspora. Und im Verlauf der nächsten Jahrzehnte sollten die Unterschiede zwischen diesen beiden Gruppen noch markanter hervortreten.

Durch die gründliche Ausbildung, die sie ihren Söhnen ermöglichten, schufen die Brüder die Gewähr, daß die Zukunft der Banken in den Händen gewandter, kosmopolitischer junger Männer lag, die an Bildung und gesellschaftlichem Schliff jedem Aristokraten oder königlichen Prinzen Europas ebenbürtig sein würden. Zudem ging es ihnen nicht allein um geschäftliche Tüchtigkeit. Das Bestreben, guten Geschmack zu entwickeln und sich tadellose Manieren anzueignen, war ein Mittel, um der nichtjüdischen Welt deutlich zu zeigen, daß die Juden nicht bloß geldgierige Schacherer waren. Die Rothschilds mußten den Kampf gegen den Antisemitismus in jeder Generation erneut austragen. Und er kostete sie viel Zeit und Energie.

KAPITEL 8
„. . . der Moment, den wir nützen sollten“

Sehr rasch hatten sich die Rothschilds zu einer Position aufgeschwungen, die ihnen unermeßliche finanzielle Macht und auch beträchtlichen politischen Einfluß sicherte. Sie waren eine unabhängige Kraft im Leben Europas, niemandem Rechenschaft schuldig und weitgehend auf niemanden angewiesen. Karikaturisten zeichneten sie als die wirklichen Herrscher der Christenheit, vor denen Monarchen und der Papst sich in Demut neigen mußten. Die fünf Brüder und ihre Söhne waren sich der Verantwortung, die ihnen ihre einzigartige Stellung auferlegte, durchaus bewußt. An erster Stelle standen stets die Familie und das Geschäft. Noch größerer Erfolg und noch höherer Gewinn war ihr Ziel. Doch an zweiter Stelle stand zweifellos die Verpflichtung gegenüber ihrem Volk.

In der Zeit kurz nach den Napoleonischen Kriegen war den Rothschilds eines völlig klar: Sobald die von den Franzosen oktroyierte Verfassung annulliert war, würden die Obrigkeiten in den deutschen Staaten versuchen, die alten diskriminierenden Gesetze wieder einzuführen. Um dies zu verhindern, beteiligten sich die Brüder 1815 an den Bemühungen, eine jüdische Delegation für den Wiener Kongreß zu bilden, und es gelang ihnen, eine Deklaration zu erwirken, derzufolge alle auf dem Kongreß vertretenen Staaten den Juden die bürgerliche Gleichberechtigung gewähren sollten. Doch ohne eine übergeordnete Macht als Garant hingen solche Zusicherungen völlig vom guten Willen der einzelnen Regierungen ab. Die meisten der wieder in ihre Rechte eingesetzten Fürsten neigten zu einer Politik, die ihre Popularität erhöhen sollte, und Gesetze zugunsten der Juden fielen gewiß nicht darunter. Wie schon erwähnt, grassierte in den deutschen Staaten eine besonders virulente Form des Judenhasses. Die Bevölkerung hatte die Demütigungen militärischer Niederlage und fremder Besatzung erdulden müssen. Die folgende wirtschaftliche Unsicherheit und weitverbreitete Verarmung führte zu den bereits geschilderten judenfeindlichen Ausschreitungen von 1819.

Als die Nachrichten darüber in Paris eintrafen, reagierte James voll

Empörung, aber sehr energisch. An Verwandte und Geschäftspartner schrieb er schockweise Briefe, in denen er zu raschem, entschlossenem Handeln aufforderte. In seinem Schreiben an David Parish, einen Rothschild-Agenten, der sich in Karlsbad aufhielt, wo eine Ministerkonferenz des nach dem Krieg gebildeten Deutschen Bundes stattfand, sprach er eindringlich die Erwägung aus, wenn schon nichts anderes die Mächtigen rührte, dann müßten zumindest ihre eigenen Interessen sie veranlassen, dafür zu sorgen, daß sich solche Zwischenfälle nicht mehr ereigneten.

„Was kann das Resultat solcher Unordnungen sein? Wahrlich nur alle Reichen dieser Nation Deutschland verlassen und ihr Vermögen nach Frankreich und England bringen zu sehen; ich selbst habe meinem Bruder in Frankfurt angeraten, sein Haus zu schließen und hierherzukommen. Machen wir einmal den Anfang, so bin ich überzeugt, folgen alle wohlhabenden Leute fort, und ob den Souverainen Deutschlands eine Maßregel angenehm sein kann, welche sie bei einigem Geldbedarf nötigt, sich nach Frankreich oder England zu adressieren, ist eine neue Frage.

Wer kauft in Deutschland Staatspapiere und wer hat gesucht, den Cours zu heben, wenn es nicht unsere Nation ist, und ist nicht durch dieses Beispiel ein gewisses Vertrauen auf die Staatspapiere eingeflößt worden; und haben sich dadurch nicht auch christliche Häuser aufgemuntert gefunden, einen Teil ihres Geldes in alle Gattungen Papiere zu stecken?

... stört man nun die Ruhe der Reichen in Deutschland, so werden sie sich notgedrungen sehen, ihrer Sicherheit wegen auszuwandern, und gewiß werden sie sich nicht mehr mit den Fonds eines Landes befassen, in welchem ihrem Leben durch eine augenscheinliche Gefahr gedroht wurde. – Es scheint der Zweck der Unruhestifter in Frankfurt gewesen zu sein, vorläufig alle Israeliten in eine Gasse zusammenzusetzen; wäre dieses gelungen, hätte nicht auch dadurch ein allgemeines Massacre entstehen können und würde man sich ein Gewissen daraus gemacht haben, ihre Häuser zu plündern? – Wie nachteilig ein solches Verfahren werden könnte, besonders in einem Augenblick, wo, gesetzt, unser Haus etwa bedeutende Summen für Rechnung des österreichischen oder preußischen Hofs in Händen hätte, brauche ich Ihnen nicht zu detaillieren. Ich sollte dencken (sic!), es wäre würcklich (sic!) nötig, dem Senate in Frankfurt durch Österreich oder Preußen Maßregeln an die Hand zu geben, Vorfälle wie jene vom 10. ds. kräftig zu unterdrücken, und auf diese Weise das Eigenthum eines jeden zu sichern.

Sie werden wohl die Güte haben, seiner Durchlaucht, dem Fürsten Metternich, über diese Sache zu sprechen, und daß Sie ihm das Interesse unserer Nation aufs wärmste ans Herz legen werden, binn (sic!) ich von Ihrer Freundschaft für mich zum voraus versichert."[1]

In vielen Punkten hatte James recht. Gerade Frankfurt erlebte eine Periode dramatischen wirtschaftlichen Niedergangs und konnte es sich kaum leisten, seine begüterten Bewohner zu verlieren. Fest entschlossen, die stolze Tradition des freien Stadtwesens zu wahren, hatte der Senat den Beitritt zu dem unter preußischer Führung stehenden Zollverein abgelehnt. Die Auswirkungen auf den Handel waren katastrophal. Die Frankfurter Kaufleute mußten für Waren, die direkt oder im Transit aus Mitgliedstaaten kamen, hohe Zölle bezahlen, während ihre eigenen Ausfuhrgüter auf den Märkten der benachbarten Regionen unterboten wurden. Sehr bald zeigten sich alle Symptome einer Notlage: Schmuggel, Schwarzmarkt, Bankrott und Arbeitslosigkeit. Viele Händler verließen die Stadt, die meisten ließen sich im nahen Offenbach am Main nieder, das zum Zollvereinsgebiet gehörte.[2] Nichts wäre dem Senat ungelegener gewesen als eine Emigration der jüdischen Kaufleute und Bankiers, weil diesen kein ausreichender Schutz geboten werden konnte. Demonstrativ wurde energisch durchgegriffen, um die Rädelsführer der Unruhen auszuforschen und zur Rechenschaft zu ziehen, in der Hoffnung, damit den Führern der jüdischen Gemeinde und jenen Repräsentanten in Koblenz, die entschlossenes Handeln forderten, Genugtuung zu geben.

Die Rothschilds verließen Frankfurt nicht, obwohl gerüchteweise verlautete, daß sie daran dächten. Österreichische Instanzen wollten sie sogar überreden, ihren Hauptsitz nach Wien zu verlegen. Doch nichts hätte Amschel dazu bewegen können, sich von seiner Heimatstadt zu trennen. Nur in der Sphäre der Frankfurter jüdischen Gemeinde fühlte er sich geborgen, sie war seine Welt. Er verabscheute Reisen, nicht zuletzt deshalb, weil sie die Einhaltung der rituellen Gebote erschwerten, die ihm so viel bedeuteten. Dieser fromme Jude, der Briefe an Verwandte stets mit dem Datum nach der hebräischen Zeitrechnung versah und die traditionelle Kleidung seiner Vorfahren aus dem Ghetto trug, unterschied sich von seinen Brüdern dadurch, daß er seinem Ehrgeiz selbst engere Grenzen setzte. Wohl bejahte er wirtschaftliches Unternehmertum und Neuerungen, aber er war nicht gewillt, seine kulturellen Wurzeln aus dem Mutterboden in fremde Erde einzupflanzen.

Selbst vom geschäftlichen Gesichtspunkt aus bestand kaum ein Grund, Frankfurt den Rücken zu kehren. Großangelegte Finanztransaktionen wurden von den Bestimmungen für Warenzoll nicht betroffen.

Daher konnte Amschel getrost warten, bis die Krise vorbei war. Doch die Spannungen blieben, und es kam zu weiteren Störaktionen. So fand Amschel eines Tages im Jahr 1823, kurz nach der Erhebung der Familie in den Adelsstand, das Wort „Baron" mit Kommentaren des Gossenjargons an die Mauer seines Geschäftshauses gepinselt. Das überzeugendste Motiv für seinen Verbleib in Frankfurt lag in der Tatsache, daß man sich von dort aus am besten für die Rechte der Juden einsetzen konnte. Denn in Frankfurt tagte der Deutsche Bund, und die wirkungsvollste Methode, sich dieser Rechte in Frankfurt selbst und anderswo zu versichern, war, dafür Sorge zu tragen, daß die einschlägigen Gesetze nicht dem Ermessen der einzelnen Mitgliedstaaten überlassen blieben, sondern auf höherer Ebene beschlossen wurden. Entschlossen führten die Rothschilds ihre Kampagne weiter, ihr Druck auf führende Staatsmänner wie den preußischen Staatskanzler Carl August Fürst Hardenberg ließ nicht nach:

> „Nach allem, was Euer Durchlaucht in den letzten Jahren für diese Gemeinde getan haben, muß es uns erlaubt sein, zu hoffen, daß Hochdieselbe ihr auch in diesem entscheidenden Zeitpunkt Ihren mächtigen Schutz nicht entziehen werden. Nur dieser allein kann der Frankfurter Judenschaft für die Zukunft eine erträgliche Existenz sichern. Da aber alles davon abhängt, daß die von dem Bundestage ernannte Kommission bei der Behandlung dieser Sache nach gerechten, billigen und aufgeklärten Grundsätzen verfahre und eine von Euer Durchlaucht in diesem Sinne gegebene Impulsion nichts anderes als die ersprießlichsten Folgen haben wird, so bitten wir Hochdieselbe, so ehrerbietig als angelegentlich, dem königlich preußischen Gesandten in Frankfurt baldmöglichst diejenigen Vorschriften gnädigst zu erteilen, welche in der Beilage als die letzten noch übrigen Rettungsmittel bezeichnet sind."[3]

Solch flammenden Aufrufen zu Reformen erwiderten die Gegner der Juden ebenso nachdrücklich. Der vierundsiebzigjährige Goethe wetterte gegen die Verschwörungen des „allmächtigen Rothschild" und prophezeite, jegliche Lockerung der antisemitischen Gesetze würde katastrophale Folgen zeitigen: „Alle sittlichen Gefühle in den Familien, die noch durchaus auf den religiösen ruhen, werden durch ein so skandalöses Gesetz untergraben."[4]*

Auch erstanden den Rothschilds nicht nur auf christlicher Seite Feinde. Viele ihrer Kritiker waren in ihrem eigenen Volk zu finden.

* Goethe bezog sich auf ein am 23. September 1823 in Frankfurt erlassenes Gesetz, das die Heirat zwischen Christen und Juden gestattete.

Anno 1824 erschien in London eine gehässige Karikatur mit dem Titel „A King Bestows Favours on a Great Man's Friends" (Ein König erweist den Freunden eines großen Mannes Gnaden). Dargestellt war Nathan Mayer Rothschild im Korb eines Luftballons mit der Aufschrift „Money Bags" (Geldsäcke) samt einem Stier und einem Bären als Schildhalter, voran sein Kutscher, der auf einer Liste die Almosen an arme Juden abstrich. Diesen am Straßenrand stehenden Unglücklichen waren Aussprüche in den Mund gelegt wie: „O Herr, habt Mitleid mit uns, denn wir wissen uns vor Verachtung nicht zu fassen. Übervoll sind unsere Seelen von Hohn für die Leichtfertigen und von Verachtung für die Hoffärtigen." Die große Mehrheit der europäischen Juden war arm. Viele von ihnen erhofften sich Hilfe durch die reicheren Angehörigen ihres Volkes. Diese Karikatur deutet darauf hin, daß sie zumindest in London nicht großzügig bedacht wurden – täglich warteten vor dem Portal von New Court die Bettler scharenweise N. M.s Ankunft ab. Wohl möglich, daß die Zeichnung von einem Juden in Auftrag gegeben wurde, der N. M. beschämen wollte. Ähnlichen Anwürfen sahen sich Nathans Brüder ausgesetzt.

Heute ist es schwierig festzustellen, wie weit solche Kritik gerechtfertigt war, denn es gibt fast keine Belege mehr über die karitativen Aufwendungen der Rothschilds. Amschel hatte jedenfalls den Ruf der Großzügigkeit, er spendete jährlich 100 000 Gulden für die Armen, und zwar nicht nur für solche aus der Judenschaft. Bei vielen dieser Aktionen war Carl der Partner seines älteren Bruders. Es kann sein, daß die anderen Brüder, deren Hauptaugenmerk der Assimilation in ihren Wahlheimaten galt, dem jüdischen Fürsorgewesen geringere Bedeutung beimaßen. James stand nicht in engen Beziehungen zu der kleinen israelitischen Gemeinde in Paris. Es scheint, daß er erst nach Jahren begonnen hat, die jüdische Wohlfahrt regelmäßig zu unterstützen.[5] Nathan als Kurator der Großen Synagoge war der Initiator eines Planes für die Verbesserung des Loses der armen Juden Londons, aber sein Angebot eines Darlehens in der Höhe von 500 Pfund, gleichsam als Starthilfe für den Fonds, konnte man wohl kaum großzügig nennen.[6] Doch er beteiligte sich an anderen philanthropischen Vorhaben, die nicht bloß Juden zugute kamen. So betätigte er sich einige Jahre als Kurator des Entbindungsheimes der City of London und bedachte auch verschiedenste andere Institutionen mit Zuwendungen, darunter eine Haftanstalt. Tief erschütterte ihn das menschliche Leid in den von Hungersnot heimgesuchten Gebieten Irlands. Im Jahre 1826 beschwor er in einem Brief an den Premierminister Lord Liverpool die britische Regierung, für die Versorgung der irischen Bauern amerikanischen und ostindischen Reis zu den handelsüblichen Preisen aufzukaufen.

Freilich trug er sein Mitgefühl nicht zur Schau. Jene Leute, die nur den äußeren Menschen sahen, und andere, die an James nur seine Großmannssucht und an Amschel nur seine jüdische Bigotterie kannten, erhoben ständig den Vorwurf der Habsucht, des Geizes und der Korruption.

Wer mit Schmutz wirft, trifft nicht nur das Ziel, sondern auch die Umstehenden. Mancher, der zu Nathans engstem Kreis gehörte, mußte für diese Bevorzugung teuer bezahlen. Im September 1827 wurde J. C. Herries auf ausdrücklichen Wunsch König Georges IV. zum Schatzkanzler ernannt, eine Position, für die er sich hervorragend eignete. Leider war das Kabinett des Viscount Goderich eine schwache und noch dazu durch persönliche Fehden gespaltene Regierungsequipe. Im Januar des folgenden Jahres wurde es durch eine Koalition unter Wellington abgelöst. Herries mag sich starken Rückhalt von dem Mann erhofft haben, zu dessen Ruhm als Feldherr er so vieles beigetragen hatte, und er war sehr bestürzt, als er bei der Kabinettsumbildung seines Amtes enthoben wurde und als Trostpflaster den Posten des Masters of the Mint erhielt, also des Verantwortlichen für das Münzwesen.

Kein Zweifel, daß seine Gegner den Hebel bei seiner Beziehung zu Rothschild ansetzten, um ihn zu Fall zu bringen. Herries' großer Rivale William Huskinson, Präsident der Londoner Handelskammer, richtete mehrmals heftige Angriffe gegen Nathan, in dem er den Hauptschuldigen für das Anwachsen der Finanzspekulationen und des Kapitalabflusses sah. Während der wochenlangen und hochaktiven Interventionen in den Wandelgängen von Westminster waren einige perfide Gerüchte über Herries in Umlauf gebracht worden, und in der Presse wurde ein regelrechter Feldzug gegen ihn geführt. Diese Taktiken erzielten den gewünschten Zweck. So wurde behauptet, er habe sich durch den Verkauf vertraulicher Informationen an die Rothschilds bereichert, auch sagte man ihm nach, er sei mit N. M. im Bunde, um den König mit unbegrenzten Summen für dessen verstiegene Bauvorhaben zu versorgen.

In einer Unterhausdebatte am 18. Februar verteidigte sich Herries gegen solche Verleumdungen, aber die Rede des radikalen Abgeordneten Thomas Duncombe übte stärkere Wirkung aus. Dieser ging im Verlauf einer bravourösen Attacke auf ein „unsichtbares, körperloses Wesen“ ein, das sich rühme, Herr über Krieg und Frieden zu sein, in Finanzfragen unbegrenzten Kredit besitze und von dem häufig das Schicksal der Nationen abhänge. Er, Duncombe, vertraue darauf, der Herzog von Wellington und der Innenminister würden nicht zulassen, daß die Kontrolle über die Finanzen dieses großen Landes noch weiterhin in den Händen eines Juden läge.[7]

Prompt lieferte George Cruikshank unter dem Titel „The Secret Influence Behind the Curtain or The Jew and the Doctor" (Der geheime Einfluß hinter dem Vorhang oder Der Jude und der Doktor) den gezeichneten Kommentar dazu. Das satirische Blatt zeigt N. M. als beleibten Cherub mit Zylinder, wie er Goldsäcke schwingend herbeiflattert, und Herries als sichtlich verdatterten Schreiber, dessen Pläne durchkreuzt wurden. Von ihm sieht man allerdings nur seinen Rükken und den hinters Ohr geschobenen Federkiel. Dies sollte besagen, daß beide Männer zum Ausgleich für den Verlust von Einfluß Trostpreise erhielten: Nathan tätigte mit Wellingtons Hilfe eine Anleihe für Dom Miguel von Portugal. Und neben Herries steht eine Terrine voll Minzetunke, eine doppelsinnige Anspielung auf seine einträgliche Stellung als Münzwardein. Nathan hatte bereits gelernt, solche Polemiken zu ignorieren. Sein beiläufiger Hinweis auf den Sturz des alten Freundes verrät keinerlei besondere Gefühlsregung. Er schrieb an Carl: „Unser Freund Herries ist broges (Jargonausdruck für „verstimmt"), weil man ihm einen schlechten Platz gibt – er ist broges, aber ich kann ihm nicht helfen. Er muß Geduld haben, vielleicht wird er einen anderen Platz bekommen."[8]

Die öffentliche Stimmung gegen Herries war durch eine wachsende Enttäuschung über Wellington beeinflußt, und diese wiederum war Ausdruck der verstärkten Opposition gegen den in Europa herrschenden reaktionären Kurs. Im Jahre 1830 mußten die Tories das Feld räumen, und der populärste Mann im neuen Whig-Kabinett war der Außenminister Lord Palmerston, wegen seiner scharfen, schonungslos offenen Haltung gegenüber dem „alten Weib Österreich" und anderen absolutistischen Staaten „Lord Pummicestone" (Bimsstein) genannt. Nathan selbst gehörte keiner Partei an, aber er und seine Söhne neigten natürlich zu den Whigs und später zu den Liberalen, der Partei des Nonkonformismus und des neuen Geldes. Sie hatten keine Veranlassung, die alte Aristokratie und eine Politik der Privilegien zu stützen, aber allen Grund, eine maßvolle Reform zu fördern, welche der Mittelschicht von Wirtschaftstreibenden und Akademikern mehr Macht überantworten würde. Wie andere Minderheiten – die Katholiken und die Nonkonformisten etwa –, waren die britischen Juden erst kurz vorher für die Beseitigung gewisser politischer und sozialer Barrieren eingetreten. Bei diesen Bestrebungen hatten die Rothschilds eine bedeutende Rolle gespielt, und sie waren sehr verstimmt, als Wellington 1830 legislative Schritte für Reformen seine Unterstützung verweigerte, wodurch sich die Hoffnungen der Juden jäh und gründlich zerschlugen.

Das Jahr 1830 war in ganz Europa ein Jahr des Aufbruches. In der Sicherheit Englands begeisterte sich Nathans ältester Sohn Lionel für dieses Auflodern demokratischen Geistes. Wie so viele junge Menschen seiner Generation glaubte er, das Heraufdämmern eines neuen Zeitalters mitzuerleben. Für andere freilich, wie Baron James, dessen Familie und Unternehmen durch die Unruhen bedroht waren, zeigten sich die Dinge nicht ganz so überzeugend und einfach. Schon seit einiger Zeit hatte ihm die ultrakonservative Haltung des französischen Königs Karl X. Sorgen bereitet, aber er war der Regierung weiterhin zu Diensten gewesen und stand auf vertrautem Fuß mit dem Premierminister Polignac.

Als der Monarch im Juli 1830 die Verfassung aufhob und die Autokratie aus den Tagen des Ancien régime wiederherzustellen versuchte, war James davon völlig überrumpelt. Er – und Salomon, der nach Paris gekommen war, um Metternich von dort über die Situation zu berichten – beobachteten voll Entsetzen, wie in den Straßen der Metropole Barrikaden errichtet wurden und Kämpfe zwischen dem Volk und den königlichen Truppen ausbrachen. Mehrere qualvolle Tage lang befürchteten er und andere prominente Bürger eine Wiederkehr der Zustände von 1789, doch diesmal verebbte die Krise rasch: Karl X. dankte ab. Der Mann, der nun gekrönt und allgemein „le roi bourgeois“, der Bürgerkönig, genannt wurde, war kein anderer als der bisherige Herzog von Orléans, Louis Philippe, James' alter Freund und Kunde. Ungesäumt warb der Baron um die Gunst der neuen liberalen Regierung. Demonstrativ leistete er eine Spende von 15 000 Francs „für die armen Verwundeten und die Frauen und Kinder jener Männer, die in den letzten Julitagen fielen“.[9]

Der Regierungswechsel erhöhte auch die Bedeutung der Pariser Rothschilds. Die Ausrufung Louis Philippes zum „König der Franzosen durch die Gnade Gottes und den Willen des Volkes“ war Ausdruck des Triumphs der Bourgeoisie – und James de Rothschild war der archetypische Bourgeois. Der neue Herrscher, der sowohl die bourbonischen Legitimisten wie auch Bonapartisten und Republikaner zu Gegnern hatte, favorisierte ganz bewußt die Mittelschicht als das Fundament seiner Macht. Baron James zählte zum engsten Kreis der Eingeweihten und erfreute sich einer beispiellosen Machtposition. Als inoffizieller Berater mit unbeschränktem Zutritt bei Hof hatte er sogar größeren politischen Einfluß als sein Bruder und sein Schwiegervater in Wien. So führte er z. B. im März 1831 mit Erfolg eine Kampagne für Casimir Périer durch, um dessen Ernennung zum Premierminister zu erreichen. Périer war Bankier und überdies ein guter Freund, mit dem James viele Jahre eng zusammengearbeitet hatte. Kurz vor seinem tragi-schen Tod während der Choleraepidemie von 1832 bildete er eine neue Regierung auf solider Basis. Bald konnte die Gattin des russischen Außenministers Graf Nesselrode mit einem Sarkasmus, welcher der Wahrheit nahekam, nach Moskau schreiben: „Weißt Du, wer Vizekönig, wenn nicht sogar König von Frankreich ist? Es ist Rothschild."[10]

Jene Kräfte, welche die Rothschilds wegen ihres „sinistren" Einflusses verhöhnten oder beschimpften, konnten ihren Zorn und ihre Befürchtungen mit einer stattlichen Reihe von Argumenten rechtfertigen. Das Bankwesen hatte immer einen „Fünften Stand" gebildet, dessen Mitglieder die königlichen Säckel kontrollierten und daher in der Lage waren, auf den Gang wichtiger Ereignisse einzuwirken. Aber das Haus Rothschild war ungleich mächtiger als jedes Finanzimperium vor ihm. Es verfügte über unermeßliches Kapital. Es war international. Es war unabhängig. Monarchische Regierungen sahen mit Unbehagen, daß es ihrer Kontrolle entzogen blieb. Volksbewegungen feindeten es an, weil es dem Volk keine Rechenschaft schuldete. Anhänger der Konstitution lehnten es ab, weil es seinen Einfluß ausübte, hinter den Kulissen.

Geheimhaltung war und blieb ein wesentliches Element des politischen Wirkens der Rothschilds. Selten beteiligten sie sich an öffentlichen Debatten über wichtige Fragen. Niemals bewarben sie sich um Regierungsämter. Selbst als einige von ihnen in späteren Jahren ins Parlament einzogen, traten sie in den Sitzungssälen von London, Paris oder Berlin nicht markant in Erscheinung. Doch immer beteiligten sie sich am Verlauf der großen Ereignisse des Zeitgeschehens, sei es durch die Bewilligung oder Vorenthaltung von Geldern, durch das Angebot nichtoffizieller diplomatischer Verbindungen, durch Einflußnahme auf die Besetzung hoher Positionen oder durch den fast täglichen Umgang mit den Entscheidungsträgern. Natürlich gab es einleuchtende Gründe für die Geheimhaltung, allerdings sollte, wie noch auszuführen sein wird, die Befolgung eines an sich vernünftigen Prinzips bei manchen Mitgliedern der Familie zu einer wahren Manie ausarten. Als Bankiers waren die Rothschilds auf vertrauliche Behandlung ihrer Agenden eingeschworen. Als Geschäftsleute mußten sie vor Konkurrenten auf der Hut sein. Als Führer des Judentums beständig Angriffen ausgesetzt, hatten sie allen Grund, bei ihren Abschlüssen mit Königen und Ministern größte Diskretion zu wahren. Prominente Persönlichkeiten, die von der Presse häufig mißverstanden oder vorsätzlich falsch interpretiert werden, können auf zwei Arten reagieren: mit öffentlichen Erklärungen oder aber mit verachtungsvollem Schweigen. Die Rothschilds wählten nahezu ohne Ausnahme die letztere Möglichkeit.

Doch es wäre verfehlt, anzunehmen, die Rothschilds des 19. Jahrhunderts seien allmächtig gewesen, wie manche Zeitgenossen glaubten. Sie waren keine Königsmacher. Ihr Geschick hing davon ab, daß sie mit jedem, der gerade an der Macht war, welcher politischen Richtung auch immer, gutes Einvernehmen herstellten. Es lag nicht in ihrem Interesse, sich durch die Beteiligung an Komplotten Feindschaften einzuhandeln. Sie behielten ihre persönlichen politischen Ansichten für sich und dienten sowohl reaktionären als auch reformfreudigen Regierungen. Auf dem europäischen Festland zumindest setzten sie sich nie aktiv für eine bestimmte Partei ein. Obgleich sie sehr energisch Einfluß auf die tagespolitischen Entscheidungen der Regierungen erstrebten, entsprach ihre oft geäußerte Erklärung, sie seien unpolitisch, bis zu einem gewissen Grad der Wahrheit. Dies müssen wir uns vor Augen halten, wenn wir einen Überblick über die Tätigkeit der Familie während der turbulenten Zeiten um die Mitte des 19. Jahrhunderts gewinnen wollen.

Das ereignisreiche Jahr 1830 brachte Aufstände in Kongreßpolen,* Belgien, den norditalienischen Herzogtümern Parma und Modena, in der Romagna, damals Teil des Kirchenstaates, und Revolten in mehreren anderen Ländern. Wien, Berlin und St. Petersburg reagierten nervös auf jede dieser Erschütterungen. Die liberaleren Mächte legten sich bremsend ins Mittel. Auch die Rothschilds versuchten, die Kriegsgefahr zu vermindern. Bewaffnete Intervention kostete Geld, und um Geld zu beschaffen, mußte man bei den „Fünf Brüdern von Europa" anklopfen. Allein diese Brüder knüpften nun an die Gewährung von Anleihen politische Bedingungen. Salomon sprach es offen aus:

> „Es ist gar nicht schlecht, daß diese Herren einmal sehen, daß sie nur so lange auf uns zählen können, als sie entschlossen sind, eine Politik der Klugheit und Mäßigung zu verfolgen . . . unser guter Wille geht schließlich doch nicht so weit, daß wir die Ruten selbst hergeben, mit denen wir geschlagen werden, das heißt, daß wir das Geld hergeben, um einen Krieg zu beginnen und den Kredit zu vernichten, den wir uns mit allen unseren Kräften und allen unseren Mitteln aufrechterhalten."[11]

Dieser Kommentar, der sich auf die Führer des belgischen Aufstandes gegen die niederländische Herrschaft bezieht, offenbart eine Kardinalregel der Rothschildschen Verhaltensweisen. Soweit es in ihrer Macht lag, über solche Dinge zu entscheiden, setzten sie sich für Frieden und Stabilität ein. Deshalb verweigerten sie reaktionären ebenso wie radika-

* So benannt nach der auf dem Wiener Kongreß erzielten Regelung der polnischen Frage. Das Land erhielt den Status eines mit dem Russischen Reich in Personalunion verbundenen Königreichs.

len Kräften das finanzielle Rüstzeug für die Kriegsführung. Dies war für die Rothschilds der einzige Modus, um zu überleben. Das Vermögen, das durch eine Revolution geschaffen worden war, konnte auch durch eine Revolution hinweggefegt werden. Falls Europa wieder im Chaos versinken sollte, falls Staaten versucht sein würden, Anleihenrückzahlungen hinauszuzögern und Anlagewerte auf eine Talfahrt gerieten, dann würde dies den Ruin der Rothschilds bedeuten. Salomons erste Botschaft an die Aufständischen tat sicherlich ihre Wirkung. Da die belgischen Revolutionäre keine Waffen erhielten, verlegten sie sich notgedrungen aufs Verhandeln, und auf der Londoner Konferenz der Großmächte wurde schließlich die Trennung von den Niederlanden vollzogen und die staatliche Unabhängigkeit Belgiens hergestellt. Nach der Revolution waren die Rothschilds bereit, dem neuen Königreich unter Leopold I. aus dem Hause Sachsen-Coburg beim Aufbau eines soliden Wirtschaftsgefüges behilflich zu sein, doch wie James seinem Agenten in Brüssel unumwunden mitteilte, waren Anleihen nun nicht mehr reine Geschäftssache: „Jetzt ist der Moment, den wir nützen sollten, um uns zu absoluten Herren der Finanzen jenes Landes zu machen. Der erste Schritt dazu wird sein, uns mit dem neuen Finanzminister Belgiens gut zu stellen, sein Vertrauen zu gewinnen ... und alle Schatzscheine zu nehmen, die er uns anbietet."[12]

Sobald eine Regierung von den Rothschilds abhängig war, befand sie sich in der Zwangslage zwischen der Scylla des Staatsbankrotts und der Charybdis des schleichenden Liberalismus. James und Salomon, nunmehr die Vertrauten mächtiger Männer, zögerten nicht, sich aller Mittel ihrer Stellung zu bedienen, wenn auch immer auf sehr respektvolle Weise. Aus Paris berichtete Salomon im Oktober 1830 in einem Brief an einen Wiener Freund, vermutlich Friedrich v. Gentz, mit einem Seitenblick auf Metternich:

> „Der König (Louis Philippe) beteuerte, daß er den Revolutionären aller Länder, soweit es seine Lage als konstitutioneller König gestatte, entgegentrete, aber gezwungen sei, doch ein gewisses Entgegenkommen für liberale Bestrebungen zu üben. ‚Wie sehr wünschte ich', sagte er zu James, ‚wenn Sie Gelegenheit fänden, das Organ meiner Gefühle bei Seiner Durchlaucht dem Fürsten von Metternich zu sein und ihn zu ersuchen, seine weisen und dringenden Vorstellungen an den neapolitanischen Hof zu richten und ihn zu vermögen, dem allgemeinen Interesse des Landes und den Fortschritten des Zeitgeistes entsprechend einige Konzessionen zu machen ...'"[13]

Eingeweihte Beobachter konnten nur darüber staunen, über welch gewaltige Machtmittel die Rothschilds verfügten. In einer seiner Depeschen aus dem Jahr 1835 beschrieb der österreichische Gesandte in Paris, Rudolf Graf Apponyi, den Einsatz der Bankiers im Unruheherd Spanien, wo der Erbfolge-Bürgerkrieg zwischen den Carlisten (Anhängern des Thronprätendenten Don Carlos) und den Christinos (Getreuen der Regentin Maria Christina) wütete. Nathan hatte alle vier Bankhäuser für eine Anleihe in der Höhe von 16 Millionen Franc an die Madrider Regierung mobilisiert, außerdem waren erhebliche „Douceurs" in den Taschen des spanischen Finanzministers Graf Toreno verschwunden. Als Toreno bei der Rückzahlung der vorgestreckten Summen Schwierigkeiten machte – sie erfolgte schließlich teils in bar und teils in etwas dubiosen Obligationen –, faßten Salomon und James dies als persönliche Beleidigung auf. Solch krasse Undankbarkeit erzürnte sie, und sie beschlossen, den Spaniern eine Lektion zu erteilen. Gemeinsam wendeten die Brüder 1 800 000 Pfund Sterling für eine Spekulation mit spanischen Regierungsanleihen auf und führten einen dramatischen Kurssturz herbei. Tief beeindruckt von der Macht der Rothschilds zog Apponyi das Fazit dieser aufsehenerregenden Affäre: „Welch ein Unglück und zugleich welche Ungeschicklichkeit, sich der Rache dieses Hauses auszusetzen!"[14]

Die breite Öffentlichkeit reagierte auf dieses Phänomen mit Neid, Hohn und Mißtrauen, war durch gehässige Kommentare in der Presse leicht aufzuhetzen. In Frankreich nannte man James den „Hohenpriester des Judaismus", und als Carl nach dem Abschluß einer Anleihe für den Kirchenstaat von Papst Gregor XVI. in Audienz empfangen wurde, ließ ein Journalist seinem Sarkasmus freien Lauf: „Rothschild küßte die Hand des Papstes ... Die Ordnung ist wiederhergestellt ... Wenn Rothschild imstande gewesen wäre, die Anleihe zu 60 Prozent statt zu 65 Prozent zu beschaffen, dann hätte er St. Petrus umarmen dürfen. Wäre die Welt nicht glücklicher, wenn alle Könige abdankten und die Familie Rothschild auf ihre Throne gesetzt würde?"[15] Ob im Ton der Bewunderung oder der Erbitterung geschrieben, solche zeitgenössischen Stellungnahmen bieten die Bestätigung dafür, wie weit der Einfluß der fünf Brüder nun reichte. Mythos und Wirklichkeit Rothschildscher Macht waren eins geworden.

Im Jahre 1836 gab es in der Familie erneut eine Hochzeit. Solche Ereignisse waren schon nichts Ungewöhnliches mehr, aber diesmal sollte alles von großer Trauer überschattet sein. Die Brautleute waren Lionel und seine siebzehnjährige Cousine, wieder eine Charlotte, die Tochter des „Neapolitaners" Carl. Die Trauungszeremonie war für den 15. Juni angesetzt. Im Frühsommer machten sich die meisten Familienmitglieder von ihren verschiedenen Wohnsitzen auf, um zur Feier in Frankfurt zusammenzutreffen.

Lionel selbst nützte diese Gelegenheit zu einer geruhsamen Reise durch Belgien und das Rheinland, in Begleitung seines alten Freundes Rossini, um ihm die Sehenswürdigkeiten zu zeigen. Der Komponist genoß diese Ferientage in vollen Zügen:

> „Ich habe eine Fahrt nach Frankfurt unternommen, durch Brüssel, Antwerpen, Aachen, Köln, Koblenz, Mainz etc. und ich versichere Ihnen, daß es auf der Welt nichts Schöneres gibt als die Gestade des Rheins. Welche Fülle, welches Grünen und Blühen, welche Dome, welche Dinge aus alten Zeiten! Ich spreche nicht über die Bilder von Rubens und Van Dijck, denn wollte ich Ihnen deren Schönheit und Vielfalt beschreiben, bräuchte ich wohl zwanzig Bogen. Ich bin wahrhaftig zufrieden mit dieser kleinen Reise, deren ganzer Zweck darin bestand, in Frankfurt bei der Hochzeit meines überaus geschätzten Freundes Lionel Rothschild zugegen zu sein."[16]

Die Stadt war „en fête" für das große Ereignis. In den Hotels waren alle Zimmer besetzt, nicht nur von Mitgliedern der Familie Rothschild, sondern auch von vielen ihrer bedeutenden Freunde aus der Finanzwelt, der Politik und der Kunst. Nur eines trübte die Vorfreude: Während der Reise aus England hatte sich Nathan eine äußerst schmerzhafte Entzündung in der Steißbeingegend zugezogen. Am 11. Juni wurde ein führender deutscher Chirurg gerufen. Er konstatierte ein Furunkel und verordnete Ruhe. Zur Hochzeit stand Nathan aber auf und zwang sich, die Festlichkeiten heiter zu überstehen. Sein Zustand besserte sich nicht, und in aller Eile wurde sein englischer Arzt herbeigerufen. Der deutsche Chirurg operierte das Furunkel – in Wahrheit ein ischio-rectales Abzeß –, aber ohne Erfolg. Sepsis verbreitete sich durch die Blutbahnen des Patienten. Trotz seiner Beschwerden hielt Nathan, den man heute einen „Workaholic" nennen würde, seine Frau und seine Söhne mit unzähligen Weisungen in Atem und diktierte Briefe. Angstvoll erwartete seine Familie das Ende der Krise, doch als nach einer schlaflosen Nacht der Tag anbrach, war N. M. schwächer als vorher. Nach einem Monat wurde allen klar, daß Nathan im Sterben lag, und am 28. Juli verschied er. So endete Nathan Rothschilds Leben in jener Stadt, wo es neunundfünfzig ereignisreiche Jahre früher begonnen hatte. Brieftauben trugen die knappe Nachricht über den Ärmelkanal: „Il est mort."

In den Tagen der Ungewißheit hatte die Londoner Börse einen Kursverfall von Staatspapieren verzeichnet, doch als Nathans Tod bekannt wurde, erholten sich die Kurse wieder, wahrscheinlich, wie die „Times“ meinte, „aufgrund der Annahme, daß sein Unternehmen von seinen Söhnen weitergeführt wird wie bisher“.[17*] In dem langen Nachruf des Blattes wurde Nathans Ableben als „für die Stadt und vielleicht für Europa eines der bedeutsamsten Ereignisse seit sehr langer Zeit“ bewertet.[18] Unter dem Titel „The Shadow of a Great Man“ (Der Schatten eines großen Mannes) erschien eine Lithographie. Sie zeigt die graue Silhouette eines korpulenten Herrn im Zylinder vor Nathans einstiger Säule in der Londoner Börse. Und Benjamin Disraeli setzte Nathan Mayer Rothschild ein literarisches Denkmal. In seinem acht Jahre später geschriebenen Roman „Coningsby“ ist er das Vorbild für die Figur des Finanzmagnaten Sidonia senior. Auf diese Weise hatte Disraeli, wenn auch unwissentlich und mit kleinen Abänderungen, einen Nachruf des großen Mannes geschaffen, der noch von künftigen Generationen gelesen werden wird:

> „Während des langen, wechselvollen Feldzugs auf der iberischen Halbinsel, als sich Talenten so viele Wege eröffneten und die Wagemutigen rasch so viele Möglichkeiten ergriffen, erwarb ein junger Mann aus der Familie durch Militärkontrakte und Lieferungen an die Verwaltungen der Armeen ein großes Vermögen. Als der Frieden kam, beschloß dieser Sidonia in kluger Voraussicht der großen Zukunft des Finanzwesens Europas, im Vertrauen auf seinen eigenen Einfallsreichtum auch und seine ganz eigene Meinung über fiskalische Fragen, zudem gestützt auf seine Kenntnis der Ressourcen der Staaten, nach England auszuwandern, zu dem er im Verlauf der Jahre enge kommerzielle Verbindungen angeknüpft hatte. Mit seinem beträchtlichen Kapital traf er dort nach dem Pariser Frieden ein. Und er setzte alles auf die Waterloo-Anleihe. Dieses Ereignis machte ihn zu einem der größten Kapitalisten Europas ...
>
> Sidonia hatte vorausgesehen ..., daß Europa nach den schweren Einbußen durch fünfundzwanzigjährige Kriegsläufe Kapital für den Frieden brauchen werde. Er erntete den gebührenden Lohn für seine Klugheit. Europa benötigte tatsächlich Geld, und Sidonia war bereit, diesem Europa Darlehen zu gewähren. Frankreich brauchte einiges; Österreich etwas mehr; Preußen nur weniges; Rußland ein paar Millionen. Sidonia vermochte ihnen allen gefällig zu sein ...
>
> Man kann sich denken, daß er nach etwa zehnjährigem Wirken in der besprochenen Art eine der wichtigsten Persönlichkeiten Europas war. In den meisten großen Hauptstädten hatte er einen Bruder oder

* Das Bankhaus „N. M. Rothschild and Brothers“ hieß nun „N. M. Rothschild and Sons“.

einen nahen Verwandten eingesetzt, dem er vertrauen konnte. Er war Herr und Meister des Geldmarktes der Welt und natürlich in Wahrheit auch Herr und Meister über alles andere ... Monarchen und Minister aller Staaten suchten seinen Rat und ließen sich durch seine Vorschläge leiten. Er stand noch immer in der Vollkraft und war nicht bloß eine Maschine, die Geld macht. Da er all die Verstandesgaben besaß, die seiner Stellung angemessen waren, sah er einer Zeit entgegen, in der Entlastung von seinen vielen Geschäften und gewaltigen Anstrengungen ihm gestatten würde, seine Energien großen Zielen des Gemeinwohls zu widmen. Doch auf der Höhe seines Reichtums starb er eines plötzlichen Todes.[19]

Teil II
1836–1870

KAPITEL 9
Der Große Baron

Nathans plötzlicher unerwarteter Tod machte die Rothschilds für kurze Zeit führerlos. Wohl war Amschel als der älteste der Brüder seit vierundzwanzig Jahren nominell das Familienoberhaupt, aber N. M., der energischste und begabteste von Mayer Amschels Söhnen, hatte die Rolle des „Primus inter pares" übernommen, zumindest so weit es das Geschäft betraf. Und nun, lange bevor sich irgend jemand über die Frage der Nachfolge den Kopf zerbrochen hätte, war der große Mann jählings dahingerafft worden.

Zum Glück wurde die Lücke rasch geschlossen. Nach allgemeiner stillschweigender Übereinkunft ergriff James das Steuer. Obgleich der jüngste der „Fünf Frankfurter" – er war bei Nathans Tod erst vierundvierzig –, war er seinen Brüdern bereits um einiges voraus. Wie der verstorbene Nathan verdankte er seine Position der Tatsache, daß er nicht bloß ein dominierender Charakter, sondern auch ein für Neuerungen aufgeschlossener, erfolgreicher Geschäftsmann war. Schon vor Nathans Ableben hatte manches darauf hingedeutet, daß Paris auf dem familiären Finanzsektor London den Rang ablaufen werde. Teils gewiß infolge von James' Vertrauensverhältnis zu König Louis Philippe, aber auch weil das französische Haus so schnell auf den wirtschaftlichen Wandel in der Phase nach 1830 reagierte. Man lebte nun im Zeitalter rasanter industrieller Expansion. Britische Unternehmer nützten die Möglichkeit der Dampfkraft in vollem Ausmaß und hatten gegenüber ihren Berufskollegen auf dem Festland einen Vorsprung von mehreren Jahren. Der sollte nun aufgeholt werden. Überall in Westeuropa entstanden neue Bergwerke, Stahlkochereien, Eisenbahnen und Fabriken aller Art.

Sie alle brauchten Kapital. Nathan hatte sich vor Investitionsspekulationen gehütet, durch die so viele Industriefinanzierungsbanken zugrunde gegangen waren, ja er hatte es überhaupt vermieden, sich mit namhaftem Einsatz auf dem industriellem Sektor zu exponieren. James war wagemutiger. Mit fester Hand führte er die Familie in diese neue Ära der Geschäftswelt, und sein Talent, kühn zu planen, in Verbindung mit einer Portion Rücksichtslosigkeit, brachte ihm große Erfolge ein.

Wie Nathan war er nicht der Mann, der Schwachköpfe um sich duldete, und zu dieser Kategorie zählten seiner Ansicht nach nicht wenige Familienmitglieder. In mittlerem Alter wurde er kampflustig und herrisch. Die jüngeren Rothschilds, die wohl oder übel auf seine megalomanischen Anwandlungen eingingen, sprachen von ihrem Onkel als dem „Großen Baron“. Diese Bezeichnung war wohl ironisch gemeint, darin drückte sich aber auch gewaltiger Respekt aus. In der Familie und in der Bank begegnete man ihm mit Ehrfurcht. Manchesmal freilich nur mit Furcht. Einer seiner Untergebenen hielt das fest:

> „Es war unglaublich, wie alles in diesem riesigen Bankhaus mit eiserner Disziplin geregelt war. Welch erstaunliche Ordnung allenthalben! So emsige, intelligente Beamte! Solch gehorsame Söhne! Solch ein Sinn für Rangordnung! Solcher Respekt! . . . Ich glaube nicht, daß man irgendwo auf der Welt eine andere Bank fände, wo alles so gut organisiert, so korrekt und respektabel ist. Es herrscht eine Atmosphäre wichtigen geschäftlichen Tuns und stetig gemehrten soliden Reichtums.“[1]

Sehr lange hatte James im Schatten von Nathan gelebt, vielleicht wurde er deshalb nun so rechthaberisch bis zur Grobheit und entwickelte ein Selbstbewußtsein, das an Anmaßung grenzte. Ein Vierteljahrhundert hindurch hatte er Nathans oftmals sehr verletzende Kritik hingenommen. Es war zwar schon einige Zeit vergangen, seit er auf Geheiß seines älteren Bruders kreuz und quer durch Europa reisen mußte, aber bei jedem Entschluß mochte er das Gefühl gehabt haben, als stünde noch immer ein gewaltiger Schatten hinter ihm. Aber Nathan war dahin, und James gewöhnte sich daran, daß er endlich voll und ganz sein eigener Herr war, dazu berufen, die Angelegenheiten der Rue Laffitte mit einer Zielstrebigkeit zu betreiben, die keinen Widerspruch duldete.

Er war launisch, häufig jähzornig in einem Maß, das seine Angestellten einschüchterte und ihm bei seinen Kollegen Respekt verschaffte. Ernest Feydeau, der Vater des berühmten Lustspielautors, arbeitete einige Jahre in der Bank und hinterließ ein lebendiges Bild seines aufbrausenden Chefs:

> „‚Sie sind ein Schandfleck. Was verstehen Sie überhaupt davon? Verschwinden Sie, gehen Sie zum Teufel!‘ Das waren die Freundlichkeiten, mit denen er mich und andere traktierte, wenn wir uns unterfingen, etwas zu seinen Weisungen zu sagen . . . Und es wäre undank-

bar von mir gewesen, ihm seine Grobheit zu verübeln, denn andere behandelte er noch rüder: ‚Ah, da sind Sie ja, Sie verdammter, diebischer deutscher Jud!‘ sagte er eines Tages zu einem Glaubensgenossen. Der arme Mann stand da, zerknirscht, wortlos, ohne eine Miene zu verziehen. Vielleicht faßte er es sogar als ein Kompliment auf.“[2]

Natürlich schuf sich James mit solchem Benehmen auch Feinde, die darauf brannten, diesen „widerlichen Juden“ von seinem Sockel herabzuholen. Manche versuchten es. Sie hatten ihr unüberlegtes Handeln zu bereuen.

Familienmitglieder, die an Onkel James nicht nur seine schlechte Laune, sondern auch seine Güte und Großzügigkeit kannten, reagierten verständnisvoller. Sie wußten, daß er bereit war, eine patriarchalische Verantwortung für alle seine Neffen und Nichten zu tragen, eine zusätzliche Bürde, die ihn bei seinen langen Arbeitstagen im Kontor arg belastete.

In der Öffentlichkeit machte der Große Baron seinem Titel Ehre. Er fühlte sich keinem Menschen untergeordnet und war stets bereit, selbst den erlauchtesten Herrschaften, seinen Rat angedeihen zu lassen. In der Phase zwischen 1830 und 1848 war sein Einfluß auf die französische Politik unbestritten, vielleicht gewöhnte er sich deshalb an, seine Meinung auch dann zu äußern, wenn ihn niemand darum gebeten hatte. Sicherlich brachte er seine Verwandten in London und in Wien manchmal in Verlegenheit, wenn er ausländische Diplomaten und zu Besuch weilende Minister an seinen Erfahrungen teilhaben ließ. Wenn andere Rothschilds ihm Taktlosigkeit vorwarfen, blieb er ungerührt. Was wußten sie schon vom Weltgeschehen? Hatten sie vergessen, daß er, James, mitgeholfen hatte, Napoleon zu besiegen?

Außer seiner körperlichen Erscheinung war alles am und um den Baron herum von beachtlicher Dimension. In seinem Pariser Haus war nach den Worten Heinrich Heines „alles vereinigt, was nur der Geist des sechzehnten Jahrhunderts ersinnen und das Geld des neunzehnten Jahrhunderts bezahlen konnte; hier wetteifert der Genius der bildenden Kunst mit dem Genius von Rothschild. Seit zwei Jahren war an diesem Palast und seiner Dekoration beständig gearbeitet worden ... Es ist das Versailles der absoluten Geldherrschaft.“[3] James war von wahrer Sammelwut besessen. Lange nachdem er schon seine Häuser in der Rue Laffitte, in Ferrières und in Boulogne-sur-Seine überreich mit Gemälden alter Meister, französischen Möbeln der besten Kunsttischler des 18. Jahrhunderts, Antiquitäten und Kunstgegenständen aller Art ausgestattet hatte, kaufte er weiterhin, wie unter innerem Zwang. Einer seiner Neffen, der den Großen Baron auf einer Reise nach Heinrichsbad begleitete, schrieb darüber in einem Brief: „Du hast keine Ahnung, wie unser guter Onkel hinter Kopien von Altertümern her ist. Sobald er hört, daß irgend etwas verkäuflich ist, bestellt er sofort einen Wagen. Die weite Strecke oder das Wetter kümmern ihn dann keinen Deut. Auf diese Weise fuhren wir bis nach Konstanz, das mindestens vierzig Meilen von hier entfernt liegt, und alles was dir Betrachtung verlohnte, waren ein paar Dutzend zerbrochener, bemalter Fensterscheiben. Seine Vorliebe oder Sucht wurde so bekannt, daß alle Bauern aus der Umgebung ihren alten Hausrat bringen. Immerhin konnte er eine sehr hübsche Schale samt Schüssel aussuchen, für die er einen recht ansehnlichen Preis bezahlen mußte ...“[4]

In Europa fand keine bedeutende Kunstauktion statt, bei der nicht der Baron persönlich anwesend oder zumindest durch einen seiner Agenten vertreten war. Er kaufte von Fürstenhäusern ebenso wie von Bauern. So erwarb er Objekte aus den Sammlungen Georges IV. von England, Christians VIII. von Dänemark, Wilhelms I. der Niederlande und mehrerer europäischer Aristokraten.

James' Vorliebe für die Kunst war allumfassend, ja fast wahllos. An den Wänden des Empfangssalons in seinem Pariser Haus hingen Werke von Rembrandt, Velazquez, Frans Hals, den Brüdern Van Eyck, Rubens, Murillo und van Dijck – lauter „Hauptmeister“ nach der Kunstauffassung des 19. Jahrhunderts. Ein wesentlicher Umstand dabei war natürlich, daß das allgemein Anerkannte auch wertvoll war. Denn nicht zuletzt repräsentierte die Sammlung eine sichere Kapitalanlage und war auf 10 Millionen Francs versichert. An sich scheinen James die Kostbarkeiten, die er anhäufte, wenig bedeutet zu haben. Es ist bezeichnend, daß z. B. in seinen Privaträumen, wo, wie man annehmen sollte, ein echter Kenner jene Schätze verwahrt, zu denen er eine besondere Beziehung hat, Familienporträts überwogen, nebst einem kitschigen Schinken „Moses vor dem brennenden Dornbusch“.

Zu den „Spitzenwerken“, die James sehr wohl schätzte, gehörte guter Wein. Besonders der Claret, namentlich die Gewächse von Château Lafite, allgemein als das beste Anbaugebiet des Haut Médoc anerkannt. Als er sich 1847 erbötig machte, seinen Lieblingsneffen zum Weinkenner heranzubilden, gab es seiner Meinung nach für den Anfang nur eines: „Du erhältst fünfzig Flaschen superben Château Lafite ... wenn Dir meine Wahl zusagt und Du bereit bist, mir zu vertrauen, werde ich es mit Freuden übernehmen ... Deinen Weinkeller auszustatten.“[5]

Siebzehn Jahre früher hatte James sich bemüht, diese berühmten Weingärten ihrem nominellen Besitzer, dem englischen Bankier Sir Samuel Scott, abzukaufen, um sich einen unbegrenzten Vorrat der besten Sorten zu sichern.[6] Das Angebot wurde abgelehnt. Aber das Interesse des Großen Barons schwand nicht. Er konnte warten. Und er wartete tatsächlich, volle achtunddreißig Jahre lang.

Der erste Versuch, das Weingut seiner Träume an sich zu bringen, war zwar fehlgeschlagen, aber James durfte sich mit dem Gedanken trösten, daß er nun ein wunderbares Parforcegelände im Ausmaß von 10 000 Morgen sein eigen nannte. Auf diesem kürzlich erworbenen Gut in Ferrières, östlich von Paris, konnte er wichtige Kunden und Freunde im großartigen Stil eines französischen Adeligen empfangen, allerdings auf selbst erworbenem, nicht auf ererbtem Grund und Boden. Seine englische Verwandtschaft genoß die Freuden, spendete aber nicht uneingeschränktes Lob. Für ihren dezenten Geschmack wirkte alles zu opulent, zu aufwendig. Es war einfach zuviel des Guten.

Wie alle seine jüngeren Verwandten standen James auch Nathans Söhne zu Gebot. Sie waren fast eine Generation älter als seine eigenen Kinder, und häufig forderte der Große Baron den einen oder anderen seiner Neffen für die Rue Laffitte an, als Helfer bei der Abwicklung der rasch expandierenden Geschäfte. Doch nicht bloß geschäftliche Angelegenheiten führten die jungen Engländer über den Ärmelkanal. James und seine Gattin reisten oft in einen der eleganten europäischen Badeorte, wie die meisten ihrer Zeitgenossen in der Überzeugung, das heilkräftige Wasser würde zur Linderung der verschiedensten Beschwerden beitragen. Für seine Neffen zählte die Einladung, den Baron auf einer dieser Fahrten zu begleiten, zu den Heimsuchungen des Familienlebens. Aber ihr Pflichtgefühl war so stark, daß sie es auch ertrugen, mehrere öde Wochen mit älteren Leuten zu verbringen, die nur an ihre Gesundheit dachten.

Obwohl es James ganz selbstverständlich fand, daß Mitglieder anderer Zweige der Familie ihre eigenen Angelegenheiten hintanstellten, um sofort seinem Ruf zu folgen, erhob er, was seine eigenen Kinder betraf, einen kompromißlosen Besitzanspruch. Als seine einzige Tochter ihren englischen Cousin Nat heiratete, mußte selbstverständlich der junge Ehemann seinen ständigen Wohnsitz in Paris nehmen. James hätte es nicht zugelassen, daß seine geliebte Charlotte künftig im Ausland lebte. Er war seiner eigenen Familie durch aufrichtige Zuneigung verbunden, und so streng er war, so gütig konnte er auch sein. Außer Charlotte, der Ältesten, hatten er und Betty vier Söhne: Alphonse, Gustave, Salomon und Edmond, die natürlich die denkbar beste Erziehung genossen, die elterliche Liebe zu bieten und Geld zu ermöglichen vermochten. Sie unternahmen weite Reisen, wurden von fähigen Privatlehrern unterrichtet – einer von diesen verdiente monatlich 1000 Francs, zu einer Zeit, als das Gehalt eines Universitätsprofessors ca. 500 Francs betrug – und bekamen Lektionen in den Kavaliersfächern Tanzen, Fechten und Zeichnen. Zudem wurde ihre konfessionelle Erziehung nicht vernachlässigt. Auch wenn es James selbst in Glaubensfragen nicht sehr genau nahm, kompensierte seine Gattin diesen Mangel ebenso wie sein Manko an gesellschaftlichem Schliff. „Meine gute Frau fährt am Sabbat nie aus", erklärte er seinen Freunden und Kollegen. Oder: „Meine gute Frau geht heute nicht aus, aber ich muß dieses und jenes tun." Er fand Bettys Frömmigkeit gewiß sehr lobenswert. Um so mehr, da sie seine eigenen Kreise nicht störte.[7]

Wie ihr Gemahl wuchs auch die Baronin in ihre Rolle hinein. Sie entwickelte sich zu einer wahrhaft imponierenden Persönlichkeit, sprach und schrieb ein ausgezeichnetes, sehr gewähltes Französisch. Zum Kreis ihrer engsten Freunde, der führende Köpfe aus Literatur, Kunst und Politik umfaßte, zählte auch Königin Marie Amélie, die Gemahlin Louis Philippes. Betty war eine lebhafte, vielseitig gebildete Gesprächspartnerin. Man denke sich einen starken Willen und einen forschenden Geist hinzu, dann wird es kaum überraschen, daß manche ihrer Verwandten sie sehr anstrengend fanden. Eine typische Begegnung mit der Baronin im Jahr 1849 beschrieb eine der englischen Rothschild-Damen:

> „Gestern fuhren wir nach St-Leonards, um Betty zu besuchen ... (Sie) war faszinierend und gesprächig wie immer, tant soit peu exagérée et grand dame (obwohl ein wenig exaltiert und ganz ‚Große Dame'). Mir war diese nachmittägliche Visite lange genug und die relative Stille im Eisenbahnwaggon nicht unwillkommen, denn Bettys Wortschwall und Flut der Gedanken hatte mich fast betäubt, ich kam mir selber noch dümmer vor als sonst."[8]

In Paris führte Betty während der vierziger Jahre einen Salon, der den Neid aller Gastgeberinnen in der Hauptstadt erregte. Denn infolge ihrer engen Beziehungen zum Hof der Dynastie Bourbon-Orléans konnten die Rothschilds die Spitzen der Gesellschaft empfangen, und Bettys persönliche Interessen boten die Gewähr, daß man in dem illustren Kreis auch viele Künstler antraf, Koryphäen ebenso wie aufstrebende junge Talente. So wurde den Gästen in der Rue Laffitte etwa ein gemeinsamer Auftritt von Franz Liszt und Niccolò Paganini geboten, eine Einladung zu einer Soirée, auf der Chopin gemeinsam mit Carl Filtsch eine Fassung seines e-Moll-Konzertes für zwei Klaviere spielte, sie konnten eine Lesung Balzacs hören oder sich en passant über Heinrich Heines witzige Geistesblitze und boshafte Bonmots amüsieren. Es gab wenige Leuchten der europäischen Kultur jener Epoche, die nicht irgendwann ihr Licht auch in Baronin Bettys prächtig eingerichteten Räumen verbreitet hätten. Aber dies allein verlieh ihren Soiréen noch nicht die ganz besondere Note. Was die Rue Laffitte von den rivalisierenden Salons tatsächlich unterschied, das war die innere Übereinstimmung zwischen der Dame des Hauses und den Musikern, Schriftstellern und Malern, die sie um sich scharte.

Die jüdische Herkunft der Rothschilds hatte immer eine Kluft zwischen ihnen und den blaublütigen Habitués des Faubourg Saint-Germain bewirkt, zugleich ermöglichte sie der Baronin und bis zu einem gewissen Grad auch dem Baron größere Freizügigkeit im Verkehr mit der „demi-monde“ der Bohemiens. So führten z. B. Chopin und George Sand ab 1842 ihre „Lebensgemeinschaft“ in einem Haus an der Place d'Orléans, das zu einem Treffpunkt für alle ihre begabten Freunde wurde. In dem Kreis, der dort gesellige Abende mit musikalischen und literarischen Improvisationen verbrachte, waren auch James und Betty de Rothschild zu finden.[9] James schätzte Honoré de Balzac, ja er warb sogar um dessen Freundschaft. „Ach, Sie vergessen ganz und gar auf Ihre Freunde“, sagte er einmal fast gekränkt. „Nie besuchen Sie uns. Möchten Sie nicht zum Diner kommen? An welchem Tag Sie wollen . . . Ich würde mich wirklich freuen, Sie in meinem Haus zu sehen.“[10] Der Dichter widmete Betty einen seiner Romane, „L' enfant maudit“ („Der verstoßene Sohn“) und einen anderen, wohl beziehungsreicher, dem Großen Baron: „Un Homme d'affaires“ („Skizze eines Geschäftsmannes“).

Doch James' eigenes Verhältnis zu Balzac wie zu Heine und Rossini, ja vielleicht zu all den großen Geistern, erreichte nie jenen Grad von Vertrautheit, den er sich insgeheim ersehnt haben mag. Ebenso wie die alte Aristokratie, wenn auch aus ganz anderen Gründen, lebten diese Ausnahmemenschen in einer Welt, in der er selbst sich niemals heimisch fühlen konnte. Sie hatten ganz andere Wertvorstellungen, zeigten deutlich, wie wenig sie von den irdischen Gütern hielten, für deren Erwerb James sein ganzes Berufsleben lang Geld scheffelte. Sie schworen auf ihre Unabhängigkeit. Man denke etwa an Jean Auguste Dominique Ingres. Dieser „Hofmaler“ des Pariser Bürgertums war bei der „großen Welt“ ungemein gefragt. Aber er spielte den Verächter der Porträtmalerei und war in der Annahme von Aufträgen sehr wählerisch. Der Große Baron mußte sich, förmlich mit dem Hut in der Hand, in die Rolle des demütigen Bittstellers begeben, um den Meister zu bewegen, ein Bildnis Bettys zu malen.

James, der Gönner, verteilte freizügig Geschenke und „Darlehen“, aber James, der Bankier, war wohl entsetzt über die Zudringlichkeit und Unverschämtheit seiner Schützlinge. Zugleich beneidete er sie um ihre Leichtlebigkeit. Heine überlieferte eine Anekdote, die, wenn auch zweifellos durch die Verbitterung des Autors getönt, einen seltenen Einblick in das Denken des Menschen James de Rothschild gewährt:

> „‚Wie geht es Ihnen?' fragte einst ein deutscher Dichter den Herrn Baron. ‚Ich bin verrückt', erwiderte dieser. ‚Ehe Sie nicht Geld zum Fenster hinauswerfen', sagte der Dichter, ‚glaube ich es nicht.' Der Baron fiel ihm aber seufzend in die Rede: ‚Das ist eben meine Verrücktheit, daß ich nicht manchmal das Geld zum Fenster hinauswerfe.'"[11]

Blieb James' Einstellung zur Kulturwelt immer zwiespältig, so traf dies für einige seiner Kinder nicht zu. Alphonse hätte als Künstler vielleicht bescheidenen Erfolg gehabt, aber Charlotte war eine talentierte Aquarellistin, deren Landschaftsbilder heute bei Sammlern sehr begehrt sind. In Château Lafite hängen zwei Porträts von ihr, das eine zeigt sie als etwa siebenjähriges Mädchen, das andere in der erblühten Schönheit einer jungen Frau. Doch beide Künstler erfaßten den gleichen Ausdruck, einen sehnsüchtigen, wehmütigen, versonnenen Blick, als nehme das Modell seine Umgebung nicht wahr, sondern versenke sich in seine eigene innere Welt. Charlotte hatte Sinn für Schönheit und für die Bedürfnisse anderer Menschen, man scheint ihr allgemein sehr zugetan gewesen zu sein. Sie war eine von Chopins besten Schülerinnen und zählte zu seinem engsten Freundeskreis. Im letzten Lebensjahr des Komponisten, 1849, als ihn die Schwindsucht immer stärker erfaßte, und er deshalb genötigt war, sich auf den Unterricht jener seiner fortgeschrittenen Schüler zu beschränken, die für Absagen in letzter Minute und Änderungen von Vereinbarungen Verständnis hatten, war Charlotte unter jenen, die ihn aufsuchten, um von ihm zu lernen und ihm Trost zu spenden.

Chopin verbrachte den letzten Sommer im milden Klima des Hügellandes von Chaillot, außerhalb der Stadt, und dort bereiteten Charlotte und einige andere seiner Freunde dem sterbenden Meister im Juli eine besondere Freude. Sie führten bei ihm einen neuen Gast ein: die gefeierte „schwedische Nachtigall" Jenny Lind, die gekommen war, um für ihn zu singen. Nach seinem Tod wurde ein kleines Kissen, das Charlotte als junges Mädchen für ihn bestickt hatte, unter den Dingen gefunden, die ihm am teuersten waren. Verständlich also, daß Chopin nicht weniger als drei seiner Werke der jungen Seelenfreundin widmete: zwei Walzer, op. 64, Nr. 2 in cis-Moll und op. 69, Nr. 1 in As-Dur (den „Abschiedswalzer"), und die grandiose, ergreifende Ballade op. 52 in f-Moll. Charlotte war auch ein kleines Opus von Rossini gewidmet. Das Autograph eines unbezeichneten Solostücks für Klavier, das ihr der

Komponist persönlich überreichte, trägt die Inschrift: „Petit Souvenir, offert à Madame la Baronne Charlotte Nathaniel de Rothschild par son très devoué G. Rossini, Paris 10 Sept 1843."[12]

Wie bereits erwähnt, hatte Charlotte im Jahre 1842 ihren englischen Cousin Nat geheiratet. Diese Ehe muß dem Seelenfrieden ihres Vaters besonders zuträglich gewesen sein, denn drei Jahre zuvor hatte sich erwiesen, daß nicht alle Rothschilds aus der neuen Generation in dieser Hinsicht unbedingt den Wünschen und Erwartungen der älteren entsprachen. Gerade in Herzensdingen empfanden die jungen Herren und Damen das Gebot der familiären Loyalität als empfindliche Einengung. Mit Argusaugen beobachteten die Onkel und Tanten etwaige Amouren und wiesen energisch jeden zurecht, der sich in eine „unpassende" Liaison zu verlieren schien. Was die älteren Rothschilds am meisten befürchteten, war die Möglichkeit, daß einer dieser emanzipierten jungen Leute eine Bindung mit einem christlichen Partner eingehen könnte.

Natürlich war es vor allem Amschel, der des öfteren dieses Schreckgespenst beschwor und in schiere Panik geriet, als er erfuhr, daß Anthony häufig mit einer nichtjüdischen jungen Dame gesehen werde. Wahrscheinlich hatte sich der junge Mann nur austoben wollen. Jedenfalls genoß er bereits einen gewissen Ruf, was die Lebewelt betraf. Manche seiner Gespielinnen tauchten in der Bank auf und forderten Bezahlung „für geleistete Dienste".

Bis zu einem gewissen Grad teilten Amschels Brüder dessen Besorgnis, daß der neue Lebensstil eine Mißachtung der überlieferten Sitten und des jüdischen Glaubens mit sich bringen könnte. Schon 1817 wurde der Plan, Salomons vierzehnjährigen Sohn Anselm nach Paris zu schicken, mit der Begründung aufgegeben, die Leichtlebigkeit der französischen Hauptstadt könnte den Halbwüchsigen dem Glauben entfremden und vom Geschäft ablenken. Die Befürchtungen der Brüder waren nicht bloße Hirngespinste. In diesen Jahren traten viele alte jüdische Familien zum Christentum über, und im Lauf der Jahre wurden es immer mehr.

Dann ereignete sich 1839 das bisher Unvorstellbare. Ein Rothschild-Mädchen heiratete einen Christen. Die Frevlerin war Anthonys Schwester Hannah, oder „H. M." (Hannah Mayer), wie man sie im Familienkreis nannte, wohl in Erkenntnis der Tatsache, daß sie vieles von ihrem Vater hatte. Im Jahr der Schlacht von Waterloo geboren, war sie Nathans fünftes Kind, Erbin seines eisernen Willens und Starrsinns. Schon früh eher verschlossen und zu Zornausbrüchen neigend, wurde sie noch eigenwilliger, als sie ins heiratsfähige Alter kam und mitansah, wie ihre ältere Schwester und ihre Cousinen in ausländische Hauptstädte und dort in die Ehebetten männlicher Verwandter „abgefertigt" wurden.

Kaum verwunderlich, daß H. M., mit solchen Beispielen vor Augen, als Vierundzwanzigjährige noch immer ledig blieb, ja von dem festen Vorsatz geleitet schien, wenn überhaupt je, dann nur aus Liebe zu heiraten. Jedenfalls sagte sie immer Nein, wenn eine „passende" Partie aus der Familie für sie erörtert wurde. Doch dann lernte sie Henry Fitzroy kennen, den um sieben Jahre älteren zweitgeborenen Sohn von Baron Southampton. Das Stadthaus der Fitzroys stand in der Great Stanhope Street, in der Nähe von Piccadilly 107, und Henry gehörte jener politischen Gruppe an, zu der Lionel immer engere Kontakte suchte. Vermutlich begegneten einander die beiden jungen Leute zum erstenmal auf einem der vielen Bälle und Feste der eleganten Welt, an denen die Rothschilds regelmäßig teilnahmen.

Mochten im Familienkreis auch noch so erregte Diskussionen geführt werden, als diese Liebe erblühte – Hannah fühlte sich durch solchen Widerstand nur in ihrem Entschluß bestärkt. Sie nahm Henrys Heiratsantrag an und erklärte sich mit einer kirchlichen Trauung einverstanden. Datum und Ort wurden bestimmt: am 29. April 1839 in der St. George's Kirche, Hannover Square. Den Schmerz, den ihre Entscheidung im geschlossenen glücklichen Familienkreis bewirkte, dem Treue zum jüdischen Glauben als selbstverständlich galt, können Menschen, die in einer toleranteren offenen Gemeinschaft leben, kaum ermessen. Hannahs Mutter gleichen Namens geriet wohl in einen schweren Konflikt zwischen der Liebe zu ihrem Kind und ihrem Stolz. Sie und auch ihre Söhne wußten genau, daß eine wahre Sturzflut Rothschildscher Empörung drohte, wenn es ihnen nicht gelang, H. M. von ihrem Vorhaben abzubringen.

Anthony und der jüngste Sohn, Mayer, waren beide abwesend, der eine auf dem Festland, der andere in den letzten Semestern in Cambridge. Die Brüder Lionel und Nat reagierten auf diese Familienkrise in für sie typischer d. h. völlig unterschiedlicher Weise. Lionel, das schweigsame Familienoberhaupt, ärgerte sich darüber, daß seine Schwester solche Unruhe stiftete, und vielleicht ärgerte er sich auch über sich selber, weil er nicht gut genug auf sie achtgegeben hatte. Nat hingegen gab seinen Gefühlen nach, er liebte seine Schwester, hatte Verständnis für sie und war bereit, ihr beizustehen und an die Verwandten zu appellieren, als reife, vernünftige Menschen Toleranz zu üben. Aber den Bruch konnte auch er nicht verhindern.

Als der „schwarze" Tag kam, verlor Lionel kein Wort darüber. Er verbrachte seine Stunden wie gewöhnlich in der Bank. Nat betrachtete dies als gefühllos und dumm. Er war an der Seite seiner Schwester, als sie ihr bisheriges Heim für immer verließ. Er fuhr mit ihr zur Kirche St. George's und nahm als einziges Familienmitglied an der Trauungszeremonie teil. Die Mutter ging so weit sie konnte: Sie begleitete die beiden im Wagen bis zum Portal der Kirche und fuhr allein wieder zurück – in welcher seelischen Verfassung, das können wir nur vermuten.

Den Großen Baron versetzte die Nachricht in Wut. Einige Zeit litt er schweigend. Die Aufgabe, ihn zu besänftigen, fiel wieder zwei von Hannahs Brüdern zu, nämlich Nat, der ihm aus London schrieb, und Anthony, der den Onkel auf einer Kurreise begleitete. Nats behutsame Erklärungen beantwortete James nach einer Pause in einem Brief aus Heinrichsbad mit einer vollen Breitseite. Die Mitteilung, so schrieb er, habe ihn krank gemacht. Der Verstoß der jungen Hannah sei völlig unverzeihlich. Sie habe „unsere ganze Familie ihres Stolzes beraubt ... Du schreibst mir, daß sie (in ihrer Ehe) alles fand, bis auf die Religion. Aber eben diese bedeutet alles. Unser Glück, unser Segen hängt davon ab. Allein, wir werden sie vergessen und aus unserem Gedächtnis streichen müssen ... Wir wünschen ihr Glück, und künftig werden wir die Dinge so betrachten, als hätte sie (Hannah) niemals existiert ..."[13]

Dieser Bannstrahl war für Nat zuviel. Etwas hitzig erwiderte er, seine Schwester habe nichts anderes getan, als in einem christlichen Land einen Christen zu heiraten. Dafür verdiene sie nicht, geächtet zu werden. James indes blieb unerbittlich. In seiner Entgegnung betonte er, schon seit ihrem fünfzehnten Lebensjahr habe H. M. sich zum Christentum hingezogen gefühlt. Diese Regung habe sie nun bewogen, die Wünsche ihrer Familie zu mißachten. Er wiederholte sein Verbot jeglichen Kontakts zwischen seinem Haus und den Jungvermählten, und er legte seine Gründe dar:

> „Welch ein Beispiel für unsere Kinder wäre ein Mädchen, das sagt ‚Ich heirate gegen den Willen meiner Familie'? ... Weshalb sollten meine Kinder oder meine Kindeskinder meinem Geheiß gehorchen, wenn es keine Strafe (für Ungehorsam) gibt? ... wir waren immer bestrebt, die Liebe zur Familie und die Bindung an sie hochzuhalten, auf daß Kinder ... niemals daran denken würden, außerhalb der Familie zu heiraten, damit das Vermögen in der Familie bleibe ..."[14]

In einem langen, ebenso eindringlichen wie weitschweifigen Brief hob er hervor, diese fatale Eheschließung habe jene Wendung herbeigeführt, die er so sehr fürchtete: Sie sei eine empörende Auflehnung gegen den obersten, unantastbaren Grundsatz der Rothschildschen Einheit. Wenn man nun nicht energisch Stellung beziehe, so schloß er etwas exaltiert, dann würden auch andere Töchter nicht ruhen, bis ihnen die Einheirat in den christlichen Adel gelänge.

James' Haltung offenbart, wie fest die Begriffe Religion, Geld, Tradition und Familienstolz in den Köpfen jener Generation verschmolzen waren, welche das Phänomen Rothschild schuf. Dabei war James kein Eiferer wie Amschel. Seine Beziehungen zu den Glaubensgenossen waren, gelinde gesagt, zwiespältig. Aber wenn es um jene Dinge ging, die den dauernden Zusammenhalt und den Reichtum der Familie gewährleisteten, konnte es keinen Kompromiß geben. Für Nat entstanden Probleme ganz anderer Art. Er selbst, seine Brüder und seine Schwestern waren in der Londoner Gesellschaft beliebt. Ihre Freunde waren liberale, tolerante Engländer, die ihren eigenen Glauben nicht sehr ernst nahmen und einfach nicht begriffen, warum gescheite, kultivierte Juden sklavisch der Orthodoxie anhängen sollten. H. M.s Ächtung wirkte sich in der Praxis auf Nat schlimmer aus als auf Hannah. Alle gemeinsamen Freunde hielten zu Henry Fitzroy und seiner jungen Frau. In den Augen der guten Gesellschaft waren es die Rothschilds, die sich isolierten.

Bevor Nat für eine weitere unwirsche Entgegnung zur Feder greifen konnte, erhielt er einen Brief seines Bruders, der alles tat, um die Wogen zu glätten. Vielleicht spielte auch die Erwägung mit, daß seine eigenen Heiratsabsichten noch immer Mißtrauen erweckten, jedenfalls versuchte Anthony, die Argumente beider Seiten objektiv zu bewerten und riet Nat dringend, den französischen Verwandten Zugeständnisse zu machen. Onkel James sei wirklich sehr krank, so daß ihn „der geringste Anlaß aus der Fassung bringt und dann fühlt er sich tage-, ja monatelang nicht wohl". Mit allem Nachdruck könne er nur zu Geduld und Vorsicht raten.

> „Ich habe Onkel James und auch Betty gebeten, Dir über dieses Thema in freundlichem Ton zu schreiben. Wie ich sagte, würde solches sicherlich größere Wirkung haben als alle vorwurfsvollen Briefe der Welt ... um das friedliche Einvernehmen der Familie zu erhalten, empfehle ich Dir ... H. M. jetzt nicht zu empfangen ... Wenn alles vergessen ist, kann man tun, was einem beliebt ... ich sagte ihnen, Mama werde ihren eigenen Gefühlen folgen. Aber es wäre besser, wenn sie H. M. im Moment nicht einlüde."[15]

Die Affäre machte den Rothschilds die unvermeidbaren Konsequenzen der Assimilation schmerzlich bewußt. Sie betrafen das gesamte europäische Judentum, denn daraus resultierte „eine akute Krise für das jüdische Volk, das zum erstenmal in seinem Exil unfähig schien, sich veränderten Bedingungen anzupassen. Nach jahrhundertelanger Abkapselung, mit dem Gedanken voller Gleichberechtigung der Juden in einem nichtjüdischen Staatswesen nicht vertraut, standen sie vor dem ungemein schwierigen Problem, ihre religiösen Bindungen völlig mit dem neuen politischen und sozialen Status, den sie errungen hatten, in Einklang zu bringen."[16]

Zumindest von den krasseren Formen der Unterdrückung befreit, sahen sich die Juden Europas nun in eine Identitätskrise gedrängt. Waren sie in erster Linie Juden oder Franzosen, Engländer und Deutsche? Und was war das überhaupt, ein Jude? Angehöriger einer bestimmten Rasse? Anhänger einer Konfession der Auserwählten? Oder Teil eines historischen Volkes, das zur Zeit in der Diaspora lebte? Eine Lösung des Problems, für die sich Männer wie Karl Marx entschieden, war der rigorose Bruch mit dem Judentum und die Suche nach neuen Bindungen. So ging aus den politischen und geistesgeschichtlichen Wirren der Epoche ein neues Phänomen hervor: der jüdische Sozialist, welcher der in sich abgeschlossenen Welt seiner Herkunft den Rücken kehrte und sich zu einer neuen Religion allgemeiner Brüderlichkeit bekannte. Indem sich solche Männer von ihrer Vergangenheit lossagten, wandten sie sich oft gegen die eigene Herkunft, nannten andere Juden raffgierige Kapitalisten und Feinde der Menschheit. So konnte Karl Marx voll Bitterkeit schreiben:

> „Der verstorbene Zar Nikolaus machte Stieglitz zum russischen Baron, wie der verstorbene Kaiser Franz den alten Rothschild zum österreichischen Baron machte, während Louis Napoleon Fould zum Kabinettsminister ernannte, mit einem Freibillett für die Tuilerien an die Frauen der Familie. So finden wir hinter jedem Tyrannen einen Juden, wie hinter jedem Papst einen Jesuiten. In Wahrheit wäre die Gier der Unterdrücker ohne Hoffnung, und Kriege wären sinnlos, gäbe es nicht ein Heer von Jesuiten, um das Denken zu knebeln und eine Handvoll Juden, um die Taschen zu plündern."[17]

Manche freilich reagierten anders. Da sie die Assimilation für unmöglich hielten und ablehnten, sahen sie als einzige Alternative einen jüdischen Nationalismus. „Ein gemeinsamer heimatlicher Boden ist für sie (die Juden) erste Bedingung gesünderer Arbeitsverhältnisse", schrieb der Urzionist Moses Hess.[18]

Die Anhänger der von David Friedländer begründeten Reformbewegung suchten einen Mittelweg, gemäß dem Standpunkt, das Judentum sei *nur* eine Religion, in allen sonstigen Belangen aber sollten sich die

Juden in ihre nichtjüdische Umgebung integrieren. Friedländer trat sogar an die deutsche evangelisch-lutherische Kirche heran, mit der Frage, ob er und seine Getreuen bedingte Aufnahme finden könnten. Sie verlangten allerdings, Jesus nicht als göttliche Person anerkennen zu müssen. Heinrich Heine hingegen ging den Weg bis zum Ende. Sein tragisches Schicksal ist beispielhaft für die Spannungen der Assimilation. Er ließ sich öffentlich taufen, um Zugang zu einem Universitätslehrstuhl zu gewinnen, aber die Stelle wurde ihm dennoch vorenthalten, und er verbrachte sein weiteres Leben in Enttäuschung und Verbitterung. Man muß die Reaktionen der Familie Rothschild auf Hannah Mayers Heirat im Zusammenhang mit diesen Auseinandersetzungen und Verwirrungen innerhalb des Judentums betrachten.

Wie Anthony gehofft hatte, heilte aber schließlich die Zeit den Bruch. H. M. und Henry blieben nicht lange verstoßen, zumindest nicht für den englischen Zweig der Rothschildschen Sippe. Bald wurden auch sie in jene Routine von Höflichkeitsbesuchen einbezogen, die den Rothschilds so wichtig war. Doch gebührt das Verdienst an dieser Integration viel eher Henry Fitzroy als seiner Frau. Er bemühte sich nach besten Kräften darum, wieder gute Beziehungen herzustellen, besonders zu Lionel. H. M. selbst fiel es viel schwerer, Ungemach zu vergeben und zu vergessen. Sie blieb empfindlich gegen die leiseste Andeutung einer Brüskierung. Mit der Zeit verwandelte sich diese Verletzbarkeit in Verbitterung. Leider war ihrer Ehe weder lange Dauer noch Glück beschieden. Ihr Sohn Arthur überlebte einen Sturz von seinem Pony nur als Krüppel, der ständiger Pflege bedurfte. Er starb 1858 im Alter von fünfzehn Jahren. Und Hannah Mayers Gemahl folgte ihm nach langem Leiden bereits ein Jahr später. Die Last ihrer tragischen frühen Witwenschaft wurde noch schwerer, da es ihr versagt blieb, in der eigenen Familie Trost und Halt zu finden. Sie selbst hatte eine Barriere der Abneigung zwischen sich und ihren Verwandten aufgebaut und war nicht fähig, diese Mauer zu überwinden.

Aber diese Ressentiments konnten sogar das Denken einer Generation vergiften, die zum Zeitpunkt der „skandalösen" Heirat noch ungeboren war. Im Jahre 1858 vertraute etwa Anthonys Tochter Annie – also Hannah Mayers Nichte – ihrem Tagebuch Ansichten an, die sie aus den Gesprächen der Erwachsenen aufgeschnappt hatte. „Ich kann mich des Gedankens nicht erwehren, daß alles Unglück und alle Nöte, die über die arme Tante Hannah Mayer kamen, eine Strafe dafür waren, daß sie sich vom Glauben ihrer Väter abwandte und ohne Einwilligung ihre Mutter heiratete."[19]

Doch wie sie persönlich auch über H. M. denken mochten, auf diese Krise von 1839 reagierten alle Spitzen der Familie gleich: So etwas durfte nicht nochmals vorkommen! Deshalb mußten für die anderen jungen Rothschilds so rasch wie möglich passende Ehen angebahnt werden, bevor sich noch jemand von ihnen von „dummen Ideen" fortreißen ließ.

Im selben Sommer reiste Hannah mit H. M.s Schwester, der neunzehnjährigen Louise, nach Frankreich. Dort konnte sie voll Genugtuung – und Erleichterung – deren Verlobung mit Mayer Carl de Rothschild aus dem neapolitanischen Haus „inszenieren". Bis zum März des nächsten Jahres hatte sich auch Anthonys Geschick entschieden. Er widerstand jedem Versuch, ihn mit einer der Rothschildschen Cousinen zu verheiraten, die im Augenblick „zu haben" waren, sondern wählte eine etwas entferntere Verwandte, Louisa Montefiore, die er immerhin mit einiger echter Zuneigung umwerben konnte. Aber er hielt es für ratsam, seine Verlobte entsprechend vorzubereiten: „Du wirst bemerken, teuerste Louisa, daß alle in der Familie die reinsten Sklaven des Geschäftes sind. Daher könnte alles, was wir planen oder uns wünschen mögen, durch die Umstände beträchtliche Veränderungen erfahren."[20] Und die geschäftlichen Anforderungen waren noch die leichtesten Prüfungen, die seine künftige Gemahlin erwarteten, das wußte Anthony nach den Ereignissen des Vorjahres nur zu gut. Mehr als einmal warnte er sie auch davor, daß seine Familie in ihrer tyrannischen Selbstbeschau imstande war, alles zu erdrücken. „Du weißt, meine beste Lou, wie ich Dir schon sagte, dürfen wir keinem zu nahe kommen. Unsere Familie ist groß, und es wird für uns notwendig sein, daß wir ganz für uns allein leben."[21] Wahrscheinlich war es gerade Anthonys vernünftige, unvoreingenommene Einstellung, die viel zum Glück dieser Ehe beitrug. Louisa ihrerseits war eine hochintelligente, warmherzige Frau. Gemeinsam mit Anthony schuf sie ein Hauswesen, das Freunde und Verwandte gern aufsuchten und wo sie immer herzlich empfangen wurden.

Ein weiterer Anlaß zum Feiern ergab sich 1842, als Nat James' Tochter, die reizende, kluge Charlotte heiratete. Die Hochzeit fand mit großem Rothschildschem Gepränge statt und begründete einen neuen starken Zweig der Familie. Nat arbeitete fleißig im Bankhaus, aber er identifizierte sich nie völlig mit den französischen Rothschilds. Später wurden die Beziehungen seiner Söhne zu der Rue Laffitte sogar noch lockerer, und Nats Nachkommen in der dritten Generation entwickelten bereits ganz andere Interessen.

So hatte Hannah drei Jahre nach H. M.s Heirat den Ruf des englischen Zweigs der Familie wieder gerettet, besonders durch die Wahl geeigneter Ehepartner, zwei davon aus der Rothschild-Sippe selbst, für drei ihrer Kinder. Freilich lebten ihre nächsten Angehörigen nun weit verstreut, aber dies hinderte die Mutter nicht daran, nach wie vor ihren Einfluß geltend zu machen. Der Reihe nach besuchte sie alle, ohne sich von den Mühen der Reisen abschrecken zu lassen. Ja, vom Anfang ihrer Witwenschaft an bis zu ihrem Tod im Jahr 1850 dominierte Hannah das Leben ihrer Kinder und Schwiegerkinder. Sie bewohnte weiterhin das Haus Piccadilly 107, eine aufrechte, stolze Frau mit scharfblickenden blauen Augen, die im Geschäft ebenso wie im Familienkreis eine bedeutende Rolle spielte. In der von N. M. auf dem Sterbebett diktierten letztwilligen Verfügung war Hannah eine Stimme bei allen wichtigen Entscheidungen zugestanden, und an seine Söhne war der Wunsch gerichtet, „sich auf keine Transaktion von Tragweite einzulassen, ohne vorher ihren mütterlichen Rat erbeten zu haben. Ferner mögen alle meine Kinder, die Söhne wie die Töchter, sie mit wahrer Liebe, Zuneigung und allem erdenklichen Respekt behandeln, den sie in höchstem Maß verdient, da sie während so vieler Jahre als gute, treue, liebevolle Gemahlin Freud und Leid mit mir teilte."[22]

Hannah nahm ihre geschäftlichen Pflichten sehr ernst. Ihre Söhne waren noch relativ jung und daher unerfahren. Sie selbst vermied zwar den Eindruck, in den täglichen Betrieb der Bank hineinzureden, gab aber gewiß sehr klare Richtlinien. Mit Lionel und ihren Schwiegersöhnen vom Kontinent besprach sie Börsenkursschwankungen, die Auswirkungen von Mißernten, Probleme der Bank von England und andere Fragen von Bedeutung.

Noch im Alter war Hannah unermüdlich in der Fürsorge für ihre Kinder und im Wirken für das Familienunternehmen. Häufig besuchte sie ihre Töchter und Schwiegertöchter, und sie erwartete von ihnen die ebenso gewissenhafte Einhaltung der Verpflichtung zu Gegenvisiten. Aber ihre rege Anteilnahme am Leben und Wohlergehen ihrer Lieben wurde keineswegs allgemein geschätzt. Lionels Gattin Charlotte, die in England jahrelang an Heimweh nach dem Haus in Neapel litt, fühlte sich zu alledem von Hannah unterdrückt. Als sich Lionel einmal höflich nach ihrem Befinden erkundigte, erhielt er eine sehr unwirsche Antwort:

> „Du fragst, lieber Gatte, ob ich nach Mentmore (dem Heim ihres Schwagers Mayer) fahren werde. Da Deine Mutter es wünscht, für einige Tage dorthin zu reisen, habe ich keine andere Wahl, als sie zu begleiten. Seit ich Deine Frau wurde, muß ich tun, was andere wollen, niemals was ich selber tun möchte. Bete darum, daß es mir im Himmel vergolten wird."[23]

Zum Zeitpunkt dieser Niederschrift hielt sich Charlotte mit ihrer Schwiegermutter in Gunnersbury auf, wohin sich Hannah alljährlich für einige Wochen zur Erholung zurückzog. Und immer mußten ihr mehrere weibliche Familienmitglieder Gesellschaft leisten.

Die jüngere Generation hatte für solche Erlebnisse herzlich wenig übrig. Louisas Mitteilungen an Anthony sind typisch:

> „Ich spürte wieder, wie mich zu frösteln begann, als wir auf dem stattlichen Fahrweg zu dem stattlichen Herrenhaus fuhren und auf recht stattliche Weise empfangen wurden . . . Aber die Zeit vergeht ja, ob nun angenehm oder nicht, und ich glaube, ich werde nicht länger als zwei Wochen hierbleiben."[24]

Wie es scheint, waren auch die Rothschilds nicht gegen Probleme mit Schwiegermüttern gefeit. Und die Rothschild-Töchter, zumindest jener Generation, waren zumeist weit weg von ihren eigenen Müttern, da sie in fremden Städten, weit von daheim, verheiratet waren.

Manchen erging es natürlich auch besser. Hannahs Töchter Charlotte und Louise hielten sich beide die meiste Zeit in Frankfurt auf. Charlottes Gatte Anselm war die tonangebende Persönlichkeit in der österreichischen und der deutschen Rothschild-Bank. Als sein Vater und sein Onkel in die Jahre kamen, war er unablässig zwischen Frankfurt und Wien unterwegs. Mayer Carl, mit dem Louise verheiratet war, verließ Neapel in den vierziger Jahren, um Anselm im Stammhaus zu entlasten.

Charlotte betrachtete Frankfurt zwar als einen tristen Verbannungsort, aber sie machte aus der Situation das Beste. Ihr eigenes Haus wurde zu einer Stätte der Kultur und des Glanzes, die in der öden Umwelt funkelte wie eine Diamantenbrosche am Busen einer reizlosen Frau. Die alte Gutle führte noch immer ihr bescheidenes Leben im Ghetto. Amschel hatte zwar schließlich ein schönes Haus mit eigenem Park am Stadtrand erworben, hielt sich aber nach wie vor von den „Frivolitäten" der Gesellschaft fern. Doch Charlotte veranstaltete Soireen, Diners und Feste, Höhepunkte im gesellschaftlichen Jahreslauf Frankfurts. Sie fanden in der zauberhaften Villa Grüneburg statt, und wenn sie auch nicht mit dem Gepränge zu vergleichen waren, das Betty im eleganten Paris entfaltete, so übten sie doch ihre Anziehungskraft aus auf Leuchten der Romantik wie Felix Mendelssohn-Bartholdy und Robert Schumann. Charlotte scheute keine Mühe, um die Großen und die Begnadeten an ihrer Tafel zu versammeln. Anthony berichtete über einen seiner Besuche:

> „Ich war auf zwei oder drei Gesellschaften, die ich sehr langweilig und uninteressant fand, mit Ausnahme derjenigen, die Charlotte am

vergangenen Sonntag gab. Dort entzückte der Klang von Rubinis wunderbarer Stimme mein Gehör, ja alle meine Sinne. Dieser hinreißende Sänger weilte einige Tage hier, mit Liszt als Begleiter, und Charlotte nahm die Gelegenheit wahr, eine Soiree für die Beau monde Frankfurts zu veranstalten. Leider war Liszt bereits vergeben . . . Seinen Platz nahm Dohler ein, der, wenn auch nicht so herrlich, doch gut und vor allem angenehm spielt. Am vorletzten Abend gaben Rubini und sein talentierter Begleiter (Liszt) wieder ein Konzert, und so bot sich mir eine excellente Möglichkeit, den ungewöhnlichsten Pianisten der Welt zu hören und zu sehen. Ich sage ‚sehen', denn er ist ebenso seltsam anzuschauen wie anzuhören, mit seinem langen Haar, das ihm manchmal über das Gesicht fällt und mit einem heftigen Ruck des Kopfes zurückgeworfen wird, seinen wilden Augen, die hin und wieder nach allen Seiten blicken, als wolle er sehen, welchen Eindruck er hervorruft, und seinem häufigen Lächeln, das etwas Unnatürliches an sich hat. Manchmal scheint es sagen zu wollen ‚Bin ich nicht wunderbar?' oder zu bedeuten, daß er von seinem eigenen Spiel entzückt ist. Meine Teuerste, er ist in Gesellschaft ein liebenswürdiger, gesprächiger Mann und ohne Zweifel ein guter, freundlicher Gefährte."[25]

Viel Zeit widmete Charlotte der Erziehung ihrer sieben Kinder. Aus der lebhaften, talentierten Schar stach Mathilde hervor, die zweitgeborene Tochter. Sie, die begabteste unter den weiblichen Rothschilds ihrer Generation, war sehr empfänglich für die kultivierte Atmosphäre des Hauses und für die Anregungen durch ihre einfühlsame Mutter. Mathilde besaß eine unglaublich rasche Auffassungsgabe für die verschiedensten Dinge und natürlichen Charme, jeder mußte sie gern haben. Dr. Miriam Rothschild, die sie noch persönlich kannte – Mathilde starb 1924 im Alter von zweiundneunzig Jahren –, meinte, würde sie heute leben, in einer Epoche, die den Frauen bessere Möglichkeiten bietet, dann wäre Mathilde entweder eine Golda Meir oder eine große Konzertpianistin geworden. Sie war hochmusikalisch, und Chopin gab der Halbwüchsigen Klavierstunden. Auch sie zählte zu seinen letzten Schülerinnen. Später wurde Mathilde nicht nur eine hervorragende Interpretin, sondern auch eine beachtenswerte Komponistin. Sie schrieb vier Liederzyklen und eine Reihe von Klavierstücken, alle weit über dem Niveau des Amateurhaften. Natürlich war es ihr bestimmt, eine Rothschildsche Gattin und Mutter zu werden. Sie und ihre ältere Schwester Julie heirateten Söhne des „Neapolitaners" Carl. Doch in den Zeiten, bevor sie das Vaterhaus verließen, war die Villa Grüneburg eine Heimatstatt glücklichen und zwanglosen Familienlebens. So zwanglos, daß eine kleine Besucherin bei der ersten Begegnung mit ihren Cousinen sehr staunte: „Julie und Mathilde waren von graziöser, schöner Gestalt und vornehmster Erscheinung . . . Die beiden Schwestern waren die ersten rauchenden Damen, die ich je sah, und ich junges Ding hatte nur Augen für dieses männliche ‚Laster' – denn die Damen rauchten nicht etwa Zigaretten, sondern Zigarren."[26]

KAPITEL 10
Mit Volldampf ins Ungewitter

Die Rothschild-Banken waren aus einer der großen Umwälzungen der europäischen Geschichte hervorgegangen. Doch kaum hatte die Familie ihre in den Zeiten der Revolution und der Napoleonischen Kriege aus eigener Kraft errungene Position gefestigt, mußte sie eine weitere Periode der Wirren und des Wandels durchstehen – diesmal wirtschaftlicher ebenso wie politischer Art. Zwischen 1830 und 1848 beherrschten zwei markante und bestimmende Phänomene den gesamteuropäischen Raum: eine bisher beispiellose wirtschaftliche Expansion, angetrieben durch einen uneingeschränkten „häßlichen Kapitalismus" und eine bisher ebenfalls ungekannte Aufwallung des nationalistischen und politischen Radikalismus. Fünfzehn Jahre nach Waterloo gingen weite Teile Europas wieder Zeiten der latenten Unsicherheit entgegen. Die Zugeständnisse der alten absolutistischen Monarchien im Jahr 1830 stellten die Extremisten keineswegs zufrieden. Während der folgenden zwei Dezennien fanden sie sich weiterhin in mehr oder weniger geheimbundartigen Gruppen zusammen, um von neuen Formen der Volksvertretung zu träumen und zu reden. Unter ihnen waren Karl Marx und Friedrich Engels, die einander in den vierziger Jahren in Paris zum erstenmal begegneten und in Diskussionen mit anderen Sozialisten und Revolutionären jenes Konglomerat aus Idealen, politischen Leitlinien und „historischen Prinzipien" schufen, welches das „Manifest der Kommunistischen Partei" ergab. Aber damals waren die beiden noch nicht Männer, die Weltgeschichte machten, sondern kaum viel mehr als zwei Stimmen in einem Chor, die sich im Getöse des Radikalismus, der über den Kontinent tobte, kaum Gehör verschaffen konnten. In einem solchen Klima wuchs die Furcht der Mächtigen vor dem Schreckgespenst der Revolution. Der Einsatz von Spitzeln und Agents provocateurs gehörte zum politischen Alltag, und häufig wurden Äußerungen antimonarchischer Gesinnung mit Gewalt unterdrückt.

Im deutschen Raum kam ein Faktor hinzu, der die Situation noch mehr komplizierte: die Rivalität zwischen dem historisch gewachsenen

Vorranganspruch des Habsburgerkaisers in Wien und der wachsenden Macht Preußens. Beide Seiten bekannten sich wohl zu der Souveränität der Staaten, welche das lose Gefüge des neuen Deutschen Bundes bildeten.* Aber gleichzeitig waren beide bestrebt, ihr eigenes Primat in Deutschland zu behaupten, wo die Erinnerung an Napoleons kurzlebigen Rheinbund lebendig geblieben war und viele auf den Tag hofften, an dem die Deutschen aller Stämme zu einer Nation geeint würden. Begreiflich, daß die Könige, Großherzöge, Herzöge und Fürsten, die in diesem Mosaik größerer und kleinerer Einzelstaaten ihre Hoheitsrechte ausübten, den Reichsgedanken ablehnten. Der Kaiser versuchte, Österreichs Ansprüche durch die Berufung auf seine Autorität als Vorsitzender des Bundestages zu untermauern. Indessen bewog die pragmatisch handelnde preußische Regierung weitere norddeutsche Staaten zum Anschluß an ihren Deutschen Zollverein. Im Jahre 1836 fügte sich auch Frankfurt ins Unvermeidliche und trat ebenfalls bei, womit die Stadt ihre wirtschaftliche Erholung um den Preis wirtschaftlicher Abhängigkeit erkaufte.

Sogar in Britannien führte das Zusammenwirken von industrieller Revolution, mageren Ernten und wachsender Erbitterung gegen die politische Ungleichheit manchmal zu Unruhen und zur Instabilität der Regierung. Zwischen 1827 und 1841 erfolgten nicht weniger als acht Kabinettsneubildungen, und die Erregung über das Reformgesetz von 1832** spaltete die Nation in zwei Lager wie kein politisches Anliegen seit dem Bürgerkrieg zur Zeit Cromwells.

Zwangsläufig gerieten die Rothschilds, nun Bankiers faktisch aller Regierungen Europas, in den Verdacht, die Politik ihrer Kunden für ihre eigenen Zwecke zu manipulieren. Nach außen vertraten sie keine eigene politische Meinung, allerdings konnte man von ihnen kaum Sympathien für jene Kräfte erwarten, die den Radikalismus zu weit trieben. Heinrich Heine erzählt in der aphoristischen Sammlung „Gedanken und Einfälle" von einem Kommunisten, der den Großen Baron in einem Brief aufforderte, sein Vermögen, das der Briefschreiber auf etwa 300 Millionen Francs einschätzte, mit ihm zu teilen. James stellte einige Berechnungen an, vermutlich aufgrund von Volkszählungstabellen, und übersandte dem jungen Mann seinen aliquoten Anteil, nämlich 9 Sous, mit der Bitte, ihn fortan in Frieden zu lassen.

* Anfangs 1815 vierunddreißig, zuletzt 1866 achtundzwanzig fürstliche Hoheitsgebiete und vier freie Städte.

** Eine Wahlrechtsreform, die das liberale Kabinett des Lord Grey durchsetzte. Sie entzog den sogenannten „rotten boroughs", bedeutungslos gewordenen und weitgehend entvölkerten alten Orten, den Anspruch auf parlamentarische Vertretung und erteilte dafür den bisher im Unterhaus nicht repräsentierten neuen Industriestädten das Wahlrecht.

Persönlich indes neigten die Rothschilds eher zu einer „Öffnung nach beiden Seiten“, wie man heute sagen würde. Eine solche Ambivalenz war schon durch ihre einmalige Stellung bedingt: Als Bankiers mit engen Verbindungen zu absolutistischen Regierungen mußten sie an der Erhaltung des Status quo interessiert sein. Als Mitglieder einer benachteiligten Minderheit hingegen standen sie auf der Seite der nach Gleichheit strebenden Reformer.

In einer Frage allerdings, und nur in dieser einen, waren sie bereit, von ihrem Standpunkt politischer Neutralität abzugehen. Für die Sache ihrer Glaubensgenossen zeigten sie sich gewillt, ihre Interessen zu deklarieren und die Macht zu nützen, die ihnen ihre Stellung verlieh. Bei solchen Bemühungen hatten sie einen Modellfall vor Augen: die Lage in Britannien, wo führende Köpfe des Judentums auf ihre früheren Verdienste und allgemeine Anerkennung verweisen konnten, die eine unangefochtene Plattform ergaben, von der aus sie ihre Anliegen verfolgen konnten.

In der ersten Hälfte des 19. Jahrhunderts vollzogen sich zwei, für die britische Judenschaft bedeutsame, Veränderungen. Erstens brachten es viele Juden zu Wohlstand und wurden zu Bürgern der sozialen Mittelschicht. Die Einwanderungsquote sank auf zweihundert Personen pro Jahr ab – im Verlauf der politischen Unruhen in Europa, der Hungersnöte und der russischen Pogrome nach 1848 sollte sie wieder ansteigen –, gleichzeitig übersiedelten viele jüdische Familien aus den übervölkerten Vierteln des Londoner Eastend aufs Land hinaus und in schönere Vororte, wie Stoke Newington. Gewiß gab es noch immer große Armut. Rassische und religiöse Barrieren gegen den Aufstieg der Juden existierten noch immer und wurden erst nach 1870 völlig beseitigt. Trotzdem waren die britischen Juden freier als die meisten ihrer Glaubensgenossen in anderen Ländern. Die Karriere von Nathans Schwager Moses Montefiore, der die meiste Zeit seines sehr langen Lebens dem Wirken zum Wohl seines Volkes widmete, zeigte deutlich, daß die britische Gesellschaft nun für Juden von Begabung und patriotischer Gesinnung relativ aufgeschlossen war. Montefiore wurde 1837 zum Sheriff of London gewählt und in den Adelsstand erhoben. 1846 empfing er die Würde eines Baronet.

Die zweite bezeichnende Entwicklung jener Jahre bestand darin, daß die Spitzen der englischen Judenschaft die Führung im größeren Bereich des europäischen Judentums übernahmen, und die Erfolge der englischen Juden durften gleichzeitig als Beweis dafür angesehen werden, wie sie Assimilation ohne Einbuße an rassischer oder religiöser Identität tatsächlich vollziehen konnte: Ein Jude durfte reich werden, ohne sich taufen zu lassen und ohne von seiner Umwelt verachtet und abgelehnt zu werden. Die großen Familien – die Montefiores, Rothschilds, Goldsmids, Cohens und Salomons – gaben sich aber nicht damit zufrieden, Institutionen zur Förderung des kulturellen Lebens und des Bildungswesens ihrer Gemeinschaft zu errichten. Vielmehr hielten sie ihre Glaubensgenossen dazu an, über den Ärmelkanal zu blicken und Mittel und Wege zur Hilfeleistung für ihre weniger glücklichen Brüder zu suchen. So reiste Moses Montefiore selbst nach Petersburg, um Zar Nikolaus I. zur Aufhebung einiger scharf antisemitischer russischer Gesetze zu bewegen.

Die Rothschilds, die in jeder Metropole Europas Wohnsitze und Geschäftsniederlassungen hatten, verspürten natürlich in besonderem Maße, daß diese Problematik über Grenzen und Nationalitäten hinausging. Sie wußten auch, daß sie in manchen Fällen wirksamen Einfluß ausüben konnten. Eine Stadt, wo ihre Glaubensgenossen aus naheliegenden Gründen unter einer reaktionären Herrschaft besonders zu leiden hatten, war Rom. Zweimal trat der Kirchenstaat wegen Anleihen an Carl heran, und in beiden Fällen wurden Zugeständnisse in der Behandlung der Bewohner des Ghettos zu Vertragsbestandteilen. Im Jahre 1847 unternahm Salomon von Wien aus einen direkten Vorstoß: Er appellierte an Papst Pius IX., die Sondersteuer aufzuheben, die Juden alljährlich zu Frühlingsbeginn zu entrichten hatten.

Fünf Jahre später setzte James in Paris eine noch großzügigere Geste von bleibendem Wert. Ungeachtet seiner bisher geübten Zurückhaltung im gesellschaftlichen Umgang mit seinen Glaubensgenossen akzeptierte er voll Begeisterung seine Rolle als Führer der Judenschaft in der Öffentlichkeit. Sichtbares Zeichen dafür war der Bau eines jüdischen Krankenhaus- und Hospiz-Komplexes an der Rue Picbus in einem Pariser Arbeiterbezirk. Die Eröffnung im Rahmen einer dreistündigen Zeremonie gestaltete sich, laut „L'Univers israelite" zu „einer der großartigsten, die das Judentum je in Eintracht feierte".[1] Diese von James geschaffene Institution besteht heute noch und bietet fünfhundert Patienten und alten Menschen Obdach, nicht mehr ausschließlich Juden. Darüber hinaus aber wurde sie zu einem Eckpfeiler eines wahren Imperiums Rothschildscher Wohlfahrtseinrichtungen. Spätere Rothschild-Generationen sollten Heime, eine stattliche Anzahl von Waisenhäusern, Spitälern, Forschungsstätten und Wohnbauten gründen, die administrativ in der Dachorganisation „Les Fondations de Rothschild" zusammengefaßt sind.

Jenseits des Ärmelkanals war auch Hannah tatkräftig mit vielen jüdischen Hilfswerken befaßt. Vor allem bekundete sie ihr Interesse am Schulwesen. Nathan war einer der Sponsoren der „Jew's Free School" gewesen, der ersten von zahlreichen in London und der Provinz gegründeten derartigen Unterrichtsanstalten, und der Einsatz seiner Witwe bot die Gewähr für weitere Förderung durch die Familie. Gerade dem Schulwesen maß die gesamte Judenschaft große Bedeutung bei. Wenn ihre Jugend befähigt sein sollte, die Möglichkeiten zu nützen, die ihr in Britannien offenstanden, dann mußte sie eine entsprechende Ausbildung erhalten. Da aber alle englischen Schulen der Patronanz der Kirchen untergeordnet waren, hatten die Juden keine andere Wahl, als in den von ihnen selbst gegründeten Anstalten so viele Lernplätze wie nur möglich zu schaffen. Hannah leistete oft und mit namhaften Summen ihren Beitrag dazu, aber sie wollte sich nicht damit begnügen, gleich einer Glücksgöttin großzügig Gaben aus ihrem eigenen Füllhorn zu streuen. Sie setzte sich auch energisch für die Aufbringung von Geldspenden ein. Als unermüdliche Organisatorin von Wohltätigkeitskonzerten und Vortragsabenden bat sie viele berühmte Künstler um ihre Mitwirkung bei solchen Veranstaltungen, etwa die schwedische Sopranistin Jenny Lind, die 1847 in Her Majesty's Theatre ihr sensationelles Londoner Debüt feierte, und auch Frédéric Chopin, der ein Jahr später zu einem kurzen Besuch in die Stadt kam. Aber Hannah erwartete für Geld immer Gegenwert. „Wie hoch ist Ihr Honorar?“ fragte sie Chopin. „Fünfundzwanzig Pfund“, antwortete der große Virtuose und Komponist. Baronin Rothschild runzelte die Stirn. „Nun ja, Sie spielen gewiß recht gut“, sagte sie gnädig, „doch Ihrem Preis fehlt das – nun ja, das Moderato.“ Und damit empfahl sie sich.[2]

Alles menschliche Leid rührte spontan Hannahs Herz. Wie schon ihr verstorbener Gatte war sie über die Situation in Irland erschüttert, und als 1847, im Jahr der großen Kartoffelmißernte und Hungersnot, Geld gesammelt wurde, war Hannah eine der ersten, die Beiträge zeichnete. Lionel und eine Gruppe seiner Kollegen aus der Londoner City ergriffen in diesem Fall die Initiative für Abhilfe. Bestürzt über die Unterlassungen der britischen Regierung, hielten sie am Neujahrstag eine Sitzung in der Rothschild-Bank und gründeten ein Hilfswerk, „The British Association for the Relief of the Extreme Distress in the Remote Parishes of Ireland and Scotland“. Als erster Vorsitzender dieser Organisation wirkte der prominente liberale Politiker Thomas Baring (ab 1867 Earl of Northbrook, späterer Vizekönig von Indien), doch laut den Angaben eines Zeitgenossen waren die eigentlich treibenden Kräfte „Rothschild, Kinnaird (Baron Kinnaird, liberaler Politiker und Reformer) und etwa ein Dutzend anderer Wirtschaftsgrößen, die täglich zu emsigem Tun zusammentrafen“.[3] Dieses Komitee ging unverzüglich daran, Informationen zu sammeln und Gelder aufzubringen. Der nach Irland entsandte Ermittler zerstreute rasch die allfälligen Bedenken, daß die Schreckensnachrichten, die bis nach London drangen, bloße Übertreibungen sein könnten: „Die Not, die mich hier umgibt, spottet jeder Beschreibung. Sie dürfen nun alles glauben, was Sie hören und lesen, denn was ich hier sehe, übertrifft alles, was ich je über vergangene und gegenwärtige Kalamitäten las."[4]

Während die britische Regierung noch immer untätig blieb, hatte die Vereinigung binnen drei Monaten 470 000 Pfund aufgebracht (2000 davon spendete die Königin, 1000 die Familie Rothschild) und Lebensmittel, Bekleidung und Heizmaterial im Wert von 160 000 Pfund verteilt. Dies war auch eine Demonstration humanitärer Gesinnung über alle konfessionellen Schranken hinweg, denn dem Aktionskomitee der British Association gehörten viele führende Philanthropen an, darunter Quäker, Presbyterianer und Juden. Gemeinsam war ihnen allen die Überzeugung, daß Gott den Reichen eine Verantwortung für ihre weniger begünstigten Brüder auferlegte, ein moralischer Imperativ, der ihnen auch gebot, gegen Erwägungen aufzutreten, wie sie ein Sprecher der Regierung äußerte: „. . . wenn die Iren einmal merken, daß sie unter bestimmten Umständen freie Zuwendungen vom Staat erhalten . . . dann werden wir eine systematische Bettelei erleben, wie sie die Welt noch nie sah . . ."[5]

Etwa um jene Zeit war eine besonders bösartige Karikatur im Umlauf. Sie wiederholte zwar nur eine alte Lüge, doch angesichts der stetig gesteigerten philanthropischen Leistungen der Rothschilds war sie besonders unfair. Die Zeichnung zeigt eine Symbolgestalt der Bankiersfamilie, auf einem Stapel von Geldsäcken thronend und umringt von den knieenden Herrschern Europas. Rothschild denkt sichtlich darüber nach, wem er Geld leihen wird, doch die zerlumpten Bettler am Rand der Schar übersieht er völlig.

Im selben Jahr taten James und dessen Kollegen alles, was in ihrer Macht stand, um auch die Not in Frankreich zu lindern, das ebenfalls von Mißernten heimgesucht wurde. Sie machten sich erbötig, Getreide und Mehl im Ausland aufzukaufen und zum Normalpreis weiterzugeben; allfällige Verluste würden sie selbst tragen. In Chapelle-Saint-Denis richteten sie eine Bäckerei ein, um die Bedürftigen mit Brot zu beliefern, und sie ergänzten diese Aktion durch die Ausgabe von Brot-Gutscheinen an die völlig Mittellosen. Solch menschenfreundliches Wirken brachte James und seiner Familie allerdings in der Öffentlichkeit nicht viel Dankbarkeit ein. Die Presse der Linken griff ihn weiterhin an, weil er, so hieß es, Brot horte und die Not des Volkes für seine eigenen üblen Zwecke ausnütze.

Mit ihrer Fürsorge für die Benachteiligten meinten es die Rothschilds ehrlich, aber ihr vorrangiges Betätigungsfeld war nach wie vor das Finanzwesen. Während der dreißiger und vierziger Jahre des 19. Jahrhunderts wurden sie unter der Führung des Großen Barons auf breiter Basis zu Bankiers des gesamten Wirtschaftssektors. Es war das Zeitalter der Kleinindustriellen und „Entrepreneurs". Unaufhaltsam nahm die Zahl der Fabriken, Werkstätten und Dienstleistungsgewerbebetriebe zu, es wuchsen neue Städte und Ferienorte, die Migration der Bevölkerung beschleunigte sich, und es setzte eine Entwicklung ein, die binnen zweier Generationen eine vorwiegend auf die Landwirtschaft ausgerichtete Nation wie die Engländer in ein Volk von Städtern verwandelte. Diese Veränderungen erforderten hohe Summen und auch eine umfassende neue Infrastruktur: Häfen, Bergbaugebiete und Produktionszentren mußten durch ein leistungsfähiges Verkehrsnetz miteinander verbunden werden.

James wußte: Wenn die Rothschilds sich nicht ihren Anteil an diesem Geschäft sicherten, dann würden es eben andere tun. Des weiteren war in Betracht zu ziehen, daß die Großmächte Europas in einer relativ friedlichen Phase geringeren Bedarf an Anleihen hatten, denn die normalen Einnahmen aus Steuer und Zoll reichten aus, um die Staatsausgaben zu bestreiten. Zwischen 1832 und 1839 legte Frankreich keine öffentlichen Anleihen auf und Britannien nur eine einzige. Wenn die Rothschild-Banken weiterhin florieren sollten, mußte das Schwergewicht von den Staatsaufträgen auf den Sektor der Privatwirtschaft mit ihren höheren Risiken und längerfristigen Investitionen verlagert werden.

Eines Tages, im September 1830, entstiegen in Manchester zwei ausländische Gentlemen mit ernsten Mienen einem Zug der Liverpool and Manchester Railway Company. Sorgfältig machten sie Eintragungen in ihre Notizbücher und tauschten ihre Meinungen aus. Auf das genaueste begutachteten sie die Lokomotive und die Geleise. Sie sprachen mit dem Lokführer und hatten eine lange Unterredung mit den Direktoren der Eisenbahngesellschaft. Sie schrieben ausführliche Berichte. Dann kehrten sie auf das Festland zurück, der eine nach Paris, der andere nach Wien. In beiden Städten wurden ihre Berichte von James und Salomon Rothschild sehr aufmerksam gelesen. Falls dies ein authentisches Bild ergab, so schlossen die Brüder, dann war die Eisenbahn das Verkehrsmittel der Zukunft, somit kam es für sie beide darauf an, beim zukünftigen Bahnbau auf dem Kontinent die Führungsrolle zu übernehmen.

Aber in einer Epoche, in der sogar Dampfmaschinen für industrielle Zwecke noch relative Novitäten waren, bedeutete der Bau einer Eisenbahnlinie nicht nur finanzielle und technische Probleme, sondern es gab auch politische und psychologische Hürden zu überwinden. Namentlich im konservativen Österreich wurde die neuartige Nutzung der Dampfkraft allenthalben lächerlich gemacht. Der menschliche Organismus, so lautete eine Warnung, halte ein Tempo von mehr als 25 Kilometer pro Stunde nicht aus. In den Tunnels würden die Leute erstikken. Leib und Leben, Hab und Gut könnten durch außer Kontrolle geratene Lokomotiven gefährdet werden. Nicht weniger bedrohlich klang in einem immer ärger von radikalen politischen Bewegungen geplagten Europa die unsinnige, indes alarmierende Prophezeiung, die ganz ernsthaft in der Presse und bei Hof erörtert wurde, daß diese Rauch und Funken speienden Ungeheuer die Leidenschaften der Bevölkerung aufpeitschen würden – genauer gesagt, daß sie dazu beitragen würden, die noch weit verstreuten, isolierten Gruppen von Unzufriedenen im ganzen Reich zu vereinigen.

In Frankreich stieß James nicht auf so viele Vorbehalte. Da er keine Lust verspürte, fremde Unternehmungen zu finanzieren, beschloß er, selbst Industrieller zu werden. Er gründete eine Gesellschaft zum Bau einer 11 Meilen langen Eisenbahntrasse von dem Pariser Place de l'Europe nach St-Germain. Natürlich kam als Leiter nur ein erstrangiger Geschäftsmann mit einigen technischen Kenntnissen in Betracht. James wählte Emile Péreire aus. Dieser und sein Bruder Isaac waren begeisterte Verfechter des „Neuen Zeitalters" der Industrialisierung und des sozialen Fortschritts. Was das betraf, waren sie genau die Männer, die James brauchte, und Emile stürzte sich mit unermüdlichem Eifer in das Bahnprojekt. Aber es gab auch wesentliche Differenzen zwischen dem Brüderpaar und den Rothschilds. Erstens kam die Familie Péreire, eigentlich portugiesisch Pereira, vom Stamm der sephardischen Juden, mit Auffassungen, die sich grundlegend von denen der zu den Aschkenazim gehörenden Rothschilds unterschieden. Außerdem waren Emile und Isaac Anhänger des Grafen Claude Henri de Ravay de Saint-Simon, einem der Begründer des französischen Sozialismus. Seine Lehre sah vor, Privilegien zu beseitigen und eine Gesellschaftsordnung zu schaffen, in der alle Produktionsmittel – einschließlich der Banken – vom Staat für das Gemeinwohl betrieben würden. Solche Ideen waren für Baron James natürlich fluchwürdig, und bald geriet er denn auch in Gegensatz zu den Brüdern Péreire. Aber Emile wußte alles über Eisenbahnen, und im Moment zählte nur das.

Die Linie wurde am 24. August 1837 mit einer Feier eröffnet, wie sie nur die Rothschilds inszenieren konnten. Sogar die Königin höchstpersönlich war anwesend. Marie Amélie und ein großes Gefolge von Würdenträgern nahmen zu einem solennen Mahl Platz. Scharenweise kamen die Leute, um das unglaubliche eiserne Ungeheuer anzustaunen, das mit einer Geschwindigkeit von mehr als 10 Meilen pro Stunde in

Richtung St-Germain brauste. Bei manchen der Zuschauer spielten ganz persönliche Interessen an der Eisenbahn mit. Sie hatten viele der von der Gesellschaft ausgegebenen Aktien zu je 500 Francs erworben. Dies war in Frankreich eine der ersten Gelegenheiten, bei der kleinen Anlegern die Möglichkeit geboten wurde, als Teilhaber in ein großes Unternehmen „einzusteigen". Da Rothschild die Majorität besaß, konnte niemand an der sicheren Geldanlage zweifeln. Die meisten glaubten, das Prestige des größten Namens im Bankwesen verheiße ihnen ansehnliche Gewinne.

Das Vorhaben erwies sich vom ersten Augenblick an als Erfolg. Frankreich wurde von einem wahren Eisenbahnfieber erfaßt. Tausende wollten ihre Ersparnisse in die „Chemin de Fer" investieren. Es schien unvorstellbar, daß die Summen, die man in dieses neue Verkehrsmittel steckte, nicht schönen Profit bringen würden, und zwar von Jahr zu Jahr ansteigend, da immer mehr Passagiere und Fracht befördert würden. So kam es, daß sich James de Rothschild und Péreire bei ihren nächsten Planungen, einer Bahnlinie von Paris entlang des rechten Seine-Ufers bis Versailles, im Wettbewerb mit einem anderen Unternehmen sahen, das eine ähnliche Strecke an der „rive gauche" baute. Der Prinzipal dieser Konkurrenz war Achille Fould, getaufter Jude, ein glänzender Finanzmann, Mitglied der Abgeordnetenkammer – und kein Freund der Rothschilds. Zwischen Fould und Baron James herrschte erbitterte persönliche Feindschaft. Von 1836 bis 1839, während an beiden Ufern der Seine ein anhaltendes Kopf-an-Kopf-Rennen um die Fertigstellung der Trassen stattfand, tat jedes der Direktorien alles nur Mögliche, um das andere in Mißkredit zu bringen. Die Waffen dafür waren politischer Einfluß und die Presse. Beide wurden massiv und mit mörderischer Absicht eingesetzt.

Zu jener Zeit war Salomon, obgleich bereits in fortgeschrittenem Alter, dem Beispiel seines Bruders gefolgt und hatte buchstäblich die Rolle des Wegbereiters der Eisenbahn in Österreich übernommen. Wie immer mußte er mit der nun schon traditionellen Allianz von Aristokraten und Bankiers rechnen, welche die Rothschilds nicht mächtiger werden lassen wollten als sie schon waren. Andererseits hatte Salomon die Unterstützung Metternichs und einiger Minister, die unter keinen Umständen zulassen wollten, daß Österreich hinter der Entwicklung der Großmächte noch weiter zurückbleibe. Er ging mit seiner gewohnten Vorsicht zu Werk. Zunächst sicherte er sich das Privileg für eine Frachtenbahn bis Bochnia bei Krakau, zum Transport von Salz aus Galizien sowie von Kohle und Eisen aus Schlesien nach Wien. Dann wurde nach mehreren Konferenzen, an denen Finanziers, Minister und, als einer der Experten in Beraterfunktion, auch Emile Péreire teilnahmen, die kaiserliche Bewilligung für ein Gesamtnetz von Staatsbahnen ausgesprochen.

Salomon bildete ein Konsortium, das sich um die Konzession für den Bau einer „Nordbahn" bewarb. Mit Erfolg. Eines der Mitglieder des Direktoriums war der Bankier Baron George von Sina, der seine Erfahrungen dazu nützte, eine Konkurrenzgesellschaft zu gründen, welche die Konzession für eine Südbahnlinie zur Adria erhielt, mit dem Endziel Triest. Die beiden Unternehmen lagen bald in scharfem Wettstreit, denn jedes hoffte, die Überlegenheit seines eigenen Systems überzeugend zu beweisen und die Kontrakte für die anderen Strecken eines projektierten Bahnnetzes einheimsen zu können. Die erste Runde ging an Salomon, als ihm erlaubt wurde, seine Linie „Kaiser Ferdinand-Nordbahn" zu benennen. Sinas Gegenschlag war grausam, aber wirkungsvoll. In Flugschriften wurde behauptet, Baron Rothschild ziehe die Würde der Majestät in den Schmutz. Außerdem stand in diesen absonderlichen Drucken zu lesen, daß seine Ingenieure alle Sicherheitsfaktoren unbeachtet ließen, die Nordbahn werde daher eine Todesfalle sein. Die Öffentlichkeit reagierte mit wachsender Besorgnis, sogar Kaiser Ferdinand selbst zeigte sich konsterniert: Vielleicht war es doch unüberlegt, dem Rothschildschen Unternehmen seinen Namen zu leihen. Salomon konterte mit einer Denkschrift, in der er das Vorhaben als das kühnste österreichische Wagnis jener Tage bezeichnete.

Sina, noch immer einer der Direktoren der Nordbahn, verlangte nun die Einberufung einer Generalversammlung, in deren Verlauf er Salomon und dessen Anhang zum Rücktritt aufforderte. Das war ein fataler Fehler. Schweigend und geduldig hörte Salomon zu, dann aber spielte er mit der überlegenen Gelassenheit, die er sich in fünfundsechzig Jahren des Kampfes gegen Anfeindungen und Verachtung angeeignet hatte, seine Trumpfkarte aus. Falls jemand unter den Aktionären unzufrieden sei, so sagte er den Versammelten, dann würde er mehr als freudig die Anteile des oder der Betreffenden übernehmen, denn so großes Vertrauen setze er in das Gewinnpotential der Nordbahn. Sina erlitt eine totale, entscheidende Niederlage. Nicht Salomon, sondern er selbst und seine Anhänger reichten ihre Rücktritte ein.

Am 7. Juli 1839 wurde der Betrieb auf der österreichischen Nordbahn eröffnet, der ersten Fernstreckenlinie des europäischen Festlandes. Aber damit war Salomons Ambitionen noch nicht Genüge getan. Aus eigener Anschauung wußte er nun, welch gewaltige Mengen von Eisen und Stahl man für den Bahnbau benötigte. Deshalb stellte er im Namen seines Unternehmens das Gesuch um den Kauf des Wittkowitzer Eisenwerkes (nun Vikovice, ČSSR, ein Stadtteil des Industriezentrums Mährisch-Ostrau, bzw. Moravsky Ostrava). Nach der Bewilligung im August 1842 kaufte er die Fabrik um 1½ Millionen Gulden und bewarb sich sofort um die Konzession für den Kohlen- und Erzbergbau auf dem Gesamtgebiet Schlesiens. Auch dieses Ansuchen wurde im Dezember 1842 positiv beschieden. Und am Silvestertag, erhielt Salomon durch ein kaiserliches Handschreiben die Konfessionsdispens, und daraufhin verlieh ihm die Stadt Wien das Bürgerrecht.* Dadurch wurden die Rothschilds zur einzigen jüdischen Familie, die Grund- und Realbesitz in der Hauptstadt haben durfte. Sofort kaufte Salomon den alten „Römischen Kaiser", wo er seit mehr als zwanzig Jahren wohnte und arbeitete, und das Nachbarhaus dazu. Beide Objekte baute er nach den geschäftlichen Erfordernissen völlig um. Allerdings blieb ein interessantes Relikt aus dem historischen Gasthof erhalten. Gemäß der an das Gebäude als solches gebundenen sogenannten „Maria-Theresien-Konzession" war S. M. Rothschild das einzige Wiener Bankhaus, das die Berechtigung zur Ausschank alkoholischer Getränke hatte!

Aber Salomon war noch immer nicht zufrieden. Am 15. November 1843 unterbreitete er erneut ein Majestätsgesuch:

> „Eure k. k. Majestät haben dem allerunterthänigst ... gefertigten Bittsteller ... die allergnädigste Bewilligung zum Ankauf des Eisenwerkes von Wittkowitz in Mähren ... zu ertheilen geruht ... Die diesfällige allerhöchste Dispens (da er nicht Mährischer Landstand ist) u. die allergnädigste Erlaubniß zum Besitze einer oder der andern Herrschaft in Mähren zu erbitten, ist nun der Gegenstand dieses allerunterthänigsten Gesuches ... sollte mit der Requisition einer Herrschaft irgend ein Patronat verbunden seyn ... so würde der allerunterthänigste Bittsteller ... alle Patronatslasten fortwährend tragen so wie Eure k. k. Majestät die ehrfurchtsvolle Versicherung allergnädigst anzunehmen geruhen wollen, daß der treu gehorsamst gefertigte Bittsteller den Schulen u. Armenanstalten gewiß jede nur mögliche Unterstützung angedeihen lassen wird, wie er solches durch Erbauung einer Schule u. durch die Stiftung zur Unterhaltung des Schullehrers von Wittkowitz bereits bethätigte ..."[6]

Auch dieser Petition wurde entsprochen, und Salomon, der nun seinen Wünschen freien Lauf lassen konnte, erwarb mehrere Landgüter und zwei Schlösser, das eine davon der prächtige Bau im schlesischen Schillersdorf. Binnen weniger Monate war aus dem Juden, den die Mächtigen auf Distanz gehalten hatten, während sie gern das von ihm geborgte Kapital nutzten, ein bedeutender Grundbesitzer auf bislang verschlossenem Gebiet geworden.

* 1847 wurde auch Anselm Bürger von Wien.

So war Salomons langem Werben um den Wiener Hof in seinen letzten Lebensjahren doch noch Erfolg beschieden. Durch beispielhafte Ausdauer, sorgfältige Pflege seiner Freundschaft mit Metternich und einen unwiderstehlichen Unternehmungsgeist hatte er den reaktionärsten Staat Europas gezwungen, seine Bedeutung anzuerkennen. Und durch die Bresche, die er geschlagen hatte, sollten bald andere Juden folgen, womit sein drängender Wunsch gerechtfertigt erscheint, in diesem Kaisertum Österreich Grund und Boden sein eigen zu nennen. Denn sein stärkster Impuls war tatsächlich das Bestreben, für sein Volk die Gleichstellung zu erreichen. Er hatte keine innere Beziehung zu dem schönen Schillersdorf oder zum Wiener Kulturleben, verbrachte wenig Zeit auf seinen Landgütern und verreiste so oft als möglich aus der Residenzstadt, da er überzeugt war, daß die Donaustadt seinen Rheumatismus und andere Beschwerden förderte. Bei jeder Gelegenheit entfloh er nach Paris, um James und seiner geliebten Betty nahe zu sein. Manchmal besuchten ihn andere Familienmitglieder in seinem Château in Suresnes am Westrand der Stadt. Einem jungen englischen Rothschild kam Großonkel Salomon wie ein seltsames Relikt der Vergangenheit vor: „. . . mit ihm und seiner Frau sprachen wir Deutsch. Jeden Abend, wenn wir zu Bett gingen, rief er ‚Gute Nacht, Kinderchen!'. Bald darauf folgte er uns, denn seine merkwürdigen Gewohnheiten bewogen ihn, sich um acht Uhr abends zur Ruhe zu begeben, im Sommer um fünf Uhr morgens und im Winter um sieben Uhr auszufahren."[7]

Im September 1844 vollendete Salomon das siebzigste Lebensjahr. Aus diesem Anlaß fand, außer anderen Feiern, die Übergabe einer prächtig gestalteten, nach dem Vorbild der Buchmalerei illuminierten Glückwunschadresse der Stadt Frankfurt statt. Ganz im Stil der Epoche zeigt die Mappe dieses Schriftstückes – nun im Historischen Museum Frankfurt ausgestellt – als vergoldete Montierungen das Rothschild-Wappen und allegorische Motive, die auf Salomons Wirken in Handel, Industrie und Eisenbahnwesen hindeuten. Eine verdiente Würdigung. Salomon stand zwar im Schatten seiner viel lebhafteren Brüder, aber in mancher Hinsicht waren ihm sogar noch bemerkenswertere Leistungen gelungen. Nathan und James hatten ihre Banken in den Hauptstädten liberaler, aufgeklärter Staaten gegründet. Salomon hingegen hatte seine Erfolge nur durch seine stetige, beharrliche Behauptung gegen die Gesetze, Sitten und Vorurteile eines Reiches errungen, das in seiner Einstellung zum Judentum ebenso rückschrittlich wie starrsinnig war.

Das Londoner Haus hatte die Gelegenheit versäumt, sich am raschen Aufschwung des britischen Eisenbahnwesens zu beteiligen. Daher blieb für New Court nur die Möglichkeit des Einstiegs in mehrere ausländische Bahnprojekte. Eines davon war von besonderer Bedeutung: das belgische – in Planung und Ausführung wahrscheinlich das beste aller frühen Eisenbahnsysteme. Hier wurde das gesamte Netz von der Regierung geplant, wodurch die stückwerkhaften privaten Anlagen und auch die hektische kommerzielle Konkurrenz vermieden wurden, die in England und anderen Ländern stattfanden. Das Kapital für das Vorhaben wurde durch eine Staatsanleihe in der Höhe von 150 Millionen Francs aufgebracht. Eingedenk früherer guter Zusammenarbeit zwischen der Regierung und N. M. Rothschild and Sons erhielt diese Bank einen erheblichen Teil des Auftrags. Um 1850 war das belgische Eisenbahnnetz, gleich jenem Englands, fast zur Gänze fertiggestellt, während sich in Frankreich die meisten Strecken noch im Planungsstadium befanden.

Da das Londoner Haus so intensiv auf belgischem Territorium engagiert war und James' Bahngesellschaften südlich der Grenze große Aktivitäten entfalteten, lag es nahe, daß die Rothschilds ihr Augenmerk auf eine der augenfälligsten Lücken im immer dichter werdenden Bahnnetz Europas richteten. James und Lionel hatten schon seit langem die ertragreichen Bergbaugebiete Nordfrankreichs und die Täler der Sambre und der Meuse im benachbarten Belgien im Visier, und sie hatten mehrere Unternehmen für die industrielle Nutzung der Bodenschätze dieser Region finanziert – die „Société charbonnière et de navigation Franco-Belge" und einige Kohlenminen, sowie den Bau des Sambre-Oise-Kanals, der den rascheren Transport belgischer Kohle nach Paris ermöglichte.

Der Erfolg dieser Unternehmen machte den Bau einer Bahnlinie zum unbedingten Erfordernis, und sehr früh schon trat die „Société Générale de Belgique", eine der ersten großen Kommerzbanken, an die Rothschilds mit dem Vorschlag heran, ein Konsortium zu bilden. Wegen der Opposition eingeführter Interessengruppen und einer Finanzkrise im Jahr 1838 wurden die Pläne zunächst ad acta gelegt, aber sie konnten nicht lange in der Schublade bleiben, denn die Zeit war einfach reif für die Verwirklichung des Vorhabens. Natürlich zeigten sich auch andere Finanziers und Industrielle daran interessiert, doch schreckten alle vor den gewaltigen Ausmaßen des Projekts und der ungewissen Höhe der Aufwendungen zurück. Auch die Rothschilds waren bestimmt nicht bereit, ohne staatliche Mitwirkung und Garantie solche Verpflichtungen einzugehen. Monatelang belagerte James einflußreiche Regierungsmitglieder, seine Konkurrenten taten das gleiche. Minister waren geteilter Meinung darüber, ob französische Bahnen unter staatlicher Aufsicht oder als private Unternehmen geführt werden sollten. Nicht so die Rothschilds. Die Bankiers, die einst damit zufrieden gewesen wären, eine Staatsanleihe für die Verwirklichung des Vorhabens aufzubringen, wußten mittlerweile, daß eine massive dauernde Beteiligung am Betrieb von Bahnen viel höhere Gewinne verhieß.

Nach verschiedenen, eher bruchstückhaften gesetzlichen Schritten wurde schließlich 1842 der Plan für ein komplettes Netz von Paris ausgehender Hauptlinien festgelegt. Die Bahnkörper selbst würden Eigentum des Staates sein, der alle erforderlichen Terrainkäufe zu tätigen und die Erschließungskosten zu tragen hätte. Die neuen Bahnen sollten zwar der Nation zugute kommen, aber Teile des Netzes würden an private Gesellschaften verpachtet werden, die für den Trassenbau, die Beistellung des rollenden Materials und den fahrplangemäßen Verkehr sorgen würden.

Laut Übereinkunft sollte als erste dieser Linien die Strecke Paris–Lille–Valenciennes, mit einer Abzweigung zur Küste nach Dünkirchen und Calais, ihren Betrieb aufnehmen. Nun entbrannte ein heftiger Wettstreit um die Konzession, und James selbst stürzte sich mit solcher Verve ins Getümmel, daß man ihn unsauberer Machenschaften, der Bestechung und aller erdenklichen Täuschungsmanöver bezichtigte. Doch letztlich sahen die meisten seiner Konkurrenten ein, daß ihn seine finanzielle Leistungsfähigkeit und sein Einfluß bei Hof unschlagbar machten, und sie beeilten sich, seinem Konsortium beizutreten. Im September 1845 wurde der Kontrakt für einundvierzigjährige Pacht der „Compagnie du Chemin de Fer du Nord" zugesprochen. 25 Prozent des Stammkapitals kamen aus den Rothschild-Banken in Paris und London; James, Lionel und Nathan waren Mitglieder des Direktoriums.

Mehrere Jahre war die Chemin de Fer du Nord das strahlendste kommerzielle Kronjuwel der Rothschilds, sie entwickelte sich zu einer gut geführten und äußerst ertragreichen Bahnlinie. Aber sie brachte auch Probleme. Zum erstenmal sahen sich Mitglieder der Familie an der Spitze eines großen Industrieunternehmens. Das war nicht immer eine reine Freude.

In den Anfangszeiten fiel ein großes Arbeitspensum Anthony zu und wurde ihm zur wahren Last. Er verstand nichts von der Technik und war daher von Fachleuten abhängig. Natürlich zog er Spitzenkräfte heran, unter ihnen George Stephenson, aber selbst der Beste ist eben nicht unfehlbar. Es gab Unglücksfälle, Menschen starben. Überdies blieb es Anthony auch nicht erspart, mit Aktionären zu verhandeln, die durch die Mißlichkeiten kopfscheu geworden waren. Scharen von Streckenarbeitern mußten angeheuert, qualifizierte Lokomotivführer ausfindig gemacht werden; es galt, Terrain für die Trassen aufzukaufen und hunderterlei spezielle Probleme zu lösen, die dem geplagten Engländer alle völlig neu waren.

Als hätten sie mit der Bewältigung der praktischen Schwierigkeiten nicht genug zu tun gehabt, mußten Anthony und Nat auch mit dem Großen Baron gut auszukommen trachten. James war wegen der Eisenbahn ständig in gereizter Stimmung. Die Chemin de Fer du Nord beherrschte sein ganzes Fühlen und Denken, er betrachtete sie als die Krönung seines Lebenswerkes. Während seine Neffen also die tägliche Routinearbeit erledigten, überwachte er die Fortschritte des Unternehmens und schlug dafür Schlachten in den Bereichen der Politik und der Hochfinanz. All dies trug nicht dazu bei, seine Laune zu bessern. Aber James' Sorgen um „seine" Bahn sollten bald von viel schwererwiegenden Befürchtungen verdrängt werden. Vielleicht hatte er die Sturmzeichen gerade deshalb nicht wahrgenommen, weil er ganz und gar mit dem Aufschwung der Chemin de Fer du Nord und anderen wichtigen industriellen Verpflichtungen beschäftigt war – oder aber, weil er dem Königtum Louis Philippes zu nahestand. Im Jahre 1848 kamen die liberalen und nationalistischen Bestrebungen, die mehr als dreißig Jahre lang unterdrückt worden waren, in mehreren Staaten Europas offen zum Ausbruch.

Das Metternichsche System der Allianzen, das reaktionäre Herrschaftsformen an der Macht gehalten hatte, stürzte in sich zusammen. Nach diesem Jahr des Aufruhrs waren die Institutionen, die als Stützen dieses Systems gegolten hatten, bis in die Grundfeste erschüttert. Das betraf in erster Reihe die Rothschild-Banken in Paris, Wien, Frankfurt und Neapel.

In Paris vollzog sich der Umsturz ganz plötzlich, es ging Schlag auf Schlag. Am 22. Februar 1848 wurden in den Straßen Barrikaden errichtet. Am 23. Februar schossen königliche Truppen auf Demonstrantenscharen. Am 24. Februar flüchtete der bejahrte Herrscher mit seiner Familie nach England. Formell dankte er zwar zugunsten seines Enkels ab, des Grafen von Paris, aber noch am selben Tag wurde die Republik ausgerufen. In den turbulenten Tagen nach diesen Blitzaktionen gehörten die Rothschilds, wie nicht anders zu erwarten, zu jenen Suspekten, deren persönliche Sicherheit und Eigentum bedroht waren. Sofort schickte James die gute Betty samt Charlotte und seinem jüngsten Sohn, dem dreijährigen Edmond, nach London, wo sie bei Anthony und Louisa Aufnahme fanden. Einige Tage später reisten ihnen die älteren Söhne nach. Aber James selbst, mit Nat an seiner Seite, harrte in der Stadt aus, um dort den Sturm in Deckung zu überstehen. Oder vielleicht könnte man treffender sagen, er lief vor den Sturmböen her, denn, wie schon 1830, galt seine Hauptsorge der Erhaltung seines Unternehmens, und so suchte er sogleich Mittel und Wege, um sich mit dem neuen Regime zu arrangieren. Ernest Feydeau berichtet über einen Vorfall, der sich während der schlimmsten Unruhen ereignete, als die Revolutionäre

„nach der Plünderung der Privatgemächer der Tuilerien im Garten umherstolzierten, grotesk angetan mit den Schals und Mänteln der Prinzessinnen ... zum Spaß schossen sie nach allen Richtungen ... Kugeln pfiffen durch die Rue de Rivoli, die Rue Castiglione und über die Place Vendôme ... Etwa um die Mittagszeit sah ich zwei Herren Arm in Arm gemächlich aus der Rue de la Paix auftauchen und in Richtung der Tuilerien gehen. Einen von ihnen erkannte ich als den Baron de Rothschild. Rasch ging ich auf ihn zu. ‚Monsieur le Baron', sagte ich, ‚Sie haben sich wohl keinen guten Tag zum Promenieren ausgesucht. Ich glaube, Sie sollten lieber nach Hause gehen, statt sich den Kugeln auszusetzen, die hier überall durch die Luft fliegen.'

‚Junger Freund, ich danke für Ihren Rat', erwiderte er. ‚Aber sagen Sie mir, wieso sind Sie denn hier? Weil es Ihnen die Pflicht gebietet? Nun also, auch ich, der Baron de Rothschild, bin aus eben diesem Grund gekommen. Ihre Pflicht ist es, unter Waffen auf Posten zu stehen und die Sicherheit braver Bürger zu beschirmen. Meine Pflicht ist es, das Finanzministerium aufzusuchen, um nachzusehen, ob man dort nicht meine Erfahrung und meinen Rat braucht.' Damit ging er weiter."[8]

Der Baron war natürlich an raschester Wiederherstellung der Ordnung und Wiederaufnahme des normalen Geschäftslebens interessiert. Seine einzige Hoffnung, auch im Finanzwesen der Republik weiterhin eine führende Rolle spielen zu können, lag darin, daß er sich selbst Vertrauen in diese Republik suggerierte und sich bei den neuen Machthabern beliebt machte. Wie schon 1830, so spendete er auch 1848 großzügig und demonstrativ für den Fonds zugunsten verwundeter Helden der Revolution. Diesmal allerdings kostete ihn eine solche Geste nicht 15 000, sondern 50 000 Francs. Aber auch die neue Regierung war an der Wiederherstellung der Stabilität höchst interessiert, und bald führte James Gespräche mit Ministern und sagte seine Mithilfe zu, um das Räderwerk der Finanzen wieder in Schwung zu bringen.

Doch hinter der Kaltblütigkeit, die er zur Schau trug, verbarg sich tiefe Angst und Sorge. Sie spricht aus seiner Antwort vom 4. März auf die flehentlichen Bitten seiner Frau, sie zu ihm zurückkehren zu lassen:

„Mein geliebter Engel,
unter dem Datum des 2ten, mein holder Engel, erhielt ich einen

Brief, der mir sehr teuer ist. Darin bestehst Du darauf, für einige Tage hierher zu kommen. Ich gestehe, daß mein Herz schneller schlägt und ich schätze mich glücklich, Deinem Versprechen beizustimmen ... Man weiß aber nie, was von einer republikanischen Regierung zu erwarten ist. Nun bin ich viel gleichmütiger. Ich betrachte die Situation noch immer als gefährlich. Alles, was wir hier tun können, ist, unsere Verpflichtungen zu erfüllen. Ich schließe neue Geschäfte ab ... Ich bitte Dich nur um eines: beschaffe Dir unter anderem Namen einen Paß für eine Her- und Rückreise. Wenn Du Alphonse mitbringst, sollte auch er einen neuen Paß auf einen anderen Namen haben, denn ich möchte nicht, daß die Gazetten in großen Lettern vermelden ‚Madame de Rothschild nach London zurückgekehrt', falls Du Dich entschließen solltest, wieder abzureisen. Das würde Anlaß zu dummem Geschwätz geben ... Meine gute Betty, ich glaube, wir sollten ein kleines Haus mieten, um darin in Frieden zu leben ... Tue, was Dir Dein Herz gebietet. Komme und bringe Alphonse mit, wiewohl ich mir die Frage stelle, ob wir ihn nicht mit der Politik verschonen sollten. Wenn man ihn erblickt, wird man ihn auffordern, in die Nationalgarde einzutreten. Er könnte kommen, wenn er kein Aufsehen erregt ..."[9]

Mit gutem Grund konnte James davon sprechen, sich bescheiden ins Privatleben zurückzuziehen. In jenen Tagen des Wahns der Gleichmacherei kursierten wilde Gerüchte über die Verstaatlichung der Banken, der Eisenbahnen und die Aufteilung des Besitzes. Bald war zwar die Ruhe in der Hauptstadt einigermaßen wiederhergestellt, aber Banden von Strolchen und Plünderern zogen noch immer im Land umher, und die Rothschilds beobachteten mit Schrecken und bösen Vorahnungen, wie sich die Gewalt über die Staatsgrenzen ausbreitete. Doch nicht alle Familienmitglieder erfüllten die Wirren mit heller Bestürzung. Im liberalen, relativ sicheren England konnte Anthonys Frau in ihr Tagebuch schreiben: „Es ist unmöglich, an etwas anderes zu denken oder sich mit anderem zu befassen als mit dieser wunderbaren Revolution." Sie teilte die Sorge ihres Mannes um seine Verwandten, gestand aber „schlicht und einfach Gleichgültigkeit oder eher eine Abneigung gegen Prunk und Prahlerei". Wenn der Sieg einer demokratischen Revolution ihr einen bescheideneren Lebensstil abforderte, dann wäre sie damit durchaus zufrieden. „Ich glaube, daß ich mich sehr gut mit einer Wendung des Geschicks abfinden könnte, aber Anthonys Kummer raubt mir all meinen Mut."[10] Doch als sie im Lauf des Jahres aus ganz Europa von neuen Greueln erfuhr, stimmte auch sie in den Chor der Verzagten ein: „Die Schilderung des grausamen Wütens dieser neuen Revolutionäre ist entsetzlich und scheint zu zeigen, daß die Zivilisation – jene Zivilisation des 19. Jahrhunderts, auf die wir so stolz sind – nur an der Oberfläche der Gesellschaft vorhanden war und die wilden, verhärteten Herzen der unteren Schichten unberührt ließ."[11]

Die Männer der Familie konnten nicht so distanziert bleiben. Sie verbrachten die restliche Zeit des Jahres auf Reisen zwischen ihren Bankhäusern, mit Konferenzen, Finanztransaktionen und Gesprächen mit den vom Mob hochgetragenen neuen Politikern – lauter Bemühungen, aus dem Chaos zu retten, was zu retten war, und um bessere Zeiten zu beten.

Mitte März sprang der Funke der Revolution auch nach Österreich und Deutschland über. Am 13. des Monats wurde Metternich geopfert, in der Hoffnung, dadurch die bestehende Ordnung vor einem Umsturz zu bewahren. Der entmachtete Allmächtige flüchtete aus Wien, doch vorher mußte er von Salomon Geld borgen, um mit seiner Familie nach England reisen zu können. Der Baron stand seinem alten Freund mit Freuden zu Diensten. Tausend Dukaten als Darlehen für den gestürzten Staatskanzler waren für ihn eine Bagatelle, aber nach den Begriffen der Hochfinanz befand sich das Wiener Haus in argen Schwierigkeiten. Es steckte mitten in einer Bankenkrise größeren Ausmaßes und drohte so plötzlich und völlig zusammenzubrechen wie Metternichs Regierungssystem. Vielleicht war Salomon ein Opfer seiner eigenen Gutmütigkeit: Er hatte anderen Finanziers ausgeholfen, und die Folge davon war, daß er nun selbst überfordert war.

Anselm eilte nach Wien zurück, um, wenn irgend möglich, die akuten Probleme zu lösen. Durch unverdrossene Bemühungen und in enger Verbindung mit London gelang es ihm, Ordnung in die verworrene Situation zu bringen, doch auf Salomon und Amschel wirkten sich die finanziellen und politischen Umwälzungen katastrophal aus. Alles, was sie in harter Arbeit aufgebaut hatten, schien wieder im Treibsand der Revolution zu versinken, aus dem es einst, während ihrer Jugend, aufgestiegen war. Salomon war tief niedergeschlagen, und Amschel, der nicht erst eine Krise brauchte, um in Panik zu geraten, verlor fast den Kopf. Finanziell befand sich das Frankfurter Haus in keiner verzweifelten Lage. Die nun weit verbreitete Angst um gefährdete Anlagewerte hatte, wie meist in solchen Fällen, einen Ansturm auf Gold ausgelöst. Amschel kam in Bedrängnis* und reagierte mit bitteren Vorwürfen

* Doch immerhin hatte er die Zeit und die Mittel, um zwei jungen Neffen auszuhelfen, die unklug spekuliert hatten. George und Anthony Worms hatten spanische Börsenpapiere im Wert von 500 Pfund Sterling erworben, mit der Absicht, aus dem Verkauf bei Kursanstieg vor dem Fälligkeitstag Gewinn zu schlagen. Aber der Kurs fiel, und die beiden konnten nicht bezahlen. In ihrer Desparation wandten sie sich an Onkel Amschel. „Ich begab mich in sein Haus an der Zeil und erzählte ihm alles", schrieb George. „Er

gegen die anderen Rothschild-Banken, weil sie ihm nicht beisprangen. Aber er und seine Brüder hatten schon früher solche Krisen überwunden, und Anselm vertrat zweifellos die Ansicht, es gebe keinen Grund, warum sie nicht auch diese durchstehen sollten, solange sie alle besonnen handelten.

Doch ein tobender Mob ist ein häßlicher Anblick. In jenen unruhigen Märztagen und während des schlimmeren Aufruhrs, der im Mai folgte, mochte der alte Amschel ernstlich befürchtet haben, daß die bisherige Obrigkeit den Kräften der Revolution nicht standhalten könne. Als Zeitzeuge schilderte ein damals in Frankfurt zu Besuch weilender englischer Verwandter in einem Brief sehr lebendig die dramatischen Abläufe:

„Am Samstag begab sich eine Deputation achtbarer Persönlichkeiten zum im Römer versammelten Stadtsenat, mit einer von mehr als 20 000 Personen unterschriebenen Petition und erhob (mit der Ankündigung ‚Wenn ihr uns nicht gebt, was wir verlangen, dann werden wir es uns nehmen!') die folgenden acht Forderungen: Pressefreiheit; Amnestie für alle politischen Häftlinge; Schwurgerichte; ein gesamtdeutsches Parlament; Bürger- und Religionsfreiheit; öffentliche Gerichtsverhandlungen und das Recht, Waffen zu tragen. Dann kam eine mindestens sieben- bis achttausendköpfige brüllende Volksmenge. Um vier Uhr nachmittags versammelten sich die Leute vor dem Justizgebäude und verursachten einen schrecklichen Lärm, um fünf Uhr gewährte der Senat die ersten beiden Forderungen. Über die anderen aber sollte vorerst mit den Staaten des Deutschen Bundes beraten werden. Die Menge wollte den Senat nicht ziehen lassen, wenn dieser nicht alles gewährte, was verlangt wurde. Eine größere Anzahl von Leuten stürmte das Gebäude und drang tatsächlich bis in den Ratssaal vor, wurde aber durch die Nationalgarde vertrieben. Dann wurde Alarm gegeben, und alle Soldaten rückten aus. Vor dem Gebäude marschierte eine etwa 400 Mann starke Abteilung der Nationalgarde auf, dahinter nahmen 500 Mann Infanterie und 100 Mann Kavallerie Aufstellung. Die Leute drängten heran und hißten vor dem Gebäude die republikanische Flagge: Schwarz-Rot-Gold. Sie wurde sofort wieder niedergeholt. Der Mob harrte bis ein Uhr morgens aus, als es zu einer Krise kam. Es gab einen Bajonettangriff, zwei oder drei Personen wurden verletzt und vierzig gefan-

lachte nur über unser Dilemma und sagte: ‚Ihr werdet einen Wechsel für den gesamten Betrag auf euren Vater ziehen. Ich gebe euch das Geld. Ihr bezahlt für die spanischen Papiere und schickt den Wechsel in einem rekommandierten Brief an euren Vater.' Das taten wir, und damit war die Affäre erledigt."[12]

gengenommen. Gestern um sechs Uhr morgens waren *alle* Bürger Frankfurts unter Waffen, was fünfzehn- oder sechzehntausend bewaffnete Männer ergab. Eine Abteilung der Nationalgarde besetzte den Römerberg und brachte fünf Feldgeschütze in Stellung. Den ganzen Tag über standen dort mehr als tausend Mann. Durch die Straßen marschierten Abteilungen mit Gewehren und Säbeln. Alle Stadttore wurden geschlossen, und niemand – außer eingesessenen Bürgern – fand ohne Kontrolle Einlaß, und jeder, der Waffen bei sich trug, wurde sofort verhaftet. An jeder Straßenecke zwei Posten mit geladenen Gewehren. Der Senat gab die Empfehlung, daß alle Bürger oder Ausländer, die ihre friedliche Gesinnung zeigen wollen, am linken Arm ein weiß-rotes Band tragen sollten. Ich und Tony trugen sie natürlich. Nachts wurden alle Straßen von Truppen bewacht, und wer kein solches Band trug, durfte unter keinen Umständen passieren. Alle Personen, die ein Geschrei erhoben, wurden unverzüglich verhaftet, wenn sich einer widersetzte, wurde er auf der Stelle erschossen (das kam nur ein einzigesmal vor). Abends bot sich das schönste Bild, das ich je erblickte, überall Fackeln und lauter Soldaten, zu Pferd und zu Fuß, hin und wider in ständiger Bewegung. Der Senat wollte 5000 Mann Österreicher herbeiholen.* Aber die Bürger machten sich bereit, die Stadt zu verteidigen, und das hätten sie auch getan. Ich versichere Dir, alles blieb ruhig. Als jemand am Samstag die Leute fragte, was sie denn mit ihrer Freiheit wollten, da sagten sie: Geld und Blut. Das war der Grund für all diese Vorkehrungen. Wären nicht solch strenge Maßnahmen ergriffen worden, dann hätten wir hier sicherlich schlimmere Szenen erlebt als in Paris, jedes Haus wäre geplündert und niedergebrannt worden, und wer weiß, was sonst noch geschehen wäre, aber Gott sei Dank herrscht nun Ordnung . . .“[13]

Dieses Aufatmen kam verfrüht, denn in den deutschen Zentren übten die Aufständischen noch immer starken Druck aus. Berlin war die erste Hauptstadt, die nachgab. König Friedrich Wilhelm IV. von Preußen bewilligte eine liberale Verfassung und versprach, sich an die Spitze einer geeinten deutschen Nation zu stellen. Vielerorten kam es neuerlich zu Ausschreitungen, so auch in Frankfurt, wo Amschel freilich keinen ärgeren Schaden erlitt als ein paar zerbrochene Fensterscheiben. (Dem „alten Rothschild“ die Fenster einzuwerfen, scheint eine fast rituelle Reaktion gewesen zu sein, wenn es in der Stadt gärte.) Für den 18. Juni war eine Sitzung des Bundestags angesetzt, um eine Verfassung für das

* Aus Mainz, der Festung des Deutschen Bundes, wo preußische, österreichische und hessische Truppen gemeinsam in ständiger Garnison standen.

neue Deutschland auszuarbeiten, daraufhin war Amschel – wie James in Paris – sofort bereit, ein gutes Einvernehmen mit den neuen Herren des Landes herzustellen.

Wieder einmal verstanden es die pragmatischen Rothschilds, ihre Handlungen von ihren Gefühlen zu trennen. Persönlich empfanden sie nichts als Verachtung für die disziplinlosen Gleichmacher. Diese Ablehnung verstärkte sich noch, als ein mit Hacken und anderen primitiven Waffen ausgerüsteter Mob in Salomons Pariser Palais eindrang, die Möbel zerschlug, die Bilder der alten Meister zerfetzte und dann die Trümmerstätte in Brand steckte. Das patrizische Empfinden, besonders der jüngeren Männer, empörte sich gegen die Demagogen und proletarischen Rädelsführer, welche die Helden der Stunde waren. Doch wie James' ältester Sohn Alphonse mit dem Zynismus des Resignierenden bemerkte: „Die Arbeiter sind unsere Herren, daran werden wir uns gewöhnen müssen."[14]

Der Große Baron bewahrte zwar nach außen hin Haltung und Gelassenheit, aber ihm fehlte eben die Gabe der Jungen, sich rasch in die Verhältnisse zu schicken. Noch immer marterte ihn die Sorge um seine Familie. Alphonse war voll Gleichmut in die Reihen der Nationalgarde eingetreten, und auch der neunzehnjährige Gustave hätte einrücken müssen, falls er nach Frankreich zurückkehrte. Der Vater der beiden hatte aus Angst um sie schlaflose Nächte. Schließlich raffte er sich zum Handeln auf:

> „Ich will nicht warten, bis die Nationalgarde gezwungen sein könnte, in Aktion zu treten und Alphonse gegen andere junge Männer kämpfen müßte. Als Vater möchte ich all diese Aufregungen vermeiden. Außerdem bin ich kein großer Republikaner. Deshalb habe ich mich entschlossen, ihn nach Amerika zu schicken. Um so lieber, da Nathaniel glaubt, es könnte für uns von geschäftlichem Nutzen sein. Das einzige Problem ist seine große Jugend, und ich meine, ein so resoluter und tüchtiger Mensch wie Mayer sollte ihn begleiten . . . Ich möchte, daß Alphonse Paris rasch verläßt, und ich möchte auch, daß er ernsthaft zu arbeiten beginnt und ein Mann wird."[15]

De facto ging Alphonse erst fünf Monate später an Bord eines Amerikafahrers. Für die Zwischenzeit wurden er und sein Bruder nach Frankfurt delegiert, wo sie weit vom Schuß waren.

Für die Rothschilds als Unternehmer waren die Aussichten weiterhin denkbar schlecht. Es gab konkrete Pläne, die Eisenbahngesellschaften zu verstaatlichen, und James tat sich mit mehreren Bankierskollegen zusammen, um energisch dagegen aufzutreten. Aber wie sich erweisen sollte, war dies der letzte Anschlag auf das Eigentum in Frankreich. Alle wurden der Extremisten überdrüssig, und die kurze Frist ihrer Herrschaft näherte sich dem Ende. Im Juni wurden Armee und Nationalgarde gegen das Gesindel eingesetzt. Das Resultat war eine rücksichtslose Abrechnung, die in die Geschichte als „das Juni-Blutbad" einging. Die Unterschicht und ihre sozialistischen Anführer wurden in ihre Schranken gewiesen, von Verstaatlichung und Umverteilung des Besitzes war keine Rede mehr, und James gewann seinen Optimismus zurück:

> „Wenn die Ordnung dauerhaft wiederhergestellt werden kann, wird auch das Vertrauen wieder aufleben. Die Deputiertenkammer und die Regierung werden schließlich begreifen, daß Macht nur ohne Gewalt ausgeübt werden kann. Ich glaube, das wird für alle Staaten eine Lehre sein... Es wird nicht mehr möglich sein, die Eisenbahnen an sich zu reißen... Ich glaube, die ganze Welt wird aus dem, was hier geschah, eine Lehre ziehen. Überall wird sich alles zum Besseren wenden..."[16]

Sicherlich entstand der Eindruck, daß die Liberalen, Protokommunisten und Nationalisten mit ihren Bestrebungen Schiffbruch erlitten hatten, weitgehend infolge ihrer Unfähigkeit, sich zu einigen. In Frankfurt erschöpften sich rivalisierende Gruppen im Gezänk und vertaten die Initiative, die sie bereits an sich gerissen hatten; Aufstände in mehreren Regionen Italiens schlugen fehl, und Österreich bemühte sich, trotz seiner eigenen politischen Probleme, allen gefährdeten monarchischen Regierungen den Rücken zu stärken. Aber gerade im Zentrum des Reiches kam es zu schweren Ausschreitungen, ehe die Krise verebbte. Im Herbst tobte sich die Gewalt zum letzten Mal aus – in Wien. Dadurch entstand eine bedrohliche Lage, wie sie keines der anderen Rothschildschen Bankhäuser erlebt hatte, und sie vertrieb Salomon schließlich von der Stätte seiner Triumphe. Die Zusammenstöße gipfelten am 6. Oktober in einem Sturm auf das Hofkriegsratsgebäude,* wo der Kriegsminister Graf Baillet de Latour Zuflucht gesucht hatte. Der Unglückselige wurde ins Freie gezerrt und bestialisch ermordet. Der kaiserliche Hof und die Regierung flüchteten und überließen den Aufständischen die Macht in der Haupt- und Residenzstadt des Reiches. Erst fünfundzwanzig Tage später gewann die k. k. Armee wieder die Oberhand. In der Zwischenzeit wütete der Mob, besetzte und plünderte eine Reihe von Gebäuden, darunter auch Salomons Hauptsitz in der Renn-

* Der Hofkriegsrat hatte damals in Österreich den Rang und die Funktion eines Kriegsministeriums.

gasse. Der Baron und sein Sohn versteckten sich, und bei der ersten Gelegenheit zur Flucht entwichen sie nach Frankfurt. Anselm kehrte schon vier Wochen später zurück, als wieder Ruhe und Ordnung herrschte. Salomon aber ließ sich nun auf Dauer in Paris nieder, und verbrachte dort die allerletzten Jahre seines Lebens.

Die Rothschilds, in allen Zentren ihres Finanzimperiums, überlebten die Stürme. „In Paris sind alle ruiniert", berichtete ein englischer Beobachter. „Ein Bankier nach dem anderen bricht zusammen. Nur Rothschild allein steht aufrecht, wenn auch ausgeblutet."[17] Zwei Gründe waren dafür ausschlaggebend, daß die Familie auch eine weitere große Krise bewältigte. Erstens jenes Amalgam aus gewaltigen finanziellen Hilfsmitteln, Solidarität und Wendigkeit, das seit je ihre Position untermauerte. Das Gold und die Köpfe in London, Paris, Neapel, Frankfurt und Wien bildeten eine feste Einheit, die jeder unter Druck stehenden Bank alle erforderliche Hilfe gewährleistete. Der zweite Grund war, daß die neuen Regime die Rothschilds einfach nicht untergehen lassen konnten, denn ein Zusammenbruch solchen Ausmaßes hätte unweigerlich zu einer Finanzkatastrophe geführt. Deshalb kam es dazu, daß sogar in den Tagen der schwersten Erschütterungen der Minister in Paris mit James über eine kurz vorher emittierte Staatsanleihe verhandelte.

Das Bild des Reichtums und der Macht der Rothschilds, einem Fels in der Brandung der Revolution gleich, erfüllte viele Betrachter mit ehrfürchtigem Staunen. Während all der Umwälzungen des Jahres 1848 hatten wenige Persönlichkeiten des öffentlichen Lebens ihre Stellung mit soviel zumindest äußerlicher Besonnenheit und Energie behauptet wie James de Rothschild, der Große Baron. Verständlich also, daß er in weiten Kreisen als ein Phänomen des Zeitalters galt. Wer ihn schon immer bewundert hatte, fand nun eine neuerliche Bestätigung dafür. Wer ihn haßte, tat dies fortan noch verbissener. Viele betrachteten ihn als eine schier unbegreifliche Erscheinung. Sogar der Herausgeber des radikalen Blattes „Tocsin des Travailleurs" zollte ihm bei allem Sarkasmus unwillkürlich Respekt, als er schrieb:

> „Sie sind ein Wunder, mein Herr, trotz seiner Majorität stürzt Louis Philippe, Guizot verschwindet, das konstitutionelle Königtum und die parlamentarische Beredsamkeit müssen weichen, Sie aber wanken nicht! ... Wo sind Arago und Lamartine? Sie liegen zu Boden, Sie aber stehen aufrecht. Die Bankfürsten liquidieren, ihre Bureaux sind geschlossen. Die großen Kapitäne der Industrie, die Eisenbahngesellschaften schwanken. Aktionäre, Händler, Fabrikanten und Bankiers gehen en masse zugrunde; Große stürzen über Kleine, Zertre-

> tene über Erdrückte; nur Sie allein inmitten so zahlloser Ruinen bleiben unerschüttert. Wie sehr Ihr Haus auch vom ersten Chok in Paris erfaßt, in Neapel, Wien und Berlin durch eine wandernde Revolution bedrängt wird, die überall in Europa ihrem Haus begegnet, Sie bleiben aufrecht."[18]

Indes, wer tiefer blickte, der sah, daß bedeutsame Veränderungen stattgefunden hatten – Wandlungen, gegen die nicht einmal der Große Baron gefeit war.

KAPITEL 11
Die verrammelten Parlamentspforten

In Britannien verlief das Leben während der dreißiger und vierziger Jahre des 19. Jahrhunderts ruhiger als auf dem Festland. Für Nathans Nachfolger in New Court war das gut so. Lionel und seinen Brüdern fehlte der Geschäftssinn des Vaters und auch seine unbedingte Hingabe an den Beruf. Gewiß, durch Nathans frühen Tod wurden alle drei, Lionel, Anthony und Nat, plötzlich ins tiefe Wasser geworfen und mußten eben schwimmen. Dabei wirkten sich ihre häufigen und notwendigen Reisen nach Paris auf den normalen Betrieb in New Court nicht gerade günstig aus. Doch im Lauf der Zeit erlangten sie und ihr jüngerer Bruder Mayer, genannt „Muffy", in Britannien sogar noch größeren Einfluß als einst N. M., wenn auch Einfluß ganz anderer Art. Der war nicht allein auf Finanzkraft und Charakterstärke begründet, sondern auf ihren politischen und sozialen Status als englische Gentlemen, eine Position, die sie, besonders von ihrer Mutter angeeifert, zu ihrem höchsten Lebensziel machen sollten.

Hannah fühlte sich in gleichem Maß als Engländerin und als Jüdin, deshalb erzog sie Nathans Kinder zum Patriotismus und Nationalstolz. Doch ihr schrankenloser Ehrgeiz bezog sich auf ihre Söhne. Sie regte die jungen Männer dazu an, in die „große Gesellschaft" zu gehen und den Titel Baron zu führen, auf den ihr Vater keinen Wert gelegt hatte. Sie brachte Muffy nach Cambridge, riet ihren Söhnen zum Kauf von Landgütern, drängte sie, in die Politik zu gehen und in allem ihr „Geburtsrecht" als Mitglieder der britischen Elite wahrzunehmen.

In mancher Hinsicht erreichte Hannah mit solchem Bemühen, den Kindern die Anpassung an die High Society zu sichern, fast mehr als sie beabsichtigte. Wie schon erwähnt, bewirkte Hannah Mayer durch ihre Einheirat in die christliche Aristokratie einen Familienskandal. Nat und in geringerem Grad auch Charlotte und Louisa wurden in ihren ausländischen Wohnsitzen niemals wirklich heimisch. Charlotte übertrug die Liebe zum eigenen Geburtsland sogar auf ihre Kinder. Zwei von ihnen, Ferdinand und Alice, ließen sich, kaum erwachsen, auf Dauer in England nieder.

Nicht nur sie betrachteten Britannien als einen Hafen des Friedens und der Duldsamkeit. Viele Menschen auf dem Festland, wo Minderheiten zu den Mitteln der Intrige, der gewalttätigen Demonstration, ja der Revolte greifen mußten, um über ihr eigenes Geschick bestimmen zu können, blickten sehnsuchtsvoll nach Britannien als der Heimstätte des Liberalismus und dem Musterbeispiel allmählicher Entwicklung zu einer politisch freien Gesellschaftsordnung.

Doch natürlich waren viele dieser Vorstellungen bloße Illusion. Britannien war kein Utopia. Soziale und konfessionelle Unterschiede spalteten die Nation auf, und die Minderheiten, darunter die Juden, hatten noch manche Kämpfe um die Gleichberechtigung zu bestehen. Über den Zugang zu akademischen Berufen, zu höherer Schulbildung und zum politischen Leben bestimmte die Anglikanische Kirche. Nahezu hundertsiebzig Jahre lang blieben Machtpositionen allen versperrt, die nicht praktizierende Mitglieder der Church of England waren bzw. sich nicht zu deren Neununddreißig Glaubenssätzen bekannten, oder aber aus Gewissensgründen nicht den Eid ablegen konnten, den christlichen Glauben „in der durch das Gesetz festgelegten Form" hochzuhalten. Während der Zeiten der Reform Bill-Gesetzgebung gab es eine liberale Strömung gegen solche Einschränkungen. Im Jahre 1828 erreichten die protestantischen „Dissenters"* die Gleichstellung, ein Jahr später wurde sie den Katholiken zugestanden – dies nicht zuletzt deshalb, das sei offen gesagt, weil die Regierung eine Revolte in Irland befürchtete, falls diese Reform verweigert würde.

Als auch die Juden ähnliche Rechte anstrebten, rechneten wohl wenige von ihnen mit einem langwierigen Kampf gegen fest verschanzte Kräfte der Reaktion. Anfangs schien alles bestens zu laufen, und als jüdische Gemeinden im Frühjahr 1830 im ganzen Land Unterstützung für eine „Jewish Disability Bill", einen Antrag auf Beseitigung der Rechtseinschränkung für Juden, mobilisierten, fanden sie beträchtlichen Rückhalt bei ihrer nichtjüdischen Umgebung. Man schätzte die in Britannien lebenden 35 000 Juden. Viele von ihnen hatten sich Wohlstand geschaffen und waren in die soziale Mittelschicht aufgestiegen, teils dank der Ausbildung an den neu errichteten jüdischen Schulen. Vielen Engländern war es selbstverständlich, daß solche achtbaren Bürger dieselben Rechte beanspruchen durften wie ihre christlichen Landsleute.

Doch als die Gesetzesvorlage in Westminster einlangte, begannen die Schwierigkeiten. Zunächst wurde sie von Robert Brant, einem prominenten Abgeordneten der Whigs, als Initiativantrag eingebracht.

* Alle protestantischen Glaubensgemeinschaften außerhalb der Staatskirche, z. B. Methodisten und Presbyterianer.

Aber in seiner Funktion als Premierminister verweigerte Wellington dem Antrag die Unterstützung der Regierung, und so wurde die Vorlage bei der zweiten Lesung abgelehnt. Unverdrossen brachte Grant die Sache 1834, während der Ära des liberalen Kabinetts unter Lord Grey, wieder im Unterhaus zur Sprache. Dort fand sie zwar eine große Mehrheit, wurde aber im überwiegend konservativen Oberhaus verworfen. Ähnlich erging es mit den Disability Bills, die 1835 und 1836 eingebracht wurden. Zu ihrem Leidwesen verloren die Juden die energischesten parlamentarischen Verfechter ihrer Interessen, als Grant 1835 das Amt des Gouverneurs von Bombay antrat und der altgediente liberale Oberhausabgeordnete, Baron Holland, 1840 starb. Aber es waren nicht nur Whigs und Radikale, die für die politische Gleichstellung der Juden stimmten. Ebensowenig waren es nur der anglikanische Klerus und die reaktionäre Aristokratie, die sich dagegen aussprachen. Unter den Abgeordneten, welche die vorgeschlagene Reform ablehnten, waren immerhin führende Fortschrittliche wie Lord Shaftesbury, der große Reformer, und Thomas Arnold, der verdienstvolle Schulmann. Er schrieb 1836 an einen Freund:

> „Ich bekenne mich nach wie vor zu meiner Kardinalregel, daß es auf der Welt Christen und Nichtchristen gibt. Mit ersteren sollten wir uns verbunden fühlen, mit letzteren indes in keinem Fall. Ich hoffe inständig, daß zwischen Christen und Nichtchristen auch weiterhin ein Unterschied gemacht wird. Und ich glaube, daß die Juden keinerlei Ansprüche auf politische Rechte haben ... die Juden sind in England Fremde und haben nicht mehr Anrecht auf die Mitwirkung bei der Gesetzgebung, als ein Mieter darauf, daß ihm der Hausbesitzer die Mitsprache bei der Verwaltung des Hauses einräumt."[1]

Auf anderen Ebenen als der gesamtstaatlichen waren Fortschritte für die Juden leichter zu erzielen. Einer davon war die Führung der City of London. Dort kamen den Verfechtern der Reform die in der Geschäftswelt vorherrschende liberale Einstellung und der Aufstieg einiger außerordentlich befähigter, in hohem Ansehen stehender Juden zustatten. Die erste Barrikade, die erstürmt werden mußte, war das Amt des Sheriff of London, des Vertreters der Krone in der Hauptstadt. Im Jahre 1835 fiel die Wahl auf David Salomons, einen der Gründer und leitenden Köpfe der London and Westminster Bank. Dabei ergab sich bereits ein exemplarischer Fall der Unvereinbarkeit, denn der Neugewählte hätte einen christlichen Eid zu leisten gehabt. Um eine absurde Situation zu vermeiden, wurde im Parlament in aller Eile eine Ausnahmsbestimmung getroffen. Und so wurde Salomons zum ersten englischen

Juden, der ein politisches Amt bekleidete. Die erste Runde ging an die Reformer.

Die zweite aber entschied das „Establishment“ für sich. Salomons Wunsch, seinen Sitz als neugewählter Stadtrat für den Londoner Bezirk Aldgate ohne den traditionellen Eid einzunehmen, wurde auf Einspruch abgelehnt. Im Lauf der nächsten Jahre wurden Juden in mehreren Regionalvertretungen gewählt, und in vielen Fällen ignorierten die lokalen Behörden das Gesetz, das solche Mandatare gehindert hätte, in das Gremium einzuziehen. Im Jahre 1841 erwirkte eine jüdische Proponentengruppe die Vorlage eines Antrags, der solchen Mitgliedern ermöglichen sollte, einen entsprechend abgeänderten Eid zu schwören. Als dieser Versuch fehlschlug, herrschte in Londoner Geschäftskreisen große Aufregung, weil Juden dadurch Sitze im Common Council verwehrt wurden, dem gewählten Verwaltungsapparat der City. Bei den allgemeinen Wahlen jenes Jahres warben die älteren Brüder Rothschild und deren Freunde für die Whigs oder Liberalen, wie sie nun genannt wurden. Wahlsieger waren zwar die Konservativen unter der Führung von Sir Robert Peel, aber wie I. C. Herries, der nach seiner Niederlage zum erstenmal seit vierzig Jahren aus der politischen Arena abgehen mußte, dem neuen Schatzkanzler warnend vorhielt, hatte die Partei eine machtvolle Gruppe vor den Kopf gestoßen:

> „Es ist zu bedenken, daß die erwähnte Gentry Ihnen nicht so günstig gesinnt sein mag wie in früheren Zeiten. Die Rolle, welche die Jones, Lloyds, Sam Guerney und Rothschilds während der Wahlen in der City spielten, deutet nicht auf eine freundliche Einstellung zur Konservativen Partei hin.“[2]

Ein wahres Wort. Als 1845 der Gesetzesantrag neuerlich eingebracht wurde, hatte er die Stimmen der Regierung für sich, und damit war der Erfolg gesichert. Sofort nahmen Juden ihre Plätze in den Leitungsgremien der City ein. Salomons wurde 1847 Stadtrat und 1855 Lord Mayor. „Gott sei Dank haben wir endlich einen Gentleman in der Ratskammer“, sagte angeblich ein Bischof zu Prinzgemahl Albert, und dieser antwortete: „Ja, aber Sie mußten über den Zaun der Christenheit klettern, um ihn zu finden.“[3]

Im August 1847 fanden weitere allgemeine Wahlen statt, und die Führer des Wahlkampfs beschlossen, auf Parlamentsebene die gleiche Taktik anzuwenden, die sich bei anderen politischen Vertretungen als so erfolgreich erwiesen hatte. Sie bewogen prominente Juden, sich aktiv zu beteiligen. David Salomons kandidierte als Liberaler für Greenwich.

Auch zwei Rothschilds lagen im Rennen: Mayer kandidierte in Kent für den Sitz von Hythe und Folkestone, und in der City of London trat für die Liberalen das Oberhaupt des englischen Familienzweiges in die Schranken: Lionel de Rothschild persönlich.

Er und seine Brüder waren seit vielen Jahren für die Sache der politischen Emanzipation der Juden tätig, aber bisher hatten sie nur hinter den Kulissen agiert. Dabei war der Gedanke einer Parlamentskandidatur in der Familie nicht neu. Schon 1841 hatte Anselm aus Wien in seinen Betrachtungen über die englische Innenpolitik geschrieben, er hoffe, in Bälde einem von ihnen zu einem Parlamentssitz gratulieren zu können.[4] Ein Sitz im Parlament – das war es, was Lionel und Mayer nun anstrebten, einfach um seiner selbst willen. „Ein Parlamentssitz" – das war Teil des Geburtsrechtes eines reichen englischen Gentleman, und sie wollten zeigen, daß dies auch für reiche jüdische Gentlemen galt. So wie Salomon kurz zuvor für die österreichischen Juden das Recht auf Grundbesitz errungen hatte, waren seine englischen Verwandten im gleichen Geist entschlossen, der englischen Judenschaft politische Rechte zu sichern. Weder Lionel noch Muffy waren eifrige Parteimitglieder, und sie suchten auch kein Forum für die Verbreitung leidenschaftlich verfochtener politischer Überzeugungen. Ihre Verpflichtungen gegenüber der Allgemeinheit erfüllten sie bereits als Grundherren, Arbeitgeber, Gönner und großzügige Förderer von Wohlfahrtsaktionen. Sie brauchten keine öffentliche Arena, um dort ihre Ansichten zu verbreiten. Im Gegenteil, Lionel wich der Publicity so weit als möglich aus.

Das heißt natürlich nicht, daß die beiden keine eigenen politischen Meinungen gehabt hätten. Wie alle führenden Juden waren sie Whigs, weil die Liberalen die Partei der konstitutionellen Reform und der Minderheitenrechte waren. Muffy war der aktivere von den beiden. Vermutlich hatte er sich seine politischen Anschauungen während der Studienzeit in Cambridge gebildet, er galt als der „Radikale" der Familie. Es ist interessant, daß Nat schon 1841, lange vor seinen eigenen Erlebnissen mit dem Pariser Mob, über seinen dreiundzwanzigjährigen Bruder sagte: „Ich war nie ein geeichter Whig wie der alte Tup (ein anderer Spitzname Muffys), und ich muß gestehen, daß ich jetzt mehr von einem Tory an mir habe als zu meiner Londoner Zeit. Gleichmacher und Zerstörer sind mir zuwider."[5]

Im Jahre 1847 war Mayer erst neunundzwanzig, aber von Statur schon recht stämmig. Und jovial obendrein. Er hätte, so wie er war, für ein Porträt John Bulls Modell stehen können. In vieler Hinsicht war er auch der „Engländer par excellence" in der Familie und verbrachte die meiste Zeit seines Lebens als Landedelmann mit der Zucht von Rasserindern, Parforcejagden und Pferderennen. Muffy war ein sehr gewinnender Mensch und allgemein beliebt. Dazu ein geborener Diplomat, mit der Gabe, in andere Menschen hineinzusehen und entsprechend zu reagieren. Er gehörte zu jenen jüngeren Rothschilds, die es verstanden, den Großen Baron richtig zu behandeln und wurde so etwas wie der Liebling des alten Herrn. Man erinnere sich: Muffy war es, den James für „resolut und tüchtig" genug hielt, um Alphonse nach Amerika zu begleiten. Die von seinem Vater geschaffenen Beziehungen zu den Cullens und anderen Familien an der Küste von Kent pflegte er weiterhin. So war er z. B. 1847 an den Verhandlungen über eine Anleihe für den Ausbau des Hafens von Dover beteiligt. Begreiflich also, daß die Wahlmänner von Hythe und Folkestone ihm nahelegten, für ihren Sitz zu kandidieren, selbst wenn er als Sieger seinen Platz im Parlament nicht einnehmen könnte. Muffy verlor, doch Lionel erging es besser, und auf ihn allein setzte die britische Judenschaft nun ihre Hoffnungen.*

Lord John Russell, der Führer der Liberalen, kannte Lionels Ziele. Vielleicht um ihn zu ermutigen, empfahl er bald nach seiner Ernennung zum Premierminister im Jahr 1846, den Bankier in den Stand eines Baronet zu erheben. Zum Entsetzen seiner Freunde und vieler Verwandter lehnte dieser die Ehrung ab. Seine Mutter war bestürzt. „Ein solches Zeichen besonderer Wertschätzung von der höchsten Persönlichkeit sollte gebührend gewürdigt werden und könnte auch andere Vorteile bringen, die Zurückweisung aber könnte großen Unmut hervorrufen."[6] Wenn Lionel das Los seiner jüdischen Mitbürger verbessern wollte, dann war dies wohl nicht der richtige Weg dazu. Mit solchen Argumenten bedrängte man ihn, doch er war ein stolzer, eigensinniger Mann, und je mehr ihm seine Kritiker zusetzten, desto starrer hielt er an seinem Entschluß fest.

Zwei Gründe scheinen ihn zur Ablehnung des Titels bewogen zu haben. Erstens war er bereits österreichischer Freiherr, also Baron, und empfand deshalb die englische Entsprechung nicht als Rangerhöhung. Eine englische Peers-Würde kam aber nicht in Betracht: Selbst wenn die Regierung den bis dahin beispiellosen Schritt getan hätte, einen Juden in die Aristokratie aufzunehmen, hätte Lionel ablehnen müssen, denn die Investitur bedingte die Ablegung eines christlichen Eides, und dazu hätte sich Lionel bestimmt nicht verstanden. Hätte er aber die geringere Ehrung akzeptiert, dann hätte er – zumindest nach seiner persönlichen Auffassung – stillschweigend ein System anerkannt, das Juden diskriminierte. Der zweite Grund war, daß einige Jahre vorher zwei

* Auch David Salomons und Sir Isaac Goldsmid blieb der Erfolg versagt.

Juden, die Lionel nicht als ebenbürtig betrachtet zu haben scheint, in den Stand von Baronets erhoben worden waren. Er holte die Meinung seiner Verwandten ein. Der Rat seiner Mutter: „Die früheren Auszeichnungen der beiden anderen Gentlemen haben, wie ich glaube, nichts mit der deinigen zu tun und mindern sicherlich nicht deren Wert. Das ist meine Anschauung. Entschuldige meine Offenheit."[7] Und Cousin Anselm betonte: „Es macht nichts aus, daß andere, die nicht so würdig waren, dieser Anerkennung vor dir teilhaftig wurden."[8]

Wer waren denn diese Männer, zu denen sich Lionel nicht herablassen wollte? Tatsächlich handelte es sich um die beiden angesehensten „elder statesmen" im Kreis der englischen Juden, Persönlichkeiten, die jahrelang ihrer Gemeinschaft treu gedient hatten.

Sir Isaac Goldsmid, damals neunundsechzig, war einer der Begründer des Londoner University College, bis 1871 die einzige Hochschule, an der Juden einen akademischen Grad erwerben konnten. Außerdem war er der eigentliche Initiator des ersten Antrages auf die Beseitigung der Rechtseinschränkungen für Juden, ein großzügiger Förderer von Wohlfahrtsaktionen und ein Reformer, der die bedeutenden Sozialreformer Elizabeth Fry und Robert Owen zu seinen Freunden und Mitarbeitern zählte. Seine großangelegten Finanzoperationen für die portugiesische Regierung hatten ihm kurz zuvor den Titel eines Baron von Palmeira eingetragen. Der andere neue Baronet war Sir Moses Montefiore, dreiundsechzig Jahre alt, Lionels eigener Onkel und Nathan Rothschilds Geschäftspartner, vor allem in der Alliance Insurance Company. In Sondermission hatte Sir Moses weite Reisen unternommen, um das Los der Juden in Rußland und der Levante zu verbessern. Er saß mit Lionel im „Board of Jewish Deputies", der Interessenvertretung aller britischen Juden. Welche Einwände konnte der achtunddreißigjährige Lionel wohl gegen diese beiden alten, hochgeachteten Würdenträger vorgebracht haben?

Die Antwort liegt in der Tatsache, daß sich innerhalb der englischen Judenschaft Fraktionen gebildet hatten. Der Prozeß der Assimilation schuf Spannungen. Manche bejahten die Anpassung, andere fürchteten sie. Wir wissen bereits, wie unterschiedlich Mitglieder der Familie Rothschild reagierten. Begreiflich also, daß die Frage der politischen Emanzipation die englischen Juden in gegensätzliche Lager spaltete und daß innerhalb dieser Lager manchmal Erbitterung herrschte. Im großen betrachtet gab es drei Gruppen: Radikale, Gemäßigte und Reaktionäre.

Die Radikalen waren für die totale Eingliederung. Alles andere als völlige Gleichstellung betrachteten sie als Schmach für ihren Stamm. Einwände aus religiösen und kulturellen Gründen verwarfen sie als Obskurantentum und neigten im allgemeinen dazu, die spezifisch jüdische Eigenart zu unterdrücken. Die Extremen dieser Richtung waren bereit, sich der verschiedensten Mittel zu bedienen, wenn sie nur zum Ziel führten: Versammlungen, Demonstrationen, politische „Lobby" wie man heute sagt und, wenn nötig, auch verfassungswidrige Maßnahmen.

Die Reaktionäre wollten die Reinheit des Glaubens und der Traditionen weiterhin durch strikte Trennung von den Nichtjuden bewahren. Sie stimmten mit Thomas Arnold darin überein, daß die Juden und die Christen verschieden seien und daß jeder Versuch, in diese Ordnung einzugreifen, ein Verstoß gegen die Vorsehung wäre. Eine Anpassung könne nur Kompromisse bedeuten, daher müsse man ihr widerstehen. Ein Beispiel: Wie könnte ein frommer Jude ein öffentliches Amt übernehmen, das Termine am Sabbat oder die Teilnahme an Mahlzeiten ohne koschere Speisen bedingen würde?

Zwischen diesen beiden entfernten Polen stand die gemäßigte Mehrheit, die, wie alle Mehrheiten, eher pragmatisch als doktrinär dachte. Mitglieder dieser Gruppe lehnten die fundamentalen Gebote ihres Glaubens oder die ehrwürdigen Traditionen keineswegs ab, vertraten aber die Auffassung, man könne allmählich Zugeständnisse erreichen, wenn es gelänge, die Regierenden davon zu überzeugen, daß die Emanzipation eine gerechte Sache sei. Diese Gemäßigten verneinten einerseits extremistische Methoden, an denen die Öffentlichkeit Anstoß nehmen würde, und andererseits auch die hermetische Abschließung, welche die gleiche Wirkung zeitigen könnte.

Die englischen Rothschilds gehörten eindeutig zur letztgenannten Fraktion. Nicht so Goldsmid und Montefiore. Sir Isaac war ein Radikaler, der Kontakte mit Sozialisten wie Robert Owen und ähnlichen Scharfmachern pflegte. Sir Moses hingegen bekannte sich zum sephardischen Judentum, das jegliche Lockerung oder Kompromißbereitschaft bei Glaubenssätzen und Religionsausübung unnachsichtig mißbilligte. Nach einem Streit über religiöse Fragen hatte er sogar mit seinem eigenen Bruder gebrochen. Wahrscheinlich meinte Lionel, daß jeder dieser beiden Männer auf seine eigene Weise gerade die wenig sympathischen Wesenszüge des englischen Judentums zur Schau trage und daß sie gewiß keine öffentliche Anerkennung durch die Krone verdienten. Bei Annahme der Baronet-Würde wäre er also unweigerlich in Beziehung zu Goldsmid und Montefiore getreten und hätte, zumindest dem Anschein nach, mit ihnen eine Art Triumvirat der jüdischen Führung gebildet. Dieser Gedanke erfüllte ihn mit solcher Abscheu, daß er sich trotz des fast einmütigen Drängens seiner Verwandten nicht zu einer Meinungsänderung bewegen ließ. Allerdings verstand er sich zu dem von Anthony vorgeschlagenen Kompromiß:

Wenn das Oberhaupt der Familie die angebotene Ehrung nicht annahm, wäre doch einer seiner Brüder ein entsprechender Kandidat. So wurde aus dem zweitgeborenen von Nathan Mayers Söhnen Sir Anthony de Rothschild Bart*, mit der Vererbung des Titels an Lionels männliche Nachkommen.

Lionel selbst war vollauf mit seiner Kandidatur für die Wahlen beschäftigt. Er war kein begeisterter Redner, nahm aber den Wahlkampf ernst und sprach vor seinen Zuhörern nicht nur über das Thema jüdischer Bürgerrechte, sondern auch über Gerechtigkeit für alle Minderheiten und über viele Fragen liberaler Politik. Bei der Wahlwerbung mußte er natürlich sein Teil an Entgegnungen einstecken, und die konnten manchmal verletzend sein. In einer Versammlung erklärte er den Zuhörern voll Stolz, er stehe hier nach der freien Entscheidung des Volkes. Von irgendwo aus der vielköpfigen Menge ertönte der boshafte Zwischenruf: „Genau wie Barrabas!" In der City of London waren vier Parlamentssitze zu vergeben, und zu Lionels liberalen Mitstreitern zählte auch der Premierminister Lord Russell selbst. Am Ende hatten Russells Wahlmänner einen deutlichen Vorsprung vor ihren Rivalen, und Lionel de Rothschild kam mit 6792 Stimmen auf den dritten Platz. Zum erstenmal war ein britischer Jude ins Unterhaus gewählt worden. Er erhielt viele Glückwunschschreiben aus der Familie und von jüdischen Gemeinden im In- und Ausland. In ihrer Aufregung gratulierte ihm Tante Betty nicht in ihrer gewohnten eleganten Diktion, sondern mit einer kuriosen Stilblüte:

„Hoffnung erleuchtet ganz Europa, von allenthalben tönt der Widerhall und bis in die fernsten Fernen trägt er die Saat einer neuen Zeit, die nun an einem geweiteten Horizont heraufzieht."[10]

Salomon schrieb aus Wien, um die Gratulationen vieler Freunde zu übermitteln, darunter auch „Onkel" Metternich. Er zitierte den Ausspruch des Staatskanzlers, das Parlament werde nicht zögern, Lionels Wahl zu bestätigen.[11]

Wahrscheinlich teilten viele englische Beobachter Metternichs optimistische Ansicht. Einem Juden, der rechtmäßig von den braven Bürgern der Hauptstadt gewählt wurde und das Wohlwollen des Premierministers hatte, konnte der Zugang zum Parlament sicherlich nicht verwehrt werden. Aber in Englands einflußreichen Kreisen kannte man die Stärke der antisemitischen Fraktion und die Ängste und Vorurteile, die sie förderten. Die satirische Zeitschrift „Punch" nahm die Gegner einer jüdischen Vertretung im Parlament aufs Korn und teilte ihren Lesern gewisse Gerüchte mit, die man vermutlich in Westminster verbrei-

* Die hinter den Namen gesetzte übliche Abkürzung für Baronet.

ten würde. Demnach würde Baron Rothschild, sobald er im Parlament säße, sofort Anträge für das Verbot des Imports deutschen Schinkens, die Einschränkung des Schweinehandels und die Begrenzung des privaten Unternehmertums einbringen.[12]

Neben derlei Lächerlichkeiten gab es tatsächlich ein ganz konkretes Hindernis für Lionels Einzug ins Unterhaus, und zwar die Aufnahmeprozedur, bei der ein christlicher Eid abgelegt werden mußte. Um diese Hürde zu nehmen, brachte der Premierminister persönlich im Dezember einen neuen Gesetzesantrag ein. Dieser sollte Juden ermöglichen, den Eid in einem geänderten Wortlaut zu leisten. Bei diesen denkwürdigen Unterhausdebatten gehörten Gladstone, Disraeli und Peel zu den Befürwortern des Initiativantrags. Mittlerweile organisierte ein in Lionels Büro in New Court tagender Unterausschuß des Abgeordnetenvorstandes öffentliche Kundgebungen für das Anliegen. Im ganzen Land fanden Versammlungen statt, und der Regierung wurde eine Petition mit 250 000 Unterschriften überreicht. Im Februar wurde die Vorlage bei zweiter Lesung im Unterhaus gebilligt.

Aber wie jeder wußte, waren die wirklichen Gegner eine Stufe höher zu finden. Mit großer Besorgnis erwarteten Lionel und sein Anhang das Ergebnis der Debatte im Oberhaus. Wochenlang konnte Lionel an fast nichts anderes denken. Das Ziel, um das es ihm ging, war ihm so wichtig, daß er sich bereitfand, jedes zweckdienliche Mittel in Betracht zu ziehen – bis zur glatten Bestechung. Dringend erbat er sich Rat aus Paris. War man dort damit einverstanden? Würde man sich an diesem Schachzug finanziell beteiligen, oder sollte er sich an Freunde und Wohlgesinnte wenden? Nat und James erörterten die Frage sehr gründlich. Lionels Bruder, der schon über die Korruption im politischen Leben Frankreichs entsetzt war, graute bei der Vorstellung, daß sie nun auch in Westminster Platz greifen sollte. Aber:

„In diesem Falle sind Dein werter Onkel und der ergeben Endesgefertigte der Meinung, daß wir nicht allzu große Bedenken hegen dürfen und wenn es nötig sein sollte, um die Gewähr für den Erfolg zu bieten, dann dürfen wir Opfer nicht scheuen. Die *Summe* können wir nicht beziffern. Du mußt besser als wir wissen, was erforderlich ist. Ich hoffe, daß, wie Du sagst, die Hälfte des Betrages ausreichen wird. Jedenfalls ermächtigte mich unser guter Onkel zu der Mitteilung, er werde es auf sich nehmen, der ganzen Familie zu erklären, daß alles, was Du tust, zum Besten ist und daß Du mit der Summe das Haus belasten magst. Ich . . . weiß nicht, auf welche Weise Du Deinen Freunden eine Beteiligung vorschlagen kannst. Mit welcher zwingenden Begründung? Und was werden sie Deiner Schätzung nach geben? Wenn nur eine Bagatelle, dann verlohnt es nicht. Wenn sie allerdings Barschaft erlegen, ohne nach Einzelheiten zu fragen, würde ich (an Deiner Stelle) ihr Geld natürlich nehmen."[13]

Falls sich die Rothschilds tatsächlich entschlossen hatten, Bargeld und Prinzipien zu „opfern", dann war es vergeblich. Die Allianz von anglikanischen Bischöfen und Tories, welche die Verschränkung Kirche und Staat bereits durch die Zulassung von „Dissenters" und „Papisten" beeinträchtigt sah, sperrte sich dagegen, das Parlament Ungetauften zu öffnen. So rief der Bischof von London aus: „Wenn Sie, nur um für einige Zeit einer Handvoll ehrgeiziger Männer zu Gefallen zu sein, das Fundament des Christentums zerstören, auf dem die Gesetzgebung beruht, dann werden Sie das christliche England zerstören!"[14] Resultat: Mit 163 zu 125 Stimmen wiesen die Lords des Oberhauses den Antrag zurück.

Die Verfechter der jüdischen Emanzipation waren vor den Kopf gestoßen. Das Blatt „Jewish Chronicle" verglich Bischof Wilberforce mit einem spanischen Inquisitor, dessen Worte „eher nach Aberglauben und dem Geist der Verfolgung klangen als nach wahrer Religion".[15] Die Wahlmänner der City of London hielten zu Rothschild, und waren, um des Prinzips willen, sogar bereit zurückzutreten. Als im folgenden Sommer eine weitere Nachwahl stattfand, wurde der Tory-Kandidat mit Getöse und Katzenmusik empfangen, während Lionel, der für den liberalen Kandidaten sprach, Jubelstürme entfesselte. Dieser Rückhalt stärkte den Baron für den Entscheidungskampf. Nun war er entschlossen, die Sache bis zum Ende durchzufechten, allerdings konnte er wohl kaum voraussehen, daß dieses Ende erst volle zehn Jahre später kommen sollte.

Im Jahre 1849 versuchte Russell, eine andere Fassung des Antrages für eine Änderung der Eidesformel im Parlament durchzubringen. Lady Louisa de Rothschild verfolgte die Debatte: „Lord John hielt eine sehr klare, ernste Rede und Mr. Gladstone fand auch sehr schöne Worte zu unseren Gunsten. Sieben Redner sprachen dagegen, aber nicht sehr brillant und Disi (Disraeli) schwieg. Mrs. Disi hatte recht, als sie von den Wandlungen sprach, denen die Freundschaft unterworfen ist. Im vorigen Jahr war er unser eifrigster Fürsprecher – und nun?!"[16]

Dieser Antrag erlitt das gleiche Schicksal wie die vorigen. Nach dem Fehlschlag verzichtete Lionel auf seinen Parlamentssitz, kandidierte aber sofort wieder bei der nun erforderlichen Nachwahl. Die Wahlmänner der Londoner City gingen aufs Ganze. Wieder wählten sie Lionel mit 6017 zu 2814 Stimmen und warfen damit dem Oberhaus sehr energisch den Fehdehandschuh hin.

In ihren Augen verkörperte Lionel de Rothschild das Beste im englischen Gesellschaftssystem: sein geschäftlicher Ruf der Integrität und Zuverlässigkeit war über jeden Zweifel erhaben; als Nachfolger seines blitzgescheiten, aber schwer zugänglichen Vaters hatte er das Haus N. M. Rothschild and Sons zu einer soliden, konservativen Institution des britischen Finanzwesens gemacht, und er war auch ein Mann für das Volk. Die Leute erinnerten sich an seinen Hilfsfonds für Irland, und noch jüngeren Datums war sein eigener und der Einsatz seiner Familie für das Vorhaben der Weltausstellung. Für die Verwirklichung des Plans, unter der Mitarbeit und Schirmherrschaft des Prinzgemahls Albert voll Stolz die technischen Leistungen Britanniens und seines Empire aller Welt vorzuführen, war eine finanzielle Garantie in der Höhe von 180 000 Pfund erforderlich gewesen. Ohne zu zögern hatten die Rothschilds 50 000 Pfund zur Verfügung gestellt. Diese jüdische Familie war tatsächlich zu einer nationalen Institution geworden. So war es eigentlich ungeheuerlich, daß dem Familienoberhaupt das Parlament verschlossen bleiben sollte.

Im Juli 1850 wollte sich Lionel davon überzeugen, was geschehen würde, wenn er erschiene, um seinen Sitz einzunehmen. Formvollendet näherte er sich dem Tisch, auf dem das Zepter lag, das Amtssymbol des Unterhauses. Der zuständige Würdenträger erhob sich für die Vereidigung. Gespannt harrten die Abgeordneten auf beiden Seiten des Kommenden. Zuschauer auf der dicht besetzten Galerie beugten sich übers Geländer. Sie alle hörten Lionel mit tiefer Stimme laut und deutlich sagen: „Ich wünsche auf das Alte Testament zu schwören." Heller Aufruhr. Lionel wurde gebeten, sich zurückzuziehen, was er schweigend tat. Nun folgte eine hitzige Debatte. Sie endete damit, daß man sich einigte, Lionel nach seinem eigenen Gutdünken schwören zu lassen. Drei Eidesformeln waren nachzusprechen, und erst in der dritten kam die Wendung „beim wahren Glauben eines Christen" vor. Langsam und vernehmlich wiederholte Lionel jedes Wort des Protokollars – bis zu der strittigen Bekräftigung. „Diese Worte lasse ich aus, da sie für mein Gewissen nicht bindend sind", erklärte das neue Parlamentsmitglied. Wieder ersuchte der Sprecher des Hauses Mr. de Rothschild, sich zurückzuziehen. Er hatte keine andere Wahl, und das Abgeordnetenhaus konnte sich diesmal nicht auf eine Änderung seiner Satzungen einigen.

Im folgenden Jahr kam es im Oberhaus erneut zur Ablehnung einer entsprechenden Gesetzesänderung und – paradox! – zur ersten Parlamentsrede eines Juden. David Salomons hatte eine Nachwahl in Greenwich gewonnen und stellte sich im Unterhaus vor. Auf die Vereidigung reagierte er so wie Lionel und wurde gebeten, den Saal zu verlassen. In diesem Moment stand ein Abgeordneter auf und wollte wissen, ob die Regierung gegen Salomons vorgehen werde, falls er seinen Sitz einnehme. Diese Frage bewirkte einige Verlegenheit auf der Ministerbank, und eine Antwort erfolgte erst bei der nächsten Debatte drei Tage später. Gleichmütig erwiderte Russell, die Regierung werde keine gerichtlichen Schritte in Erwägung ziehen, wenn solch ein unwahrscheinlicher Fall einträte. Daraufhin marschierte inmitten eines Tumults, wie man ihn selbst im Unterhaus selten erlebt hatte, Salomons in den Saal und nahm einen Platz auf den Hinterbänken der Opposition ein. Während der anschließenden erregten Debatte wurde er sogar vom Sprecher aufgerufen, das Wort an das Haus zu richten und das tat er denn auch. Sein Verhalten kostete ihn eine Geldbuße in der Höhe von 500 Pfund und bei der nächsten Wahl seinen Sitz, es brachte aber für die Bemühungen um die Emanzipation einen günstigen Widerhall in der Öffentlichkeit. 1859 wurde er dann auch wiedergewählt.

Bei der Parlamentswahl des Jahres 1852 stellte Lionel wieder seinen Mann im Wahlkampf – um einen Sitz zu verteidigen, den er seit fünf Jahren innehatte, ohne ein einzigesmal auf den Bänken des Unterhauses gesessen zu sein! Damit erreichte die Entwicklung ihre kritische Phase. Es gab einen Meinungsumschwung zugunsten der Tories, und viele Wähler der City wollten einfach nicht länger ohne parlamentarische Vertretung bleiben. Lionel war in großer Sorge um den Wahlausgang, aber bei der Stimmenauszählung zeigte sich, daß er wiedergewählt war, wenn auch mit erheblich reduzierter Mehrheit.

Zwischen 1853 und 1856 wurden nicht weniger als vier Versuche unternommen, das entsprechende Gesetz im Parlament durchzubringen, aber das Oberhaus obstruierte weiterhin. Es schien keinen Ausweg aus der Sackgasse zu geben. Doch Lionel ließ nicht locker. Bei der Wahl von 1857 trat er wieder vor seine Wählerschaft und wurde erneut gewählt. Als einige Monate später das Oberhaus einem Gesetzesantrag abermals die Zustimmung verweigerte, ergriff Lionel die Initiative, indem er zum zweitenmal auf sein Mandat verzichtete und bei der Nachwahl kandidierte. Diesmal stellten die Konservativen, der ganzen Sache schon überdrüssig, keinen Kandidaten auf, und Lionel gewann erneut.

Die „Jüdische Frage" machte das Oberhaus zum Gespött. In der Presse wurden die Lords nun häufig der Lächerlichkeit preisgegeben, z. B. als Earl Nelson – ein Nachfahre des großen Admirals – im Jahre 1851 wieder gegen eine entsprechende Gesetzesvorlage loslegte. „Punch" feuerte eine Breitseite satirischer Rhetorik auf ihn ab:

> „Wir haben noch immer einen Nelson, der für unsere Heimstätten und Altäre kämpft. Denn der kühne, ehrenwerte Earl, durch Trafalgar

geadelt, führte die Vorhut gegen die Hebräerschar, die nun an die Tore des Parlaments pocht ... Eine Heldengestalt war Nelson inmitten des Feuers der spanischen Fregatte. Nicht weniger schreckeinflößend war der Nelson, der uns verblieb, als er die Synagoge enterte ... Wann werden weißgekleidete Jungfrauen sein Loblied singen, wann werden frohlockende Greise seinen Namen preisen?"[17]

Dieser sarkastische Kommentar sollte den Earl dafür preisen, daß er das Parlament vor einem fürchterlichen Schicksal warnte, dem es entgegeneilte: „Wenn man Juden zuließe, wo würden sie dann haltmachen?"

Lionel und seine Anhänger wußten: Wie das Oberhaus auch entscheiden mochte, die Volksmeinung hatten sie für sich. Die Gewißheit, daß die meisten rechtlich denkenden Engländer auf ihrer Seite standen, bedeutete für sie eine große Genugtuung. Nun unternahmen vernünftige Parlamentarier ernsthafte Anstrengungen, um einen Kompromiß zu finden, bei dem niemand das Gesicht verlieren würde. Lord Lucan, der infolge seiner militärischen Unfähigkeit für die Vernichtung der Leichten Brigade bei der berühmten Attacke von Balaclava im Krimkrieg verantwortlich gewesen war, errang nun auf dem politischen Schlachtfeld einen beachtlichen Triumph. Er stellte den Initiativantrag, jedes der beiden Häuser zu ermächtigen, gesondert die Eide zu formulieren, welche die neuen Mitglieder abzulegen hätten. Sehr erleichtert beschritten die Lords und das Unterhaus diesen Ausweg. Am 26. Juli 1858 schritt Lionel de Rothschild wieder durch den langen Mittelgang des Saales im Unterhaus, um den Eid zu leisten. Nach der zeremoniellen Handlung, die nun nichts anderes als eine kurze Formalität war, nahm er auf den Bänken der Liberalen jenen Platz ein, für den er fast auf den Tag genau elf Jahre früher gewählt worden war.

Die Nachricht vom endgültigen Sieg wurde allen anderen Rothschild-Banken telegraphisch übermittelt, und es regnete Gratulationen. Sämtliche Verwandte teilten die Überzeugung, daß dies die bedeutendste Rothschildsche Leistung für die Sache der jüdischen Emanzipation war. Genug, die Schlacht war gewonnen, und für Lionel zählte nur dies. Er vertrat seine Wählerschaft fast bis zu seinem Lebensende, hielt aber keine einzige Rede vor dem Plenum. Auch scheint er eher selten an den Unterhaussitzungen teilgenommen zu haben. Er stimmte die Erfüllung seiner parlamentarischen Pflichten einfach auf die ruhigeren Zeiten seines Berufslebens ab.

Sein aktiverer Bruder nützte sehr bald die Möglichkeiten, die sich ihm boten. Muffy kandidierte bei einer Nachwahl in Hythe und Folkestone und war der zweite Jude, der nach der neuen Eidesformel ins

Unterhaus einzog. Wie Lionel brachte er eine lange Parlamentskarriere hinter sich, ohne ein einzigesmal das Wort an das Haus gerichtet zu haben.

Die politische Tätigkeit beschränkte sich natürlich nicht auf Wahlkämpfe und die Anwesenheit bei Unterhausdebatten. Manche der wesentlichen Aktionen spielten sich in den Büros von Westminster ab, in Clubs, in den Stadtwohnungen von Ministern und Abgeordneten. Das waren die Orte, wo die Rothschilds stetig an Einfluß gewannen. Lionel zeichnete die Generallinie vor, der andere Familienmitglieder dann folgten. Es kam ihm nicht darauf an, im Unterhaus als Redner aufzutreten, weil er seine Ziele auf andere Weise leichter erreichte. Sorgfältig pflegte er die Beziehungen zu führenden Politikern. Sofort nach seiner Aufnahme ins Parlament erwarb er das Haus Piccadilly 107 und ließ es zu einer repräsentativen Stadtresidenz umbauen, die sich mit dem nahegelegenen Apsley House messen konnte, bis vor kurzem Wohnsitz des Herzogs von Wellington. Für die Dauer der Bauarbeiten mietete er Kingston House in Knightsbridge, wo Charlotte als Dame des Hauses bei Diners und anderen gesellschaftlichen Veranstaltungen auftrat, die nie ihre Wirkung verfehlten. Im Jahr 1859 zählte zu ihren ersten Ehrengästen der altbewährte Whig-Parlamentarier Thomas Babington Macaulay. Dieser hochangesehene Politiker und Historiker, der einige Monate nach jenem Abend plötzlich verstarb, war ein leidenschaftlicher Verfechter sozialer Gerechtigkeit. Schon seit seiner Jungfernrede im Jahre 1830 war er immer für die jüdische Emanzipation eingetreten. Obgleich kein Intimus der Rothschilds – wenige Menschen konnten sich einer engen Freundschaft mit Macaulay rühmen –, war er ein Mann, dem sie Dank schuldeten und auf den sie Eindruck zu machen wünschten. Aus einem seiner Briefe ist zu entnehmen, daß ihnen dies gelang:

> „Gestern dinierte ich bei Baron Rothschild. In welchem Paradies er doch lebt. Ich hatte keine Ahnung von der Schönheit und Weitläufigkeit des Gartens ... Das Diner selbst war recht merkwürdig, man nahm darauf bedacht, Schweinefleisch in jeglicher Form zu vermeiden. Aber wie Sie aus der Menukarte ersehen, die ich beilege, wurde dies aufgewogen. Senden Sie mir dieselbe zurück, damit ich sie Lady Trevelyan (seiner Schwester) zeigen kann. Dies ist gewiß das Land, wo Milch und Honig fließt. Ich glaube nicht, daß (König) Salomon in all seiner Herrlichkeit jemals ‚Ortolans farcis à la Talleyrand' speiste. Nebenbei darf ich bemerken, daß zu diesen kleinen Vögeln ein unvergleichlicher Johannisberger (Weißwein von den Metternichschen Gütern am Rhein) gereicht wurde."[18]

Kontakte zu knüpfen, Informationen zu beschaffen, Summen beizustellen, in aller Stille Druck auszuüben – das waren jene Aspekte des politischen Lebens, auf die sich die Rothschilds bestens verstanden, und sie traten nicht nur an ihrer eigenen festlichen Tafel in Aktion, sondern auch bei den häufigen Treffen der führenden Liberalen im Reform Club.

Sir Anthony, der sich niemals selbst um einen Parlamentssitz bewarb, war oft bei solchen Versammlungen anwesend, ihm behagte diese Sphäre des politischen Intrigenspiels. Im Jahre 1858 entlastete er Lionel, indem er selbst den Posten des österreichischen Generalkonsuls übernahm, den sein Bruder vom Vater geerbt und immer als eine lästige Bürde betrachtet hatte. Auf dem Land förderte er die Sache der Liberalen mit seinem persönlichen Prestige und seinem „Blech", wie er das Geld gern nannte. Doch seine besten Dienste leistete Anthony der Partei wahrscheinlich als Gastgeber in Aston Clinton, seinem Haus in Buckinghamshire. Den geselligen Mann beschrieb seine Tochter als „von Natur aus lebhaft und fröhlich, dazu bereit, aus allem das Beste zu machen, vollauf zufrieden mit dem Ablauf seiner täglichen Pflichten und den Freuden, die ihm seine Vorliebe für das Gesellschaftsleben und seine ländlichen Zerstreuungen bescherten."[19]

Er empfing alle Spitzenpolitiker jener Zeit, sorgte dafür, daß sie sich bei ihm wohlfühlten und schuf eine Atmosphäre, in der sie, fern von den Zwängen Westminsters, wichtige staatspolitische Fragen erörtern konnten. Einer der Habitués jenes Kreises war allerdings kein Liberaler, sondern ein Mann, der mehrere Jahre seines Lebens hindurch immer wieder die Wege der Rothschilds kreuzte und zu dem sie in einer merkwürdigen widerspruchsvollen Beziehung standen.

Sein Name: Benjamin Disraeli.

KAPITEL 12
Im Getümmel des „Bankenkrieges“

Die Freundschaft zwischen den Rothschilds und dem Ehepaar Disraeli begann während der vierziger Jahre. Zu dieser Zeit hatte sich der dandyhafte eigenwillige junge Politiker in der Partei der Tories bereits seine Sporen verdient. Diese Beziehung erklärt sich nicht ohne weiteres aus der gemeinsamen Herkunft, denn in den meisten Belangen waren sie verschiedener Meinung, und wenngleich „Dizzy“ immer wieder beteuerte, wie tief und unverbrüchlich er sich seinen Freunden verbunden fühle, übten die Rothschilds ihrerseits oft scharfe Kritik an ihm. Lionel fand z. B. sein philosophisches Theoretisieren über Rassen- und Religionsfragen etwas absurd und zweifelte an seiner Aufrichtigkeit. Während des langen Kampfes um die politische Gleichberechtigung der Juden verhielt sich Disraeli, ein Konvertit, der mit einer Christin verheiratet war und alles tat, um von seiner jüdischen Abstammung loszukommen, sehr sprunghaft. Einmal war er dafür, dann wieder dagegen, und meist schwieg er überhaupt. Nicht ohne Grund hegten die Rothschilds den Verdacht, daß dieses berechnende Enfant terrible der britischen Politik das Thema der Emanzipation für seinen persönlichen Zwecke nütze, und solchen Zynismus fanden sie schändlich. Nach einem Diner, das ihre Eltern gegeben hatten, schrieb Anthonys Frau Louisa, die Disrealis Tischdame war und ihn deprimiert fand, weil er im Parlament eine Schlappe erleiden mußte:

> „Hätte Disraeli je den Wunsch verspürt, einem großen Prinzip zum Sieg zu verhelfen oder wahrhaft ersprießliche Maßnahmen zu fördern, dann wäre er nicht so niedergeschlagen. Denn dann wüßte er, daß er in seinem Amt oder außerhalb davon hohe edle Pflichten zu erfüllen hat und daß seine Begabungen niemals brachliegen brauchen. Doch da sein einziges Ziel sein eigener Höhenflug ist, hat er nun nichts, was ihm den bitteren Kelch des Mißerfolges versüßen könnte. Die Herzogin von Somerset (ist) unsterblich in ihn verliebt. Was konnte *sie* an *ihm* fasziniert haben?“[1]

Dennoch genossen die Disraelis regelmäßig die berühmte, sagenhaft großzügige Gastfreundschaft des Hauses, und Dizzy selbst zählte die Rothschilds zu seinen besten Freunden. Von einem der beiden parlamentarischen Giganten der victorianischen Ära „Freund“ genannt zu werden, war gewiß schmeichelhaft, aber trotz der äußeren Herzlichkeit blieb in dieser Beziehung eine gewisse Distanz bestehen, zumindest während der ersten Jahre. Die nächste Generation der Rothschilds freilich war völlig gewonnen, denn Dizzy und seine Frau Mary Anne, deren eigene Ehe kinderlos war, schenkten den Söhnen und Töchtern der Freunde ihre ganze Zuneigung, schon von deren frühester Jugend an. Diese enge Beziehung dauerte bis zum Lebensende, als Disraeli, ein vereinsamter Witwer, in der Anteilnahme und dem Zuspruch von Lionels Kindern eine seelische Stütze fand. Auch galten die Vorbehalte gegen Disraeli nicht in gleichem Maß seiner Gemahlin. Eine von Anthonys Töchtern behielt sie in zärtlichem Angedenken:

> „Diese liebe, gute Frau. Wenn auch töricht und vielleicht bisweilen lächerlich, war sie eine ausgezeichnete Gattin. Man konnte über ihre Absonderlichkeiten lächeln und sie dennoch lieben, sogar um so mehr.“[2]

Während der vierziger und fünfziger Jahre wurde für die gesellschaftliche Repräsentation, welche die englischen Rothschilds als erforderlich und erfreulich betrachteten, ein neuer Rahmen geschaffen. Seit langem kannten Lionel und seine Brüder die Grafschaft Buckinghamshire, besonders das Tal von Aylesbury. Das Gebiet war aus mehreren Gründen ein Anziehungspunkt: landschaftlich wunderschön, von London aus leicht zu erreichen, zudem bot es ein ausgezeichnetes Parforcejagdrevier. Ein erster „Stützpunkt“ wurde 1839 angelegt, als sich die Familie ihre eigene Meute von Hetzhunden leistete, in einem gemieteten Zwinger in Tring Park gehalten. Aber die Konventionen der eleganten Gesellschaft verpflichteten zu größerem Aufwand. Von Personen des Ranges der Rothschilds erwartete man, daß sie „Landsitze“ besaßen, und als sich die Brüder einer nach dem anderen diesen Konventionen beugten, lag es nahe, daß sie in der Gegend von Aylesbury entsprechende Anwesen suchten.

Mayer war der erste, der dies tat. In mancher Hinsicht fiel ihm eine solche Entscheidung leichter als den anderen. Wegen seiner politischen Verpflichtungen spielte er im Bankbetrieb bloß eine Nebenrolle. Er liebte das Landleben, und wenn er nicht im Unterhaus war, wollte er seine Zeit, seine Energien und sein Kapital in Landwirtschaft und Viehzucht investieren. Im Jahre 1842 erwarb er als Kernstück ein Gut in

Mentmore und begann sofort auch Nachbargrundstücke aufzukaufen, schließlich nannte er Ländereien im Ausmaß von 5000 Morgen sein eigen. In die Rolle des „Landedelmannes von Mentmore“, wie ihn Nat halb ironisch und halb neidvoll bezeichnete, fand er sich so rasch, daß er 1847 zum Vertreter der Krone, „Sheriff“, von Buckinghamshire bestellt wurde. 1850, im Alter von zweiunddreißig Jahren, heiratete Muffy seine neunzehnjährige Cousine Juliana Cohen, und noch im selben Jahr ging er daran, die erste der großen Rothschild-Residenzen zu errichten. Er wandte sich an Joseph Paxton, Architekt und Gartengestalter des Herzogs von Devonshire. Kurz vorher war Paxtons Entwurf für den „Kristallpalast“ der Londoner Weltausstellung aus zweihundertvierunddreißig Einreichungen ausgewählt worden: Es handelte sich um einen neuartigen Bautypus in der Form einer verglasten Eisenkonstruktion. Doch bei Baron Mayers Auftrag hielt er sich an die damals für die historistische Landhausarchitektur in England geltenden Regeln und entwarf einen großartigen Herrensitz im vorherrschenden Stil der Epoche König Jakobs I. Dort führte Muffy während der vierundzwanzig Jahre, die ihm noch beschieden waren, das Leben eines traditionsbewußten englischen Landadeligen, mit seinen Jagdhunden, seinen Rennpferden und seiner Herde von Jersey-Zuchtrindern.

Anthony und Louisa wollten es nur allzu gern Muffy gleichtun, doch erst 1853 ließen es die Anforderungen des Londoner und des Pariser Bankhauses zu, daß die beiden die Sommermonate in Buckinghamshire verbringen konnten. Im nahen Aston Clinton kauften sie ein Haus aus dem 18. Jahrhundert, Louisa fand es „zu klein, um wirklich wohnlich zu sein“[3] und begann nach Lust und Laune auszubauen. Es wuchs recht unregelmäßig, ganz im Gegensatz zu der Reißbrett-Symmetrie von Mentmore, aber die Veränderungen ergaben schließlich einen Landsitz, den Anthony, Louisa und deren beide Töchter sehr liebten.

Lionel folgte nicht sofort dem Beispiel seiner Brüder. Zwar erwarb er Höfe und Grund in der Gegend von Halton als Kapitalanlage, im übrigen aber war er mit Gunnersbury Park als einem ländlichen Retiro durchaus zufrieden. Die City und Westminster stellten große Ansprüche an seinen Zeitplan, und da er gemeinsam mit Charlotte seit dem Tod seiner Mutter im Jahre 1850 den Besitz Acton zur Verfügung hatte, sah er keine Veranlassung, sich noch weiter außerhalb der Stadt anzusiedeln. Erst 1872, als Tring Park unerwartet angeboten wurde, kaufte Lionel ein stattliches Haus in Buckinghamshire, doch nicht für sich selbst, sondern für seinen ältesten Sohn Natty, seit sieben Jahren liberaler Parlamentsabgeordneter des Wahlsprengels Aylesbury. In der nächsten Generation ließen sich mehrere Familienmitglieder in diesem Gebiet nieder, aber bereits um 1870 waren der gesamte Rothschildsche

Besitzstand und auch der gesellschaftliche Status dermaßen gestiegen, daß das Tal von Aylesbury „Rothschildshire" genannt wurde. Lionel und seine Brüder mit ihren Gütern, Herrenhäusern, Jagdhundemeuten und Rennpferden zählten zur ländlichen Oberschicht par excellence. Sie hatten mit Erfolg einen Platz in jener zeitlosen Rangordnung gesichert, die im Landbesitz Englands verwurzelt war.

Jenseits des Kanals gestaltete sich das Leben ganz anders, wie Lionels Tochter Leonora – Laury – bald entdeckte. Im Jahre 1857 heiratete sie ihren Cousin Alphonse, den ältesten Sohn von James und Betty. Die Hochzeit war natürlich ein prächtiges Fest und für die damaligen Gesellschaftskolumnisten *das* Ereignis des Jahres. Die Herzogin von Wellington, Lord John Russell und das Ehepaar Disraeli figurierten an der Spitze einer Gästeliste, welche die Crême des Adels, des Diplomatischen Corps, der Geschäftswelt und der Politik vereinte. „Die versammelten Gäste boten dem Auge den höchsten Glanz an Schönheit und Toiletten, der sich nur denken läßt", schwärmte die weitverbreitete Zeitschrift „Illustrated London News". Noch glanzvoller als die Gesellschaft war die Ausstellung der Hochzeitsgeschenke, die, so der Berichterstatter, „mit den Reichtümern Indiens wetteiferten". Das Präsent des Großen Barons allein, erlesene Schmuckstücke, hatte einen Wert von 30 000 Pfund. Für das Bankett, „das ein Epikureer nicht vergessen wird", war in einem eigens aus diesem Anlaß an den Speisesaal von Gunnersbury Park angebauten Pavillon gedeckt. Vor weißen und rosafarbenen Draperien und „den edelsten duftenden fremdländischen Blüten der Natur des Morgenlandes" brach sich das Licht der Kerzen auf hohen Kandelabern in funkelnden Spiegelscheiben.

Die Tafelmusik spielte die Kapelle der 1st Life Guards* in ihren leuchtend scharlachroten Waffenröcken. Als sich die Dunkelheit niedersenkte, erstrahlte das Haus innen und außen in Festbeleuchtung, und die Gäste blieben zu einem Ball, der bis zwei Uhr morgens dauerte. Die Brautausstattung, „bewundernswert für exquisiten Geschmack wie auch Reichhaltigkeit, hatte das ganze Können von Madame Roger in Paris (Hofschneiderin der Kaiserin) erfordert, die an Ideen für elegante Schöpfungen ihr Bestes gab". Voll des Lobes erwähnte der Augenzeuge des prächtigen Festes, daß „der Gastgeber und die Gastgeberin inmitten der Festlichkeit dieses Tages ihre bescheideneren, ärmeren Freunde nicht vergessen hatten, die großzügig bewirtet wurden. Und die Stimmung der Nachbarschaft zeigte sich in der Beflaggung der Häuser und der Straßen und dem festlichen Aussehen, das die ganze Umgebung angenommen hatte".[4]

* 1. Gardekavallerieregiment

Nach kurzen Flitterwochen kehrte das Paar nach Paris zurück. Obwohl Laury oft im Haus ihres Onkels zu Besuch gewesen war, mußte sie sich erst daran gewöhnen, ständig im Ausland zu leben. In Frankreich war alles ganz anders, dort gab es nicht die geordneten, ausgeglichenen Verhältnisse wie in ihrer Heimat. Die politische Situation war unbeständig, hinter der blendenden Fassade des Zweiten Kaiserreichs, das Prinz Louis Napoleon nach der kurzlebigen Republik von 1848 geschaffen hatte, regten sich mächtige Kräfte, die darauf abzielten, die bestehende soziale Ordnung zu verändern. Auch anderswo in Europa war das Donnergrollen des Unmuts und des drohenden Umsturzes zu vernehmen. In dem Jahrzehnt nach Laurys Hochzeit sollte eine Serie von politischen und ökonomischen Krisen das Ende der neapolitanischen Bank herbeiführen und um Haaresbreite sogar den Ruin der Häuser in Paris und Wien.

Außerdem gab es Spannungen in Laurys Ehe. Nach außenhin war es eine „Partie", die jeder jungen Frau behagt hätte, selbst einer geborenen Rothschild. Alphonse war ein talentierter junger Mann. Als Vorbereitung für den leitenden Posten in der Pariser Bank hatte er lange und weite Reisen unternommen und sogar einige Monate in Amerika verbracht. Er besaß viel Geschäftssinn und paßte gut in die ihm zugewiesene Stellung in der Rue Laffitte. Zu alledem war er ein Amateurmaler von Begabung und entwickelte sich zu einem der kenntnisreichsten, begeisterungsfähigsten Kunstmäzene Europas. In jungen Jahren war er auch ein großer „Sportsmann" englischen Gepräges, bis ein Jagdunfall ihm Beschränkung auferlegte.

Dieses Unglück, das sich in Ferrières zutrug, offenbart einen wesentlichen Zug in Alphonses Charakter: Anscheinend feuerte ein ungeübter Schütze bei der Treibjagd seine Flinte so unglücklich ab, daß den Jagdherrn einige Schrotkörner ins Gesicht trafen. Trotz der Bemühungen der besten Ärzte war die Sehkraft des einen Auges nicht mehr zu retten. Es wird berichtet, daß Alphonse zwar ganz genau wußte, wer diese schreckliche Verletzung verschuldet hatte, aber niemals die Identität jenes Mannes preisgab, ihm auch nie Vorwürfe machte oder seine Freundschaft entzog. Alphonse war ein Grandseigneur: von stoischem Gleichmut gegenüber den Fügungen seines eigenen Geschicks, geleitet von einem starken Pflichtgefühl, großer Hilfsbereitschaft und einem wachen Bewußtsein der moralischen Verantwortung für sozial Schwächere, was sich bisweilen ganz spontan äußerte. Während einer seiner wichtigen Geschäftsreisen ins Ausland lieferte ein Fanatiker in der Rue Laffitte ein Paket ab, in dem eine Bombe versteckt war. Sie explodierte beim Öffnen, und ein Angestellter wurde schwer verletzt. Als Alphonse die telegraphische Nachricht von diesem Anschlag erhielt, eilte er nach

Paris zurück, um den Unglücklichen mehrmals im Krankenhaus zu besuchen und sich persönlich zu vergewissern, daß dem Patienten die beste Behandlung und Pflege zuteil wurde.

Andererseits fiel es Alphonse oft schwer, den Menschen, die ihm am nächsten standen, seine Zuneigung zu zeigen. Als er noch um Laury warb, sagte seine zukünftige Schwiegermutter von ihm, er sei „ein Mann, der sich zehn oder fünfzehn Jahre in der Welt umgetan hat, völlig blasiert ist und weder bewundern noch lieben kann".[5] Wie seinen Briefen zu entnehmen ist, neigte er außerdem dazu, seine Meinung ganz unverblümt und häufig in sarkastischem Ton zu äußern, und im Lauf der Zeit wurde er ziemlich cholerisch. Jemand, der ihn und seinen jüngeren Bruder Gustave als reife Männer kannte, schilderte letzteren als „frommer und nicht so rachsüchtig" wie Alphonse.

Auch hatte er einen ausgeprägten Hang zum Chauvinismus. Anders als sein Vater wurde er ein Bürger Frankreichs, und sein Nationalstolz verleitete ihn oft dazu, Ausländisches herabzusetzen, besonders wenn es englischen Ursprungs war. Und seine Gattin war kaum dazu geschaffen, seine Abneigung gegen die Briten etwas zu mildern. Laury war ein lebhaftes, geistvolles Geschöpf, eine vortreffliche Reiterin und vielbewunderte Schönheit. Als sie 1856, ein Jahr vor ihrer Hochzeit, in ihrer Heimat bei Hof vorgestellt wurde, merkte Königin Victoria in ihrem Tagebuch an, die junge Jüdin sei „außerordentlich hübsch". Noch dazu war und blieb sie bis zum letzten Tag sehr englisch. Ein oder zweimal jährlich besuchte sie ihre engsten Anverwandten und versäumte selten die mehrwöchige Parforcejagdzeit in Buckinghamshire, frönte dort einer Passion, die mit ihr ein anderer „Exilengländer" teilte, ihr Onkel Nat, den allerdings ein Reitunfall für immer zum Invaliden machte und dieser Freuden beraubte. Laury hielt in Ferrières ihre eigene Meute von Hetzrüden unter Aufsicht eines Koppelführers, der natürlich ebenfalls Engländer war. Ihre Einstellung zu den Franzosen scheint niemals das Maß einer amüsierten – oder bisweilen etwas unwilligen – Gönnerhaftigkeit überstiegen zu haben. Sie verabscheute die Affektiertheit der Pariser Gesellschaft. Sie hatte nicht das mindeste Verständnis für die gallischen Aspirationen und die Überschätzung der französischen „Gloire". Daher war sie unfähig, mit den Menschen jenes Landes zu fühlen, unter denen sie ein unruhiges halbes Jahrhundert lang lebte. In ihrer letztwilligen Verfügung bestimmte sie, daß ihr Leichnam in ihrem Geburtsland bestattet werden solle, eine Anweisung, die von ihrer Familie getreulich befolgt wurde, als sie hochbetagt im Jahr 1911 starb.

Es war nur natürlich, daß Laury in Onkel Nat, der zum Zeitpunkt ihrer eigenen Eheschließung schon seit fast zwanzig Jahren in Paris lebte, einen Verbündeten suchte und fand. Auch Nat muß für Alphonse ein wahrer Born ständiger Irritation gewesen sein. Dieser Cousin, die Rechte Hand seines Vaters James, schwärmte immerzu für alles Englische. Der häufige Anblick, wie Nat und Laury die Köpfe zusammensteckten und über den neuesten Klatsch ihrer Londoner Verwandten und Freunde lachten, wird Alphonse nicht besonders erfreut haben. Im Jahre 1853 traf Nat eine Entscheidung, die ganz dazu angetan war, seine französischen Cousins noch mehr zu verärgern und den Anlaß zu künftigen, noch größeren Rivalitäten bot: Er kaufte eines der weltlichen Heiligtümer Frankreichs, eine erstrangige Lage von Bordeaux-Reben. Es war nicht Château Lafite, das schon James vergebens zu erwerben getrachtet hatte, aber der nächstbeste Besitz. Und sogar der nächstgelegene: Château Brane Mouton, nun in Mouton Rothschild umbenannt, grenzte an Lafite und wies ebenfalls jene undefinierbare und optimale Verbindung von Bodenbeschaffenheit, Lage und Bewässerung auf, die gewährleistete, daß beide Weingüter in jedem Herbst edelste Rotweine erbrachten. Der Konkurrenzkampf zwischen den beiden Kulturen in der Pfarre Pauillac wurde schon seit Jahrzehnten erbittert geführt und steigerte sich 1855, dem Jahr der Pariser Weltausstellung, als die Weine der Region bewertet wurden und Lafite den ersten Platz unter den vier Weingärten errang, die den begehrten Titel „premier cru“ erhielten. Diese Einstufung fand natürlich nicht die Billigung der anderen Weinbautreibenden, aber am meisten ärgerte sich Nat über solche „Cliquenwirtschaft“, er spie Feuer, als Mouton nur mit dem Sigel „deuxième cru“ bewertet wurde. Prompt drückte er seine Mißachtung in einem Dreizeiler aus, der wie eine Mischung aus einem Wappenspruch und einem Werbeslogan klingt:

„Premier ne puis
Second ne daigne,
Mouton suis.“*

Auf Mouton war Nat ungemein stolz, den Weinbau und den Vertrieb nahm er sehr ernst. In jedem Herbst, wenn der Preis für die Ernte festgesetzt werden mußte, wetteiferten Lafite und Mouton darin, wer den höheren Rang erzielen würde. Diese Rivalität – eher eine Frage des Prestige als des Gewinns – wurde von beiden Seiten zäh und verbissen ausgetragen. „Verlassen Sie sich darauf, ich werde die Ehre der Fahne hochhalten.“ So pathetisch sprach Emile Goudal, Direktor von Lafite, im Jahre 1857 zu seinem Prinzipal, als es ihm gelungen war, Nat zu überlisten: Er hatte ihn gezwungen, seine Mouton-Weine als erster auf

* Erster kann ich nicht sein, zweiter will ich nicht sein, ich bin Mouton.

den Markt zu bringen und dann selber den Preis überboten. Als der Besitzer erwog, einen Teil der Anbaugebiete, und zwar die Riede Les Carruades zu verkaufen, war Goudal außer sich vor Angst, sie könnte in Nats Hände geraten.

„Der Verkauf von Les Carruades an Monsieur Rothschild wäre ein schwerer Fehler und könnte für Sie die schrecklichsten Folgen haben. Das ist eine sehr ernste Sache. Falls Monsieur Rothschild Les Carruades erwerben sollte, allgemein als Weingärten höchster Qualität anerkannt, deren Ertrag bei Verschnitt jeden Wein verbessert, dann wird er, da er sehr reich ist, gewiß versuchen, aus Mouton ein Gewächs ersten Ranges zu machen. Ermessen Sie, welche Konsequenzen das für Sie haben wird? Mouton als ein Gewächs erster Güte könnte das Ansehen von Lafite nur schmälern . . . es wäre besser, Les Carruades um 50 000 Francs an einen Fremden zu veräußern, als um das Doppelte an Monsieur Rothschild.“[6]

Nat trat beherzt in die Schranken, denn ihn faszinierten die Mysterien und auch die Fehden der Weinkultur. Außerdem schmeichelte es ihm außerordentlich, daß er, „nur ein Engländer“, seinen Gästen einen Wein von Spitzenrang vorsetzen konnte, dessen Etikett seinen Namen trug. Realistisch betrachtete er den Kauf als eine gute Investition. Mit dieser Ansicht stand er nicht allein. Zu Beginn der fünfziger Jahre hatte es einige schlechte Ernten gegeben, und daher sahen sich Grundbesitzer der Médoc gezwungen, ihre Anbaugebiete billig abzustoßen. Dies ermöglichte Pariser Finanziers, ihren Besitzstand um landwirtschaftliche Nutzflächen zu erweitern. Unter den anderen Weingütern, die damals den Eigentümer wechselten, war Château Palmer. Der Käufer war Emile Péreire, jener Mann, der so viel für das Gedeihen der Rue Laffitte getan, sich aber nun mit Achille Fould verbündet hatte, dem Todfeind der französischen Rothschilds, der fest entschlossen war, den Großen Baron vom Thron des französischen Kapitalmarktes zu stürzen.

Péreire war in der Allerhöchsten Gunst ebenso rasch aufgestiegen wie James abgesunken war. Er zählte zu den neuen Männern – Köpfen mit Idealen, Talent, Begeisterung und verlockenden Plänen –, die der neue Herrscher auserkor, um eine großangelegte soziale und wirtschaftliche Umgestaltung durchzuführen, eine „Revolution von oben“. Napoleon III. war ein Mann von bescheidenen Fähigkeiten, aber mit einem großen Namen belastet, dessen er sich unbedingt würdig erweisen wollte. Im Jahre 1848 als „Prinz-Präsident“ der Republik eingesetzt, führte er drei Jahre später einen Staatsstreich durch und ließ sich schließlich nach einem Plebiszit zum Kaiser der Franzosen ausrufen. In seiner Campagne hatte er sich unmittelbar an die Arbeiter gewandt und dem Volk eine neue Ära des Fortschritts, des materiellen Wohlstands und der sozialen Gerechtigkeit verheißen. Armut und Ausbeutung sollten beseitigt werden, und alle würden aus dem wirtschaftlichen Aufschwung Nutzen ziehen. Die Grundsätze des Saint-Simonismus und des Freihandels, die der Monarch verfocht, bedeuteten eine offene Herausforderung an die Kreise der Hochfinanz und des industriellen Unternehmertums. Die Regierung sah sich anderswo nach Kapital, Expertisen und Initiativen um. Vor allem, sie verpflichtete sich, den Besitz der Produktionsmittel auf eine breitere Basis zu stellen und einfachen Bürgern die finanzielle Beteiligung an der Wirtschaft zu ermöglichen.

Um die versprochenen Reformen zu verwirklichen und die kühnen Projekte öffentlicher Arbeiten zu verwirklichen, die er zugesagt hatte, zog Napoleon III. eine Gruppe von Fachleuten und Politikern heran, Hohepriester des Saint-Simonismus, die sachliche Kompetenz mit einem missionarischen Eifer für das Evangelium der Humanität verbanden. Typisch für diese Kategorie war Emile Péreires Bruder Isaac, der als junger Mann geschrieben hatte:

> „Wir bauen in erster Linie auf die *Bekehrung* der Menschen. Es ist vor allem das Bestreben, ihr Mitleid mit den weniger begünstigten Klassen zu wecken, worauf wir unsere größten Hoffnungen setzen ... wir haben die Reichtümer, die durch den Zufall der Geburt an uns kamen, dazu bestimmt, das Los der ärmsten und zahlreichsten Klasse zu verbessern ... Wir hoffen, daß unsere Bemühungen Sie anregen werden, unserem Beispiel zu folgen. Wir warten."[7]

Isaac Péreire und sein Bruder waren an der Planung und Durchführung einiger der großen Vorhaben öffentlicher Arbeiten beteiligt, welche die Regierung nun in Angriff nahm: die Umgestaltung des Pariser Stadtzentrums, der Bau neuer Bahnlinien, die Rückgewinnung von Brachland und die Inszenierung der Pariser Weltausstellung im Jahre 1855. Ihre schwierige Aufgabe bestand darin, die enormen Summen zu beschaffen, die für diese gigantischen Projekte und auch für die industrielle Expansion gebraucht wurden, welche die Regierung in Gang zu bringen wünschte.

Aber der Mann, der zum führenden Kopf der neuen Ordnung ausersehen wurde und nun zum Wirtschaftsberater des Kaisers aufstieg, war jener alte Widersacher des Großen Barons, der getaufte Jude Achille Fould. Im Jahre 1848 wurde er Finanzminister, und während der nächsten zwanzig Jahre blieb er selten ohne ein Kabinettsressort. Er war es, der seinem kaiserlichen Herrn den Rat gab: „Es ist von entscheidender Wichtigkeit, daß Sie sich vom Gängelband der Rothschilds befreien."[8]

Für den Großen Baron war es ein Schock, nach achtzehn Jahren politischen Einflusses plötzlich aus dem engsten Kreis der Berater des neuen Monarchen ausgeschlossen zu sein. Bitter war auch die Erkenntnis, daß er und seinesgleichen, die Wegbereiter des industriellen Aufschwungs in Frankreich, nun als Feinde des Fortschritts galten. James reagierte sehr empfindlich auf all die kleinen Brüskierungen, etwa das Ausbleiben von Einladungen zu Empfängen bei Hof – für die Pariser Gesellschaft dezente Andeutungen, daß sich sein Status gemindert hatte. Aber er ließ sich nichts anmerken, trug eine überlegene Distanz zu der neuen Regierung zur Schau, als wolle er sagen „Republiken mögen kommen, Kaiser mögen gehen, aber Rothschild Frères bleiben bestehen". Baronin Betty tat sich weniger Zwang an und scheute sich nicht, ihre Abneigung gegen die neue Ordnung zu demonstrieren. Mit typisch weiblichem Eigensinn weigerte sie sich, den Kontakt zu ihren Freunden, den Orleanisten, aufzugeben oder eine Hochachtung für den neuen Machthaber zu heucheln, die sie nicht empfand. Sie lehnte die Vorstellung bei dem Napoleoniden und die Teilnahme an staatlichen Feiern ab, und ihr Gemahl hatte gewiß kein Interesse daran, sie zum Einlenken zu bewegen.

Nicht zuletzt um jenen Gegnern Trotz zu bieten, die sich darüber freuten, daß er bei Hof nun fast Persona non grata war, setzte sich James für Eugenie de Montijo ein. Im Alter von zweiundzwanzig Jahren hatte diese spanische Schönheit das Herz des neuen Staatsoberhauptes gewonnen. Louis Napoleons engste Umgebung fand sie zur Gemahlin ungeeignet. Aber zur Mätresse gab sich die Dame nicht her. Die Dinge waren in eine Sackgasse geraten. Eugenie wurde von Ministern und Gastgeberinnen der Gesellschaft „geschnitten" – doch nicht von den Rothschilds. Betty lud sie in den Salon der Rue Laffitte ein, und mehrere ihrer Freundinnen folgten diesem Beispiel. Die Schlüsselszene der ganzen Farce spielte sich bei einem Ball in den Tuilerien im Jahr 1853 ab. Nach einigen Tänzen wollte sich Eugenie ausruhen. Sie fand aber keinen freien Stuhl, daraufhin geleitete James sie zu einem Sofa. Prompt segelte eine aufgeblasene Beauté der Gesellschaft heran. Mit dem Ruf „Diese Sitze sind für die Frauen von Ministern reserviert!" ließ sie sich breit auf den Seidenkissen nieder. Indes, ihr Triumph war von kurzer Dauer. Louis Napoleon schritt geradewegs auf Eugenie zu, bot ihr den Arm und führte sie in jenen Saal, der seiner eigenen Gesellschaft vorbehalten war. Elf Tage später gab das Paar seine Verlobung bekannt. Aber solche Scharmützel waren kaum von Bedeutung für die Bataillen, die anderswo, und zwar bitterernst, ausgefochten wurden.

Das Gelände, in dem die Kämpfer aufmarschierten, war der Boden der nüchternen Tatsachen, genau gesagt: die Basis der Finanzierung des Regierungsprogramms wirtschaftlicher Expansion. Normalerweise hätten die führenden Privatbanken die erforderlichen Summen beigestellt. Die Rothschilds und ihre Kollegen verfügten über reiche Erfahrung für die Bildung von Konsortien für solche Zwecke, oft als „haute banque" bezeichnet. Doch dies war ganz und gar nicht nach dem Sinn der Saint-Simonisten. Nachdrücklich erhoben sie die Forderung, Frankreich müsse sich vom Gängelband der „haute banque" befreien. Nur: Wie sollte der Staat dann die kühnen Vorhaben finanzieren, zu denen er sich verpflichtet hatte? Für Fould und die Brüder Péreire stand die Antwort außer Zweifel: Da bereits existierende Institutionen des Finanzwesens nicht herangezogen werden konnten, mußten eben neue geschaffen werden.

Auch über die Struktur des neuen Apparates waren sich die Proponenten schon im klaren: Es würde eine Kreditbank des Volkes sein, getragen von den Ersparnissen der breiten Masse und unter staatliche Oberaufsicht gestellt. Unverzüglich gingen die Minister ans Werk, um ihre Pläne zu verwirklichen. Am 20. November 1852, einen Tag vor der Abstimmung über die künftige Staatsform, veröffentlichte das offizielle Organ „Moniteur" das Dekret über die Gründung der „Crédit Mobilier" unter dem Direktorium der Brüder Péreire, mit einem Stammkapital von 60 Millionen Francs. Aktien zum Preis von 500 Francs pro Stück waren allgemein zu haben. Somit schien die Crédit Mobilier gerade dem kleinen Anleger todsichere Gewinnchancen zu bieten. Sie verlieh Geld an den Staat und an Konsortien, die der Staat förderte. Da konnte doch nichts passieren. Aus dem ganzen Land eilten die Leute herbei, um ihre Ersparnisse der neuen Bank anzuvertrauen. Das war nichts anderes als eine Finanzkriegserklärung: Der Staatssozialismus hatte dem privaten Unternehmertum den Fehdehandschuh hingeworfen, der Idealismus stand dem Pragmatismus gegenüber, neues Geld wollte sich mit altem Geld messen. So begann der berühmte „Lutte bancaire", der Krieg der Banken. Von Anfang an ein Kampf, in dem beide Seiten ohne Bedenken jede verwendbare Waffe einsetzten und, wie sich bald wies, ein Kampf auf Leben und Tod, denn die Brüder Péreire beabsichtigten nichts anderes, als die Rothschilds aus ihrer finanziellen Machtposition zu werfen und die Kontrolle über die Börse, die Banken und die Großindustrie an sich zu reißen.

Um die Rothschilds aus ihren befestigten Stellungen zu vertreiben, bedienten sich die Péreires – gleichsam als eines Belagerungsgeschützes schwersten Kalibers – der nunmehr kaiserlichen Rückendeckung und der massiven Unterstützung durch die Öffentlichkeit. Auch gingen sie an mehreren Fronten zur Offensive über: an der Börse, in den Direktorenbüros der Industrieunternehmen sowie an den Herrscherhöfen und in den Staatskanzleien Europas. Die Péreires, die besser als die meisten anderen Zeitgenossen darüber Bescheid wußten, wie das System der Rothschilds funktionierte, boten ihnen auf dem gesamten europäischen Festland durch geschäftliche Konkurrenz und geringer bemessene Provisionen die Stirn. Außerdem standen ihnen, zumindest während der ersten Jahre des „Lutte bancaire“, tatsächlich unbeschränkte Mittel zur Verfügung. Die Crédit Mobilier hatte so große Erfolge zu verzeichnen, daß sich wahre Geldströme in diese neue Bank ergossen. Die Kurse ihrer Aktien stiegen stetig, und sinnigerweise reizte diese Entwicklung zu eben jener Art von Börsenspekulationen, welche die Saint-Simonisten zu heftiger Kritik an den alten Privatbanken herausgefordert hatten. Und so kam die Crédit Mobilier auch zu größeren Summen als von ihren Befürwortern ursprünglich erwartet.

Bald finanzierten die Péreires Eisenbahnbauten – dieses Gebiet sollte zum wichtigsten Aktionsfeld ihrer Angriffe gegen die Rothschilds werden – und industrielle Projekte mit internationalem Radius, von Spanien im Westen bis zur Türkei im Osten, von Italien im Süden bis zu Deutschland im Norden. Die eifrigsten Verfechter dieses finanzpolitischen Glaubensbekenntnisses initiierten und förderten die Gründung von Kreditbanken in anderen Ländern, deren Regierungen sich in vielen Fällen für die neue Idee sehr aufgeschlossen zeigten, da sie das geeignete Instrument für die Finanzierung der Verkehrsnetze und Fabriken bot, die einfach angelegt und erbaut werden mußten, wenn man nicht noch weiter hinter den großen Industrienationen zurückbleiben wollte.

Angesichts dieser Offensive konnte Baron James auf die Hilfe mächtiger Verbündeter und die immensen Ressourcen der Familie zählen. Er verschanzte sich hinter Wällen aus purem Gold und unternahm Vorstöße, um die Crédit Mobilier im In- und Ausland empfindlich zu treffen. Von Anfang an setzte er auf die Strategie eines Abnützungskrieges. Da er akzeptieren mußte, daß er den Gegner nicht in einer einzigen Entscheidungsschlacht schlagen konnte, hoffte er, die Brüder Péreire zu immer gewagteren Manövern zu verleiten. Denn er wußte: Sobald sie den Bogen überspannten, würden sie das Vertrauen der Öffentlichkeit verlieren, und ihre Verbündeten würden sich gegen sie wenden.

Vorläufig waren sehr viele Scharmützel auszufechten, und James stürzte sich mit großer Bravour ins Getümmel. Das nächstliegende und günstigste Terrain für die Konfrontation mit den Péreires war die Börse. Die Crédit-Mobilier-Aktien waren zu gut abgesichert, um ihren Ruf zu untergraben, aber James blieb die zweitbeste Möglichkeit: Ernest Feydeau berichtet, daß ihn der Große Baron eines Tages anwies, eintausend Crédit-Mobilier-Aktien zu kaufen. Der Angestellte staunte, erlaubte sich aber keine Frage zu der Anordnung seines Herrn. Doch als James diese Aufkäufe an jedem fünften Tag wiederholte, konnte Feydeau nicht länger schweigen. Sehr respektvoll gab er zu bedenken, ob der Baron nicht riskiere, sich lächerlich zu machen. Der rasch aufbrausende James entgegnete barsch und voll Sarkasmus in seinem Französisch mit starkem deutschem Akzent:

> „Was sagen Sie da, junger Freund? Ich mache mich überhaupt nicht lächerlich. Ich habe das größte Vertrauen in die Genialität der Herren Péreire. Sie sind die größten Finanzleute der Welt. Ich bin Familienvater, ich muß einen Teil meines kleinen Vermögens in ihren Geschäften anlegen. Mir tut nur leid, daß ich diesen überaus intelligenten Männern nicht mein gesamtes Kapital anvertrauen kann."[9]

Aber einige Tage später warf James sein gesamtes Paket auf den Markt. Die ganze Aktion war natürlich nur ein Handstreich in diesem Kriegsablauf. Durch seine Käufe hatte er einen rapiden Kursanstieg der Crédit-Mobilier-Aktien heraufbeschworen. Als er sie verkaufte, betrug laut Feydeau der Erlös das Zehn- bis Zwanzigfache der Anlagesumme, und seine Freunde an der Börse konnten lachen, denn nun waren die Brüder Péreire die Düpierten.

Den Anschein eines Unbetroffenen zu wahren, gehörte zur Strategie des Großen Barons. In Gesprächen tat er die Crédit Mobilier als unbedeutende Gründung von Neureichen ab und erweckte den Eindruck, daß nichts den ruhigen Gang seiner Geschäfte stören könne. Vielleicht war es gerade diese Mischung aus unerschütterlichem Selbstvertrauen und Bravour, die ihn bewog, ein Vorhaben anzugehen, das selbst nach seinen Maßstäben sowohl kühn als auch kostspielig war. Irgendwann im Jahr 1852 sah er die Pläne für Muffys neues Herrenhaus in Mentmore. Wahrscheinlich ließ ihn der Gedanke nicht ruhen, ein Neffe – wenn auch sein Lieblingsneffe – könne ihn übertreffen. Er berief Muffys Architekten Joseph Paxton nach Paris und erteilte ihm kurz und bündig den Auftrag: „Bauen Sie mir ein Mentmore, aber größer." Bald trafen Hunderte Arbeiter und Tausende Wagenladungen von Steinquadern und anderem Baumaterial in Ferrières ein, für die Errichtung eines neuen Château, das zum bedeutendsten Werk historistischer Schloßarchitektur des 19. Jahrhunderts auf französischem Boden werden sollte.

Die Baupläne, die Paxton lieferte und bis 1859 verwirklichte, boten eine Paraphrase der mittelvictorianischen Stilformen von Mentmore, aber, dem Wunsch des Bauherrn entsprechend, in weitaus größeren Dimensionen, mit Dutzenden von Gästezimmern, Quartier für ein hundertköpfiges Personal und Stallungen für achtzig Pferde. Die Interieurs, nach Entwürfen des Historienmalers Eugène-Louis Lami gestaltet, wiesen eine zeittypische Verbindung, ja Anhäufung verschiedener Stilelemente auf: in einem Raum Tapisserien, im nächsten bemalte Ledertapeten und im dritten Vertäfelungen. Es gab dort Dekkengemälde, Marmorbüsten, Louis-Seize-Möbel, Kleinbronzen, kostbares Porzellan in Vitrinen, Bücher und Kunstgewerbe – eben alles, was ein reicher, kauflustiger Mann jener Epoche ansammeln konnte, um sein Haus zu verschönern und der Welt deutlich zu zeigen, daß er und seine „Dynastie" auf Dauer an jenem Ort zu bleiben gedachten. Ferrières bot allen damals modernen Komfort einschließlich eines eigenen Küchentraktes und eines Systems von Rollwagen und Aufzügen, um warme Gerichte rasch zum Speisesaal befördern zu können. Baron Guy de Rothschild hat Kindheitserinnerungen an das Schloß:

„Die Große Halle war ein Raum von ganz eigenem Zauber. Mit ihren gewaltigen Maßen und in dem gedämpften Licht, das durch ein Glasdach einfiel, gemahnte sie an das Hauptschiff einer Kathedrale, und ihre Höhe erlaubte zwei verschiedene Gestaltungen: in der oberen Zone waren die Wände mit smaragdgrünem Samt bespannt und mit Gobelins behangen... In der unteren Hälfte, in Augenhöhe, hing eine Anzahl von Gemälden, unter ihnen einige der schönsten Stücke aus der Sammlung meines Großvaters: Ingres' berühmtes Porträt meiner Urgroßmutter Betty, das Bildnis der Marchesa Doria von Van Dijck, später ein Geschenk an den Louvre, ein reizendes Damenbildnis von Gainsborough und die „Frau mit einer Rose" von Frans Hals. Büsten römischer Kaiser wachten neben dem großen Marmorkamin, über dem ein weibliches Wesen freizügig seinen Busen entblößte. Die beiden hohen Türflügel zum Hauptportal waren von zwei riesigen Mohrengestalten flankiert, welche die ganze Last der Decke auf ihren Schultern zu tragen schienen. In einer Ecke ein Billardtisch, in der anderen ein Klavier, italienische Renaissanceschränke, kunstvoll geschnitzt und mit Ebenholz, Elfenbein, Marmor, Onyx und Halbedelsteinen eingelegt, ein Arrangement von Sofas, Armstühlen, Sitzbänken, Wandborden und Tischen, beladen mit Kostbarkeiten – alles diente dazu, verschiedene Bereiche abzugrenzen, wo man allein sein und lesen oder aber sich zu Gesprächen und Spielen zusammenfinden konnte."[10]

Unter den Hunderten Gästen, die James voll Stolz durch seinen Palast und die ständig gemehrten Sammlungen von Kostbarkeiten führte, gab es geteilte Meinungen. Die einen fanden „alles sehr geschmackvoll und prächtig", die anderen verwarfen Ferrières als „eine unsinnige, lächerliche Extravaganz, ein Ragout aus allen Stilen, das Ergebnis des dummen Ehrgeizes, alle Monumente in einem haben zu wollen". Lionels lebhafte fünfundzwanzigjährige Tochter Evelina verhielt sich bei ihrem ersten Besuch in Onkel James' Traumschloß recht taktvoll:

> „Mama hat Dir bereits all die Schätze und den Prunk beschrieben, deshalb werde ich Dich nicht mit einer Wiederholung ermüden, aber ich gebe zu, ich war ziemlich erstaunt und geblendet. Ich hatte Ferrières nie in voller Blüte gesehen, außerdem bringt der Große Baron immer noch neue Schätze herbei. Wir wurden durch den ganzen Palast, die Anlagen und den Landschaftspark geführt, und bei unserer Rückkehr erfreute ich Onkel James durch die Bemerkung, daß mir nur eines fehlte: das Haus wirkt so königlich, daß davor Wachtposten stehen müßten."[11]

In Wahrheit fand Evelina Ferrières überladen, war aber zu höflich, um es auszusprechen. Das scheint auch der Eindruck vieler anderer Besucher gewesen zu sein, sogar jener, die den Bau bewunderten. Selbst nach den Begriffen der Mitte und der zweiten Hälfte des 19. Jahrhunderts, eines Zeitalters unerhört pompösen Geschmacks, hatte James mit dem Sammelsurium von schönen, großartigen und absonderlichen Objekten, die er in seinem Schloß anhäufte, zuviel des Guten getan. Der heutige Besucher muß seine Phantasie bemühen, um sich all den Luxus der vergangenen Epoche vorzustellen. Jetzt steht das riesige Haus leer, in monumentaler Vereinsamung, nur mehr Architektur, Baudenkmal an sich, für immer der Möbel, Gemälde, Gobelins und Statuen beraubt, die einst vom Reichtum des Erbauers kündeten.

Das Phänomen Ferrières hatte selbstverständlich in erster Linie eine ganz konkrete Sinngebung: die Darstellung Rothschildscher Machtfülle. Doch selbst in diesem Fall errangen die Feinde des Barons in einem Kampf, der nicht nur an allen Fronten, sondern auch sehr persönlich geführt wurde, einen kleinen Triumph. Den Brüdern Péreire gelang es, den an den Besitz grenzenden Wald von Armainvilliers zu erwerben. Damit durchkreuzten sie James' Pläne, seine Domäne noch zu vergrößern. Natürlich sorgten sie dafür, daß jeder davon erfuhr. Aber das war nur ein Ablenkungsmanöver, um die Vorbereitungen für ihre nächste große Offensive zu tarnen.

Am 1. Januar 1855 erwarb die Crédit Mobilier einen Teil der österreichischen Staatsbahnen. Schon seit Jahren befanden sich die Finanzen des Kaisertums in einem Zustand bedenklicher Zerrüttung, und 1854 war diese Misere in eine Krise übergegangen, die nur durch den Verkauf einiger staatlicher Strecken des Eisenbahnnetzes (ausgenommen die Südbahn und die Lombardisch-Venezianische Bahn) gelöst werden konnte. Da die Rothschilds sich als Vorkämpfer des Eisenbahnbaus in Österreich so große Verdienste erworben hatten, kamen nicht nur finanzielle, sondern auch symbolische Werte ins Spiel, und der Erfolg der Péreires mit ihrem Angebot war zugleich ein moralischer Tiefschlag für die Rothschilds und eine Schlappe für ihre Banken. Doch das Jahr, das so unerfreulich begonnen hatte, brachte auch den Wendepunkt des „Lutte bancaire". Am Anfang stand eine Niederlage, am Ende aber ein glanzvoller Sieg.

Bevor sich dieser Umschwung zu James' Gunsten vollzog, mußte er allerdings mehrere Schläge hinnehmen, die ihm nicht von den Péreires versetzt wurden. Binnen weniger Monate starben nacheinander seine drei Brüder.

Salomon hatte sich bereits 1848 vom Geschäftsbetrieb zurückgezogen und lebte seither in Paris. Sein Tod war für James und Betty ein zweifacher Verlust; James wurde eines Bruders beraubt, Betty betrauerte den Vater. Anders als Salomon blieben Amschel und Carl bis zuletzt im Kontor tätig. Vielleicht wäre es besser gewesen, wenn auch sie jüngeren Männern Platz gemacht hätten.

Unter Amschels Leitung war das Frankfurter Haus nach wie vor eine binnendeutsche Bank, die sich hauptsächlich mit Anleihen für die Mitgliedstaaten und Fürsten des Deutschen Bundes befaßte. Während Paris, London und Wien sich an industriellen Vorhaben und Auslandsgeschäften beteiligten, konzentrierte sich Amschel weiterhin auf jene Sparte, die er gründlich beherrschte. Im Bankwesen und in der Politik wie auch in Glaubensfragen lehnte er fortschrittliches Gedankengut ab, als einen Verstoß gegen den Willen Gottes. Er war ein überzeugter Anhänger von Rabbi Samson Raphael Hirsch, dem Führer der orthodoxen Frankfurter Juden. Im Jahre 1852 stiftete er sogar eine eigene Synagoge für Hirschs Gruppe. Der Rabbi war ein Verfechter einer strikten jüdischen Absonderung. Eindringlich forderte er seine Jünger auf, nicht nur unnötige Berührung mit Christen zu vermeiden, sondern sich auch von allen fortschrittlichen Juden zu distanzieren. Es war typisch für Amschel, daß er sich solch einem Mann anschloß. Im Geist hatte er das Ghetto niemals verlassen, und er fühlte sich in dem schönen, von einem großen Garten umgebenen Haus, das er erworben hatte, nie wirklich heimisch. Bismarck sagte von ihm, er sei „... ein armer Mann in seinem Palast, kinderlos, Wittwer (sic!), betrogen von seinen Leuten und schlecht behandelt von vornehm französirten und englisirten (sic!) Neffen und Nichten, die seine Schätze erben, ohne Dank und ohne Liebe."[12]

Ein hartes Urteil, aber es klingt zutreffend. Und die Kluft wurde immer breiter, nicht nur zwischen Amschel selbst und seinen emanzipierten Verwandten, sondern allgemein zwischen den Rothschilds in Paris, London und Wien einerseits und den Frankfurter Rothschilds andererseits. Es ist schwer zu sagen, ob das Stammhaus bei dynamischerer Führung mit den anderen Häusern Schritt gehalten hätte. Gleichzeitig geriet Frankfurt immer mehr unter preußische Vorherrschaft und verlor 1866 auch seinen Status als Freie Stadt. Große Teile Norddeutschlands waren industrielles Rückstandsgebiet, bis sich unter Bismarcks Kanzlerschaft des geeinten neuen Deutschen Reiches diese Verhältnisse während der letzten Dekaden des Jahrhunderts radikal änderten. Aber in jenen Zeiten hatte sich der Schwerpunkt des Finanzwesens bereits nach Berlin verlagert. Wohl gab es Erwägungen, ob Mayer Carl, der die Nachfolge seines verstorbenen Onkels antrat, in der neuen Reichshauptstadt nicht eine Niederlassung gründen sollte, doch dieser Schritt unterblieb. Die beiden Brüder stellten sich mit den Preußen gut, unternahmen aber keinen ernsthaften Versuch, in deren Metropole ständig präsent zu sein. Vielleicht mißfiel ihnen der unterschwellige Antisemitismus in Berlin. Vielleicht sahen sie, ohne männliche Erben, wenig Sinn darin, Pläne für die Zukunft zu machen. Man mag es als eine merkwürdige Fügung betrachten, daß Wilhelm Carl und Mayer Carl zehn Töchter, aber keinen einzigen Sohn zeugten. Aus welchem Grund auch immer, der deutsche Geschäftszweig der Rothschilds blieb in der Frankfurter Bank verankert, die zusehends an Bedeutung verlor.

Auch in Neapel standen die Dinge keineswegs zum besten, und Carl v. Rothschild, der Gründer der neapolitanischen Bank, hatte bis zu seinem Tod im Alter von siebenundsechzig Jahren nicht die völlige Eigenständigkeit seines Unternehmens erreicht. Nach wie vor hatte er seine Zeit zwischen Frankfurt und Neapel geteilt und die wichtigsten Entscheidungen der Geschäftsgebarung seinen Brüdern überlassen. Anders als sie hatte Carl seine persönliche Unabhängigkeit niemals für eigene Initiativen genützt. Die Wahrheit lautet schlicht und einfach: ihm fehlte das Finanzgenie, das Nathan, James und Salomon in unterschiedlichem Grad besaßen. Dabei hatte er doch Möglichkeiten in Hülle und Fülle: Wie Deutschland war auch Italien ein Mosaik labiler Einzelstaaten, die ständig Geld für die Verteidigung und auch für jene Industrialisierung brauchten, die, wie die Regierenden hofften, Wohlstand schaffen und Tendenzen zu politischer Veränderung eindämmen würde. Aber Carl war nicht imstande, aus dieser Situation Gewinn zu ziehen. Als z. B. Sardinien-Piemont, der Musterstaat des damaligen Italien, eine Anleihe benötigte, verhandelte es vorerst mit der Pariser Rothschild-Bank, vielleicht nicht nur aus Gründen der Geographie. Wenn andere Regierungen an Carl herantraten, zögerte er. Zweimal, 1832 und 1849, bewarb sich der Kirchenstaat bei ihm um Anleihen. Zweimal begannen konkrete Unterhandlungen, zweimal zog sich der neapolitanische Rothschild zurück und überließ den Abschluß Baron James. Als Carls geliebte Adelheid im Jahr 1853 starb, verlor der Witwer gänzlich das Interesse an der Bank.

Gerechterweise muß man ihm zugutehalten, daß er nicht den Vorteil hatte, in einer Metropole zu leben, wo er täglich mit einer stabilen Regierung und Wirtschaftsinvestoren großen Stils in Berührung gekommen wäre. Als offizieller Bankier des Königreichs Beider Sizilien stützte er ein reaktionäres Regime, dessen Existenz auf der diplomatischen und wenn nötig auch militärischen Schützenhilfe Österreichs beruhte. Anderswo brachte die Epoche der italienischen Einigungsbestrebungen Männer hervor, die den Rothschilds mindestens ebenbürtig waren, allen voran Camillo Conte Cavour, seit 1852 Premierminister von Sardinien-Piemont. Er spielte die Rivalität zwischen James und der Crédit Mobilier so geschickt aus, daß er zum Großen Baron sagen konnte: „Wenn Sie in meinem Land Geschäfte machen wollen, dann nur zu meinen Bedingungen." Während das britische, das französische und das österreichische Haus der Rothschilds an bedeutenden Herausforderungen gewachsen waren, fehlten der Leitung der Bank in Neapel zwei unerläßliche Eigenschaften: Zielstrebigkeit und Spürsinn. Es war diese „konstitutionelle" Schwäche, die binnen weniger Jahre das Ende der Firma C. M. Rothschild und Söhne herbeiführte.

Der dreifache Verlust, den James 1855 hinnehmen mußte, vermehrte seine Sorgen: Er gab sich zwar gleichmütig, war aber sehr unruhig. Im Oktober meldete der französische Botschafter in London seinem Kaiser, daß ihn kürzlich James, Lionel und Anthony aufgesucht hatten, um sich über die Aktionen und die wachsende Macht der Crédit Mobilier zu beklagen. „Mr. de Rothschild äußerte die heftigsten und widersprüchlichsten Anschuldigungen gegen die Crédit Mobilier. Dieses Unternehmen werde bald den allgemeinen Wohlstand gefährden und so reich und so mächtig werden, daß es der Regierung neue Gesetze diktieren könnte."[13]

James hatte allen Grund zur Besorgnis: Die Brüder Péreire planten die Errichtung einer Schwesterbank in Wien. Falls ihnen dies gelänge, würde den Rothschilds österreichisches Kapital entzogen werden, so wie die Crédit Mobilier bereits erhebliche Anteile französischen Kapitals an sich gebracht hatte. Der österreichische Finanzminister Carl Ludwig Freiherr v. Bruck war zu dem Schluß gekommen, daß die einzige Möglichkeit zur Sanierung der Staatsfinanzen und Regeneration der Privatwirtschaft in der Gründung einer Kreditbank liege. Im August wurde sein Plan gebilligt. Nun kam es nur darauf an, die Konzession an die richtige Finanzgruppe zu vergeben. Die Péreires vertrauten darauf, daß sie mit ihrer Erfahrung und in Anbetracht ihrer bereits in Österreich geleisteten hohen Einsätze begünstigt würden. Außerdem hatten sie sich mit einem anderen Widersacher der Rothschilds verbündet, dem Freiherrn v. Sina. Aber sie hatten nicht mit Anselm gerechnet, dem in Wien ansässigen Rothschild.

Das Oberhaupt der Wiener Bank war nicht gesonnen, untätig mitanzusehen, wie sich die Rivalen der Familie im Habsburgerreich festsetzten. Anselm hatte bereits gründlich über die Probleme des Landes nachgedacht und war zu der Schlußfolgerung gelangt, daß das System der Privatbanken den erforderlichen Kapitalaufwand einfach nicht bewältigen könne. Mit Bruck stimmte er in der Ansicht überein, daß demnach nur eine staatliche Kreditbank in Frage käme. Deshalb führte er Gespräche mit James, in denen er die unerfreulichen Dinge beim Namen nannte: Es gebe nur eine einzige Methode, um die Brüder Péreire von Österreich fernzuhalten, nämlich von ihnen zu lernen und eine Rothschildsche Kreditbank zu gründen. So legte Anselm, gemeinsam mit einer Gruppe des österreichischen Hochadels, der die Fürsten Auersperg, Schwarzenberg und Fürstenberg angehörten, Konkurrenzvorschläge für ein Unternehmen ein, das die Bezeichnung „Creditanstalt für Handel und Gewerbe" führen sollte. Anselm arbeitete eng mit Bruck zusammen, und es gab nie ernstliche Zweifel daran, welchen der Pläne die Regierung akzeptieren werde. A priori ging die Creditanstalt viel genauer auf die österreichischen Verhältnisse ein. Zum Unterschied von der Crédit Mobilier würde sie ihre Tätigkeit auf das Staatsgebiet des Habsburgerreiches beschränken, auch verfügte sie über ein viel höheres Stammkapital.

Die neue Bank erhielt ihre Statuten am 31. Oktober 1855. Am 12. Dezember erfolgte die Emission der Aktien im Gesamtwert von 15 Millionen Gulden. Schon am Abend des 11. Dezember hatte sich in der Renngasse vor dem Gebäude von S. M. Rothschild und Sohn eine lange Menschenschlange gebildet. Trotz des Schneegestöbers waren Hunderte gekommen, um Aktien zum Nominalwert von je 200 Gulden zu erwerben. Anselm ließ die geduldig die ganze Nacht Ausharrenden immer wieder mit heißer Suppe laben. Für ihre Standhaftigkeit wurden diese Wagemutigen reich belohnt. Die Nachfrage überstieg das Angebot bei weitem, und binnen weniger Tage schnellte der Kurswert auf das Dreifache des Nennwertes. Die erste Versammlung des Direktoriums der Creditanstalt mit Anselm als Vizepräsidenten fand am 30. Dezember 1855 statt.[14] Ein bewegtes Jahr war vergangen.

Doch die längste und wie sich zeigen sollte, die entscheidende Campagne im „Lutte bancaire“ – der „Schlacht der Banken“ – war das Ringen um die Eisenbahnen. Die Brüder Péreire beteiligten sich seit dem April 1853 an der Hochkonjunktur des Bahnwesens: Damals bildeten sie ein Konsortium, „Le Grand Central“, zwecks Nutzung der Konzession für ein großes Gebiet Mittelfrankreichs, das sich vom Rhône-Tal bis zur Hochebene von Limousin erstreckte. Die Trasse durchquerte Gebiete, in denen bereits andere Bahngesellschaften aktiv waren, so die „Paris–Lyon“, die „Paris–Orléans“ und die „Mediterranée“.

Das Ziel der „Grand Central“ war schlicht und einfach, die Konkurrenz zu verdrängen und den gesamten Streckenbereich südlich der Hauptstadt zu usurpieren. Gegen Ende des Jahres 1855 nahm Baron James die Direktoren der drei bedrohten Gesellschaften in sein eigenes Syndikat auf, die „Réunion Financière“. Diese Gruppe sollte eine leistungsstarke Industriebank gründen, die es mit ihrem Kapital ermöglichen würde, sich dem Druck der Crédit Mobilier zu widersetzen. Die Brüder Péreire waren bestürzt und wandten sich an ihre Freunde in der Regierung. Prompt wurde auch das Ansuchen der „Réunion Financière“ um Genehmigung ihrer Statuten abgewiesen. James war wütend. Da aber hinter seinen Gegnern der Kaiser selbst stand, schien es ausgeschlossen, dem Vormarsch der Finanzmacht der Brüder Péreire in Frankreich Einhalt zu gebieten.

Aber dann kam er doch zum Stillstand. Nicht durch einen Meisterstreich des Großen Barons, sondern durch das Zusammenwirken zweier Faktoren: der hartnäckigen Rothschildschen Gegenwehr und einer Veränderung der wirtschaftlichen Verhältnisse. Im Jahre 1856 setzte eine wirtschaftliche Flaute ein. Aktienkurse fielen. Der Kapitalbedarf des Staates wuchs. Bald traf eben das ein, was James immer vermutet oder erhofft hatte – die Crédit Mobilier hatte sich übernommen. Im Jahre 1857 sah sie sich gezwungen, die Liquidation der Grand Central einzuleiten. Ihre Aktien und Konzessionen wurden sofort von den Bahngesellschaften der Konkurrenz aufgesogen. Und wenn Aktionäre der Crédit Mobilier ihre Papiere verkaufen wollten, fanden sie kaum Interessenten. In dem Versuch, die Talfahrt zu bremsen, zahlten die Péreires 1858 Dividende aus dem Kapital. Es war der Anfang vom Ende. Der Traum der Saint-Simonisten von einem Kreditapparat unter staatlicher Aufsicht war in der harten Wirklichkeit der Hochfinanz verflogen. Die Crédit Mobilier hielt sich noch neun Jahre, aber es war ihr nicht gelungen, die großen Privatbankiers aus dem Sattel zu heben, und dies bedeutete, daß die Brüder Péreire mit ihrer Herausforderung gescheitert waren. Die Rothschilds und die Auffassungen, für die sie eintraten, hatten sich als unbesiegbar erwiesen.

KAPITEL 13
Auftritt eines Glücksritters

Die Rothschilds waren ein *europäisches* Phänomen, und das blieben sie bis weit ins 20. Jahrhundert. Europa war damals das Kraftfeld und Impulszentrum des gesamten Welthandels. Nach Europa strömten alle Bodenschätze und Rohtoffe, die den Reichtum der „Übersee"-Länder ausmachten. Aus Europa kamen dann Textilien und andere Industriewaren, Lokomotiven und technische Fachkenntnisse zurück. Die Bankhäuser, Versicherungsgesellschaften und andere Unternehmen, die für die glatte Abwicklung des internationalen Geschäftes sorgten, befanden sich in London und Paris und in geringerem Maß in den übrigen Hauptstädten der Alten Welt. Von ihren Kontoren aus beherrschten die Rothschilds ein stetig sich weiter verzweigendes Netz reger kommerzieller Tätigkeit.

Aber die Welt befand sich im Wandel: Im Lauf der Jahrzehnte erwuchs der europäischen Vorherrschaft allmählich Konkurrenz. Zunächst fast unmerklich, holten bisher unterentwickelte Länder gegenüber den Spitzenreitern des kommerziellen Wettrennens auf. Der riesige nordamerikanische Kontinent wurde reich und mächtig durch die Baumwolle der Südstaaten, das Gold Kaliforniens und das Getreide der Präriezonen. Australien und Südafrika erlebten nach der Entdeckung der Goldvorkommen und der Diamantenfelder einen Aufschwung. Kurz vor 1900 erhob sogar Japan bereits den Anspruch, als Industrienation ernst genommen zu werden.

In jenen Zeiten waren die Rothschilds wahre Muster an Wendigkeit und Anpassungsfähigkeit. Sie hatten Napoleon und die Brüder Péreire mit den gleichen Waffen überwunden: durch eine Verbindung familiärer Solidarität und der Begabung, auf Veränderungen richtig zu reagieren. Aber ihrem Wesen nach waren sie Europäer. Es fragte sich nur, ob sie weiterhin die Eigenschaften der biegsamen Weide und der standhaften Eiche in sich vereinigen konnten, und zwar angesichts neuartiger Anforderungen, die, wenn auch nur schrittweise, künftig viel komplexer werden sollten als alle, die ihr Haus vordem zu bewältigen hatte.

Bis zur Mitte des 19. Jahrhunderts betrauten die Rothschilds mit der

Abwicklung von Geschäften in fernen Ländern eigene Agenten. Das mochten dort ansässige Finanz- oder Kaufleute sein oder aber völlig zuverlässige eigene Bankangestellte, die nach jahrelanger Tätigkeit in New Court oder in der Rue Laffitte ins Ausland entsandt wurden. In jedem Fall brachten ihre Positionen sehr große Verantwortung wie auch hohes Prestige und Chancen für erhebliche eigene Gewinne.

Die Rothschilds waren auch Wegbereiter der Erschließung von überseeischen Gebieten. Als in Afrika Kolonien gegründet wurden und gleichzeitig die nun unabhängigen lateinamerikanischen Nationalstaaten wirtschaftlich zu expandieren trachteten, waren die Agenten des Pariser oder des Londoner Hauses zur Stelle, um Bergbaukonzessionen zu erwerben, den Eisenbahnbau zu finanzieren oder Staatsanleihen zu bieten. Die Rothschilds waren Alleineigentümer oder zumindest Hauptteilhaber mittelamerikanischer Eisenwerke, nordamerikanischer Kanalbaugesellschaften und einer Vielzahl anderer Unternehmen. Sie wurden zu Großimporteuren von Barrengold aus den neu entdeckten Goldminen. Im Jahre 1855 errichtete die Londoner Bank in den ehemaligen Anlagen der Königlichen Münzprägestätte Tower Hill ihre eigene Scheideanstalt. Im selben Jahr half das Haus Rothschild Frères der Banque de France durch die Lieferung großer Goldmengen aus einer schweren Währungskrise.

So wurde der Name Rothschild nun auch an vom hochzivilisierten London und Paris weit entfernten Orten genannt. Aber die Verbindung zu den großen Bankiers war manchmal nur indirekt vorhanden. Im Jahre 1841 reiste Maurice Worms nach Ceylon und gründete dort das Unternehmen Rothschild Coffee Estate. In einem Brief über diese Aktion erklärte sein Neffe:

> „Man glaubt, daß das Unternehmen diesen Namen erhielt, weil die Rothschilds selbst daran beteiligt waren. Das ist völlig irrig. Es gehörte ausschließlich Maurice Worms und seinem Bruder Gabriel, der 1842 eintrat. Der Name ‚Rothschild' wurde der Firma auf ausdrücklichem Wunsch der Onkel der Herren Worms gegeben, des Barons Anselm v. Rothschild in Frankfurt und des Barons James de Rothschild in Paris."[1]

Wir sind auf die Vermutung angewiesen, daß der Beweggrund für diesen seltsamen Wunsch das Bestreben war, den Ruf der Rothschilds als internationale Handelsfirma zu heben, wobei eine solche Regelung auch das Prestige der Brüder Worms steigerte. Doch in vielen Überseeländern bezeichnete die Führung des Namens Rothschild den gegebenen Sachverhalt, nämlich daß die weltweit führenden Privatbankiers an

Ort und Stelle einen bevollmächtigten Repräsentanten hatten. Die Ernennung solcher Agenten war immer eine Vertrauensfrage. Die Vertreter in New York, Mexico City, Havanna, Kapstadt, Melbourne, Singapur oder einer anderen fernen Großstadt hatten weitgehende Entscheidungsfreiheiten, selbst wenn es um sechs- oder siebenstellige Summen ging. Weisungen und Berichte waren wochenlang über die Meere unterwegs, ergo mußten die Männer am Ort beträchtlichen Spielraum haben und dazu angehalten werden, ihre Initiative eher für das Unternehmen als zu ihrem persönlichen Vorteil einzusetzen. Deshalb hielten sich die Rothschilds an den Grundsatz, nur völlig vertrauenswürdige Kräfte in die Welt zu entsenden und sie so oft wie möglich zu kontrollieren.

Die wichtigste aller Hauptstädte in Übersee war natürlich New York. Der dortige Rothschild-Repräsentant war ein ungewöhnlicher Mann, den die Familie nie völlig zu durchschauen vermochte.

Im Jahr 1829 kam ein fünfzehnjähriger jüdischer Junge namens August Schönberg nach Frankfurt und ergatterte einen kleinen Posten in Amschels Bank. Er war sehr redegewandt, wenn er wollte, konnte er sehr charmant sein, und jedenfalls wußte er ganz genau, *was* er wollte: Geld. Deshalb hatte er nach einer unruhigen Kindheit das Elternhaus mit dem festen Vorsatz verlassen, sich den sagenhaft reichen, vom Glück verwöhnten Rothschilds anzuschließen. Dieser unerhört betriebsame junge Mensch vereinigte in seinem Wesen manche der Eigenschaften von Nathan und James. Er war brüsk, ungeduldig, beharrlich und hatte einen unersättlichen Appetit auf die schönen Dinge des Lebens. Außerdem war er ein Finanzgenie. Amschel und Carl erkannten bald seine Talente, und so diente sich der tüchtige August rasch empor. Anno 1832 wurde er nach Neapel entsandt, um dort weitere Erfahrungen zu sammeln. Im Alter von dreiundzwanzig Jahren beherrschte er die Finessen des internationalen Bankwesens, auch sprach er fließend Englisch, Französisch und Italienisch. Dann kam seine große Chance. Im Jahre 1837 brauchten die Rothschilds einen Mann für Kuba, wo ihre Interessen durch die Ausbreitung des Aufstands gegen die spanische Herrschaft ernstlich beeinträchtigt wurden. Die Wahl fiel auf ihren blitzgescheiten jungen Protegé, und er mußte sich unverzüglich auf den Weg machen. Einige Monate später erlebten seine Chefs ihr blaues Wunder.

August Schönberg reiste der Karibik entgegen, doch als August Belmont kam er in New York an. Ohne Rücksicht auf seine Instruktionen nützte er flugs die Gelegenheit, um sich faktisch als unabhängiger Finanzmann zu etablieren. Nicht Kuba, sondern die USA hieß das Land der Verheißung. Deshalb ging er einfach im Kommerzzentrum der Vereinigten Staaten von Bord. Und weil es dort schon Scharen deutscher Juden gab, übersetzte er seinen Namen ins Französische und wechselte die Religion.

Für seine Ankunft hätte er sich keinen besseren Zeitpunkt aussuchen können. Er kam mitten in eine der schwersten finanziellen und politischen Krisen der amerikanischen Geschichte. Die Bank of the United States, gegründet um als Nationalbank der Union zu fungieren, und ein gewisses Maß wirtschaftlicher Stabilität zu gewährleisten, war bei den Spitzen der Bundesstaaten nie beliebt, die in ihr ein Machtinstrument der Zentralregierung sahen. Ebensowenig schätzten sie die Wagemutigeren unter den Geschäftsleuten, die sich gegen die Einschränkungen der kommerziellen Entwicklung wehrten. Die Nation erlebte eine noch nie dagewesene Konjunktur. Farmer, Eisenbahnbauer und Industrielle voller Tatendrang sahen sich nach anderen Kapitalquellen um, und europäische wie amerikanische Spekulanten waren hurtig mit Angeboten zur Hand. Die Banken der Bundesstaaten machten schwunghafte Geschäfte. Die Rothschilds und andere europäische Finanziers förderten Vorhaben großen Stils. Überall in Amerika schossen kleine Banken aus dem Boden, besonders als Präsident Andrew Jackson im Einvernehmen mit den Radikalen offen aussprach, daß die Charta der Zentralbank nach 1836 nicht erneuert würde. Als die letzten Hemmnisse fielen, gab es auf dem Kapitalmarkt einen Ansturm von Investoren, die rasch reich werden wollten. Binnen weniger Monate geschah das Unvermeidliche: Die überhitzte Wirtschaft brannte sich selbst aus. Nun wollten die Anleger ihre Aktien rasch zu Geld machen. Firmen gingen zugrunde, Banken stellten die Barzahlungen ein, manche von ihnen brachen zusammen. Und mitten in diesem Chaos trieben Rothschild-Investitionen im Wert von mehreren Millionen Dollar. Sieben Wochen vor Belmonts Ankunft waren die Rothschildschen Repräsentanten J. L. and S. I. Joseph and Company in den Bankrott geschlittert. Der Neuankömmling nahm einfach ihren Platz ein. Er mietete ein Kontor in der Wallstreet, und gleichsam nebenher ersuchte er seine Vorgesetzten um ihr Placet. Ohne eine Antwort abzuwarten, begann er unter dem hochgeachteten Namen seiner Chefs und mit ihrem Geld auf dem stagnierenden Markt Aktien aufzukaufen.

Falls der Große Baron und seine Brüder solche Kühnheit, ja Unverfrorenheit mißbilligten, hätten sie bedenken müssen, daß Belmont mit ihrem Kapital das gleiche tat, wie eine Generation vorher Nathan mit dem Gold des Kurfürsten. Aber so oder so konnten sie es sich kaum leisten, Belmont nicht zu decken. Es hätte Monate gedauert, einen neuen Agenten zu bestimmen, zu instruieren und übers Meer zu schicken. Aber die amerikanische Bankenkrise erforderte Sofortmaßnahmen, auch waren recht viele andere dringliche Geschäfte zu tätigen. Seit den Zeiten, als N. M., in seiner Eigenschaft als Textilfabrikant in Manchester, Baumwolle aus den Südstaaten bezogen hatte, waren die Rothschilds durch vielerlei Geschäftsinteressen mit Amerika verbunden. Nathan war tief beeindruckt von der Erschließung des Mittelwestens, von der landwirtschaftlichen und industriellen Entwicklung, und setzte große Hoffnungen in die Zukunft des Kontinents. Mehreren Bundesstaaten hatte er Anleihen verschafft, einige Zeit war er der offizielle europäische Bankier der amerikanischen Regierung und ein erklärter Befürworter der Bank of the United States. Deshalb blieb ihm kaum eine andere Wahl, als Belmonts Angebot anzunehmen, obwohl das Londoner Haus keineswegs darüber entzückt war, daß es von Belmont vor vollendete Tatsachen gestellt wurde.

Dieser Belmont, nunmehr „August Belmont and Company", ging sofort ans Werk, um aus dem Schiffbruch zu retten, was zu retten war. Schriftlich forderte er von allen Kunden Offenlegung der Konten, kündigte Darlehen, traf Vereinbarungen für die Rückzahlung. In einer sehr schwierigen Situation handelte er sehr umsichtig, aber in den Köpfen seiner Chefs hielten sich hartnäckige Zweifel an seiner Vertrauenswürdigkeit. Sobald wie möglich entsandte Lionel einen höheren Angestellten der Bank nach New York, um Belmonts Agenden zu überprüfen und zu ermitteln, was er eigentlich vorhatte. Der Bericht fiel im großen und ganzen günstig aus. Dennoch machte man sich in New Court und in der Rue Laffitte Sorgen über das Ausmaß der eigenen Geschäfte, die der Mann in den Händen hatte. Belmont seinerseits ärgerte sich über den Mangel an Vertrauen. Dieser Schlagabtausch von einer Küste des Atlantiks zur anderen zog sich jahrelang hin. Während die Rothschilds über ihren allzu selbstherrlichen Repräsentanten murrten, festigte Belmont seine Stellung als äußerst erfolgreicher Bankier. Er ging sogar noch weiter: Schrittweise schwang er sich zur führenden Gestalt des politischen und Gesellschaftslebens von New York auf. Die Art und Weise, auf die der junge Belmont die Stadt im Sturm eroberte, erinnert nicht bloß ungefähr an die Taktiken des Barons James. New York war eine sehr lebendige, aufstrebende, wachsende, eine „neue" Stadt. Anders als bereits festgefügte Gemeinwesen, wie etwa Boston oder Charleston, stand sie nicht unter dem Einfluß traditionsbewußter alter Einwandererfamilien. Ein Mann mit persönlichem Format und Geld konnte dort seinen Weg machen. Belmont war von eher unansehnlichem Äußeren, doch er besaß außerordentliche, geradezu magnetische Kräfte. Über seine Vergangenheit schwieg er sich ganz bewußt aus. Als Gerüchte über delikate Skandale in Umlauf kamen – es wurde sogar angedeutet, er sei ein illegitimer Rothschild-Sproß –, widersprach er nicht. Er gab große Diners, ließ die besten französischen Weine kredenzen, streute in seine Konversation europäische Wendungen ein und ernannte sich selbst zur obersten Instanz in Fragen des guten Geschmacks. Frauen fanden ihn unwiderstehlich. Männer zollten dem Repräsentanten der größten Privatbanken der Welt die gebührende Hochachtung.

Sobald es seine Einkünfte gestatteten, erwarb Belmont ein imposantes Haus in Manhattan. Dort veranstaltete er rauschende Feste, Einladungen dazu waren bei den Spitzen der New Yorker Gesellschaft bald sehr begehrt. Bei intimeren Diners versammelte er an seiner Tafel ansässige und reisende ausländische Prominenz.[2] Belmont wußte genau, wie wichtig es war, sich in Szene zu setzen: zur Schau gestellter Reichtum schafft Vertrauen. Wenn er durch die New Yorker Straßen fuhr, dann in einem der elegantesten Wagen der Stadt. Er hielt einige Rennpferde und war einer der Gründer der Rennbahn in Jerome Park. Er war gewillt, alles zu tun, um im Mittelpunkt der Aufmerksamkeit zu stehen. Als seine enge Freundschaft mit einer bestimmten Dame einen eifersüchtigen Rivalen zu gehässigen Auslassungen provozierte, forderte Belmont den Beleidiger und ließ überall verbreiten, er werde sich mit dem Kerl, der die Ehre der Dame antastete, duellieren. Ein riskantes Vorhaben, denn Belmont war kein geübter Schütze. Tatsächlich verlief dieses Treffen, wie die meisten derartigen Duelle, als bloße Farce. Beide Gegner feuerten ihre Pistolen ab. Beide verfehlten ihr Ziel. Indes, der Ehre war Genüge getan, und Belmonts Ansehen stieg noch höher. Seine Feste wurden immer luxuriöser, mit Vorliebe gab er Maskenbälle, und stets mußte er an Pracht seines eigenen Kostüms all seine Gäste übertreffen. Es wird sogar berichtet, daß er bei einer der Maskeraden in einem kompletten goldtauschierten Harnisch erschien, der 10 000 Dollar gekostet hatte. Allerdings gab es eine Gruppe der New Yorker Gesellschaft, die diesen frechen Emporkömmling ablehnte und sich von ihm distanzierte. Doch bald war Belmont in der Lage, mit seinen Gegnern ganz im Rothschildschen Stil umzugehen. Als er zu einem repräsentativen Ball nicht eingeladen wurde, suchte er die Veranstalter auf und ließ im Gespräch durchblicken, falls sein Name nicht auf der Gästeliste stünde, würden sie am nächsten Morgen sehr unangenehme finanzielle Überraschungen erleben. Wie der große N. M. wurde er schon zu Lebzeiten eine legendäre Persönlichkeit, um die sich die unwahrscheinlichsten Geschichten rankten.

Binnen acht Jahren hatte er ein beträchtliches persönliches Vermögen angesammelt, das ihm ermöglichte, während des Krieges gegen Mexiko (1845–1848) einen großen Teil der Unionsanleihe selbst aufzubringen. Diese und andere Staatspapiere kaufte er auch für seine – nominellen – Chefs. Die Rothschilds lernten die ausgezeichneten Dienste ihres Amerika-Agenten zu schätzen, trotz ihrer häufigen Meinungsverschiedenheiten mit ihm und trotz ihres stets wachen Mißtrauens, daß er auf ihre Kosten unermeßliche Gewinne scheffle. Belmont leitete in diesem erregenden, dynamischen Land sehr viele Geschäfte für London und Paris ein und lieferte den Rothschilds laufend wertvolle Informationen über die Vorgänge jenseits des Atlantik. Jahraus, jahrein blieb die New Yorker Vertretung in fast täglicher Korrespondenz mit den Stammhäusern, so daß diese für ihre Investitionen in Barrengold, Baumwolle, Tabak, Unions- und Staatspapieren, Eisenbahnen, Staatsbanken und in ein breites Spektrum von Industrieunternehmen immer bestens und schnellstens über den neuesten Stand der Dinge benachrichtigt wurden.

Sehr wertvolle Dienste erwies Belmont auch der Regierung in Washington, indem er ihr zu einer Zeit, als ausreichende Barmittel ein Dauerproblem waren, den Zugang zur Rothschildschen Finanzierung verschaffte. Im Jahre 1844 wurde er noch unentbehrlicher, als er sich mit Erfolg um den Posten des österreichischen Generalkonsuls bewarb und der Demokratischen Partei beitrat, in der er rasch zu einer führenden Position aufstieg.

In Europa war der von den Rothschilds organisierte unvergleichliche Kurierdienst das Instrument für die Gestaltung ihrer politischen Rolle. Weil sie die besten Informationen liefern konnten, waren sie von Herrschern und Ministern ins Vertrauen gezogen und vor politischen Entscheidungen als Berater angehört worden. Die Geschichte wiederholte sich nun. Politiker in Westminster und im Elysée-Palast wünschten Informationen über Amerika, und dafür boten die Rothschilds die besten Gewährsleute. Von dem Punkt war es für die Regierung diesseits und jenseits des Atlantik nur der logische nächste Schritt, die Bankiers als inoffizielle Träger der Nachrichtenverbindungen einzusetzen.

Die Rothschilds faßten die Möglichkeit ins Auge, in regelmäßigen Zeitabständen ein Familienmitglied zwecks persönlicher Überprüfung von Belmonts Tätigkeit zu entsenden. Im Jahre 1840 schlug Nat eine solche Amerikareise vor, aber sie unterblieb. Im Frühjahr 1848 beschloß James, wie schon erwähnt, Alphonse in die Vereinigten Staaten zu schicken, nicht zuletzt, damit der junge Mann das revolutionäre Frankreich verlassen könne. Auch dieser Plan wurde zunächst nicht verwirklicht, aber einige Monate später machte sich Alphonse auf den Weg, mit dem ausdrücklichen Auftrag, die Frage zu klären, ob die Rothschilds im Hinblick auf den Umfang der Geschäfte, die sie nun via New York tätigten, weiterhin mit Belmont arbeiten oder eine eigene Zweigbank gründen sollten.

Da die europäischen Bankiers erwogen, dem Haus August Belmont and Co. ihre Vertretung zu entziehen, kann sich Alphonse kaum einen herzlichen Empfang erwartet haben. Jedenfalls wurde ihm ein solcher nicht zuteil. Der New Yorker Agent zeigte sich überheblich und mürrisch. „Von dem Tag, an dem ich den Fuß auf amerikanischen Boden setzte, wußte Belmont, daß seine Herrschaft zu Ende sei", berichtete Alphonse.[3] Und bald ließ Belmont seinem Unmut freien Lauf: Die Rothschilds behandelten ihn eher als Korrespondenten denn als Repräsentanten. Sie schenkten ihm kein Vertrauen. Immer waren sie geneigt, mühsam eingeleitete Amerikageschäfte fallenzulassen, wenn diese ihnen gerade nicht ins Konzept paßten. Aber trotz des kühlen Empfanges bemühte sich Alphonse redlich, Belmonts Lage zu verstehen. Er gab zu bedenken, daß von dem Mann nach zwölfjähriger faktischer Unabhängigkeit kaum die widerspruchslose Hinnahme strenger Kontrollen erwartet werden dürfe. Und vielleicht seien auf beiden Seiten Fehler begangen worden. Doch psychologisch blieb zwischen den beiden Männern eine Kluft so breit wie der Atlantik.

Während der sechs Monate, die Alphonse in Amerika verbrachte, traute keiner dem anderen so recht über den Weg. Aber der junge Franzose hatte Wichtigeres zu tun, als den Aufpasser zu spielen. Er unternahm weite Reisen, informierte sich gründlich über den aktuellen Stand der Rothschildschen Geschäfte in Amerika und machte sich ein Bild vom künftigen Potential des Kontinents. Ungemein beeindruckt meldete er nach Hause:

> „Ohne den geringsten Zweifel ist dies die Wiege einer neuen Zivilisation ... Die Besiedlung Kaliforniens ist für Amerika ein Ereignis von außerordentlicher Bedeutung. Nicht nur wegen der mehr oder weniger reichen Goldadern, die das Land in seinen Tiefen birgt, sondern vor allem wegen seiner geographischen Lage. In einigen Jahren wird Amerika den Großteil des Handels mit China und Indien an sich gezogen haben und zwischen den beiden Weltmeeren thronen ... das Land besitzt solche Voraussetzungen des Wohlstands, daß man blind sein müßte, um sie nicht zu erkennen, und es ist bewundernswert, mit welcher Klugheit und Energie diese Menschen sie zu nutzen verstehen. In Europa gibt es viele Vorurteile über Amerika, aber diese verstummen, sobald ihnen Tatsachen gegenüberstehen."[4]

Für ihn stand außer Frage, was das alles für seine Familie bedeutete:

> „Ich zögere nicht zu sagen, daß in Amerika nicht bloß eine Repräsentanz (existieren), sondern ein eigenes Bankhaus Rothschild er-

richtet werden sollte ... Heute bietet sich uns eine sehr günstige Gelegenheit dazu. Später werden aus dem allgemeinen Wettbewerb zwangsläufig Schwierigkeiten erwachsen. Da Ihr euch entschlossen habt, das amerikanische Geschäft auf eine neue Grundlage zu stellen, solltet Ihr eine totale Veränderung durchführen."[5]

So weit es den chauvinistischen Alphonse betraf, kam eine weitere Betrauung Belmonts nicht in Betracht, denn dieser sei „Amerikaner im vollen Sinn des Wortes". Damit meinte er, der Agent sei empfindlich, mißtrauisch, rasch aufbrausend und allzu selbstherrlich. Alphonse erbot sich, die Leitung des neuen Büros zu übernehmen, „obwohl es für mich schmerzlich wäre, so lange Zeit von meiner Familie und meinen Freunden getrennt zu sein".[6]

Alles schien bereit für eine der dynamischesten Entwicklungen in der Geschichte der Familie Rothschild und ein Ereignis von erheblicher Bedeutung in der Wirtschaftsgeschichte der westlichen Welt. Doch dann wurde das ganze Projekt plötzlich ad acta gelegt. Alphonse wurde zurückberufen und Belmont in seiner Position bestätigt.

Dies war die größte Chance, welche die Rothschilds jemals versäumten. Hätten sie in jenem Frühstadium des Aufschwungs eine Bank in New York gegründet, dann hätten die Gewinne aus dem einen Unternehmen fraglos alles bisher in Europa Erreichte weit übertroffen. Es ist schwer verständlich, warum James und Lionel die eindringliche Befürwortung Alphonses ignorierten. Vielleicht sprach die Stimme des Blutes ein Machtwort dagegen, und der Große Baron war nicht gesonnen, seinen ältesten Sohn auf längere Dauer aus Paris in ein fernes, fremdes Land zu schicken. Wahrscheinlich spielte bei der Entscheidung, eine intensivere Verbindung zu der noch so ungebärdigen jungen Nation zu vermeiden, auch ein gewichtiges Vorurteil mit. Am Ende seines Lebens war James überzeugt, Amerika sei ein Land, „das sich jeder Berechnung entziehe".[7]

Sicher ist, daß Belmont alles in seiner Macht Stehende tat, um seine Enthebung zu verhindern. Sehr emsig arbeitete er daran, seine gesellschaftliche Stellung in New York zu konsolidieren, und wenige Monate nach Alphonses Abreise gelang ihm sein größter Coup. Dies war seine Verlobung mit Miss Caroline Perry, der Tochter des Commodore Matthew Calbraith Perry von der U. S. Navy. Caroline entstammte einer der führenden demokratischen Familien, was Belmonts eigener politischer Karriere förderlich war. Sein zukünftiger Schwiegervater war bereits ein hochverdienter Marineoffizier, und später eroberte er sich seinen Platz in der Geschichte, als er mit nur vier Schiffen Japan zwang, seine jahrhundertelange Isolation aufzugeben und diplomatische Beziehungen mit den Vereinigten Staaten aufzunehmen. Belmonts Verlobung mit der etwas blassen Schönheit Caroline brachte ihm die höchste gesellschaftliche Würde: Er wurde in den exclusiven Union Club aufgenommen.

Das Paar heiratete, richtete sich in der damals modisch und vornehm werdenden Fifth Avenue ein und erwarb schließlich eines der imposantesten Palais dieser Straße. Das Haus wurde zum gesellschaftlichen Mittelpunkt der Stadt. Es war das erste mit einem eigenen Ballsaal, der nur einmal im Jahr für das Hauptereignis der Saison benützt wurde. Die Diners des Paares waren, es versteht sich von selbst, das Nonplusultra der Gourmandise. Die erlesensten Feinschmeckergerichte, von einem Küchenchef aus der Schule Carêmes bereitet, wurden von Lakaien in weißen Perücken und Livree auf goldenen Schüsseln serviert. Wie man sich in New Yorker Salons und Kontoren erzählte, gab August Belmont allein für Wein pro Monat 2000 Dollar aus. James und Lionel mochten sich wohl zu der Erkenntnis durchgerungen haben, daß die Position dieses Mannes unerschütterlich sei und daß es Torheit wäre, ihm ein fast noch halbwüchsiges Familienmitglied gegenüberzustellen.

Während des nächsten Jahrzehnts vertrat Belmont mit beträchtlichem Erfolg in New York die expandierenden Interessen der Familie Rothschild. Dann geriet aber das amerikanische Geschäftsleben neuerlich in eine Krise, als die Nordstaatler und die Südstaatler dem Bürgerkrieg entgegentrieben. Sehr aufmerksam lasen die Bankiers in Europa die Berichte ihres Repräsentanten über die wachsende Spannung sowie über Störungen des Handelsverkehrs. Als ein offener Konflikt unvermeidlich wurde, erhob sich für sie die Frage, welches der beiden Lager sie unterstützen sollten. Vom beruflichen Standpunkt aus mußten sie eine pragmatische Entscheidung treffen: Vor allem kam es darauf an, den künftigen Sieger zu unterstützen. Wie in Europa, so stellte auch der Zusammenprall der Ideologien in Amerika die Rothschilds vor eine moralisch zu rechtfertigende Wahl. Als Angehörige einer verachteten Minderheit sympathisierten sie mit dem Lager völlig freier Entfaltung, also dem Norden. Andererseits hatten sie beträchtliche Einsätze im sklavenhaltenden Süden und größeres Verständnis für dessen paternalistisches Gesellschaftssystem. Außerdem hegten sie, wie seit je, Mißtrauen gegen „revolutionäre“ Bewegungen, welche bestehende Ordnungen umzustürzen drohten. Belmont selbst hatte keinen Zwiespalt zu überwinden. Er war einer jener Demokraten des Nordens, welche die Sache des Fortbestandes der Union aller amerikanischer Bundesstaaten verfochten, und in seinen Briefen drängte er James und Lionel, nun ihren Einfluß geltend zu machen, um in Europa entsprechende politische Schützenhilfe zu mobilisieren. Aber die Barone fanden, die

Frage sei zu wichtig, um einfach dem Rat ihres Agenten zu folgen. Wieder entsandten sie ein Familienmitglied nach New York.

Der für diese Aufgaben auserkorene Mann war Salomon, der drittgeborene Sohn von James und Betty. Einer seiner Cousins schilderte ihn als „hochbegabt, aber in der Arbeit nicht so ausdauernd wie seine Brüder".[8] Sicherlich ein sehr starker, merkurischer Charakter, dadurch war ihm vorbestimmt, entweder in der Nachfolge seines Vaters ein wagemutiger, findiger Geschäftsmann oder aber ein rebellischer Außenseiter zu werden. Letzteres wurde er fast zwangsläufig, schon aus Opposition gegen James, der nie daran dachte, sein Sohn könnte eine andere Laufbahn als die des Bankiers wählen. Salomon wollte nicht in das Bankhaus eintreten, ja, er nahm nicht einmal die Tatsache, daß er ein Rothschild war, besonders ernst. Eine Haltung, die James ergrimmte.

Hätte Salomon seinem eigenen Antrieb folgen können, dann wäre wohl etwas aus ihm geworden. Er war ein junger Mann mit Scharfblick für Einzelheiten und einem klaren Kopf für die Einschätzung einer Situation. Doch als fünftes Rad am Wagen, im engsten Familien- und Firmenkreis unter dem Zepter des Barons James, konnte er sich nur bemühen, die Spannungen zu mindern, indem er die Rolle des „Familienwurstels" übernahm. Schließlich beging er, laut zeitgenössischen Überlieferungen, die für einen Rothschild unverzeihliche Sünde: Er spekulierte plan- und erfolglos an der Börse. Dies führte zum fast völligen Bruch mit seinem Vater, und er wurde für einige Jahre nach Frankfurt abgeschoben. James war über Salomons Betragen dermaßen empört, daß er den jungen Mann nicht nur aus seinem Haus wies, sondern ihm auch verbot, in Wien zu bleiben. Kaum verwunderlich also, wenn der Baron im Herbst 1859 die Gelegenheit nützte, zwei Fliegen mit einem Schlag zu treffen. Er schickte den vierundzwanzigjährigen Aufrührer nach Amerika, wo dieser wichtige Informationen sammeln und vielleicht endlich doch erwachsen werden konnte.

Salomon bildete sich sehr eigenwillige Meinungen über die Situation in Amerika. Auf seinen weiten Reisen durch Gebiete zu beiden Seiten der künftigen Bruchlinien des Bürgerkrieges entwickelte er eine tiefe Aversion gegen die Städte des Nordens und die politischen Aktivisten der Union. Während einer Kur in Saratoga Springs, im Staat New York, berichtete er:

„... es gab eine große Versammlung für Douglas (Stephen Douglas, Präsidentschaftskandidat der Demokraten im Norden), auf welcher die Redner die Menschen des Südens als Gesindel, Verräter etc. bezeichneten. Um ihre Begeisterung noch deutlicher zu zeigen, stellten die Parteigänger des ‚kleinen Giganten' ein mit Teer und Harz gefüll-

> tes Faß auf die Straße und zündeten es an. Die Flammen loderten hoch empor, als eine Kutsche herankam, die ein Anhänger einer anderen politischen Partei lenkte... Er fuhr geradewegs auf das Faß zu, überrollte es und brach es in Stücke. Im Nu breitete sich der brennbare Stoff aus und verursachte einen Brand, den die Leute der ‚Versammlung' selbst löschen mußten. Welch ein Abschaum sind sie doch alle!!"[9]

Belmont war Vorsitzender des Nationalkonvents der Demokraten und einer der wichtigsten Förderer von Douglas, sicherlich fühlte sich Salomon deshalb verpflichtet, an solchen Treffen teilzunehmen, mochte sich auch sein patrizischer Sinn heftig dagegen sträuben.

> „Die Versammlung wurde nicht mit einem Bankett oder auch nur einem Mahl eröffnet, sondern mit einer wahren Freßorgie, in die sich der ausgehungerte Mob wie eine Meute wilder Tiere stürzte. Danach versammelten sich alle um die Tribüne. Ich verschone Euch mit dem politischen Teil und will nur sagen, daß Belmont, ein Freund von Douglas und Vorsitzender der Versammlung, an die Menge eine Rede hielt, die zwar improvisiert, aber recht ordentlich war."[10]

Salomon hörte sich auch die Republikaner an. Sie gefielen ihm noch weniger:

> „Am nächsten Tag, einem Donnerstag, kamen die Republikaner an die Reihe. Ab acht Uhr morgens war der Verkehr durch eine große Kundgebung blockiert. Aus allen Teilen der Stadt zogen Musikkapellen zum Cooper Institute, wo die Versammlung stattfand. Nach den Ansprachen formierten sich die Zuhörer in Gruppen, jeder mit einer Fackel und die meisten rot gekleidet. Sie marschierten durch die dichtestbevölkerten Stadtviertel, in tadelloser Ordnung, aber unter infernalischem Gebrüll. Ich kann Euch nicht sagen, welchen Eindruck diese eines Dante würdige Szene auf mich machte. Sie erinnerte mich an die traurigen Tage des Jahres Achtundvierzig. Ich mußte an die Gefahren denken, die beständig über unseren Häuptern schweben und sah für dieses Land eine Zeit der Revolutionen und Bürgerkriege voraus."[11]

Abraham Lincolns Wahlsieg im November 1860 betrachtete Salomon nur als einen Schritt näher zum Abgrund, und für den neuen Präsidenten hatte er nichts als Verachtung:

„...er ist seiner Position nicht gewachsen und die Republikaner bereuen schon, daß sie ihn aufstellten. Kompromisse lehnt er ab, für ihn gibt es nur die Unterdrückung mit Waffengewalt. Er sieht wie ein Bauer aus und weiß nur Wirtshausgeschichten zu erzählen. Gestern traf ich einen seiner Anhänger, der ihn in Springfield besucht hatte, um mit ihm über die Lage zu reden. Er fand Lincoln in Hemdärmeln, den Hut auf dem Kopf, so saß er da, mit den Füßen auf dem Kaminsims, bei der für ihn kurzweiligen Beschäftigung, ganze Ladungen von Kautabaksaft, den er aus seinem Priem zog, in die Luft zu spucken. Nach dem Gespräch, das keine Aufschlüsse über Mr. Lincolns Ansichten erbrachte, empfahl sich der Besucher, einer der Führer der Republikaner, sehr enttäuscht von dem künftigen Präsidenten. In diesem Land stört es die Leute nicht, wenn jemand eine Null ist. Der größte Anspruch auf die allgemeine Gunst besteht darin, eine unbekannte Größe zu sein."[12]

Im Gegensatz dazu fand Salomon alles am Süden sehr sympathisch: Die Gesellschaft hatte ihr festes Gefüge, die führenden Politiker waren höfliche, gebildete, verständige Menschen. Sein Resümee in einem langen Brief vom 28. April 1861, kurz vor seiner Abreise: Europa sollte ehestens die Konföderation des Südens anerkennen und damit den Ausbruch eines Bürgerkrieges verhindern.

Salomons Ratschlag für das Familienunternehmen war eindeutig. In allen Punkten widersprach er der früheren Einschätzung von Amerikas künftigem Wirtschaftspotential durch seinen älteren Bruder. Aus Salomons Perspektive waren die Vereinigten Staaten ein Land der Wirrnisse, in dem Investitionen niemals als gesichert gelten konnten, demnach wäre es auch unklug, wollten die Rothschilds ihren Einsatz noch erhöhen.

Belmont war über Salomons Beurteilung der Lage bestürzt und konnte sie nur als völlig verfehlt bewerten. Seiner Meinung nach hing alles von der Erhaltung der Union ab. Daraus folgerte: keine Kürzung, sondern eine Vermehrung der Rothschildschen Investitionen. Belmont wußte: Falls sich die Rothschilds nicht an der Finanzierung des Nordens beteiligten, dann würde eben die Konkurrenz in die Bresche springen. Und nach dem Krieg werde sich die Regierung gewiß daran erinnern, *wer* ihr geholfen hatte. Daher reiste er in seiner Verzweiflung noch im Jahr 1861 nach Europa, um die Rothschilds zu seiner Meinung zu bekehren. Er machte die Entdeckung, daß man in der Alten Welt auf den Konflikt in Amerika mit sehr unterschiedlicher Parteinahme reagierte. Die Franzosen neigten dem Süden zu, die Briten hingegen waren in einem Zwiespalt, der bündig in einem Vierzeiler der Zeitschrift „Punch" zum Ausdruck gebracht wurde:

„Though with the North we sympathise,
It must not be forgotten,
That with the South we've stronger ties,
Which are composed of cotton."*

Einig war man in dem Wunsch, den Konflikt und die daraus resultierende Beeinträchtigung des Handels so rasch wie möglich beendet zu sehen. In London wurde die Erwägung laut, daß es Aufgabe der europäischen Mächte sein könnte, Frieden zwischen den beiden Lagern zu stiften. Belmont erhob heftigen Einspruch. Er betonte immer wieder, daß seine – neuen – Landsleute jede solche Intervention als Einmischung auffassen würden.

Belmont selbst war in eine sehr heikle Lage geraten. Er stand an einem Krisenpunkt seiner beruflichen und politischen Karriere. Die Rothschilds hatten sich zwar nicht finanziell für die Rebellen exponiert, drängten aber beharrlich auf eine rasche friedliche Regelung und einen Kompromiß in der Sklavenfrage, der die Plantagenbesitzer des Südens nicht der Verarmung preisgeben würde. Außerdem zeigten sie sich nun äußerst zurückhaltend, als es darauf ankam, Gelder für die Regierung in Washington beizustellen, was einem Rückschlag für Belmont gleichkam, der dadurch an Einfluß in offiziellen Kreisen verlor. Seine politischen Feinde im Norden versäumten nicht, ihn wegen seiner, wie sie es sahen, prinzipienlosen Söldnerhaltung anzugreifen. „Werden wir einen unehrenhaften Frieden haben, damit sich Belmont, die Rothschilds und der ganze Stamm der Juden bereichern können ... oder einen ehrenhaften Frieden, von Grant und Sherman mit den Kanonen errungen?", fragte die „Chicago Tribune". Ein politischer Gegner wandte sich an eine Versammlung mit einer improvisierten Hetzrede:

„Der Agent der Rothschilds ist der Hauptmanager der Demokratischen Partei ... Es gibt kein Volk oder keine Regierung in der Christenheit, wo die Rothschilds nicht ihre Pfoten, ihre Zähne oder Klauen tief in der Schatztruhe haben ... und das würden sie gern auch hier tun ... Wir (die Amerikaner) wollen (von den Rothschilds) nichts borgen, da wurden die Juden wild und treiben es seither ganz toll. (Beifall). Aber sie und Jeff Davis und der Teufel werden uns nicht unterkriegen! (Anhaltender Applaus.)"[13]

* Wir sympathisieren zwar mit dem Norden, aber man darf nicht vergessen, daß uns mit dem Süden die stärkeren Bande verbinden, und die sind aus Baumwolle ...

Natürlich gaben die Ereignisse Belmont recht: Ein Frieden von Dauer war nur nach einem Sieg des Nordens und der Wiederherstellung der Union möglich.

Die Rothschilds folgten schließlich weder seinen noch Salomons Ratschlägen. Sie entschieden sich vielmehr für eine Kompromißlösung. Wahrscheinlich hatte Salomon niemals eine Chance, konstruktiven Einfluß auf ihre Gebarung auszuüben. Als James den jungen Mann über den Atlantik schickte, wollte er ihm vor allem Zeit und Gelegenheit geben, über seine jugendliche Widerspenstigkeit hinauszuwachsen. Dieser Versuch schlug fehl. Keine Rede davon, daß er als Geläuterter heimkehrte, ganz im Gegenteil: Er hatte in einem fremden Land Schande über den Namen der Familie gebracht. Seine Überspanntheiten und Weibergeschichten waren das Stadtgespräch von New Orleans, und er wurde aus dem vornehmen New York Club gewiesen, weil er obszöne Witze erzählte und Aktbilder herumzeigte. Auch nach seiner Rückkehr blieb er der Plagegeist seiner Sippe. Im Jahre 1862 verheiratete man ihn mit Adele Rothschild, einer von Mayer Carls seriösen Töchtern. Doch wenn man gehofft hatte, nun werde er endlich „vernünftig" werden, dann war auch das ein Trugschluß. Ein Verwandter, der das Paar während der Flitterwochen in Venedig traf, fand Salomon „fröhlich, sprühend und recht unternehmungslustig ..."[14] Ein Jahr später wurde er Vater einer Tochter, die den Namen Hélène erhielt.

Aber in Salomons Charakter gab es auch einen Zug zum Seriösen. Er war aktives Mitglied des Jüdischen Wohlfahrtskomitees und spendete großzügig für die Armen. In tiefster Seele war er sich der Leiden seines Volkes bewußt. Als Dreiundzwanzigjähriger hatte er die jüdischen Flüchtlinge in Tanger aufgesucht, die durch den Krieg zwischen Spanien und Marokko heimatlos geworden waren, und hatte für ihre ärztliche Betreuung gesorgt. Leider war ihm nicht die Zeit vergönnt, um seinen wahren Wert zu offenbaren. Er starb ganz plötzlich am 14. Mai 1864 im Alter von neunundzwanzig Jahren. Die Klatschmäuler sagten, sein jäher, tödlicher Zusammenbruch sei die Folge allzugroßer Aufregung gewesen, als er an der Börse spekulierte. Treffender wäre die Feststellung, was ihn umbrachte, war der Versuch, dieses ungewöhnliche, gleichsam polygonale Wesen in den herkömmlichen Rothschildschen Raster einzupassen. Das Geburtsrecht eines Rothschild konnte sich zum unerträglichen psychischen Druck wandeln. Manchmal mit katastrophalen Folgen. Hannah Mayer hatte dies erfahren müssen. Ebenso Salomon. Während der nächsten Jahrzehnte sollten noch andere kommen, deren Naturell auf die Erwartungen der Familie entweder mit Verkrampfung oder mit Eskapaden reagierte. Zu den Menschen, die besonders an Salomon hingen – und er war bei vielen seiner jungen Verwandten sehr beliebt –, gehörte seine erst einundzwanzigjährige Witwe. Sie bewahrte das Andenken ihres Gatten, indem sie ihr ganzes weiteres langes Leben allein blieb und im gemeinsamen Haus in der Rue Berryer alles genauso beließ, wie es an Salomons Sterbetag gewesen war. In ihren vier Wänden wurde sie beinahe zu einer Einsiedlerin. Sie hatte viele Freunde, die sie herzlich und in gebotenem Stil empfing, machte aber keine Gegenbesuche. Sie war eine große Mäzenin von Künstlern und Schriftstellern, doch sie ging weder in Galerien noch in Ateliers. Wenn sie von einem jungen Maler, Dichter oder Bildhauer hörte, der ihrer Aufmerksamkeit würdig schien, dann ließ sie mit ihrem vierspännigen Wagen den Mann und Proben seines Schaffens in die Rue Berryer bringen. Von Aufenthalten auf ihren Landsitzen abgesehen, behielt die Baronin Salomon diese Lebensweise volle achtundfünfzig Jahre lang bei! Aber für sie war die Tragödie noch nicht zu Ende. Ihre Tochter Hélène heiratete im Alter von vierundzwanzig Jahren einen Christen. Daraufhin verbannte die Mutter, eine fromme orthodoxe Jüdin, die junge Frau aus ihrem Leben. Als Adèle 1922 starb, hinterließ sie den Großteil ihres Besitzes der Stadt Paris, darunter auch das Haus in der Rue Berryer.

Mittlerweile spielte sich die Tätigkeit der New Yorker Rothschild-Repräsentanz in den gewohnten Bahnen ab. Dies bedeutete einen Rückzug aus den Machtpositionen und Einflußsphären in den Vereinigten Staaten. Wie Belmont befürchtet hatte, gingen aus der krisenreichen Phase des Sezessionskrieges andere Bankiers gestärkt hervor, so daß sie Rothschild und Belmont ersetzen konnten. An erster Stelle J. and W. Seligman and Company, die finanziellen Stützpfeiler von Lincolns Regierung während des Krieges. Nachher brachten sie reiche Ernte ein. Sie hatten die Vorhand bei allen Staatsanleihengeschäften, und um 1870 machten sie mit den Rothschilds, den Morgans und anderen Finanzmagnaten regelmäßig in verschiedenen Konsortien gemeinsame Sache. Aber dabei ließen sie es nicht bewenden. In bewußter Nachahmung der „Fünf Frankfurter" gründeten die Seligmans Zweigbanken in London, Paris, Frankfurt und in den Geschäftszentren der Vereinigten Staaten. Bald nannte man sie die „amerikanischen Rothschilds".

In ihren europäischen Bastionen verschanzt, konnten es sich die wahren Rothschilds aber leisten, den neuen Geldleuten gegenüber gönnerhaft aufzutreten. Als Isaac Seligman 1874 mit Baron Lionel ein gemeinsames Geschäft besprechen wollte, fand sich dieser bereit, ihm in seinem Stadthaus an einem Samstagvormittag einige Minuten seiner Zeit zu widmen. Als der nervöse Isaac eintrat, begrüßte ihn der Hausherr mit der boshaften Bemerkung: „Ich bin ein besserer Jude als Sie.

Am Sabbat gehe *ich* nicht aus, um Geschäfte zu machen.“ Mit einem Blick auf den von Papieren bedeckten Schreibtisch in Lionels Bibliothek erwiderte Isaac schlagfertig: „Baron, ich glaube, Sie arbeiten hier an einem Samstag mehr, als ich in einer ganzen Woche in meinem Büro.“ Lionels Miene entspannte sich, er lächelte. Die beiden Männer wurden Freunde. Isaacs Bruder Henry hatte in Frankfurt nicht ebensolchen Erfolg. Bei einem festlichen Empfang sah er Wilhelm Carl im anderen Teil des Saales stehen und bat darum, ihm vorgestellt zu werden. Baron Rothschild entsprach dem Wunsch. Aber die beiden kamen nie zusammen. Keiner war bereit, dem anderen über das Parkett entgegenzukommen. Kaum verwunderlich, daß das Oberhaupt der amerikanischen Firma in einem Brief meinte, der Umgang mit „so hochmütigen und geldstolzen Leuten wie den Rothschilds“ sei sehr schwierig.

Doch Lionel und seine Cousins waren in einem Irrtum befangen. Hundert Jahre nach dem amerikanischen Sezessionskrieg sollten sich die Rothschilds wieder den Zugang zum amerikanischen Markt erkämpfen. Keine leichte Aufgabe.

KAPITEL 14
Am Rand des Spiels der Mächtigen

Das Konzept eines europäischen Gleichgewichts der Kräfte, das auf einer Übereinkunft der Großmächte beruhte, hatte sich zu Beginn der sechziger Jahre des 19. Jahrhunderts bereits überlebt. Schon seit einiger Zeit war es kaum mehr als eine Fiktion: oft und gern zitiert, aber durch den Krimkrieg Rußlands, Frankreichs und Englands (1853–1856) fast hinweggefegt. Doch als am 30. März 1856 der Friede im Kongreß von Paris beschlossen wurde, hatten die Staatsmänner immerhin auch noch andere internationale Probleme erörtert. Um 1860 aber zeigte sich klar und deutlich, daß die Mächte ihre eigenen nationalen Interessen verfolgen würden, ohne Rücksicht auf übergeordnete Sinngebungen wie Solidarität der rückschrittlichen Kräfte oder den europäischen Frieden. Die potentiellen Konfliktstoffe mehrten sich: die Zukunft Deutschlands, die Einigung Italiens, der Zerfall des Osmanischen Reiches, die Sicherung der englischen Direktroute nach Indien. All dies gewann schärfere Umrisse durch die persönlichen Ambitionen Napoleons III. und Otto v. Bismarcks.

Ständig hegten die älteren Mitglieder der Familie Rothschild die Befürchtung, daß die Identifizierung mit einer bestimmten Nation die Rothschildsche Einheit gleichsam durch allmähliche Unterhöhlung gefährden würde. Die Assimiliation hatte ihnen genützt. Sie hatte es den Fünf Frankfurtern ermöglicht, in ihrer jeweiligen Wahlheimat das Vertrauen von Staatsmännern und Wirtschaftsmagnaten zu erringen. Aber konnte man ein völlig loyaler Engländer, Franzose, Deutscher oder Österreicher sein und dennoch die Interessen der eigenen internationalen Familie an erste Stelle setzen?

Politisch war Anselm der Unabhängigste aller Rothschilds. Im Wiener Haus hatte er eine ähnliche Position wie James in Paris: Er bestimmte die Generallinie der Familienpolitik, doch um 1860 hatte er die Abwicklung der Routinegeschäfte bereits seinen Söhnen Nathaniel und Salomon Albert überlassen. Letzterer, von seinen ausländischen Verwandten meist „Salbert“ genannt, übernahm schließlich die alleinige Führung. Trotz Salomons enormen Aufstiegs wurden Anselm und dessen Familie immer nur der sogenannten zweiten Garnitur der sehr differenzierten Wiener Gesellschaft zugerechnet. Sie waren nicht hoffähig und hatten noch immer viele Feinde in der Aristokratie.

Anselm fand es geboten, möglichst große Distanz zu den politischen Sphären des Reiches zu wahren. Im zentralistischen Regierungssystem zählten allzu oft noch eher hohe Geburt als die tatsächliche Befähigung ausgewählter Sprosse alter Geschlechter, und die Hauptsorge galt der Erhaltung des Bestehenden gegen radikale Einflüsse und gegen preußische Hegemoniebestrebungen. Im höfischen Bereich wurden die Rivalitäten von Cliquen ausgefochten, und Skandale waren keine Seltenheit. Solche Störfaktoren verhinderten die konsequente Durchführung einer sinnvollen Finanzpolitik, um die wirtschaftlichen Probleme des Vielvölkerstaates zu lösen. Anselm sah geringe Vorteile, aber große potentielle Gefahren darin, sich in die Politik einzumischen. Er beschränkte sich auf das Bankgeschäft. Doch selbst in diesem Bereich bewegte er sich manchmal wie auf einem Hochseil.

Dies galt in besonderem Maß für seine Tätigkeit im Rahmen der Creditanstalt. Das Direktorium dieser Bank war in zwei Gruppen geteilt: Aristokraten und Finanzfachleute. Anselm und seine Kollegen wünschten höhere Investitionen in privatwirtschaftliche Großfirmen, insbesondere in der Schwerindustrie. Dabei stießen sie immer wieder auf den Widerstand der konservativen Elemente, die für den Einsatz von mehr Mitteln zur Stützung der Staatsfinanzen eintraten. Im Jahr 1859 führte Österreich Krieg gegen Sardinien-Piemont, dem Napoleon III. zu Hilfe kam. Die Regierung in Wien, am Ende ihrer finanziellen Kräfte, ersuchte die Creditanstalt, die Versorgung der Armee in Oberitalien zu finanzieren. Vermutlich kam es dadurch zu einer Konfrontation im Vorstand der Bank. Anselm trat zurück, nach offizieller Lesart wegen Meinungsverschiedenheiten über die Besetzung eines vakanten Postens. Das war ein kluger Schachzug, denn bald verlautete gerüchteweise, die Bankdirektoren hätten Generale bestochen, um den Auftrag zu erhalten. Baron Bruck, der geistige Vater der Creditanstalt, wurde als Finanzminister entlassen und verübte kurz darauf Selbstmord. Gegen die Bankdirektoren wurden Untersuchungen eingeleitet, doch ehe es zu Gerichtsverfahren kam, waren die meisten von ihnen rehabilitiert – wie übrigens auch der tote Bruck selbst.[1]

Die Folge dieser üblen Affäre innerhalb der Creditanstalt war eine rigorose Beschränkung des aristokratischen Einflusses. Als sich die Gemüter wieder beruhigt hatten, nahm Nathaniel v. Rothschild den angestammten Platz seines Vaters im Vorstand ein. Es gelang ihm, mehrere von Anselms Plänen zu verwirklichen. Die Tatsache, daß sich die Creditanstalt eher zu einer Industriebank als zu einem Werkzeug der

Staatspolitik entwickelte, wie es die französische Crédit Mobilier war, bedeutete einen stillen Triumph der Rothschildschen Prinzipien.

Anselm empfand es als ein wahres Ärgernis, daß die Brüder Mayer Carl und Wilhelm Carl in Frankfurt offen für Preußen Partei ergriffen, das unter Bismarcks Führung die Vorherrschaft in Norddeutschland übernahm. Mayer Carl war ein jovialer, sehr umgänglicher Herr, ein guter Gesellschafter, der allerlei Schnurren zu erzählen wußte und bei Familienfesten mit seinen Töchtern – er hatte deren nicht weniger als sieben! – gern ein Lied anstimmte. Aber seine Verwandten hielten ihn für einen Hohlkopf und fanden ihn viel zu willfährig. Im Jahre 1867 wurde er in den neuen Norddeutschen Bund gewählt* und intensivierte seine Bindungen an die Kräfte der Bismarckschen Politik. Preußen steuerte nun einen zunehmend militanten Kurs, der die leitenden Köpfe der anderen Rothschild-Banken in Unruhe versetzte, denn sie vertraten stets die Maxime, allein der Frieden bereite den Boden, auf dem Geschäfte am besten florierten.

Als der Berliner Bankier Gerson von Bleichröder 1862 Baron James ersuchte, sich an einer Staatsanleihe zu beteiligen, lehnte das Oberhaupt des Pariser Hauses ab. Im Bewußtsein, daß das Geld nur Preußens militärische Zurüstungen fördern würde, schrieb er: „Es ist unser Grundsatz, kein Geld für einen Krieg zur Verfügung zu stellen. Auch wenn es nicht in unserer Macht ist, einen solchen zu verhindern, so haben wir ein reines Gewissen, zum Krieg nicht beigetragen zu haben.“[1]

Auch die religiösen Auffassungen trugen dazu bei, eine Barriere zwischen der Frankfurter Familie und ihren Anverwandten aufzurichten. Die Frankfurter gehörten jener von Amschel finanzierten strenggläubigen Gemeinde an, deren Oberhaupt der ultrakonservative Rabbi Samson Raphael Hirsch war. Seine Anhänger sagten sich von liberalen „kompromißbereiten“ Juden los und bekannten sich zu strikter Orthodoxie. Hirsch übte beachtliche Macht über seine eigene Gruppe aus, und die Frankfurter Rothschilds bildeten keine Ausnahme. Sie hielten die rituellen Gebote genau ein und bewiesen ein hohes Maß an moralischer Unanfechtbarkeit und sozialem Verantwortungsgefühl. So blieb Willy Carls Gattin während eines königlichen Festbanketts lieber an der Tafel sitzen, ohne einen Bissen zu sich zu nehmen, ehe sie andere als koschere Speisen berührt hätte.

Sogar die Heiraten, welche die Verbindung zwischen den verschiedenen Zweigen der Familie festigen sollten, zeitigten nicht immer die erwarteten Resultate. Hier sei daran erinnert, wie unzufrieden Lionels Gattin Charlotte mit ihrem Los war, zumindest während der ersten

* Nach der deutschen Einigung 1871 wurde er Mitglied des Reichstages.

Ehejahre, und daß die charakterlichen Gegensätze zwischen Laury und Alphonse keine harmonische Beziehung verhießen. Auch Laurys Onkel Nat erging es bei seinen Bemühungen um ein Eheglück mit der reizenden, begabten Französin Charlotte nicht besser. Und was den Flor der jungen Frankfurter Damen betraf, von denen vier innerhalb der Familie heirateten, so bewirkten die kulturellen und religiösen Vorstellungen, mit denen sie in den Ehestand traten, manchmal die schlimmsten Spannungen. Salomons Witwe, die arme Adèle, lebte in Paris fast wie eine Einsiedlerin, ihrem einzigen Kind entfremdet. Zwei ihrer Schwestern, Emma und Thérèse, führten Ehen, die nicht als normal gelten konnten.

Das Nationalgefühl der einzelnen Rothschild-Zweige hätte die familiäre Eintracht nicht so abträglich beeinflußt, wenn es gelungen wäre, die Rivalitäten zwischen den europäischen Großmächten einzudämmen. Das war aber nicht der Fall. Als Frankreich 1859 für die Einigung Italiens gegen Österreich zu Felde zog, war damit der Zusammenbruch der alten europäischen Ordnung, der mit dem Krimkrieg begonnen hatte, endgültig besiegelt.

Das Risorgimento, jene nationale Bewegung mit dem Ziel, Italien zu einem einzigen liberalen Staat zusammenzuschließen, gab den Anstoß zum Sturz des neapolitanischen Rothschild-Bankhauses. Im Jahre 1860 eroberten Garibaldis Freischaren, von Cavour finanziert, zuerst die Insel Sizilien und dann Neapel. Franz II., König Beider Sizilien, flüchtete in die Festung Gaeta im Golf des Tyrrhenischen Meeres. Dort hielt er sich fünf Monate lang. Da er für seinen Widerstand allerdringendst Geld brauchte, wandte er sich an Adolph v. Rothschild, der nach dem Tod seines Vaters 1855 die Leitung der Bank übernommen hatte. Als Sicherstellung bot der König den gesamten Kronschatz. Der Bankier war in der Lage, die Bedingungen zu diktieren, und das tat er auch. Er weigerte sich, Gegenstände anzunehmen, die christliche Symbole zeigten. So erwarb er um eine relativ geringe Pauschalsumme eine ungewöhnliche Sammlung von Kronjuwelen, Schmuck und Prunkstücken aus Gold, Bergkristall und Email, teils Werke der Renaissance. Adolph war ein begeisterter Sammler von erlesenen Kunstgegenständen, und da die Königsfamilie niemals zurückkehrte, um ihre Kostbarkeiten auszulösen, blieben diese prächtigen Schöpfungen in seinen Vitrinen. Im Februar 1861 fügte sich Franz II. ins Unabänderliche und ging für immer ins Exil.

Adolph hatte geringes Interesse an Geschäften, und sicherlich fehlte ihm Baron James' Geschick dafür, sich im richtigen Augenblick auf die Seite der Sieger zu schlagen. Bald nach dem entthronten König verließ auch er Italien, und das Bankhaus in Neapel wurde endgültig geschlossen. Eine Mitarbeit in einer der anderen Banken lehnte er ab und bestand auf Auszahlung seines Anteils. Zum erstenmal sahen sich die Rothschilds zu einer Entnahme aus dem Kapital des Familienunternehmens genötigt. Die Verhandlungen gestalteten sich langwierig, schwierig und manchmal recht hitzig. Doch letztlich wurde eine für alle Beteiligten befriedigende Lösung gefunden.

Endlich konnte sich Adolph sein Leben nun einrichten, wie es ihm behagte. Dafür brauchte er einen entsprechenden äußeren Rahmen. Deshalb faßte er den Entschluß, sich nach dem Beispiel seiner Verwandten ein eigenes feudales Haus zu erbauen. Wie seine Cousins beauftragte er damit Sir Joseph Paxton. Die Residenz, die der Architekt nun für Adolph und dessen Gattin Julie – Anselms Tochter – entwarf, war an sich schon eindrucksvoll und gewann noch durch ihre Lage. Der Bauherr wählte einen Berghang bei Genf, und dort erhebt sich der edle Bau des Château de Pregny – im Stil einer Villa Suburbana des französischen Historismus – auch heute noch stattlich über Terrassen und Rasenflächen, die sich in sanfter Schwingung zum Ufer des Genfer Sees senken. Fern vom Trubel der Geschäfte und der Politik, widmete sich das kinderlose Ehepaar seinen Sammlungen und seinen nicht weniger herrlichen Gartenanlagen.

Jenseits der Schweizer Grenzen verhielten sich die europäischen Großmächte wie Schwergewichtsboxer, die sich vor dem Kampf gegenseitig aufreizen. Napoleon III., immer im Schatten seines großen Onkels, wollte um jeden Preis auf der Weltbühne gute Figur machen, und schließlich spielte er dabei einem ebenso ehrgeizigen, aber viel fähigeren Gegner in die Hände: Otto v. Bismarck. Der Mann mit der Devise „Blut und Eisen“ kannte nur ein einziges Ziel: ein neues mächtiges und geeintes Deutschland unter preußischer Führung. Die rücksichtslose Durchsetzung seiner „Realpolitik“ machte einen Konflikt unvermeidlich. Im Sommer 1866 trat er zum Kampf gegen Österreich an, vier Jahre später war Frankreich sein Opfer.

Mitten in diesen bewegten Zeiten erlitten die Rothschilds einen sehr schmerzlichen Verlust. Es war eine jener privaten Tragödien, wie sie alle Familien irgendwann einmal erleben: Ereignisse, die den engsten Kreis der Verwandten und Freunde tief erschüttern, aber in der Außenwelt kaum Widerhall finden oder Spuren hinterlassen.

Lionels Tochter Evelina, genannt Evy, war ein kluges, lebhaftes Geschöpf, immer fröhlich und zu allerlei Streichen aufgelegt.

Ziemlich früh wurde sie zur Frau ihres genau gleichaltrigen Wiener Cousins Ferdinand – „Ferdy“ – bestimmt. Obwohl Ergebnis nüchterner familienpolitischer Planung, war diese Beziehung von echter Zuneigung getragen, aus der bei Ferdinand sicherlich eine tiefe Liebe wurde.

Bittere Ironie des Schicksals, daß in Zeiten, in denen mehrere in der Familie Rothschild beschlossene Heiraten keineswegs zu glücklichen Ehen führten, die Verbindung zwischen Ferdinand und Evelina, die so vielversprechend begann, tragisch enden mußte. Anders als manche ihrer Cousins und Cousinen, brauchten weder Braut noch Bräutigam die Übersiedlung in ein fremdes Land auf sich zu nehmen. Ferdinand liebte England seit je, ein Erbteil seiner englischen Mutter, der er sehr zugetan war. Außerdem lagen seine Interessen eher auf dem Gebiet der Kunst als im Bankwesen, und Baron Anselm scheint gar nicht versucht zu haben, ihn zu diesem Beruf zu zwingen, sondern war zweifellos damit zufrieden, daß zwei andere Söhne für die Führung des Wiener Hauses bereitstanden. Deshalb machte sich Ferdinand nach dem Tod seiner Mutter 1859 in London ansässig und erwarb die britische Staatsbürgerschaft, sechs Jahre später fand in Anwesenheit Disraelis und anderer Prominenz seine Trauung mit Evelina statt.

Sogleich begaben sich die Jungvermählten auf eine Rundreise – teils Flitterwochen, teils Verwandtenbesuch –, die sie gemächlich bis auf Baron Anselms Landgut in Schillersdorf führte. Gegen Ende des Jahres kehrten sie zurück und gingen voll Eifer daran, sich ihr Heim am Piccadilly einzurichten. Im nächsten Frühling war Evy bereits schwanger. Im August machte das Paar Ferien in Scarborough, häufig in Gesellschaft, besonders gern im Kreis einiger Verwandter, die Ferdy stolz „unsere königliche Familie" nannte. Die Damen Rothschild erwarteten nun ungeduldig Nachricht von dem freudigen Ereignis. Dieser Urlaub war, laut Ferdinand, nur durch „kleine Unpäßlichkeiten" etwas beeinträchtigt, die der Zustand seiner Frau mit sich brachte, und Mitte September verblieb sie in Gunnersbury, während er nach Österreich reiste. Im November kehrte Evy für die Entbindung ins eigene Haus zurück, da die Niederkunft um die Mitte des Monats erwartet wurde. Sie verzögerte sich, und als das Kind, ein Knabe, schließlich am 4. Dezember zur Welt kam, war es eine Totgeburt, die auch Evelina selbst nicht überlebte.

Die völlig unerwartete Nachricht war ein schwerer Schlag für die gesamte Familie. Verwandte und Freunde in ganz Europa sandten Beileidsbriefe, und Sir Anthonys Tochter Connie schrieb in ihr Tagebuch:

> „4. Dezember 1866. Evys Tod. O entsetzlicher, trauriger Tag! Es scheint fast unmöglich, darüber zu schreiben. Und dennoch geschah es. Wir waren glücklich, fröhlich, sogar ausgelassen, ohne den leisesten Gedanken an solch ein fürchterliches Ereignis. Ich kann es noch immer kaum fassen.
>
> 5. Dezember. Noch düsterer als gestern. Bei der Ankunft in London die schreckliche Nachricht in der Zeitung gelesen, das genügte,

um uns mit Gram und Angst vor dem Kommenden zu erfüllen. Unsere schlimmsten Befürchtungen bestätigten sich. Das Haus ganz dunkel und abgeschlossen. Und dann der Anblick des Trauernden – oh, es griff mir ans Herz. Sah das Schlafzimmer, jenen heiteren hellen Raum, auf dem Bett die regungslose Gestalt und auf dem Sofa das arme, winzige Baby. Ach, welch ein Bild des Jammers!"[2]

Zum zweitenmal binnen sieben Jahren hatte der Tod Ferdy des liebsten Menschen beraubt. In der Hoffnung, über den ärgsten Schmerz hinwegzukommen, unternahm der Witwer in Begleitung von Evys Lieblingsbruder Leo eine lange Reise auf das Festland. Doch nicht einmal die Herrlichkeiten St. Petersburgs vermochten ihn zu trösten. Die Zeit tat zwar das ihrige, um auch diese Wunde zu heilen, ganz vernarbte sie aber nie. Ferdinand fand viele Aufgaben, die seinen Geist beschäftigten, aber er blieb fortan ein Melancholiker und ein „Schwieriger", der niemals mehr heiratete.

Doch zumindest gewann er seinem Gram einen positiven Sinn ab. Im übervölkerten Londoner Stadtteil Southwark ließ er das Evelina Hospital erbauen, einrichten und finanziell sicherstellen, ein Kinderkrankenhaus mit hundert Betten, damals das modernste Spital seiner Art in England. Auch anderen Krankenanstalten wandte er seine Aufmerksamkeit zu und bedachte sie mit großzügigen Spenden, so das Tuberkulosespital in der Londoner Brompton Road und St. George's Hospital am Hyde Park Corner.

Trost fand Ferdy auch in der Gesellschaft seiner jüngsten Schwester Alice. Sie kam nach London, erwarb das Nachbarhaus am Piccadilly und ließ eine Verbindungstür einsetzen. Im Alter von einundzwanzig Jahren hatte sie ihre eigenen guten Gründe für den Wunsch, nach England zu entfliehen. Vorher hatte sie keine glücklichen Zeiten erlebt und war zu einer scheuen, verschlossenen jungen Frau herangewachsen, die schwer Kontakt zu anderen Menschen fand. Als Zwölfjährige hatte sie ihre innigstgeliebte Mutter verloren, danach kam sie in die Obhut ihrer Schwester Mathilde, der Gattin Willy Carls in Frankfurt. Diese warmherzige, hochbegabte Frau umgab das einsame Mädchen zweifellos mit aller Liebe und Sorgfalt, aber für Alice war die Verpflanzung aus der gelösten Atmosphäre Wiens in den strenggläubigen Kreis im Haus des Schwagers ein Schockerlebnis. Sie war älter als ihre Nichten, und obgleich von guten geistigen Anlagen, besaß sie nicht die gewandten Umgangsformen dieser Mädchen. Auch war die schüchterne, gehemmte Halbwüchsige äußerlich völlig reizlos. Kaum verwunderlich also, daß sie den Familienkreis tunlichst mied und sich lieber mit Dingen beschäftigte, bei denen man allein bleiben kann. Deshalb ergriff sie mit

Freuden die Gelegenheit, das sie bedrückende Frankfurt zu verlassen und nach London zu übersiedeln, wo sie sich um ihren ebenso einsamen Bruder kümmern konnte. Wie Ferdinand war sie überglücklich, nun im Land ihrer Mutter leben zu dürfen, an den Schauplätzen der sonnigsten Zeiten in Alices Jugend, als sie während der Ferien in Aston Clinton gern mit Annie und Connie ausgeritten war und an ihren Streifzügen durch die freie Natur teilgenommen hatte.

Ferdinands Verwandte trauerten mit ihm, hatten damals aber bei aller Pietät Wichtigeres zu bedenken. Im Sommer hatte sich die Situation zwischen Österreich und Preußen zugespitzt. Es war zum Krieg gekommen, und binnen sechs Wochen war Österreich in der Entscheidungsschlacht von Königgrätz besiegt. Die Rothschilds hatten all ihren Einfluß aufgeboten, um eine militärische Konfrontation zu verhindern, waren aber angesichts von Preußens Entschlossenheit und Österreichs Stolz machtlos. Baron James konnte seinem Ärger und seiner Enttäuschung nur dadurch Ausdruck verleihen, daß er einen vom österreichischen Gesandten ausgestellten Scheck über 5000 Franc platzen ließ. Darauf sagte der Diplomat seine Teilnahme an einem Ball, den Alphonse veranstaltete, ab.

In Wien hatte die Niederlage schwerwiegende politische und finanzielle Folgen, und somit hatte die Bank nun gesteigerte Belastungen zu bewältigen. Diese waren auch der Grund für Ferdinands Rückberufung nach Wien im September 1866. Kriegskosten mußten beglichen und Verhandlungen für eine neue Staatsanleihe angebahnt werden, und das alles in einem Klima ministerieller Unfähigkeit und wachsender Mißstimmung der Bevölkerung. Infolge des Kursverlustes österreichischer Wertpapiere gestaltete sich die Sanierung besonders schwierig. In einer Phase der Entwicklung fielen ihre Kurse so tief, daß bereits erwogen wurde, sie nicht mehr an der Pariser Börse zu handeln. Nur durch eine entsprechende Intervention von Baron James, auf Ansuchen der österreichischen Regierung, wurde eine Krise abgewendet. Die Rothschilds fingen den Kurssturz ab und ermöglichten eine neuerliche Stabilisierung der österreichischen Finanzen. Für ihre großen Rivalen kam diese Erholung zu spät. Die Crédit Mobilier hatte zu massiv in österreichische Wertpapiere investiert, und nach dem Krieg von 1866 fielen die Crédit-Mobilier-Aktien binnen eines knappen Jahres von 800 Franc auf 140 Franc. Die Brüder Péreire mußten das Feld räumen und zogen sich völlig aus dem Bankwesen zurück. So endete schließlich der Bankenkrieg.

Die Rothschilds schwelgten nun nicht in Schadenfreude, das wäre bloße Zeitverschwendung gewesen. Der Zusammenbruch der Crédit Mobilier, wenn auch vor allem durch schlechtes Management und überzogene Spekulation verursacht, war ein Warnsignal, wie leicht der Markt durch politische Gegnerschaften und Konflikte erschüttert werden konnte, und in einem Stadium wachsender Spannungen in Europa wuchsen auch diese Gefahren. Bismarcks Streben, Deutschland zu einem modernen Staat zusammenzuschweißen und diesem Reich einen Platz unter den Großmächten zu erringen, führte nicht zuletzt zu einer zynischen Manipulation von Rivalitäten und Bündnissen und zum Aufbau des besten und modernsten Heeres jener Epoche. In dem dadurch entstehenden Klima von Furcht und Mißtrauen brauchten die europäischen Regierungen dringender denn je einen zuverlässigen, zeitgemäßen Informationsdienst.

Und über den besten verfügten noch immer die Rothschilds. Sie hatten ein weitverzweigtes, schier labyrinthisches Netz von Quellen und Informanten geschaffen und verfügten in allen Großstädten über geschäftliche, politische und gesellschaftliche Kontakte. Ihre Kuriere hatten Zugang zu den Einrichtungen der wichtigsten Eisenbahnlinien. Es ist unmöglich, heute genau zu rekonstruieren, wie dieser gleichsam allgegenwärtige private Nachrichtendienst funktionierte. Das meiste lief natürlich unter strengster Geheimhaltung ab. Aber eine nähere Betrachtung zweier von Lionels Agenten, die während der entscheidenden Jahre 1867–1871 ungemein wichtige Arbeit leisteten, vermittelt einen gewissen Begriff von der Spannweite und Raumtiefe des einmaligen Rothschildschen Systems.

Der eine dieser Männer war ein französischer politischer Informant, mit der Chiffre „C. de B.“. Sein wirklicher Name lautete Alexandre Guyard de Saint-Chéron, ein Legitimist, d. h. ein Verfechter des bourbonischen Anspruchs auf den Thron von Frankreich, damals verkörpert durch die Person des Comte de Chambord, für die Legitimisten König Heinrich V. Als Intimus vieler Höflinge und Politiker scheint Monsieur de Saint-Chéron mehr als dreißig Jahre lang sehr gut davon gelebt zu haben, private Klienten und Zeitungen mit täglichen Bulletins über die Absichten der Großen und Mächtigen zu beliefern. Gut möglich, daß er auch einem Informationsdienst der Royalisten angehörte, deren Ziel es war, den Staatsapparat des Zweiten Kaiserreichs zu unterwandern und zu beunruhigen.[3] Er war also eine Art von Kreuzung zwischen einem Journalisten und einem Spion und gab sicherlich seine Berichte nicht ausschließlich an die Rothschilds weiter. Dennoch erwiesen sich seine Mitteilungen als ungemein wertvoll. Vor allem bot er durch Angaben über scheinbar ganz triviale Vorgänge Einblicke in die jeweilige Stimmung Napoleons III. und seiner engsten Umgebung. Gewiß, „C. de B.s“ Bulletins waren tendenziös, antibonapartistisch, doch selbst nach Abstrich mancher Voreingenommenheiten müssen sie Lionel ein überzeugendes Bild davon vermittelt haben, welche Ängste, ja welcher Fatalismus in französischen Regierungskreisen vorherrschten.

„Preußen ist entschlossen, lieber Krieg zu führen als seine subversiven Aktionen einzustellen. In Gesprächen mit intimen Freunden gesteht Napoleon (III.) ein, daß er eine sehr schwierige Zeit durchlebt, sowohl innen- wie außenpolitisch, und daß er noch nicht absieht, wie er sie hinter sich bringen wird ...

Ein bemerkenswerter Vorfall ereignete sich auf der Landwirtschaftsausstellung in Billancourt, und weist deutlich auf Preußens Absichten hin. Bei der internationalen Vorführung der Zugtiere pries der preußische Kommissar die Vorzüge der Pferde seines Landes. Als der französische Kommissar die guten Eigenschaften der französischen Pferde anführte, wurde der preußische Beamte wütend und sagte schließlich: ‚Es ist ziemlich gleichgültig, ob ihr unsere Pferde schätzt oder nicht, in ein paar Monaten werden wir sie ja doch an der Seine tränken.'"[4]

Einen geheimen Berichterstatter ganz anderer Art hatte Lionel in Deutschland. Gerson v. Bleichröder betätigte sich als Chef des Berliner Bankhauses gleichen Namens. Als solcher war er einer der führenden internationalen Finanzmänner, mit seinem eigenen Netz wirtschaftlicher und politischer Kontakte in ganz Europa und der Levante. Seit vielen Jahren stand er in enger Geschäftsbeziehung zu den Rothschilds. Da diese in Berlin kein eigenes Zweigunternehmen unterhielten, war es für sie von besonderem Nutzen, dort einen Kollegen zu wissen, mit dem sie auf gutem Fuß standen. Als Bleichröder zu Bismarcks Finanzberater für die Auflage von Staatsanleihen und andere Transaktionen aufstieg, wurde diese Verbindung noch wichtiger. Lionel unterhielt zwar eine regelmäßige Korrespondenz mit seinen Frankfurter Cousins, aber Mayer Carl und Wilhelm Carl waren keine großen Geister und nicht im entferntesten mit dem Mann zu vergleichen, der das Vertrauen des preußischen Ministerpräsidenten genoß. Und aus der Sicht der Familienmitglieder in London, Paris und Wien dachten die beiden preußischer als der König in Berlin.

Die Existenz einer inoffiziellen diplomatischen Verbindung zwischen London und Berlin erwies sich auch für Regierungsmitglieder oft als sehr wertvoll, nicht nur zwecks Austausches von Informationen, sondern auch um Wege für wichtige Verhandlungen zu ebnen. Ein Beispiel: Im Jahr 1867 bemühte sich die britische Regierung unter Lord Derby und Disraeli, den Bruch zwischen Bismarck und Napoleon III. zu kitten. In formellen Erörterungen nahmen die britischen Verhandlungspartner eine sehr entschlossene Haltung zu der Frage gewisser territorialer Korrekturen und Garantien ein, doch als sie bei den Preußen das Äußerste erreicht hatten, mußten sie über eine Rückzugsmöglichkeit ohne Gesichtsverlust nachdenken. Die Lösung bot der „heiße Draht" zwischen Rothschild und Bleichröder. Von Außenminister Lord Stanley eingeweiht, sandte Lionel seinem Berliner Freund ein Telegramm und gleich darauf einen Brief. Darin heißt es: „Unsere Regierung ist geneigt, der Konferenz unter den vorgeschlagenen Bedingungen zuzustimmen. Darüber wird Ihr Freund sich freuen, aber ich bitte Sie, unseren Namen nicht zu erwähnen und niemandem zu sagen, daß wir Ihnen Nachrichten politischer Natur zukommen lassen."[5]

Diesmal wurden die Wogen noch geglättet. Aber der drohende Zusammenstoß zwischen Frankreich und einem Norddeutschen Bund unter Bismarcks Führung war unvermeidlich. James hatte diese Entwicklung seit langem vorausgesagt.

Der Große Baron, nun ein Siebziger und häufig von Schmerzen geplagt, machte sich Sorgen um eine Zukunft, die er nicht erleben würde. Für ihn gab es bisher keine Veranlassung, seine Meinung über die Regierung in Paris zu ändern. Er beobachtete den idealistischen Liberalismus Napoleons III. mit Mißbilligung und Skepsis. Dreimal hatte er die Zerrüttung Frankreichs durch Gewalt mitangesehen. Jetzt befürchtete er ein viertes Erdbeben.

> „Ich glaube daran, daß es Freiheit geben muß, in dem Sinne nämlich, daß die Presse das Recht hat, ungeschminkte Artikel zu veröffentlichen und daß man über die Dinge, die alle betreffen, offen reden kann. Aber von da bis zu jenen Freiheiten, die der Kaiser gewähren möchte, ist ein weiter Weg. Ich sage Ihnen offen, daß wir uns in einer sehr ernsten, gefährlichen Situation befinden. Ob wir wollen oder nicht, wir werden zum Krieg gezwungen sein, und zwar nicht durch Bedrohung von außen, sondern vor allem durch Freiheiten, die zu früh und zu rasch gewährt werden."[6]

Bei solchen klaren Stellungnahmen ließ James nun keine Vorsicht walten, denn er hatte über alle seine politischen und beruflichen Widersacher triumphiert. Am 17. Februar 1862 erfolgte, symbolisch für diesen Triumph, ein formeller Besuch des Kaisers samt Gefolge in Ferrières. James hatte sich diese Ehre nicht erbeten, die Initiative ging von Napoleon III. aus. Zweifellos wollte er den berühmtesten modernen Schloßbau Frankreichs mit eigenen Augen sehen. Aber es war mehr als Interesse oder gar bloße Neugier, was den, wie jeder wußte, auf seine hohe Würde sehr stolzen Monarchen bewog, sich um eine Einladung von seinem alten politischen Gegner zu bemühen. Die Wahrheit lautete schlicht und einfach: Er brauchte die Hilfe des großen Bankiers. Die von Fould und den Brüdern Péreire geplante „Finanzrevolution" war wie ein Feuerwerkskörper verglüht, und obwohl Fould kurz vorher zum Finanzminister ernannt worden war, blieb der Regierung keine andere Wahl, als sich der Hochfinanz mit dem Ölzweig zu nähern.

Die meisten Rothschildschen Familienmitglieder hatten sich im Schloß versammelt, um Zeugen dieses historischen Ereignisses zu werden. Auf den vier Türmen waren die kaiserlichen Banner neben denen der Rothschilds gehißt. James empfing seinen Souverän in wahrhaft imperialem Stil auf einer Tribüne, deren grüne Samtdraperien mit den napoleonischen goldenen Bienen bestickt waren. Es folgte ein Dejeuner im Großen Saal, mit Werken Rossinis als Tafelmusik, und dann ein Rundgang durch das Schloß. Zur Erinnerung an seinen Besuch pflanzte Napoleon III. einen Baum, bevor ihn der Gastgeber zur Jagd in den Park geleitete. Eigens für diesen Tag hatte James aus Deutschland große Bestände von Niederwild und Rotwild bringen lassen, um ganz sicher zu gehen, daß der weidmännische Ausflug Seiner Majestät mit einer guten Strecke enden werde.

Es dämmerte bereits, als die Jäger zurückkehrten und des strahlend beleuchteten Schlosses ansichtig wurden. Inzwischen hatten sich die Tenöre, Baritone und Bässe des Pariser Opernchores versammelt. Unter Rossinis persönlicher Stabführung sangen sie ein „Allegro brillante" mit Paukenbegleitung, das der Maestro für diesen Anlaß komponiert hatte. Es war ein allegorisches Huldigungsopus mit dem Titel „Ein Chor demokratischer Jäger". Beim Schlußsatz „Freunde! Der Hirsch ist gestellt!" schwoll der vielstimmige Gesang zu einem mächtigen Fortissimo an.[7] Nach einer Abschiedsrede, in der James dem Kaiser beteuerte, er und seine Familie würden die Erinnerung an diesen großen Tag immer in Ehren halten, empfahlen sich die hohen Besucher.

Von jenem Zeitpunkt an gewannen die Rothschilds einiges von ihrem früheren Einfluß zurück, wenn auch mit gewissen Einschränkungen. Zum erstenmal wurden Alphonse und Leonora am Kaiserhof empfangen, aber Betty lehnte die Teilnahme an solchen Veranstaltungen ab, und James selbst warb nicht mehr um Anerkennung, sie war ihm gleichgültig geworden. Er bedurfte ihrer nicht, außerdem war er ein schwerkranker Mann. Viele Reisen in die großen Kurorte Europas hatten keine Genesung von seiner Gicht bewirkt. Seine Sehkraft nahm rapide ab, und noch dazu laborierte er an einem Gallenleiden. Nun verbrachte er die meiste Zeit mit Kuren – in Badgastein, Karlsbad oder Nizza. Doch selbst daheim, inmitten der Pracht von Ferrières, bot der Große Baron ein ziemlich trauriges Bild, wie wir von Evelina erfahren:

„Onkel James sehen wir nur selten. Er hatte große Schmerzen; in der einen Stunde ging er im Garten spazieren, in der nächsten begab er sich zu Bett, wurde in einem kleinen Rollstuhl umhergefahren, ebenso Tante Betty, jeder der beiden hat drei Pflegerinnen, je zwei davon, um das Brot und die Kastanien für die Hirsche, Fische und Vögel zu tragen."[8]

Der Große Baron, der mehr als dreißig Jahre lang die Familie beherrscht hatte, der „Schurke", der so viele mächtige Rivalen überlistet und überrundet hatte, der politische Überlebenskünstler, der den Vorrang seiner finanziellen Stellung in den Epochen des Königreichs, der Republik und des Kaiserreichs behauptet hatte, der dritte Gründer des Hauses Rothschild näherte sich dem Ende seines Lebens.

Doch vor seinem Tod begann James ein neues Kapitel in der Geschichte der Rothschilds. Während der letzten Monate seines Lebens tätigte er seinen letzten großen Erwerb: Er kaufte das Weingut von Château Lafite, das er sich fast ein halbes Leben lang gewünscht hatte. Im Jahre 1866 verstarb der Besitzer Aime-Eugène Vanlerberghe, und bei der Abwicklung des Nachlasses brachte seine Londoner Bank am 20. Juli 1868 Lafite in Bordeaux zur Versteigerung. Um zu verhindern, daß noch ein Weingut Pariser Finanzmagnaten zufalle, bildete eine Gruppe lokaler Kaufleute ein Syndikat zwecks Beteiligung an der Auktion. Doch aus irgendeinem Grund, für den keine Erklärung vorliegt, versäumten sie ihre Chancse, und Lafite wurde von der Versteigerung zurückgezogen, da es den Ausrufungspreis von 4 750 000 Francs nicht erreichte. Am 8. August versuchten es die Auktionäre nochmals, nun in Paris, mit einem geringer bemessenen Ausrufungspreis. Die Herren aus Bordeaux erschienen zu der Versteigerung im Palais de Justice, merkten aber sehr bald, daß zu den Mitbietern der Bevollmächtigte des Barons James de Rothschild gehörte. Das Steigern begann sehr zügig, der neue Ausrufungspreis von 3 250 000 Francs wurde rasch überschritten. Die Kaufleute boten so lange wie möglich mit, doch als das Angebot die Höhe von 4 440 000 Francs erreichte, lag dies bereits jenseits ihrer Obergrenze. Das war die Summe, für die der Große Baron zum sehr stolzen Besitzer jener Weinkulturen wurde, die seither als Château Lafite-Rothschild berühmt sind.

James' Freude über diesen letzten Triumph trug auch deutliche Züge der Rivalität zwischen den „Engländern" und den „Franzosen". Wieder einmal hatte er den Londoner Neffen seine Überlegenheit bewiesen. Er hatte bereits einen Landsitz, der besser und größer war als Muffys Gut. Nun besaß er auch bessere Weingärten als Nat! Sobald er als der neue Herr eingezogen war, machte er sich sehr rasch mit dem Katz-und-Maus-Spiel der Preisgebarung in Bordeaux vertraut, wie sein Neffe Mitte Oktober etwas pikiert schrieb: „Gestern verkaufte ich meinen

Wein aus Mouton zu einem fabelhaften Preis von 5000 Francs pro Tonneau.* Die Qualität muß heuer außerordentlich hoch sein, da die Händler alles aufkaufen. Unser würdiger Onkel hat seinen Lafite noch nicht abgegeben. Er erhofft sich einen weiteren Preisanstieg."[9]

Aber der Kauf von Lafite sollte im Leben des Großen Barons wahrhaftig ein Abschluß im doppelten Sinn des Wortes sein. Gegen Ende Oktober wurde er bettlägerig. Eine akute Gelbsucht machte schließlich seinen Körper unbeweglich und lähmte seinen eisernen Willen. Am 15. November 1868 starb er. Als makabres und wahrscheinlich unbewußtes Kompliment für seinen unentwegten Geschäftssinn kann eine Geschichte gelten, die man sich bald an den europäischen Börsen erzählte: Da er voraussah, daß sein Tod einen Kurssturz der Aktien der Lombard Company bewirken werde, deren Präsident und Hauptaktionär er war, spekulierte der gerissene Bankier, wie man vermutet, während der letzten Lebenstage auf Baisse und sicherte auf diese Weise seinen Erben enorme Gewinne.[10]

Alphonse und seine Brüder erbten das Bankhaus, das Schloß Ferrières, die anderen Liegenschaften und natürlich Lafite. Als Nathan 1870 starb, wurden seine Söhne die Besitzer von Château Mouton. Von jenem Zeitpunkt an haben wir zwei französische Rothschild-Familien vor uns, jede für sich und beide miteinander in scharfem Wettstreit, der manchmal im Guten, bisweilen aber ganz und gar nicht freundlich ausgetragen wurde.

Der Tod des Barons James hat in der Geschichte der Rothschilds die Bedeutung eines Wendepunktes. Er war nicht nur der letzte der „Fünf Frankfurter", sondern der letzte Rothschild, der allgemein als Familienoberhaupt anerkannt wurde. Nach ihm brachte schon die wachsende Zahl der Rothschilds und ihre weiträumige Zerstreuung eine zentrifugale Entwicklung in Gang, die nicht mehr aufzuhalten war. Die Rothschilds der neuen Generation waren in stärkerem Maß Deutsche, Österreicher, Franzosen und Engländer. Einige von ihnen heirateten Christen oder Christinnen, und die meisten schlossen Ehen außerhalb der Verwandtschaft. Nach 1868 fanden nur drei männliche Familienmitglieder ihre Bräute unter den eigenen Cousinen. Jene Kräfte, deren Wirken Nathan, Amschel, James und sogar schon der alte Mayer Amschel klar erkannt und denen sie entgegenzusteuern versucht hatten, erwiesen sich als übermächtig.

Indes, James hatte das seinige geleistet. Weder die Familie noch das Unternehmen würde zerfallen. Die Zukunft konnte wohl Unklarheiten und Verzweigungen bringen, aber keinen Zerfall. Dazu waren die Fundamente zu fest gefügt.

* Maßeinheit des französ. Weinhandels. 1 Tonneau = 4 Barriques = 900 l

Teil III
1870–1918

KAPITEL 15
Pariser Schreckenstage 1870/71

Schon wenige Monate nach James' Tod standen seine Söhne vor eben jener Krise, die er befürchtet hatte. Die diplomatischen Beziehungen zwischen Frankreich und Preußen verschlechterten sich weiterhin. Diesseits und jenseits des Rheins wuchs in den Volksmassen die aggressive Stimmung, und beide Staaten trafen ihre Vorbereitungen für den Kriegsfall.

Im Sommer 1870 wartete Europa gespannt nur mehr darauf, wo und wann der offene Konflikt ausbrechen würde. Den zündenden Funken schlug ohne jede böse Absicht die spanische Regierung, als sie in Geheimverhandlungen den nun vakanten Thron des Landes dem Prinzen Leopold aus dem Haus Hohenzollern-Sigmaringen anbot, dessen Gemahlin der portugiesischen Königsdynastie entstammte. Auf Bismarcks Drängen nahm der Prinz am 19. Juni die Kandidatur an. Als man am 3. Juli schließlich in Paris davon erfuhr, bewirkte diese Nachricht in ganz Frankreich einen allgemeinen Sturm der Empörung. Kaiser und Volk waren einmütig in ihrer Ablehnung einer geheimen Vereinbarung, die, wie die Politiker in allzu heftiger Gefühlsaufwallung behaupteten, das Second Empire der Einkreisung durch Preußen preisgebe.

Die prompte Reaktion Napoleons III. bestand in Protesttelegrammen – nicht nur an Berlin, sondern auch an alle anderen Hauptstädte Europas. Seine Depesche nach London ging über die Rothschildsche Leitung. Am 5. Juli berief der Monarch Alphonse nach St-Cloud und ersuchte ihn, durch seinen Cousin eine Botschaft an Premierminister Gladstone befördern zu lassen. Es war Lionels Sohn Natty, der Alphonses Telegramm in Empfang nahm und dechiffrierte. Er informierte seinen Vater, daraufhin entsandte ihn dieser sofort zum Premierminister. Natty fand Gladstone eben im Begriff, zur Audienz bei der Königin nach Windsor zu fahren und wurde gebeten, den Staatsmann im Wagen bis zum Paddington-Bahnhof zu begleiten. Die Meldung traf Gladstone wie ein Blitz aus heiterem Himmel. Erst wenige Tage zuvor hatte Lord Granville, nach dem Tod des bisherigen Ministers, das Ressort Außenpolitik übernommen und im Gespräch mit einem Kollegen sogar gesagt, soweit man es absehe, ziehe am Horizont nirgends bedrohliches Gewölk auf. Gladstones erste Reaktion war vorsichtiges Taktieren. Auch er fand die Thronanwärterschaft eines Hohenzollern keineswegs wünschenswert, gab aber zu bedenken, daß sich Britannien nicht in die inneren Angelegenheiten eines fremden Staates einmischen könne.

Lionel ärgerte sich über diese Haltung, die in seinen Augen einer Vogel-Strauß-Politik gleichkam. Alphonse, den bei dem Gedanken an einen Krieg größeren Ausmaßes schieres Entsetzen packte, beschwor seinen Schwiegervater, alles zu tun, um eine Krise abzuwenden, und binnen weniger Tage gingen die englischen Rothschilds mit Disraeli, dem Führer der Opposition, „in Klausur". Eindringlich schilderten sie ihm den Ernst der Lage und baten ihn, gegen den interventionsfeindlichen Kurs der Regierung aufzutreten.

Dies mag der Punkt gewesen sein, an dem sich die Wege Lionels – wie auch später seines Sohnes – und der Führung der Liberalen trennten. Zu Beginn des Jahres 1868 hatten Gladstone und Disraeli in ihren Parteien die Spitzenpositionen errungen, und während der folgenden dreizehn Jahre wurde die britische Politik von ihrer persönlichen Animosität beherrscht. Zwangsläufig entschieden sich auch andere Persönlichkeiten innerhalb und außerhalb des Parlaments für eines der beiden Lager. Es gibt keine schriftlichen Belege für Lionels Einstellung, aber Natty entwickelte jedenfalls eine heftige Abneigung gegen Gladstone und mißbilligte fast alles an dessen Außenpolitik.

Der Premierminister seinerseits war den Rothschilds bestimmt nicht feindlich gesinnt. Im August 1869, einige Monate nach seinem Amtsantritt, legte er der Königin seine erste Vorschlagsliste für Ehrungen vor. Unter den für die Peers-Würde Empfohlenen war auch Lionel. Victoria akzeptierte die von Gladstone namentlich angeführten Persönlichkeiten alle – bis auf Mr. Rothschild. Zwei Monate hindurch bemühte sich der Premierminister, seine Monarchin umzustimmen. Er wies darauf hin, daß auf dem Wirtschaftssektor niemand auch nur annähernd der Auszeichnung in solchem Maß würdig sei wie Lionel. Die Königin blieb unerbitterlich, sie weigerte sich, einen Juden zum Hocharistokraten zu machen. Vielleicht ärgerte sie sich noch immer darüber, daß dieser Rothschild zwanzig Jahre früher eine Baronie abgelehnt hatte. Gladstone meinte im Gespräch mit Lord Granville: „Ihre (der Königin) Gründe sind gegenstandslos. Wenn sie aber berechtigt wären, dann war es ihr nicht ernst mit dem Versprechen, die Juden zu emanzipieren."[1] Letztlich mußte er nachgeben. Noch mindestens zweimal brachte der Premierminister die Frage von Lionels Standeserhöhung aufs Tapet. Seine Äußerungen beim zweiten Versuch im Jahr 1873 deuten darauf hin, daß er da wie dort Schwierigkeiten hatte: mit der echt Rothschildschen Gleichgültigkeit ebenso wie mit der Unnachgiebigkeit Ihrer Majestät. Er seufzte: „Rothschild ist einer der besten Männer, die ich kenne, und wenn ich von ihm nur ein Memorandum über gewisse Verdienste seines Vaters um die Finanzgebarung während des Krieges bekommen könnte, dann wären, wie ich glaube, alle Hemmnisse zu überwinden. Doch obwohl ich darum bat und sie (die Rothschilds) es seit etwa vier Jahren zusagten, habe ich nie etwas Schriftliches erhalten."[2]

Mit der Kandidatur des Hohenzollern-Prinzen wurden die Dinge auf die Spitze getrieben. Die französische Regierung schoß aber mit ihrer Reaktion übers Ziel hinaus. Nicht anders handelten die Rothschilds. Nach eingehender, sorgfältiger Prüfung der Situation richtete Außenminister Granville Demarchen an Madrid und Berlin, wo der König von Preußen, dem diese ganze Affäre arg zu schaffen machte, ohnehin bereits eine Kursänderung erwog. Am 12. Juli konnte Granville mit Erleichterung seinem Regierungschef melden: „Die Rothschilds erhielten eine telegraphische Depesche. Der Prinz hat seine Kandidatur zurückgezogen. Die Franzosen sind zufriedengestellt."[3]

Doch aller Jubel war verfrüht. Bismarck ließ sich nicht um seinen Krieg prellen. Obwohl nun kein unmittelbarer Casus belli gegeben war, gelang es ihm, Frankreich in eine Lage zu drängen, in der es am 19. Juli selbst den Krieg erklärte. Zu jenem Zeitpunkt waren, dank der gut funktionierenden Eisenbahnnetze auf beiden Seiten entlang der Grenze, bereits starke Truppenverbände aufmarschiert.

Die Pariser Rothschilds waren ebenso aufgeregt wie alle ihre Mitbürger, aber dabei besser informiert als die meisten Franzosen. Sie wußten, daß Widerstand gegen die preußische Militärmaschinerie faktisch aussichtslos war. Alphonse, der französische Patriot, unterstützte voll und ganz die Regierung, die einen Krieg begonnen hatte, den er entschieden ablehnte. Er beteiligte sich organisatorisch und finanziell am Aufbau eines zivilen Komitees für die Pflege von Verwundeten. Wie sein Vater im Jahr 1848 blieb er auch während der dunkelsten Tage der schweren Zeiten in Paris.

Laury suchte mit ihren Kindern Zuflucht in England. Daher erfuhr sie in ihrem Elternhaus am Piccadilly vom Zusammenbruch des Zweiten Kaiserreichs. Am 1. September erlitten Napoleon III. und dessen Armee bei Sedan die entscheidende und demütigende Niederlage. Selbst für eine Frau wie Laury, die so tat, als sei ihr Frankreichs Schicksal einerlei und die allgemeine Rothschildsche Abneigung gegen dieses arrogierte Kaisertum teilte, war die Nachricht von solch einem unerwarteten Vernichtungsschlag ein Schock. Cousine Constance, die damals gerade anwesend war, gibt in ihrem Tagebuch eine sehr lebendige Schilderung:

„Als wir das Frühstückszimmer betraten, lasen wir auf den Gesichtern von Onkel und Tante Lionel und Laury Überraschung und Bestürzung. Eine vierte Person, Mr. Bauer, stand mit düsterer Miene beim Tisch, ein Telegramm in der Hand. Und so lautete die Depesche: ‚Der Kaiser ergab sich dem König, und das Heer, 40 000 Mann, kapitulierte.' Die arme Laury fühlte sich so gedemütigt wie eine Französin. Und dann die Angst vor einer Revolution! Sie war dunkelrot vor Erregung und ihre Stimme zitterte so, daß sie kaum sprechen konnte . . . Krieg und Gespräche über den Krieg an der Tagesordnung, nichts anderes . . . Es ist ja so schrecklich, so furchtbar und so widerwärtig und was kann man dagegen tun? Wie wird das enden?"[4]

In Paris wurde die Republik ausgerufen, doch die neue Regierung wollte den Krieg fortsetzen. Mitte September hatten die Preußen den Belagerungsring um die französische Hauptstadt bereits geschlossen und begonnen, sie durch Beschießung und Aushungern zur Unterwerfung zu zwingen. Überdies traten bald Revolutionäre in Aktion, sie versuchten dem Regierungskabinett aus gemäßigten Republikanern die Macht zu entreißen und zu einem Sonderfrieden mit dem Angreifer zu gelangen.

Indessen traf König Wilhelm I. von Preußen in Ferrières ein, um dort sein Hauptquartier aufzuschlagen. Beim ersten Anblick der Pracht des Schlosses soll er ausgerufen haben: „Das kann unsereins nicht, dazu muß man Rothschild sein." Der dreiundsiebzigjährige Monarch war zwar ein autokratischer Soldatenkönig, aber peinlich auf Formen bedacht. Laut seinem strengen Befehl durfte dem Bau selbst und dem Park kein Schaden zugefügt werden, ganz zu schweigen von willkürlichen Übergriffen. Sein eigenes Verhalten war ein Musterbeispiel rücksichts- und taktvollen Benehmens. Ihm stand Leonoras Zimmerflucht zur Verfügung, doch schlief er nicht unter dem Baldachin ihres betont damenhaft eingerichteten „Chambre à coucher", sondern ließ sein einfaches Feldbett aufstellen. Auch in anderen Belangen verhielt sich der König sehr korrekt, wie der Rothschildsche Leibkammerdiener Monsieur Bergman berichtete:

„. . . er hatte seine eigene Dienerschaft und Küche, die Domäne lieferte alles, was er benötigte: Wildpret, Obst und Blumen. Er gab uns 2000 Francs, aber sein Gefolge war sehr groß, 3000 Mann und 1200 Pferde, bei uns und bei den Bauern verteilt. Ich selbst hatte vier

Offiziere und sechs Soldaten im Quartier, die sich sehr ordentlich benahmen ..."[5]

Aber nicht alle Preußen waren so rücksichtsvoll. Ein General, der zwei Tage vor dem König und seiner Begleitung eintraf, hatte an den Speisen, die ihm und seinem Stab vorgesetzt wurden, manches auszusetzen und ließ seinen Unmut an dem schon betagten Kastellan der Rothschilds aus:

"... er befahl Monsieur Charles, ein Diner für fünfzehn Personen anzurichten. Doch dann saßen zweiunddreißig an der Tafel und beklagten sich über das Essen. Der General ließ Monsieur Sainte-Ange rufen und sagte ihm, das sei ja schändlich, in Madame de Rothschilds Haus erwarte man sich eine Bedienung, die dem Namen und dem Stil des Château entspreche. Dabei tranken sie fünfundsechzig Bouteillen Wein, zweiunddreißig Flaschen Champagner eingerechnet. Doch damit nicht genug. Der General ließ Monsieur Saint-Ange von vier Soldaten eskortiert auf die Wache abführen. Dort mußte er die Nacht auf einem Strohsack verbringen. Das Herz tat einem weh, wenn man sah, wie es diesem lieben fünfundsiebzigjährigen Mann erging! Am nächsten Morgen sollte er beim Abmarsch der Truppe mitgenommen werden, aber um fünf Uhr früh suchte Madame Sainte-Ange den General auf, und nach langem Flehen erwirkte sie dessen Pardon. Während der ganzen traurigen Affäre stand ich Monsieur und Madame Sainte-Ange zur Seite ..."[6]

Bei anderer Gelegenheit geriet Bergman selbst an recht barsche Preußen.

„Die in La Tafarette einquartierten Soldaten fischten alle Teiche aus, aber das reichte nicht für sie, deshalb beschlossen sie eines Abends, die Schleusen zu öffnen, um am nächsten Morgen Fische in Menge auf dem Trockenen zu finden. Als mir das gemeldet wurde, machte ich mich mit einigen meiner Leute und einem Schlosser auf, um die Schleusentore zu verschließen, aber in eben jenem Moment kam ein Kavallerist, der die Pferde zur Tränke führte. Große Enttäuschung, kein Wasser! Die Soldaten glaubten, ich hätte die Teiche abgelassen. Sie schleppten mich zum General, der bei Madame Vavasseur im Quartier lag. Ich erklärte, was geschehen war, aber er glaubte mir nicht, sondern rief die Wachen, um mich verhaften zu lassen. Mir wurde befohlen, die Teiche sofort wieder zu füllen. Da dies unmöglich war und ich keinerlei Schuld trug, ließen sie mich schließlich einige Stunden später frei."[7]

Nach der Abreise des Königs, am 5. Oktober in Richtung Versailles, registrierte Bergman eine deutliche Verschlechterung im Verhalten der preußischen Offiziere:

„... am 6. und 7. d. Plünderung mehrerer Häuser in Ferrières. Plünderung des Schloßweinkellers, Requirierung von Decken und Matratzen für die Lazarette in der Umgebung. Der König hatte großen Wert auf eine schriftliche Bestätigung gelegt, daß zum Zeitpunkt seiner Abreise nichts aus dem Château fehlte und er ließ zur Bewachung fünfundsiebzig Mann zurück, doch die Offiziere behaupteten, dadurch werde Requirierung für Lazarette nicht verhindert. Alle durchziehenden Offiziere besichtigten das Schloß. Als Begleiter auf den Rundgängen teilte ich Monsieur Charles zwei meiner Leute zu, die Deutsch sprechen. Dennoch verschwanden einige Gegenstände ... es gibt hier einige Lazarette, wir haben noch immer zweitausend Verwundete. Auf den Bauernhöfen steht kein Vieh mehr, wir haben keine Holzkohle mehr, aber Holz haben wir noch immer. Die Preußen und die Wilderer haben das Wild geschossen, das Revier ist Sperrgebiet, der Kommandeur läßt es nachts durch Patrouillen überwachen. Die Fasanerie und die Blumen sind beschlagnahmt, die Wildhüter wurden am Tag des preußischen Einmarsches entwaffnet ... in unserer Kasse befindet sich kein Bargeld mehr, wir bezahlen mit Brotkartenkupons, die Anwesen werden als Kasernen benützt, aber auch die Bewohner müssen viele Soldaten unterbringen ..."[8]

Bismarck zeigte sich keineswegs so gesittet und feinfühlig wie sein königlicher Herr. Nach seinem Willen wäre den Franzosen einschließlich der Rothschilds jede nur denkbare Schmach angetan worden. Da er in glücklicheren Zeiten in Ferrières zu Gast gewesen war und das unvergleichliche Jagdrevier in bester Erinnerung hatte, ärgerte er sich, als er feststellen mußte, daß sein Monarch für den Wildbestand eine außerplanmäßige „Schonzeit" angeordnet hatte. Also ignorierte er einfach das Verbot, schulterte unverdrossen seine Flinte und stapfte los, in die Dickungen von Ferrières.

Von diesem Verstoß erfuhr Alphonse in Paris und reagierte darauf mit einer ironischen Bemerkung zu einem Freund, der sie prompt in einem Brief an eine adelige Dame auf dem Land weitergab: „In der Umgebung von Paris sind die Preußen begierig nach Fasanen; Rothschild erzählte mir gestern, daß sie bei ihm in Ferrières genug davon hätten, aber seinen Intendanten hätten schlagen wollen, weil die Fasane nicht mit Trüffeln gefüllt herumflögen."[9] Der Brief fiel den Feinden in die Hände und wurde schließlich Bismarck persönlich vorgelegt. Er war keineswegs erfreut über diese versteckte Anspielung auf sein eigenes Verhalten.

Während König Wilhelms Aufenthalt in Ferrières verbrachte der französische Außenminister Jules Favre dort einige Tage, um mit den Preußen über einen Waffenstillstand zu verhandeln, der nicht die Übergabe von Paris bedingen würde. Bismarck lehnte ab, und so ging die Belagerung weiter.

Wie gewohnt waren die Rothschilds in London, Frankfurt und Wien besser über die Vorgänge in der französischen Hauptstadt informiert als sonst irgend jemand in Europa. Die Bank unterhielt ihren eigenen Brieftaubendienst, Depeschen wurden nun häufig fotografisch reproduziert, damit die Vögel in ihren Kapseln mehr Text tragen konnten – gleichsam die ersten „Mikrofilme". Außerdem gab es die Bulletins von Monsieur de Saint-Chéron, die per Ballon aus Paris abgingen. Die Regierung genehmigte die Einrichtung einer tagtäglich betriebenen „Linie" von gasgefüllten Ballons, um Post und manchmal auch Passagiere über die deutschen Linien hinweg zu befördern. Ein äußerst notdürftiges Verbindungssystem, denn die Ballons waren völlig von der Windrichtung abhängig und gerieten nicht selten in die Reichweite feindlicher Geschütze. Dennoch erreichte eine erstaunlich große Anzahl von Briefen ihr Ziel. Aus den Hunderten Lageberichten, die Lionel von „C. de B." erhielt, läßt sich eine fast tagebuchartige Schilderung der entsetzlichen Not der Pariser rekonstruieren. Während der ersten Tage war das breitgestreute Bombardement am schwersten zu ertragen.

> „Das einzige Ergebnis ist, harmlose Zivilisten zu töten, alte Leute, Frauen und Kinder, Gebäude und Wohnhäuser zu zerstören und bei den Parisern Rachsucht zu wecken. Gestern nachts zwischen zehn Uhr und vier Uhr morgens ging niemand von der verängstigten Bevölkerung zu Bett. Aus den getroffenen Häusern rannten Frauen, die ihre Kinder umklammerten. Es war ein Bild des Jammers, aber auch des Zorns, besonders bei den Frauen."[10]

Sehr bald setzten sich in mehreren Stadtvierteln die politischen Extremisten fest:

> „Die Revolutionsklubs nach dem Muster von 1789 behaupten bereits, im Namen der Pariser Commune zu regieren, und heute mor-

gens wurden schon rote Plakate mit entsprechender Überschrift in der Stadt angeschlagen. Darauf werden die Nationalgarden aufgerufen, Mitglieder für die Pariser Stadtverwaltung zu wählen. Sobald diese Wahl stattgefunden hat, wird eine Demonstration bewaffneter Macht erfolgen, um die Commune auszurufen."[11]

Anfang November wurden Lebensmittel knapp. Man entschloß sich zur Einführung einer Form der Zwangsbewirtschaftung, aber sie blieb unwirksam und verhinderte nicht die unvermeidlichen üblen Begleiterscheinungen wie Hamsterkäufe und Schwarzmarkt. Um die Monatsmitte stellte „C. de B." eine Berechnung an:

„Wir haben noch genügend Lebensmittel für zwei Monate, und die Ausgabe neuer Zuteilungskarten wird der Unordnung steuern, denn ursprünglich wurden nämlich weitaus mehr Karten ausgegeben, als es Familienmitglieder gab. Leider hat sich die Sterblichkeit seit dem Beginn der Belagerung verdoppelt. Entsprechend senkte sich der Verbrauch von Lebensmitteln. Die staatliche Requierierung von Pferden garantiert eine Versorgung mit Fleisch bis zum 25. Februar. Die Pariser Droschkengesellschaft besitzt noch sechstausend Pferde, die Omnibusgesellschaft sechstausendsiebenhundert."[12]

Hunger, Wucherpreise, Obdachlosigkeit, Verlust von Hab und Gut, Enttäuschung über die staatliche Führung und ein wachsendes Gefühl der Sinnlosigkeit verschärften die sozialen Unterschiede und gaben den Revolutionären Auftrieb.

„Das ‚Journal des Debats' nennt ganz offen jene Personen beim Namen, die noch immer Luxuspferde halten, trotz der Tatsache, daß unsere besten Kavallerieregimenter gezwungen sind, ihre Reittiere zu schlachten, um Fleisch zu beschaffen. Leider hat diese Zeitung ganz recht. Ich selbst kenne einen reichen Beamten des Finanzministeriums, der acht Pferde besitzt, und die feinen Damen, die in Paris blieben, haben fast alle ihre Pferde behalten. Eine hübsche Dame der Gesellschaft, nun in einer Kantine tätig, nennt eine Stute im Wert von siebentausend Franc ihr eigen. Diese Veröffentlichung der Namen wird wahrscheinlich strengere Bestimmungen zur Folge haben."[13]

Eine der reichen Pariserinnen, die weiterhin in ihren eleganten Equipagen ausfuhren, war Baronne Betty. Als sie eines Tages während derschlimmsten Krisenphase unterwegs war, wurde sie im Bois de Boulogne von einer erregten Volksmenge aufgehalten. Einige Leute machten Anstalten, sich des Gespanns zu bemächtigen, die Insassin wurde beschimpft. Wie könne sie es wagen, mit ihrem Reichtum zu prunken, während andere Bürger verhungerten?! Doch die energische Baronin, die Politikern Trotz geboten und sogar einen Kaiser verspottet hatte, war einer Horde erbärmlicher, hungernder Pariser noch immer weit überlegen. „Aber ja, nehmt euch meine Pferde, wenn ihr sie haben wollt!" rief sie. „Eine so gute Patriotin wie ihr bin ich noch lange! Kommt nur mit und seht euch mein Spital an, in meinem eigenen Haus. Und wißt ihr nicht, daß ich drei Söhne habe, die alle unter Waffen stehen und für unser Land kämpfen?" Von der Persönlichkeit der alten Dame beeindruckt, getraute sich keiner mehr, sie zu belästigen, ja der Mob bildete sogar eine Eskorte, die ihr bis zum Tor das Geleit gab.[14]

Es ist zweifelhaft, ob Alphonse viel Zeit militärischen Pflichten widmete, denn er brauchte seine Kräfte vor allem, um Hilfsaktionen zu organisieren und sich als Finanzberater der Staatsführung zu betätigen. Aber Gustave und Edmond waren brave Nationalgardisten. Nicht, daß sie sich besonders hervorgetan hätten, das wäre kaum möglich gewesen. Die militärischen Aktionen der Franzosen unter dem Kommando von General Trochu bestanden vorwiegend darin, auf Entsatz aus den Landgebieten zu warten, der niemals erfolgte, und einige schlecht geplante, katastrophal endende Ausfälle gegen die preußischen Stellungen zu unternehmen.

> „Der Angriff, den ich Ihnen in meinem letzten Brief schilderte, entwickelte sich zur zweiten Schlacht von Le Bourget. Sie verlief ebenso glücklos wie die erste, und dieser letzte Fehlschlag kostete uns nicht nur das Leben von General Blaise, eines Veteranen unserer Nordafrika-Armee und etwa zweitausend Tote – weniger durch preußische Kugeln als durch die arge Kälte, da die Temperatur plötzlich tief unter den Nullpunkt fiel –, sondern sie erschütterte auch das Vertrauen der Pariser in die Führung, in sich selbst und in die Fortsetzung des Kampfes."[15]

Kurz danach vertrat Gustave einem deutschen Diplomaten gegenüber die Ansicht, daß eine starke, initiative Führung mit militärischen Mitteln der Belagerung ein Ende hätte bereiten können. Wahrscheinlich sprach er den Vorwurf vieler Pariser aus, als er sagte: „Ängstlich bei jedem Aufruhr, hat sich General Trochu vor dem Feind stets unentschieden gezeigt."[16]

Schließlich waren die Franzosen gezwungen, um Frieden zu bitten. Am 21. Februar 1871 begaben sich Favre und der bewährte Staatsmann Adolphe Thiers – bald der erste Präsident der Dritten Republik – nach Versailles, um zu hören, welche Bedingungen ihnen Bismarck aufzuerlegen gedachte. Die deutschen Forderungen waren erschrekkend hart: Frankreich müsse die Länder Elsaß und Lothringen abtreten und eine Kriegsentschädigung in der Höhe von 6 Milliarden Francs bezahlen, erst dann würde das französische Territorium von deutschen Truppen wieder geräumt werden. Schroff stellte sich Bismarck auf den Standpunkt eines „Entweder – oder", doch die französischen Repräsentanten erklärten, sie müßten einen Finanzexperten beiziehen: Baron Alphonse de Rothschild. Am 25. März standen sich der Staatsmann und der Bankier Auge in Auge gegenüber, zwei Männer, die auf zwei ganz verschiedenen Gebieten immense Macht ausübten. Als Alphonse ruhig auf Französisch das Gespräch eröffnete, reagierte Bismarck sehr brüsk. Er forderte sofortiges Einverständnis. Alphonse erklärte, zunächst müsse er mit Bleichröder die Einzelheiten festlegen. Dem Eisernen Kanzler blieb keine andere Möglichkeit, als sich zu einem weiteren Aufschub verstehen. Rothschild war es gelungen, wenigstens ein gewisses Maß der nationalen Würde Frankreichs zu retten.

Aber er tat viel mehr. Es erwies sich als ungemein schwierig, die Mittel für die – schließlich auf 5 Milliarden Francs gesenkten – Reparationszahlungen zu beschaffen, was durchaus in Bismarcks Absicht lag: Die beispiellose finanzielle Last sollte Frankreich lähmen, seine Demütigung vollkommen machen und dem neuen Deutschen Reich die Handhabe bieten, so lange als möglich Besatzungstruppen auf feindlichem Territorium zu belassen. Doch damit hatte sich Bismarck verrechnet, so wurde er zum letzten in einer Reihe von Politikern, welche die Macht der Rothschilds unterschätzten. Alphonse brachte die Summe so rasch und geschickt auf, daß selbst ein Konkurrent aus dem Bankenwesen dieser phänomenalen Leistung Bewunderung zollen mußte: „Rothschilds bedeutende europäische Verbindungen und seine Finanzmacht haben ihm eine einmalige Ausnahmsstellung geschaffen."[17] Zunächst nützte Lionel seinen Einfluß bei den ausländischen Börsen, um die französische Währung zu stabilisieren. Dann half er Alphonse bei der Bildung eines Konsortiums europäischer Bankiers. Diese Gruppe der Hochfinanz tat zweierlei: Sie organisierte eine Reihe von Staatsanleihen und garantierte der französischen Regierung die Gesamtsumme für den Fall, daß die Anleihen nicht in vollem Umfang gezeichnet würden. Eine solche Gefahr bestand aber nicht: Der Name Rothschild übte seine alte Zauberkraft aus, und die Öffentlichkeit riß sich um die Anteile. Die 5 Milliarden Francs sollten durch zwei Emissionen gedeckt werden: die erste über 2 Milliarden, aufgelegt im März 1871, und die zweite über 3 Milliarden, ein Jahr später. Die Nachfrage war so groß, daß die erste Emission schon bis zum Juni 1871 4,8 Milliarden Francs brachte, die zweite erreichte die schwindelnde Höhe von 43,8 Milliarden Francs.

Eine Finanzoperation größten Stils, mit sensationellem Resultat. Die beteiligten Banken konnten gewaltige Gewinne verbuchen: Die Provisionen beliefen sich auf zweistellige Millionenzahlen, sie brauchten nicht eigenes Kapital zu riskieren und hatten den kurzfristigen Nutzen beträchtlichen Geldzustroms. Politisch und diplomatisch war es ein Schlag gegen Bismarck. Binnen zwei Jahren wurden die Reparationen in voller Höhe bezahlt, und somit war Deutschland verpflichtet, seine Besatzungsarmee zurückzuziehen. Noch viel beunruhigender für Preußen war Frankreichs rasche Erholung von den Kriegsfolgen und die neugewonnene nationale Einigkeit, die sich schon in dem allgemeinen Zuspruch für die Anleihen beispielhaft offenbarte. Statt die Nation zu schwächen, zu demütigen und zu spalten, wie es Bismarck beabsichtigte, machte die Niederlage Frankreich stolz, einig und auf Revanche erpicht. Die Saat von 1871 sollte 1914 mit tödlicher Wirkung aufgehen.

Den Pariser Rothschilds brachte dieser Triumph zudem einen Prestigegewinn, wie sie ihn seit 1848 nicht mehr verzeichnet hatten. Sie waren an der glückhaften Gründung der Dritten Republik beteiligt, und damit war ihr politischer Einfluß gesichert, aber sie zogen es vor, auch weiterhin hinter den Kulissen zu wirken. Als Alphonse dringend empfohlen wurde, in den Wahlkreisen Paris und Seine et Marne für die Nationalversammlung zu kandidieren, lehnte er dieses ehrende Angebot dankend ab, mit der Begründung, ein politisches Amt würde seine berufliche Tätigkeit erheblich einschränken, und er könne Frankreich als Oberhaupt von Rothschild Frères besser dienen.

Während die Bankiers die Voraussetzungen für den wirtschaftlichen Wiederaufstieg Frankreichs schufen, spielte sich die letzte blutige Phase der Ereignisse von 1870/71 ab. Aus den Februarwahlen ging ein überwiegend royalistisches Parlament hervor, das provisorisch in Versailles tagte. Dies war das Signal für den seit langem erwarteten Ausbruch einer Revolte republikanischer Extremisten in Paris.

> „18. März 1871. Ein schrecklicher Tag folgte auf eine düstere Nacht. Paris liegt in den Wehen einer Revolution ... Die Unruhen begannen auf dem Montmartre. Nationalgardisten fingen an, die auf den Straßen und Plätzen postierten regulären Truppen zu hänseln. ‚Eure Geschütze und Gewehre gehören uns ebenso wie euch', sagte die Nationalgarde. ‚Wir haben doch gemeinsam gekämpft, oder? Kommt doch mit auf ein Glas!' Kurze Zeit später zogen reguläre Soldaten und sogar eine Abteilung der Garde Républicaine mit verkehrt

geschulterten Gewehren johlend mit Nationalgardisten nach Paris. Ein Hauptmann, der seinen Soldaten einen Befehl erteilte, wurde erschossen. Die Geschütze wurden unbewacht auf dem Butte-Montmartre stehengelassen. Einige Bataillone der Nationalgarde auf dem Marsch aus dem Stadtzentrum zum Montmartre trafen auf ihre herankommenden Kameraden und riefen ihnen zu: ‚Nieder mit Vinoy!' (General Vinoy war der Stadtkommandant von Paris.)

‚Nieder mit Paladines!' (d' Aurelle de Paladines war der Kommandierende General in Versailles.)

‚Es lebe die Republik!'

‚Es lebe Garibaldi!'

In Paris gibt es keine Obrigkeit mehr. Die Nationalgarde ist die Herrin der Hauptstadt. Vielleicht war es gut, daß sich die Nationalversammlung dafür entschied, in Versailles zu tagen, denn dieses hohe Haus wäre gewiß von der Nationalgarde angegriffen worden, ohne von regulärem Militär verteidigt zu werden.

Ein General und mehrere Offiziere der Garde Républicaine sind auf dem Montmartre gefangengesetzt. Einige Bataillone der Nationalgarde marschierten mit dem Ruf ‚Tod dem Thiers!' an Monsieur Thiers' Haus vorbei.

Ich brauche wohl kaum zu erwähnen, daß auf der Place de la Bastille wieder die rote Fahne gehißt wurde . . ."[18]

So berichtete „C. de B." über den Beginn der Pariser Commune.

Mehr als zwei Monate dauerte die blutige Schreckensherrschaft der Revolutionäre. Es kam zu Massenhinrichtungen und zahlreichen Plünderungen – manchmal als Enteignungen im Namen des Volkes bemäntelt. Es gab Brandanschläge auf einige der bedeutendsten Bauwerke der Stadt, z. B. die Tuilerien und das Rathaus. Paris wurde erneut in Verteidigungszustand gesetzt, diesmal gegen die Armee der Regierung. Anfangs fanden die Aufrührer Rückhalt bei vielen Bürgern, die darüber erbittert waren, daß sie durch die Preußen solche Erniedrigungen zu erdulden hatten. Aber bald ergoß sich ein Flüchtlingsstrom aus der Stadt. Alphonse übersiedelte bis auf weiteres nach Versailles, wo er bei den Vorbereitungen für die Staatsanleihe gebraucht wurde, und wahrscheinlich stießen andere Familienmitglieder dort zu ihm. Die Commune endete am 28. Mai 1871, und mit seinen rigorosen Vergeltungsmaßnahmen zeigte Thiers klar und deutlich, daß er entschlossen war, das Schandmal der Revolution vom Schild der neuen Republik gründlich auszutilgen. Denn es war eine republikanische Verfassung, die letztlich aus dem Sturm von 1870/71 hervorging. Die Bestrebungen der Bonapartisten und der Royalisten wurden vereitelt.

Die Rothschilds fügten sich mit Anstand in das Unabänderliche. Das Zweite Kaiserreich gehörte der Vergangenheit an, und sie bejahten die gemäßigte Regierung unter Thiers. Vielleicht erinnerten sie sich eines Ausspruchs aus der letzten Lebenszeit des Großen Barons: „Ich trage einen liberalen Politiker und andererseits einen Finanzmann in mir. Leider kann die Finanz nicht ohne Freiheit existieren, aber noch weniger bei allzu großer Freiheit."[19]

Das Pariser Haus hatte vierzig Jahre lang fast immer Stürme und Spannungen durchgestanden und war daraus als die unbestrittene führende Kraft des französischen Kapitalwesens hervorgegangen. Alphonse, der die Bank gemeinsam mit seinem Bruder Gustave leitete, war ein würdiger Nachfolger des Großen Barons, doch gewiß erhoffte er sich eine friedvollere Ära, als sie seinem Vater beschieden war. Auch war er entschlossen, sich nicht auf Mammutvorhaben einzulassen, die Gegnerschaft und feindselige Stimmung provoziert hätten. Er meinte es wohl als Anerkennung von James und als Andeutung eines neuen Konzepts, wenn er zu einem Kollegen sagte: „Wir brauchen nicht Geld zu verdienen. Unser einziger Wunsch ist, zu bewahren, was wir besitzen."[20]

Ein Historiker unserer Zeit erklärte: „Der Deutsch-Französische Krieg wurde zum ersten Krieg der Nationen. Die Regeln ritterlicher Kriegführung wurden ungültig, und das Modell für die Kriegführung des 20. Jahrhunderts war geschaffen."[21] Die gewaltigen Erschütterungen von 1870/71 ließen eine neuartige übersteigerte patriotische Begeisterung entstehen, die fast fünfzig Jahre lang ein wesentliches Element der Gefühlswelt sämtlicher Bürger in allen selbstbewußten Staaten Europas bildete. Erst das Blutbad an den Fronten des Ersten Weltkriegs sollte erweisen, daß man sich in eine Verblendung verrannt hatte.

Für die Rothschilds brachte der Krieg das Dilemma, das ihnen bereits seit längerer Zeit bewußt war, um so deuticher und schmerzlicher zutage. Zum erstenmal sahen sich Mitglieder der Familie durch einen großen Konflikt getrennt und in psychischen Zwiespalt gedrängt. Es lag nicht bloß daran, daß die Frankfurter und die Pariser Rothschilds gegnerischen Mächten zugehörten, obwohl schon dies schlimm genug war. Spannungen entstanden auch zwischen dem englischen und dem französischen Zweig. Alphonse war ein erklärter Feind Englands. Aus seiner Sicht war die Tatsache, daß Britannien es unterlassen hatte, seiner Nation gegen die offene deutsche Aggression zu Hilfe zu eilen, ein weiterer Beweis für das Wesen des „perfiden Albion". Er glaubte, daß sofortige diplomatische Schritte Londons den kampfbereiten Heeren Einhalt geboten und die Schrecken der Belagerung von Paris verhindert hätten.

Für Lionel und Natty stellten sich die Dinge nicht ganz so einfach dar. Von ihrer Warte aus erkannten sie, daß Alphonse irrte. Die Kriegsschuld lag ebenso im Größenwahn Napoleons III. wie bei Bismarcks „Realpolitik", und da beide Staaten mit Volldampf auf Kollisionskurs steuerten, hätte London wenig tun können, um sie davon abzubringen. Andererseits bangten Lionel und Natty um ihre so arg gefährdeten Verwandten in Frankreich und beobachteten voll Besorgnis die Haltung des Kabinetts Gladstone.

Was die beiden grundlegend vom Führer ihrer Partei schied, war die Verschiedenheit der Auffassungen – ja sogar der Prinzipien und Leitsätze: Sie waren Pragmatiker. Gladstone war Idealist. Sie glaubten an wirksame Aktionen auf der Basis politischer Realitäten. Gladstone indes stellte sich auf den Boden des moralisch Unanfechtbaren und wog in jedem Fall Recht und Unrecht genau ab. Lionel und Natty glaubten, die Außenpolitik solle die Interessen Britanniens und, sofern möglich, die Interessen des internationalen Handels sichern. Gladstone aber prüfte jede Frage durch ein Tribunal des Gewissens. Diese unvereinbaren Gegensätze traten während der Krise von 1870/71 klar zutage. Im September bekundete Gladstone zweimal seine Mißbilligung, weil Meldungen, die über das Informationsnetz der Rothschilds eingelangt waren, seiner Meinung nach ein falsches Bild ergaben.[22] Von jenem Augenblick an begann die Entfremdung zwischen den Rothschilds und der Regierung. Zu Beginn des Jahres 1871 waren Gladstone und Granville Gastgeber einer internationalen Konferenz zwecks Erörterung der aktuellen Lage. Lionel und Natty hofften – oder besser gesagt: erwarteten wohl –, daß man sie über die Beratungen auf dem laufenden halten werde. Sie wurden enttäuscht. Mehrere dezente Mahnungen in Downing Street 10 bewirkten nur, daß sie an Granville weiterempfohlen wurden. Am 9. März teilte der Außenminister dem Premier mit: „Lord G(ranville) wies B(aron) R(othschild) auf seine Erklärung im Oberhaus vom ersten Sitzungsabend hin. Er betonte, die Konferenzteilnehmer hätten sich zur Geheimhaltung bis zum Abschluß ihrer Sitzungen verpflichtet, daher könne er keine weiteren Informationen geben . . . die Konferenz werde am nächsten Montag fortgesetzt."[23]

Also nicht nur die französischen Rothschilds mußten sich auf neue politische Gegebenheiten einstellen.

KAPITEL 16
„Wir waren sehr fröhlich“

Nach den dramatischen Geschehnissen von 1870/71 erregte das Einlaufen des von einer Fernostfahrt zurückkehrenden britischen Kriegsschiffes „Galatea“ im Hafen von Portsmouth nur sehr geringes Interesse, obwohl der Kapitän kein anderer als Alfred Herzog von Edinburgh war, der zweitgeborene Sohn Ihrer Majestät der Königin. Für die Rothschilds freilich sollte diese Begebenheit im weiteren erhebliche Bedeutung gewinnen, denn eines der Besatzungsmitglieder, das in Begleitung seines neuen chinesischen Dieners von Bord ging, war the Honourable Eliot Yorke, der Stallmeister des Herzogs.

Ein blonder, blauäugiger Prachtkerl, achtundzwanzig Jahre alt, drittgeborener Sohn des Earl of Hardwicke. An jenem Sommertag des Jahres 1871 fuhr er sofort zum Familiensitz Wimpole Hall bei Cambridge. Dort traf er eine kleine Gästeschar an, unter ihnen Sir Anthony und Lady de Rothschild samt deren Töchtern. Die Yorkes sprühten vor Temperament, Disraeli sagte von ihnen: „Ich kenne niemanden, der mehr Lebensfreude besitzt oder den seinigen so zugetan ist, wie die Hardwickes.“ Seit einigen Jahren waren sie mit Sir Anthony und dessen Familie befreundet, und eine gemeinsam erlebte Tragödie hatte diese Bande noch fester geknüpft: Im Jahre 1867 war Victor, der zweitgeborene Sohn des Earl, während eines Besuches in Aston Clinton siebenundzwanzigjährig plötzlich gestorben. Beide Familien teilten auch die Passion für Jagden, Segeln, Musik und Liebhabertheater. Die Yorkes waren sogar dermaßen auf das Landleben eingeschworen, daß sie ihr Gut selten verließen und, zum Unterschied von anderen Mitgliedern der mondänen Gesellschaft, während der Wintersaison nur sporadisch nach London kamen. Dennoch zählten sie zum engsten Kreis um die königliche Familie, und Eliot war eben einer von mehreren Yorkes, die Hofämter bekleideten.

Da er in Ausübung seiner Pflichten vier Jahre fast ununterbrochen außer Landes verbracht hatte, waren ihm Sir Anthonys Töchter relativ fremd, diese aber waren sofort Feuer und Flamme für die neue Bekanntschaft. „Während jenes denkwürdigen Besuches veranstalteten wir Jungen ein Picknick im Park, bei dem der gravitätische Chinese aufwartete. Eliot war in bester Laune und erheiterte uns alle mit seinen Scherzen. Er erzählte uns viele Anekdoten über seinen hohen Herrn, es war interessant und amüsant dazu."[1] Diese Schilderung stammt von Connie, doch es war ihre Schwester, die sich in den unterhaltsamen jungen Mann verliebte. Damit schuf sie in einem Hauswesen, das bisher eines der unbeschwertesten und harmonischesten in ganz England war, Spannungen und Mißstimmung.

Aston Clinton war der glücklichste Ort unter den Heimstätten der Rothschilds. Von Sir Anthony sagte seine Tochter, er sei von einmaliger Herzensgüte und Großzügigkeit gewesen.[2] Sehr gern empfing er Gäste, war ein leidenschaftlicher Tänzer, ein Musikfreund und ein Kunstkenner von hohen Graden. Seine Gemahlin glänzte als geistvolle Gesprächspartnerin. Sie freute sich am Umgang mit jungen Leuten, und deshalb versäumten ihre Neffen und Nichten kaum eine Gelegenheit, sie zu besuchen. Lady de Rothschild war auch sehr belesen und stets gut informiert. Besonders kultivierte sie die Freundschaft mit Menschen, deren Interessen der Religion galten, wobei sie selbst in ihrer Einstellung keineswegs engstirnig war: Einige ihrer besten Freunde waren Quäker und anglikanische Priester. Mit ihnen pflegte sie Gedankenaustausch und fand eine gemeinsame Basis für Aufgaben der Wohlfahrt. Louisa und Anthony liebten beide das freie Landleben und genossen dieses Glück um so mehr, da es ihnen erst nach dreizehn Ehejahren gelungen war, aus Paris und London in das relativ abgeschiedene Aston Clinton zu entfliehen.

Der Lebensstil der Mädchen unterschied sich also deutlich von dem ihrer übrigen Verwandten, die in der rauhen Welt des internationalen Bankwesens eingeschlossen blieben. Zum Glück sind ihre Aufzeichnungen und Reminiszenzen erhalten und ermöglichen uns den Einblick in jene anderen Bereiche des Rothschildschen Familienlebens.

Natürlich waren die weiblichen Rothschilds privilegiert, in dem Sinn nämlich, daß sie weitaus größere Möglichkeiten hatten als die meisten ihrer Zeitgenossinnen. Wenn sie etwas unternehmen, sehen oder kennenlernen wollten, gab es für sie keine Hindernisse, und sie nützten diese Freizügigkeit ihres Lebens in vollem Maß. Die meisten von ihnen eigneten sich außer den europäischen Hauptsprachen auch das Hebräische an, wurden dazu angeregt, über Religion, Philosophie und Politik zu diskutieren, betrieben musikalische Studien bei den führenden Meistern, wuchsen inmitten der edelsten Schöpfungen der Kunst und des Handwerks auf und waren befähigt, mit den klügsten und geistvollsten Männern ihrer Zeit zu verkehren.

In ihrer Jugend gab es für Annie und Connie nichts Herrlicheres als ferne Länder mit all ihren Sehenswürdigkeiten. Ihre Reisen per Bahn, Kutsche und Jacht führten sie durch ganz Europa, und ihre Erlebnisse hielten sie spontan, mit aller Frische des Augenblicks in ihren Tagebüchern fest: „Abfahrt im Nachtzug nach dem Süden – und der Zauber dieses Wortes ‚Süden' genügte schon, daß die Passagiere vor Entzükken zu tanzen begannen."[3]

So schilderte Constance den Auftakt einer langen Reise auf das Festland, die sie 1869 mit ihrer Mutter und ihrer Schwester unternahm. Eine Fahrt, die den Damen viele tiefe Eindrücke bescherte. Auf einer der Straßen Roms unterwegs, hörten sie plötzlich, daß der Papst herannahe. Sie ließen den Wagen halten, stiegen eilig aus, und als die päpstliche Prozession vorbeizog, machten sie ihren schönsten Hofknicks. In einem Brief an eine Freundin meinte Annie mit fröhlicher Unbekümmertheit, Seine Heiligkeit sei „... ein freundlich und gütig wirkender alter Mann. Connie und ich waren von seiner Aufmachung, die wir uns überaus prächtig gedacht hatten, recht enttäuscht. Mit Ausnahme eines roten Hutes und roter Schuhe gleicht sie, was glaubst Du wohl, einem gewissen Negligé, wie man es in Aston Clinton trägt, bevor man sich zu Bett begibt."[4]

Die Damen blieben während der Osterzeit in Rom, und keine religiösen Gründe konnten die Schwestern davon abhalten, auf den Petersplatz zu gehen, um die Osterbotschaft des Papstes zu hören. Von diesem Erlebnis waren sie so überwältigt, daß alles Darauffolgende dagegen nur abfallen konnte. „Leider waren wir in Pisa statt in Rom", klagte Constance einige Tage später in ihrem Tagebuch. „Was soll ich mit dem Schiefen Turm? Greuliches Ding! Ich bekam Krampf in den Beinen und Schwindelgefühl im Kopf. Pisa ist öde, Rom ist herrlich. Das mußte ja eine Enttäuschung werden. Fühle mich ganz wirr!!!"[5]

Dann reisten sie nach Österreich. Einer der Höhepunkte ihres Aufenthalts war ein Besuch bei dem großen Geiger, Dirigenten und Komponisten Joseph Joachim, dem Intimus von Johannes Brahms. Die Damen Rothschild kannten den Virtuosen bereits, denn er hatte bei mehreren musikalischen Soireen in ihrem Londoner Haus mitgewirkt. Laut Louisas Schilderung trafen sie

> „ihn und seine Frau in einem großen, altväterischen Zimmer mit mehr Fenstern als Stühlen und dem Ausblick auf liebliche Wiesen, einen gewundenen Bachlauf und aufs Gebirge. Joachim war reizend. Er bot uns Musik so selbstverständlich wie ein anderer Gastgeber uns Kaffee aufgewartet hätte, und bald gab es ein köstliches kleines Konzert. Joachim spielte göttlich, und seine Gattin sang außerordentlich gut. Ein Pianist und ein Maler fanden sich ein, dann kamen

die vier kleinen Joachims, und nach heiterem Geplauder trennten wir uns, aber nur um eine Stunde später in St. Jakob wieder zusammenzutreffen, einem Dorf auf einem grünen Berghang hoch über Salzburg. Die Sonne war schon untergegangen und der Widerschein auf den Felswänden verblaßte, aber das Bild war wunderschön."[6]

Wie ihre französischen Verwandten mit Rossini, Heine, Victor Hugo, Chopin, George Sand, Honoré de Balzac und anderen Leuchten des Pariser Kulturlebens verkehrten, so zählten Louisa und deren Töchter viele der Größen der Literatur und Musik in London zu ihrem Freundeskreis. Unter ihnen waren Dickens, Matthew Arnold, der schon erwähnte Joachim, der Pianist und Dirigent Charles Hallé, Sir Arthur Sullivan und William Makepeace Thackeray. Letzterer war ein Stammgast des Rothschildschen privaten Zirkels, schon seit der ersten zufälligen Begegnung mit Lady Louisa auf einem Rheindampfer im Jahr 1848. Der hünenhafte Romancier machte damals auf die fünfjährige Connie, die ihre Mutter auf der Reise begleitete, sofort großen Eindruck, weil er sie auf den Schultern umhertrug und ihr Märchen erzählte. Thackeray liebte Kinder und erzog seine eigenen beiden Töchter allein, da seine geisteskranke Gemahlin Dauerpatientin in einer Anstalt war. Anne und Harriet Thackeray blieben fürs ganze Leben Freundinnen der Rothschild-Töchter, und der Autor selbst machte häufig Visiten bei Charlotte (Lionels Gemahlin) und Louisa. In einem von Charlottes Briefen ist eine heitere Begebenheit beschrieben, die zeigt, wie vertraut die beiden Familien waren. Die siebzehnjährige Evelina war in Thackerays Stadthaus gekommen, um seine Töchter zu besuchen. Als sie „an einem sonnigen Vormittag das Arbeitszimmer des großen Schriftstellers betrat... fand sie seine Töchter dabei, eine Karikatur ihres gerade schlummernden Erzeugers zu zeichnen, den wohl holde Traumgesichter umgaukeln mochten, denn er sprach von Venus und Cupido..."[7]

Luisa im besonderen war es gewohnt, den Freund in tiefgründige Gespräche zu verwickeln:

„Gestern... nachmittags kam Thackeray, sehr lieb, wie immer, wenn man mit ihm alleine ist. Wie seltsam, daß er aussprach, woran ich den ganzen Vormittag gedacht hatte: daß Liebe von kurzer Dauer ist und jenes Wesen, das in uns leidenschaftliche Zuneigung erweckte, in dessen teurer Gegenwart unser Herz pochte und unsere Wangen erbleichten, uns ohne erfindlichen Grund völlig gleichgültig werden kann. Ich habe dies nie erlebt, indes, ich fühlte, daß es so sein könnte, und bei Thackeray verhielt es sich offenbar so..."[8]

Für die Rothschildschen Mädchen war Aston Clinton der Mittelpunkt ihrer Welt. Dort schien sich immer irgendein Fest abzuspielen, oft dem Tanzvergnügen gewidmet, wie es Anthony liebte. Ein andermal war es eine Treib- oder eine Parforcejagd, ein Ball, ein Diner, gefolgt von Scharaden, die bei den Rothschilds sehr beliebt waren, oder eine musikalische Soiree. Die meisten dieser Veranstaltungen waren viel weniger formell als jene bei Charlotte in Gunnersbury oder bei Betty in Paris. Selbst die höchsten Ehrengäste fanden sich sehr leicht in die unbeschwerte Atmosphäre von Aston Clinton.

> „Das Trio, welch eine Königsidee, denn sie sind ja alle gute Freunde und es bereitet ihnen große Freude, miteinander zu musizieren. Hallé . . . spielt alles, worum man ihn bittet und ist nicht im mindesten affektiert. Vor dem Diner hörten wir von ihm und Joachim eine großartige Schubert-Phantasie, die sie zweimal spielten . . . Künstler und gewöhnliche Sterbliche verstanden sich ausgezeichnet, und Graf Nesselrode (ein Sohn des berühmten russischen Außenministers) war von Joachim völlig hingerissen. Kein Wunder! Nach dem Diner . . . wieder Musik. Hallé begann das Konzert mit einer raschen Folge von Chopin, (-Klavierstücken) und wir waren eines Sinnes, daß er sich selbst übertraf. Wir gaben solch ein entzücktes, begeistertes Publikum ab, daß wir ihn dadurch anfeuerten und das Ergebnis war wunderschön . . . Dann die ‚Ungarischen Tänze‘, eine wilde, diabolisch unheimliche, dämonische und aufrüttelnde Musik, bei der die Geige selbst zu tanzen schien. Joachim spielte wie ein Besessener und schwärmte in den höchsten Tönen von seinem lieben Brahms und erklärte, daß diese Tänze nicht oft genug gespielt werden können, daß sie zu den besten Kompositionen zählen, die er jemals hörte, ja er sagt sogar, Brahms sei einer der größten Komponisten, werde aber nicht gebührend geschätzt . . . Madame Neruda, die berühmte Geigerin, schlief in meinem Garderobenzimmer, so hatten wir Gelegenheit, während des Ankleidens miteinander zu plaudern . . .“[9]

Bereits im Jungmädchenalter konnten sich Annie und Connie in jedem Gesellschaftskreis bewegen. Im Herbst 1869 begleiteten sie ihren Vater nach Holkham Hall, den grandiosen palladianischen Landschloß des Earl of Leicester, wo sie gemeinsam mit der Familie des Prinzen von Wales glänzende Gastfreundschaft genossen.

Die Rothschilds waren schon etwas früher in den kleinen Zirkel der Vertrauten des Herrscherhauses aufgenommen worden. Einige Mitglieder der königlichen Familie waren wohl Kunden der Bank und mit

N. M. und dessen Söhnen persönlich bekannt, aber erst als Prinz Eduard zur selben Zeit in Cambridge studierte wie Lionels älteste Söhne Natty und Alfred, entwickelten sich echte Freundschaften. Die jungen Gentlemen hatten manches gemeinsam: die Vorliebe für Pferderennen, Geländeritte, Jagd, Kartenspiel und Frauen. Oft sah man sie zusammen auf den Rennplätzen und in Londoner Clubs. Der Prinz folgte Einladungen der Rothschilds zu Jagden in ihren Revieren in Buckinghamshire, und als Revanche wurde die Familie in Sandringham empfangen. Anthony rückte zum Finanzberater Seiner Königlichen Hoheit auf, so daß nichts Ungewöhnliches daran war, wenn er zu den Gästen in Holkham gehörte. Auf seine Töchter wirkte all der festliche Glanz gewiß nicht einschüchternd.

> „Abends waren wir sehr fröhlich, wir tanzten in einer wunderschönen, langen Galerie. Der Schulmeister, ein sehr elegant aussehender Herr, spielte für uns, das traf er bestens. Wir tanzten ganz so, wie es Laury sehr gut gefallen hätte, ohne das gezierte Getue, das ihr in Mentmore mißfiel. Die Königlichen Hoheiten mögen nichts so sehr wie einen richtigen Rummel, respektvoller ausgedrückt, sie haben sehr viel ‚entrain'. Papa war sehr munter, er tanzte so flott, daß ihn die Prinzessin aufforderte, mit ihr die Lanciers* zu tanzen, und unter so hoher Anleitung gelang ihm dies trefflich. Es wurde nur ein Walzer gespielt, doch außer uns selbst war keine der Damen auf Walzer erpicht. Der Prinz tanzte einen wunderbaren Walzer mit mir, ich erzählte dabei von Aston Clinton, wie klein es doch sei. Wir schlossen mit einem ‚Tempêté', der seinen Namen wahrlich verdiente."[10]

Annie war eine animierte Tänzerin und unternahm gern Spaziergänge mit Herrschaften des königlichen Gefolges. Connie, eine große Kinderfreundin, spielte lieber mit den Sprößlingen des hohen Paares. „Ich tollte mit den kleinen Prinzen herum, wir brachten ihnen das Blindekuhspiel bei und liefen mit ihnen um die Wette. Der älteste (der künftige König George V.) ist ein schönes Kind, das Ebenbild der Prinzessin, der zweite hat ein verschmitztes Gesichtchen und wirkt am klügsten. Die Prinzessin sagte zu mir: ‚Sie sind schrecklich wild, aber ich war genauso schlimm.'"[11]

Es war diese idyllische, glückliche kleine Welt von Aston Clinton, in welcher der junge Eliot Yorke nun im Sommer 1871 mit so verheerender Wirkung in Erscheinung trat. Während der folgenden Monate vertiefte sich die Zuneigung zwischen Annie und dem gutaussehenden

* Eine Form der höfischen Quadrille.

Kavalier. Sir Anthony und dessen Gattin wurden immer unruhiger, sicherlich beschworen die Aussichten auf die nächste Zukunft zugleich schmerzliche Erinnerungen an den dunklen Punkt der Familiengeschichte herauf: H. M.s Auflehnung und Ausbruch vor rund dreißig Jahren. Das junge Paar selbst war sich der Probleme wohl bewußt, das änderte aber nichts an seinem festen Entschluß, zu heiraten. Im Herbst 1872 wurde dieser quälende Schwebezustand unerträglich, jedem war klar, daß eine formelle Erklärung nicht mehr lange hinausgezögert werden konnte. Die Liebenden und ihre Angehörigen warteten, gleich Seeleuten, die aufziehende Wetterwolken beobachten, ohne zu wissen, was sie tun sollen und wie ihr zerbrechliches Schifflein im Sturm bestehen werde. Eintragungen in Connies Tagebuch geben diese Stimmung wieder:

> „Mama ist in solch elender Verfassung, daß ich Eliot sagen mußte, er möge nicht vor dem Mittwoch kommen . . . Sie wirkt noch immer leidend und niedergeschlagen, ist bleich und zittert. Sie schläft kaum, und ihr einziger Gedanke vom Morgen bis zum Abend ist der Marchese (offenbar ein anderer Bewerber, den die Eltern billigten). Annie empfindet gar nichts für ihn, sondern ist unsterblich in Eliot verliebt. Armer Eliot! Die Stunde rückt immer näher. Keiner von uns findet Schlaf oder hat Appetit. Alle fühlen sich todunglücklich.
>
> Eliot machte einen Antrag. Nie werde ich diesen Tag vergessen und was wir durchlitten, die Aufregung und den Schmerz. Wir waren vom Morgen bis zum Abend fast von Sinnen. Die Herren gingen auf die Jagd. Wir folgten ihnen. Annie und Eliot gingen miteinander zum Haus. Nach dem Diner sprach er mit Papa, und dann kam diese Szene. Ich werde sie niemals vergessen.
>
> Nach einer kurzen Unterredung mit mir und Onkel Joe (Joseph Montefiore) empfahl sich Papa. Nun muß er die Sache vor New Court vertreten . . . Abends kam Papa nach Hause. Völlige Ablehnung. Eliot reiste ab. Annie war zutode betrübt.“[12]

Aber die Verhältnisse waren nicht mehr so wie vor dreißig Jahren. Das Paar hatte z. B. die Möglichkeit, das Problem der verschiedenen religiösen Bekenntnisse auf eine damals neuartige Weise zu lösen. Dazu bedurfte es nur der Übereinkunft der beiden, die Konfession nicht zu wechseln. Anders, als einst H. M., würde Annie nicht vor der schweren Wahl stehen, sich entweder von dem geliebten Mann oder von ihrer Familie zu trennen. Man hatte nun liberalere Auffassungen, und wenn auch manche der älteren Rothschilds noch immer Mischehen verwarfen, so dachten doch andere toleranter, wie sich bald erweisen sollte.

Im Oktober bahnte sich die entscheidende Wende an. Connie schrieb in ihr Tagebuch:

„Wir essen kaum, wir schlafen kaum und führen ein recht aufregendes Leben. Ich sandte Eliot kurze Mitteilungen, und wir sehen einer glücklichen Lösung entgegen. Annie ist völlig furchtlos und voller Hoffnungen. Mich bedrückt das Gefühl, daß sich ein Gewitter zusammenzieht. Lud Eliot schriftlich für den 13. ein. Hoffe, daß er kommen wird . . . Er sagte zu und bat mich, mit Mama zu sprechen . . .

Ich riet Annie, mit Papa zu reden und ihn zur Einwilligung zu zwingen . . . Beherzt wie sie ist, ging sie zu Papa und machte alles mit ihm aus. Er gab seine Zustimmung. Annie darf an Eliot schreiben. Welche Freude!"[13]

Sir Anthony muß wohl ebenso erleichtert gewesen sein wie seine Tochter, als endlich die Entscheidung gefallen war. Er selbst hatte nie grundsätzliche Einwände erhoben. Aber es kam ja auf „die Familie" an! Lionel hatte sich bereits gegen die Heirat ausgesprochen. Was würden die anderen sagen? Ende Oktober wurde die Verlobung bekanntgegeben. Zwei oder drei Tage lebten alle Bewohner von Aston Clinton in einem Zustand peinigender Ungewißheit. Dann trafen die Gratulationen ein. Cousin Alfred versicherte Louisa des Wohlwollens „aller hier in Gunnersbury".[14] Charlotte übersandte aus Paris die Glückwünsche ihrer Familie.[15] Etwas später äußerte sich Anselm in Wien, auch er zeigte sich dem jungen Paar sehr gewogen: „Wenn die beiden hierher kommen, werde ich sie mit offenen Armen empfangen."[16] Am 9. November wies Königin Victoria eine Hofdame an, ihre herzlichste Gratulation zu übermitteln.[17] Baron Stanley of Alderley, ein prominenter konservativer Aristokrat und Verwandter der Yorkes, fügte seinen Glückwünschen die Bemerkung hinzu:

„Ich kannte bereits Sir Anthonys weitherzige Ansichten über die Heirat seiner Tochter, daher war ich nicht überrascht. Meine große Bewunderung gilt Ihrer Rasse, den bleibenden Zeugnissen ihrer uralten Zivilisation und den großen Begabungen ihrer Kinder. So erfüllt es mich nun mit großer Freude, daß eines von ihnen in den jüngeren Zweig unserer Familie eintritt."[18]

Und Georg Samuel, ein guter Freund Anselms, zollte Sir Anthony Anerkennung für dessen Treue zu seinen Überzeugungen. „Sie haben eine Barriere durchbrochen, die nicht mehr in unsere Zeit paßt."[19]

Aber Lionel war nicht der einzige, der die Verbindung ablehnte.

Muffy und Juliana reagierten äußerst kühl, einige Monate war niemand aus Sir Anthonys Familie in Mentmore willkommen. Als Connies Vater seinem Bruder zufällig in London auf der Straße begegnete, weigerte sich dieser, zu ihm in den Wagen zu steigen. Bei einem allgemein als zugänglich und unvoreingenommen geltenden Mann muß solches Verhalten sehr befremdend gewirkt haben. Sicherlich verletzender als die voraussehbare Reaktion der Baronesse Betty, die an Louisa schrieb: „In diesem Augenblick erfüllt mich unsagbar tiefe Trauer. Dennoch will ich nicht versäumen, Dich und meinen lieben Neffen Sir Anthony meines tiefsten Mitgefühls in Eurem Gram zu versichern."[20]

Natürlich wurden auch die Unerbittlichen bald versöhnt. Dies konnte kaum ausbleiben, denn die Ehe, die da zustande kam, war bis auf einen Punkt eine in jeder Hinsicht wünschenswerte Verbindung. Wer Eliot kannte, mochte ihn. Das Paar war gut situiert. Die beiden behandelten ihre ablehnenden Verwandten sehr schonend. Vor allem aber: Diese Heirat brachte eine weitere Festigung der bereits sehr guten Beziehung zwischen den Rothschilds und der königlichen Familie, wie eine Begebenheit wenige Wochen vor der Hochzeit im Januar 1873 bezeugt. Der Prinz von Wales stattete Aston Clinton einen Besuch ab, um der Braut persönlich ein Geschenk zu überbringen. Als er am Spätnachmittag im Haus eintraf, kleidete sich Annie schon für das Diner um. Statt einen passenden Moment nach der Mahlzeit abzuwarten, bestand Eduard in seinem wohlwollenden Ungestüm darauf, sie sogleich zu sehen. Daher mußte sie, verlegen errötend, in einem weißen Frisiermantel mit aufgelöstem Haar in die Halle kommen, um den Thronfolger zu begrüßen.

Die Hochzeit fand im Februar statt. Auf die standesamtliche Trauung folgte einige Tage später die kirchliche in der Familienkapelle der Yorkes im Wimpole. Nach den Flitterwochen teilte das Paar seine Zeit zwischen einem Londoner Haus in der Curzon Street, einem Geschenk von Sir Anthony, und dem Landsitz Netley Fort an der Küste von Hampshire, der einen besonderen Anreiz bot: Dort konnten die beiden auf der „Garland" ihrer Passion für die Seefahrt frönen. Dampfjachten waren damals in mondänen Gesellschaftskreisen das Allerneueste, und auch mehrere Rothschilds hatten sich diesem Sport zugewandt. Während Alphonse 1870 im belagerten Paris ausharrte, verbrachte Leonora einen Teil des Sommers in dem modischen Seebad Cowes auf der Insel Wight, wo die dort stattfindenden Regatten sie wenigstens von den Ereignissen in Frankreich ablenkten. Zu den vielen seetüchtigen Freunden der englischen Rothschilds gehörten auch Lord und Lady Brassey, die 1876/77 die erste Weltumseglung auf einer Luxusjacht durchführten.[21]

Einige Zeit war Eliot und Annie ein sorgenfreies Leben mit wenigen Verpflichtungen gegönnt. Doch 1874 wurde der junge Ehemann Parlamentsabgeordneter, da sein älterer Bruder, nach dem Tod des Vaters der neue Lord Hardwicke, sein Mandat zurückgelegt hatte. Eliot folgte damit lediglich dem Gebot, „Adel verpflichtet", denn er hegte nur geringes Interesse für Politik, hatte gar kein Talent zum Redner. Auch war er körperlich nicht sehr robust, und gegen Ende des Jahres 1878 zog er sich bei einer Versammlung eine Erkältung zu. Daraus entwickelte sich eine Lungenentzündung, an der er im Dezember starb.

Leider war der Tod des zweitgeborenen Sohnes unter so tragischen Umständen nicht der letzte Schicksalsschlag, der die Familie Yorke traf. Der neue Earl, Charles Philip Yorke, war ein extravaganter Dandy, ein Champagnerkavalier, der den ererbten, bestens geführten Besitz rasch vertat. Jahre später erinnerte sich Constance an ihn. „Ich sehe ihn noch immer vor mir, tadellos gekleidet, mit der sorgfältig gebundenen schwarzen Satinkrawatte, der schönen Perle darin, den schimmernden Zylinder schräg auf dem glatt gebürsteten Haar, den Rockärmeln, die stets als genau gleich breite Streifen die Hemdmanschetten sehen ließen, in seiner ganzen Art mit sich selbst und der Welt zufrieden."[22] Vor allem deshalb, weil Charlie so unbekümmert wirtschaftete, ging der wunderschöne Backsteinbau von Wimpole Hall in fremde Hände über, und es blieben nur die Reminiszenzen an glückliche Tage, als der gern polternde alte Earl bei den Vorbereitungen für eine Scharade oder ein anderes Gesellschaftsspiel seine Familie mit dem Kommando „Alle Decks frei!" umhergejagt hatte.

Im Jahr 1874 starb Anselm in Wien. Dadurch gelangte Baron Ferdinand, auch ein tragisch verwitweter Rothschild, in den Besitz eines beträchtlichen Erbes und war nun schließlich doch in der Lage, den Bau eines eigenen Hauses zu erwägen, in dem er seine stetig wachsende Sammlung von Gemälden, Antiken und Werken des Kunstgewerbes zur Geltung bringen konnte. Man lebte in der Epoche des Historismus, und so entschied er sich für den Stil eines Schlosses der französischen Hochrenaissance. Der ausgewählte Standort war eine kahle Anhöhe in Buckinghamshire, nicht weit von den Landsitzen der anderen Rothschilds. Mit den Planungen nahm sich Ferdinand sehr viel vor, und manche seiner Verwandten staunten über solch bauherrliche Kühnheit. Sehr anschaulich schilderte Constance ihre erste Umschau auf dem Grundstück bald nach dem Ankauf:

> „An einem kalten, düsteren Dezembertag des Jahres 1874 luden mich mein Cousin Ferdinand und meine Cousine Alice ein, mit ih-

nen nach Lodge Hill zu fahren, sechs Meilen von Aylesbury entfernt, eine steile Bodenerhebung in etwa 600 Fuß Seehöhe und damals nichts als eine öde Wildnis, wo ein Farmhaus, einige elende Hütten und ein paar Sträucher standen. Unter dem grauen Winterhimmel wirkte der Ort höchst unwirtlich, und die Straßen waren bestimmt nicht für Wagen geeignet, außer für Bauernkarren. Als die Steigung begann, merkte unser Pferd, was es leisten sollte. Das kluge Tier schlug ein langsameres Tempo an, blieb schließlich stehen und war nicht mehr von der Stelle zu bewegen. Kein Wunder, denn die Wagenräder steckten tief im Schlamm. Deshalb stiegen wir aus, stapften ein Stück Weges weiter, wir waren ja noch jung, und gewannen dabei einen gewissen Eindruck von dem Ausblick, der sich von der Höhe des Hügels bot, obwohl wir nicht bis hinauf gelangten. Müde und ein wenig enttäuscht rief ich schließlich aus: ‚Und *hier* willst du deinen Palast erbauen, Ferdie? Soll *das* hier dein künftiger Park sein?'"[23]

Ferdinands Architekt war der Franzose Gabriel-Hippolyte Destailleur, der sich bereits bei der Restaurierung und dem Ausbau von Schlössern aus dem 16. und dem 17. Jahrhundert bewährt hatte. Die Gesamtanlage gestaltete Monsieur Lainé, ein führender Landschaftsgärtner. Die beiden vollendeten Waddesdon Manor im erstaunlich kurzen Zeitraum von zehn Jahren. (Allerdings ließ der Bauherr später Ergänzungen durchführen.) Doch selbst das schien dem launenhaften, ungeduldigen Ferdinand zu lange. Während einer Phase der Bauarbeiten war er so deprimiert, daß er das Gelände vier Jahre lang fast nie aufsuchte.

In einem Zeitalter ohne Baumaschinen ergaben sich außerordentliche Probleme. Erdreich im Gewicht von mehreren Millionen Tonnen mußte bewegt werden. Dies erforderte ein Heer von Arbeitskräften und viele Gespanne von Zugpferden der Percheron-Rasse, eigens aus der Normandie geholt. Ferdinand erinnerte sich später, daß häufig ein Erdrutsch vorkam. „Das Abgraben des Hügels störte den natürlichen Abfluß, und trotz unserer sorgfältigen Vorkehrungen brach sich nach Schlechtwetterperioden oft an irgendeiner Stelle das Wasser plötzlich Bahn und riß große Erdmassen mit sich. Gleich Sisyphus mußten wir immer wieder zu Werk gehen, zum Glück allerdings mit dauerhafteren Ergebnissen."[24] Für den Transport der Steinquader und der Ziegel von der nächsten Bahnstation ließ Ferdinand ein Schmalspurgleis mit Dampfbetrieb anlegen. Am Fuß des Hügels wurde das Baumaterial in bespannte Lastwagen umgeladen.

Wasser von den sieben Meilen entfernten Chiltern Hills ließ Ferdinand nicht nur ins Haus, sondern auch ins nahe Dorf leiten, das so zu einem der ersten ländlichen Orte Englands wurde, die über eine eigene Wasserversorgung verfügten. In den späteren Phasen, als sich die Bauarbeiten der Vollendung näherten, mußte an die Einrichtung gedacht werden. Ferdinand machte sich in Paris und Umgebung auf die Suche nach Spiegeln, Türen und Kamineinfassungen in alten Häusern, die verkauft, umgebaut oder abgerissen werden sollten. Diese Teile wurden in Waddesdon Manor eingefügt, in günstigen Fällen gelang es ihm, sämtliche wandfesten Partien eines Interieurs zu erwerben. Doch wenn keine passenden Originale zu finden waren, dann ließ Ferdinand eben Kopien anfertigen, damit die Stileinheit der Räume gewahrt blieb. Einige der Säle und Salons waren von Anfang an für die Aufstellung seiner Sammlung konzipiert, so z. B. die Ostgalerie für zwei große prachtvolle venezianische Seestücke von Francesco Guardi, die Ferdinand 1877 erwarb. Unnötig zu sagen, daß die Werke, mit denen Ferdinand nun sein Schatzhaus füllte, von denkbar höchster Qualität waren: Möbel der führenden französischen Kunsttischler des 18. Jahrhunderts, erlesene Schnupftabakdosen aus Gold und Email, Porträts von Gainsborough, Boucher, Reynolds und Romney, Sèvres-Porzellan, Savonnerie-Teppiche und -Tapisserien und Bücher in kostbaren Einbänden.*

Als alles fertig war, durften die Besucher das äußere Erscheinungsbild und die pompösen Interieurs des Schlosses bestaunen. Und wie sie staunten! Ein zeitgenössisches Journal schrieb voll des Lobes: „In England gibt es keinen Landsitz, der überzeugender den Beweis dafür erbringt, wieviel durch die Verbindung von unbegrenzten Mitteln und vollkommenem Geschmack zu erreichen ist.“[25] Doch die verständnisvollste Beschreibung Waddesdons und seines Erbauers gab David Lindsay, ein junger Aristokrat, der gerade aus Oxford kam. Für ihn war das Haus „eine wunderbare Schöpfung, eine wirklich schöpferische Tat“, allerdings erhob er gewisse Einwände gegen die überladene Ausstattung. Und über den Schöpfer selbst sagte er:

> „Baron Ferdinand, dessen Hände immer nervös zucken, geht umher, manchmal mißmutig, doch stets fürsorglich um das Wohl seiner Gäste bemüht. Ich vermochte nicht zu ergründen, ob ihm seine unschätzbaren Bilder tatsächlich Freude bereiten. Seine Uhr, für die er 25 000 Pfund bezahlte, sein Schreibtisch, der 30 000 Pfund kostete, seine Statuen, sein Porzellan und seine hervorragende Sammlung von Schmuck, Emailarbeiten usw. – ‚Kleinkram‘ nennt er sie –, all diese Dinge gewähren ihm nur geringe Erbauung, ja ich glaube fast,

* Waddesdon Manor blieb faktisch unverändert erhalten und ist zu besichtigen. Im Jahr 1957 übergab James de Rothschild den Bau samt seiner bedeutenden Einrichtung dem National Trust, der britischen staatlichen Treuhandverwaltung von Baudenkmalen.

sie erfreuen ihn nur dann, wenn er sie seinen Freunden zeigen kann ... Aber im Garten, in den Gehegen, dort ist er glücklich. Er ist zuständig für die Anlage der Blumenbeete, für die Abstimmung der Farben, für die Einpflanzung von Bäumen. All dies steht unter seiner persönlichen Anleitung, und ich staunte über seine Sachkenntnis ... Nur zwischen seinen Sträuchern und Orchideen kommen Baron Ferdinands fahrige Hände zur Ruhe."[26]

Erhaltene Porträtfotos bestätigen Lindsays Schilderung. Sie zeigen einen schmächtigen, vollbärtigen, mürrisch wirkenden Herrn mit ängstlichem Blick. Die Tragik seines Schicksals und seine einsame Existenz als Witwer bieten manche Erklärung für die scheue Wesensart und Unsicherheit dieses Mannes. Doch es gab noch einen anderen bestimmenden Faktor: Ferdy war sich stets bewußt, daß er eine *Rolle* spielte, daß er jemanden darstellte, der er im Grund gar nicht war, aber diese Figur wollte er unbedingt so glaubhaft wie möglich verkörpern. Er war ein aus Österreich stammender Jude mit dem Ehrgeiz, ein englischer Landedelmann zu werden. Er studierte seine Rolle bis ins kleinste Detail ein, und wie so viele Einwanderer wurde er „englischer als die Engländer". Eine etwas boshafte Geschichte, von dem britischen Diplomaten Henry Ponsonby erzählt, klingt in diesem Zusammenhang recht aufschlußreich: Er und Ferdinand waren zu einem kleinen Abendessen bei Gladstone geladen. Die Tischgespräche wandten sich der Frage zu, wie viele Bände die Bibliothek eines wahren Gentleman umfassen sollte. Ein Meinungsaustausch ergab die Optimalzahl 20 000. Amüsiert beobachtete Ponsonby, daß „Rothschild sich sofort eine Notiz machte".[27]

Daher mußte Waddesdon der englische Landsitz par excellence werden, ein feudales Tusculum, vor allem dazu bestimmt, um dort Gäste von Bedeutung zu empfangen. Es gab wohl nur wenige victorianische Berühmtheiten, die im Lauf der Jahre nicht kamen, um Baron Ferdinands prunkendes Haus zu bewundern und die Annehmlichkeiten des damals modernsten Komforts zu genießen. Die Königin selbst und die meisten Mitglieder der Dynastie statteten Waddesdon bisweilen Besuche ab, ebenso ausländische hohe und höchste Herrschaften. Einmal brachte der Schah von Persien seinen Gastgeber in arge Verlegenheit. Er hatte erwartet, daß auch der Prinz von Wales anwesend sein werde. Auf die Mitteilung hin, Seine Königliche Hoheit habe sich leider zu einer Absage genötigt gesehen, schloß sich der exotische Potentat in sein Zimmer ein und schmollte. Er weigerte sich sogar, zum Diner zu erscheinen und war erst durch die Ankündigung eines großen Zauberers, den Ferdinand zu seiner Unterhaltung engagierte, aus seiner Klausur zu locken. Die meisten führenden britischen Politiker jener Epoche hielten sich in Waddesdon auf, so etwa Gladstone, Disraeli und Randolph Churchill. Zu der literarischen und künstlerischen Prominenz auf der Gästeliste zählten Maupassant, Henry James und John Everett Millais.

Als Hausherr und Gastgeber strebte Ferdinand Perfektion an. Darüber zirkulierten in der vornehmen Gesellschaft viele Anekdoten. Eine handelt vom Ritual des Weckens. Zu gegebener Stunde, so sagte man, trat lautlos ein Diener ein und weckte, sehr diskret natürlich, den Gast aus dem Schlummer. Hierauf entspann sich folgendes litaneihafte kurze Zwiegespräch:

„Tee, Kaffee, Schokolade oder Kakao, Sir?"

„Tee bitte."

„Sehr wohl, Sir. Assam, Souchong oder Ceylon?"

„Souchong bitte."

„Sehr wohl, Sir. Milch, Sahne oder Zitrone?"

„Milch bitte."

„Sehr wohl, Sir. Von einer Jersey-, Hereford- oder Shorthorn-Kuh?"

Das mag nach Übertreibung klingen, doch da Ferdinand seine Hausherrnpflichten ungemein ernst nahm und überhaupt ein Mann war, der alles bis zur nebensächlichsten Nebensache absolut richtig machen wollte, könnte die Geschichte sogar wahr sein.

Jedenfalls kannte das letzte Familienmitglied, das Waddesdon noch als Landsitz bewohnte, nämlich Mrs. James de Rothschild, einen uralten Mann, der in seiner Jugend als „Kuchenhalter" im Dienst des Barons gestanden war. Wenn solenne Tee-Picknicks für Gäste veranstaltet wurden, fiel ihm die heikle Aufgabe zu, während der Fahrt querfeldein über holpriges Gelände zu einem Platz am Flußufer auf dem hintersten Trittbrett eines Ponywagens stehend, all die Körbe sorgsam zu hüten, damit keine der darin verstauten Köstlichkeiten Schaden leide.[28]

Äußerst empfindlich war der Besitzer von Waddesdon gegen Kritik an seiner Gastfreundschaft und am Luxus seines Hauses. So wußte er z. B. nie, wie er auf die ironischen Spitzen des liberalen Abgeordneten Richard Haldane, eines witzigen Plauderers, reagieren sollte. Haldane, häufig in Waddesdon zu Gast, machte sich gern auf Ferdinands Kosten lustig. Einmal erzählte er über die Parlamentskandidatur des Hausherrn:

> „Im Dorf herrschte solcher Jubel, daß, wie man hört, nicht weniger als einhundertdreiundvierzig – ein-hundert-drei-undvierzig! – seiner Gärtner einander umarmten und beglückwünschten . . . nicht weniger als fünfundsechzig andere Gärtner freilich wollten sich nicht an

dieser Kundgebung ihrer Kollegen beteiligen." Der arme, verlegene Ferdinand, so verlautet, konnte nur „nervös seinen schwarzen Schnurbart zwirbeln, indessen Haldane die Attacke seines bissigen Humors ritt."[29]

Seine Pflichten als englischer Großgrundbesitzer nahm der Baron ebenso ernst wie seine Aufgaben als Gastgeber, und in der Fürsorge für seine Arbeiter und Pächter leistete er Beispielhaftes. Der Bau von Waddesdon Manor veränderte gänzlich das Leben der gesamten Gegend. Das nahe Dorf, wegen der Rüpelhaftigkeit seiner fremdenfeindlichen Bewohner verrufen und „Black Waddesdon" genannt, wurde durch den neuen Grundherrn völlig umgewandelt. Ferdinand beschäftigte neunzig Prozent der Bevölkerung auf seinem Gut und im zweihundertzweiundzwanzig Räume umfassenden Schloß. Er ließ die meisten Dorfhäuser modernisieren, baute eine Versammlungshalle und regte durch die Förderung eines lokalen Orchesters und einer Laienspielgruppe zu Veranstaltungen an. Betagte Einwohner erinnern sich noch daran, daß der Baron jedem Kind, das musikalisches Talent zeigte, ein Instrument schenkte, aus der besten Leihanstalt Kostüme für Inszenierungen von Operetten Gilberts und Sullivans mietete und dann zu den Aufführungen der dörflichen Theater-Jünger seine „hochnoblen Freunde aus London" mitbrachte. Er stellte einen Sportlehrer an, der den Jungen von Waddesdon beibringen sollte, wie man Cricket spielt. Den Höhepunkt dieses Jahreslaufs bildete jeweils der erste Donnerstag im Juli, an dem das große Fest des Barons stattfand. Da gab es sportliche Wettkämpfe der Jugend um sehr begehrenswerte Preise, einen richtigen Jahrmarkt und Nachmittagstee an reich bestellten Tischen. Wen sollte es wundern, daß Baron Ferdinand als Grundherr beliebt war?

Das einzige Wesen, das – mit gewissen Einschränkungen – sein Landleben teilte, war seine Schwester Alice. Die beiden verband eine sonderbare geschwisterliche Beziehung. Sie waren eigentlich nicht Gefährten, sondern eher zwei einsame Menschen, die miteinander oder nebeneinander lebten. Schon in London hatte Alice in Ferdinands Nähe gewohnt, und nun ließ sie sich vier Meilen von Waddesdon entfernt ein eigenes Haus errichten, in Eythorpe an der Themse. Dort verbrachte sie viel Zeit. Aber gegen Abend fuhr sie immer nach Waddesdon, wo sie dinierte und nächtigte. Ihr Arzt hatte ihr nämlich versichert, die feuchte Nachtluft am Flußufer sei der Gesundheit nicht zuträglich.

Alice, das unhübsche einsame Mädchen, von seiner Schwester Mathilde erzogen, erlernte nie die Kunst des zwanglosen Umgangs mit anderen Leuten. Aber sie fand ein Betätigungsfeld, auf dem sie sich ausleben konnte: Sie wurde Gärtnerin. Nicht bloß eine emsige Gärtnerin im landläufigen Sinn. Echte Rothschilds leisteten sich ihre Liebhabereien nicht als „Hobbies“ so nebenher, das lag ihnen nicht. Für Alice wurde die Pflege der edelsten Freiland- und Glashausblumen zum Lebensinhalt. Besucher in Waddesdon oder Eythorpe Pavilion, ihrem Haus, bemerkten, daß sie nie durch die Pflanzungen ging, ohne einen Miniaturspaten mitzunehmen, mit dem sie jedes Unkrautpflänzchen jätete, das sich erfrechte, in den Blumenbeeten oder am Wegrand zu sprossen.

Zur allseitigen Überraschung war es gerade Alice, der Anselm den alten Familienbesitz Grüneburg bei Frankfurt vermachte. Da Willy Carl und Mathilde schon seit einigen Jahren dort wohnten und Alice kein Verlangen verspürte, nach Deutschland zurückzukehren, verkaufte sie die Villa an ihren Schwager. Jahre später, als der Arzt ihr riet, die englischen Winter zu meiden, erwarb sie einen Besitz in Grasse in Südfrankreich. Dort legte sie natürlich sofort einen Garten an. Alles wurde von dieser Zuchtmeisterin der Gartenbaukunst mit geradezu militärischer Präzision ausgerichtet. Aus Farben und Landschaftsformen schuf sie ein Traumbild der Harmonie. Das Schlimme an Traumbildern ist nur, daß normalen Sterblichen der Zugang verwehrt bleibt. Daher machten Besucher, die gekommen waren, um ihre Leistungen zu bewundern, bisweilen die Erfahrung, daß das verteufelt unangenehm werden konnte. Als Constance mit der Besitzerin durch die Anlagen spazierte, beging sie in momentaner Zerstreutheit die schwere Sünde, auf den Rasen zu treten. Dies brachte Alice „in helle Wut“.[30] Auch waren es nicht nur unachtsame weibliche Verwandte, die sie als sehr scharfzüngig kennenlernten. In Grasse machte Königin Victoria auf ihrer Reise an die Riviera gern Zwischenstation. Als sie sich einmal in dem berühmten Garten zu einer Rose neigte, um den Duft einzuatmen, setzte sie unabsichtlich einen erhabenen Fuß in eine Blumenrabatte. „Steigen Sie heraus!“ pfauchte die Gastgeberin. Erschrocken fuhr die Königin zurück und, so behauptet man zumindest, seither nannte sie Alice de Rothschild immer „die Übermächtige“.

Es waren also nicht nur die Männer aus der Familie, denen sich Staatsregierungen und sogar gekrönte Häupter manchmal fügten ...

KAPITEL 17
Disraelis große Stunde

Ihre freien Stunden widmeten die Rothschilds keineswegs nur der Pflege gesellschaftlicher Kontakte mit den Reichen und Mächtigen. Vielmehr war bei ihnen das wache Bewußtsein der Verantwortung für die weniger Begünstigten sehr stark ausgeprägt. Diese wahre Humanität entsprang zweifellos religiösen Motiven, war aber auch eine natürliche Reaktion auf die ständigen Vorwürfe, daß die Juden im allgemeinen und die Rothschilds im besonderen sich nicht um die Bedürfnisse der Armen kümmerten. Freilich versuchten die Rothschilds niemals, ihren Reichtum durch spektakuläre Akte der Wohltätigkeit oder durch Abstriche an ihrem Lebensstil nach außen zu rechtfertigen. Aber abseits des Blickfeldes der Öffentlichkeit bewiesen sie tausendfach ihr soziales Empfinden. Sie boten einfach praktische Hilfe, und zwar dort, wo sie just benötigt wurde.

Anselm z. B. zeigte sich auf seinen österreichischen Besitzungen als Muster eines paternalistischen Grundherrn. Er baute in den Dörfern der Gegend von Schillersdorf mehr als zwanzig Kindergärten und sorgte für die Erhaltung von rund zwölf Pfarrkirchen. Seine Söhne Nathaniel, Ferdinand und Albert gründeten im Gedenken an ihre Mutter ein Waisenhaus. Lange vor der Einführung des staatlichen und des privaten Pensionssystems schuf Anselm eine entsprechende Einrichtung: Nach zwanzig oder mehr Dienstjahren erhielt jeder Mitarbeiter der Rothschilds Ruhestandsbezüge in der Höhe von 101 Prozent seines Gehalts oder Lohns. Und nach Alphonses Tod offenbarte sein Testament überzeugend das Ausmaß seiner philanthropischen Bestrebungen. Der Baron setzte folgende Legate in französischen Franc aus:

250 000	an die Fondation Rothschild in der Pariser Rue Picbus
100 000	anzulegen für die Aussteuer von Töchtern der Beamten der Chemin de Fer du Nord
200 000	an das Jüdische Wohlfahrtskomitee
60 000	für die Armen von Ferrières, Pontcarré und Lagny
1 000	jährlich als Zuschuß für gemeinnützige Vorhaben in den drei genannten Orten.

Anthony bekundete das unveränderte Interesse der Familie an der Jüdischen Freischule in Spitalfields, wo er viele Jahre als deren Vorsitzender wirkte. Unterstützend oder aktiv setzte er sich für zahlreiche Wohlfahrtseinrichtungen im Inland und in Übersee ein. Louisa war ebenso emsig am Werk wie ihr Gemahl, aber zurückhaltender. Sie scheute sich, gleichsam als eine Glücksgöttin mit dem Füllhorn in Erscheinung zu treten. Ihrem Tagebuch vertraute sie die inständige Hoffnung an, daß sie sich nie zu einem „unsinnigen wahllosen Verschenken“ hinreißen lassen werde und gelobte sich, statt dessen im stillen „zu versuchen, in unserem kleinen Aston Clinton wirklich Gutes zu tun“.[1]

Louisas Töchter wurden schon früh nach diesen Grundsätzen erzogen. Als sie zehn und elf Jahre waren, machten sie sich mit Fibeln auf den Weg, um einige der Kinder des Ortes zu unterrichten. Connie beschrieb später die Entwicklung einer solchen Bildungsinitiative:

> „Unsere Mutter fand bald, daß unser kindliches Bemühen, die Lehrerinnen zu spielen, durch methodischen Unterricht ersetzt werden sollte, also erbaute mein guter, stets großzügiger Vater ihrem Wunsch gemäß eine schöne Mädchenschule für das Dorf Aston Clinton ... Dann durchkämmten wir eifrig das Dorf, um für den Eröffnungstag Schülerinnen zu vergattern, und voll Stolz zählten wir fünfzehn Mädchen, deren Eltern eine richtige Ausbildung ihrer Kinder am Herzen lag. Der Rektor stellte sehr schlechte Prognosen ... Er sah keinen Sinn in einer Schulbildung für Mädchen und meinte, in der Sonntagsschule – die sehr dürftig war – könnten sie alles lernen, was sie brauchten. Wir hörten zu, aber innerlich triumphierten wir ... Wir liebten diese kleine Schule und verbrachten dort manche der schönsten Stunden unseres Lebens. Als sie einige Jahre später für die Zahl der Schülerinnen zu klein geworden war, vergrößerte sie mein lieber Vater, und noch später mußte er zur Kenntnis nehmen, daß auch sie die Jugendlichen – es waren Buben *und* Mädchen –, die aufgenommen werden sollten, nicht mehr faßte. Etwa um jene Zeit fragte mich mein Vater, was ich mir zum Geburtstag wünschte. Kühn antwortete ich: ‚Ein Schulhaus‘. Mein Wunsch wurde erfüllt, und ich durfte den Grundstein des neuen Gebäudes legen.“[2]

Man gerät leicht in Versuchung, das so vielfältige Wirken der Rothschilds des 19. Jahrhunderts zu kategorisieren, also etwa ihren sozialen Einsatz, ihre politischen Aktivitäten, ihre Rolle in der Gesellschaft und ihre Finanzgeschäfte getrennt zu betrachten. Sie selbst hätten die Dinge sicherlich nicht so gesehen. Die meisten von ihnen teilten mit anderen führenden Köpfen der „herrschenden Klasse" Europas ein tiefes Verantwortungsgefühl. Es war dieses Bewußtsein der Verpflichtung gegenüber der Allgemeinheit, das sie bewegte, ob sie nun eine Dorfschule eröffneten, ausländische Botschafter empfingen, sich darum bemühten, Einfluß auf die Entscheidungen der Regierung zu gewinnen oder Kapital für den Bau einer Eisenbahnlinie in den Kolonien beistellten. Zweifellos aus dieser Geisteshaltung heraus führte Lionel de Rothschild 1875 das berühmteste politische Vorhaben der Familie durch: den Ankauf von Suezkanal-Aktien.

Ägypten, damals Teil des Osmanischen Reiches, befand sich seit einigen Jahren im finanziellen Chaos, vor allem infolge des kühnen Ehrgeizes des Khedive Ismail Pascha, der nach seiner Machtübernahme 1863 ein gewaltiges Bauprogramm in Angriff genommen hatte, mit dem Ziel, sein Land zu modernisieren und sein persönliches Prestige zu heben. Das größte Vorhaben dieser Art war der Bau des Suezkanals, nach den Ideen des französischen Ingenieurs Fernand de Lesseps. Da der Kanal nach seiner Fertigstellung die Dauer der Reise von Europa in den Fernen Osten um die Hälfte verkürzen würde, wäre zu erwarten gewesen, daß Britannien mit seinem indischen Reich und seinen aufstrebenden Kolonien Australien und Neuseeland ganz besonderes Interesse an Lesseps' Plänen bekundet hätte. Aber das Empire wollte mit dem Projekt überhaupt nichts zu tun haben. Mehrere Kabinette in London glaubten, oder gaben zumindest vor zu glauben, daß eine Kanalverbindung zwischen dem Mittelmeer und dem Roten Meer technisch unmöglich sei. Ihre eigentliche Befürchtung galt allerdings der Zerstörung des empfindlichen Gleichgewichtes der Kräfte in der Levante. Ebenso wie Frankreich und Rußland beobachtete auch Britannien voll Besorgnis die Schwächung des Osmanischen Reiches. London wollte den „kranken Mann am Bosporus", wie Bismarck die Türkei voll Verachtung bezeichnete, so lange wie möglich am Leben erhalten wissen und hoffte, daß kein Streit um das Erbe entbrennen werde, wenn das Unausweichliche je geschehen sollte. Die Existenz eines solchen Kanals würde die Rivalitäten verschärfen, da jene Nation, welche die Kontrolle über diese Wasserstraße ausübte, dadurch ungeheure wirtschaftliche Macht gewänne. Viele Jahre hemmte diplomatischer Druck aus London die Entwicklung des Projekts. Aber schließlich trat die überwiegend von Frankreich und dem ägyptischen Khedive finanzierte Suezkanalgesellschaft in Aktion, und 1869 wurde der neue Schiffahrtsweg mit großem Gepränge eröffnet, sogar in Anwesenheit des französischen Kaiserpaares und Kaiser Franz Josephs von Österreich.

Für den Bau des Kanals und ebenso für seine anderen Vorhaben mußte Ismail Pascha Riesensummen aufnehmen, und mehrere europäische Banken hatten sich dazu gedrängt, Kapital zu außerordentlich hohem Zinsfuß beizustellen. Die Rothschilds waren nicht unter ihnen. Sie betrachteten den Khediven als einen Risikokunden, und die Ereignisse sollten ihnen recht geben. Doch bald zeigte sich die Kurzsichtigkeit von Londons ablehnendem Verhalten. Nach der Inbetriebnahme des Kanalverkehrs erhöhte Lesseps die Gebühren pro Schiff und Tonnage, und die Briten wurden de facto erpreßt. So war die Situation, als 1874 Parlamentswahlen stattfanden und die Liberalen als Regierungspartei abtreten mußten.

Dieser Wechsel brachte auch einen dramatischen Umschwung für den politischen Einfluß der Rothschilds. Natty behielt zwar seinen Abgeordnetensitz für Aylesbury, den er seit 1865 innehatte, aber sein Vater verlor in der Londoner City. Wahrscheinlich stimmte ihn sein Abgang aus dem Parlament nicht besonders traurig. Er war ein kranker Mann, von Gicht und starken rheumatischen Beschwerden so geplagt, daß er nicht mehr normal gehen konnte. Auch entfremdete er sich zusehends der Führung der Liberalen, opponierte gegen viele Tendenzen ihrer Regierungspolitik, nicht zuletzt gegen ihre Vorschläge für ein neues Besteuerungssystem. Nach der Wahl herrschte bei den Liberalen einige Verwirrung. Gladstone legte die Parteiführung nieder, blieb aber der bei weitem wortgewaltigste Sprecher der Opposition im Unterhaus. Die Parteimitglieder spalteten sich in Anhänger und Gegner Gladstones. Der neue Premierminister Disraeli nahm sehr rasch seinen Vorteil wahr. Er setzte seinen persönlichen Charme ein, um über die Parteigrenzen hinweg all jene Kräfte für sich zu gewinnen, die ihm nützlich sein konnten.

Zu ihnen gehörten auch die Rothschilds, allerdings gab der Premierminister in diesem Fall nicht bloß seinem zynischen Drang nach, Menschen zu manipulieren. Seit dem Tod seiner geliebten Frau im Jahr 1872 war er mehr denn je auf seelischen Halt bei seinen Freunden angewiesen. Etwa um jene Zeit wurde es ihm zur Gewohnheit, sich selbst zum Diner in Gunnersbury oder Piccadilly 147 einzuladen. Lionel empfing ihn stets sehr freundlich. Ganz abgesehen von seiner persönlichen Einstellung zu „Dizzy“ freute sich der Bankier darüber, daß er wieder persönlichen Kontakt mit der Regierung hatte.

Bei ihren privaten Treffen besprachen Lionel und der Premierminister häufig die Situation in Ägypten. Disraeli bemühte sich nach Kräften, sein Land aus der ungünstigen Lage, in die es geraten war, wieder herauszumanövrieren. Auf diplomatischer Ebene steuerte er die Gründung einer internationalen Kommission an, welche die Verwaltung des Suezkanals übernehmen und die Gesellschaft daran hindern würde, diskriminierende Maßnahmen gegen die Schiffahrt bestimmter Natio-

Oben: Das Wohnzimmer im Rothschild-Haus in der Judengasse – der einzige Aufenthaltsraum für Mayer, Gudula und ihre große Familie. *(Historisches Museum, Frankfurt)*
Mitte: Mayer Amschels Geschäftshaus in der Judengasse. Ein Schreibpult und eine schwere Kiste für Geld, Rechnungen und Wechsel waren die einzigen Möbelstücke, die er benötigte. *(Historisches Museum, Frankfurt)*
Rechts: Diese Zeichnung der Judengasse vom Ende des 19. Jahrhunderts zeigt deutlich die bedrückende Raumnot im Ghetto. *(Historisches Museum, Frankfurt)*

Gudula Rothschild.

Baron James de Rothschild.

Baron Amschel von Rothschild.

Baron Carl von Rothschild.
(alle BBC Hulton Picture Library)

Oben: Rothschild überlegt, welchen europäischen Herrscher er mit Darlehen unterstützen soll, während die Revolutionäre die alte Ordnung bedrängen. *(Karikatur von 1848, Historisches Museum, Frankfurt)*

Rechts: Ein Frankfurter Stadttor mit antisemitischer Bemalung *(Flugblatt, 17. Jhdt., Historisches Museum, Frankfurt)*

Unten: Antijüdische Ausschreitungen. *(Druck, 19. Jhdt., Historisches Museum, Frankfurt)*

Die aschkenasische Synagoge am Duke's Place, London, wo Nathan und seine Familie Gemeindemitglieder waren. *(Rowland und Ackerman, Microcosm of London)*

Eine Säule der Börse – Nathan Rothschild in seiner üblichen Haltung im Börsensaal. *(British Museum)*

Die spätere Zeichnung illustriert den Verlust, den die Börse durch den Tod Nathans erlitten hat. *(British Museum)*

Geheimer Einfluß hinter dem Vorhang! Nathan Rothschild und der gescheiterte Politiker J. C. Herries trösten sich nach Herries' vergeblichem Griff nach der Kanzlerschaft – Rothschild mit einer Anleihe für den neuen König von Portugal, Herries mit dem Münzamt. *(Karikatur von Cruikshank, British Museum)*

Der radikale Politiker Thomas Duncombe behauptet 1828 in einer Unterhausrede, daß zwei Männer die reale Macht im Land ausüben – der Königliche Leibarzt Sir William Knighton und Nathan Rothschild. *(Karikatur von Cruikshank, British Museum)*

Baron Salomon von Rothschild. *(Baron Eric de Rothschild)*

Der goldbeschlagene Einband einer Glückwunschadresse zu Salomons 70. Geburtstag. *(Historisches Museum, Frankfurt)*

Links: Baron James de Rothschild. *(Baron Eric de Rothschild)*

Unten: Napoleon III. zu Gast bei James de Rothschild in Ferrières am 17. Februar 1862. *(zeitgenössische Karikatur).*

Interieur von Chateau de Ferrières. *(Baron Guy de Rothschild)*

Ingres' berühmtes Porträt der Baronin Betty de Rothschild. *(Baron Guy de Rothschild)*

Charlotte de Rothschild. Porträt von Ary Scheffer. *(Baron Eric de Rothschild)*

Der Triumph Davids. Diese bemalten Ledertapeten von Govaert Flinck waren einst eine Zierde von Ferrières – heute werden sie im Pariser Haus von Baron Guy de Rothschild aufbewahrt.

Am 29. Juli 1850 verweigerte Lionel de Rothschild die christliche Eidesformel im Londoner Unterhaus. *(London, Picture Library)*

Lionel de Rothschild ließ 1862 die Häuser Piccadilly 147 und 148 abreißen, um Raum für ein neues Stadthaus zu schaffen. *(London, Picture Library)*

Baron Lionel de Rothschild. *(Dr. Miriam Rothschild)*

Die Hochzeit von Alphonse und Leonora Rothschild im März 1857 war eines der großen gesellschaftlichen Ereignisse des Jahrzehnts. *(London, Picture Library)*

Constance und Annie de Rothschild liebten den Reitsport und die Jagd. Ihr Vater, Sir Anthony Rothschild, fühlte sich im Sattel nicht besonders heimisch. *(Abbildungen aus L. Cohen, Lady de Rothschild and her Daughters, 1821 – 1931)*

Ferdinand de Rothschild

Alfred de Rothschild

Lord „Natty“ Rothschild

Leopold de Rothschild

Karikaturen bedeutender Mitglieder der Familie Rothschild aus der Zeitschrift *Vanity Fair*.

Oben: Adolph von Rothschild ließ sich vom Architekten Paxton dieses herrliche Schloß mit Blick über den Genfer See erbauen. *(Baron Edmond de Rothschild)*
Mitte: Die prächtige Aussicht von Château de Pregny. *(Aquarell, Baron Edmond de Rothschild)*
Unten: Baron Ferdinand de Rothschild ließ sich Waddesdon Manor in Buckinghamshire erbauen. *(The National Trust Photographic Library, Nick Meers)*

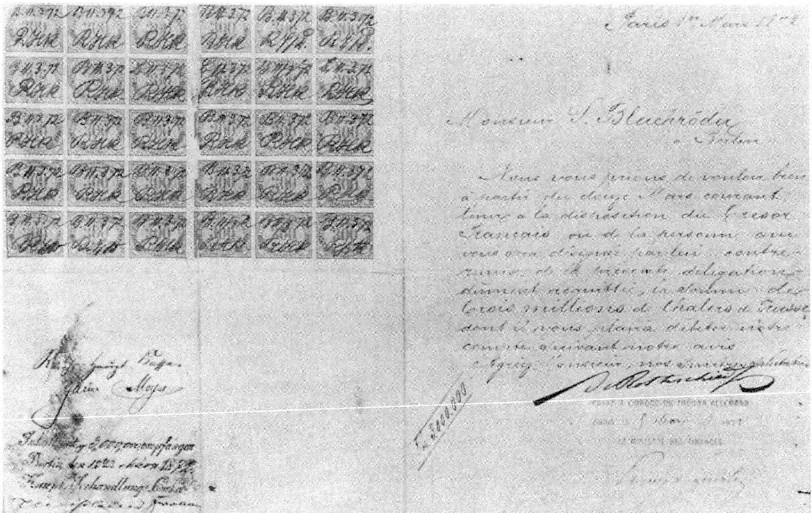

Paris 1er Mars 1872

Monsieur S. Bleichröder
à Berlin

Nous vous prions de vouloir bien à partir du deux Mars courant tenir à la disposition du Trésor Français ou de la personne qui vous sera désignée par lui, contre remise de la présente délégation dûment acquittée, la somme de Trois millions de Thalers de Prusse dont il vous plaira débiter notre compte suivant notre avis. Agréez, Monsieur, nos [illegible]

de Rothschild

Baron Alphonse de Rothschild und der Wechsel, mit dem die erste Rate der französischen Reparationen nach dem verlorenen Krieg von 1870/71 bezahlt wurde. *(Baron Eric de Rothschild)*

Natty und Leo Rothschild.
(Dr. Miriam Rothschild)

Nattys Frau Emma, eine der Frankfurter Rothschilds.
(Dr. Miriam Rothschild)

Lord Rothschild und Randolph Churchill. Natty soll großen Einfluß auf ihn gehabt haben. *(Dr. Miriam Rothschild)*

Walter und Charles Rothschild, der auf einer Riesenschildkröte im Park von Tring reitet. *(Dr. Miriam Rothschild)*

Niemand außer Walter Rothschild hat es geschafft, Zebras als Zugtiere zu zähmen. *(Dr. Miriam Rothschild)*

Links: „Jimmy“ de Rothschild.
(London, Picture Library)

Unten: The Hon. Walter Rothschild.
(London, Picture Library)

Charles Rothschild auf einer Japan-Reise. *(Dr. Miriam Rothschild)*

Die bemerkenswerte Thérèse Rothschild. Ihr Sohn Henri bereitete ihr manchen Kummer. *(Mme. Philippine de Rothschild)*

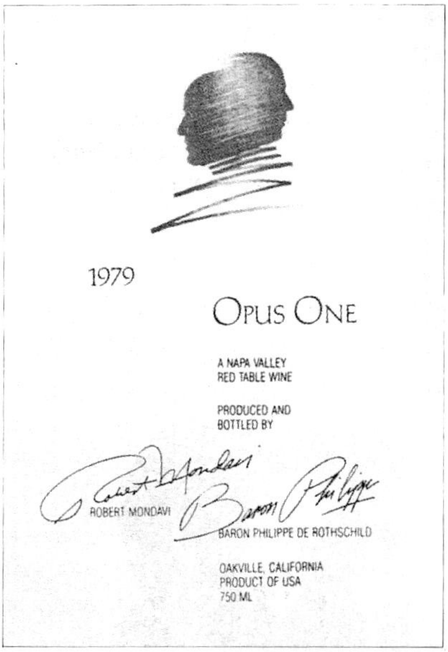

Oben: Baron Philippe de Rothschild in seinem geliebten Mouton.
(Mme. Philippine de Rothschild)

Links: Das Etikett des ersten Weines, den Baron Philippe de Rothschild und Robert Mondavi in Kalifornien erzeugt haben.
(Aus: C. Ray, Robert Mondavi of the Napa Valley)

Unten: Baron Philippe und seine Gattin haben dieses wunderbare Weinmuseum in Mouton gegründet.
(Mme. Philippine de Rothschild)

Links: Baron Eric de Rothschild in den Kellern von Château Lafite.
(Daily Telegraph)

Unten links: Im 19. Jahrhundert zierte Château Lafite diese Plakette.

Unten rechts: Baron Elie de Rothschild, der die Güter von Château Lafite nach dem 2. Weltkrieg wiederhergestellt hat, geleitet Queen Elizabeth, die Königinmutter, durch die Kellereien.
(Château Lafite).

Baron Edmond de Rothschild,
der „Vater des Staates Israel“.
(Baron Edmond de Rothschild)

Baron Maurice de Rothschild. *(Baron Edmond de Rothschild)*

Oben: Die Uraufführung des Balletts „And After“ am 22. April 1974. Eine Produktion der „Batsheva de Rothschild’s Bat-Dor Company“.
(Mme. Batsheva de Rothschild)

Links: Evelyn de Rothschild, 1963.
(BBC Hulton Picture Library)

Unten: Gäste des exotischen Surrealisten-Festes in Ferrières, 1972.
(Baron Guy de Rothschild)

Baron Guy de Rothschild, 1975. *(BBC Hulton Picture Library)*

In der Direktion der neuen Rothschild-Bank in Paris. *(Baron Eric de Rothschild)*.

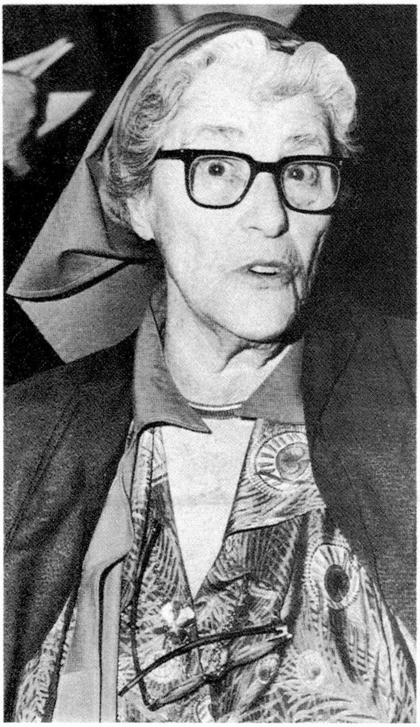

Dr. Miriam Rothschild, 1983.
(Universal Pictorial Press and Agency Ltd.)

Lord Rothschild, 1978.
(BBC Hulton Picture Library)

The Hon. Jacob Rothschild unter einem Porträt seines Ururgroßvaters, 1969. Nathan wäre wohl stolz gewesen auf die Geschäftstüchtigkeit seines Nachfahren. *(Ass. Press)*

Die Rothschilds
1550–1985

Die Stammbäume auf den folgenden Seiten wurden aus der englischen Originalausgabe übernommen. Daher tragen sie auch die englischen Beschriftungen. (d: gestorben im Jahr, =: verheiratet mit)

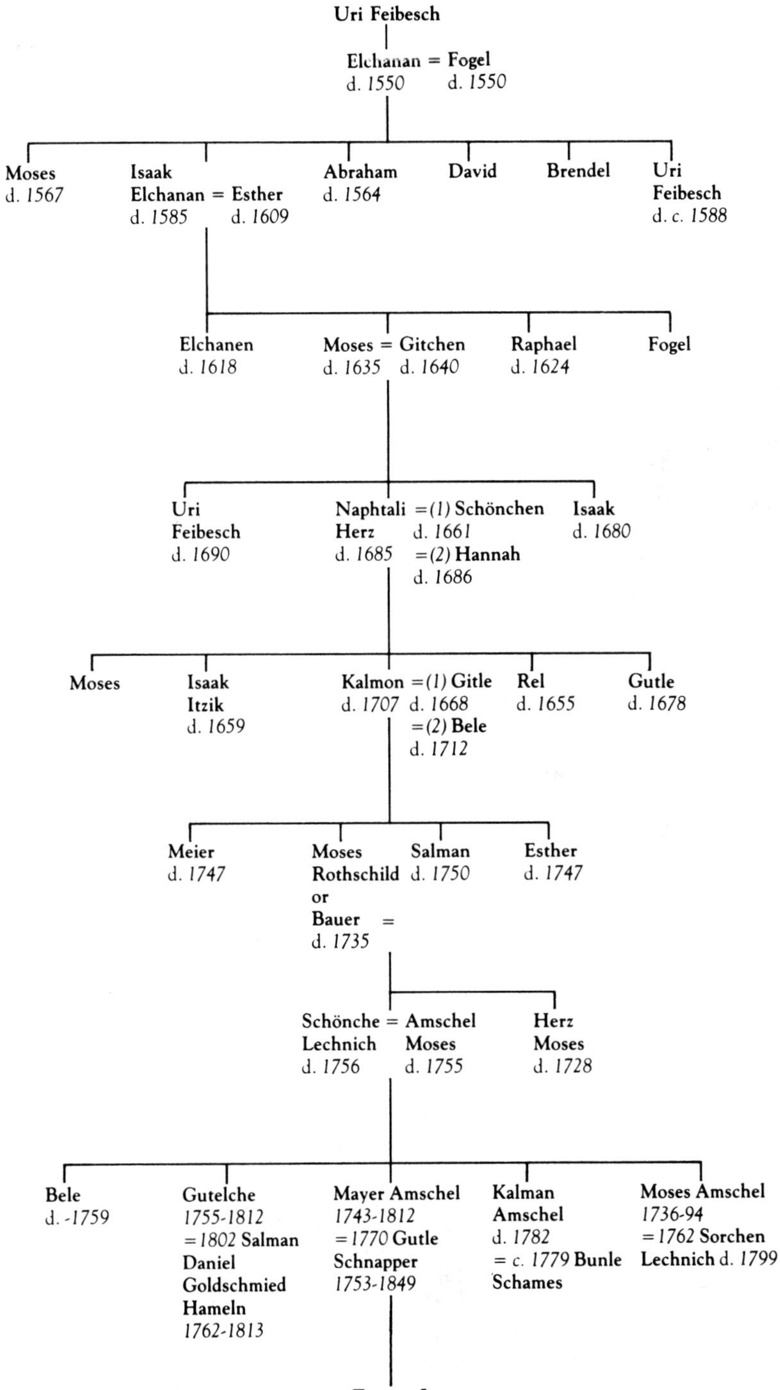

To page 5

Mayer Anselm Léon *1827-8*

Caroline Julie Anselme *1830-1907* = *1850* Adolph Carl *1823-1900*

Hannah Mathilde *1832-1924* = *1849* Wilhelm Carl *1828-1901*

Sara Louise *1834-1924* = *1858* Barone Raimondo Franchetti *1829-1905*

Nathaniel Mayer *1836-1905*

Ferdinand James Anselm *1839-98* = *1865* Evelina *1839-66*

Salomon Albert Anselm *1844-1911* = *1876* Bettina Caroline *1858-92*

Alice Charlotte *1847-1922*

George Anselm Alphonse *1877-1934*

Alphonse Mayer *1878-1942* = *1912* Clarice Sebag-Montefiore *1894-1967*

Louis Nathaniel *1882-1955* = *1946* Hildegard Johanna Caroline Marie Auersperg *1895-1981*

Eugéne Daniel *1884-1976* =*(1) 1925* Kitty Schönborn-Bucheim *1885-1946* =*(2) 1952* Jeanne Stuart *1908-*

Charlotte Esther *1885*

Valentine Noémi *1886-1969* = *1911* Baron Sigismund von Springer *1875-1928*

Oscar Ruben *1888-1909*

Albert Anselm Salomon Nimrod *1922-38*

Bettina Jemima *1924-* = *1943* Matthew James Looram *1921-*

Gwendoline Charlotte Frances Joan *1927-72* = *1948* Roland Henry Hoguet *1920-*

Sarah *1934-*

Nathaniel Charles Jacob *1936-* = *1961* Serena Mary Dunn *1935-*

Miranda *1940-* =*(1) 1962* Boudjemâa Boumaza *1930-64* =*(2) 1967* Iain Thomas Watson *1942-*

Emma Georgina *1948-*

Benjamin Mayer *1952-*

Hannah Mary *1962-*

Beth Matilda *1964-*

Emily Magda *1967-*

Nathaniel Philip Victor James *1971-*

To page 4

Anselm Salomon *1803-74* = *1826* **Charlotte** *1807-59*

Betty *1805-86* = *1824* **James Mayer** *1792-1868*

Charlotte *1807-59* = *1826* **Anselm Salomon** *1803-74*

Lionel Nathan *1808-79* = *1836* **Charlotte** *1819-84*

Anthony Nathan *1810-76* = *1840* **Louisa Montefiore** *1821-1910*

eonora *837-1911* = *1857* **Mayer Alphonse** *827-1905*

Evelina *1839-66* = *1865* **Ferdinand James Anselm** *1839-98*

Nathaniel Mayer *1840-1915* = *1867* **Emma Louisa** *1844-1935*

Alfred Charles *1842-1918*

Leopold *1845-1917* = *1881* **Marie Perugia** *1862-1937*

Constance *1843-1931* = *1877* **Cyril Flower (later Lord Battersea)** *1843-1907*

Annie *1844-1926* = *1873* **Hon. Eliot Constantine Yorke** *1843-78*

Lionel Walter *1868-1937*

Charlotte Louise Adela Evelina *1873-1947* = *1899* **Clive Behrens** *1871-1935*

Nathaniel Charles *1877-1923* = *1907* **Rozsika von Wertheimstein** *1870-1940*

Lionel Nathan *1882-1942* = *1912* **Marie Louise Beer** *1892-1975*

Evelyn Achille *1886-1917*

Anthony Gustav *1887-1961* = *1926* **Yvonne Lydia Louise Cahen d'Anvers** *1899-1977*

To page 4

Miriam Louisa *1908-* = *1943* **George Henry Lane** *1915-*

Elizabeth Charlotte *1909-*

Nathaniel Mayer Victor *1910-* =*(1) 1933* **Barbara Judith Hutchinson** *1911-* =*(2) 1946* **Teresa Georgina Mayor** *1915-*

Kathleen Annie Pannonica *1913-* = *1935* **Baron Jules Adolph Koenigswarter** *1903-*

Rosemary Leonora Ruth *1913-* =*(1) 1934* **Dennis Gomer Berry** *1911-83* = *(2) 1942* **John Anthony Says** *1914-*

Edmund Leopold *1916-* =*(1) 1948* **Elizabeth Edith Lentner** *1923-80* =*(2) 1982* **Anne Evelyn Harrison** *1921-*

Naomi Louisa Nina *1920-* =*(1) 1941* **Jean-Pierre Reinach** *1915-42* =*(2) 1947* **Bertrand Léopold Goldschmidt** *1912-*

Leopold David *1927-*

Victoria Katherine *1953-*

Amschel Mayor James *1955-* = *1981* **Anita Patience Guinness** *1957-*

Katherine Juliette *1949-* = *1971* **Marcus Ambrose Paul Agius** *1946-*

Nicholas David *1951-* = *1985* **Caroline Jeanne Lucy Darvall** *1955-*

David Lionel *1955-*

Charlotte Henrietta *1955-*

Kate Emma *1982-*

Alice Miranda *1983-*

James Amschel Victor *1985-*

Schonge Jeannette
1771-1859
= *1795* Benedict Moses Worms
1772-1824

Amschel Mayer
1773-1855
= *1796* Eva Hanau
1779-1848

Salomon Mayer
1774-1855
= *1800* Caroline Stern
1782-1854

Nathan Mayer
1777-1836
= *1806* Hannah Barent Cohen
1783-1850

Isabella
1781-1861
= *1802* Bernhard Juda Sichel
1780-1862

Babette
1784-1869
= *1808* Siegmur Leopold Beyfus
1786-1845

Nathaniel
1812-70
= *1842* Charlotte
1825-99

Hannah Mayer
1815-64
= *1839* Hon. Henry Fitzroy
1807-59

Mayer Amschel
1818-74
= *1850* Juliana Cohen
1831-77

Louise
1820-94
= *1842* Mayer Carl
1820-86

Nathalie
1843

Nathan James Edouard
1844-81
= *1871* Laura Thérèse
1847-1931

Mayer Albert
1846-50

Arthur
1851-1903

Hannah
1851-90
= *1878* Earl of Rosebery
1847-1929

Adèle Hannah Charlotte
1843-1922
= *1862* Salomon James
1835-64

Emma Louisa
1844-1935
= *1867* Nathaniel Mayer
1840-1915

Clementine Henriette
1845-65

Henri James Nathaniel Charles
1872-1946
= *1895* Mathilde Sophie Henriette de Weisweiller
1874-1926

Jeanne Charlotte Louise Marthe
1874-1929
= *1896* Barone Abram David Leonino
1867-1911

Renée Louise Marie
1927-
= *1955* Peter David Robeson
1929-

Anne Sonia
1930-71

Evelyn Robert Adrian
1931-
= *(1) 1966* Jeannette Ellen Dorothy Bishop
1940-80
= *(2) 1973* Victoria Lou Schott
1949-

James Nathaniel Charles Léopold
1896-1984
= *(1) 1923* Claude Dupont
1904-64
= *(2) 1966* Yvette Choquet
1939-

Nadine Charlotte Thérèse
1898-1958
= *1919* Adrien Thierry
1885-1961

Philippe
1902-88
= *(1) 1935* Elisabeth de Chambure
1902-45
= *(2) 1954* Pauline Fairfax Potter
1908-76

Jessica
1974-

Anthony James
1977-

David Mayer
1978-

Nicole
1924-

Monique
1925-
= *(1) 1945* Jean-François Drach
1924-
= *(2) 1950* Georges Halphen
1913-

Philippine Mathilde Camille
1935-
= *1961* Jacques Sereys
1928-

Charles Henri
1937

Carl Mayer
1788-1855
= *1818* Adelheid Hertz
1800-53

Julie
1790-1815
= *1811* Meyer Levin Beyfus
1790-1860

Henriette
1791-1866
= *1815* Abraham Montefiore
1788-1824

James Mayer
1792-1868
= *1824* Betty
1805-86

To page 6

Charlotte
1819-84
= *1836* Lionel
1808-79

Mayer Carl
1820-86
= *1842* Louise
1820-94

Adolph Carl
1823-1900
= *1850* Caroline Julie Anselme
1830-1907

Wilhelm Carl
1828-1901
= *1849* Hannah Mathilde
1832-1924

Anselm Alexander Carl
1835-54

Laura Thérèse
1847-1931
= *1871* Nathan James Edouard
1844-81

Hannah Louisa
1850-92

Margaretha Alexandrine
1855-1905
= *1878* Duc de Gramont
1851-1925

Bertha Clara
1862-1903
= *1882* Prince de Wagram
1836-1911

Georgine Sara
1851-69

Adelheid
1853-1935
= *1877* Edmond James
1845-1934

Minna Caroline
1857-1903
= *1878* Maximilian Benedikt Heyum Goldschmidt (later Goldschmidt-Rothschild)
1843-1940

Charlotte
1825-99
= *1842* Nathaniel
1812-70

Mayer Alphonse
1827-1905
= *1857* Leonora
1837-1911

Gustave Samuel
James
1829-1911
= *1859* Cécile
Anspach
1840-1912

Bettina
Caroline
1858-92
= *1876* Salomon
Albert Anselm
1844-1911

Lionel James
Mayer René
1861

Charlotte
Béatrix
1864-1934
= *1883* Maurice
Ephrussi
1849-1916

Edouard
Alphonse James
1868-1949
= *1905* Germaine
Alice Halphen
1884-1975

Octave
1860

Zoë Lucie Betty
1863-1916
= *1882* Baron
Léon Lambert
1851-1919

Aline Caroline
1867-1909
= *1887* Sir
Edward Albert
Sassoon
1855-1912

Alphonse
Edouard Emile
Lionel
1906-11

Guy Edouard
Alphonse Paul
1909-
=*(1) 1937* Alix
Hermine Jeanette
Schey
von Koromla
1911-82
=*(2) 1957* Marie-
Hélène Naila
Stephanie Josina
van Zuylen de
Nyevelt
1927-

Jacqueline
Rebecca Louise
1911-
=*(1) 1930* Robert
Paul Michel
Calmann-Levy
1899-
=*(2) 1937* Gregor
Piatigorsky
1903-76

Bethsabée
(Batsheva)
Louise Emilie
Béatrix
1914-
= *1948* Donald
Bloomingdale
1913-54

David René
James
1942-
= *1974* Olimpia Anna
Aldobrandini
1955-

Edouard
Etienne
Alphonse
1957-
=Mathilde Marie
Alexe Christianne Abdy
1952-

Lavinia
Anne Alix
1976-

Stephanie
Anne-Marie-
Hélène
1977-

Alexandre Guy
Francesco
1980-

Salomon James
1835-64
= *1862* Adèle
Hannah Charlotte
1843-1922

Edmond James
1845-1934
= *1877* Adelheid
1853-1935

Bertha Juliette
1870-96
= *1892* Barone
David Emmanuel
Leonino
1864-1936

André
1874-7

Robert Philippe
Gustave
1880-1946
= *1907* Gabrielle
Nelly Régine Beer
1886-1945

Hélène Betty
Louise Caroline
1863-1947
= *1887* Baron van
Zuylen de Nyevelt
1860-1934

James Armand
Edmond
1878-1957
= *1913* Dorothy
Mathilde Pinto
1895-

Maurice
Edmond
Charles
1881-1957
= *1909* Noémie
Claire Alice
Palmyre Halphen
1888-1968

Miriam
Caroline
Alexandrine
1884-1965
= *1910* Albert
Maximilian von
Goldschmidt-
Rothschild
1879-1941

ane Cécile
ice Juliette
07-
(1) 1932
natole Muhlstein
89-1957
(2) 1952
iuseppe (Joseph)
envenuti
98-1967

James Gustave
Jules Alain
1910-82
= *1938* Mary
Germaine
Nathalie Chauvin
du Treuil
1916-

Cécile Léonie
Eugénie Gudule
Lucie
1913-

Elie Robert
1917-
= *1942* Liliane
Elisabeth
Victoire
Fould-Springer
1916-

Edmond
Adolphe
Maurice Jules
Jacques
1926-
= *(1) 1958*
Veselinka Vladova
Gueorguieva
1927-
= *(2) 1963* Nadine
Nelly Jeannette
Lhopitalier
1932-

ice Juliette Ruth

1962 Armand
viel de la
nelle
54
1981 Pierre
Rosenberg

Eric Alain
Robert David
1940-
= *1983* Maria-Béatrice
Caracciolo di Forino
1955-

Robert James
1947-

Michel
Nathaniel
Robert Eugène
1946-
= *1975* Nili
Limon
1951-

Nelly Rachel
Cécile
1947-
= *1970* Adam
John Munthe
1946-

Elisabeth
Clarice Esther
Gustava
1952-
= *1970* Marc
Ernest Leland
1938-

Benjamin
Edmond
Maurice
1963-

Raphael
Benjamin Jacob
1976-

Esther Eva
1979-

PAGE PLAN

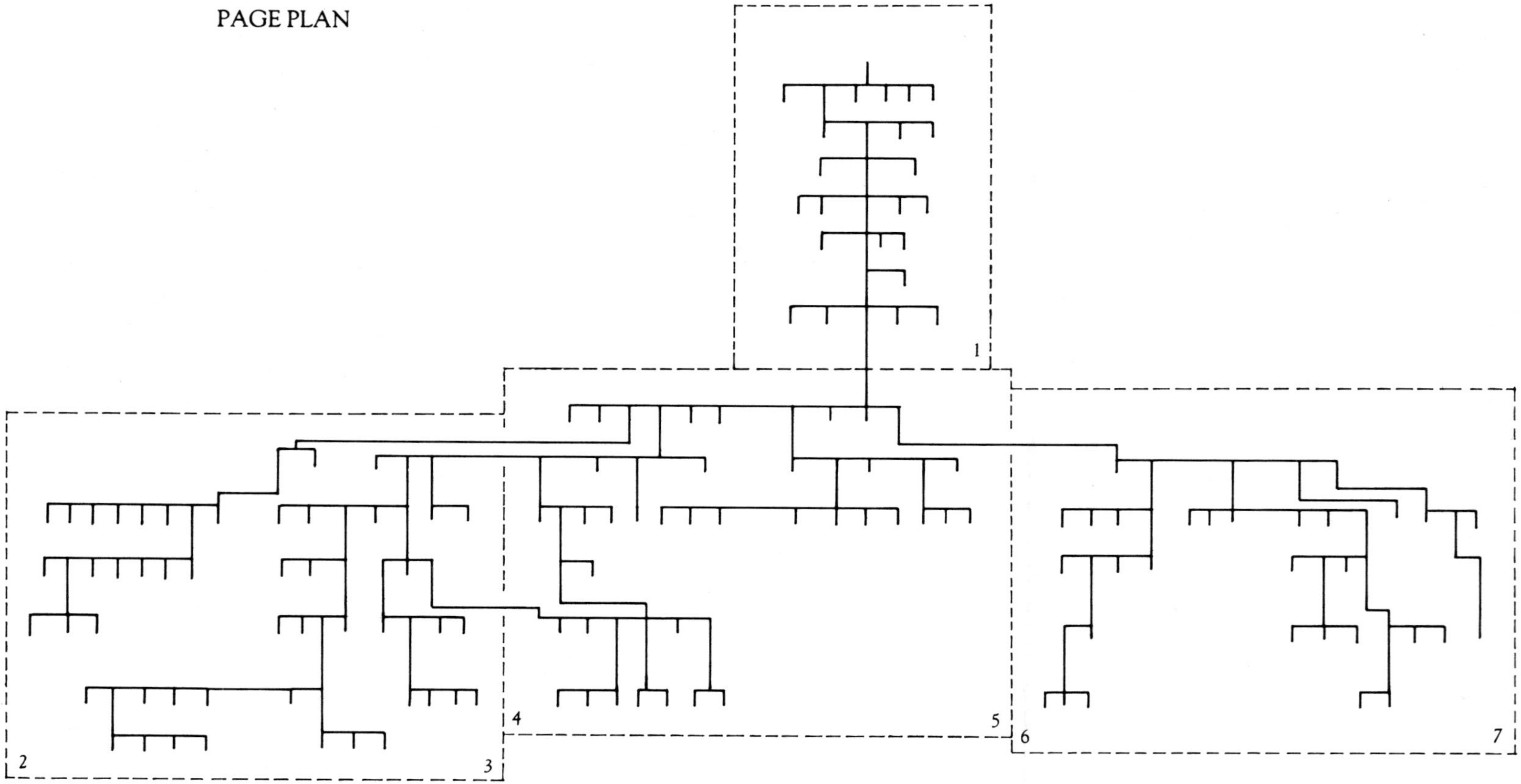

nen zu setzen. Auf finanziellem Gebiet suchte er nach Möglichkeiten, Britannien in die Suez-Gesellschaft einzukaufen.

Und eben in dieser Hinsicht hoffte er auf Lionels Hilfe. Als Ergebnis der Unterredungen wurde Natty nach Paris entsandt, um zu versuchen, im Namen der britischen Regierung Suez-Aktien zu erwerben. De Lesseps, dessen Bemühungen um Kapital in London auf eisige Ablehnung gestoßen waren, hatte keinen Grund, den Briten entgegenzukommen und zeigte sich desinteressiert. Ein neuerlicher Vorstoß im Sommer 1875 blieb ebenso erfolglos. Dabei wurde die Situation immer unsicherer und schwieriger. Der Khedive konnte sich nicht mehr lange halten. Die Großmächte würden intervenieren müssen, und alles deutete darauf hin, daß Britannien genötigt sein werde, sich ohne Trumpfkarte an dem Spiel zu beteiligen.

Doch zu Beginn des November versuchte der enorm hoch verschuldete Ismail Pascha seine letzten Vermögenswerte einzusetzen, um zu Bargeld zu kommen: Die Suezkanal-Aktien in seinem persönlichen Besitz, insgesamt etwa 44 Prozent aller Anteile. Er trat an einen französischen Bankier mit der Bitte heran, eine Belehnung in die Wege zu leiten. Die Nachricht davon erreichte N. M. Rothschild and Sons und die Regierung Ihrer Majestät gleichzeitig, wenn auch über verschiedene Kanäle. Außenminister Lord Derby ersuchte Kairo telegraphisch um Erläuterungen und erfuhr, daß der Khedive den Franzosen noch nicht definitiv verpflichtet war, ja die Aktien sogar lieber direkt an Britanien verkaufen würde. Dies war am 17. November bereits bekannt und wurde an jenem Tag im Kabinett erörtert.

Nun ergriff Disraeli kühn die Initiative, wie er tags darauf der Königin mitteilte:

„Mr. Disraeli pflichtschuldigst an Eure Majestät.

Der Khedive, am Rand des Bankrotts, scheint die Absicht zu hegen, seinen Anteil am Suezkanal zu veräußern ... Es geht um Millionen, mindestens etwa vier, aber die Sache würde dem Besitzer sehr weitreichenden, um nicht zu sagen vorherrschenden Einfluß auf die Verwaltung des Kanals einräumen.

In diesem kritischen Moment ist es für die Autorität und die Macht Eurer Majestät außerordentlich wichtig, den Kanal für England zu sichern. Diesen Standpunkt vertrat ich Lord Derby gegenüber mit solcher Entschiedenheit, daß er sich schließlich meine Ansichten zu eigen machte und die Frage gestern vor dem Kabinett zur Sprache brachte. Das Kabinett war einmütig der Auffassung, daß, wenn irgend möglich, die Anteile des Khediven erworben werden sollten, und wir telegraphierten in diesem Sinne ...

> Nun sagt der Khedive, er müsse bis zum 30. dieses Monats unbedingt 3 bis 4 Millionen Pfund Sterling haben! Kaum Zeit zum Luftholen, aber es muß sein . . ."[3]

Der Premierminister nahm es auf sich, eine Lösung zu forcieren, denn entgegen der Darstellung, die er der Königin gab, war Lord Derby keineswegs das einzige Kabinettsmitglied, das sich nicht drängen lassen wollte. Doch wenn das Vorhaben gelingen sollte, kam es auf rasches Handeln und auf Geheimhaltung an. Eine parlamentarische Abstimmung über die erforderliche Summe war ausgeschlossen. Die zwangsläufig damit verbundene Verzögerung und Veröffentlichung der ganzen Angelegenheit hätten die französische Regierung zu Gegenmaßnahmen provoziert. Es gab faktisch nur eine einzige Möglichkeit, das Geld aufzubringen: In einem Privatgespräch mit seinem alten Freund bat er die Rothschilds um 4 Millionen Pfund. Lionel verlangte vierundzwanzig Stunden Bedenkzeit. Ironie der Situation: Nur weil man ihn im Unterhaus ausgebootet hatte, war er überhaupt in der Lage, das Ansuchen in Erwägung zu ziehen, denn der „Act of Privilege" verwehrte es Parlamentsabgeordneten, mit dem Staat Geschäfte zu tätigen, die ihnen persönlichen Gewinn eintragen würden. Für Lionel galt diese Bestimmung nun nicht mehr. Er stellte ein Angebot: Seine Bank würde die Summe vorstrecken, zu 5 Prozent Zinsen und 2½ Prozent Provision. Am 24. November akzeptierte das Kabinett diese Bedingungen. Wenige Stunden später meldete Disraeli voller Freude seiner Monarchin:

> „Soeben alles geregelt. Sie haben es, Madam. Die französische Regierung ist aus dem Feld geschlagen. Sie griff zu hoch, bot Anleihen zu Wucherzinsen und zu Bedingungen, die sie faktisch zu den Herren Ägyptens gemacht hätten. In seiner Verzweiflung und Verstimmung bot der Khedive der Regierung Eurer Majestät all seine Aktien zum Kauf an – bisher wollte er nie von solch einem Vorschlag hören. 4 Millionen Pfund Sterling! Und fast sofort. Nur ein Unternehmen vermochte dies: Rothschild. Sie benahmen sich bewundernswert, streckten das Geld zu einem geringen Zinsfuß vor, und der gesamte Anteil des Khediven ist in Ihrer Hand, Madam."[4]

Bei diesem Abschluß war keine Zeit zu verlieren, denn sofort schalteten sich französische Banken und Minister ein, zwischen Paris und Kairo liefen die Telegraphendrähte heiß, und Lesseps legte ein Angebot vor, die Aktien des Khediven für die französischen Teilhaber der Suezkanal-Gesellschaft zu erwerben. Durch den Ankauf war Disraeli als britischer Premierminister nun in der Lage, die von ihm gewünschte Internationalisierung des Suezkanals und die Garantie der freien Durchfahrt, ohne Behinderungen aus politischen Gründen, für die Schiffe aller Staaten zu erreichen. Die Bedeutung dieser Aktion für die Entwicklung des Welthandels während der nächsten hundert Jahre und insbesondere für das Wachstum der afrikanischen und asiatischen Besitzungen des Britischen Imperiums ist kaum zu ermessen.

Nichts davon wäre ohne Lionel de Rothschilds raschen Entschluß und absolute Zuverlässigkeit möglich gewesen. Wahrscheinlich stand seine Zusage an den Premierminister nie in Frage, dennoch fiel ihm die definitive Entscheidung nicht leicht. Er konnte nicht das tun, was er sonst sofort getan hätte, nämlich das Pariser Haus zu bitten, sich finanziell zu beteiligen. Das wußte auch der schlaue Disraeli. In einem Brief an den Prinzen von Wales schrieb er: „Alphonse ist ‚so französisch', daß er den ganzen Plan gleich verraten hätte."[5] Erst später, als die Sachlage bereits allgemein bekannt war, bot Lionel Alphonse eine Partnerschaft an. Der Chef der französischen Bank überging die Beleidigung, daß er erst im nachhinein „informiert" wurde: „Wir freuten uns über Deine lieben Briefe, in denen Du uns von der Operation berichtest, die Du mit der englischen Regierung durchführtest. Mit großer Freude nehmen wir Dein Angebot der Beteiligung an und werden die Summe zu dem von Dir genannten Zeitpunkt bereithalten. Die Nachricht vom Erwerb eines Teiles der Suezkanal-Aktien durch England bewirkte hier großes Aufsehen."[6]

Elegant gesagt, aber eine glatte Untertreibung. Die Franzosen waren empört darüber, daß Disraeli sie vor vollendete Tatsachen stellte. Sie hielten diese Vorgangsweise für ein Vorspiel zu einem noch größeren kolonialpolitischen Schachzug. Befürchtungen dieser Art wurden im Lauf der nächsten fünfundzwanzig Jahre förmlich zu einem Refrain des politischen Geschehens, immer wieder geäußert, wenn die beiden Staaten wegen neu erschlossener Territorien Afrikas und Asiens in Konflikt gerieten. Zwangsläufig komplizierten sich dadurch auch die Beziehungen zwischen New Court und der Rue Laffitte.

Dieses rühmliche Meisterstück der Außenpolitik entzückte Königin Victoria und gab den meisten ihrer Untertanen Auftrieb, denn damit bewies man der Welt, daß Britannien einen Staatsmann hatte, der so gerissen und so energisch war wie Bismarck. Das begeisterte die Patrioten. Aber es gab auch kluge Köpfe, die bedauerten, daß sich die Rivalitäten zwischen den Großmächten auf Gebiete außerhalb der Grenzen Europas ausweiteten. Zu den entschiedensten Kritikern gehörten natürlich Gladstone und seine Anhänger. Sie erhoben den Einwand, ein solcher Schritt hätte nicht ohne Befragung des Parlaments gewagt werden sollen und prophezeiten politische Verwicklungen. Außerdem argwöhnten sie Winkelzüge. „Ist es nicht denkbar", so fragte Granville, „daß Lesseps und die Rothschilds die Regierung dazu verleiteten, den Suezkanal-Aktien solch große Bedeutung beizumessen, indem sie die Drohung eines Kaufs durch französische Kapitalisten heraufbeschworen?"[7] Disraeli fühlte sich genötigt, seine Freunde zu verteidigen. Er betonte, die Rothschilds hätten „aus den Mitteilungen nicht den geringsten Nutzen gezogen, da sie sich als Sachwalter der Regierung betrachteten. Die Welt freilich denkt, sie hätten damit mindestens eine Viertelmillion verdient."[8]

Die Welt nahm sehr wohl an, daß die Rothschilds an dieser Transaktion ein Vermögen verdienten. In der Parlamentsdebatte im Februar wurde ihnen vorgeworfen, sie hätten für eine Anleihe, mit der kein Risiko verbunden war, einen hohen Prozentsatz an Provision und Zinsen verrechnet sowie parlamentarische Vorrechte mißbraucht. In einer Stellungnahme an das Unterhaus konnte Natty letztere Anschuldigung formaljuristisch entkräften. Sein Vater und er waren Bankiers, das stimmte, aber Lionel war nicht mehr Unterhausmitglied und er selbst war nicht Teilhaber der Firma N. M. Rothschild and Sons. Und was die Zinsen betraf, so war der Prozentsatz gewiß nicht gerade gering (obwohl Disraeli dies der Königin gegenüber behauptete). Das Bankhaus N. M. Rothschild and Sons verdiente an diesem Geschäft etwa 100 000 Pfund. Aber im Zeitraum zwischen dem Kaufabschluß und der Parlamentsdebatte war der Kurs der Suezkanal-Aktien von 22,5 Pfund auf rund 35 Pfund gestiegen. Der britische Steuerzahler hatte also bei dem Handel nichts eingebüßt.

Der Umstand, daß Lionel dem Tory-Kabinett Schützenhilfe bei einem Unternehmen leistete, welches die Opposition ablehnte, trug nicht gerade dazu bei, die Beziehungen der Rothschilds zu den Kreisen Gladstones zu verbessern. Im Jahr 1875 gab sich Natty nicht einmal mehr den Anschein, hinter der Parteiführung zu stehen. Das zeigte sich im folgenden Jahr sonnenklar. Als Earl of Beaconsfield wurde Disraeli ins Oberhaus aufgenommen, deshalb mußte eine Nachwahl für seinen Unterhaussitz in Buckinghamshire stattfinden. Die Wahlmanager der Liberalen glaubten, vom Abgeordneten für Aylesbury erwarten zu dürfen, er werde seine Verwandten und die Pächter der Rothschilds mobilisieren und im Wahlkampf seinen beträchtlichen lokalen Einfluß geltend machen. Doch vor die Alternative gestellt, aktiv für seine Partei zu wirken oder passiv seinem Freund zu helfen, entschied sich Natty für letzteres. Kaum verwunderlich, daß Granville voller Empörung Gladstone meldete: „Die Rothschilds benehmen sich skandalös."[9]

Solche schlechte Nachrede konnten Lionel und Natty ruhig überhören, solange Disraeli an der Macht war. Während der nächsten Jahre hielten sie engen Kontakt zur Regierung und wurden häufig zu Beratungen über außenpolitische Fragen herangezogen. Die größte potentielle Bedrohung des europäischen Friedens barg der Unruheherd Balkan, wo die latente Krise nun erneut akut wurde. Im April 1877 griff Rußland die Europäische Türkei an, die sich damals vom Bosporus bis an die Südostgrenzen Österreich-Ungarns erstreckte. Die Russen rechneten mit einem raschen, leichten Sieg über das zerfallende Osmanische Reich, der ihnen territorialen Gewinn und den seit langem erstrebten freien Zugang zum Mittelmeer bringen würde. Auch alle Großmächte erwarteten einen solchen Verlauf. Aber der russische Vormarsch wurde bei Plevna in Bulgarien vier Monate lang aufgehalten, und als die Heeresmacht des Zaren vor den Toren Konstantinopels stand, fehlte ihr bereits die Stoßkraft für ein weiteres Vordringen. Im März 1878 nötigten die Sieger zwar die Türkei zu dem demütigenden Frieden von San Stefano, einem Vorort von Konstantinopel (Türkisch: Yeşliköy), aber sie hatten keine Möglichkeit, die Vereinbarungen durchzudrücken.

Während des ganzen bewaffneten Konfliktes standen auch Diplomaten und Außenpolitiker in fast pausenlosem Einsatz, da die Staatsmänner Europas eine drastische Störung des Gleichgewichts der Kräfte zu verhindern suchten. Rußland wurde gezwungen, die Klärung seiner territorialen Ansprüche im Juni 1878 dem Berliner Kongreß zu überantworten. Bei diesem Gipfeltreffen spielte Disraeli, assistiert von Außenminister Lord Salisbury, ein großartiges Blatt im diplomatischen Poker aus. Ohne eigentliche Stichkarten gelang es dem gerissenen alten Staatsmann, der Partie eine Wendung zu geben und die anderen Nationen durch Bluff so weit zu bringen, daß sie den meisten seiner Vorschläge zustimmten.

Die Rolle der Rothschilds in dieser Krise war sowohl von weitreichender Bedeutung als auch schwer faßbar. Wie immer hüllte diese Familie von Finanzdiplomaten ihre Aktionen in den Schleier des Geheimnisses, der sich nicht einmal ein Jahrhundert später völlig lüften läßt. Außer Frage steht, daß Britanniens Erfolg zum Teil Lionel de Rothschilds ausgezeichnetem Informationsdienst zu verdanken war. Die Familie erfüllte noch immer ihre alte Funktion als Nachrichtenagentur und zugleich inoffizielle diplomatische Korrespondenz. Bleichröder lieferte Lionel fast täglich Berichte, deren Inhalt jenen Depeschen entstammte, die er selbst und Bismarck aus St. Petersburg, Konstantinopel und anderen Hauptstädten erhielten. Bleichröders Material wurde nun durch Angaben eines anderen Berliner Gewährsmannes ergänzt, des prominenten Politikers und Nationalökonomen Ludwig Bamberger. „C. de B.s" Berichte enthielten Mitteilungen eines engen Vertrauten des türkischen Großwesirs Midhat Pascha. Alphonse steuerte laufend Kommentare zu politischen Reaktionen Frankreichs bei und gab auch Informationen aus seinen eigenen ausländischen Quellen weiter. Lionel revanchierte sich mit Neuigkeiten aus britischen Regierungskreisen.

Manche der Meldungen, die dieses Netz zusammentrug, waren von größter Wichtigkeit. So erfuhr Lionel, zunächst als Gerücht, schon in den ersten Jännertagen, sechs Wochen vor dem Außenminister, daß Rußland im April 1877 losschlagen werde. Im Februar wußte Lionel, daß St. Petersburg zwar nach außenhin über eine friedliche Regelung seiner Differenzen mit der Türkei verhandelte, aber geheim bei Krupp in Essen eine große Zahl von Geschützen bestellt hatte. Er entnahm Bismarcks Privatkorrespondenz mit dem deutschen Botschafter beim Zarenhof, daß der Reichskanzler trotz all seiner gegenteiligen Beteuerungen in Wahrheit recht froh darüber war, daß sich Rußland im Balkan- und Orientraum band, weil es dadurch von möglichen antideutschen politischen Aktionen im übrigen Europa abgehalten wurde.

Wie die meisten Politiker waren auch die Bankiers bestrebt, den Krieg zu verhindern, wenngleich nicht aus den selben Beweggründen. Abgesehen von allen anderen Erwägungen hatten ja die Londoner Rothschilds 5½ Millionen Pfund in osmanischen Staatsanleihen investiert. Da es Disraeli nicht gelungen war, die bewaffnete Auseinandersetzung zu verhindern, bemühte er sich um einen Frieden, der die britischen Interessen nicht schädigte. Aber würde er auch in der Lage sein, den Gang der Ereignisse zu beeinflussen? Lionell konnte ihn auf Grund der von Bamberger gelieferten Informationen mit dem Hinweis beruhigen, daß der britische Botschafter in Konstantinopel nun eine Schlüsselposition innehatte. Dieses Wissen war für die Londoner Regierung von unbezahlbarem Wert.

Im April 1878 war London faktisch zur außenpolitischen Drehscheibe und Relaisstation für alle Belange der Orientfrage geworden. Während sich Bismarck darüber beklagte, daß er im unklaren gelassen werde, wußten Disraeli und Salisbury sehr gut über die Haltung aller interessierten Parteien Bescheid – welche Forderungen jede von ihnen erhob und zu welchen Kompromissen sie sich allenfalls verstehen würde. Viele dieser Informationen trafen via New Court ein.

So konnten die beiden britischen Staatsmänner im Juni 1878 nach Berlin reisen, um einen der grandiosen Coups in der Geschichte der Diplomatie durchzuführen. Ihr Coup hob Britanniens Ansehen und sicherte den Frieden Europas für sechsunddreißig Jahre. Während jener Reise mögen sie darüber nachgedacht haben, wie weit die Macht und der Einfluß der Rothschilds reichten. Nicht nur, daß sie in ihren Aktenmappen wertvolle Informationen mitführten, die von Lionel stammten. Den luxuriösen Salonwagen, in dem sie von Calais aus durchs Land fuhren, hatte ihnen Alphonse zur Verfügung gestellt.[10]

Die Beilegung des russisch-türkischen Konflikts und die Neuordnung der politischen Verhältnisse auf dem Balkan war die letzte große internationale Affäre, an der sich Lionel de Rothschild mit Erfolg beteiligte. Er starb Anfang Juni 1879. Das Ende kam ganz plötzlich. Kurz vorher durfte er sich noch eines kleineren Triumphes erfreuen: Sein Rennpferd „Sir Bevis" gewann das Derby. Am 1. Juni reisten Natty und seine Gattin in bester Stimmung nach Paris, und dort erreichte sie, wie ein Blitz aus heiterem Himmel, die telegraphische Mitteilung, daß das Oberhaupt des Londoner Hauses einem Herzanfall erlegen war. Am nächsten Tag brachte die „Times" nicht bloß die Meldung von seinem Ableben, sondern auch einen dem Andenken des großen Bankiers gewidmeten Leitartikel. Darin heißt es:

„Politische Erwägungen sind eng verbunden mit der richtigen Einschätzung jeder großen Finanztransaktion, und um diese zu verstehen, bedarf es genauer Kenntnis des Laufs der politischen Angelegenheiten in aller Welt und der Wesensart von Männern des öffentlichen Lebens. Baron Lionel de Rothschild besaß diese Fähigkeiten in außerordentlichem Maß, und ihr Zusammenwirken machte ihn nicht nur zu einem erfolgreichen Manager seines großen Hauses, sondern auch zu einer sehr markanten Gestalt in der Welt der Gesellschaft und der Politik . . ."[11]

KAPITEL 18
„. . . in allem sattelfest“

Über Baron Mayer – „Muffy“ – schrieb die Zeitschrift „The Graphic“, man werde ihn „viel eher als Kunstfreund und Mann des Rennsports im Gedächtnis behalten denn als Politiker“.[1] Da Muffy trotz seines begeisterten Einsatzes für den Liberalismus seine Beredsamkeit niemals im Londoner Unterhaus entfaltete, ist an dieser Feststellung kaum zu rütteln. Doch was auf den Grundherrn von Mentmore zutraf, galt in erstaunlich hohem Maß auch für die meisten anderen Familienmitglieder. In jeder Generation traten nur einige Rothschilds im Staatsleben und in der internationalen Politik markant in Erscheinung, doch mit sehr wenigen Ausnahmen hatten alle das Interesse für Tiere und Kavaliersspport sowie eine wahre Sammelleidenschaft gemeinsam. Jeder Zweig der Familie, sogar die ernsten Frankfurter, brachte eine Reihe von Männern und Frauen hervor, denen es Freude bereitete, erlesene Meisterwerke der Kunst und des Kunsthandwerks zu horten, und andere, deren höchstes Glück die Zucht edelster Rassepferde für die Reitschule und die Rennbahn war.

Die großen Bankiers von Wien, Paris und London nützten jede günstige Gelegenheit, um aus der Stadt zu entfliehen, hinaus auf ihre Landgüter in Schillersdorf, Ferrières und Tring. Dort konnten sie ihre Neigung zu allen Arten der Jagd ausleben. Der Große Baron tat sich darin besonders hervor: In seinem Schloß veranstaltete er die einmaligen waidmännischen Wochenendtreffen mit Politikern, Bankierskollegen, ausländischen Fürsten und Staatsmännern, auf die er Eindruck machen wollte. Wie schon erwähnt, genoß auch Bismarck James' Gastfreundschaft, und obwohl er sich kritisch über Ferrières äußerte – das Schloß nannte er einen umgedrehten Schubladenkasten –, schätzte er den reichen Wildbestand der Reviere. Immerhin nahm er auch während des Deutsch-Französischen Krieges dort wieder Quartier und erlegte beachtliche Strecken.

Auf die Tatsache, daß Nat und Alphonse infolge ihrer Jagdleidenschaft von Unfällen dauernde körperliche Gebrechen zurückbehielten, wurde schon eingegangen. Laury hatte zwar ihre eigene Rüdenmeute in Frankreich, dennoch reiste sie so oft als möglich nach England, zu den „richtigen" Parforcejagden. Aber jener Rothschild, der seinen Stolz darin sah, als der feudale Gastgeber und Jagdherr schlechthin aufzutreten, war eben Muffy. Während des letzten Drittels des 19. Jahrhunderts unterhielt er einen großen Reitstall, und so konnte er allen Damen und Herren, die als Gäste in seinem Haus weilten, immer geeignete Pferde zur Verfügung stellen. Jonathan Peel, von 1858 bis 1867 britischer Kriegsminister und selbst eine Koryphäe des Reitsports, sagte einmal, in den weitläufigen Stallungen der Rothschilds stünden auch etwa zwölf Jagdpferde, und „jedes von ihnen könnte 16 Stone* querfeldein durch jedes Parforcejagdgebiet der Welt tragen".[2] Ein „Meet" in Mentmore war immer ein großes gesellschaftliches Ereignis.

Connie und Annie, die beiden Wildfänge, fühlten sich bei solchen Veranstaltungen ganz in ihrem Element. Von ihrem Vater konnte man das freilich nicht behaupten. Anthony saß niemals gut im Sattel. Ein erhaltenes, unfreiwillig komisches Foto zeigt den feisten „Billy" auf einem sehr zahmen gescheckten Pony, das ihm aber offensichtlich nicht ganz geheuer war. Die Mädchen hatten immer ihre liebe Not, wenn sich Sir Anthony zu dem Entschluß durchrang, sie zum „Meet" zu begleiten.

> „Papa beteuerte, er werde nicht nervös sein, und ich glaube, fast gelang es ihm. Dann ritten wir los, mit einem Stallknecht und dem kleinen Jungen auf ‚Sybille' im Nachtrab. Ich wollte die Ponies in Galopp fallen lassen, doch Papa bekam es immer wieder mit der Angst zu tun und so ritten wir in langsamem Schritt, den diese Tiere kaum gewohnt sind . . . Bis Mentmore brauchten wir eine gute Stunde. Als wir uns der Terrasse näherten, bot sich unseren Blicken ein sehr malerisches Bild, mehr als hundert Rotröcke auf rassigen Pferden. Papa empfahl sich sehr früh. Wir wollten noch weiterreiten, aber Mama erlaubte es nicht. Wie lächerlich, immer an Edmonds Rockzipfel zu hängen, aber wenn Mama nein sagt, kann man nichts machen. Ein Ausritt ist es nicht wert, daß sie ihre Zustände bekommt. Deshalb muß ich mir Ritte bis Mittwoch aus dem Kopf schlagen, und ich fürchte, selbst dann wird mir Papa die Freude daran durch seine Nervosität verderben."[3]

Muffy befaßte sich nach wissenschaftlichen Methoden auch mit der Rinderzucht und errang mehrere Preise, vor allem mit seinem starken Jersey-Stier „Mentmore". Aber Baron Mayers größte Liebe gehörte dem Sport der Könige. Schon als Student in den ersten Semestern war er

* Im Rennsport entspricht 1 Stone 6,35 kg.

häufiger in Newmarket anzutreffen, wo sein Vater ein Haus besaß, als bei seinen Büchern im nahen Cambridge. Während der vierziger Jahre richtete Muffy sein eigenes Gestüt ein und widmete sich systematisch der Vollblutzucht. Das war eine Aufgabe, die ihn jahrelang ausschließlich beschäftigte. Als der Baron glaubte, daß es seinen Bemühungen als Züchter gelungen sei, ein nahezu vollkommenes Pferd hervorzubringen, den Hengst „King Tom", ließ er eine lebensgroße Bronzeplastik gießen und im Park von Mentmore aufstellen, damit auch noch spätere Generationen dieses herrliche Tier bewundern könnten. Bei seinem Tun wandte er die gleichen Gaben an, die andere Rothschilds im Bankwesen einsetzten: Umsicht und Feingefühl in ausgewogenem Verhältnis. Er besaß die erforderliche Geduld, um siegverheißende Pferde heranzubilden. Er vermied Spekulationen auf raschen Erfolg, kaufte von den besten Züchtern, engagierte die besten Trainer und hatte selbst ein gutes Auge für die körperlichen Eigenschaften und Vorzüge eines Pferdes. Muffys Stute fohlte im Lauf der Jahre eine ganze Reihe künftiger Champions. Namen wie „Corisande", „Restitution" und „Hippia" sind im englischen Rennsport noch heute legendäre Begriffe.

Dies war einer der Gründe für Muffys Beliebtheit, die man auch auf die übrigen Familienmitglieder übertrug. Der Mann von der Straße, der gern bei Pferderennen wettete, meinte, zumindest mit einiger Berechtigung, daß „bei den Rothschilds immer ein Sieger dabei ist". Millionen kleiner Leute setzten daher ihr Geld auf die blau-gelben Farben, in denen alle Rothschild-Jockeys ritten. Zudem trug Muffys eigene heitere, lebhafte Art dazu bei, in der Öffentlichkeit ein publikumswirksames Rothschild-„Image" zu schaffen. Die Menschen wollen eben „Idole". Heute mögen das Popmusiker sein. Während der dreißiger und vierziger Jahre waren es Hollywoodstars. Im victorianischen England waren es die „Nobs", der Land- und Hochadel, dessen luxuriöser Lebensstil bei den einfachen Menschen Bewunderung und Sehnsüchte, selten aber Gehäßigkeit und Neid weckte. Es gab auch noch andere Gründe für die allgemeine Beliebtheit der Rothschilds: Sie waren gute Grundherren, großzügige Arbeitgeber und große Wohltäter. Doch die Sympathien der Leute gewannen ihnen gerade jene originellen, um nicht zu sagen exzentrischen Familienmitglieder, von denen man soviel hörte.

Muffys freundliches Gesicht unter dem flott aufs Ohr gesetzten Zylinder und seine stämmige Gestalt waren ein vertrauter Anblick auf den Sattelplätzen von Epsom, Ascot und Newmarket. Meist sah man ihn in Gesellschaft des Prinzen von Wales, des Lord Rosebery und anderer hochgeborener Anhänger des Turf. Ihren Höhepunkt erreichte seine Karriere im Pferdesport anno 1871, das als „Jahr des Barons" in die Geschichte der Pferderennen einging. Sein Hengst „Favonius" gewann das Derby, und seine Stute „Hannah“ – diesen Namen trug sie seiner Tochter zu Ehren – siegte in drei anderen klassischen Rennen, dem St. Leger, dem Oaks und dem One Thousand Guineas. Das war eine historische Leistung, kein anderer Rennstallbesitzer hat sie je übertroffen.

Doch Muffy war keineswegs der einzige begeisterte Turf-Freund in der Familie. Diesseits und jenseits des Ärmelkanals gab es Rothschilds, welche die Vollblutzucht kaum weniger intensiv betrieben und kein Rennen versäumten. In Frankreich war es James, der das Rothschild-Gestüt in Ferrières begründete, wo die Zucht und das Training unter der sachkundigen Leitung eines gewissen Monsieur Thibault durchgeführt wurden. Auch Nat hielt eigene Pferde und scheint einer der relativ wenigen Rennstallbesitzer gewesen zu sein, die ihre Tiere regelmäßig in England wie in Frankreich laufen ließen. Er war auch einer der ersten Juden, die in den französischen Jockey Club aufgenommen wurden. Das war ein beachtlicher Fortschritt. Obwohl der Große Baron zu den Gründungsmitgliedern dieser noblen Gemeinschaft gehörte – die freilich mehr mit dem gesellschaftlichen Ansehen als mit der Ausübung des Rennsports zu tun hat –, entwickelte der Jockey Club eindeutig antisemitische Tendenzen. So gelang es etwa Alphonse erst bei der dritten Bewerbung, der Aufnahme für würdig befunden zu werden, und auch in der nächsten Generation erhielten einige Rothschilds nicht genug Stimmen aus dem Kreis der aristokratischen, sehr exklusiven Mitglieder.

In Wien war Anselms Sohn Nathaniel der Rennsport-Enthusiast. Auch er besaß ein eigenes Gestüt und züchtete mehrere prachtvolle Pferde, darunter drei Derby-Sieger. Zweifellos hatten all diese Rothschilds wirklich Freude an Pferden und Pferderennen, aber für den Familienverband war offenbar der gesellschaftliche Aspekt des Sportes der Könige wichtig. Zu den großen Rennen der Saison kamen die meisten einflußreichen Männer Europas, somit bot sich die Gelegenheit, nützliche Kontakte herzustellen. Der Rennplatz war ein Ort, wo sich mit Privatem oft Geschäftliches verbinden ließ – und manchmal auch Politisches.

Allerdings gab es ein Betätigungsfeld der Rothschilds, vielleicht sogar das interessanteste, fernab der Politik: ihr Wirken als Sammler. Über die unerhört reichhaltigen, vielfältigen Sammlungen von Kostbarkeiten, die mehrere Familienmitglieder anlegten, könnte man Bände schreiben. Im Lauf der Zeiten scheint sehr wenig Sammelnswertes ihrer Aufmerksamkeit entgangen zu sein. Gemälde, Plastiken, Bücher, Handschriften, Autographen, Totenmasken, zoologische Präparate, Spitzen, Harnische, Waffen, Eheringe, Schnupftabakdosen, Emailarbeiten, Schmuck – die Liste der Objekte ist endlos. Und was sie sammelten, schenkten sie nicht selten weiter. Museen und Galerien in ganz Europa wurden zu dankbaren – wenngleich manchmal etwas zögernden – Empfängern von umfangreichen Schenkungen der Rothschilds.

Dieses Bestreben, ja dieser Drang, schöne alte Dinge zu erwerben, war ohne Zweifel schon ein Wesenszug Mayer Amschels, dessen Handel mit seltenen Münzen und anderen Antiquitäten für den Aufbau des Familienvermögens so bedeutsam war. Die nächste Generation, die nicht nur über das Kapital verfügte, um Erstrangiges zu kaufen, sondern in großen Häusern auch über genügend Raum, hatte noch dazu den Vorteil, in einer Zeit zu leben, in der die Umwälzungen der Napoleonischen Kriege und die Revolutionen von 1830 und 1848 zur Auflösung vieler Sammlungen regierender Fürstenhäuser und Adelsgeschlechter führten. Das 19. Jahrhundert und insbesondere die Phase zwischen dieser „Diaspora" europäischen Kulturgutes und dem Auftreten der ersten amerikanischen Millionäre als Interessenten, war das Goldene Zeitalter für den Kunstkenner. James, Lionel, Nat und andere Rothschilds verstanden diese Möglichkeiten zu nützen. Auf ihren häufigen Reisen durch Europa fahndeten sie immer nach Gelegenheitskäufen, und Scharen ihrer Agenten waren unterwegs, um verborgene Meisterwerke aufzustöbern, deren Besitzer zum Verkauf bewogen werden könnten.

Diese frühen Sammler hatten tatsächlich etwas von den sprichwörtlichen Elstern an sich, namentlich James. Der Große Baron sammelte Gemälde, Wandvertäfelungen, Möbel und andere Antiquitäten mit unentwegter Begeisterung und einem bemerkenswerten Mangel an Unterscheidungsvermögen. Er ließ sich nicht im geringsten davon abschrecken, daß seine Häuser bereits mit Schätzen vollgepfropft waren. Denn James hatte einen starken Zug des Emporkömmlings, der schöne Dinge gleichsam en gros einkauft, weil sein Reichtum und sein Status solches Schaugepränge verlangen.

Ähnliches gilt für Anselm. Sein Kunstverständnis war sehr beschränkt. Natürlich stürzten sich die Kunsthändler auf diesen eifrigen Sammler, der sehr viel Geld hatte, sich aber auf das fachmännische Urteil anderer Leute verlassen mußte. Einer dieser Experten war ein gewisser Professor Oppenheim, der in alten Adelshäusern förmlich hausierte, um gering geschätztes Inventar ans Licht zu holen, so z. B. die Werke der Nürnberger und Augsburger Silberschmiede der Renaissance. Diese Cimelien des Kunstgewerbes brachte er Anselm, der jene Stücke auswählte, die ihm gefielen, und auch sofort bezahlte – nach dem Gewicht des Silbers! Sein Sohn Ferdinand, selbst ein Kunstkenner von Graden, erinnerte sich später voll Bedauern der Gelegenheiten, die Anselm versäumte:

„Mein Vater hätte eine unvergleichliche Sammlung anlegen können, da er in einem Land lebte, wo in jenen Jahren alte Kunstwerke für wertlos gehalten wurden. Aber seine Vorliebe galt nur einem eng begrenzten Gebiet, da er bloß an recht zierlich gefertigten Dingen Gefallen fand. Außerdem war er dermaßen von seinen Geschäften in Anspruch genommen, daß er für andere Beschäftigungen nur wenig Zeit erübrigen konnte. Nachdem ich 1860 aus Wien nach London gegangen war, hatte ich häufig Gelegenheit, ihm Kunstwerke anzubieten, doch nur selten griff er zu. Immer wieder zeigten mir Händler schöne Stücke, für die ich in meiner bescheidenen Behausung keinen Platz hatte oder nicht die Mittel, um sie zu erwerben und die ich dann meinem Vater anbot – aber in der Regel lehnte er ab.“[4]

Ferdinands Einstellung ist sogar typisch für die Rothschilds der nächsten Generation, die besser auszuwählen verstanden als ihre Eltern und daher befähigt waren, einige der bedeutendsten privaten Kunstsammlungen der Welt zu schaffen. Solch feineres ästhetisches Empfinden und größeres Verständnis war zweifellos eine Folge ihrer Erziehung: Sie waren in wahren Schatzhäusern aufgewachsen und hatten früh gelernt, Schönheit und vollendete Ausführung zu würdigen, aber ihnen war auch schmerzlich bewußt, daß alle diese Herrlichkeiten von ihren bourgeoisen Eltern angehäuft worden waren, die zwar den rein materiellen Wert, nicht aber die kulturelle Bedeutung erkannt hatten. Die Rothschildschen Männer und Frauen aus Ferdinands Generation erbten aber nicht bloß Intelligenz und Reichtümer. Wie bereits angedeutet, fühlten sie sich auch verpflichtet, beides für einen edlen Zweck zu nützen. Dies war das eigentliche Motiv für die Gründung der Rothschildschen Sammlungen. Sie wollten die besten Schöpfungen alter Meister und zeitgenössischer Künstler ihr eigen nennen. Stunden um Stunden verbrachten sie in Betrachtung versunken vor den erworbenen Werken. Einige Mitglieder der Familie schrieben über ihre Sammelgebiete Bücher, die den Beifall der Gelehrtenwelt fanden. Trotz all der naheliegenden Versuchungen eines praktisch unbeschränkten Reichtums, ließen es wenige Rothschilds bei bloßem unverbindlichem Dilettieren bewenden. Gegen solche „Leichtfertigkeiten“ hatte sie schon ihre Erziehung gefeit. Baron Elie faßte diese Einstellung in knappste Form, als er im Gespräch zu mir sagte: „Wir wollen in allem sattelfest sein.“ Selbst die Playboys der Familie, wie etwa Nats Sohn Arthur und sein Enkel Henri, Lionels Sohn Alfred oder der Österreicher Nathaniel, wurden ganz ernst und sachlich, sobald sie als Sammler auftraten.

Aus dieser Geisteshaltung heraus schrieb Arthur Bücher über Philatelie und trug Adolf in Pregny hervorragende Beispiele italienischen

Kunsthandwerks der Renaissance zusammen. Sein Bruder Willy Carl schuf die wahrscheinlich schönste Privatsammlung profaner Silberarbeiten des Mittelalters. Die meisten Sammler aus der Familie Rothschild stützten sich wohl auf die beste fachmännische Beratung, entwickelten aber ihren eigenen Geschmack und ihr persönliches Urteilsvermögen. Dennoch konnte es vorkommen, daß sie irrten. Willy Carls Sammlung enthielt mindestens ein Stück aus der Hand des berühmten Fälschers Reinhold Vasters. Dieser arbeitete gegen Ende des 19. Jahrhunderts an der Restaurierung des Aachener Domschatzes, nebenbei nützte er seine Kenntnisse und Fertigkeiten als Silberschmied, um Prachtstücke „gotischen" Kunsthandwerks zu schaffen. Baron Rothschild hielt es zweifellos für einen Fall von besonderem Sammlerglück, als er seinen Beständen ein Trinkhorn einfügen konnte, in kunstreich ziseliertes Silber gefaßt, mit Edelsteinen besetzt und von einem phantasievoll gestalteten Sockel aus Greifen, Phialen und gotischem Maßwerk getragen. Doch leider, leider wurde dieses „Meisterwerk des 15. Jahrhunderts" später als ein Beweisstück für Vasters' stupendes Können erkannt. Um gegen Wilhelm Carl gerecht zu sein, muß man allerdings erwähnen, daß erst in den siebziger Jahren unserer Epoche Kunstexperten die Fälschung einwandfrei agnoszierten. Jedenfalls bedurfte es schon eines ungemein fähigen Mannes, um die Rothschilds zu täuschen.

Einer der Impulse für deren große Sammelleidenschaft war der vielleicht unbewußte Drang, von den Kennern, den Eingeweihten anerkannt und für voll genommen zu werden. Dies gelang nicht immer. Manche Gelehrte und auch Abkömmlinge alter Geschlechter zeigten sich nicht sonderlich beeindruckt. Wo andere alles ehrfürchtig bestaunten, wahrten sie vornehme Zurückhaltung. Sie belächelten den Rothschildschen Eifer, möglichst vieles zusammenzutragen, ja bisweilen empfanden sie diese ihrer Meinung nach vulgäre Schaustellerei als ein Ärgernis. David Lindsay, der spätere Earl of Brawford, selbst ein großer Kunstkenner, besuchte um die Jahrhundertwende Tring Park. Was ihm dort heftig mißfiel, war die unfeine, demonstrative Anhäufung von Kostbarkeiten. „Ich sagte (zu meiner Frau), ich sei über diesen Ort so entsetzt, daß ich nie mehr in einem der großen jüdischen Häuser verweilen würde." Wie schon erwähnt, entsprach selbst Waddesdon Manor nicht völlig Lindsays Geschmack. „... die Sucht, zu prunken, offenbarte sich so deutlich wie in Tring, aber es war das Hauswesen eines Junggesellen, daher gab es dort weniger Unsinniges und Gekünsteltes."[5]

Der größte unter den Sammlern aus dem Haus Rothschild war ohne Zweifel Baron Alphonse. Als Kenner, Förderer und feinsinniger Kunstfreund übertraf er alle Verwandten seiner Zeit. Wenn er im Bankfach seiner Berufung folgte, so gab er sich der Kunst aus Passion hin. Oder anders ausgedrückt: War das Haus Rothschild Frères seine Frau, so war die „Fraternité des Artistes" seine Geliebte. Alphonse war ein geborener Mäzen, einer jener seltenen, glücklichen Menschen, die nicht nur untrüglichen Geschmack, reiches Wissen und tiefes Verständnis besitzen, sondern auch das Vermögen, um alles zu erwerben, was ihr kundiger Blick als wertvoll erkennt.

In dem hymnischen Nekrolog, den die Zeitschrift „L'Art" nach seinem Tod im Jahr 1905 als Sonderdruck publizierte, liest man:

> „Der Baron hatte zwei Familien: seine eigene und die Künste. Wenn er in der einen nicht völlig Erfüllung fand – allein, auf diesem Gebiet blieb ihm Fortuna immer gewogen –, so war er in der Lage, sich bei der anderen zu trösten, denn sie stand ihm ebenso nahe. Er war ihr mit der gleichen stillen Liebe zugetan und gewährte ihr den gleichen Platz in seinem Vaterherzen."[6]

Vom Umfang und Wert der Sammlung Alphonse de Rothschilds kann man sich heute schwerlich einen auch nur annähernd richtigen Begriff machen. Doch als Augenzeuge beschrieb der anonyme Autor in „L'Art" sehr ausführlich und einfühlend die Objekte in den privaten Gemächern im Haus des Barons an der Rue Saint Florentin. In einer Suite von insgesamt fünf Räumen befanden sich: antike Marmorstatuen, Kleinbronzen aus dem 18. Jahrhundert, Vitrinen voll Emailarbeiten der Renaissance, Majolika, Fayencen und vergoldete Statuetten, eine Reihe von Uhren und Vasen des lothringer Rokokomeisters Claude Michel Clodion, eine silberne Prunkschale von Ascanio, einem Schüler Benvenuto Cellinis, eine Monstranz aus Gold und Email, die aus der Medici-Kapelle in Florenz stammte, Zeichnungen und Aquarelle alter Meister, Objekte aus Bergkristall und Schmuckstücke. Die auf engem Raum vereinigten Gemälde ergaben gleichsam einen Querschnitt durch die europäische Kunstgeschichte. Darunter waren unschätzbare Werke von van Eyck, Jan Steen, Filippino Lippi, Adriaen van Ostade, Mabuse und Sigmund Holbein, einem Bruder Hans Holbeins des Älteren. Die Niederländer des 17. Jahrhunderts, die Alphonse besonders bewunderte, waren durch Hobbema, Wynants, Wouwerman, van de Velde d. J., Jan van der Heyden und sogar Rembrandt vertreten. Es gab ein Meisterwerk von Watteau, das Alphonse in England erworben hatte, nicht zuletzt mit der Absicht, es in die Heimat zurückzubringen. Von den Künstlern neuerer Zeiten fanden sich in der Sammlung Werke von Descamps, Boucher, Gainsborough und Richard Parkes Bonington.

Hochtrabend schloß der Autor: „Inmitten seiner Meisterwerke vergaß der Baron alles wirre Treiben des Lebens. Hier, in dieser herrlichen Gelassenheit, mit der manche Künstler den großen Fragen des Daseins begegnen, fand sein immer mit der Suche nach Lösungen für praktische Probleme belasteter Geist neue Spannkraft."[7]

So eindrucksvoll diese Aufzählung klingt, sie erfaßt nur einen Bruchteil der Sammlung, die Alphonse durch Erbschaft und Kauf aufbaute. Es fanden sich auch einige Rarissima der europäischen Kunst, etwa ein Zyklus auf Leder gemalter Wandfelder von Govaert Flinck, einem der begabtesten Rembrandt-Schüler, sie zierten die Wände eines Raumes in Ferrières, ferner Porträts von Rubens, Hunderte früher Radierungen – damals, zu Zeiten des Barons noch nicht nach Gebühr gewürdigt –; Reynolds' berühmtes Bildnis von Master Hare und ein singulärer Bestand an Gemälden der französischen Meister des 18. Jahrhunderts, Watteau, Boucher und Fragonard.

Kein Wunder also, daß Alphonse in der Kunstwelt hohes Ansehen genoß und daß man manchmal seine Meinung über Werke strittigen Ursprungs einholte. Er wurde in die nur vierzig Mitglieder zählende Académie Française gewählt, und 1904 setzten 163 prominente französische Künstler ihre Namen auf eine Bronzetafel, die Alphonse in Anerkennung seiner Verdienste um die bildenden Künste überreicht wurde. Denn die Sammeltätigkeit des Barons beschränkte sich nicht bloß auf Schöpfungen dahingegangener Meister. Er war auch ein großer Förderer zeitgenössischer Künstler. Wenn im Werk eines Malers oder Bildhauers verheißungsvolle Begabung zu erkennen war, dann kaufte er es an, und zwar nicht für die bereits überfrachteten Räume in der Rue Laffitte oder in Ferrières, sondern für Galerien und Museen in der Provinz.

Rund zweihundert solcher Institute in ganz Frankreich zogen Nutzen aus der Großzügigkeit des Baron de Rothschild. Sein Verfahren kam allen Beteiligten zustatten: Es brachte Bargeld in die Ateliers der Künstler, das dort dringend gebraucht wurde. Es entlastete die Kustoden der Museen und Galerien, die ebenfalls immer knapp bei Kasse waren. Es bot die Gewähr dafür, daß Werke vielversprechender Künstler öffentlich gezeigt wurden. Und es ermöglichte Alphonse, sein Mäzenatentum als geschäftliche Transaktion zu verschleiern. Wie schon angedeutet, war er ein zurückhaltender Mensch, der seine Gefühle zu beherrschen wußte. Er wollte keinen Dank, und wie Anthonys Frau Louisa legte er nicht den mindesten Wert auf den Ruf eines „hochherzigen Spenders" oder Förderers. Viel lieber galt er als ein Mann, der eben Bilder kaufte und sie dann verschenkte – in aller Stille, ohne Aufsehen. Sogar nach seinem Tode sollte sein Name nicht mit seinen guten Taten in Verbindung gebracht werden. Der französischen Akademie der schönen Künste vermachte er einen Stiftungsfonds in der Höhe von 200 000 Francs für einen jeweils zweijährlich zu verleihenden Preis, aber die Einzelheiten überließ er ganz der Leitung des Instituts.

Diese Scheu vor der Öffentlichkeit war ein Wesenszug, den Alphonse mit vielen seiner Verwandten gemeinsam hatte, besonders Lionel und Natty waren ihm darin ähnlich. Für die Rothschilds blieb Diskretion oberstes Gebot, das erforderte schon ihre Stellung als enge Vertraute der Staatsmänner. Aber die zunehmende politische Polarisation in den europäischen Gesellschaftssystemen nötigte bald auch sie, deutlicher aufzutreten. Im Jahr 1871 wurde in Frankreich und im neuen Deutschen Reich das allgemeine Wahlrecht für Männer eingeführt, in anderen Staaten, so auch in Britannien, zeichnete sich eine gleichlaufende Entwicklung ab. Somit erhielt die Meinungsbildung innerhalb der Arbeiterschaft einen neuen politischen Stellenwert, und während die bereits bestehenden Parteien um Stimmen aus diesen Bevölkerungsschichten warben, traten auch neue politische Parteien mit dem Ziel auf, gerade die Interessen der Arbeiter zu vertreten. In den achtziger Jahren des 19. Jahrhunderts gab es sozialistische Parteien unterschiedlich roter Schattierung in ganz Europa. Einige waren rundweg anarchistisch, andere wollten mit verfassungsmäßigen Mitteln Veränderungen herbeiführen. Aber alle waren sich einig in ihrer Absage an den Kapitalismus. Die Rothschilds, die bis dahin in der liberalen Mitte gestanden waren, wurden durch diesen Druck von links zwangsläufig immer weiter nach rechts gedrängt. Als ihr Glaubensgenosse Harry Worms bei den Parlamentswahlen von 1868 als Tory kandidierte, waren die englischen Rothschilds noch hellauf empört, und eine liberale Zeitung brachte einen Leitartikel unter dem Titel „Kann ein Jude Konservativer sein?“[8] Aber Lionels und Muffys Erben und Nachfolger im Unterhaus dachten bereits ganz anders darüber. Aus begreiflichen Gründen näherten sich ihre französischen Cousins rascher einem extremen Standpunkt.

Alphonse bildete sich seine politische Meinung unter dem Eindruck der Ausschreitungen in den Jahren 1848 und 1870. Ganz gegen seine Gepflogenheiten gab er 1879 ein Zeitungsinterview, darin sprach er sich sehr entschieden aus:

> „Ich selbst glaube nicht an diese Bewegung der Arbeiterklasse. Ich bin sicher, daß die Arbeiterschaft im allgemeinen mit ihrem Los sehr zufrieden ist, daß sie sich überhaupt nicht beklagt und nicht im mindesten für das interessiert, was man Sozialismus nennt. Offensichtlich gibt es Rädelsführer, die versuchen, Lärm zu schlagen und Gutgläubige anzulocken, aber solche Leute haben weder Wirkung noch

Einfluß auf ehrliche, vernünftige, fleißige Arbeiter. Wir müssen zwischen braven und aufsässigen Arbeitern unterscheiden. Es ist z. B. völlig verfehlt zu sagen, daß brave Arbeiter den Achtstundentag fordern. Jene, die danach rufen, sind faule, unfähige Kerle . . . Ich habe nie verstanden, was mit „Hochfinanz" überhaupt gemeint ist . . . Es gibt reichere und ärmere Menschen, das ist alles! Manche sind heute reicher und werden morgen ärmer sein . . . Jeder ist solchen Wandlungen unterworfen. Jeder, ohne Ausnahme. Und niemand kann sich rühmen, er sei imstande, solches von sich abzuwenden. Und was nun die Anhäufung von Kapital betrifft: das ist Geld, welches in Umlauf bleibt, arbeitet und Erträge bringt . . . Wenn man es verscheucht oder bedroht, wird es verschwinden. Und an jenem Tag wird alles verloren sein . . . Von einigen unglückseligen Ausnahmen abgesehen . . . hat jeder Mensch . . . jenen Anteil am verfügbaren Kapital, der seiner Intelligenz, seiner Energie und seinem Fleiß entspricht."[9]

Es könnte kaum eine knappere Deutung des „Laissez-faire"-Kapitalismus geben. Für Alphonse wurde das Wirtschaftsleben von bestimmten, unabänderlichen Gesetzen beherrscht. Politische Idealisten, die diese Grundsätze mißachteten, waren entweder irregeleitet oder dumm. Ganz ähnliche Auffassungen vertraten im weiteren seine englischen Cousins, die sich immer mehr vom Liberalismus Gladstones distanzierten.

Aber in einem Fall zumindest wirkten sich die Gesetze, denen Alphonse Reichtum und Prestige verdankte, zu seinen Ungunsten aus. Der Baron sollte an einem Empfang in Brüssel teilnehmen. In Eile verließ er sein Haus in der Rue St-Florentin, um den Nachmittagsexpreß zu erreichen. Kaum war er fort, da entdeckte sein Kammerdiener, daß jener Koffer, in dem sich der Frack des Gnädigen Herrn befand, noch in der Halle stand. Sofort raste der Mann in einer Droschke zum Gare du Nord, aber der Zug war bereits abgefahren. Allein, noch war nicht alles verloren. Immerhin war sein Gebieter der Präsident der Eisenbahngesellschaft. Eine prompte Meldung an die richtige Stelle, und bald brauste ein Sonderzug, in dem nur ein einziger Reisender samt einem einzigen Koffer saß, nordwärts. Mittlerweile wurde telegraphisch Bescheid gegeben, die Strecke für den Baron de Rothschild freizuhalten. Diensteifrige Bahnbeamte leiteten alle Züge um, welche die Durchfahrt der Sondergarnitur behindert hätten, so auch den Paris–Brüssel-Expreß. Der wurde auf ein Nebengeleise dirigiert und mußte dort warten, während Alphonse und dessen Begleiter mit wachsender Nervosität immer wieder ihre Uhren zogen. Das Resultat: Der Frack des Barons de Rothschild traf pünktlich für den Anlaß ein. Wer nicht mehr zurechtkam, war der Baron de Rothschild selber.

Gegen den Sozialismus trat Alphonse mit eben jenen Waffen an, welche die Rothschilds stets eingesetzt hatten, seit sie zu Einfluß gelangt waren. Wohl hatte er eine Kandidatur für die Nationalversammlung abgelehnt, nie bewußt die Bildung von Parteicliquen gefördert und war gewiß niemals an irgendwelchen politischen Komplotten beteiligt. Doch da er alle führenden Köpfe der Nationalversammlung persönlich kannte und mit ihnen aktuelle Anliegen erörterte – schon aus dem einfachen Grund, weil er die führende Persönlichkeit bei der Emission neuer Staatsanleihen war und nur wenige geschäftliche Vorhaben ohne Unterstützung durch eines seiner Banksyndikate gelingen konnten –, deshalb war Alphonse de Rothschild eine politische Macht im Land.

Darüber hinaus war er einer der wenigen Verfechter eines stabilen Kurses. In der Nationalversammlung gedieh das Unwesen der Gruppierungen und Klüngel so weit, daß es während der ersten zwanzig Jahre der Dritten Republik sage und schreibe dreißigmal zum Regierungswechsel kam. Mit seinem Wirken hinter den Kulissen zielte Alphonse häufig darauf ab, allzu große Pendelausschläge der Wirtschaftspolitik zu verhindern, damit die Wirtschaft selbst ruhig weiterarbeiten konnte. Dabei ging es in erster Linie darum, dem Treiben der Linken zu begegnen, die nach mehr Kontrolle durch den Staat riefen. Ein wertvoller Verbündeter bei solchen Bemühungen war Léon Say, ein langjähriger Berufskollege, Mitglied des Direktoriums der Chemin de Fer du Nord und mehrerer Rothschildscher Unternehmen. Zu Beginn der sechziger Jahre ging er in die Politik. Rasch erwarb er sich einen guten Ruf als Wirtschaftsexperte und sehr energischer Debattenredner, der während der letzten Phase des Zweiten Kaiserreichs häufig und oft ganz allein gegen die offizielle Finanzpolitik opponierte. Say war ein unbarmherziger Kritiker wirtschaftlicher Mammutprojekte und ein Befürworter des vernünftigen Maßes in der Politik. Auch während der unruhigen ersten Jahre der Dritten Republik blieb er, seinen Maximen getreu, ein Verfechter der Privatinitiative.

Say konnte seine Prinzipien in die Praxis umsetzen, als er Finanzminister im Kabinett Jules Dufaure (Dezember 1877 bis Januar 1879) wurde. Wie nicht anders zu erwarten, bezeichnete man ihn prompt als ein Geschöpf der Rothschilds.

Wer solche Anschuldigungen erhob, hatte keine Ahnung davon, auf welche subtile Weise die Rothschilds politischen Einfluß ausübten. Alphonse und Léon Say trafen häufig zusammen, um aktuelle Wirtschaftsfragen zu besprechen. Über die möglichen Lösungen waren sie meist einer Meinung, aber Alphonse war zu intelligent, um sich bei der sehr heiklen Gewichtsverteilung in der französischen Politik mit einer einzigen Gruppe identifizieren zu lassen. Er pflegte Bekanntschaften oder sogar Freundschaften mit Männern aller Schattierungen des weltanschaulichen Spektrums.

Wenn er auch den Kurs der Linken ablehnte, so wäre es ihm doch nicht eingefallen, führenden Sozialisten aus dem Weg zu gehen. Als im Mai 1881 Léon Gambetta den Sieg davontrug, war das Oberhaupt des Pariser Bankhauses darauf bedacht, ihn persönlich kennenzulernen und ihm zu versichern, daß die Rothschilds im politischen Leben nur eine bescheidene Rolle spielten – zumindest aus der Sicht des Barons. Ein Augenzeuge schilderte ein Diner, bei dem beide anwesend waren. Bevor man sich zur Tafel begab, beobachtete er

> „die beiden Könige im freundschaftlichen Gespräch in einer Fensternische – Gambetta, den eigentlichen Herrn Frankreichs und Rothschild ... Gambetta wollte eine Flottendemonstration gegen Tunesien und verbreitete sich über seine militärischen Pläne. Dann begann Alphonse de Rothschild sehr sachkundig über die führenden Minister Italiens und Englands zu sprechen. Staunend und voll Bewunderung hörte Gambatta zu, er hatte nicht vermutet, daß Alphonse de Rothschild solch einen hochentwickelten, lebhaften Geist besaß. Die beiden redeten über Depretis, Cairoli, Sella, Disraeli, Gladstone, Crispi, Hartington, Granville ... Alphonse de Rothschild erklärte seinem faszinierten Zuhörer die großen Finanzoperationen, mit denen er 1871 befaßt war. Er sagte, er schätze Monsieur Thiers, obwohl ihm dieser, zu Unrecht, Feindseligkeit vorgeworfen habe. Ein volles Jahr lang hätten sie nicht miteinander gesprochen. Gambetta warf ein: ‚Zu mir sagte Thiers, es war Rothschild, der mich stürzte.' (Er war im Mai 1873 vom Amt des Präsidenten der Republik zurückgetreten.) ‚Das ist nicht wahr', erwiderte Alphonse de Rothschild sehr bestimmt. ‚Es war wohl so, daß ziemlich viele Abgeordnete etwas auf meinen Rat gaben, und ich ermöglichte Thiers, sich sechs Monate länger zu halten als es ihm ohne mich gelungen wäre. Ich sagte zu meinen Freunden in der Kammer: Tut nichts zum Sturz von Thiers, das wäre eine Katastrophe für das Land ... Laßt ihn wenigstens die wichtigen Verhandlungen über die Anleihe abschließen, denn davon hängen die Glaubwürdigkeit und das Wohl Frankreichs ab. Etwas anderes sagte ich nie.' Rothschild und Gambetta waren offenbar darin einig, im Geist Thiers' zu wirken."

Alphonse fand sich zwar bereit, Bündnisse mit Kräften aus dem anderen politischen Lager zu schließen, war aber ein viel zu gewiegter Praktiker, um irgendwelche vorschnelle oder unwiderrufliche Verpflichtungen einzugehen. Der erwähnte Augen- und Ohrenzeuge berichtet über die Trinksprüche am Ende des Mahles.

> „‚Auf ein erneuertes Frankreich!' sagte Gambetta. Alphonse de Rothschild erwiderte ‚Auf den Mann, der es erneuern wird!' Diese Worte waren mehrdeutig und konnten für Gallifet (General Gaston Gallifet, der damals die Besetzung Tunesiens befehligte) ebenso wie für Gambetta gelten . . . aber Gambetta bezog sie sofort auf sich. Einige Sekunden suchte er nach der passenden Antwort, sie fiel ihm nicht ein. Dann sagte er ganz einfach: ‚O, das wäre mir sehr recht.'"[10]

In der Finanzwelt ging die Opposition gegen die Rothschilds vor allem von Konkurrenten aus, welche die mächtigen Allianzen der Hochfinanz ablehnten und eigene Syndikate bildeten, um im geschäftlichen Wettbewerb zu bestehen. Die stärkste treibende Kraft solcher Unternehmen war die Bank Crédit Lyonnais, deren Direktor die „Hochfinanz" als eine internationale Verschwörung von Privatbankiers sah, die angeblich danach trachte, die französischen Kommerz- und Depositenbanken neuen Gepräges vom Markt fernzuhalten.

> „Angesichts dieser Situation, in der die französischen Unternehmen in Gefahr geraten, von jenem Platz verdrängt zu werden, der ihnen rechtens im Leben Frankreichs zukäme, fanden es diese Unternehmen zweckdienlich, sich zu vereinen, um durch gemeinsames Handeln mehr Einfluß und auch mehr Druck auf die Regierung ausüben zu können. Die Campagne wird in der Presse geführt werden . . . Hauptziel des Syndikates ist nicht, einer anderen Gruppe bei Geschäftsabschlüssen zuvorzukommen, sondern vielmehr überhaupt eine Beteiligung zu erreichen. Wir wollen Zugang auf gleichem Fuß, mit unserem Kapital, unserem Kundenstock und zu den Wettbewerbsbedingungen, auf die wir ein Anrecht haben."[11]

Solche Konkurrenz konnte nur ersprießlich sein. Fragwürdiger freilich war die Gegnerschaft, als deren Protagonist Eugène Bontoux auftrat, ein höherer Angestellter der Rothschilds, der zum Direktor ihrer österreichischen Südbahn-Gesellschaft aufgestiegen war. Er war ein begabter Techniker und ungemein ehrgeiziger, für Neuerungen sehr aufgeschlossener Geschäftsmann, der mit Unterstützung durch seine Chefs viele richtungweisende Verbesserungen eingeführt hatte. Zudem hatte er mindestens einen großen Finanzcoup eingeleitet: Auf sein Konto geht der Vorschlag einer Kooperation zwischen den Rothschilds und der Crédit Lyonnais zwecks Sanierung des bankrotten Wiener Bankvereins. Aber im Grund war er ein Opportunist. Denn als die französische Bank eine Zusammenarbeit mit den Rothschilds ablehnte, bot er seine Mithilfe an, um diese als Kontrahenten einer Anleihe für Ungarn auszustechen. Im Jahr 1878 trennten sich Bontoux und die Rothschilds, und der initiative Techniker gründete ein neues Bankenkonsortium unter dem Namen „Union Générale".

Kapital bezog Bontoux von seinen Geschäftspartnern, doch außerdem fiel ihm eine sinnreiche Methode ein, um das Vertrauen von Anlegern zu gewinnen: Er stellte die Union Générale als eine katholische Bank dar, die Juden und Protestanten die Kontrolle über die Geldmärkte entreißen werde. In seiner Werbeschrift war eine Unterstützungserklärung des Papstes abgedruckt, und Bontoux gewann nicht nur den römisch-katholischen Klerus für sich, sondern auch den monarchistischen Adel und andere konservative Elemente. Priester empfahlen ihren Pfarrgemeinden das neue Unternehmen mit dem gleichen Eifer, den ihre mittelalterlichen Vorgänger eingesetzt hatten, um zum Kreuzzug gegen die Ungläubigen aufzurufen. Diese Aktion löste einen Ansturm sagenhaften Ausmaßes aus. Von der verlockenden Aussicht geleitet, einen Schlag für den wahren Glauben zu führen und dabei Gewinne zu erzielen, eilten die einfachen Franzosen in Massen herbei und schütteten ihre Ersparnisse in die Kassen der Union Générale. Die erste Emission in der Höhe von 4 Millionen Franc war bald überzeichnet.

Die Tätigkeit der neuen Bank lief sehr verheißungsvoll an. Bontoux nützte seine österreichischen Verbindungen und seine Kenntnis der Rothschildschen Strategien, um die staatlichen Stellen in Wien geneigt zu stimmen und bemächtigte sich einer ähnlichen Stellung, wie sie früher seine einstigen Chefs innehatten. Im Jahr 1880 war er an der Gründung der Österreichischen Länderbank beteiligt. Ein Jahr später leiteten die beiden Institute gemeinsam ein Großprojekt ein: die Erweiterung des österreichisch-ungarischen Eisenbahnnetzes bis zur damaligen Grenze der Türkei auf dem Balkan. Und dies war nur eines von vielen kühnen Vorhaben in ganz Europa, bei denen Monsieur Bontoux die Hand im Spiel hatte. Zu Beginn des Jahres 1882 notierten Union-Générale-Aktien mit dem Nominalwert von 500 Franc bereits mit 2500 Franc.

Dann kam der Krach. Es gab drei Hauptgründe für den jähen Zusammenbruch der Union Générale. Natürlich wehrten sich die alteingesessenen Banksyndikate unter Einsatz ihrer beträchtlichen Finanzkraft gegen den Emporkömmling. In Wien z. B. kaufte Salomon Albert, Oberhaupt des österreichischen Bankhauses Rothschild, einige Monate hindurch laufend Union-Générale-Aktien auf und stieß sie dann plötzlich in Bausch und Bogen ab. Teils infolge dieses Schachzugs fiel der Kurs binnen zwei Monaten von 2090 auf 950 Franc. Und dies gleichzeitig mit einer Rezession des Welthandels, einem Rückschlag nach der hektischen Konjunktur der siebziger Jahre. Das erste bedenkliche Anzeichen des Marktumschwungs zeigte sich im Januar 1881, als die Pariser Börse gezwungen war, für einige Tage den Aktienhandel einzustellen. Aber der entscheidende Grund für die Schwierigkeiten der Union Générale lag in Bontoux' eigenen überzogenen Spekulationen. Er versuchte, sich gegen einen Ansturm auf die Bank zu wappnen, indem er auch die eigenen Kapitalreserven investierte, um rasch Gewinne zu erzielen. Eine Maßnahme, welche die drohende Katastrophe nur beschleunigte. Die Union Générale meldete die Liquidation an, und Bontoux wurde verhaftet. In einem langwierigen Gerichtsverfahren mit mehreren Anklagepunkten wurde er wegen Veruntreuung anvertrauter Gelder zu fünf Jahren Gefängnis verurteilt. Dem Vollzug der Haftstrafe entging er dadurch, daß er die Zeit von 1883 bis 1888 in Spanien verbrachte. Während der Ermittlungen und während seines Exils unternahm er alles ihm Mögliche, um die Schuld auf andere abzuwälzen. In seine Wehklagen stimmten Tausende redliche Franzosen ein, die bei diesem Zusammenbruch alles verloren hatten, des weiteren die hohe Geistlichkeit, die Kräfte der Reaktion und – ironische Pointe des Falles – mehrere sozialistische Politiker. Denn die wirtschaftliche Krisensituation hatte auch den Sturz des Ministerpräsidenten bewirkt – das war Gambetta, der Liebling der Linken.

Die entfesselte Empörung hatte nun ihr scharf umrissenes Feindbild: die „Verschwörung des Judentums" im allgemeinen und die Rothschilds im besonderen. Die Bontoux-Affäre stand am Beginn einer virulenten Phase des Antisemitismus, der Frankreich bis zum Ausbruch des Ersten Weltkriegs belastete.

KAPITEL 19
Zu Gast bei Bonvivants und Exzentrikern

Für Europa waren die beiden letzten Jahrzehnte des 19. Jahrhunderts eine Epoche bisher ungeahnten Wohlstands und Selbstvertrauens. Dies war der Hochsommer des „Laissez-faire“-Kapitalismus. Eine Zeit minimaler Besteuerung und maximaler Möglichkeiten, eine Zeit, in der die Reichen, wenn sie auch nur halbwegs intelligent waren, noch reicher wurden. In England war es die Ära der Music Hall und der Operetten von Gilbert & Sullivan, der Dampfjachten und der allerersten Autos, der Ferien an der Riviera und der Feste in den Landhäusern. Im prächtigen, neu gestalteten Wien regierten zwei Monarchen: Kaiser Franz Joseph und der Walzerkönig Johann Strauß. Man lebte in der Epoche einer Elite, für die es nach einem Bonmot Oscar Wildes nur zwei Möglichkeiten gab: zur vornehmen Welt zu gehören und sich dabei zu langweilen oder Außenseiter zu bleiben, was freilich eine Tragödie war.

Die Rothschilds gehörten „dazu“, daran gab es nicht den geringsten Zweifel. Viele von ihnen genossen die Freuden, die ihnen ihr Reichtum und ihre gesellschaftliche Stellung boten, in vollen Zügen. Zum erstenmal waren nur wenige der männlichen Familienmitglieder aktiv im Bankwesen tätig. In Paris fungierten Alphonse und Gustave auch weiterhin als die „Atlanten“ der Rue Laffitte. In Frankfurt führten Mayer Carl und Willy Carl den Vorsitz im Stammhaus. Aber in Wien bewältigte Salbert allein die anfallenden Geschäfte, und in London war Natty der einzige, den man als einen echten, richtigen Bankier bezeichnen konnte, wenngleich alle drei Söhne Lionels täglich in ihren Büros in New Court saßen. Zum erstenmal kam es zu jener Abstimmung von kavaliersmäßigen Interessen und Berufsausübung, wie sie bis heute den meisten Familienmitgliedern so harmonisch und ersprießlich gelingt. Manche Rothschilds gaben sich völlig ihren allgemein bekannten Liebhabereien und auch ihren geheimen Lastern hin, unbekümmert darum, ob die Welt sie als Exzentriker ansah. Andere bekämpften ebenso energisch die Frivolität und lockere Moral der Zeit und widmeten sich fast ausschließlich guten Werken.

Englische Rothschilds 1870–1911

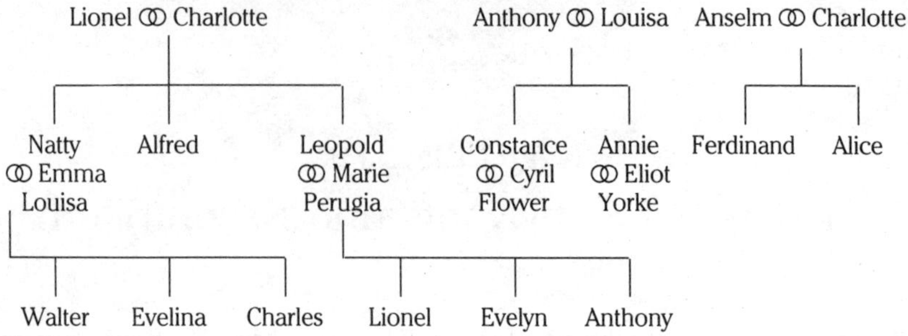

Die Londoner Brüder, die Lionels Vermögen und Pflichtenkreis erbten, waren im Wesen völlig verschieden. Natty, der Älteste der drei und der unbestrittene Primus, war auf seine ganz persönliche Art eine ebensolche Koryphäe wie vor ihm Nathan und James. Geistig ungemein regsam, ein logischer, initiativer Denker, besaß er eine außergewöhnliche Auffassungsgabe, ob im Finanziellen oder in der Politik, und fand sich leicht in den Platz seines Vaters in New Court, Westminster und in den „Korridoren der Macht". Auch im Charakter ähnelte er stark seinem Vater. Er war ein zurückhaltender, schweigsamer Mann, dem es nie leichtfiel, seinen Empfindungen Ausdruck zu verleihen. Seine ungewöhnliche Großzügigkeit und Herzensgüte verbarg er hinter einer geradezu rührenden Bescheidenheit, so daß das volle Ausmaß seiner Wohltaten erst nach seinem Tod bekannt wurde. Besonders hoch entwickelt war sein Sinn der Verpflichtung gegenüber Menschen, für die er sich auf irgendeine Weise verantwortlich fühlte. Zu dieser Kategorie gehörten seine Angestellten, seine Pächter, britische Juden, verfolgte ausländische Juden, die Armen und die Tausenden Unglücklichen, die ihn tagtäglich um Hilfe anflehten. Lord Balfour, viele Jahre ein guter Freund Nattys, beschrieb ihn als „eine jener verschlossenen, etwas freudlosen Naturen. In der Verpflichtung der Allgemeinheit gegenüber sah er ein hohes Ideal. Prunk und Eitelkeit der Welt bedeuteten ihm nichts. Denn er war durch und durch ein schlichter Mensch."[1]

Nattys Gattin Emma Louise war eine von Mayer Carls talentierten Töchtern, eine Malerin und Pianistin von Graden, die aber auf diese Liebhabereien verzichtete, um die Karriere ihres Gatten zu fördern. Solche Selbstverleugnung war ein für sie typischer Wesenszug. Wie die meisten Rothschilds aus der Frankfurter Familie hatte sie sehr strenge Begriffe von Religion und Moral, und manchmal erschien ihr Verhalten sogar den victorianischen Zeitgenossen prüde, aber sie gab nicht viel auf die Meinung anderer Leute. Angesichts der unerfreulichen Seiten des Lebens bewahrte sie Gleichmut, vertrat unbeirrbar ihre eigenen Auffassungen und bewährte sich als unerschütterliche Stütze Nattys. Connie, die ihr sehr nahestand, charakterisierte sie als „reserviert, verständnisvoll, freundlich, intelligent, einfallsreich und beharrlich". Phantasie freilich sei nicht Emmas starke Seite gewesen, und im gesamten betrachtet fand Connie sie „nicht sehr großzügig".[2]

Nach den ersten Jahren bot diese Ehe nach außenhin nicht gerade das Bild herzlicher Zuneigung – was bei zwei so gehemmten Menschen ja auch kaum zu erwarten gewesen wäre –, aber sie war getragen von gegenseitiger Achtung und Bewunderung. Emma war eine Perfektionistin, ihre öffentlichen Verpflichtungen als Gastgeberin, Wohltäterin und Herrin eines großen Besitzes erfüllte sie sehr gewissenhaft. Sie förderte buchstäblich Hunderte von Wohltätigkeitsaktionen. Eine ihrer Enkelinnen erinnerte sich ihrer als einer Dame mit „himmelhohen Idealen", deren Einstellung zu ihren Pächtern und der Dienerschaft nicht von paternalistischer Gönnerhaftigkeit, sondern von ehrlicher Anteilnahme gekennzeichnet war.[3]

Sicherlich gab es im ganzen Land wenige Farmer und Arbeiter, denen es so gut erging wie den Leuten auf dem Besitz Tring. Natty und Emma erbauten mehr als vierhundert moderne Wohnhäuser mit Wasserversorgung und entsprechenden sanitären Einrichtungen. Sie hielten Höfe, Wirtschaftsgebäude und auch Kirchen bestens instand. Sie schufen Gemeinschaftseinrichtungen wie Versammlungshallen, Vereinslokale und Schulen. Sie richteten in Tring sogar einen neuen Gasthof „Rose and Crown" ein, um Unterkünfte für die „Dienerinvasion" verfügbar zu haben, die jedesmal einsetzte, bevor im Haus ein großes Fest stattfand. Während der Aufenthalte in seinem Tusculum unternahm das Paar regelmäßig Fahrten durch den gesamten Besitz, um sich zu überzeugen, daß alles in Ordnung war und um den persönlichen Kontakt mit den Pächtern zu pflegen. Die beiden verwirklichten Gesundheits-, Pensions- und Sozialprogramme, die ihnen einen Platz unter den fortschrittlichsten englischen Großgrundbesitzern sicherten.[4] Besonders deutlich erwies sich der praktische Wert solcher Fürsorge für ihre Schutzbefohlenen im Verlauf der Agrarflaute der siebziger und achtziger Jahre, als mit Rothschildschem Geld die Landwirtschaft des Tales von Aylesbury gestützt wurde, während anderswo Bauernhöfe verödeten und Landarbeiter abwandern mußten.

Die Enkelin Miriam erinnert sich noch lebhaft daran, wie die alten Eheleute im Gespräch beim Dinner eines Sinnes darüber waren, daß einer ihrer Nachbarn ein ausgemachter Schurke sei. In dem Glauben, der Betreffende müsse wohl mindestens ein Bankräuber sein, wenn er eine solche Bezeichnung verdiente, fragte das Kind schüchtern, was er denn verbrochen habe. „Er sorgt nicht für die Häuser seiner Pächter", erwiderte die Großmutter.[5]

Um Alfred, den zweitgeborenen Bruder, bleibt der Schatten eines Geheimnisses. In fast allem war er der Antitypus zu Natty: eingefleischter Junggeselle, Ästhet, schillernd bis zum Exzentrischen, gesellig, respektlos, manchmal unzuverlässig und so wenig würdevoll, daß man ihn vielfach als eine Art Harlekin betrachtete. Ein Zeitgenosse sagte von ihm, er habe „ein gutes Herz, aber ein Spatzenhirn".[6] Pflichtschuldig spielte Alfred die Rolle, die man in der Bank und in der Öffentlichkeit von ihm erwartete. Im Grund aber war er einer jener Rothschilds, die sich gegen die Maximen der Familie auflehnten. Wie der französische Rothschild Salomon erkannte er rasch die absurden Seiten seiner Stellung. Dies machte ihn zwar in seinem großen Freundeskreis zweifellos beliebt, wirkte aber auf seine seriöseren Verwandten irritierend. Emma z. B. mißbilligte Alfreds Lebensstil, und sie weigerte sich, seine Geliebte Marie Wombell zu empfangen. Ihr Neffe Charles, Nattys Sohn, stand in der Familie wahrscheinlich nicht allein, wenn er die Ansicht äußerte: „Alfred loszuwerden verlohnte sich um jeden Preis."[7]

Was an Nattys Bruder wirkte auf die anderen Rothschilds so störend? An seinem Äußeren kann es nicht gelegen haben: Er war schlank gewachsen, adrett, hatte einen etwas ausgefallenen frisierten Backenbart und blickte oft lächelnd ins Leere. Aber diese Miene war kein Anzeichen schlichten Gemütes. Alfred war ganz und gar nicht dumm. Er besaß Witz, sprach mehrere europäische Sprachen fließend und interessierte sich ernsthaft für die Kulturen anderer Länder. Als Kenner der Werke alter Meister – und im besonderen als Sammler englischer Malerei des 18. Jahrhunderts – konnte er sich fast mit seinem Schwager Alphonse messen, und er nützte seine Kenntnisse als Mitglied des Kuratoriums der Londoner National Gallery und der Wallace Collection. Auf seine beharrlichen Vorstellungen hin erwarb die Regierung für die Öffentlichkeit z. B. das großartige Reiterporträt Karl I. von Van Dijck, nun einer der größten Schätze der National Gallery. Er war ein Habitué der Oper, des Theaters und der Music Hall – einige Zeit war er sogar Teilhaber des berühmten Gaiety Theatre – und zeigte Interesse für europäische Politik.

Mit Wonne widmete er sich den Aufgaben der Repräsentation. Das Magzin „Vanity Fair" deutete taktvoll an, darin bestehe wohl seine „offizielle" Rolle als Träger des verpflichtenden Namens:

> „Er hat die Funktion, das große Haus in der Gesellschaft zu repräsentieren, und dies tut er sehr gründlich. Er ist derjenige, welcher die Fürstlichkeiten empfängt, Gespräche mit Botschaftern führt und die

glanzvollen Feste veranstaltet, welche die Auserwählten von London so gern besuchen. Bei solchen Anlässen macht er sich zum Sklaven und Diener seiner Gäste, überschüttet sie mit all den Köstlichkeiten, die Reichtum zu bieten vermag, so daß sie immer dankbar scheiden, obwohl der und jener ihn freilich auch beneiden mag. Er kennt jeden in London und jeder kennt ihn."[8]

Um einen noch prächtigeren Rahmen für seine rauschenden Feste und zugleich eine würdige Heimstatt für die besten Stücke seiner Sammlung zu schaffen, errichtete sich Alfred einen Landsitz, natürlich in der für ihn so typischen Art barocken Überschwangs. Sein Vater hatte ihm ein Areal in Halton bei Wendover in Buckinghamshire hinterlassen, und dort begannen im Jahr 1881 die Arbeiten an einem höchst sonderbaren Bauwerk. Vielleicht wollte Alfred mit Ferdinand wetteifern, dessen Haus in Waddesdon der Vollendung entgegenging, oder dieses sogar ein wenig parodieren, denn wie sein Schwager baute auch er im Stil eines französischen Château. Aber die beiden Gebäude sind eigentlich nicht miteinander zu vergleichen. Ferdinand wählte einen französischen Architekten, plante sehr sorgfältig und baute langsam. Alfred war nicht so geduldig. Er beauftragte eine führende englische Baufirma und bezahlte sie gut, damit sie das Werk binnen zwei Jahren fertigstellte. Das Ergebnis war grandios, spektakulär, theatralisch – und nicht nach jedermanns Geschmack. Ein aristokratischer Besucher rief aus: „O wie scheußlich, dieser Aufwand! Verschwenderisch und aufdringlich ... ‚Solch Bild, in allem übertrieben, ward nie gesehn und keiner hat's beschrieben.'" Gewiß, äußerlich steht Halton nicht auf einer Stufe mit Waddesdon, aber die Räume boten ein großartiges Ambiente für einen Teil von Alfreds kostbarer Kunstsammlung.

Die Vollendung dieses Landsitzes im Jahr 1883 bildet den Höhepunkt eines Vierteljahrhunderts feudaler Rothschildscher Bautätigkeit. Nicht weniger als acht große architektonische Anlagen waren entstanden, beginnend mit Mentmore und fortgesetzt mit den Schlössern Ferrières, Pregny und Waddesdon, gefolgt von Lionels Londoner Stadthaus Piccadilly 147/148 und den beiden Palais in Wien. Außerdem nahmen die Rothschilds natürlich Ausbauten und Modernisierungen ihrer bereits bestehenden Wohnstätten vor. Selbst in jenem Zeitalter wirtschaftlicher Hochblüte und Entfaltung konnte sich keine andere Familie auch nur annähernd mit solchen Leistungen messen. Dieser unbändige Drang, sich selbst Baudenkmale zu setzen, war sogar vielleicht die deutlichste Manifestation der Tatsache, daß die Rothschilds durch ihren Reichtum eine eigene Domäne errungen hatten. Darin waren sie nur den großen Kaisern, Königen und Fürsten der Vergangenheit vergleichbar, deren Paläste ebenso als Wahrzeichen immerwährenden Bestandes und hohen Ranges geschaffen wurden wie als Szenerien der Selbstdarstellung und des festlichen Gepränges.

Was die Herrschaften auch immer von Alfreds architektonischen Phantastereien halten mochten, nur ganz wenige lehnten seine Einladungen ab. Denn in Halton sparte der Besitzer weder mit eigenen Regieeinfällen noch mit Bemühungen seiner zahlreichen Dienerschaft, um seinen Wochenend-Gästen ein zauberhaftes Erlebnis zu bieten. Das Haus selbst wies allen erdenklichen Komfort nach dem damals modernsten Stand auf. Es war der erste Herrensitz, der schon während des Baus mit elektrischem Licht ausgestattet wurde und wahrscheinlich auch der erste, in dem es ein Hallenschwimmbad gab. Die gebotenen Zerstreuungen ließen an Vielfalt nichts zu wünschen übrig, sie waren immer originell und bisweilen bizarr. Alfred hielt eine Gruppe dressierter Tiere, die ihre Kunststücke in einer offenen Zirkusarena zeigten. Die eigentliche Glanznummer dieser Vorführungen war der Auftritt des Gastgebers in entsprechend pittoresker Aufmachung: Zylinder, blauer Salonrock, lavendelfarbene Handschuhe und die lange Peitsche eines Dompteurs. Was immer sich Alfred in den Kopf setzte, seine Bedienten mußten eben trachten, es irgendwie zuwege zu bringen. „Sag zu Mr. Alfred niemals nein", lautete die Mahnung an einen neuen Gärtnerburschen. „Wenn er dir sagt, du sollst eine Leiter an den Mond lehnen, dann hole wenigstens die Leiter herbei." Manche der Weisungen des Herrn auf Halton zielten auf kaum Geringeres ab. Einmal sollten Kletterrosen in den Wintergarten versetzt werden, und zwar so, daß sie sich um die Säulen wanden. Das war mitten in der Blütezeit, und die Gärtner hatten kaum eine Woche, um dieses Wunder zu vollbringen. Als die Gäste eintrafen, prangte der Wintergarten im Blütenflor. Was die Herrschaften freilich nicht bemerkten: Die Blumen an den Kapitälen der Säulen waren Talmi aus Papier und Draht. Während eines harten Winters erging ein noch heiklerer Befehl an Halton: „Legt einen See zum Schlittschuhlaufen an." Und man staune, so geschah es, die nächste Besucherschar konnte tatsächlich übers Eis gleiten. Nach einem märchenhaften Wochenende fanden Alfreds Gäste bei der Abreise in ihren Wagen Glashausorchideen vor, dazu Zigarren, Süßigkeiten und Körbe voll Obst.[9]

Gastfreundschaft, und zwar im großen Stil, war und bleibt eine Verpflichtung, welche die meisten Rothschilds sehr ernst nehmen. Aber Alfreds Extravaganzen und Inszenierungen seines Privatlebens hatten etwas Ausschweifendes, ja fast einen Zug zur Selbstverspottung. Für Natty und Emma, Ferdy und Alphonse und auch Salbert diente luxuriöse Repräsentation einem bestimmten Zweck. Alfred indes fand es nicht für nötig, für seine Feste im Londoner Stadthaus am Seymour Place und in Halton nüchterne Begründungen zu haben. Außer Staatsoberhäuptern und prominenten Geschäftsleuten versammelte er regelmäßig auch Damen vom Theater und sogar Personen zweifelhaften Rufes an seiner Tafel. Manchmal gab er ein Diner zu Ehren einer gefeierten Schauspielerin. Die übrige Gesellschaft bestand nur aus Gentlemen, die gekommen waren, um Alfreds neuester Entdeckung zu huldigen. Gut gelaunt präsidierte der Hausherr einem reich bestellten Tisch, aß und trank aber selbst nur wenig – wegen seiner „Gesundheit". Häufig musizierte bei den Diners Alfreds Privatorchester, dessen Mitglieder nicht bloß nach ihrem Können als Instrumentalisten, sondern auch nach dem erwünschten gleichen Körpermaß ausgewählt worden waren.

Mit Vorliebe produzierte sich Alfred persönlich als Kapellmeister, deshalb griff er nach Aufhebung der Tafel nicht selten zum Taktstock und dirigierte einige Divertimenti. Wenn einer seiner Freunde erkrankte, kannte Alfreds Fürsoge keine Grenzen. Aus seiner Küche in Seymor Place wurde dem Patienten sofort ein großer Korb überbracht, darin war Kraftbrühe oder eine Pastete und andere stärkende Kost. Solch ostentative Großzügigkeit wirkte vielleicht etwas vulgär, war aber gut gemeint und durchaus harmlos. Wir müssen also sehen, ob wir andere Gründe dafür finden, warum Alfred bei manchen seiner Verwandten in Verruf geriet.

Einer dieser Gründe war sicherlich seine Aversion gegen das Bankwesen. Er pflegte spät nach New Court zu kommen, hielt nach dem Lunch ein Mittagsschläfchen und empfahl sich früh. Außerdem meinte er, der immerhin den Status eines Teilhabers von N. M. Rothschild and Sons innehatte, es genüge vollauf, wenn er an vier Tagen pro Woche im Haus sein Pensum erledige. Freitags arbeitete er nie, ließ sich aber, laut Überlieferung, stets 1000 Pfund in neuen Scheinen auszahlen, als soliden Fonds für ein fröhliches Wochenende. Natürlich ärgerten sich die anderen, welche die Hauptlast der Geschäfte zu tragen hatten, über solchen Mangel an Einsatzbereitschaft, noch dazu bei einem Mann, der soviel Geld für seine Freunde, seine Vergnügungen, seine Auslandsreisen und für wohltätige Zwecke ausgab.

Wenn manche aus der Sippschaft Alfred ihre Mißbilligung fühlen ließen, dann übte der exzentrische Playboy jedenfalls Vergeltung. Seine Abneigung gegen die sittenstrengen Verwandten äußerte sich in geistreichen Bonmots und witzigen, oftmals sehr boshaften Spitzen. Ein spezielles Ziel dafür bot Emma. „Sie muß alle ihre Kinder unter Protest empfangen haben", bemerkte er einmal zynisch über seine steifleinene Schwägerin. Ein andermal, als er bei einem Diner einen besonders gewagten Witz erzählt hatte, blickte er in die Runde und sagte ganz beiläufig: „Den habe ich von Emmie."[10]

Selbst solches Verhalten wäre noch verzeihlich gewesen; worüber die Familie aber kaum hinwegsehen konnte, das war der Umstand, daß Alfred gegen eine der Rothschildschen Kardinalregeln verstieß: er war impulsiv und indiskret. Ein bestimmter Skandal bewirkte in New Court große Konsternation. Im Jahre 1868 wurde Alfred in das Direktorium der Bank of England berufen – der erste Jude, der in diese Position aufstieg, ein weiterer Rothschild-Rekord! – und erfüllte einundzwanzig Jahre lang seine Pflichten. Doch 1889 beunruhigten ihn Gerüchte, daß ein führender Londoner Kunsthändler, mit dem er kurz zuvor Geschäfte getätigt hatte, exorbitante Gewinne erzielte. Es fügte sich, daß der Mann ein Konto bei der Bank of England besaß, und Alfred konnte der Versuchung nicht widerstehen, sich insgeheim Klarheit zu verschaffen. Er warf „nur einen Blick" in die Kontobücher des Kunden. Leider blieb diese empörende Indiskretion nicht völlig unbemerkt, der Fall erregte in der City Aufsehen, und Alfred sah sich zum Rücktritt gezwungen.

Aber damit sind wir noch immer nicht beim Kernpunkt des Geheimnisses. Alfreds Mangel an „Verantwortungsgefühl" und seine Leichtfertigkeit in finanziellen Dingen waren für die Familie gewiß irritierend. Sein überspanntes Verhalten in aller Öffentlichkeit war peinlich und nahm im Lauf der Zeit immer groteskere Formen an. So wußten die Londoner z. B. immer, wann „Mr. Alfred" zu einer Auslandsreise aufbrach, denn seinem Wagen, oder später seinem Auto, folgte stets ein zweites Fahrzeug. Der nervöse kleine Mann befürchtete nämlich allemal eine Panne, die ihn nötigen würde, zu Fuß weiterzugehen oder ein öffentliches Verkehrsmittel zu benutzen. Doch all diese Wesenszüge und Marotten zusammengenommen, bieten noch keine ausreichende Erklärung dafür, weshalb der bewußte dichte Nebelvorhang Rothschildscher Geheimhaltung den Pfad einhüllt, der zum wirklichen Alfred de Rothschild führt. Warum wird z. B. immer noch die Einsicht in das Gästebuch von Halton verwehrt, das über den Kreis seiner engsten Freunde Aufschluß gäbe? Und hatte er eine illegitime Tochter oder nicht? Es hat den Anschein, daß etwas in Alfreds Liebesleben so anstößig war, daß seine Verwandten und sogar manche von deren freier denkenden Nachkommen die Tatsachen lieber verschwiegen.

Um diese Zusammenhänge wenigstens teilweise zu enträtseln, müssen wir vom 12. Juni 1868 ausgehen. An jenem Tag wurde eine schöne Französin namens Marie Boyer mit Frederick Charles Wombwell vermählt, dem um dreiundzwanzig Jahre jüngeren Bruder von Sir Henry Wombwell. Binnen eines Jahres hatte das Paar einen Sohn, Frederick

Adolphus. Erst acht Jahre später wurde das zweite und letzte Kind geboren, eine Tochter. Viele glaubten, Alfred de Rothschild sei der Vater dieses Mädchens, das auf den Namen Almina getauft wurde. Und sicher ist, daß er nichts unternahm, um solche Mutmaßungen zu widerlegen. Längere Zeit ging er ganz offen bei Marie ein und aus, und als ihre Tochter zu einer sehr schönen, aber äußerst leichtfertigen jungen Dame heranwuchs, überhäufte er diese mit Zuwendungen. Alminas Sohn erinnerte sich später, daß der gute Onkel Alfred ihr nichts versagen konnte und daß sie diese Schwäche nach Kräften ausnützte. Es war gang und gäbe, daß sie ihn um 10 000 oder sogar 20 000 Pfund bat und niemals enttäuschte wurde.

Wieso ließ sich Frederick Wombwell vor allen Leuten zum Hahnrei machen? Bis zu seinem Tod im Jahr 1899 bewohnte er mit Marie ein Haus in der Londoner Bruton Street. Anno 1895 trat er bei Alminas Hochzeit, einem großen gesellschaftlichen Ereignis, als würdevoller Brautvater auf. Von einer Scheidung seiner eigenen Ehe war offenbar nie auch nur die Rede. Vermutlich wurde er für die klägliche Rolle, die er spielte, aus Alfreds schier unerschöpflicher Brieftasche reichlich entschädigt. Doch kann Geld allein die Hinnahme solch einer peinlichen Situation erklären? Oder wäre es möglich, daß in Wahrheit gar kein Grund für eine Scheidung vorlag? Daß Almina tatsächlich die Tochter von Mr. und Mrs. Frederick Wombwell war, wie es ihr Geburtsschein besagte? Jedenfalls glauben manche der heutigen Rothschilds nicht an die Version von einer illegitimen Vaterschaft.

Das nächste wichtige Ereignis im Handlungsablauf war eine aufsehenerregende Hochzeit in der vornehmen Gesellschaft. George Herbert, der junge Earl of Carnavon, suchte eine reiche Braut, um endlich Ruhe vor seinen Gläubigern zu haben und seinen luxuriösen Lebensstil aufrechterhalten zu können. Seine Wahl fiel auf die achtzehnjährige Almina, und er begab sich zu deren „Vater“, um die geschäftlichen Vereinbarungen zu besprechen. Alfred sagte die außerordentlich hohe „Mitgift“ von einer halben Million Pfund zu. Außerdem beglich er Carnavons Schulden, die sich auf weitere 150 000 Pfund beliefen.[11] Almina und Herbert wurden getraut und schröpften weiterhin Alfred, zwecks Subvention für einen Lebensstandard, zu dem häufige Auslandsreisen, hektisches gesellschaftliches Treiben, die Zucht von Rennpferden und die Erhaltung von zwei feudalen Wohnsitzen gehörten.

Es muß Alfreds Sippe ein Greuel gewesen sein, mitanzusehen, wie er gutes Rothschild-Geld an eine habgierige junge Frau und deren Gatten verschwendete, dessen einzige Reaktion auf solche Großzügigkeit neuerliche Forderungen waren. Warum tat Alfred das alles? Warum verwöhnte er Almina so maßlos? Es könnte sein, daß er gleich einem anderen allzu nachsichtigen Vater, dem tragischen König Lear, „ein schwacher, kindischer alter Mann" geworden war und auch von sich sagen konnte: „Ich fürcht', ich bin nicht recht bei Sinnen." Doch diese Erklärung klingt nur dann glaubhaft, wenn wir annehmen, daß Almina seine Tochter war. Trifft dies nicht zu, dann müssen wir das Motiv anderswo suchen. Freundschaft? Die Beziehung zur Familie Wombwell kostete Alfred Millionen, und wie noch zu erläutern sein wird, hinterließ er Almina den Großteil seines Realbesitzes. Wohl möglich, daß er bei Marie und den Ihrigen jene menschliche Wärme und Geborgenheit fand, die er bei seinen eigenen Nächsten vermißte. Aber auch diese Hypothese hält strengerer Prüfung nicht stand. Eines vor allem spricht dagegen: Nach 1899 hätten Alfred und die verwitwete Marie eine Bindung eingehen können, entweder als Ehepaar oder, falls konfessionelle Erwägungen dies verhindert hätten, als Gefährten. Doch dazu kam es nicht, und Maries Enkel erinnert sich seiner Großmutter als einer einsamen alten Dame, die ziemlich zurückgezogen in der Bruton Street lebte.[12] Der Nebelvorhang will sich nicht heben. Finden wir dennoch irgendwo einen Spalt?

Laut einem Gerücht in der Familie gab es einen einfachen Grund, warum Alfred nicht Alminas Vater war und warum sein Name nicht in romantische Beziehung zu einer seiner Freundinnen aus den Theaterkreisen gebracht wurde: Er sei nämlich homosexuell gewesen. Der Rothschildsche Sagenschatz berichtet von Festen in Halton, die angeblich keineswegs harmlos verliefen. Das ist aber bloße Vermutung. Es gibt keine Beweise und wird vielleicht nie welche geben. Doch wenn wir von Alfreds unbewiesener „schändlicher" sexueller Neigung als Annahme ausgehen, dann fügt sich alles andere fugenlos in das Gesamtbild ein. Seine Art, sich zu geben, sein Ästhetentum, sein femininer Wesenszug, seine Vorliebe für ausgefallene Garderobe, seine Hypochondrie, seine enge Beziehung zu den Freunden – alles das sind gemeinsame Merkmale von Männern mit homosexuellen Tendenzen, wenn auch natürlich nicht ausschließlich von solchen. Und nichts würde überzeugender erklären, *warum* er seiner Familie so arge Verlegenheiten bereitete.

Im Frühling 1895, als die Carnavon-Hochzeit das Hauptthema der Gesellschaftskolumnen war, wurde auf den Titelseiten ausführlich über den Prozeß gegen Oscar Wilde wegen dessen angeblicher homosexueller Verfehlungen berichtet. Die victorianische Society war nicht gesonnen, ein Verhalten zu dulden, das sie als Perversion bezeichnete. Jeder Mann, der sich zu Angehörigen seines eigenen Geschlechtes hingezogen fühlte, mußte demnach sein Begehren und dessen Befriedigung geheimhalten. Somit wäre es aus Alfreds Blickwinkel eine Königsidee gewesen, seine Freunde, die Wombwells, in ein ausgeklügeltes System der Tarnung seiner wahren Neigungen einzubeziehen. Zudem hätte ein solcher Plan seiner Vorliebe für Theatralik entsprochen. Und wenn Marie, Frederick und Almina für ihre Rollen in dem Täuschungsspiel großzügig entlohnt wurden, dann konnte diese Übereinkunft für alle Beteiligten durchaus zufriedenstellend sein.

Alfred verschwendete Unsummen an Almina, das steht fest. Sei es aus bedenkenloser Onkelliebe oder aus der Notwendigkeit, ihr Stillschweigen zu erkaufen – oder aber, weil beide Motive ineinander übergingen. Welche Beweggründe er auch haben mochte, für Alminas Charakter hatte seine Großzügigkeit katastrophale Folgen. Sie wuchs sich zu einem raffgierigen, extravaganten, bösartigen, eigensinnigen, skrupellosen Weibsbild aus. Ihr Sohn erzählte später, daß er einmal, als etwa Zehnjähriger, auf einer königlichen Garden Party eine alberne Bemerkung machte. Außer sich vor Wut, schob Almina den Jungen in ihren Wagen, und während der ganzen Heimfahrt züchtigte sie ihn nicht nur mit Worten, sondern versetzte ihm auch Tritte gegen das Schienbein. Dann schloß sie ihn für zwei Tage bei Wasser und Brot in einer Dachkammer ein, und als der König persönlich ein paar Spielsachen sandte, um dem armen Kerl eine Freude zu bereiten, gab die Mutter alles sofort an ein Kinderspital weiter.[13]

Am jüngsten von Lionels drei Söhnen, dem liebenswürdigen, heiteren Leo, war nichts kompliziert oder geheimnisvoll. Er schätzte das Landleben und war das, was man einen Pferdenarren nennt. Nach dem Universitätsstudium übernahm er die Leitung des väterlichen Gestüts in Gunnersbury und verlegte dieses bald auf seinen eigenen Besitz Ascott (nicht zu verwechseln mit Ascot) in Buckinghamshire. Dort züchtete er viele später sehr erfolgreiche Rennpferde, ein Derby-Sieg wurde ihm allerdings erst 1904 zuteil, und zwar durch den Hengst „St. Amant“. Nach Muffys Tod bekleidete Leo im Parforcejagdwesen auch die Funktion des „Master of the Deer-Hounds“.

Er war der beliebteste der Brüder. Während der Kindheit Evelinas ein zu allen Streichen aufgelegter Spielkamerad, hatte er den frühen Tod seiner Schwester tief betrauert und war dem gramgebeugten Ferdinand treu zur Seite gestanden. Und er blieb ein fröhlicher, aufgeschlossener Mensch, kurzum: ein guter Kerl. Diese, seine natürlichen Anlagen und seine Passion für den Kavaliersport machten ihn zu einem denkbar angenehmen Gefährten.

Deshalb mag es verwunderlich erscheinen, daß er erst mit sechsunddreißig Jahren heiratete, aber als er sich zur Ehe entschloß, war die Auserwählte eine schöne junge Dame, halb so alt wie er selbst. Die Familie erfuhr von dieser zarten Beziehung erst, als an einer Parforcejagd in Ascott auch „ein elegantes, graziles Mädchen" teilnahm, „etwas scheu und verhalten wirkend, in einem schlichten, aber sehr gut passenden grünen Tuchkleid . . . sie ritt eines von Leos besten Jagdpferden und fand sich mit ihrer Schwester beim Meet ein. Dies war wohl eine Art ‚baptême de sport', die sie bestanden haben muß, denn wenige Tage später teilte man uns mit, Marie Perugia sei Leopolds Verlobte."[14]

Sie war gebürtige Österreicherin, ihre Familie hatte sich erst kurz vorher in England ansässig gemacht, aber Marie lernte ihre neue Heimat lieben, zumal ihr die Ehe einen festen Platz und hohes Ansehen in den obersten Rängen der Gesellschaft sicherte. Bald hatte sie als Gastgeberin für den Prinzen von Wales, den Premierminister, Aristokraten, Politiker und ausländische Würdenträger aufzutreten und fühlte sich in dieser Rolle sehr wohl.

Muffy starb 1874, drei Jahre später verschied seine Witwe Juliana an Bord ihrer Jacht im Mittelmeer. Somit war nun ihre sechsundzwanzigjährige Tochter Hannah Alleinerbin des Besitzes Mentmore, des Stadthauses Piccadilly 107, eines Hauses in Newmarket und großer Ländereien im Ausmaß von mehreren tausend Morgen. Im Januar des nächsten Jahres überrraschte sie die elegante Welt durch die Bekanntgabe ihrer Verlobung mit Archibald Primrose, fünftem Earl of Rosebery. Der dreißigjährige Aristokrat war bereits ein alter Freund der Familie. Mit Muffy hatte er die Vorliebe für den Rennsport gemeinsam, und eine besonders herzliche Beziehung verband ihn mit Ferdy. Die beiden jungen Leute waren einander also schon oft begegnet, aber wegen der Einstellung von Hannahs Eltern zur Frage der Mischehen mußten sie ihre wahren Gefühle verheimlichen. Man durfte nicht darauf hoffen, Muffy und Juliana zu einer liberalen Haltung bewegen zu können, das hatte bereits ihre völlig ablehnende Reaktion auf Annies Heirat mit Eliot Yorke im Jahr 1873 gezeigt. Deshalb ließen Hannah und Archie nach Julianas Ableben erst eine angemessene Trauerzeit verstreichen, ehe sie ihre Pläne kundtaten.

Doch diesmal war es anders. Auf die Nachricht hin erhob niemand Einwände. Auch für die Rothschilds hatten sich die Zeiten geändert, und Rosebery war in jeder Hinsicht eine außerordentlich „gute Partie". Er trug einen alten Titel, verfügte über beträchtlichen Grundbesitz, wenn auch nicht annähernd so groß wie Hannahs Erbe, hielt Rennpferde und hatte Geltung in der vornehmen Gesellschaft. Außerdem war er einer der führenden Liberalen aus dem Hochadel, ein hervorragender Redner und nach einhelliger Auffassung eine der großen Hoffnungen des öffentlichen Lebens. Daher regte sich nicht der geringste Widerstand gegen diese Hochzeit, die im März 1878 stattfand – im Gegenteil, sie war eines der gesellschaftlichen Hauptereignisse jenes Jahres. An der Spitze der Liste erlauchter Gäste stand der Prinz von Wales persönlich, und Brautführer war der Premierminister Lord Beaconsfield. In dieser schier märchenhaften Atmosphäre begann Hannahs und Archies Eheleben, in dem ihnen, wenn auch nur für allzu kurze Zeit, Glück und Erfüllung beschieden war. Von seiner liebevollen Gattin gefördert und angeregt, zeichnete sich Rosebery in verschiedenen offiziellen Funktionen aus.

Einige Monate früher heiratete eine andere geborene Rothschild einen Christen. Das war Sir Anthonys Tochter Connie, zum Zeitpunkt des Todes ihres Vaters, 1876, bereits in näherer Beziehung zu Cyril Flower, Leos Studienfreund aus Cambridge. Flower war ein ziemlich ephebenhafter, liebenswürdiger und sehr beliebter junger Mann, der von seinem Vater ansehnliche Liegenschaften in und um Battersea – damals eine Vorstadt Londons – geerbt hatte. Die Heirat war offenbar schon seit einiger Zeit geplant, aber das junge Paar wollte es offenbar taktvoll vermeiden, Connies Vater während der letzten Monate seines Siechtums durch die Bekanntgabe der Verlobung aufzuregen, und eine Eheschließung sofort nach seinem Tod wäre auch nicht schicklich gewesen. Deshalb fand die Trauung erst im November 1877 statt.

Aber sobald Flower mit Connie verheiratet war, wurde er ganz und gar in die Kometenbahn der Rothschilds gezogen. Damit sich Connie nicht von ihrer verwitweten Mutter trennen mußte, lebte das Paar die meiste Zeit des Jahres in Aston Clinton und verbrachte nur die Wintermonate in einem von Flower erworbenen Haus beim Marble Arch. In der Stadt und auf dem Landsitz pflegten die beiden die bereits traditionelle Gastlichkeit eines offenen Hauses, für die Sir Anthony berühmt gewesen war. Flower verkehrte häufig in Künstler- und Schriftstellerkreisen, zu seinen Gästen zählten Edward Burne-Jones und John Everett Millais, der französische Maler James Joseph Tissot, der geniale James McNeil Whistler, dessen amerikanischer Landsmann, der Romancier Henry James, der bedeutende Lyriker Alfred Tennyson und der Bildhauer Alfred Gilbert. Der Hausherr und seine Gemahlin waren überzeugte Anhänger Gladstones, und bald nach der Heirat ließ sich Cyril dazu bewegen, als Kandidat der Liberalen für einen bisher von den Tories gehaltenen Parlamentssitz in Wales anzutreten. Connie begleitete ihn auf mehreren Weltreisen. Im Jahr 1880 gewann Gladstone den Wahlkampf, der seiner Partei einen außerordentlichen Sieg brachte. Flower wurde von der liberalen Woge mitgetragen und errang seinen Sitz mit deutlicher Mehrheit. Als das Wahlresultat unter lautem Jubel verkündet wurde, erfaßte Connie die Hochstimmung des Augenblicks und zeigte, daß auch sie politischen Spürsinn besaß:

„Cyril hielt mit lauter Stimme eine kurze Rede und trat dann ab, um weitere Gratulationen entgegenzunehmen. Ich wurde zum Fenster geführt, und einer der Helfer gebot Ruhe. Nun rief ich, so laut ich konnte: ‚Ich danke Ihnen für alles, was Sie heute geleistet haben. Ich möchte nur ein Wort sagen, aber auf Walisisch – Buddigoliaeth (Sieg)!‘ Als die Leute das hörten, applaudierten sie aus Leibeskräften.“[15]

Als Frau eines Parlamentsabgeordneten war Connie in ihrem Element. Diese Stellung brachte vor allem Empfänge von Politikern in London, Werbereisen in den Wahlbezirk und Teilnahme an gesellschaftlichen Veranstaltungen. Sie bewährte sich auf allen Linien. Cyril bot Gladstone während der schwierigen achtziger Jahre wertvolle Hilfe und wurde 1892 mit der Peers-Würde belohnt. Constance freute sich über ihren neuen Titel einer Lady Battersea, war aber über den Wechsel der Verhältnisse enttäuscht. Im Oberhaus ging es nicht so lebhaft zu wie im Unterhaus, und Connie fehlte der enge Kontakt mit den „einfachen Leuten“. Auch machten sich seit einiger Zeit Spannungen in der Ehe bemerkbar, und sie wurden durch die Umstellung nicht gemindert. Der tiefste Grund dafür war Connies Unvermögen, ihre zwiespältigen inneren Bindungen an den Gatten und andererseits an ihre Mutter und ihre Schwester in Einklang zu bringen. Es ist durchaus möglich, daß Cyril bisexuell oder sogar homosexuell war und nach Aston Clinton Freunde einlud, die seine Frau entschieden ablehnte. Im Jahr 1893 spitzte sich die Situation zu. Am 1. Februar schrieb Lady Battersea in ihr Tagebuch:

„Um halb sieben Uhr abends kam Cyril mit den Worten: ‚Ich habe gute Neuigkeiten für dich.‘ Er warf sich in einen Fauteuil und sagte: ‚Mir wurde der Posten des Gouverneurs von New South Wales angeboten.‘ Das traf mich wie ein Dolchstich . . .“

Für Cyril war dies ein plötzlicher Weitsprung in seiner politischen Karriere. Für Constance hingegen konnte es nur eines bedeuten: die Trennung von ihrer geliebten Mutter und der Schwester. Keine Frau aus dem Haus Rothschild war jemals genötigt gewesen, sich aus dem Kreis ihrer engsten Anverwandten zu lösen, um fortan in einem weit entfernten Land zu leben. Und Cyril? Er gab einfach nach, kapitulierte vor dem Widerstand seiner Frau, seiner Schwiegermutter und seiner Schwägerin. Dankend lehnte er den Gouverneursposten ab und begrub damit jede Anwartschaft auf hohe Ämter. Aber sein Groll blieb. Die Beziehung zwischen den Ehegatten erholte sich nie mehr ganz von dieser Belastungsprobe. Connie brachte es nie übers Herz, in ihren Memoiren auf diese Episode einzugehen, aber ihre Tagebucheintragungen aus jener Zeit zeigen deutlich, daß ihr Denken und Fühlen wochenlang davon beherrscht wurde:

„20. Februar. Abreise nach Irland. Fuhren zum Schloß. Die Gruppe besteht aus Seiner Exzellenz, zwei Schwestern, der Schwägerin und Miss Graham. Wir machen alle unseren Knicks vor Seiner Exzellenz und halten uns genau an die Etikette. New South Wales geht mir nie aus dem Sinn, und ich sehe Cyril vor mir, wie er voll Anstand seines Amtes waltet und sich daran freut. Seine Exzellenz setzte sich nach dem Diner neben mich, aber ich fühlte mich schwach und krank.

21. Februar. . . . Darf ich sagen, daß ich meine Entscheidung zutiefst bereue? Indes, wäre sie anders ausgefallen, dann hätte es meine Mutter nicht überlebt. O Gott!“[16]

Ein anderer Grund, warum Connie England nicht verlassen wollte: Es widerstrebte ihr, das soziale Wirken aufzugeben, dem sie ihre meiste Zeit widmete – wie es ihr von Kindheit an selbstverständlich war. „Meine Schwester und ich wurden dazu erzogen, den Einsatz für andere Menschen in vielen Fällen als ein Vorrecht und nicht als eine Mühsal zu betrachten und auch nicht als ein Beginnen, das schon an sich verdienstvoll ist.“[17]

Die beiden Mädchen suchten die Wohnviertel armer Juden in den Stadtteilen Whitechapel, Bethnal Green und Mile End auf, Gegenden, wo das Leben noch immer sehr ähnlich wie im Frankfurter Ghetto verlief, aus dem ihr eigener Großvater hervorgegangen war.

„Viele der Männer arbeiteten als Schneider und Schuhmacher. Es gab Familien, die nur Jiddisch sprachen, was Gespräche schwierig, wenn nicht unmöglich gemacht hätte, ohne die freundliche Vermittlung mancher Nachbarn, die immer herbeigerufen wurden, um Fragen und Antworten zu übersetzen. Alle gehörten der streng orthodoxen Richtung des Judentums an, jeder hatte die ‚Mesusah‘*. Gemäß der Sitte verbargen die verheirateten Frauen ihr Haar nicht unter einem Schleier, wie es im Osten üblich ist, sondern unter einer Perücke, dem sogenannten ‚Schaitl‘. Sie bewahren noch immer eine besondere Garnitur von Kochtöpfen und Steingutschüsseln für die heiligen Tage des Pessach-Festes auf, wenn ein großes Saubermachen stattfindet, so daß es eine Freude ist, sie um jene Zeit aufzusuchen. Eine alte Frau, die ich an einem Freitagabend antraf, als sie gerade in ihrem hebräischen Gebetbuch las, versicherte mir, daß sie

* Pergamentrolle mit Bibelzitaten, in einer Hülse am Türstock aufgehängt.

am Sabbat niemals ein Buch in anderer Sprache aufschlage, und ich erfuhr, daß dies in den Tagen, von denen ich spreche, nichts Ungewöhnliches war. Ich glaube, daß wir manchmal etwas mitgenommen oder eingeschüchtert wirkten, denn die Frauen sagten mitleidig: ‚Ihr Armen, seid ihr sehr müde?' und hin und wieder bot man uns eine Tasse Kaffee an. In ihrer gastlichen, freundlichen, ungezwungenen Art waren diese Frauen einmalig. Nicht voll Ehrerbietung, nicht auf Klassenunterschiede bedacht, sondern vielmehr mit einer heiteren Vertraulichkeit, die aus der festen Verbundenheit mit ihren Besuchern durch gemeinsame Abstammung entstand."[18]

Aus diesen Besuchen entwickelte sich ein Hilfswerk für Prostituierte, die „Jewish Ladies' Society for Preventive and Rescue Work" – später in „Jewish Association for the Protection of Girls and Women" unbenannt –, das im Lauf der Jahre expandierte und Asyle, Heime für ledige Mütter, Wohnhäuser für junge Arbeiterinnen, eine Reformschule und ein Waisenhaus umfaßte.

Während der achtziger Jahre verschrieben sich die beiden Schwestern einer neuen Aufgabe. Connie sagte darüber:

„Im Jahre 1884 übernahm ich eine Verpflichtung, und nie hatte ich Ursache, meine Entscheidung zu bereuen oder die Worte zu widerrufen, denen ich damals meine Unterschrift beifügte. Ich wurde Präsidentin mehrerer Temperenzlervereine in den Grafschaften Buckinghamshire und Bedfordshire, wobei ich zusätzlich noch viel Arbeit in London und anderen Teilen des Königreiches hatte, die mich in persönliche Berührung mit vielen ungewöhnlichen, interessanten Menschen brachte."[19]

Die Bewegung zum Kampf gegen den „Dämon Alkohol" trat sehr energisch in Aktion und fand einsatzbereite Anhänger bei Angehörigen aller Glaubensbekenntnisse – aber auch bei Freidenkern –, sodaß die Damen Rothschild bei öffentlichen Veranstaltungen mit Priestern, Politikern der Whigs und der Tories sowie ausländischen Gesinnungsfreunden zusammenkamen.

Im Lauf der Zeit widmeten sich Connie und Annie immer intensiver der Fürsorge und Reformarbeit, bis schließlich aus dem ehrenamtlichem Wirken eine Vollbeschäftigung wurde. Connie befaßte sich mit Fragen der Erziehung und der Häftlingsbetreuung und wurde 1901 Präsidentin der „International Union of Women Workers", einer Körperschaft, die alle Aspekte sozialer und philanthropischer Bestrebungen für Frauen koordinierte.

Das januskӧpfige Verhältnis zwischen der Allüre eines Lebemannes einerseits und der Erfüllung sozialer Verpflichtungen andererseits offenbarte sich auch bei den Rothschilds auf dem Kontinent. Nat starb 1870. Seine Witwe, die sanfte, verträumte Charlotte, überlebte ihn um fast dreißig Jahre, und auch ihre Kinder, bis auf eines, gingen ihr voraus. Sie hatte drei Söhne und eine Tochter geboren, aber von diesen wuchsen nur James und Arthur heran. Für James wurde eine Ehe mit Mayer Carls Tochter Emma angebahnt, doch als diese sich in Natty verliebte, wurde die Verlobung gelöst, und James mußte sich mit ihrer jüngeren Schwester Laura Thérèse abfinden, die er denn auch 1871 heiratete.

Französische Rothschilds

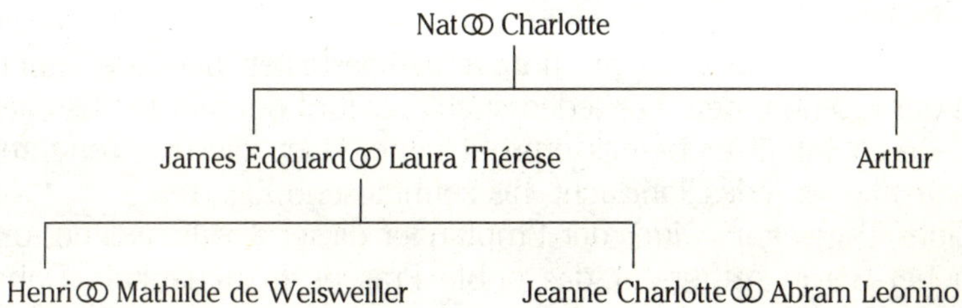

Beide Brüder scheinen verurteilt gewesen zu sein, die erbliche Belastung zweier Generationen Rothschildscher Inzucht zu tragen. Arthur, der jüngere, wurde von seinem Neffen Henri als „scheu und exzentrisch oder treffender gesagt sprunghaft" beschrieben.[20] Das war eine Untertreibung. Arthur verfuhr mit den hohen Verpflichtungen, die ihm der Name Rothschild auferlegte, meist so, daß er sie einfach ignorierte. Als einsamer Junggeselle bewohnte er ein Appartement in der Faubourg Saint-Honoré und führte dort das Leben eines bohemienhaften Müßiggängers. An der Arbeit in der Bank war er nur peripher beteiligt. Sein eigentlicher Lebenszweck war und blieb die Sammeltätigkeit. Aber bei ihm erhielt dieser Wesenszug der Familie etwas Manisches. Er sammelte die ausgefallensten Dinge. An seiner Vorliebe für Briefmarken war nichts Absonderliches, auch nicht daran, daß er sich zu einem Experten entwickelte, der gelehrte Bücher über Philatelie schrieb. Aber Zigarren? Und Krawatten? Hier Henris Schilderung, wie abstrus sich die Sammelwut seines Onkels äußerte:

> „Da er ein gewaltiger Raucher vor dem Herrn war, reiste er alljährlich zwei- oder dreimal nach London und Hamburg, um bei bekannten Importeuren wie Grunbaum, Morris, Hesse u. a. seinen Zigarrenvorrat zu kaufen. Als wahrer Kenner traf er seine Auswahl mit größter Sorgfalt und brachte von jeder dieser Reisen ganze Frachten von

Coronas, Upmans, Henry Clays und anderen Sorten mit. Behutsam verwahrte er die Kistchen mit ihren bunten Deckeln in einem besonderen Raum, wo nach seinen Angaben zwei große Schränke mit Glastüren aufgestellt worden waren, ähnlich wie Bücherschränke, aber innen mit Blei ausgekleidet, als Schutz gegen Feuchtigkeit und Temperaturschwankungen.

Mein Onkel hatte die merkwürdige Angewohnheit, nur eine Zigarre aus jedem der Kistchen zu rauchen. Allmorgendlich traf er seine Wahl, um seine Zigarrentasche wieder zu füllen: er entnahm sechs oder sieben Kistchen, die im rechten Schrank standen, je ein Stück. Dann stellte er die angebrochenen, aber sauber wieder vernagelten Kistchen in den linken Schrank. Um Weihnachten und Neujahr schickte er Geschenke an Freunde, an Leute, die ihm Dienste erwiesen hatten sowie an die höheren Angestellten der Rue Laffitte und der Eisenbahnen. Für jeden suchte er fünf oder sechs Kistchen aus, deren Inhalt er bereits erprobt hatte. Nach diesem Verfahren verschenkte er jedes Jahr acht- bis zehntausend Zigarren.

Eines Tages kam einer der Empfänger dieser Köstlichkeiten, um sich bei Baron Arthur für das noble Präsent zu bedanken. Dabei teilte er dem Spender mit, daß aus jedem der erhaltenen Kistchen eine Zigarre fehle. ‚Offenbar hat sich ein Diener diesen Frevel zuschulden kommen lassen', meinte der Besucher, ‚und ich fand, es sei meine Pflicht, Ihnen das zu sagen.' Mein Onkel antwortete: ‚Sie irren, mein Lieber. *Ich* habe sie herausgenommen. Ich konnte mir nicht erlauben, Ihnen Zigarren zu offerieren, ohne sie vorerst versucht und mich überzeugt zu haben, daß sie Ihren Erwartungen entsprechen."[21]

Ebenso verhielt es sich mit Krawatten. Arthur kaufte sie im Dutzend: Krawatten in jeder nur denkbaren Farbschattierung, alle in einem eigenen Garderobenschrank aufgereiht, so daß er sofort diejenige auswählen konnte, die zu seiner Stimmung oder zu der Witterung paßte. Da Stimmungen wechseln und Wolken sich verziehen, tauschte der Baron seine Halsbinde zwei- oder dreimal am Tag aus. Einmal getragen, wurde eine Krawatte in einem anderen Schrank aufbewahrt und schließlich einem Freund oder Kollegen als Geschenk überreicht.

Arthur war ein harmloser exzentrischer Bonvivant. Sein älterer Bruder James hingegen war ein kranker Mann, das Opfer eines Nervenleidens mit Anfällen von Depression. Und das Wesen seiner Gattin trug wohl kaum zur Besserung seines Zustandes bei. Thérèse de Rothschild war eine jener Frauen, für welche die Definition der Pflicht als einer „strengen Tochter der Stimme Gottes" erfunden worden sein könnte.

So wie sie nie ihren deutschen Akzent verlor, blieb sie auch bis ans Ende ihrer Tage von jener Verehrung des Geheiligten und makellos Reinen durchdrungen, die sie einst als Schülerin des Rabbi Hirsch in sich aufgenommen hatte. Deshalb kam es, daß sie zwar Besitzerin eines der besten Weingüter des Landes war, aber nicht erlaubte, daß in ihrem eigenen Haus Wein getrunken wurde. Sie war gern in Gesellschaft von Rabbinern und christlichen Priestern und widmete viel Zeit wohltätigem Wirken. Wie so viele Menschen, die religiöse Dinge sehr ernst nehmen, wurde sie zur passenden Hauptfigur mancher seit Generationen genüßlich weitererzählter Familienanekdoten. Eine handelt davon, daß die Baronin in ihrem Haus ein Fest veranstalten wollte, aber daraufkam, daß nicht genügend Gebetbücher vorhanden waren. Mündlich erging an die Dienerschaft die Weisung, „sept livres de prières" (sieben Gebetbücher) zu besorgen. Unterwegs wurde der Befehl verballhornt, und Thérèse bekam einen Wutanfall, als etwas später ihre Zofe den Salon betrat, in den Händen „sept livres de Gruyère" (sieben Pfund Gruyère-Käse). Sie mißbilligte die Frivolität der Franzosen im allgemeinen und der Pariser im besonderen.

Für ihren kranken Mann muß sie eine Strafe des Himmels gewesen sein. Immer wieder suchte er Zuflucht in der Welt der Bücher. Aus James hatte das Rothschildsche Erbe der Sammelleidenschaft einen passionierten Bibliophilen gemacht. Schon als Junge hatte er begonnen, eine wunderbare Bibliothek anzulegen, sie umfaßte schließlich viele Tausend Bände. Als Jahre später sein Sohn den gesamten Bestand der Pariser Bibliotheque Nationale übergab, füllten allein die entsprechenden Kataloge einen Schrank, der so groß war, daß er nicht durch das Portal getragen werden konnte. Aber es kam eine Zeit, in der James nicht einmal seine Bücher genug Trost boten. Er war einer von jenen Rothschilds, denen schon ihre Herkunft an sich eine schwere psychische Last aufbürdete. Stets im Blickpunkt der Öffentlichkeit zu stehen, Pflichten zu erfüllen und einen bestimmten Standard zu halten, wie es die Familie erwartete – diese Anspannungen verschlimmerten seinen labilen seelischen Zustand. Hätte er in einer freundlichen, liebevollen und verständigen Gemahlin eine Stütze gehabt, dann wäre es ihm vielleicht gelungen, die Krisen zu meistern. Da ihm dies versagt blieb, fand er nichts, wofür er leben konnte. Der Tod im besten Mannesalter von siebenunddreißig Jahren war für ihn die einzige Erlösung von einem unerträglich gewordenen Dasein.

Mit wahrem Feuereifer widmete sich seine Witwe nun der Führung des Besitzes, der Verbesserung der materiellen Bedingungen für die Bediensteten – und der Hebung ihrer Moral! Sehr anschaulich schildert ihr Enkel Philippe Thérèses ersten Besuch in Mouton:

„Was sie dort vorfand, muß sie wohl zutiefst schockiert haben. Unverzüglich ging sie daran, ein Haus für gefallene Mädchen zu erbauen. Niemand hatte ihr gesagt, daß der Ehestand von den Ortsansässigen nicht sehr geschätzt wurde, ja faktisch beinahe unbekannt war. Die Armut der Leute erfüllte sie mit Entsetzen: die barfüßigen Kinder, die ausgemergelten Weiber. Auf ihrem Weg durch das Dorf verbreitete sie Großmut und gab gute Ratschläge. Dieser eine Besuch hinterließ bei meinem Vater Eindrücke, die ihn bewogen, nie wieder dorthin zu fahren. Ganz anders Thérèse. Ihre unansehnliche kleine Tochter Jeanne nahm sie immer mit."[22]

Wie jeder Elternteil mit hochentwickeltem Sinn für das moralisch Richtige bemühte sich Thérèse, solche Wertvorstellungen auch ihren Kindern einzuimpfen. Henri und Jeanne wurden streng erzogen, unter der Aufsicht einer Reihe von Gouvernanten, die angewiesen waren, die Zeit ihrer Schutzbefohlenen mit erbaulichen Beschäftigungen auszufüllen und sie von den Versuchungen der Welt fernzuhalten. Besonders schwer hatte es Henri, der seine Kindheit in einer eng begrenzten Frauenwelt verbrachte, einer Sphäre, in der nicht nur seine herrschsüchtige Mutter den Ton angab, sondern auch seine Großmutter und, bis zu ihrem Tod im Jahr 1886, sogar seine Urgroßmutter, die ehrfurchtgebietende Baronin Betty. Er hatte kaum gleichaltrige Spielkameraden und war zwangsläufig ganz auf sich selbst angewiesen. Deshalb begann er zu sammeln und richtete sich ein kleines Naturalienkabinett ausgestopfter Tiere ein, auf das er zu Recht sehr stolz war. Seine Mutter billigte diese Beschäftigung – bis sich Henris Hauslehrer über den ihm widerwärtigen Geruch der Chemikalien beklagte, die der Präparator verwendet hatte. Prompt wurden alle Objekte verpackt und an die Schule des Ortes verschenkt. Dem tief betrübten Jungen sagte man, er möge eben etwas anderes sammeln. Daraufhin wandte er seine Aufmerksamkeit alten Handschriften zu. Im Verlauf von fünfzig Jahren sollte er mehr als fünftausend Autographien von Herrschern, Staatsmännern, Dichtern und Philosophen aus dem Zeitraum vom 15. bis zum 19. Jahrhundert zusammentragen, ein Sammeln ganz im Rothschildschen großen Stil!

Als Henri in die Pubertät kam, wurde die strenge Zucht noch schärfer gehandhabt, wenn dies überhaupt möglich war. Thérèse war fest entschlossen, ihn vor amourösen Abenteuern und jeglicher Ausschweifung zu bewahren, deshalb hielt sie ihn mit dem Taschengeld kurz und sorgte für ihrer Ansicht nach unbedenkliche Ablenkungen. Sie nahm ihn bei Besuchen in der Lungenheilstätte für Kinder mit, die sie in Berck gegründet hatte, und entschied, ihr Sohn müsse Arzt werden und sein Leben der Hilfe für andere Menschen weihen. Sie war viel zu stark, daß er ihr hätte offen Widerstand leisten können, aber andere Familienmitglieder sprangen ihm bei. Mit stillem Einverständnis seines Onkels Arthur und eines zweiten Verwandten nahm er sich eine Mätresse namens Anna und bekam auch das Geld, um ihr in Paris eine Wohnung einzurichten. Er wollte sich die Freuden der Metropole nicht entgehen lassen, die damals die Glanzzeit ihrer „Verruchtheit" erlebte. Hier die Beschreibung eines der Feste, welche die Mätresse seines Cousins regelmäßig veranstaltete:

> „. . . an jenem denkwürdigen Abend waren ledige junge Herren aus den besten Familien, ihren Frauen entfremdete Ehemänner, Schauspielerinnen und Nobelkokotten . . . bei der liebenswürdigen Dame des Hauses eingeladen. Jeder wußte, daß es in ihrem gastlichen Heim die beste Küche, auserlesene Weine und geradewegs aus Havanna importierte Zigarren zu erwarten gab. Nach dem Diner frönten reiche Habitués, deren Kreditfähigkeit über jeden Zweifel erhaben war, bis zwei oder drei Uhr morgens dem Poker und dem Baccarat. Die Männer, die sich zu Geneviève flüchteten, waren entweder ‚Novizen', die Erfahrungen sammeln wollten, oder Herren, die nebenher ihre Affären hatten. Die Frauen, so reizvoll und leicht zugänglich, gaben sich ohne Ziererei dem Liebes- und Glücksspiel hin."[23]

Wenn ihr Sohn in solchen luxuriösen „Lasterhöhlen" verkehrte, dann hatte sich Thérèse dies nur selbst zuzuschreiben. Das starre Reglement, dem sie – zweifellos in bester Absicht – Henri unterordnete, war völlig verfehlt für den Werdegang eines jungen Menschen, dem es bestimmt war, einer der reichsten und voraussichtlich auch einflußreichsten Männer Frankreichs zu werden. Dennoch ließ sie nicht locker, und als sie von seiner Geliebten erfuhr, machte sie der Liaison sofort ein Ende und schickte Henri auf eine Amerikareise, damit er seine geliebte Anna vergesse. Da ihm Freundschaften und vertrauter Umgang mit Gleichaltrigen verwehrt wurden, ist es nicht verwunderlich, daß er sich zu einem Einzelgänger entwickelte, der zu anderen Menschen nur äußerst schwer Kontakt fand. Viel lieber brachte er seine eigenen Gedanken, Empfindungen und Beobachtungen zu Papier. Er mußte einfach niederschreiben, was ihn bewegte, und daraus ergab sich ein sehr beachtliches, vielfältiges schriftstellerisches Œuvre. Allein seine veröffentlichten Werke reichen von erzählender Prosa und Theaterstücken – unter dem Pseudonym „André Pascal" – bis zu medizinischen Abhandlungen, Reisebeschreibungen, Büchern über Sammelgebiete und Memoiren.

Die letzte Konsequenz von Thérèses Tyrannei war vorauszusehen: im Alter von fünfundzwanzig Jahren flüchtete Henri in eine Ehe. Und zwar ohne vorherige Beratungen im Familienkreis und in gänzlicher Abkehr von der herrschenden Konvention. Obwohl die Auserkorene eine junge Jüdin völlig einwandfreier Herkunft war, wurde die Verlobung als ein flagranter Akt der Revolte aufgefaßt, und noch Jahre später erinnerte sich Henri voll innerer Genugtuung des Augenblicks, als er seine Mutter mit der Eröffnung überraschte:

„Etwa sieben Uhr. Ich kleidete mich an und begab mich zu meiner Mutter. Baronne James schrieb gerade einen wichtigen Brief und bedeutete mir, Platz zu nehmen und ein wenig zu warten. Ich setzte mich auf einen Stuhl und verharrte eine Weile regungslos in Schweigen. Ich war müde, fühlte mich seelisch verausgabt. Schließlich blickte meine Mutter auf.

‚Nun, was gibt es Neues?‘ fragte sie. ‚Nichts Schlimmes, wie ich hoffe.‘

‚O nein‘, erwiderte ich. ‚Ich komme mit einer guten Nachricht. Ich habe mich verlobt.‘

Aufspringend stieß meine Mutter hervor: ‚Verlobt?! Mit wem?‘

‚Mit Mademoiselle Mathilde de Weisweiller, einer Freundin meiner Schwester . . .‘

Meine Mutter schien zu glauben, sie habe nicht recht gehört. ‚Du machst einen Scherz‘, sagte sie. ‚Und du weißt, daß ich es gar nicht schätze, wenn man mich zum Narren hält.‘

‚Ich meine es ganz ernst‘, entgegnete ich und schilderte meiner schier verstörten Mutter die Begebenheiten, die binnen knapper vierundzwanzig Stunden zu meinem Entschluß geführt hatten, mich zu verheiraten.

Baronin James war in ihren mütterlichen Gefühlen zutiefst verletzt, und dies konnte sie nicht verbergen. Zitternd, vor Erregung leichenblaß, vermochte sie die Empfindungen, die sie überwältigten, nicht in Worte zu fassen. Die unerwartete Mitteilung hatte sie wie ein Keulenschlag getroffen. Sie war empört darüber, daß ich mich ohne ihr Wissen verlobt hatte, in ihrem Stolz gekränkt, weil ich mich entschieden hatte, ohne sie auch nur um Rat zu fragen und ohne ihr zu ermöglichen, Informationen über die Familie der jungen Dame einzuholen, der ich nun bald meinen Namen geben würde. Mein plötzlicher Entschluß war fast unglaublich, und meine arme Mutter wußte nicht, ob sie Genugtuung oder Mißbilligung zeigen sollte. Leider konnte ich mir ihre erste Verwirrung nicht zunutze machen . . . Baronin James sagte mir, bevor sie ihre Zustimmung erteilen könne, müsse sie alle Einzelheiten über die Familie de Weisweiller in Erfahrung bringen. Sie werde mit einigen Leuten reden, anderen schreiben ... Ich unterbrach sie und sagte mit fester Stimme: ‚Es ist unwichtig, was Ihre Nachforschungen ergeben, Mama. Ich liebe dieses Mädchen und werde es heiraten.' Ich blieb im Salon meiner Mutter, bis es Zeit zum Diner war. Meine Heiratspläne und die Selbstsicherheit, die ich im Verlauf unseres Gespräches zur Schau getragen hatte, machten die bewundernswerte Dame völlig wehrlos. Ich selbst strahlte vor Freude. Schließlich würde doch bald der Augenblick kommen, der mir die Freiheit verhieß."[24]

Wie nicht anders zu erwarten, fand sich Thérèse letzten Endes mit Henris impulsivem Schritt ab.

In Wien zeigte sich eine Gegensätzlichkeit zwischen Salbert und seinem Bruder Nathaniel. Obgleich um acht Jahre jünger als Nathaniel und um fünf Jahre jünger als der nunmehrige britische Staatsbürger Ferdinand, war es Salbert, der als Dreißigjähriger nach dem Tod des Vaters die Leitung der Geschäfte übernahm und im großen Kontor des seit Salomons Zeiten unveränderten alten „Römischen Kaisers" Hof hielt. Seine Enkelin besitzt ein amüsantes zeitgenössisches Gemälde mit dem Titel „Albert v. Rothschild am Werk". Es zeigt ein geräumiges, bequem eingerichtetes Zimmer, dessen Bewohner in einem tiefen Fauteuil ruhend von hinten sichtbar ist. Solch eine Darstellung verleugnet Salberts enormen Arbeitseifer. Er führte, tatsächlich im Alleingang, eine Reihe von Unternehmen, die einen finanziellen Grundpfeiler der Donaumonarchie bildeten. Dort war er überall ganz in seinem Element. Das Haus S. M. Rothschild und Söhne war die größte Privatbank Wiens. Die Creditanstalt war die bedeutendste Industriebank. Die Bodencreditanstalt war nicht nur die führende Hypothekenbank, sie verwaltete auch Kaiser Franz Josephs Privatvermögen, organisierte alle Staatsanleihen, und ihre Kunden stammten vorwiegend aus den Kreisen der Aristokratie und anderer Großgrundbesitzer. Obgleich Salbert nie die Funktion des Präsidenten der Creditanstalt oder der Bodencreditanstalt innehatte, übte er in der Praxis erheblichen Einfluß auf beide Institute aus. Welch hohen Wert man guten Beziehungen zu den Rothschilds beimaß, zeigte sich 1883: als Salbert im Direktorium der Creditanstalt bei den Erörterungen über die Abberufung eines Mitglieds überstimmt wurde, genügte die Androhung seines Rücktritts, um seinen Wünschen Geltung zu verschaffen. In der Creditanstalt konnte keine der höheren Positionen ohne die Billigung des Barons Rothschild besetzt werden.

Salbert war der geborene Geschäftsmann. Er hatte einen kühlen Kopf sowie klaren Blick, und beides brauchte er im Konkurrenzkampf der Finanzwelt Österreich-Ungarns. Gegen Ende des 19. Jahrhunderts wuchs die Zahl mächtiger Kreditinstitute stetig an, und Privatbanken konnten ihre Stellung nur dann halten, wenn sie für die Durchführung wirtschaftlicher Großprojekte Konsortien bildeten. Bei solchen Verhandlungen erwies sich Salbert als Meister. Im Jahre 1880 vollbrachte ein Syndikat unter seiner Leitung eine überaus wichtige Abänderung der Bedingungen ungarischer Staatsanleihen. Zwei Jahre später verhinderte er durch den Aufkauf von Staatsschuldverschreibungen einen katastrophalen Krach an der Wiener Börse. In der Folge ereignete sich auf den Gebieten der Staatsfinanzen, der Schwerindustrie, der Eisenbahnen und des Handels im gesamten Habsburgerreich sehr weniges ohne die Mitwirkung Salomon Albert v. Rothschilds. Kurz gesagt: er war die Schlüsselfigur des österreichischen Finanzwesens.

Von Natur aus genügsam und eher unzugänglich, war Salbert charakterlich der Antipode seines unverheirateten Bruders Nathaniel, der ebenfalls ein Wiener Rothschild war und blieb. Ein heiterer charmanter Kavalier der Ringstraßen-Ära und seinen Untergebenen wahrhaftig ein Gnädiger Herr. Typisch für ihn ist die Geschichte, wie er die allererste Fußballmannschaft Österreichs aufstellte. Unter seinen Bediensteten gab es einen eigens aus England herübergeholten Gärtner, der sich in der Fremde inmitten von Menschen, deren Sprache er nicht verstand, nur schwer eingewöhnen konnte. Er hatte einfach Heimweh nach der vertrauten Umwelt, und was er besonders schmerzlich vermißte, das war die populärste Sportart. Da Nathaniel eine so tüchtige Arbeitskraft nicht verlieren wollte, löste er das Problem dadurch, daß er einen englischen Fußballtrainer anheuerte und auf seinem Besitz eine Mannschaft aufstellte. Kein Wunder, daß die Dienerschaft mit ihm besser auskam als mit seinem stets auf Distanz bedachten Bruder. Einmal war ein Diener sogar so kühn, sich bei Nathaniel über Baron Alberts hochmütiges Wesen zu beklagen. Der ältere der beiden Rothschilds winkte ab. „Aber gehn's, machen Sie sich nix draus." sagte er, „auf ihn kommts eh net an."[25]

Nathaniel glich sein mangelndes Interesse an den Geschäften durch seine Passion für schöne Dinge und edle Tiere aus. Er züchtete Rennpferde, und zwar sehr erfolgreich. Er schuf sich ein großartiges Palais in der Theresianumgasse, nicht weit vom Schloß Belvedere, und richtete es mit erlesenen Kunstschätzen ein. Im Wiener Nobelbezirk Döbling, auf der Hohen Warte, ließ er den wunderbaren „Rothschildgarten" anlegen und sammelte dafür Pflanzen aus aller Welt. Dieses botanisch sehr interessante Gehege war Nathaniels Geschenk an die Stadt, denn über seinen eigenen Freuden vergaß er nicht die weniger vom Glück begünstigten Mitmenschen. Vermutlich waren es Erfahrungen aus dem eigenen Familienkreis, die sein soziales Mitgefühl in medizinische Bereiche lenkte. Er gründete ein Spital, Blinden- und Taubstummeninstitute, ein Waisenhaus und eine neurologische Klinik. Er achtete selber sehr auf seine Gesundheit, schonte sich und umgab sich mit Ärzten, allerdings ist nicht völlig klar, ob er eine schwache Konstitution hatte oder ein Hypochonder war.

Auch Salbert sorgte für einen standesgemäßen Wohnsitz. Obwohl kein Kunstkenner, gab er in seinem Leben auch anderen Dingen Raum als bloß dem Beruf und dem Geschäftlichen. In der Prinz-Eugen-Straße, die damals noch Heugasse hieß, errichtete er ein Palais, das an Pracht und künstlerischem Wert der Einrichtung den Vergleich mit dem Stadthaus seines Bruders aufnehmen konnte. Außerdem war er ein eifriger Amateurastronom und besaß seine eigene Sternwarte. Auch er schätzte allerfeinste Zigarren. Im Tresor in der Renngasse wurden neben Stapeln von Goldbarren und Dokumenten, die für das Geschick von Nationen entscheidende Bedeutung hatten, viele Kistchen voller Köstlichkeiten für den Zigarrenraucher aufbewahrt, direkt aus Havanna importiert und nach Lagerungszeit und Qualität sortiert. Nicht zuletzt: Salbert war ein Freund des Landlebens und, hundert Jahre bevor das Wort geläufig wurde, eine Art Umweltschützer. Dies zeigte sich am deutlichsten in seinem Wirken in und für Langau.

Während der zweiten Hälfte des 19. Jahrhunderts wurden im Wienerwald und in Niederösterreich große Forstflächen abgeholzt, vielfach von Konsortien, welche dem Hochadel Landparzellen abkauften und rein spekulativ ausbeuteten, ohne an die Zukunft zu denken. Dieser Raubbau wurde so radikal betrieben, daß um 1880 mehrere Gruppen der Geschäftemacher eine erhebliche Wertminderung ihrer Liegenschaften zu verzeichnen hatten. Einen solchen Besitz erwarb Salbert in der Gegend von Langau, einem Ort im südwestlichen Niederösterreich, etwa 150 km von Wien entfernt. Sofort nahm er die Wiederaufforstung in Angriff. Dazu brauchte man Arbeitskräfte und entsprechende Unterkünfte. Das Resultat war Langau-Maierhöfen, ein neues Dorf mit soliden geräumigen Häusern, einem eigenen Forstamt und anderen Einrichtungen. Mit manchen planmäßigen Veränderungen, wie etwa einer Regulierung, die dem Verlauf des Flußes Ybbs malerische Reize verlieh, stellte er das ursprüngliche Landschaftsbild wieder her, und diesem Ziel diente auch die Neuanpflanzung landschaftsgebundener Flora und die Aussetzung von Wildtierarten. Mit der Zeit gewann Salbert Langau immer lieber, und er hielt sich oft in dem Haus auf, das er sich in der Mitte des Ortes erbaut hatte.

Und nicht zuletzt: Salbert war auch Familienvater. Seine Frau Bettina, Alphonses Tochter, gebar ihm sieben Kinder. Eines von ihnen starb sehr früh und ein zweites, das jüngste Mädchen Valentine, war von Geburt aus taub. Wie so oft in solchen Fällen, wurde dieses Gebrechen erst einige Jahre später konstatiert. Zunächst glaubten die Eltern und die Ammen, das Kind sei eben schwer von Begriff oder ungeschickt.[26] Davon abgesehen gestaltete sich das Leben der Familie recht harmonisch, es fehlte kaum etwas zu ihrem Glück, nicht einmal der höchste Beweis kaiserlicher Huld, der Anselm versagt geblieben war: die Hoffähigkeit. Für sie galten überlieferte, sehr strenge Bestimmungen, denen insbesondere Juden nicht genügen konnten. Aber im Jahr 1887 wurden Salomon Albert und seine Gattin Bettina in aller Form in den Kreis jener Bevorzugten aufgenommen, die Seine Majestät zu empfangen geruhten, wie man es damals ausdrückte. Dies war die Krönung für alles, was Salomon, Anselm und Salbert in der Habsburgermonarchie erreicht hatten.

Bald danach ergab sich durch eine schicksalhafte Parallele zwischen Franz Joseph und Salbert. Jeder der beiden Männer verlor seine Gemahlin und einen Sohn unter tragischen Umständen. Beide mußten die Schwächung ihrer Dynastien erleben, aber zumindest blieb ihnen der Schmerz erspart, auch noch miterleben zu müssen, wie die Häuser Habsburg und Rothschild ihre Macht in Österreich verloren.

Zweieinhalb Jahre nach dem Tod des Kronprinzen Rudolf, 1889 in Mayerling, ereignete sich eine Tragödie in der Familie des Bankiers. Bei Salberts geliebter, erst dreiunddreißigjähriger Frau Bettina wurde Krebs festgestellt. Sie starb im darauffolgenden März nach monatelangem qualvollem Leiden. Unter der Last seiner Verantwortungen verlor für Salbert das Leben für immer seinen ausgeglichenen Gang. Er ertrug nichts, was ihn an seine Frau erinnerte. Dies betraf vor allem die Kinder, vor denen er sich völlig abschloß. Während er sich noch tiefer in seine Arbeit vergrub, wurden sie ausschließlich von Hofmeistern und Gouvernanten erzogen. Es heißt, daß ihm bei den ganz seltenen Gelegenheiten, wenn er sich ins Kinderzimmer verirrte, seine Söhne und Töchter förmlich vorgestellt werden mußten, weil er sich nicht mehr auf ihre Namen besinnen konnte.

Im Jahr 1898 wurde auch Kaiser Franz Joseph Witwer. Im Herbst jenes Jahres empfing Salberts Schwester Julie, mit Adolph verheiratet, in ihrem Schweizer Schloß in Pregny eine hohe Besucherin. Es war Kaiserin Elisabeth, ihr seit langem in Freundschaft verbunden. Die Einundsechzigjährige war eine Ruhelose, welche die meiste Zeit auf Reisen verbrachte und niemals über den Tod ihres einzigen Sohnes hinweggekommen war. Ein Gast, den man sehr rücksichtsvoll behandeln mußte.

Aber während eines ausgezeichneten Frühstücks inmitten der Vornehmheit von Pregny, bei der Tafelmusik eines den Blicken verborgenen Orchesters, wirkte sie ruhig und gelöst. Darauf folgte ein Rundgang durch die Treibhäuser, Julies Stolz und Freude, wo exotische Blumen das Auge entzückten und Wohlgerüche die Luft erfüllten. Es war eine Begegnung in völliger Harmonie – bis die Baronin die Kaiserin vor dem Abschied bat, sich in das Gästebuch einzutragen. Das tat Elisabeth. Doch als sie beiläufig zurückblätterte, las sie einen Namenszug, bei dessen Anblick alles Blut aus ihrem Gesicht wich: Rudolf. Die Kaiserin verbrachte die Nacht in Genf und begab sich am nächsten Morgen zu Fuß ans Seeufer, um den Dampfer nach Caux zu besteigen. Doch plötzlich sprang sie ein italienischer Anarchist namens Luigi Luccheni an und stieß ihr eine zum Stilett geschliffene Feile in die Brust. Kurz darauf starb sie.

Etwa um dieselbe Zeit brach das Unheil über Salberts Erben Georg herein. Der junge Mann hatte Österreich verlassen, um in Cambridge seine Studien zu beenden. Wie so viele seiner männlichen Verwandten, die an Universitäten studierten, betrachtete er die Parforcereiterei als einen wichtigen Teil seiner Gesamtausbildung. Auf einem Ausritt erlitt er aber bei einem bösen Sturz so schwere Kopfverletzungen, daß er zur Behandlung in die Heimat zurückkehren mußte. Ob es an der Auswirkung der traumatischen Veränderungen oder aber an einer bereits durch Vererbung bedingten Schädigung des Gehirns lag, ist ungewiß. Jedenfalls sahen auch die führenden Fachärzte keine Heilungsmöglichkeit. Georg verfiel in Schizophrenie und mußte für sein ganzes weiteres Leben konfiniert werden.

Aber das Maß des Unglücks war noch nicht voll. Oskar, der Jüngste in der Familie, war bei Bettinas Tod erst drei Jahre alt. Daher wuchs er ohne Mutterliebe auf, und weil sich Salbert von seinen Kindern fernhielt, fehlte dem jungen Menschen auch die leitende Hand des Vaters. Als Neunzehnjähriger wurde er nach Amerika geschickt, um sich im Geschäftsleben dieses aufstrebenden Landes praktische Kenntnisse anzueigenen. Plötzlich aller Hemmnisse ledig, veliebte er sich Hals über Kopf in die Tochter des Besitzers einer Fremdenpension in Chicago. Wieder zurückgekehrt, bat er seinen Vater in aller Ruhe um die Heiratserlaubnis. Salberts Reaktion kann man sich leicht vorstellen. Nach seinen Begriffen war dieses Mädchen in jeder nur denkbaren Hinsicht völlig indiskutabel – eine Christin, eine Ausländerin, vulgär, ungebildet, ohne die geringste Spur von höherer Lebensart –, ganz bestimmt keine Frau, die in einem Haus der Rothschilds die Herrin sein könnte. Es kam zu stürmischen Szenen, aber der Senior war unerbittlich. Hätte Salbert seinen Sohn Oskar wirklich gekannt, dann hätte er in den Worten und im Verhalten des jungen Mannes die warnenden Anzeichen auswegloser Verzweiflung bemerkt. Aber er bemerkte nichts. Oskar konnte den Verlust des einzigen Menschen, der ihm je tiefe Zuneigung geschenkt hatte, nicht ertragen. Er erschoß sich.[27]

Im Juni 1914 wurde Kaiser Franz Josephs Neffe und Erbe, Thronfolger Erzherzog Franz Ferdinand, in Sarajevo ermordet. Der greise Monarch selbst mochte sich vor dem Ende seines eigenen Lebens im Spätherbst 1916, als sein Reich bereits im Krieg stand und dem Untergang geweiht war, die Frage gestellt haben, ob auf seiner Familie ein Fluch laste. Salbert hatte vor seinem Tod im Jahr 1911 miterlebt, wie der einst blühende österreichische Zweig der Rothschilds durch vorzeitige Todesfälle, Kinderlosigkeit und Auswanderung verdorrte. Salbert hatte keine Enkel und keine Neffen des namens Rothschild, sein nächster männlicher Verwandter in der jungen Generation war Bettinas französischer Neffe Guy. Die einzige Hoffnung für die Zukunft des österreichischen Hauses lag bei Salberts noch unverheirateten Kindern. Also keineswegs düstere Aussichten. Er hinterließ drei gesunde, intelligente Söhne als seine Nachfolger im Beruf und in der Dynastie. Niemand konnte damals voraussehen, daß innerhalb von zwei Generationen der Mannesstamm völlig aussterben werde.

Österreichische Rothschilds 1870–1911

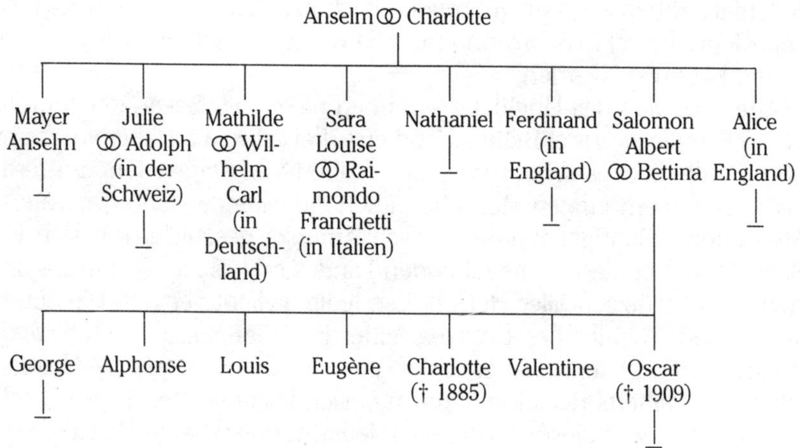

KAPITEL 20
Die Vision des Barons Edmond

Die Existenz eines europäischen Juden war nie ein leichtes Leben, aber gegen Ende des 19. Jahrhunderts wurde sie noch problematischer. Nicht nur, daß der Antisemitismus neue, radikalere Formen annahm, auch innerhalb des internationalen Judentums machten sich mehrere einander widersprechende Tendenzen bemerkbar. Eine Epoche unruhiger Übergänge in materiellen wie in geistigen Bereichen war angebrochen. Es gab einen bisher beispiellosen Zustrom von Emigranten, die vor den Judenverfolgungen in Rußland und auf dem Balkan westwärts flüchteten, und zugleich bemühten sich jüdische Denker und Agitatoren um eine neue, klare Standortbestimmung ihres Volkes in diesem neuen Zeitalter. Für den oberflächlichen Beobachter mochte es den Anschein haben, daß die Rothschilds, obwohl weltweit als die Führer des Judentums auf außerreligiösem Gebiet anerkannt, über diesem Streit standen: abgeschirmt durch ihren Reichtum und völlig in die nichtjüdische Gesellschaft integriert. Das war aber nicht der Fall. Vom Leid ihres Volkes tief berührt, beschränkten sich die Rothschilds nicht darauf, Hilfsorganisationen für die Mittel- und Heimatlosen zu finanzieren, sie nützten auch ihren politischen Einfluß, um dem Antisemitismus entgegenzutreten. Sie beteiligten sich an den Fehden zwischen Sozialisten, Protozionisten, Assimilanten und Separatisten. Vor allem: schon ihr Judentum an sich bestimmte ihre ganze Einstellung zu wirtschaftlichen, politischen und sozialen Problemen.

Das erste, weite Kreise bewegende internationale Ereignis, auf das die Juden einmütig reagierten, lag schon lange zurück. Bereits damals hatte sich Baron James zum Sprecher seines Volkes gemacht. Es handelte sich um die berühmte Damaskus-Affäre des Jahres 1840. Das unerklärliche Verschwinden eines römisch-katholischen Priesters namens Pater Thomas in Damaskus löste heftige Empörung aus, die sich gegen die ansässigen Juden richtete, denn sie galten als die Hauptverdächtigen. Einige wurden verhaftet, und unter der Folter gestanden sie einen Ritualmord. Dies war einer jener Vorfälle, die fast regelmäßig den noch immer in ganz Europa weit verbreiteten latenten Antisemitismus belebten. Wieder tauchte die alte Schauermär auf, daß die Juden bei ihren Zeremonien Christenblut verwendeten. Es kam zu Demonstrationen, hitzigen Parlamentsdebatten, und man verbreitete den makabren Scherz, es sei nicht ratsam, von einem Juden eine Einladung zum Essen anzunehmen, denn dort könne man, ohne es zu merken, ein „Pater-Thomas-Cotelett" vorgesetzt bekommen. Führende Persönlichkeiten der Judenschaft in ganz Europa sahen sich bewogen, auf solche Verleumdungen zu erwidern und entsprechende Schritte zum Schutz ihrer Glaubensgenossen in Syrien zu unternehmen. Der Große Baron trat in Aktion, um auch seine Brüder in Frankfurt und Wien zum Handeln zu bewegen. Er lancierte einen Artikel im „Jourbal des Débats" und richtete Appelle an Thiers und König Louis Philippe. Der Premierminister bot ihm keine Unterstützung, und manche Kommentatoren brachten diese Abfuhr nur allzu rasch in ursächliche Verbindung mit Thiers' bald darauf erfolgter Entlassung.[1]

Jahraus, jahrein nahmen die Rothschilds auf nationaler und internationaler Ebene die jüdischen Interessen wahr. In letzter Zeit hatte Lionel de Rothschild und Bleichröder auf dem Berliner Kongreß (1878) beträchtliche Fortschritte erzielt, denn sie hatten erreicht, daß das Thema der Rechte der Juden auf die Tagesordnung gesetzt wurde, und zwar zusammen mit wichtigen Fragen der Grenzziehung und des Zugangs zu internationalen Wasserwegen. Unter den schließlich vereinbarten und ratifizierten Punkten war auch die Gewährung uneingeschränkter Bürgerrechte für die jüdischen Minderheiten in Rumänien, Bulgarien, Serbien und Montenegro.

In Anbetracht ihrer offiziellen politischen Stellung in Britannien erwartete man von den Rothschilds, daß sie als Wortführer der englischen Judenschaft auftraten. Lionel und nach ihm Natty nahmen ihren Platz im „Board of Deputies" ein, und Natty war Mitglied des 1878 gebildeten „Conjoint Foreign Committee" zur Koordinierung von Aktionen für die jüdischen Gemeinden in Übersee. Ihre französischen Verwandten hatten ebenfalls hohe Ränge in der jüdischen Führung inne. Alphonse wurde Vorsitzender des „Consistoire Central", des französischen Gegenstücks zum englischen „Board of Deputies", und Gustave präsidierte dem „Consistoire de Paris". Sie zeichneten große Summen für den Bau der prächtigen neuen Synagoge an der Rue de la Victoire, die seit 1875 religiöser Mittelpunkt der jüdischen Elite von Paris war.

Die Familie setzte ihre karitative Tätigkeit für die eigenen Glaubensgemeinschaften fort. Mitglieder des französischen Familienzweiges konzentrierten sich nach wie vor auf das jüdische Krankenhaus Hôpital Israélite an der Rue Picbus, aber sie gehörten auch dem „Comité de Bienfaisance" an, das Gelder im In- und Ausland verteilte und jüdische

Schulen, Waisenhäuser sowie andere Wohlfahrtseinrichtungen unterstützte. In London blieben die Rothschilds die wichtigsten Förderer der Jüdischen Freischule. Lionels Gemahlin Charlotte war diesem Institut besonders verbunden. Ihre Beziehung zu der Schule wie auch zu sonstigen Institutionen des Gemeinwohls beschränkte sich nicht auf die Teilnahme an Ausschußsitzungen und die gelegentliche Auszahlung von Unterstützungen.

Constance und ihre Schwester waren Anfang Zwanzig, als sie gemeinsam ein Buch schrieben, „The History and Literature of the Israelites", als Behelf für Schüler beim Studium der jüdischen Schriften. Gemeinsam mit weiblichen Verwandten gründeten und betrieben die beiden „Mädchenlehrgänge", Abendkurse zur religiösen Unterweisung für junge Jüdinnen, die in Fabriken und Läden arbeiteten.

Wie schon dargelegt, hatten die Rothschilds Sinn für die Welt der kleinen Leute. Was Radikale und Gleichmacher entweder nicht begriffen oder nicht wahrhaben wollten, war die Tatsache, daß viele einfache Menschen solchen Familien den Reichtum nicht neideten, wenn sie glauben durften, die Mittel würden auch für das Gemeinwohl verwendet. Im großen und ganzen, mit gewissen Unterschieden der Größenordnung, bewiesen die Rothschilds in ihrer privaten Finanzgebarung soziales Verantwortungsgefühl. Damit folgten sie im Grund einem religiösen Impuls, denn die Thora und der Talmud, dessen Lehren ihr Denken von Jugend auf geprägt hatten, sprach sich klar und deutlich über die „Z'dakah" – wörtlich: milde Gabe – aus, gemäß Jahwes Gebot: „Wenn dein Bruder bettelarm ist und seine Hand dich nicht erreicht, dann sollst du ihm Stütze sein." So lautet das levitische Gesetz (25,35), und das talmudische Glossarium erklärt, „ihm Stütze sein" bedeute, „ihm die Mittel zu bieten, damit er leben kann".

Aus der Sicht der Rothschilds waren die Wege zur Verwirklichung solcher Grundsätze genau vorgezeichnet: Sie bekannten sich zum hierarchischen Gefüge der Gesellschaft, bejahten das Anrecht einiger weniger auf die Herrschaft und die Verpflichtung aller übrigen, sich beherrschen zu lassen. Sie waren für gemäßigte Reformen, welche das Wahlrecht ausweiteten und offenkundige soziale Ungerechtigkeit beseitigten. Nachdrücklich vertraten sie die Auffassung, den Besitzenden sei es aufgetragen, den Besitzlosen zu helfen – aber voll und ganz auf der Basis des Laissez-faire-Prinzips. Wohltätigkeit war Privatsache, eine Frage des Gewissens und daher nicht dem Staat zu überantworten. Wie die Mehrzahl ihrer aristokratischen und bürgerlichen Freunde vertrauten sie darauf, daß die bestehende Ordnung den Liberalismus und den Sozialismus, den Kampf um das Wahlrecht für breiteste Schichten, die

Gewerkschaften und sogar die seltenen terroristischen Anschläge von Anarchisten und Nihilisten in Schranken zu halten vermöge.

Ferdinand sprach wahrscheinlich im Sinne der meisten seiner Verwandten im In- und Ausland, als er im Jahr 1884 sein politisches Glaubensbekenntnis in einem Brief an Sir Charles Dilke niederlegte, den Führer des radikalen Flügels der Liberalen Partei:

> „... wenn ich mich selbst nicht als einen Radikalen bezeichne, dann deshalb, weil ich meine, es sei unter der Würde großer Führer, solcher Männer wie Chamberlain und Sie selbst, durch das Eintreten für triviale Maßnahmen, etwa die Abschaffung der Wildschutzgesetze, um die Gunst der Masse zu buhlen ... und ein unvernünftiges Begehren nach sozialer und finanzieller Gleichheit zu wecken ... statt die Menschen nach hohen Prinzipien zu regieren und wichtigeren Fragen entgegenzuführen."[2]

Reiche Juden, wie Baron Ferdinand, mochten sich in der Zuversicht wiegen, die soziale Revolution habe keine Chance, aber sie konnten die Anzeichen der Unruhe innerhalb der internationalen Judenschaft nicht ohne weiteres ignorieren.

Während der letzten beiden Jahrzehnte des 19. Jahrhunderts sahen sich die Verfechter der Assimilation erneut Angriffen von allen Seiten ausgesetzt. Die Kräfte der Orthodoxie und des Sozialismus ritten wieder jene Attacken, an die sich die „altjüdischen" Familien schon längst gewöhnt hatten. Aber zu den Angreifern stießen nun plötzlich Scharen mittelloser Emigranten aus den europäischen Ostgebieten. Denn durch die Zusagen von 1878 in Berlin war den Judenverfolgungen in Rußland und auf dem Balkan nicht Einhalt geboten worden. Eindringlicher denn je sahen sich die Rothschilds und deren Freunde vor die Forderung gestellt, ihren Glaubensbrüdern zu Hilfe zu eilen, von ihren privilegierten Positionen herabzusteigen, ihrem Glauben „getreu" zu handeln, ihren Reichtum zu teilen, für vermehrte Demokratisierung in Europa zu wirken und außerhalb der Grenzen Europas die Vorkämpfer einer neuen Idee zu fördern – des Zionismus. Und als sei es damit nicht genug, riß die neuerlich aufgeworfene „Judenfrage" den Antisemitismus aus seinem unruhigen Schlaf.

Im Jahr 1880 gab es auf der Welt etwa 5 Millionen Juden. Von diesen lebten nur rund 15 Prozent in Westeuropa. Die große Mehrheit, ungefähr 75 Prozent, waren über Rußland, Polen und den Balkan verstreut, wo die meisten von ihnen ihr Dasein in Armut und Entwürdigung fristeten. Jahrhundertelang waren sie auf ihre Ghettos und im ländlichen Raum auf ihre eigenen Dörfer beschränkt, ständig antisemitischen Angriffen brutalster Art und manchmal sogar Pogromen ausgesetzt, ein Beweis für Vorurteile und Gleichgültigkeit der staatlichen Instanzen. Die Situation der Juden besserte sich während der Ära des relativ aufgeklärten Zaren Alexander II. (1855–1881). Doch diese Lockerung war von kurzer Dauer, denn der Zar wurde in St. Petersburg auf offener Straße ermordet und das Schlimmste: einer der Attentäter war Jude. Alexander III., der Nachfolger seines Vaters, regierte von Anfang an mit eiserner Faust, fest entschlossen, mit allen Gegnern und Unzufriedenen kurzen Prozeß zu machen. Die alte russische Feindschaft gegen die Juden regte sich wieder. Erneut kam es zu Pogromen und anderen antisemitischen Ausschreitungen. Schließlich wurden 1882 die berüchtigten Mai-Gesetze erlassen, einschneidende Bestimmungen für die Niederlassung und die Handelsgeschäfte der Juden. Hunderttausende Familien wurden entwurzelt und gezwungen, in die bereits übervölkerten städtischen Ghettos zu ziehen.

In den Gebieten außerhalb des russischen Herrschaftsbereiches stand es nicht besser. Die Balkanstaaten hielten sich nicht an die Vereinbarungen des Berliner Kongresses. Juden in jenen Ländern hatten immer wieder Brandlegung und Plünderung zu erdulden, und die Behörden zeigten sich für ihre Leiden blind und taub. Allerdings gab es nur in Rußland einen gleichsam offiziellen Antisemitismus. Es war das erklärte Ziel der Herrschenden, die Judenschaft so hart zu bedrängen, daß ein Drittel umkommen, ein Drittel an die nichtjüdische Bevölkerung assimiliert und ein Drittel auswandern würde. Letzteres gelang jedenfalls. In hellen Scharen machten sich die Juden nach Deutschland, Österreich, Frankreich, England und den USA auf, Männer, Frauen und Kinder. Viele von ihnen besaßen bei der Ankunft nicht mehr, als was sie am Leib trugen.

Sofort mobilisierte Natty die britische öffentliche Meinung für dieses Problem. Er sammelte Angaben und Daten über die Verfolgung, führte Gespräche mit Flüchtlingen und veröffentlichte im Januar 1880 mehrere Artikel in der „Times". Die Leser waren über die Enthüllungen entsetzt. Sie lösten eine wahre Flut von Protesten und Hilfsangeboten aus, und bei einer Versammlung im Mansion House wurden 100 000 Pfund aufgebracht. Ähnliche Ergebnisse zeitigten Aktionen in Paris und New York. Die nächste Aufgabe, der sich Alphonse, Natty und ihre Anhänger widmeten, war die Koordination von Hilfsmaßnahmen. Sie wußten, daß es sinnlos wäre, dem Problem einfach nur mit Geld beikommen zu wollen oder Unterstützung ohne entsprechende Planung zu verzetteln. Das war niemals die Art der Rothschilds. Also wurden Komitees gebildet, um die Emigranten zu empfangen und ihnen jede Hilfe zu gewähren, die sie für den Neubeginn brauchten. Den Vorsitz des Pariser

Ausschusses übernahm kein Geringerer als der erhabene Victor Hugo. So viele Flüchtlinge als nur möglich wurden bewogen, nach Amerika weiterzureisen, das noch immer genügend Raum für Einwanderer bot. Doch wie kaum anders zu erwarten, ließen sich viele Juden im Londoner East End und in den ärmeren Stadtvierteln von Paris nieder.

Für die Rothschilds entstand dadurch ein neues Problem. Sie waren bereit, ihren Glaubensgenossen bei der Neuansiedlung zu helfen. Was sie aber nicht tolerieren konnten, das war die Bildung neuer Ghettos. Wenn Juden in Britannien und Frankreich leben wollten, sollten sie sich in die britische und die französische Bevölkerung integrieren. Jüdische Ballungen mit „eigenständiger Lebensart", besonders in ärmeren Stadtteilen, würden Abneigung hervorrufen und Gegnern eine Handhabe für Agitation liefern.

Im Jahr 1884 starb Charlotte de Rothschild nach fünfjähriger Witwenschaft. Über Lionels Tod war sie nie hinweggekommen. Die Ehe war für Charlotte in vieler Hinsicht anstrengend gewesen, aber sie hatte sich damit abgefunden und ihre Pflichten, als Hausherrin, Gattin und Mutter erfüllt. Vor allem hatte sie für ihre Töchter gelebt, doch die starben oder heirateten im Ausland. Der Tod hatte ihr auch einige gute Freunde entrissen, so das Ehepaar Disraeli. Und nun, nach Lionels Hinscheiden, war es im Haus plötzlich ganz still geworden. Vorbei war das lebhafte Treiben, wenn alles für Diners und Feste vorbereitet wurde. Ihre Söhne besuchten sie wohl und schrieben ihr regelmäßig von Reisen, aber die Veränderung ihrer Lebensumstände ging einfach über ihre seelischen Kräfte. Charlotte verbrachte ihre letzten Jahre in Gunnersbury, in geistiger Verwirrung, mit manchen Stunden völliger Klarheit und dann wieder Perioden des Dahindämmerns. Doch in ihren lichten Augenblicken war ihr die Lage der armen Juden in London bewußt, und es war ihr letzter Wunsch, daß Natty etwas unternehmen solle.

Bei seinem ungestümen Tatendrang bedurfte er kaum einer solchen Anregung. Wenige Tage nach Charlottes Ableben bat er Interessenten zu einer Besprechung nach New Court. Das Ergebnis dieses Treffens war die Gründung der „Four Per Cent Industrial Dwellings Company", zu dem Zweck, „den arbeitenden Klassen bessere und gesündere Wohnungen zu schaffen als bisher, mit einem Maximum an Bequemlichkeit für eine minimale Miete".[3]

Diese Gesellschaft war von Anfang an nicht als Wohlfahrtsorganisation gedacht. Nach den alten Grundsätzen des Laissez-faire-Kapitalismus sollte das Projekt durch die Garantie eines Ertrages von 4 Prozent Investoren ansprechen. Zu Beginn des Jahres 1885 begannen die Arbeiten an der ersten Wohnhausanlage, und im April 1887 wurden die

„Charlotte de Rothschild Dwellings“ ihrer Bestimmung übergeben. In der Planung waren sie nicht besonders einfallsreich, auch waren laut Weisung die Baukosten so niedrig als möglich zu halten. In diesen Häusern gab es zwar saubere, ordentliche Wohnungen, aber insgesamt boten sie ein ödes, ziemlich trostloses Bild. Auch der Einwand kann nicht gelten, bei solcher Dürftigkeit handle es sich um typische Beispiele der „Zinskasernen“ jener Epoche. Schon wenige Jahre nach der Errichtung der Londoner Bauten schufen Nattys französische Cousins Wohnanlagen für die Armen von Paris. Welch ein gewaltiger Unterschied! Als Alphonse und dessen Brüder die französischen „Habitations à Bon Marché“ planten, galt ihre Hauptsorge der „Lebensqualität“, und sie nahmen Bedacht auf Gesundheit und Wohlbefinden der Mieter.

Sozial orientierte Kommentatoren seit der spätvictorianischen Ära gingen mit Nattys „düsteren, monströsen Kästen“ hart ins Gericht. „Das sind keine Heimstätten“, sagte ein zeitgenössischer Architekt über eines der Objekte. „Sie berauben dieses schöne Wort völlig seines wunderbaren Zaubers.“ Diese Komplexe im Londoner East End, mit Zwei-, Drei- und Vierzimmerwohnungen, waren Beispiele einer Reißbrettplanung, aber das hätten Natty und seine Kollegen auch offen zugegeben, denn ebenso wie die jüdischen Schulen und der Unterricht in den Synagogen waren sie, nach den Worten eines modernen Autors, dazu bestimmt, „ein neues englisches Judentum nach dem Ebenbild des alten zu schaffen und die Einwanderer nicht bloß dem englischen Gesellschaftsgefüge, sondern im besonderen der englischen Mittelschicht anzupassen.“ Die Bauten waren nicht ausschließlich Juden vorbehalten, doch tatsächlich gehörten sehr viele der Mieter dem jüdischen Glauben an. So entstand nun zwar eine Art Ghetto, aber nicht im Sinn einer abgeschlossenen und nach innen ausgerichteten Gemeinschaft. Die Lebensbedingungen waren besser, als das Wort Ghetto vermuten ließe, und nicht wenige der Bewohner empfanden die Enge der Zimmer und Höfe bald als recht behaglich, denn sie konnten dort ihre eigene kleine Welt gestalten. Die Bauten wurden „die häßlichen Produkte eines zögernden Paternalismus“ genannt. Häßlich waren sie gewiß, und dies erklärt sich nur zum Teil aus der Tatsache, daß sie der raschen Lösung eines großen vordringlichen Problems dienen sollten. Doch von Zögern konnte bei Natty und seinen Kollegen keine Rede sein. Sie ergriffen die Initiative, weil sie dies für ihre Pflicht als prominente Juden und führende Mitglieder der englischen Gesellschaft hielten. Sicherlich fehlte ihnen der Blick für die großen Zusammenhänge, aber in ihrem Rahmen erfüllten sie ihre Aufgabe redlich und zweckdienlich. Man konnte ihnen nicht vorwerfen, sie hätten hastig und unsolide dumpfe Zinskasernen bauen lassen wie so manche ihrer raffgierigen Zeitgenossen.[4]

Natty selbst begnügte sich nicht damit, nur für die Opfer rassischer Unduldsamkeit zu sorgen; man mußte auch etwas unternehmen, um der Verfolgung Einhalt zu gebieten. Zum Glück fehlte es den Rothschilds nicht an entsprechenden Mitteln, wenn es darum ging, auf die Regierung des Zarenreiches Druck auszuüben. Sie stornierten einfach alle ihre Geschäfte mit St. Petersburg. Das wirkte rasch und spürbar. Durch den Schachzug der Rothschilds und die negativen Reaktionen in vielen Ländern empfindlich berührt, mäßigte die russische Regierung für einige Zeit die Anwendung der judenfeindlichen Gesetze. Schließlich nahmen New Court und die Rue Laffitte die Geschäftsverbindungen mit St. Petersburg wieder auf. Doch wann immer russische Beamte erneut in ihre alten Methoden zurückfielen, wurden die Hähne prompt wieder zugedreht, und die Geldquellen versiegten.

In ihrem Verhältnis zu Rußland ließen sich die Rothschilds zweifellos von humanitären Gefühlen und ihrer Empörung über die dortige Behandlung der Juden leiten. Aber in ihrem Denken spielte auch eine ganz sachliche politische Erwägung mit: Sie befürchteten allen Ernstes neuerliche Revolutionswirren. Als Nattys Sohn Walter den deutschen Bankier Bleichröder brieflich bat, seinen Einfluß in St. Petersburg geltend zu machen, bezeichnete er die russischen Gesetze als „so streng und drückend, daß viele Juden deswegen zu wütenden Nihilisten werden könnten“.[5]

So verfolgten die Rothschilds weiterhin sehr aufmerksam die Entwicklung in Rußland, um je nach der Situation Gelder zu gewähren oder zu verweigern – eine wirksame Methode, die Regierung des Zaren zu einer humaneren Politik zu bewegen. Solche Manipulationen politischer Abläufe spielten den Feinden der Rothschilds natürlich in die Hände und bestärkten sie in ihrer Überzeugung, daß die Bankmagnaten ihre Energien vorwiegend für solche Aktionen einsetzten und macchiavellistische Drahtzieher waren, nach deren Pfeife Könige und Minister tanzten. Ein englischer Sozialist geißelte 1891 die Rothschilds als „eine Bande von Blutsaugern“, die ständig Kriege anzettle. „Immer, wenn es irgendwo in Europa Unruhen gibt, immer wenn Gerüchte über Kriegsgefahr verbreitet werden und unter den Menschen die Furcht vor Umstürzen und Not umgeht, kann man sicher sein, daß ein krummnasiger Rothschild am Werk ist.“[6] In Wahrheit verhielt es sich gerade umgekehrt: wenn die großen Bankiers tatsächlich versuchten, den Lauf der Geschichte zu beeinflussen, dann stets um jähe Wendungen zu verhindern und nicht, um unnötige Konflikte heraufzubeschwören.

Gegenüber dem anwachsenden Problem der jüdischen Einwanderung, hätten die Rothschilds zweifellos gefühlsmäßig lieber einen gewissen Abstand gewahrt und ihre Gelder und ihren Einfluß auf rein paternalistische Weise genützt. Aber bald sahen sie ein, daß es nicht genügte, sich mit den Fragen des europäischen Judentums nur unter ausschließlich finanziellen Aspekten zu befassen. Vor allem deshalb, weil die Juden, die nun in Westeuropa ankamen, ganz anders waren als die bereits dort ansässigen. Trotz gemeinsamer religiöser Wurzeln waren die beiden Gruppen von schicksalsbedingt grundverschiedener Mentalität. Die meisten Alteingesessenen hatten sich in höherem oder geringerem Maß den Ländern ihrer Wahl angeglichen, fielen in ihrer Umwelt nicht mehr deutlich auf und hatten Wohlstand erworben. Unter den Neuankömmlingen aber* waren manche richtige Ghettojuden, streng orthodox und nur des Jiddischen mächtig. Sie waren die natürlichen Verbündeten der konservativen Elemente in den bereits bestehenden jüdischen Gemeinschaften. Andere indes gehörten einer neuen Generation an, durch Verfolgung zu Erbitterung und politischem Extremismus getrieben. Und die dritte Gruppe bildeten die Zionisten, fest entschlossen, einen selbständigen Judenstaat zu schaffen, ein Land, wo sie ihre eigenen Herren sein würden und wo der uralte Traum, ausgedrückt in dem Wunsch „Nächstes Jahr in Jerusalem" endlich zur Wirklichkeit werden könnte.

Der springende Punkt war, daß Aktivisten aller drei Gruppierungen der Emigranten den Rothschilds mehr oder minder feindselig gegenüberstanden. Sie schrieben Brandbriefe an New Court und die Rue Laffitte. Sie hielten Brandreden und griffen in der Presse jene Juden an, die es so gut hatten. Ihre schrillen Stimmen verschmolzen im babylonischen Wirrwarr des Aufbegehrens mit denen von Sozialisten, Revolutionären, Antisemiten und Leuten, die einfache Lösungen anboten, um eine ungerechte Welt zu verändern. Die Rothschilds waren zwar durchaus dafür, das Gesellschaftssystem zu verbessern, aber nicht zu verändern. Ihre fast automatische Reaktion angesichts der immer lauter werdenden Kritik aus so vielen verschiedenen Richtungen war eine verstärkte Hinwendung zum Konservativismus.

Die strengsten unter den Einwanderern fochten, oftmals im Ton alttestamentarischer Eiferer, jene Positionen an, welche sich die Rothschilds und ältere erfogreiche Familien durch angeblichen „Verrat" an ihrem Glauben errungen hatten. Die Polemiker erhoben die Forderung nach mehr Institutionen wie Spitälern und Schulen für ihre wachsende

* Zwischen 1881 und 1901 150 000 in London, einer Stadt mit 4,5 Millionen Einwohnern. Im selben Zeitraum ließen sich 73 600 Juden in Wien nieder, das eine Gesamtbevölkerung von 1,6 Millionen hatte.

Zahl. Sie führten Beschwerden darüber, daß sich Parlamentarier jüdischer Herkunft nicht mehr als die Sprecher ihrer Gemeinschaft betrachteten, sondern durch die Hinwendung zu allgemeineren Fragen an Geltung zu gewinnen suchten. Um die Jahrhundertwende gab es eine hitzige Debatte über die Studienordnung des Jews' College, das englische Rabbiner ausbildete. Einige der Förderer lehnten die Tendenz ab, den Lehrstoff zu erweitern und die Studenten auch zum Verständnis damals aktueller sozialer und politischer Verhältnisse zu führen, sie postulierten vielmehr die Rückkehr zum ausschließlichen Studium des Hebräischen und der Judaistik.

Die Rothschilds gehörten zu jenen, welche die konkreten Gefahren einer solchen Haltung sahen. Sie erkannten, daß es für ein Volk ohnehin schwierig ist, ganze Einwanderergruppen zu assimilieren und daß solche Einwanderer die Dinge noch weiter komplizieren, wenn sie dauernd ihre kulturelle, religiöse und rassische Sonderstellung hervorkehren. Der britische Premierminister Arthur Balfour ging 1904 auf dieses Problem ein:

> „Man könnte sich leicht eine Situation denken, in der es für die Zivilisation des Landes nicht von Vorteil wäre, daß es eine große Zahl von Personen gibt, die, wenn auch patriotisch, tüchtig, fleißig und am Leben der Nation beteiligt, durch ihr eigenes Verhalten dennoch ein Volk für sich bleiben und nicht nur eine andere Konfession haben als die überwiegende Mehrheit ihrer Landsleute, sondern auch nur untereinander Ehen schließen."[7]

Die Mischehe war natürlich der Kernpunkt der Kontroverse um die Assimilation und eine Frage, bei der die Rothschilds „vorbelastet" waren. Man wußte, daß Mädchen aus ihrer Familie nur ihren Herzen folgend, prominente Christen geheiratet hatten. Solche Verbindungen hatten zwar innerhalb der Familie beträchtliche Aufregung verursacht, aber sie waren eben ein Faktum, und aller Voraussicht nach würde sich dergleichen noch öfter ereignen, auch wenn die Rothschilds solche Ehen offiziell mißbilligten. Allerdings zogen sie den Grenzstrich bei Mischehen von Männern. Der einzige Fall, in dem es fast zu solch einer Heirat kam, führte zu einem heftigen Zwist zwischen Salbert und Oscar und zum Selbstmord des Sohnes. Es ist wohl möglich, daß Männer wie Nathaniel und Alfred lieber Junggesellen blieben, weil sie sich nicht zu „passenden" Verbindungen mit jüdischen Ehekandidatinnen gängeln lassen wollten. Für die Familie in ihrer Gesamtheit gerieten an diesem Punkt das öffentliche „Rollenverhalten" und das Privatleben in Widerstreit und schufen ein schier unlösbares Dilemma. Blieb man fest, dann setzte man sich dem Vorwurf eben jener Unduldsamkeit aus, die man verurteilte. Lockerte man die Regel, dann provozierte man das Wehgeschrei der Orthodoxen und gefährdete den eigenen Status innerhalb der Judenschaft. Tatsächlich akzeptierten Männer aus dem Haus Rothschild die Einschränkung ihrer Entscheidungsfreiheit für Heiraten und widmeten sich zugleich mit wachsender Begeisterung Vorhaben der Fürsorge und der Wohlfahrt ohne konfessionelle Bindungen: sie schufen Spitäler, medizinische Forschungsstätten, Arbeiterwohnungen, Waisenhäuser und andere gemeinnützige Institutionen. Damit hofften sie der Welt zu beweisen, daß sie gute Juden und auch gute Franzosen, Engländer oder Österreicher waren.

Doch diese Bestrebungen wurden durch eine neue Welle des Antisemitismus behindert. Dies äußerte sich besonders virulent in Frankreich. Ihr Hauptanstifter war Edouard Drumont, ein ehemaliger Angestellter der Crédit Mobilier. In den Jahren nach dem Zusammenbruch der Bank verfaßte er eine zweibändige Schmähschrift „La France juive" (1886) über die „Verschwörung" jüdischer Finanziers, die er für das „Débâcle" von 1870/71 verantwortlich machte. Eben diese Verschwörung, so behauptete er, zersetze das Leben der Nation. Unter der Maske der Assimilation hätten sich die Juden in alle privaten und offiziellen Organisationen eingeschlichen. Drumonts fanatische Tiraden, dazu bestimmt, Furcht und Haß zu säen, fanden weite Verbreitung. In einer heißt es etwa:

> „Gefährlich ist der getarnte Jude ... Er ist das Untier wie es im Buche steht und zugleich nicht zu fassen ... er ist das mächtigste störende Element, das die Welt jemals hervorbrachte, und so geht er durch das Leben, erfüllt von der Freude, welche das Bewußtsein auf mannigfache Weise Christen geschädigt zu haben, den Juden bereitet."[8]

Im Jahre 1889 gründete Drumont die Antisemitische Liga und schuf sich später als Sprachrohr die Zeitschrift „La Libre Parole".

In der komplexen politischen Szenerie Frankreichs, wo man mehr als ein Jahrhundert lang verschiedene Staatsformen erprobt und alle für mangelhaft befunden hatte, gerieten die Juden unter Beschuß durch Extremisten aller Lager. Sozialistische Agitatoren griffen sie an, weil sie zu den privilegierten elitären Schichten der Bevölkerung gehörten. Allerdings waren nicht nur die Juden allein die Ziele solcher Breitseiten einer haßerfüllten und oftmals etwas konfusen Rhetorik.

„Ich nenne bei dem schändlichen Namen Jude jeden Schacherer, jeden unproduktiven Parasiten, der vom Gut und von der Arbeit anderer lebt ... Und wenn man Jude sagt, dann gilt das auch für den Protestanten, und es ist gar nicht anders denkbar, als daß der Engländer, der Holländer und der Genfer, welche die Gebote Gottes aus demselben Buch lernen wie der Jude, sich wie der Jude zur Mißachtung des Gleichheitsprinzips und der Rechte der Arbeiter bekennen.“[9]

So wetterte der Sozialist Toussenel, der, wie so viele französische Linke, jede Religion an sich sogar noch erbitterter bekämpfte als speziell das Judentum. Anders verhielt es sich bei Männern des rechten Flügels wie Bontoux und Drumont, die sich in dem Bestreben, Juden aus wichtigen Positionen des Staatsdienstes und insbesondere aus den Reihen der Armee zu entfernen, mit der katholischen Kirche verbündeten.

Im Jahre 1894 errangen sie ihren berühmtesten Erfolg: die Verurteilung des Hauptmannes Alfred Dreyfus. Dieser Artillerieoffizier elsäßisch-jüdischer Herkunft wurde zu Unrecht beschuldigt, militärische Dokumente an die Deutschen verkauft zu haben. Vor einem Geheimtribunal des Hochverrates angeklagt, wurde er zu lebenslänglicher Haft auf der berüchtigten Teufelsinsel verurteilt. Vier Jahre später bezichtigte die Presse, vor allem auf das unermüdliche Betreiben Emile Zolas, in einer großangelegten Campagne die Instanzen der Fälschung von Beweismaterial und der Verdunklung und erzwang so ein neues Verfahren. Aber auch ein Kriegsgericht befand Dreyfus 1899 für schuldig. Allerdings gerieten im Verlauf der Untersuchungen führende Militärs in Mißkredit. Um die ganze üble Affäre aus der Welt zu schaffen, wurde Dreyfus begnadigt und auf freien Fuß gesetzt, doch es dauerte weitere sieben Jahre, bevor der unglückselige Offizier völlig rehabilitiert wurde.* Der langwierige Fall Dreyfus zeigt deutlicher als hysterische Pamphlete und Brandreden, wie tief der Antisemitismus in Teilen des französischen Staatsapparates verwurzelt war.

Die öffentlichen Debatten blieben nicht ohne nachhaltige Wirkung auf viele Juden in Frankreich. Ein Enkel des Großen Barons war darüber so ergrimmt, daß er sein Geburtsland verließ und nach England ging. Und der Pariser Korrespondent der Wiener Tageszeitung „Neue Freie Presse“ kehrte schockiert in seine österreichische Heimat zurück, denn es war seine Überzeugung, wenn die Juden nicht einmal im Land der Liberté, Egalité et Fraternité als gleichberechtigt anerkannt wurden, dann werde man sie nirgends als vollwertige Bürger akzeptieren. Die

* Er wurde wieder in die Armee aufgenommen, diente während des I. Weltkriegs als Stabsoffizier und starb 1935.

einzige logische Konsequenz daraus konnte nur der Vorsatz sein, den Juden ein eigenes Land zu geben. Dieser streitbare Journalist war Theodor Herzl, der Begründer des modernen Zionismus.

In Deutschland und Österreich trat der Antisemitismus, wie eh und je, noch aggressiver in Erscheinung. Daher löste ein weiterer Einwanderungsschub aus dem Osten neue Manifestationen einer Massenhysterie aus. Viele Leute teilten die Befürchtungen, die Richard Wagner 1881 in einem Brief an seinen Schutzherrn König Ludwig II. von Bayern ausgesprochen hatte:

„. . . daß ich die jüdische Race für den geborenen Feind der reinen Menschheit und alles Edlen in ihr halte: daß namentlich wir Deutschen an ihnen zu Grunde gehen werden, ist gewiß, und vielleicht bin ich der letzte Deutsche, der sich gegen den bereits alles beherrschenden Judaismus als künstlerischer Mensch aufrecht zu erhalten wußte."[10]

Es ist ein Anzeichen dafür, wie weit Mayer Carl in seiner unterwürfigen Haltung gegenüber der preußischen Regierung gegangen war, daß er trotz seiner eigenen orthodoxen religiösen Bindungen bereit war, die Führung und das Volk von der vollen Verantwortung für die damaligen Ausbrüche judenfeindlicher Gesinnung freizusprechen. An Bleichröder schrieb er: „Was die antisemitischen Regungen betrifft, so sind die Juden selber daran schuld, und die gegenwärtige Agitation muß ihrer Arroganz, Eitelkeit und unaussprechlichen Überhebung zugeschrieben werden."[11]

Sogar im „liberalen" England hielt sich, namentlich in der mondänen gesellschaftlichen Elite, ein unterschwelliger Antisemitismus, der sich bisweilen in offener Feindseligkeit, häufiger aber in Zynismus und eisiger Ablehnung äußerte. Trotz all ihrer gesellschaftlichen Erfolge war den Rothschilds stets bewußt, daß es manche Kreise gab, zu denen sie niemals Zutritt finden würden. David Lindsay, späterer Earl of Crawford, zeigte ein für viele britische Aristokraten typisches Verhalten. Am 22. Juni 1900 vertraute er seinem Tagebuch an:

„Nachmittags fuhren Connie und ich ins Hertford House, wo sich eine von Alfred Rothschild und Rosebery eingeladene große Gesellschaft zum Empfang des Prinzen von Wales versammelte. Unglaublich, wie viele Juden in diesem Palast anwesend waren. Ich habe die antisemitische Frage mit einiger Aufmerksamkeit studiert, immer in der Hoffnung, eine unedle Regung in ihr zu entdecken. Aber in der Gegenwart dieser Scharen von Ickleheimers, Puppenbergs, Raphaels, Sassoons und anderer Leute ihres Schlages melden sich meine Gefühle stärker als die Logik und der Gerechtigkeitssinn ... Übrigens sagt John Burns, der Jude sei der Bandwurm der Zivilisation."[12]

Wahrscheinlich noch beunruhigender, weil so schwer zu verstehen, war das seltsame Phänomen eines jüdischen Antisemitismus. Die starke Strömung der politischen Linken, die sich zwischen 1880 und 1895 erneut Bahn brach, hatte viele jüdische Idealisten und Intellektuelle erfaßt. Im Jahre 1890 betonte Friedrich Engels in einem Brief an einen Freund, nicht nur Marx und Lassalle, sondern auch viele andere Vorkämpfer des Sozialismus, Männer, die er voll Stolz seine Freunde nenne, seien aus dem Judentum gekommen.[13]

Diese politischen Aktivisten gehörten sozialistischen Parteien und revolutionären Gruppen an und waren auf den Klassenkampf und die Vernichtung des Kapitalismus eingeschworen. Aber das Bekenntnis zur proletarischen Internationale stürzte die jüdischen Radikalen in eine Identitätskrise. Denn die prominentesten Vertreter des verhaßten Systems, das sie beseitigen wollten, waren ihre Glaubensgenossen.

Der geistig wache jüdische Sozialist sah sich daher nicht nur seinem eigenen Volk entfremdet, er fühlte sich auch direkt betroffen von den ganz offen rassenfeindlichen Maximen einiger führender sozialistischer Denker wie dem französischen Theoretiker Pierre Proudhon, der den Juden als „betrügerisch und parasitär" geißelte, als einen Menschen, der „im Geschäft wie in der Philosophie immer mit Fälschung, Täuschung und unlauteren Methoden zu Werk geht". Proudhon erklärte: „Seine ökonomische Verfahrensweise ist immer negativ. Er ist das böse Element, Satan und Ahriman, leibhaftig in der Rasse Schems."[14]

Im Zwiespalt zwischen ihrer Herkunft und ihrem politischen Bekenntnis sagten sich viele Juden von ihrer Abstammung los, so zum Beispiel der deutsche Sozialist Ferdinand Lassalle.

Dies also war die andere Welt der Rothschilds, die Welt des in sich zerrissenen europäischen Judentums, der sie ebenso angehörten wie der gesellschaftlichen Elite Europas. Eine Chronik ihrer Familie wäre unvollständig, wenn sie wohl ihre Finanzmacht und ihren glanzvollen Lebensstil beschriebe, aber die Bindung an ihr problembelastetes Erbe außer acht ließe. Am deutlichsten offenbarte sich diese innere Beziehung in ihrem Verhältnis zum Zionismus.

Wie auch andere reiche Juden in allen Ländern nahmen die Rothschilds die moralische Verpflichtung sehr ernst, gerade jenen orthodoxen Glaubensgenossen zu helfen, die in der historischen Hauptstadt Jerusalem eine jüdische Präsenz aufrechterhielten. So hatten z. B. James und Betty während der fünfziger Jahre in Jerusalem ein Spital für bedürftige Juden errichtet, und etwas später bauten Lionel und Charlotte im Gedenken an Evelina eine Mädchenschule. Als Gruppen von Flüchtlingen aus Osteuropa in den achtziger Jahren nach Frankreich kamen und um Hilfe für die Ansiedlung im Land der Väter baten, wußten die Männer, an die sie sich wandten, über die Verhältnisse in Palästina besser Bescheid als die Emigranten selbst.

Das Land stand unter der laxen Herrschaft des osmanischen Sultans und war in drei Verwaltungsbezirke eingeteilt, einer davon war die Stadt Jerusalem. Landwirtschaft betrieben vor allem arabische Kleinbauern, die sich kümmerlich vom Ertrag ihrer Pflanzungen und Herden ernährten. Seit Jahrhunderten – mit kurzen dramatischen Zwischenphasen wie etwa der Besetzung durch das französische Heer des Generals Bonaparte – war Palästina ein Rückstandsgebiet, für niemanden außer Pilgern und Archäologen von Bedeutung. Aber die schwindende Autorität der Türken erweckte bei den Großmächten Besorgnis. Um die Mitte des 19. Jahrhunderts entsandten die meisten von ihnen Konsularagenten nach Palästina, zu deren Aufgaben auch Bemühungen um soziale und administrative Reformen zählten.

Ein Ergebnis der engeren Kontakte zu diesem einst vergessenen Land war ein Anstieg der Einwanderung, durch den sich der jüdische Bevölkerungsanteil zwischen 1840 und 1880 von 6000 auf mehr als 20 000 erhöhte.[15] Verschiedene philanthropische Gruppen hatten Siedlungen gegründet, in denen Familien, die der Verfolgung und Schmach in ihrer Heimat entronnen waren, ein neues, besseres Leben beginnen konnten – zumindest nach theoretischen Erwägungen. Aber nur wenige dieser Dörfer erwiesen sich als lebensfähig. Der Boden war schwierig zu bearbeiten und brachte entsprechenden Ertrag erst nach mehrjährigem intensivem Aufwand an Mitteln und Mühe. Zudem verstanden die meisten Siedler nichts von der Landwirtschaft. Todesfälle durch Malaria waren häufig. Und die eingesessene Bevölkerung nützte die Ahnungslosigkeit der Neuankömmlinge weidlich aus, indem sie ihnen schlechte Grundstücke und Bedarfsgüter zu Wucherpreisen verkaufte. Manchmal kam es zu Konflikten mit Führern der Moslems, und die Einwanderer fanden auch ihre eigenen Glaubensgenossen nicht immer sehr hilfsbereit. Die streng orthodoxen Rabbiner in Jerusalem befürchteten durch den Zustrom von Ausländern eine Ausbreitung der Ideen der neuen Zeit und waren entschlossen, die strenge Einhaltung der Thora durchzusetzen. So bestanden sie z. B. auf der unbedingten Beachtung des levitischen Gebotes, den Boden in jedem siebenten Jahr brachliegen zu lassen, eine Beschränkung, mit der arme Neubauern, die äußerst mühsam ihren Unterhalt erwirtschafteten, nichts anzufangen wußten. Angesichts dieser Schwierigkeiten konnten palästinensische Juden nur mit ständiger Finanzhilfe aus den Kreisen des westlichen jüdischen Großbürgertums überleben.

All das war den Rothschilds bekannt. Deshalb reagierten sie, gelinde gesagt, zurückhaltend, als sie gebeten wurden, einen neuen Einwanderungsschub ins Gelobte Land zu finanzieren, der nach 1881 den Charakter eines Goldrausches annahm. Sie waren durchaus bereit, ihren verfolgten Brüdern zu helfen, aber nicht gewillt, den Namen Rothschild für waghalsige Vorhaben herzugeben, die als wirtschaftliche Fehlschläge oder mit politischen Verwicklungen enden konnten. Auch stand keineswegs fest, daß Palästina das am besten geeignete Gebiet für die Ansiedlung von Juden war. Für romantische Gemüter, die da glaubten, sie würden in einem Land, wo doch ganz bestimmt nicht Milch und Honig flossen, aus dem Vollen schöpfen können, hatten die Rothschilds nichts übrig. Außerdem lag ihnen der Gedanke an einen jüdischen Nationalstaat immer völlig fern. Als in den neunziger Jahren der Zionismus aufkam, lehnten ihn die Rothschilds einmütig ab: In ihren Augen war das ein abstruses Hirngespinst, ein Zerrbild, das man barmherzig zum Verschwinden bringen sollte.

In solchen Zusammenhängen ist die Karriere des jüngsten Sohnes des Großen Barons zu betrachten. Als David Ben Gurion, der erste Ministerpräsident des unabhängigen Staates Israel, über die Gründerväter der neuen Nation sprach, betonte er: „Während des gesamten Zeitraums von fast zweitausend Jahren, welche die Juden in der Verbannung lebten, gab es wohl kaum einen Menschen, der mit der bedeutenden Gestalt des Barons Edmond de Rothschild zu vergleichen wäre."

Als sein Vater starb, war Edmond erst dreiundzwanzig Jahre alt. So lange er denken konnte, waren seine weit älteren Brüder Teilhaber in der Rue Laffitte. Obwohl auch er zu gegebener Zeit den ihm zugewiesenen Platz in der Bank einnahm, tat er sich auf keinem Gebiet des Finanzwesens hervor. Alle wichtigen Entscheidungen trafen Alphonse und Gustave. So war Edmond einer von jenen Rothschilds der Jahrhundertwende, die keineswegs ganz selbstverständlich auf eine Laufbahn im Bankfach einschwenkten.

Er hätte, wie manche seiner Cousins, ein eleganter Müßiggänger und Lebemann werden können oder ein etwas extravaganter Privatier mit kostspieligen Liebhabereien. Denn, fast unnötig es eigens zu erwähnen, auch er war eine Sammlernatur. Sein besonderes Interesse galt den Handzeichnungen und Radierungen alter Meister. Die Tausende von Blättern, die er hortete und die sich nun im Louvre befinden, wurden erst später als Werke höchsten Ranges erkannt und gewürdigt. Einen ebenso guten Blick hatte er für Gemälde, und er legte eine

Sammlung an, die sich fast mit Alphonses Bildergalerie messen konnte.

Aber diese Beschäftigungen beanspruchten bei weitem nicht all seine Energien. Und wie die Natur selbst, duldet der Rothschildsche Unternehmungsgeist keinen luftleeren Raum. Edmond wollte seine Zeit interessant und ersprießlich ausfüllen. Er studierte Archäologie und Naturwissenschaften, er ging auf weite Reisen und begeisterte sich für Segeljachten. Er hatte eine Vorliebe für Fußwanderungen, und während eines Aufenhaltes in Zermatt unternahm er ein Wagnis, das in manchem symbolhaft war: er bestieg das Matterhorn. Seither wurde der Gipfel häufig bezwungen, doch damals lag die Erstbesteigung nur wenige Jahre zurück; sie war 1865 gelungen, hatte aber vier Todesopfer gefordert. Bezeichnend für Edmonds Charakter war, daß er, obgleich kein erfahrener Alpinist, sich diese ungemein schwierige Aufgabe stellte. Auch er hatte jenen Rothschildschen Wesenszug des bedingungslosen Einsatzes für ein einmal gewähltes Vorhaben geerbt, doch als Anfangsdreißiger hatte er noch keine ernsthafte Betätigung gefunden, der er seine Fähigkeiten und Kräfte voll Überzeugung widmen konnte.

Im Jahr 1877 heiratete er eine der jungen Frankfurterinnen, Wilhelm Carls ältere Tochter Adelheid. Von jenem Augenblick an hatte sein Leben einen neuen Angelpunkt. Seine geliebte Mutter hatte ihn zur Frömmigkeit erzogen, aber wie schon erwähnt, bestand in dieser Hinsicht ein gradueller Unterschied zwischen dem Judentum im frivolen Paris und in Frankfurt, wo Rabbi Hirsch, auch mit Neunundsechzig, noch nichts von seiner Inbrust und seinen Energien eingebüßt hatte. Adelheid fehlte der Sinn für Capriolen des Pariser Lebens, und wenn sie die Funktionen einer Gastgeberin Rothschildschen Stils getreulich erfüllte, dann jedenfalls eher aus Pflichtgefühl als aus Freude daran. Ihren Eifer sparte sie für die Riten ihres Glaubens und Werke der Wohltätigkeit auf. Das übte entsprechende Wirkung auf Edmond: Er wurde merklich gesetzter, nicht bloß deshalb, weil er aus dem Bonvivant-Fach in die Rolle des Gatten und Vaters übergewechselt war. (Während der ersten fünf Ehejahre wurden dem Paar drei Kinder geboren.)

Das war also der Mann, an den im Herbst Emissäre mit der Bitte um Hilfe für zwei Palästina-Projekte herantraten: Joseph Feinberg war der Abgesandte von „Rischon Le Zion“ (Erster in Zion), einer Ansiedlung bei Jaffa, die vor dem Ruin stand. Die Kolonisten brauchten unbedingt Geld, um ihre eigenen Brunnen graben zu können, und außerdem Kapital, damit sie nicht den lokalen Geldverleihern ausgeliefert wären. Schmuel Mohilewer warb für einen größeren, hochaktuellen Plan. Dieser russische Rabbi berichtete aus erster Hand über die schrecklichen Leiden der Juden unter der Herrschaft des Zaren und erzählte ergreifende Geschichten über die 225 000 Flüchtlingsfamilien, die mittellos durch Europa zogen. Es genüge nicht, so betonte er eindringlich, mildtätig für die Bedürfnisse dieser Ärmsten zu sorgen oder ihnen die Überfahrt nach Amerika zu erleichtern. Sie müßten in die Lage versetzt werden, sich in Palästina anzusiedeln, und dies würde Finanzhilfe und offizielle Interventionen erfordern. Bevor Feinberg und Mohilewer Baron Edmond als jenen französischen Rothschild aufsuchten, der ihnen am ehesten freundliches Gehör schenken würde, hatte sich jeder der beiden schon an andere mögliche Gönner gewandt. Mit geringem Erfolg.

Edmond reagierte positiv. Er war tief bewegt von der Beredsamkeit seiner Besucher. Er identifizierte sich mit dem schlimmen Los seines Volkes. Er achtete die ernsten Absichten der Menschen, die in der alten Heimat neu beginnen wollten. Doch obgleich Jude bis ins Mark, war er auch ein Rothschild, und dies bedeutete, daß er in Finanzfragen Vorsicht übte. Feinberg sagte er die für Rischon Le Zion benötigte praktische Hilfe zu. Seine Antwort an Mohilewer lautete, daß er einer Masseneinwanderung nach Palästina *keine* finanzielle Unterstützung gewähren werde.

Dieser Enkel einer großen Bankiersfamilie sah klar voraus, was dem eifrigen Rabbi entging. Wenn Tausende russische Juden nach Palästina drängten, konnte das Resultat nur Übervölkerung und schlechte Nutzung des Bodens sein. Dadurch würde eine Hungersnot entstehen, die auch mit größter Finanzhilfe nicht zu bekämpfen wäre. Keiner von Mohilewers künftigen Kolonisten verstand sich auf die Landwirtschaft, da Juden in Rußland der Besitz von Grund und Boden verboten war. Doch Edmond sprach sich keineswegs gegen die Ansiedlung als solches aus. Er war sogar der einzige Hellsichtige in der Familie, der erkannte, daß die Rekolonisierung Palästinas durch Juden erstrebenswert und möglich war. Und er brannte darauf, diese Vision zu verwirklichen. Andere Rothschilds mochten ihren Reichtum und Einfluß nützen, um der Unterdrückung in Rußland entgegenzuwirken und Auswanderern die Anpassung an westliche Verhältnisse zu erleichtern. Aber nur Edmond bot praktische Hilfe in Palästina an. Gleichzeitig war er aber der Überzeugung, der Sache am besten zu dienen, wenn er dafür sorgte, daß der Zustrom von Siedlern unter Kontrolle blieb und in den Kolonien strikte Disziplin gehalten werde.

Deshalb teilte er Mohilewer mit, er sei zu folgendem bereit: Finanzierung einer Versuchssiedlung polnischer Juden, vorausgesetzt, diese richteten sich genau nach den Anweisungen seiner Vertrauensleute. Außerdem würde er einen Agrarexperten zwecks Prüfung der landwirtschaftlichen Nutzbarkeit des Bodens nach Südpalästina entsenden. Er stellte die Bedingung, daß seine Unterstützung für die Kolonisten anonym bleibe und behielt sich das Recht vor, seine Hilfe einzustellen, falls die Siedler den Anordnungen der von ihm eingesetzten Berater nicht Folge leisteten. Erst als die Proponenten die Bedingungen des Barons angenommen hatten und die Arbeiten für die Ansiedlung bereits im Gang waren, wurde ihnen klar, daß Edmond entschlossen war, auf buchstabengetreue Erfüllung der Vereinbarungen zu dringen. Seine Agenten an Ort und Stelle führten tatsächlich ein sehr strenges Regiment. Die Einwanderer hatten den Boden zu bearbeiten statt sich als Händler oder Handwerker zu betätigen. Sie durften ihre Grundstücke weder verkaufen noch verpachten. Sie durften auch keine Hilfskräfte aufnehmen, ja nicht einmal ihre Kinder gegen Entlohnung beschäftigen. Viele der Kolonisten wehrten sich gegen eine solche Bevormundung. Sie sagten, sie hätten sich nicht mit heiligem Eifer für die Sache eingesetzt und alles hinter sich gelassen, als sie in dieses öde Land kamen, nur um nun als Pächter Rothschilds einem großzügigen, aber starren Paternalismus unterworfen zu sein. Edmonds Antwort lautete kompromißlos: Entweder sie leisteten „unbedingten Gehorsam", stießen Unruhestifter aus und widmeten sich voll und ganz der Arbeit, oder sie würden von ihm keinen Sou mehr erhalten.

Zwangsläufig kam es manchmal zu Ungerechtigkeiten. Einige der Aufseher mögen sich als kleine Tyrannen aufgespielt haben. Ebenso wie die Kolonisten selbst waren sie vor eine völlig neue Situation gestellt. Sie hatten keine fertigen Gebrauchsanweisungen für den Umgang mit Menschen. Manche Siedler versagten, waren nicht fähig, das harte Leben eines Pionierzeitalters zu bewältigen. Aber es ist kaum anzuzweifeln, daß Edmond mit dieser Vorgangsweise das richtige tat. Dadurch vollzog sich in der neuen Siedlerbewegung gleichsam ein Härtungsprozeß. Statt Illusionen und einen verklärenden Idealismus zu nähren, schuf er eine straffe, zweckentsprechende Ordnung.

Dabei war Edmond de Rothschild selbst ein Idealist, doch er stand mit beiden Beinen fest auf dem Boden. Er kannte das Leben in Palästina, so wie es wirklich war, und konnte abschätzen, wie die größere Welt auf die Kolonisierung reagieren würde. „Ich bin kein Philanthrop", sagte er zu einem der Gründer von Rischon Le Zion, „auf dieses Projekt habe ich mich eingelassen, um festzustellen, ob es möglich ist, Juden auf dem Boden Palästinas seßhaft zu machen."[16] Besser als die meisten anderen Menschen wußte ein Rothschild, daß der Erfolg, ob im Bankwesen, in der Diplomatie, in der Wissenschaft, bei der Anlage einer bedeutenden Kunstsammlung oder bei der Erschließung eines bisher unfruchtbaren Landes nur durch Geduld, Disziplin, Beharrlichkeit und harte Arbeit zu erkämpfen war. Ohne innere Festigkeit könnten die Siedler nicht bestehen. Wenn er also, wie Jahwe ins Gewölk der Gipfelregionen entrückt, unabänderliche Gebote erließ, dann zum Besten der schwer ringenden Kolonisatoren und ihrer Nachkommen. So verstand er diese Aufgabe. Deshalb mußte jeder neue Siedler eine Vereinbarung unterschreiben, die besagte „daß ich mich völlig den Weisungen füge, welche die Verwaltung des Herrn Barons in bezug auf die Urbarmachung und Bebauung des Landes für nötig erachtet. Falls Schritte gegen mich unternommen werden sollten, habe ich kein Recht, dagegen Einspruch zu erheben."[17]

Edmond zögerte nicht, die Einhaltung des Kontraktes zu erzwingen. Denn es stand viel mehr auf dem Spiel als das Wohlergehen und die Ernten der ersten Siedlergruppen. In Wahrheit schwebte dem Baron, ebenso wie Mohilewer, eine Gesamtstrategie friedlicher Landnahme vor. Damit wäre ein großer Schritt zur Lösung der „Judenfrage" getan, für die Welt im allgemeinen und für die Antisemiten im besonderen würde der Beweis erbracht, daß sich die Menschen seines Volkes auch als Erzeuger lebenswichtiger Güter bewähren konnten und nicht bloß als „parasitäre Zwischenhändler", wie es Toussenel und dessen Anhang behaupteten. Darum baute er seine Kolonien so weit aus, als es nach seinem Ermessen die Situation gestattete. Den Exponenten eines jüdischen Nationalismus ging aber all das viel zu langsam vor sich, wobei nur Edmond wußte, daß die Siedlerbewegung auf wachsenden Widerstand der Türken und anderer an dem Gebiet interessierter Kräftegruppen stoßen würde. Deshalb war es um so wichtiger, daß die Pioniere die richtigen Fundamente legten und die weitere Entwicklung planmäßig, aber so unauffällig und geschickt vorangetrieben werde, wie einst die Campagnen seines Vaters gegen Napoleon und gegen die Brüder Péreire.

> „Mit der Gründung neuer Kolonien müssen wir noch zuwarten und alles auf die bereits bestehenden konzentrieren. Es muß Einigkeit herrschen, besonders beim Ankauf von Land, denn wenn jeder selbständig handelt, wird der Grundstückspreis erheblich ansteigen. Ganz allgemein ist geboten, bei solchem Beginnen jedes Aufsehen zu vermeiden. Nur wenn wir ruhig und behutsam vorgehen, wird unser Tun von Erfolg bekrönt sein."[18]

Ein weiterer Vorteil bei der Errichtung von Ansiedlungen, die in Wahrheit in seiner privaten Hand waren: Edmond konnte experimentieren. Auf seine Anregung zogen die Neubauern nicht nur die heimischen Nutzpflanzen – Oliven, Feigen, Mandeln und Zitrusfrüchte –, sondern versuchten es auch mit Wein, verschiedenen Weizenarten, Blumen für die Gewinnung von Parfumessenzen und Maulbeerbäumen für die

Zucht von Seidenraupen. Während seiner Reisen hielt Edmond immer Ausschau nach Pflanzen, die auf dem Boden Palästinas gedeihen würden. Auf diese Weise wurde z. B. die Grapefruit eingeführt. Die Erfolge in den Ansiedlungen des Barons bewogen andere, bereits bestehende Siedlerkolonien, sich unter seinen Schutz und seine Aufsicht zu stellen. Als die Siedlungen anwuchsen, sorgte er für alle Bedürfnisse der Bewohner – mit dem Bau von Häusern, Schulen und Synagogen und kostenloser medizinischer Betreuung. Angeblich soll er sogar versucht haben, die Klagemauer zu erwerben, den Mittelpunkt jüdischer Frömmigkeit in Jerusalem.[19]

Dies ergab sich im Verlauf einer ungewöhnlichen Reise, die Edmond im Jahr 1887 unternahm. Damals war seine Patronanz über die Ansiedlungen sicherlich schon ein offenes Geheimnis. Dennoch bestand er auf seinem Inkognito. In Begleitung seiner Frau fuhr er bis Port Said auf der eigenen Jacht, dann zog er, weniger auffällig, nach Jaffa, wobei er nicht überall dem Trubel entging, den die Ankunft eines Rothschild bewirkte. Schließlich folgte die holpernde Fahrt in einem stickigen Wagen mit geschlossenen Fensterblenden, dem die Dienerschaft in einem Respektabstand folgte, fünfzig Meilen weit durch Staubwolken bis nach Jerusalem.

In der Heiligen Stadt besichtigten Edmond und Adelheid die traditionellen Stätten und führten Gespräche mit den Würdenträgern der Juden. Einer von ihnen wies darauf hin, daß die Klagemauer für die jüdische Gemeinde erworben werden könnte. Verhandlungen mit dem Besitzer des Bauwerks, einem Araber, wurden aufgenommen, und man einigte sich auf einen Kaufpreis von 700 000 Francs. Im letzten Augenblick griff der sephardische Oberrabbiner ein. Er verkündete, Gott habe ihn durch Gesichte gewarnt, daß auf den Kauf ein schreckliches Massaker folgen werde, angestiftet von den Moslems. In Wahrheit verhielt es sich vermutlich so, daß dieser hohe Würdenträger auf Grund seiner genauen Kenntnis der politisch und religiös sehr heiklen Situation in Jerusalem einen Schritt verhindern wollte, der seine mohammedanischen Nachbarn nur aufreizen konnte. Doch gegen eines der anderen großen Vorhaben des Barons wurden keine Einwände erhoben. Tief erschüttert von der Armut und dem Elend in der Stadt, beschloß er sofort die Errichtung eines neuen Spitals zur kostenlosen Behandlung von Malaria, Gelbfieber, Trachomen und anderen endemischen Krankheiten.

Als sich die Reisegruppe des Barons in die Siedlungen begab, bot sich ihr dort ein sehr kontrastreiches Bild von Erfolg und Fehlschlag, Verzweiflung und Zufriedenheit. In einer der Kolonien hatten die Bewohner gegen ihren Administrator rebelliert und den Mann vertrieben. Edmond und der verjagte Agent mußten die Siedlung heimlich betreten, mitten in der Nacht. Bald nach Tagesanbruch ließ der Baron die Gemeinde versammeln und hielt ihr eine Standpauke: „Ich habe versucht zu beweisen, daß die Kinder Israels gute Kolonisten sein können, dazu befähigt, das Land zu bestellen, aber *Ihr* habt nur bewiesen, daß Ihr Aufruhr stiften und Zwietracht säen könnt!“[20]

Doch Edmond war nicht der Mann, der sich durch Rückschläge entmutigen ließ. Auf dieser Reise erlebte er vieles, was ihn optimistisch stimmte, und während der nächsten Jahrzehnte widmete er sich fast ausschließlich dem Wohlergehen seiner Kolonien: Er erwarb weitere Ländereien, baute Bewässerungsanlagen und gab laufend Berichte, Übersichten und Projektstudien in Auftrag. Primitive Ansiedlungen entwickelten sich zu zivilisierten Dörfern. Orangenhaine und Weingärten gediehen, wo es vordem nur Brachland gegeben hatte. In Werkstätten herrschte Hochbetrieb, da die Erträge des Landes verpackt oder weiterverarbeitet werden mußten. Und eine neue Generation von kräftigen Jungen und Mädchen wuchs heran, um dereinst das Erbe der Pioniere anzutreten.

Edmonds Verhältnis zu Palästina wurde zum Teil wohl auch durch die Reaktionen seiner Familie bestimmt. Die Frankfurter Verwandten, allen voran sein Schwiegervater Willy Carl, förderten große Ansiedlungsprojekte. Aber die Rothschilds in Paris und London zeigten sich eher zurückhaltend und in manchen Fällen sogar abweisend. Edmonds Brüder und Cousins hegten nicht nur Bedenken dagegen, daß der Name Rothschild mit Vorhaben in Verbindung gebracht wurde, die zum Scheitern verurteilt sein könnten. Ihre stetig wachsende Sorge galt den Auswirkungen der Kolonisation in Palästina auf die europäischen Juden. Immer mehr Familien wollten aus den übervölkerten Städten Deutschlands, Frankreichs und Englands ins Gelobte Land ziehen. Dadurch wurde die gesamte Auffassung von der Assimilation in Frage gestellt. Die Antisemiten konnten sagen: „Aha, da sieht man, daß wir recht hatten. Die Juden sind und bleiben ja doch Fremdkörper. Sie werden sich niemals bei uns wirklich einfügen!“ Und die Rassentheoretiker, namentlich in Deutschland, zogen daraus prompt den Schluß, die Ansiedlung in Palästina – oder irgendwo anders auf der weiten Welt – sei durchaus zu begrüßen und zu fördern. Ja *alle* Juden sollten in ihr angestammtes Land abgeschoben werden, damit sie nicht länger in Europa ihr Unwesen treiben könnten. Kein Wunder, daß Edmonds Verwandte im Kreuzfeuer solcher Tendenzen seinen Einsatz für die Siedlerbewegung voll Skepsis beobachteten und sehr konsterniert waren, als sie erfuhren, daß er sich zu einem Treffen mit dem glühenden jüdischen Nationalisten Theodor Herzl bereitfand.

Herzl, nun in Wien als Feuilletonredakteur der „Neuen Freien

Presse" tätig*, ging in seinen Ansichten bis zur letzten Konsequenz. Im Jahr 1896 veröffentlichte er seine programmatische Schrift „Der Judenstaat", allgemein als die Keimzelle des modernen Zionismus betrachtet. In eindringlicher Formulierung focht dieser jüdische Meister deutscher Prosa alles an, wofür die Rothschilds und andere führende europäische Juden eintraten:

> „Ich halte die Judenfrage weder für eine soziale noch für eine religiöse, wenn sie sich auch noch so und anders färbt. Sie ist eine nationale Frage.
>
> Wir haben überall ehrlich versucht, in der uns umgebenden Volksgemeinschaft unterzugehen und nur den Glauben unserer Väter zu bewahren. Man läßt es nicht zu. Vergebens sind wir treue und an manchen Orten sogar überschwängliche Patrioten, vergebens bringen wir dieselben Opfer an Gut und Blut wie unsere Mitbürger, vergebens bemühen wir uns, den Ruhm unserer Vaterländer in Künsten und Wissenschaften, ihren Reichtum durch Handel und Verkehr zu erhöhen. In unseren Vaterländern, in denen wir ja auch schon seit Jahrhunderten wohnen, werden wir als Fremdlinge ausgeschrieen, oft von solchen, deren Geschlechter noch nicht im Lande waren, als unsere Väter da schon seufzten. Wer der Fremde im Lande ist, das kann die Mehrheit entscheiden; er ist eine Machtfrage, wie alles im Völkerverkehre.
>
> Im jetzigen Zustande der Welt und wohl noch in unabsehbarer Zeit geht Macht vor Recht. Wir sind also vergebens überall brave Patrioten, wie es die Hugenotten waren, die man auszuwandern zwang. Wenn man uns in Ruhe ließe . . . Aber ich glaube, man wird uns nicht in Ruhe lassen."[21]

Herzl glaubte auch daran, daß es gelingen könnte, gelingen müßte, den Sultan des Osmanischen Reiches zu bewegen, Palästina den Juden zu überlassen. Mit diesem Ziel vor Augen begann er eine Kampagne. Seine Rundreise zu den europäischen Staatsmännern und den Spitzenpersönlichkeiten des Judentums führte ihn selbstverständlich auch zu Baron Edmond. Dieser weigerte sich, ihn zu empfangen, aber Herzl ließ nicht locker.

Als das Treffen schließlich doch stattfand, verlief es unbefriedigend. Herzl redete etwa zwei Stunden auf den Baron ein. Er wies darauf hin, daß er Edmond als die Schlüsselfigur seines Vorhabens betrachte, den Eckpfeiler, und drohte allen Ernstes, wenn dieser die ihm zugedachte

* Seine zahlreichen eigenen Beiträge haben sich bis heute ihren hohen literarischen Rang bewahrt.

Ehre verschmähe, dann werde er, Herzl, eine zionistische Massenbewegung aufbieten und statt des Rapiers der privaten Unter- und Überredung die Keule des öffentlichen Protestes gebrauchen. Aber es gelang ihm nicht, seinen Gesprächspartner zu überzeugen. Zornig ging er und machte seinen Gefühlen in seinem Tagebuch und seiner Korrespondenz Luft. In einem Brief an Zadok Kahn, den Oberrabbiner von Frankreich, sagte er offen:

> „Ich bin ein Gegner des Hauses Rothschild, weil ich es für ein Nationalunglück der Juden halte." Und in seinem Tagebuch überhäufte er den Baron mit Verachtung: „Gesamteindruck: Edmund ist ein anständiger, gutmütiger, schwachherziger Mensch, der die ganze Sache absolut nicht versteht und sie aufhalten möchte, wie die Feiglinge eine notwendige Operation aufhalten. Ich glaube, er ist jetzt entsetzt darüber, daß er sich mit Palästina eingelassen hat, und wird vielleicht zu Alphonse laufen: ‚Du hast recht gehabt, ich hätte lieber Pferde rennen als Juden wandern lassen sollen.' Und von solchen Menschen soll das Schicksal vieler Millionen abhängen!"[22]

Herzl bewirkte eine Spaltung der europäischen Judenschaft. Er schuf eine internationale zionistische Bewegung mit ihrem eigenen Wochenblatt „Die Welt". Im Jahre 1897 berief er den ersten der seither alljährlich stattfindenden Zionistischen Kongresse nach Basel ein. Im Lauf der Zeit wuchs die Zahl seiner Anhänger und deren Begeisterung für die Sache. Mehere führende Staatsmänner zeigten Verständnis für seine Ideen. Aber proportional zu Herzls Einfluß innerhalb der Judenschaft nahm auch der Widerstand zu. Viele Assimilierte betrachteten ihr Judentum ausschließlich als Zugehörigkeit zu einer Glaubensgemeinschaft. Diese Auffassung vertraten auch die meisten der Rothschilds. Edmonds öffentliche Absage an den Zionismus wäre durchaus in ihrem Sinn gewesen.

Er enthielt sich zwar einer solchen Stellungnahme, aber er widersetzte sich Herzls Sache mit ebensolcher Entschiedenheit wie vordem Mohilewers Plänen, und zwar aus den gleichen Beweggründen: Wer zu vieles zu rasch erreichen wollte, konnte alles verderben. Ein Palästina voller Juden – noch dazu Juden, die einen aggressiven Nationalismus vertraten – würde die Türken zwangsläufig zu feindseligem Vorgehen provozieren, gegen das sich die Siedler kaum wehren könnten, denn auf Verteidigung waren sie nicht eingerichtet.

Eben aus vorwiegend praktischen Erwägungen war Edmond in den neunziger Jahren kein Zionist. Aber er war nicht so naiv, sich einzureden, daß die Entwicklung die er förderte, nämlich der allmähliche Auf bau einer starken jüdischen Präsenz in Palästina, keine Auswirkungen auf die politische Gesamtsituation im Nahen Osten haben werde. Zweifellos erkannte er, daß sein eigenes Werk und jenes von Herzl zwei Ströme waren, dazu bestimmt, sich eines Tages zu vereinigen. Am Ende seines Lebens sprach er den Satz aus: „Ohne mich hätte sich der Zionismus nicht entfaltet, und ohne Zionismus hätte ich nichts unternehmen können." Doch er wußte, daß vorläufig, ehe sich die politische Gewichtsverteilung in jener Region nicht veränderte, kaum viel mehr zu erreichen war. Schon während des zweiten Jahrzehnts des neuen Jahrhunderts erfolgte diese Veränderung, mit Waffengewalt und für immer.

KAPITEL 21
Hochpolitisches aus London

Industrielles Wachstum und expansive Kolonialpolitik – zwei von den Rothschilds nach Kräften geförderte Entwicklungen – hatten im letzten Drittel des 19. Jahrhunderts auch ihre negativen Auswirkungen: Die politischen und wirtschaftlichen Rivalitäten nahmen zu, und die Konfliktstoffe des europäischen Raumes wurden in ferne Länder übertragen. In Ägypten z. B. brachte die Einsetzung der internationalen Kommission zur Verwaltung des Suezkanals – eine britische Initiative, bei der die Rothschilds die erwähnte entscheidende Rolle spielten – keineswegs ein Ende der Reibungen in jenem Gebiet. Die ägyptischen Staatsfinanzen waren dermaßen zerrüttet, daß die Gläubiger den Khediven im Jahr 1876 gezwungen hatten, die Aufsicht über die Wirtschaft seines Landes einem internationalen Komitee zu überantworten. Konkret hieß dies: Kontrolle durch Fachleute aus Britannien und Frankreich, den beiden hauptbeteiligten Staaten. Diese „Ehe zu dritt" war der Anlaß ständiger Kontroversen.

Da Politik und Wirtschaft untrennbar waren, exponierten sich die Londoner und die Pariser Rothschilds in den ägyptischen Angelegenheiten. Die beiden Banken organisierten eine ägyptische Staatsanleihe in der Höhe von 8½ Millionen Pfund, abgesichert durch die Bestellung zweier Sonderbevollmächtigter für die Überwachung der ägyptischen Finanzverwaltung. Das waren der Engländer Charles (später Sir Charles) Rivers Wilson und der Franzose Eugène de Blignières.

In dem Bestreben, ein kompliziertes und störungsanfälliges Gefüge von Beziehungen zweckdienlich einzusetzen, arbeitete Rivers Wilson eng mit den Rothschilds zusammen. Keineswegs eine leichte Aufgabe. Die britische und die französische Regierung mißtrauten einander, und ihre Repräsentanten an Ort und Stelle lagen sich oft in den Haaren. Der Khedive nützte diese Differenzen für seine eigenen Interessen. Und manchmal waren sogar die Rothschildschen Cousins vom Bazillus des Zweifels angesteckt. Noch dazu kamen nun Gerüchte über eine ägyptische nationalistische und militante Bewegung auf. Panislamische Agitatoren, welche die Austreibung aller Ausländer forderten, hatten wachden Zulauf, besonders aus den Reihen der Armee. Im Jahr 1879 wagte Khedive Ismail den Versuch, diesen Nationalismus seinen eigenen Zielen dienstbar zu machen. Er entließ die Aufsichtsorgane und übernahm selbst die Kontrolle. Sofort wandte sich Rivers Wilson an Natty und schlug vor, durch Aufkündigung der Anleihe Druck auf den Khediven auszuüben. Natty und Alphonse waren nicht bereit, ihre Finanzmacht direkt gegen Ismail einzusetzen, aber sie schlossen sich Rivers Wilsons Empfehlungen an, daß die französische und die britische Regierung Repressalien gegen seinen obersten Herrn, den Sultan, anwenden sollten. Dies geschah – wenn auch nicht unbedingt deshalb, weil sich die Rothschilds dafür ausgesprochen hatten. Ismail mußte zugunsten seines siebenundzwanzigjährigen Sohnes Tewfik abdanken.

Die britisch-französische Kontrolle wurde wieder eingeführt, und einige Zeit schien aus der Londoner oder Pariser Perspektive alles in geordneten Bahnen zu laufen. Dann begannen die Unstimmigkeiten erneut. Die Franzosen in Kairo, vertreten durch den Bevollmächtigten Monsieur de Blignières, versuchten durch allerlei Manöver die alleinige Kontrolle zu erlangen. Es kam wieder zu Rivalitäten, und die Unsicherheit der politischen Lage wirkte sich auch auf den Kapitalmarkt aus.

Tewfiks Einsetzung hatte das Problem keineswegs gelöst, sondern vielmehr verschärft, sie stachelte die nationalistischen Kräfte, die gegen jeden ausländischen Einfluß Sturm liefen, zu noch größerer Empörung an. Das Land wurde faktisch unregierbar, und 1881 schien ein regelrechter Aufstand unter der Führung von Arabi Pascha die Sicherheit der Ausländer *und* des Suezkanals zu bedrohen.

Mittlerweile hatte in England ein Kabinettswechsel stattgefunden, der gar nicht in Nattys Sinn war. Bei den Parlamentswahlen von 1880 unterlagen Disraeli und die Tories den Liberalen. Die Rückkehr Gladstones an die Macht bedeutete automatisch eine Minderung des Rothschildschen Einflußes. Vielsagend war Nattys knappe Mitteilung an Bleichröder: „Wir sind nicht auf vertrautem Fuß mit dem gegenwärtigen Kabinett.“[1] Auch mit der Reaktion der Regierung auf die Verschlechterung der Lage war Natty gar nicht zufrieden. Er attestierte dem Kabinett Unentschlossenheit und Ratlosigkeit. Denn Gladstone und Granville zögerten, zum Mittel der direkten Intervention zu greifen. Sie wollten nicht eine kostspielige militärische Aktion riskieren, ebensowenig wünschten sie durch einseitige Initiative die Festlandmächte zu beunruhigen. Schließlich schlugen sie den Franzosen vor, gemeinsam ein Expeditionskorps zwecks Wiederherstellung der Ordnung zu entsenden. Dieses Angebot wurde von Paris abgelehnt. Inzwischen trieb der ägyptische Staat quasi führungslos einer Katastrophe entgegen und drohte dabei, sehr hohe Rothschildsche Investitionen mitzureißen.

Natty war gegen wankelmütiges Zuwarten. Er glaubte, daß Britannien die Rebellen niederwerfen und die Kontrolle über Ägypten und den Suezkanal erringen sollte. Und zwar auf Dauer. Auch Alphonse befürwortete eine solche Aktion, allerdings hoffte er sicherlich, sein eigenes Land werde sich am militärischen Eingreifen beteiligen.

Im September 1882 traten die Briten schließlich an. Ein Truppenverband unter General Sir Garnet Wolseley, ohne französische Kontigente, brachte den ägyptischen Nationalisten bei Tel-el-Kebir eine entscheidende Niederlage bei. Von dem Augenblick an äußerten sich der verletzte Stolz und die Ressentiments der Franzosen immer lauter. Die Tatsache, daß Frankreich eine Beteiligung an der militärischen Expedition ausgeschlagen hatte, hielt französische Patrioten nicht davon ab, gegen die britische Präsenz in Ägypten zu protestieren und die britischen Absichten mit großem Mißtrauen zu beobachten – einem Mißtrauen, das Bismarck nach Kräften förderte. Dadurch gerieten die französischen Rothschilds in eine heikle Lage. Aus wirtschaftlicher Sicht konnten sie die britische Okkupaktion nur voll Genugtuung betrachten. Wolseley hatte die Ordnung wiederhergestellt, und das war gut fürs Geschäft. Aber Alphonse und seine Brüder teilten die wachsende Anglophobie ihrer Landsleute. Wie sich dies auch nach den Begriffen praktischer Finanzpolitik auf die Beziehungen zwischen London und Paris ausgewirkt haben mochte, die Einheit der Familie blieb trotzdem unangetastet. Im Jahre 1885 organisierten beide Bankhäuser gemeinsam, nach einer Übereinkunft der Großmächte, eine Anleihe von 9 424 000 Pfund, um den ägyptischen Staat zu sanieren.

In jenem Jahr wurde Natty die britische Peers-Würde zuteil. Gladstone, der zwischen 1869 und 1873 Lionels Standeserhöhung ohne Erfolg betrieben hatte, brauchte kaum einen besonderen Anstoß, um der Königin nun den Sohn für eine solche Ehrung vorzuschlagen. Aber in den verflossenen Jahren hatte sich ein bezeichnender Wandel vollzogen. Für Lionel hatte Gladstone eine Baronie ausschließlich auf Grund persönlicher Verdienste beantragt. Wenn er nun als Fürsprecher Nattys auftrat, dann spielten dabei politische Erwägungen mit. Mehrere Kollegen des Premierministers registrierten voll Besorgnis Sir Nathaniels kühles Verhältnis zu der Führung der Liberalen. In einer Zeit, als sich innerhalb der Partei eine Spaltung in Fraktionen für und gegen Gladstone abzeichnete, kam es darauf an, die Unterstützung eines so einflußreichen Mannes nicht zu verlieren. „Er ist kein sehr großer Liberaler“, erklärte ein Parteiaktivist, „aber ich meine, es hätte nicht viel Sinn, ihn einfach ziehen zu lassen, geschweige denn ihn zu den Tories zu treiben.“[2]

Einige übereifrige Parteileute hatten sogar die Möglichkeit erörtert,

Natty seinen Parlamentssitz für Aylesbury zu entziehen und an Ferdinand weiterzugeben, den sie für „zuverlässiger“ hielten. Solches Ränkespiel, so bemerkte derselbe Autor, sei der Gipfel der Torheit und könne nur den gegenteiligen Effekt erzielen.

„Wenn man glaubt, die Rothschilds gegeneinander ausspielen zu können und Ferdinand auf Nattys Kosten vorzuziehen, weil er vielleicht ein angenehmerer und anpassungsfähigerer Kollege wäre, dann begeht man einen schweren Fehler. Die Rothschilds haben seit Generationen zusammengehalten, und in ihrer Familie wird Disziplin anders verstanden als bei den Russells. Wenn die Liberale Partei mit Natty bricht, dann überwirft sie sich mit dem gesamten Clan, und durch ein solches Vorgehen wäre meiner Meinung nach nichts zu gewinnen.“[3]

Aber all das änderte nichts daran, daß ein Rothschild in den Kreis der englischen Aristokratie aufgenommen wurde, ja der erste Glaubensjude war, der einen Sitz im Oberhaus erhielt. Sonderbar war nur, daß nicht Disraeli seinem Freund zu dieser neuen Würde verholfen hatte. Doch während manche von Gladstones Beratern lediglich kurzfristige politische Vorteile im Auge gehabt haben mochten, war die Schaffung des Titels „Baron Rothschild of Tring“ in erster Linie eine formelle Anerkennung für einen Mann – und eine Familie –, die dem Staat wertvolle Dienste erwiesen hatten.

Natty betrachtete diese Ehrung nicht als einen persönlichen Triumph, sondern als einen weiteren großen Sieg für das Judentum. Er dankte Gladstone für „die erste Verleihung der Peers-Würde an ein Mitglied unserer Glaubensgemeinschaft“ und deutete an, aus seiner Sicht hebe dies „beträchtlich den Wert der Würde“.[4] Um dies zu unterstreichen, hielt er sich nie an die Konventionen, die ihn verpflichtet hätten, nach den Gepflogenheiten des englischen Adels nun mit „Tring“ zu unterschreiben. Alle seine Briefe tragen die einfache Signatur „Rothschild“. Damit tat er kund, daß er auf seine jüdische Herkunft stolz war und auf dem Weg der Assimilation nicht weiter gehen würde als bis zu diesem Punkt. Alphonse gratulierte ihm herzlich im Namen aller Pariser Juden und gab seiner Freude darüber Ausdruck, daß diese Nachricht die Antisemiten empören werde.[5]

Es überraschte niemanden, daß Ferdinand nun den von Natty geräumten Unterhaussitz einnahm. Wie politische Beobachter vorausgesagt hatten, hegte er, zum Unterschied von seinem Vorgänger, keine persönliche Feindseligkeit gegen Gladstone. In politischen Belangen freilich stand er, gleich Natty, am rechten Flügel der Partei. Manchmal mußte er sich sogar gegen den Vorwurf verteidigen, er sei ein verkappter Tory:

„Ich bin meiner Natur nach kein Konservativer. Der Konservativismus brachte mehreren Staaten den Ruin, und liberale Politik ist Englands Stärke. Dem Liberalismus verdanken wir – und Sie – alles. In keinem Punkt und auf keine Weise neige ich zu irgendwelchen Anschauungen der Tories. Andererseits ... beklage ich, im Interesse des Landes, das ich mir erwählte und wahrhaft liebe, die kurzsichtige Politik der gegenwärtigen Regierung, die, wenn schon nicht die Interessen, so doch die magische Kraft der englischen Flagge und des englischen Namens den eher untergeordneten Fragen der Parlamentsreform opferte. Vielleicht bin ich ‚päpstlicher als der Papst', aber ich wünsche mir, daß der Union Jack über jeder Insel Polynesiens weht, auf jeder Felszinne des Himalaya, auf jedem Minaret des Orients – dies als Metapher gemeint."[6]

Ferdinand kam natürlich aus einem Land, wo das Wort konservativ eine viel extremere Bedeutung hatte als im politischen Sprachgebrauch Englands. Ungeachtet des einschränkenden Nachsatzes „dies als Metapher" war er in seinem Fühlen und Denken zweifellos mit dem Virus des Imperialismus infiziert. Dieser verbreitete sich nun durch ganz Europa und erreichte die Ausmaße einer psychischen Epidemie. Unter dem Deckmantel der Absicht, „den Eingeborenen die Zivilisation zu bringen", übertrugen die Sendboten der Großmächte nationale Rivalitäten auf weit entfernte Schlachtfelder.

„Jugend Englands, mache dein Land wieder zu einem wahren Thron der Könige, einer beherrschenden Insel, für die ganze Welt eine Leuchte, ein Hort des Friedens ... Dies muß England tun oder untergehen. Es muß Kolonien gründen, so weitreichend und so rasch als es vermag ... muß nach jedem Stück fruchtbaren Bodens greifen, auf den es den Fuß setzen kann und dort die Kolonisten lehren, daß ihre größte Tugend die Treue zu ihrem Land sei."[7]

So hatte der hochbetagte John Ruskin, von 1869 bis 1879 Professor der Schönen Künste in Oxford, seine Studenten aufgerufen, und Millionen seiner Landsleute waren von diesem nationalistischen Glaubenseifer beseelt. Nicht so Gladstone. Er unternahm alle politischen Anstrengungen, um die Kräfte des Expansionismus zu hemmen und die Verschärfung bestehender Rivalitäten zu verhindern. Das war einer der Gründe, warum Natty ihn nicht mochte. Wie Ferdinand beurteilte er die Außenpolitik der Regierung als zu nachgiebig und den britischen Interessen abträglich. Aber Lord Rothschild war kein zügelloser Expansionist. Dies zeigte sich deutlich in seinen Beziehungen zu einem Mann, der sehr wohl ein Expansionist in Reinkultur war: Cecil Rhodes.

Im Jahre 1867 wurden entlang der südafrikanischen Flüsse Oranje und Vaal Diamanten entdeckt. Daraufhin kam es zur Gründung mehrerer Bergbaufirmen und die Rothschilds gehörten natürlich zu den ersten, die finanzielle Interessen an der Region entwickelten. Ihre Agenten vor Ort lieferten regelmäßig Berichte über die aktuelle Lage, die nach geschäftlichen Gesichtspunkten keineswegs sehr zufriedenstellend war. Der Diamantenrausch in Kimberley hatte nur eine Neuauflage jener Verhältnisse gebracht, die das 19. Jahrhundert schon aus den Goldgräberstädten in Amerika und Australien kannte: Unmengen von Claims in den Händen kleiner Schatzgräber, von denen viele weder das Kapital noch die Kentnisse für einen erfolgreichen Betrieb besaßen. Und zu dieser verworrenen Situation kamen noch die nationalen Gegensätze – der permanente Konflikt zwischen der britischen Kap-Kolonie und den Buren in Transvaal, in dem es um strittige Territorien ging. All dies bereitete den Herren in New Court große Sorgen. Natty und seine Brüder stimmten mit ihrem Repräsentanten vor Ort, einem Mr. Gansl, in der Auffassung überein, daß geschäftlicher Erfolg nur nach dem Zusammenschluß mehrerer kleiner Firmen möglich sei. Durch ihre namhafte Beteiligung an der „Anglo-African Diamond Mining Company Ltd“ wirkten sie beim Auskauf der Besitzer kleinerer Claims mit, eine Entwicklung, die ab etwa 1882 in Schwung kam.

Natürlich hatten auch andere Geschäftsleute die gleiche Idee. Schließlich wurde dieses Streben nach Zusammenschlüssen zu einem Kopf-an-Kopf-Rennen zwischen der „Barnato Diamond Mining Company“ und „De Beers“. Oder genauer gesagt: zu einem Kräftemessen zwischen zwei ungewöhnlichen Unternehmerpersönlichkeiten, Barney Barnato und Cecil Rhodes. Beide waren in jungen Jahren aus England nach Südafrika gegangen und schon als Zwanzigjährige Millionäre. Doch damit endete die Ähnlichkeit. Rhodes war ein in Oxford ausgebildeter leidenschaftlicher, ja vielleicht sogar fanatischer Empire-Brite und seit seiner Studienzeit – wohl unter dem Einfluß von Ruskins Rhetorik – ein Mann mit dem Bewußtsein einer Mission. Sein erklärtes Ziel: in Afrika „ein britisches Dominion vom Kap bis Kairo“ zu schaffen, und er verwendete einen erheblichen Teil seines Vermögens für die Erreichung dieses Ziels, sowohl als Geschäftsmann wie auch nach 1890 als Premierminister der Kap-Kolonie. Bis 1887 hatte seine „De Beers Mining Company“ viele Konkurrenzfirmen im Gebiet von Kimberley aufgekauft, einschließlich der „Anglo-African“.

Barney Barnato hingegen war ein extrovertierter Jude mit geringer Bildung, der sich privat für Boxkämpfe und Pferderennen begeisterte. Eigentlich hieß er Barnet Isaacs, war der Sohn eines Hausierers aus Aldgate und hatte sich nach einigen Jahren an der Jüdischen Freischule mit 50 Pfund in der Tasche davongemacht. Nach Afrika. Dort hatte er durch Weitsicht und Geschäftssinn rasch ein Vermögen erworben.

Er war ausschließlich Geschäftsmann, Cecil Rhodes' imperialistische Träume erschienen ihm suspekt.

Der Kampf dieser beiden Männer um die Herrschaft über die Diamantenfelder wurde mit aller Härte geführt. Bis 1887 waren die wichtigsten Konkurrenten bereits in den Konzernen Barnato und De Beers aufgegangen. Die Ausnahme bildete die französische Diamantengesellschaft, ein großes Unternehmen, dessen Minen aber noch nicht ihre volle Förderungskapazität erreicht hatten. Dies änderte nichts daran, daß ihre Aktien rasch im Kurs stiegen, als Rhodes, Barnato und ihre Kollegen alle verfügbar werdenden Anteile aufzukaufen begannen.

So weit es die Rothschilds betraf, gestaltete sich die Marktlage infolge all dieser Operationen zu unsicher. Als Rhodes im Juli 1887 wieder in die Heimat kam und wegen finanzieller Rückendeckung an Natty persönlich herantrat, sah Lord Rothschild in diesem Wunsch eine Möglichkeit, die dringend notwendige kommerzielle Stabilität wiederherzustellen. Er garantierte der Firma Da Beers 1 Million Pfund, drei Viertel davon wurden für die Steigerung der Ausbeute und des Gewinns sowie zur Verbesserung ihrer Handlungsfähigkeit und ihrer Kaufkraft aufgenommen. Außerdem entrierte Natty Verhandlungen in Europa und bewog die Direktoren des französischen Unternehmens zu einer freiwilligen Liquidation unter sehr günstigen Bedingungen. Dies hielt Barnato nicht davon ab, sich um die Vermögenswerte des Unternehmens zu bewerben, aber gegen das übermächtige Bündnis von De Beers und Rothschild kam er nicht auf. Als er seinen Konkurrenten um 300 000 überbot, steigerte Rhodes sein eigenes Angebot sofort um 300 000 und gab bekannt, er werde auch weiterhin jede von Barnato offerierte Summe überbieten. De Beers ging aus dem Wettstreit als Sieger hervor, und bald vereinigtem sich die beiden Konzerne.

Einer der Gründe, warum Barnato seine Stellung so lange hielt, war seine Ablehnung des Expansionsstrebens. Rhodes erklärte ganz offen, daß die Gelder des neuen Unternehmens – De Beers Consolidated Mines Limited – für den imperialistischen Vorstoß nach Norden verwendet würden. Seiner Auffassung nach gab es nie einen Unterschied zwischen gewinnbringenden Geschäften und Aktionen, um die britische Flagge in neu eroberten Gebieten zu hissen. Und Rhodes redete sich ein, Lord Rothschild teile seinen simplen Idealismus.

Darin täuschte er sich. Lord Rothschild war kein vorbehaltloser Anhänger des Imperialismus, wie Rhodes allmählich merkte. In einem 1888 aufgesetzten Testament übertrug er Natty die Verwaltung des Großteils seines Vermögens zwecks Finanzierung einer fragwürdigen Geheimgesellschaft zur Ausbreitung britischer Macht.* Während der nächsten Jahre erörterte Rhodes in seinen vielen Briefen an New Court immer wieder das Thema der britischen Politik in Südafrika. In seinem Adressaten fand er einen Mann mit klarem Kopf, klaren Begriffen und ohne jede Absicht, die Rollen des Bankiers und des Politikers zu vermengen. In seiner Antwort auf Rhodes' Vorschlag, Geld des Unternehmens für die territoriale Expansion zu verwenden, gab Natty den Rat: „Wenn ... Sie Summen für diesen Zweck benötigen, werden Sie solche aus anderen Quellen beschaffen müssen als aus der Kapitalreserve der De Beers Company. Wir vertreten seit je den Standpunkt, daß die De Beers Company nur ein Unternehmen für die Diamantenförderung ist."[8]

Zudem war Rhodes bestimmt nicht sehr erfreut, als er 1892 erfuhr, daß die Rothschilds eine Anleihe für die burische Regierung in Transvaal aufgelegt hatten. Die Bank hatte beträchtliche Summen in südafrikanische Minen, Eisenbahnen und allgemeine Erschließungsprojekte investiert und war daher auf die Erhaltung des Friedens und der Stabilität bedacht. Alles, was New Court im folgenden Jahrzehnt tat, diente also dem Ziel, eine bewaffnete Auseinandersetzung zwischen Briten und Buren zu verhindern. Der ungestüme Rhodes indes war ein erbitterter Gegner der Regierung in Johannesburg, und im Dezember 1895 organisierte er sogar einen – erfolglosen – Handstreich von 800 Freiwilligen unter Führung von Leander Jameson, um den Präsidenten Paul Krüger zu stürzen, den berüchtigten „Jameson Raid". Doch Rhodes war viel zu weit gegangen. Er wurde von der britischen Regierung getadelt und war gezwungen, sein Amt als Premierminister der Kap-Kolonie zurückzulegen. Zu jenem Zeitpunkt hatte er schon längst keine herzlichen, engen Beziehungen zu Natty mehr. Wahrscheinlich begriff er niemals, daß die Rothschilds zwar Gladstones Kurs der kolonialpolitischen Beschränkung nicht guthießen, aber auch keine Verfechter eines ungezügelten Imperialismus um seiner selbst willen waren.

Kurz gesagt: Natty, Ferdinand und andere Köpfe des rechten Flügels der Liberalen Partei vertraten die Meinung, die Sozialreformen im Mutterland seien weit genug gediehen, aber außenpolitisch sollte Großbritannien noch viel weiter gehen. Den englischen Rothschilds ging es, aus

* Diese entwickelte sich später zu einer Stiftung für Oxford-Stipendien, mit der aber Natty nichts zu tun hatte.

triftigen geschäftlichen Gründen, um die Erhaltung der inneren Verbindungen des Empire, um größtmögliche Handelsfreiheit, gute Beziehungen zu Deutschland als Voraussetzung für eine stabile Europapolitik und um den Widerstand gegen radikale Forderungen, die den sozialen Frieden im Inland bedrohen könnten. Sie opponierten gegen die Bemühungen des Premierministers, zum frühestmöglichen Termin Truppen aus Ägypten abzuziehen und gegen alle andere Manifestationen einer „Außenpolitik der Schwäche". Und sie waren äußerst besorgt, als Gladstone seine Absicht kundtat, Irland das „Home Rule", also die Selbstregierung zu gewähren. Gerade wegen dieser Tendenz der Regierung, eine ganze Reihe nach Nattys Meinung höchst bedenklicher Verpflichtungen einzugehen, betätigte er sich immer aktiver in der Parteipolitik.

Während der letzten Jahre des alten Jahrhunderts spielte Lord Rothschild eine prominente Rolle bei der Aufspaltung der Liberalen Partei. Oberflächlich betrachtet wäre der nächste Schritt sein Übertritt zu den Tories gewesen. Aber die Konservative Partei war fast ebenso zerrüttet wie ihre parlamentarische Gegenkraft. In den achtziger Jahren zog Lord Randolph Churchill eine leuchtende Kometenbahn über das politische Firmament, seine Rednergabe und große Popularität schienen ihn zu einem neuen Disraeli zu prädestinieren – Disraeli selbst war 1881 gestorben –, mit der Bestimmung, einen Konservativismus auf breiter Basis zu schaffen. Doch er hatte in seiner eigenen Partei viele Gegner.

Diese verworrene politische Situation war der Bildung von Cliquen, Fraktionen, Allianzen und Intrigen förderlich; Natty war in seinem Element. Diskret nützte er seine beträchtlichen Hilfsquellen und nahm so größeren Einfluß auf das Geschick von Regierung und Regierten, als die Geschichtsbücher je verzeichnen können. Durch Vermittlung seiner Brüder und seines Cousins Ferdy fand er Zugang zu den häufigen Treffen und privaten Gesprächen zwischen Lord Randolph Churchill, Lord Rosebery, Joseph Chamberlain und anderen Persönlichkeiten aus beiden Parteien, die seine Ansichten teilten. „Landhauspolitik" war eine Form der Mitwirkung, welche die Rothschilds zur Vollendung gebracht hatten. Doch niemand beherrschte diese Kunst besser als der erste englische Baron der Familie. Während der letzten beiden Jahrzehnte des 19. Jahrhunderts fungierte er inmitten der feudalen Idylle von Tring Park als Gastgeber bei Verhandlungen über die verschiedensten Themen, sei es die Ausweitung von Cecil Rhodes' Diamantenimperium oder ein neues Statut für die Londoner Universität.[9] Die Regieführung beim Abbau des Liberalismus alten Stils war zweifellos die beachtlichste Leistung dieser Grauen Eminenz. Nun wurde die Bezeichnung „Liberale Unionisten“ von jenen Mitgliedern der alten Partei geprägt, die dem Rothschild-Kreis zugehörten, denn was die neue Gruppierung am deutlichsten von den anderen abhob war ihr Widerstand gegen das irische Home Rule und ihr energisches Bestreben, in dem eine solche Maßnahme befürwortenden Parlament eine Mehrheit zu erringen.

Die große Stunde für die „Liberalen Unionisten“ schlug im Sommer 1886: Neuwahlen wurden ausgeschrieben, und ihr aktuellstes Thema war eben die Irland-Frage. In einem Brief riet Lord Rothschild Randolph Churchill nachdrücklich, diese Sache kühn bei den Wahlkämpfen aufzugreifen. „Rücken Sie dem Großen Alten Mann (Gladstone) doch auf seinem eigenen Misthaufen zu Leibe!“[10] schrieb er. Der Wahlausgang erfüllte Nattys Hoffnungen. Die Tories und die mit ihnen verbündeten Liberalen Unionisten – bald als Unionistische Partei bezeichnet – errangen eine klare Mehrheit im neuen Unterhaus. Lord Salisbury wurde Premierminister, und Churchill als Schatzkanzler vertrat die Regierung im Unterhaus. Zunächst hatte es für Lord Rothschild den Anschein, als seien die goldenen Zeiten der Ära Disraeli zurückgekehrt. Ein Beobachter sagte, man habe den Eindruck gehabt, daß Natty und Churchill viele der Angelegenheiten des Empire gemeinsam wahrnahmen, mit Joseph Chamberlain als Berater.[11]

Aber dieser Zustand war von kurzer Dauer. Binnen sechs Monaten hatte sich der höchst ungebärdige Churchill mit seinen Kabinettskollegen entzweit und war zurückgetreten. Er wurde niemals wieder mit einem Regierungsamt betraut. Wenige Jahre später erlitt er einen physischen und geistigen Zusammenbruch und starb 1895, erst fünfundvierzigjährig.

Trotz seiner engen Beziehungen zu Churchill scheint Natty zwar politischen, aber niemals persönlichen Einfluß auf ihn ausgeübt zu haben. Zwischen den beiden Männern bestand nicht jenes freundschaftliche Verhältnis, das Natty die Chance geboten hätte, wertvolle Ratschläge auszusprechen. Für Lord Rothschild war es schwierig, wenn nicht sogar unmöglich, entsprechende menschliche Bindungen zu schaffen. Nach Churchills Tod war er nicht einmal darüber erhaben, abfällige Geschichten über den einstigen Mitstreiter zu erzählen. So teilte er dem Bankierskollegen Robert Benson mit, daß Churchill versucht habe, den Prinzen von Wales durch den Hinweis auf gewisse Liebesbriefe zu einer Intervention zu nötigen, um das Ehescheidungsverfahren gegen seinen eigenen Bruder Lord Blandford niederzuschlagen. Nattys Sinn für Geheimhaltung reichte offenbar nicht immer so weit, die Intimsphäre anderer Menschen zu respektieren.[12]

Aber strikte Diskretion in eigener Sache gewährleistete, daß Nattys politische Aktionen unbekannt waren und blieben. So lautete die Klage eines Historikers, der sich mit der Politik des Spätvictorianismus befaßte: „Wenn ich zum Kern eines Themas vordringe, stoße ich immer auf den ersten Lord Rothschild und damit enden die Spuren."[13] Diesen Ausspruch zitiert Miriam Rothschild in der Biographie ihres Onkels, und sie widmet ein ganzes Kapitel der Vernichtung privater Aufzeichnungen auf Anordnung Lionels, Nattys, Walters, seines Bruders Charles und anderer Familienmitglieder. Sie warnt jeden Historiker, der versucht, die Wahrheit über ihre Vorfahren zu ergründen, denn damit beschreite man „einen schwierigen, steinigen Weg, der unweigerlich nur zu einem großen Kartoffelfeuer führt".[14] Der Hang zur Geheimnistuerei war um die Jahrhundertwende bereits ein weitverbreiteter Charakterzug der Familie, bei manchen stärker, aber zumindest bis zu einem gewissen Grad bei den meisten oder allen ausgeprägt. Die Rothschilds hatten ihre Gründe, strenges Stillschweigen zu bewahren, und es ist verständlich, daß die Familie betreffs gewisser Episoden in ihrer Geschichte empfindlich reagiert. Unbestreitbar ist aber, wie Miriam hervorhebt, daß sich die Bedachtnahme auf Geheimhaltung bei manchen Rothschilds zur fixen Idee auswuchs, zur Manie ohne greifbaren Anlaß.

Solches trifft ganz besonders auf Natty zu. Gemäß seinem ausdrücklichen Wunsch wurden nach seinem Tod ganze Kofferladungen von Briefen und Dokumenten vernichtet. Deshalb blieben nur bruchstückhafte Informationen über seinen Einfluß auf das politische Leben während jener wichtigen Jahre in England erhalten. Gladstone scheint er, namentlich im Zusammenhang mit der Irland-Frage, völlig abgelehnt zu haben. Begierig schnappte er überall Klatsch auf und gab das Gehörte an Lord Randolph Churchill weiter. Im Januar 1886 z. B. entlockte er Connies Mann Cyril Flower, der eben von Hawarden Castle, dem Landsitz des Großen Alten Mannes, zurückgekehrt war, einige vertrauliche Mitteilungen. Prompt gingen diese und andere Informationen an Churchill, der seinerseits dem Führer der Tories, Lord Salisbury berichtete.

Nach Lord Randolphs politischem Selbstmord scheint Natty große Hoffnungen auf Lord Rosebery gesetzt zu haben, den herausragendsten der jungen Männer aus dem Kreis Gladstones. Rosebery, mit Nattys Cousine Hannah verheiratet, war ein eigenständiger Denker, der sich nach besten Kräften bemühte, den traditionellen Liberalismus mit einem Imperialismus ohne seine große nationale Pose in Einklang zu bringen. Leider stand seine Karriere im öffentlichen Leben unter einem ähnlichen Unstern wie die Randolph Churchills. Er bemühte sich redlich, Gladstone gegenüber loyal zu bleiben, aber außenpolitisch waren die beiden völlig verschiedener Meinung. Rosebery war seinem Temperament nach kein Diplomat, und die politischen Auseinandersetzungen machten ihm arg zu schaffen. Schließlich trieb ihn ein Ereignis des Jahres 1890 dazu, sich aus der Politik zunächst völlig zurückzuziehen: Seine geliebte Hannah starb an Typhus. Sie war in Dalmeny erkrankt, dem schottischen Besitz ihres Gatten, und in seinem Tagebuch schilderte er ihr Ende: „Eine ganze Woche lag sie im Delirium. Nur wenn ich ins Zimmer kam, erwachte sie, mit einem wunderbaren Lächeln. ‚Archie! Das ist schön', sagte sie in ihrer vertrauten, reizenden kindlichen Art. Um etwa zehn Uhr abends sagte sie: ‚Archie, Archie, ich gehe nachhause.' Wahrscheinlich glaubte sie noch immer, in Paris zu sein, wo sie sich die ganze Woche lang wähnte. Das waren die letzten Worte, die ich von ihr hörte."[15] Am nächsten Morgen, kurz vor sechs Uhr, starb Hannah. Sie wurde auf dem Jüdischen Friedhof an der Seite ihres Vaters beigesetzt. An der schlichten Bestattungsfeier nahmen Gladstone, mehrere Minister und Notabeln sowie als Vertreter der Königin Sir Henry Ponsonby teil. Dieser berichtete: „Lord Rosebery sprach kein Wort, sondern verharrte dicht neben dem Sarg, bis dieser ins Grab gesenkt wurde. Lord Rothschild geleitete ihn zur Aufbahrungshalle zurück, aber er blickte die ganze Zeit zu Boden."[16]

Winston Churchill fand das treffende Wort, der Tod seiner Frau habe Rosebery förmlich zermalmt. Er scheint auch versucht zu haben, sich von der Verwandtschaft seiner Frau zu distanzieren. David Lindsay vermerkte in seinem Tagebuch, daß der Earl sofort Anstalten traf, seine Beiträge für jüdische Wohltätigkeitsaktionen zu streichen.[17] Dazu muß gesagt werden, daß Lindsay eine heftige Abneigung gegen Rosebery hegte. Gewiß blieben die Rothschilds dem Witwer nahe genug, um ihn von seinen Gedanken an einen solchen Verzicht abzubringen. Im Jahre 1892 trat Gladstone wieder das Amt des Premierministers an, und Rosebery wurde gedrängt, das Außenministerium zu übernehmen. Erst als auch der Prinz von Wales, von Natty dazu bewogen, ihn dazu drängte, kam der Earl dem Wunsch nach. Die Rothschilds und deren Freunde wollten natürlich einen Mann, der sich dem Premierminister gegenüber behauptete und eine dynamischere Außenpolitik betrieb. Ein solches Konzept war wohl erfolgreich, wenn auch für Rosebery sehr mühsam. Sein Meinungsstreit mit Gladstone führte ihn dazu, einen unabhängigen Kurs zu steuern, den die Königin persönlich sanktionierte. Im Dezember 1893 stellte sich Rosebery an die Spitze einer Palastrevolte, die den endgültigen Rücktritt des Großen Alten Mannes zur Folge hatte. Daraufhin beschied die Monarchin ihren Außenminister zu sich und betraute ihn mit der Regierungsbildung.

Doch Roseberys sechzehnmonatige Ära als Premierminister war eine Katastrophe. Er sah sich einem feindseligen konservativen Oberhaus gegenüber, und ihm fehlte die Fähigkeit, seine eigenen Kabinettskollegen zu einigen. Zudem war er nie ein sehr umgänglicher Mann und konnte all die persönlichen Konflikte, die so kurz nach dem Verlust seiner Frau über ihn hereinbrachen, einfach nicht bewältigen. Im Juni 1895 nahm er eine geringfügige Schlappe im Unterhaus zum Anlaß, um zu demissionieren. Wenn Hannah noch am Leben gewesen wäre, dann wäre alles für ihn selbst, seine Partei und sein Land wohl ganz anders verlaufen.

Das politische Wirken von Mitgliedern der englischen Rothschilds beschränkte sich aber keineswegs auf reine Parteipolitik. Ferdinand z. B. interessierte sich besonders für Maßnahmen auf dem Gebiet des Sozialwesens. Sein längstes parlamentarisches Anliegen, das er fünf Jahre lang vertrat, betraf höhere Löhne und bessere Arbeitsbedingungen für die Telegraphisten der Post. Und Natty scheint eine aktive Rolle bei der Schlichtung des Dockarbeiterstreiks von 1889 gespielt zu haben. Die Gewerkschaft forderte eine Lohnerhöhung um Six Pence, aber die Unternehmer blieben hart. Laut den Angaben seiner Enkelin behauptete Lord Rothschild, man habe ihn als Vermittler eingeschaltet, und die Beilegung dieses Streiks sei seine stolzeste Leistung gewesen. Leider existieren keine schriftlichen Belege für diese Aussage. Kardinal Mannings Beitrag zu der Lösung ist gut dokumentiert, aber in offiziellen Aktenstücken oder in den Memoiren von Zeitgenossen fahndet man vergebens nach einer Erwähnung von Nattys Beteiligung. Wie es scheint, wirkte sich seine Neigung, alles perfekt zu tarnen, nicht immer zu seinen eigenen Gunsten aus.

Doch jedenfalls freute sich Lord Rothschild nicht nur darüber, daß die Arbeit auf den Werften wiederaufgenommen wurde, sondern auch, daß der Zwist ohne Eingreifen der Regierung geschlichtet werden konnte. Er widersetzte sich ganz entschieden jeglicher Tendenz zu mehr Kontrolle durch den Staat, namentlich im Wirtschaftsleben. Was ihm an der Welle der sozialen Unruhe in der Industrie die größeren Sorgen bereitete, das war die Wahrscheinlichkeit einer Reaktion in der Form stärkerer staatlicher Einmischung. In politischen Belangen war Lord Rothschild ein Mann mit festgefügten, klaren, wenn auch nicht sehr phantasievollen Ansichten. Wenige seiner Zeitgenossen hatten subtileres Empfinden für soziale Gerechtigkeit, und er selber war überzeugt, daß Gleichberechtigung am besten durch die Übereinkunft von Menschen guten Willens erreicht werden könnte, ohne Gängelband des Staates. Für ihn gab es keinen zwingenden Grund, die bestehende Ordnung zu verändern, solange jeder auf seinem Platz seine Pflichten gegenüber Vorgesetzten und Untergebenen erfüllte. Hätten alle Menschen Nattys tiefes Verantwortungsgefühl besessen, dann wären die scheinbar unumstößlichen Maximen des victorianischen Gesellschaftssystems vielleicht unangefochten geblieben. Aber es gab eben Großgrundbesitzer, welche die Häuser ihrer Pächter verkommen ließen. Es gab mittellose Männer und Frauen, die sich an keinen reichen Gönner wenden konnten. Es gab Ausbeuter und Ausgebeutete. Und es gab im Land Leute, die sich immer lauter zu Wort meldeten, mit der beharrlich wiederholten These, die Ungerechtigkeit liege schon in dem herrschenden System an sich. Natty vermochte sich nicht vorzustellen, daß diese Kritiker schließlich politisches Terrain gewinnen würden, und sei es nur deshalb, weil vieles von dem, was sie sagten, richtig war.

KAPITEL 22
„Lord Rothschild geht zu weit!“

Mayer Carl starb 1886. Adolf – gestorben 1900 – hatte den Bankiersberuf schon längst aufgegeben, nun übernahm Willy Carl, der einzige männliche Nachkomme des deutschen Familienzweiges, die Leitung des Frankfurter Hauses, um es bis zu seinem Tod im Februar 1901 zu führen. Trotz der ehelichen Verbindungen bestanden einige Jahre hindurch keine engen Geschäftskontakte zwischen dem Frankfurter Stammsitz und den anderen Familienbanken, und da keiner der männlichen Rothschilds den Wunsch äußerte, sich in der Stadt der Vorfahren niederzulassen, wurde im Einverständnis mit der gesamten Familie der Beschluß gefaßt, das Frankfurter Unternehmen zu liquidieren. Noch immer dachte niemand daran, etwa einen Rothschildschen Schwiegersohn mit der Führung zu betrauen. Maximilian Goldschmidt, der Willy Carls jüngste Tochter Minna Caroline geheiratet hatte, war selbst ein sehr fähiger, hochangesehener Bankier und mochte sich wohl erhofft haben, der Nachfolger seines Schwiegervaters zu werden. Wenn dem so war, wurde er bald enttäuscht. Nach wie vor hielten die Rothschilds unerschütterlich an ihrem Prinzip fest, „Fremde“ von ihren Geschäften fernzuhalten. Es stand ihnen zwar frei, Goldschmidt nun die leitende Position der Bank zu verwehren, aber sie konnten ihn nicht daran hindern, sich ihres Namens zu bedienen. Das tat er sehr rasch. Fortan traten er und seine Firma unter dem Namen Goldschmidt-Rothschild auf. Er war darauf erpicht, soviel als nur möglich vom Prestige und den Geschäften der Familie seiner Frau zu profitieren. Eine durchaus begreifliche Reaktion. Es muß für Goldschmidt sehr bitter gewesen sein, als einer der wenigen Nicht-Rothschilds einen erheblichen Teil des Familienvermögens schon in Reichweite vor sich zu sehen und dann zu erleben, wie sich seine Hoffnungen zerschlugen.

So schlossen sich eines Tages, nach mehr als einem Jahrhundert, die Tore des Bankhauses M. A. Rothschild und Söhne in Frankfurt für immer. Gemäß des allgemeinen Rothschildschen Brauches erhielten alle Angestellten großzügig bemessene Abfertigungen bzw. Pensionen. Wer weiterarbeiten wollte, wurde in die Diskont-Gesellschaftsbank übernommen. Dann fuhren die mit Möbeln und Aktenschränken voller Dokumente bepackten Transportwagen von dem nun leeren Geschäftslokal in der Berkheimerstraße ab. Eine Epoche war zu Ende, nicht nur im Leben der Familie Rothschild; auch unter eine Phase des europäischen Wirtschaftslebens war damit ein Schlußstrich gezogen.

Vor den im Bankwesen tätigen Rothschilds lagen aber noch weitere Veränderungen. In dem Zeitabschnitt zwischen 1904 und 1918 gingen alle führenden Köpfe der drei verbleibenden Bankhäuser dahin: Alphonse starb 1904, ihm folgten 1911 Gustave und Salbert, 1915 Natty, 1917 Leo und 1918 Alfred. Die Frage der Nachfolge wurde für die Familie immer problematischer. Da Außenstehende, Eingeheiratete und Töchter nicht Teilhaber werden konnten, mußte jede Generation Söhne hervorbringen, die geborene Finanzmänner waren und entsprechend ausgebildet werden konnten. Da nach den Gesetzen der Wahrscheinlichkeit zu erwarten war, daß einige der Sprößlinge Mädchen sein und manche der Söhne weder Neigung noch Eignung zum Bankiersberuf haben würden, war es für die Rothschilds wichtig, möglichst viele Kinder in die Welt zu setzen.

Die letzten Frankfurter Rothschilds

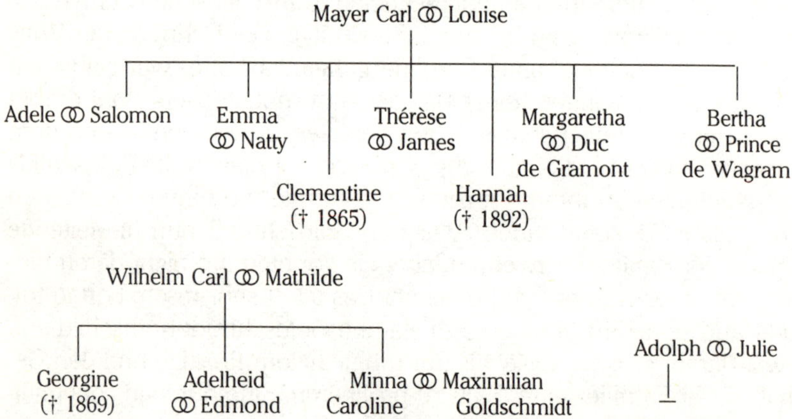

Leider arbeitete die Genetik gegen sie. Es trat die widersinnige Situation ein, daß sich das System der Verwandtenehen, dazu bestimmt, die Einheit und den Fortbestand des Familienunternehmens zu sichern, gegenteilig, nämlich fast zerstörerisch, auswirkte. Die möglichen Folgen der Inzucht sind auch geminderte Fruchtbarkeit und eine Verstärkung von Erbanlagen, die in manchen Fällen Genialität, in anderen aber kraß exzentrisches Wesen hervorbringen. Bisher hatten die Rothschilds Glück gehabt. In jeder Generation der vier Familien gab es mindestens einen Sohn, der befähigt war, das Unternehmen nicht nur weiterzuführen, sondern meist auch auszubauen.* Deshalb spielte es keine Rolle, wenn Brüder der würdigen Nachfolger eben andere Interessen entwickelten, seien es nun ausgefallene Passionen oder ausgeprägte Philanthropie. Sie durften sich ihren Neigungen widmen, ja bisweilen wurden sie sogar darin gefördert – vorausgesetzt, daß ihre Aktivitäten der Familie keine Schande machten. Aber nun ging diese günstige Phase zu Ende. Die alternden Männer, die das Rothschild-Imperium während der Hochblüte des ausklingenden 19. Jahrhunderts beherrscht hatten, mußten ihre Kronen an weniger talentierte Erben weitergeben. Noch dazu sollte es diesen Nachfolgern beschieden sein, sich in einer völlig veränderten Welt behaupten zu müssen, einer Welt, wie sie sich Natty oder Alphonse nicht einmal in ihren schlimmsten Alpträumen hätten ausmalen können.

Lord Rothschild und seine aus Deutschland stammende Frau bekamen innerhalb neun Jahren drei Kinder. Der älteste war Walter, der zu einem reizenden Jungen heranwuchs. Nach einem Besuch bei der Familie seines Bruders in Tring im Jahr 1879 berichtete Leo, der kleine Walter habe ihm seine Vögel und Schmetterlinge gezeigt.[1] Nattys älterer Sohn, damals ein Elfjähriger, war schon seit mindestens sechs Jahren ein besonders eifriger, erstaunlich frühreifer Sammler. In seinem Fall äußerte sich dieser in dieser Familie vererbte Wesenszug in Liebe und Verständnis für Tiere. Ob Vögel, Schmetterlinge, Insekten oder Eier – emsig suchte er nach Exemplaren aller Arten, die er dann bestimmte, studierte und mit großer Sorgfalt katalogisierte. Aufmerksam las er einschlägige Bücher, schrieb Briefe an verschiedene Fachleute und stattete dem Naturhistorischen Museum in London zahllose Besuche ab, wobei er durch seine für ein Kind ganz ungewöhnlichen Kenntnisse die Kustoden oft verblüffte. Als Dreizehnjähriger besaß er bereits ein Privatmuseum, das so groß war, daß für die Instandhaltung eine Hilfskraft angestellt werden mußte.

Es hat den Anschein, daß Natty Walters Interessen jahrelang nicht als das erkannte, was sie waren: ein übermächtiger Drang zur Betätigung auf einem Spezialgebiet. Zweifellos dachte oder hoffte der Vater, diese zoologische Sammlung sei eine lobenswerte Liebhaberei, die sein Sohn dereinst mit dem Beruf des Bankiers werde vereinbaren können, immerhin waren andere Familienmitglieder Kunst-, Autographen- oder Pferdekenner und dennoch zugleich Finanzexperten. So wurde Walter zum Studium nach Bonn und Cambridge geschickt – allerdings gestattete sich Natty in einem Brief an Rosebery die Bemerkung: „Zu mei-

* Abgesehen von Mayer Carl und Willy Carl mit ihren Töchterscharen!

nem Mißfallen möchte er Anatomie studieren."[2] Zu gegebener Zeit wurde er in die Bank aufgenommen und 1899 als Nachfolger Ferdinands Unterhausabgeordneter für Aylesbury. Wie andere männliche Verwandte diente er als Offizier bei der Buckinghamshire Yeomanry.* Eigentlich tat der erste Lord Rothschild alles, was möglich war, um seinen Sohn und Erben dem vorgegebenen Pflichtenrahmen anzupassen, obwohl es offenkundig sein mußte, daß die Tatsachen nicht den Wünschen entsprachen, denn Walter zeigte auch andere Eigenheiten, vor denen Natty nicht auf Dauer die Augen verschließen konnte. So war der junge Mann mit starken Sprechhemmungen behaftet und unfähig, seine Gedanken sofort in Worte zu fassen. Dies machte Gespräche mit ihm peinlich und schleppend, oft unterbrochen von langem Schweigen, wenn Walter, um den richtigen Ausdruck ringend, hilflos ins Leere starrte. Im Bewußtsein der eigenen Unzulänglichkeiten und durch die mißbilligende Haltung seines Vaters verstört, fand er nur schwer Kontakt zu anderen Menschen und entwickelte sich zu einem Sonderling, zu einem jener Exzentriker, deren abstruses Verhalten nicht der Absicht entspringt, ihre Umwelt zu schockieren, sondern aus dem Unvermögen, genau zu beurteilen, welches Benehmen man von ihnen erwartet. So erregte er beispielsweise den heftigen Unwillen älterer Unterhausmitglieder, als er mit einem weißen Zylinder im Parlament erschien.

Seine Studienzeit in Bonn endete ganz plötzlich – nach einer Affäre mit der Tochter des Hauswirtes. Und Cambridge verließ er ebenso rasch – in diesem Fall ist der Grund nicht bekannt. Einer der Briefe an seine Mutter, während seiner ersten Semester hingekritzelt, gewährt uns einen kurzen Einblick in seine seltsame Psyche:

> „Nach meiner Rückkehr hierher am Freitag nahm ich am ersten großen Dinner teil. Fünfundfünfzig Gäste. Da nahm ich teil und sicherlich auch zum letztenmal, denn ich kam fast um, weil ich nicht trinken wollte. Versuchte wegzukommen, bevor die Trinksprüche begannen. Es endete mit meiner Flucht durch die Straßen, nur heimzu, so rasch ich laufen konnte, ohne Hut oder Mantel oder irgend etwas außer meinem Frack. Mr. Hugh Smith ist hier zu Besuch bei seinen Söhnen. Ich habe keinerlei Neuigkeiten. Dein ergebener Walter."[3]

Im Jahre 1894 ließ er einige Zebras nach Tring liefern, doch statt sie im Park frei auszusetzen, wie die Pfaue und Edelfasane seines Vaters und

* Die Yeomanry war ursprünglich, seit 1761, eine regional aus Pächtern und Bauern rekrutierte, von den Grundherren geführte Freiwilligenkavallerie. Truppenteile, welche die Yeomanry-Tradition weiterführen, gibt es noch heute.

seine eigenen Strauße und Riesenschildkröten, stellte er sie in den Stallungen ein. Ihm erschien es völlig sinnvoll, sie wie Pferde für das Gespann abzurichten. Monatelang arbeitete er geduldig und umsichtig mit diesen notorisch ungelehrigen, störrischen Tieren. Schließlich erreichte er, was er wollte, allerdings gehorchten sie keinem anderen als ihm, und nun konnte er die Passanten auf der Londoner Mall durch den Anblick einer höchst ungewöhnlichen Equipage in Erstaunen versetzen: drei Zebras und ein Pony als Viererzug einer Kutsche. Darin fuhr er bis vor den Buckingham Palace. Doch als Prinzessin Alexandra persönlich, die Gemahlin des künftigen Königs Eduard VII., ins Freie trat, um das merkwürdige Bild zu bestaunen und sogar eines der nicht immer ganz harmlosen Tiere streicheln wollte, bekam er Angst vor seiner eigenen Courage.

Walter wurde zu einer komischen Figur, was sich für den Erben eines großen Bankiers und englischen Peer kaum schickte. Aber es sollte noch schlimmer kommen. Denn obgleich in Gesellschaft schüchtern und linkisch, war er, was Frauen betraf, ein Teufelskerl, ein Weiberheld. Er hatte eine Reihe von Affären mit Schauspielerinnen und jungen Damen der führenden Gesellschaftsschichten, was wahrscheinlich weiter kein Unglück gewesen wäre, hätte er nicht, von Schuldgefühlen geplagt, seine Verhältnisse streng geheimhalten wollen. Da witterte eine seiner Mätressen, eine junge skrupellose Peeress, ihre Chance zu ungeheuerlichen Plündertouren.

Diese schreckliche Frau nützte Walters Schwächen und Gebrechen aus, um ihn systematisch zu erpressen. Mehr als vierzig Jahre lang setzte sie ihn unter Druck. Heute ist es für uns schwer verständlich, warum Walter lieber diesen wiederholten Nötigungen nachgab, statt über seine sexuellen Abenteuer, die, soweit heute noch feststellbar, nicht besonders verwerflich waren, offen zu reden. Wieder einmal treffen wir auf einen Fall jener psychischen Zwänge, die Rothschilds mehrerer Generationen zu schaffen machten. Walter steckte im Korsett der Familientradition, er vermochte den Gedanken nicht zu ertragen, daß seine Eltern am Ende entdecken könnten, welch ein „Unwürdiger“ er war. Alles, alles, nur nicht das! Deshalb flüchtete er in eine Geheimnistuerei, die bei einem Sohn Nattys ganz natürlich anmutet. Niemand durfte jemals von der erpresserischen Peeress erfahren. Fast gelang es ihm, das Geheimnis seiner „Schuld“ für immer zu bewahren. Erst nach seinem Tod fanden seine Schwägerin und seine Nichte einige Briefe, die zufällig dem üblichen Rothschildschen Autodafé entgangen waren und Einzelheiten über die Raubzüge der aristokratischen Hexe verrieten.

Walters Finanzlage, bereits aufs Äußerste angespannt, geriet völlig außer Kontrolle. Er gab Unsummen für sein Museum aus – seit 1889 in einem eigenen Gebäude auf einer Fläche von 1½ Morgen untergebracht und der Allgemeinheit zugänglich –, schickte Agenten rund um die Welt, um neue Exponate zu beschaffen, kaufte geschlossene Sammlungen auf (es kam zu heftigen Auftritten, als sein Vater erfuhr, daß er die Zahlung von 15 000 Pfund für eine Insektensammlung zugesagt hatte) und trug die stetig wachsenden Betriebskosten. Seine Gläubiger und die eifersüchtigen Mätressen meldeten sich so ungestüm, daß er nicht wagte, ihre Briefe zu öffnen. Diese wurden in einen Wäschekorb geworfen und in Tring in einem Schrank eingesargt. In New Court war er so gut wie nie bei der Sache, um die ihm zufallende Arbeit zu erledigen. Viele der Bürostunden verbrachte er damit, an Wissenschaftler und diverse Leute zu schreiben, die ihn nun mit Angeboten besonders rarer Objekte und Präparaten von Mißbildungen überhäuften. Einer anekdotischen Überlieferung zufolge war Natty nicht gerade hocherfreut, als er eines Tages die Bank betrat und ihm ein Mann den Weg versperrte, mit zwei ausgewachsenen Braunbären an der Leine – „für Mr. Walter".

Kaum verwunderlich also, daß Lord Rothschild sich mit seinem älteren Sohn keinen Rat mehr wußte. Ein Betragen, das man zur Not hätte in Kauf nehmen können, wäre Walter einer von mehreren Brüdern gewesen, war beim Alleinerben ganz einfach untragbar. Wie der Biograph dieses ungewöhnlichen Mannes betont:

> „Walter ging seinem Vater auf die Nerven. Wir wissen nicht genau, in welcher Phase seines Lebens Natty, bildlich gesprochen, verzweifelt die Hände rang und ihn abschrieb. Aber seine Mutter, sein Bruder, seine Kustoden, seine Schwägerin, seine Mätressen, seine Nichte und sein Kammerdiener, die ihn drangsalierten, ihn stützten, ihm halfen, ihn liebten, ja verzärtelten und mit leicht ironischer Wertschätzung oder etwas konfuser Zuneigung betrachteten, sie alle gaben schließlich jeden ernsthaften Versuch auf, Walter zu verstehen – ob launisches Genie oder boshaftes Luder, ewiger Schuljunge oder weltberühmter Zoologe, wandelndes Lexikon oder unreifer Exzentriker, romantischer Liebhaber oder Witzfigur, in welche Kategorie sie ihn auch immer im Geist einreihen mochten. Außerdem hatte keiner von ihnen vorher einen Menschen gekannt, der auch nur annähernd so war wie Walter. Sie waren alle ratlos ... In Wahrheit vertraute sich Walter niemandem an, keine Menschenseele stand ihm nahe, denn er hatte rund um sich einen undurchdringlichen Schutzwall des verlegenen, undeutbaren Schweigens aufgerichtet."[4]

Die Entscheidung fiel 1908, als Natty erfahren mußte, daß Walter in dem verzweifelten Versuch, seine Finanzen in Ordnung zu bringen, fieberhaft an der Börse spekuliert, ja Gerüchten zufolge sogar Darlehen aufgenommen hatte, und zwar auf Vermögenswerte, als Sicherstellung, die er erst nach dem Tod seiner Eltern zu „erwarten" hatte. Der arme Walter hatte glücklich doch einen Skandal heraufbeschworen, und die Klatschmäuler der Gesellschaft ergötzten sich an Nattys Pein.

> „Walter Rothschild steht am Rand des Bankrotts. Papa hat bereits ein- oder zweimal seine Schulden beglichen. Nun spekulierte er, finanzierte mit einem Heidengeld ein ziemlich belangloses Buch über ausgestorbene Vogelarten, und wie man hört, strich eine befreundete Lady viele Silberlinge ein.
>
> Sei's drum, der arme dicke Walter borgte Geld auf den Nachlaß von Papa und Mama. Besagter Herr ist wütend, vor allem deshalb, weil zum erstenmal in der Geschichte ein Rothschild falsch spekulierte. Das schmerzt die so geschäftstüchtige Familie ganz besonders. Es heißt, daß in Frankfurt oder Wien oder wo sonst das Finanzzentrum ist, ein Stammestreffen stattfinden wird, damit Walter künftig fester an die Kandare genommen werden kann."[5]

Es gab kein Treffen des „Stammes". Der Vater des Mißratenen tat einfach jenen festen Schritt, zu dem er sich wahrscheinlich schon Jahre früher hätte aufraffen sollen. Er beauftragte seinen zweitgeborenen Sohn Charles, Ordnung zu schaffen. Das dauerte mehrere Tage, aber schließlich waren die Gläubiger befriedigt, die jungen Damen großzügig abgefunden und verabschiedet, Walter wurde seines Postens in New Court enthoben und erhielt eine Apanage, die ihm ermöglichte, sich fortan in seliger Entrücktheit ganz seinem Museum zu widmen. Ungelöst blieb nur das Problem mit der erlauchten Erpresserin. Denn Walter, der seine Seele vor Charles verschloß, hatte es nicht über sich gebracht, die üble Affäre zu beichten.

In seinem „Verbannungsort" Tring konnte er sich nun darauf konzentrieren, eine der weltweit besten naturwissenschaftlichen Privatsammlungen zu schaffen und eine Reihe fachlicher Abhandlungen zu schreiben, die ihn zu einem der führenden Zoologen seiner Epoche machten.

Charles Rothschild[6] teilte die Begeisterung seines Bruders für die Geheimnisse der Natur und seinen Wissensdrang. Sein erstes veröffentlichtes Werk „The Lepidoptera of Harrow" verfaßte er schon als Schüler, und als Mittzwanziger hatte er die Welt bereits zweimal umrundet und einige ihrer entlegensten Regionen durchstreift, um seinen Lieblingsbeschäftigungen nachzugehen: Schmetterlinge sammeln und fotografische Aufnahmen machen. Damals besaß er auch schon sein eigenes Landschaftsreservat. Das kam so: Als junger Student in Cambridge während der neunziger Jahre fuhr er oft mit dem Rad nach Ashton, einem alten Ort in Devonshire, wo es in den Wäldern wildwachsende Blumen, Insekten und seltene Schmetterlinge in reicher Fülle gab, darunter den schwarz-weiß gezeichneten Dickkopffalter (Hesperia). Eben die Suche nach ihm hatte Charles überhaupt nach Ashton geführt. Bald faßte er den Plan, einige der Areale zu kaufen, um sie vor der Erschließung zu bewahren. Grundstücke, besonders naturbelassene Waldgebiete, waren zu jener Zeit sehr billig. Doch als er an Ort und Stelle Erkundigungen einzog, sagte man ihm, Besitzer der betreffenden Flächen sei ein exzentrischer Peer, der sicherlich nicht verkaufen werde. „Wie heißt er?“ fragte Charles. Die Antwort lautete: „Lord Rothschild.“ Wie sich wies, hatte Natty den Grund von einem Schuldner anstatt Bargeld übernommen und war durchaus einverstanden, daß Charles „irgend etwas damit anfange“. Aber er ging noch weiter. Als Charles bald darauf eine längere Auslandsreise antrat, schickte der Vater eine Gruppe seiner Arbeiter von Tring nach Ashton. Sie erbauten ein bescheidenes Landhaus im elisabethanischen Stil, und nach seiner Rückkehr konnte Charles in Ashton Wold einziehen.

Gern hätte er sich dort auf Dauer niedergelassen, um wie sein Bruder das stille Leben eines Naturwissenschaftlers, Konservators und Forschers zu führen, aber das kam nicht in Frage. Jemand mußte die Bürde übernehmen, die Walter abgeworfen hatte. Neben seinem Bruder war er der älteste Rothschild seiner Generation, und er besaß eben jene Eigenschaft, die Walter fehlte: ein ausgeprägtes Pflichtgefühl der Familie gegenüber. Ja, dieses Verantwortungsbewußsein war wahrscheinlich sogar sein ausgeprägtester Charakterzug. Seine Tochter Miriam erklärt: „Mein Vater war für das Gemeinwohl so aufgeschlossen, wie sonst niemand, den ich kannte.“ Oft erhielt er von anderen Sammlern zoologische Exemplare zur Bestimmung und fachlichen Begutachtung. Dabei hielt er sich stets an seine eigene Regel, die auf einem Schild an seinem Laboratoriumsplatz zu lesen war: „Fremdes Eigentum hat Vorrang.“ Zudem war er sehr sensibel. Armut, Elend und Unrecht verstörten ihn ebenso wie die Erkenntnis, daß andere Menschen nicht seinen eigenen hohen Idealen nachstrebten. Er war z. B. wie vor den Kopf geschlagen, als er erfuhr, daß Edward Montague bei einer Auktion für eine Schmetterlingsammlung mitgeboten hatte, die das Britische Museum zu erwerben trachtete.

Gleich seinem Vater war er das Muster eines Landedelmannes. Bei der Übernahme seines neuen Besitzes fand er die meisten Liegenschaf-

Die englischen Rothschilds 1880–1914

Natty ⚭ Emma — Alfred — Leo ⚭ Marie Perugia

Natty ⚭ Emma			Alfred	Leo ⚭ Marie Perugia		
Walter	Evelina ⚭ Clive Behrens	Charles ⚭ Rozsika von Wertheimstein		Lionel ⚭ Marie Louise Beer	Evelyn	Anthony ⚭ Yvonne Cahen d'Anvers

ten in Ashton in sehr schlechtem Zustand vor. Er ließ Siedlungshäuser renovieren oder aus Naturgestein der Gegend neu erbauen und mit Norfolk-Schilf decken. Die Mühle wurde mit einem elektrischen Pumpensystem ausgestattet, das alle Häuser mit Leitungswasser versorgte, nicht nur für die Küchen, sondern auch für die Badezimmer, die Charles einbauen ließ – im Jahr 1900 eine wirkliche Neuheit!

Mit einem achtzehnstündigen Arbeitstag brachte er es zuwege, seine Pflichten als Gutsbesitzer zu erfüllen, seine wissenschaftlichen Studien zu betreiben und außerdem sein Arbeitspensum in New Court zu erledigen. Er sammelte Schwertlilien, Vogeleier und Kerbtiere. Sein Hauptinteresse aber galt den Flöhen. Diese Parasiten faszinierten ihn seit seinem zwölften Lebensjahr. Bis zu seinem Tod hatte er etwa fünfhundert Species und Subspecies beschrieben und einhundertfünfzig Abhandlungen über sie verfaßt. Häufig amüsierte man sich darüber, daß ein Mitglied der reichen, eigenwilligen Familie Rothschild Zeit und Geld für solche banalen, ja widerwärtigen Tiere aufwendete. Ein Journalist meldete, völlig irrig, Mr. Rothschild habe 10 000 Pfund ausgegeben, um einen bestimmten Floh für seine Sammlung zu erwerben. Nur Fachleute, eben Entomologen, können den wahren Wert von Charles' bahnbrechender Arbeit auf diesem Gebiet entsprechend würdigen. Aber zumindest ein Teil seiner Forschungen war von allgemeinerer Bedeutung: seine Entdeckung des primären Pestüberträgers, einer Floh-art, die auf Ratten lebt.

Auch in anderen Bereichen wirkte Charles als Wegbereiter, oder vielleicht wäre „realistischer Idealist" die treffendere Bezeichnung. Er war faktisch der Begründer des modernen Naturschutzes. Im Jahr 1912 rief er die „Society for the Promotion of Nature Reserves" ins Leben, mit der Zielsetzung, nicht bloß einzelne seltene Tier- und Pflanzenarten zu schützen, sondern wichtige natürliche Biotope in ihrer Gesamtheit zu erhalten. Sein erstes großes Unternehmen für diese Gesellschaft war eine Bestandsaufnahme der wichtigsten potentiellen Naturschutzgebiete auf den britischen Inseln. Er führte nicht weniger als 284 Sektoren an, die er alle persönlich ausgewählt und begutachtet hatte. Seine Liste diente als Grundlage für alle weiteren Verzeichnisse dieser Art, welche dann die vierzig Jahre später gegründete „Nature Conservancy“ ausarbeitete.

Auch in der Politik versuchte er neue Wege zu gehen, womit er von seinem Vater und der ganzen übrigen Familie abwich. (Als Leos Sohn Lionel für das Unterhaus kandidierte, ließ er sich von den Konservativen aufstellen.) Charles gab zwar niemals bei Wahlen seine Stimme ab, betrachtete sich aber als einen „Sozialisten mit individualistischen Tendenzen“. Seine Einstellung war aus jenem differenzierten Sozialgefühl weiterentwickelt, das er von seinen Eltern geerbt hatte. Denn obgleich Natty theoretisch ein Laissez-faire-Kapitalist war, blieb er de facto ein wohlwollender Paternalist mit sozialem Empfinden.

Gerade in der Bank fand aber der weitblickende Charles das geringste Verständnis und Entgegenkommen für seine Ideen und Neuerungsvorschläge. Ein Beispiel: Nach der Rückkehr von einer Japanreise wies er auf den kommerziellen Aufstieg dieses Landes hin, das den Übergang vom Feudalismus zu einem modernen Industriestaat vollzog. Aber sein beharrlich und energisch verfochtener Vorschlag, in Tokio eine Tochtergesellschaft der Rothschilds zu errichten, stieß auf taube Ohren. Ebensowenig gelang es ihm, Natty, Alfred und Leo von der wachsenden Bedeutung des Rohstoffes Kupfer zu überzeugen. Und seine Zuversicht, daß eine neue Erfindung, die Schallplatte, zweifellos Zukunft habe, wurde als Hirngespinst abgetan.

Es verhielt sich eben so, daß die Londoner Rothschilds nun bei ihren geschäftlichen Unternehmungen große Vorsicht walten ließen. Wenige der Vorhaben, an denen sie sich beteiligten, konnte man als „spekulativ“ bezeichnen. Sie hatten hohe Investitionen in Südafrika getätigt und gehörten zu den Vorkämpfern der Transvaal-Bahn. Durch ihre traditionellen Verbindungen mit Brasilien befaßten sie sich dort mit Projekten in der Industrie und im Verkehrswesen. Doch diese Geschäfte bargen nur geringe Risiken.

Im Jahre 1892 förderte das Haus N. M. Rothschild and Sons den Aufbau des ersten englischen landesweiten Telefonnetzes, allerdings erst, nachdem dreizehn Jahre lang mehrere wagemutige Firmen die Möglichkeiten erkundet und sich schließlich zu einem Zusammenschluß bereitgefunden hatten. Manchmal freilich wurde solche Zurückhaltung durch die Ereignisse gerechtfertigt. So lehnte es Natty 1911 ab, sich an der Versicherung des Ozeanriesen *Titanic* zu beteiligen. Als man ihn nach dem Untergang des Schiffes befragte, ob er die Katastrophe vorausgeahnt habe, tat der betagte Peer diese Vermutung mit einer seiner typischen kurzen und etwas brüsken Antworten ab. „Nein, aber sie schien mir einfach zu groß, um sich über Wasser halten zu können.“[7]

Oft wird die Ära von König Eduard VII. als ein milder Spätsommer bezeichnet. Diese Umschreibung mag nicht sehr originell klingen, aber sie paßt sehr gut auf die selbstsicheren, traditionsgebundenen Abläufe des Alltags in New Court. Alte einstige Angestellte erinnern sich daran, wie die Teilhaber in ihren Autos, denen Polizisten respektvoll den Weg durch den Verkehr der City freigemacht hatten, vorfuhren und im Hof von den in einer Reihe angetretenen salutierenden Boten begrüßt wurden. New Court war ein zeitloser kleiner Kosmos für sich, mit einer festgefügten Hierarchie, in der jeder seinen Platz kannte. Die Mahagonivertäfelung, die Messingleuchten und die Lederpolsterung mochten noch aus den Zeiten der Gründung stammen. Jedes Ansinnen, etwas an der Einrichtung zu modernisieren, wäre ein unverzeihlicher Frevel gewesen. Neue Erfindungen, wie das Telefon und die Schreibmaschine, hatten sich in ein paar Winkel des Gebäudes gleichsam eingeschlichen, wurden aber nur geduldet. Kein Wunder, daß der vorausblickende Charles manchmal an der Aufgabe, diese Bank ins 20. Jahrhundert zu führen, schier verzweifelte.

Natürlich schwebte über allem der Geist des Rothschildschen Paternalismus. Einmal im Jahr verteilte der liebenwürdige Leopold, mit einer Gardenie im Knopfloch und einem zum Schutz über der Weste entfalteten Taschentuch, von einem Stapel druckfrischer Banknoten die Prämien an die Angestellten. Und in besonderen Notfällen blieb generöse Hilfe nie aus. „Ein Mann mit angegriffener Lunge wurde von Leopold zur Erholung in die Schweiz und später auf sechs Monate nach Australien geschickt. Ein anderer, nach dem Tod seiner Frau untröstlich, bekam das Billett für eine Schiffsreise rund um die Welt.[7] Alle Angestellten hatten Anspruch auf Alterspensionen und erhielten außer dem alljährlichen Bonus ansehnliche Beträge zu besonderen Anlässen wie Weihnachten oder Festtagen bei Hof. In seinem Testament bestimmte Natty für jeden der Mitarbeiter in New Court ein Legat in der Höhe eines vollen Jahresgehalts. Es gab auch gelegentliche Zuwendungen, die so typisch für die Freigiebigkeit der Rothschild waren. Ein Angestellter schilderte, wie dies vor sich ging:

> „In den guten Zeiten vor 1914 wurden außer der jährlichen Prämie oft Geldgeschenke gegeben, etwa zu Weihnachten oder vor dem Sommerurlaub, und bisweilen kleinere Gratifikationen zu Geburtstagen und Jubiläen. Wenn jemand beispielsweise den Teilhabern sagte, daß er seine Silberhochzeit feiere, wurde er mit fünfundzwanzig Sovereigns belohnt. Ein anderer erwähnte, betont beiläufig, daß er soeben das dreißigste Jahr im Dienst des Unternehmens vollendet habe und verließ das Direktionsbüro um ebenso viele Pfundnoten

> reicher, in guter Vorkriegswährung. Manchen Leuten gelang es auf diese Weise, ihr Grundgehalt, das nach dem Maßstab jener Epoche sowieso nicht gering war, zu verdoppeln. Und wenn man bedenkt, daß die verhältnismäßig unerhebliche Einkommensteuer für solche Nebenverdienste ebenfalls von der Firma entrichtet wurde, dann wird man wohl verstehen, daß wir zuweilen den Eindruck haben, unsere Vorgänger vor sechzig oder siebzig Jahren seien auf Rosen gebettet gewesen.“[8]

Natürlich schwingt in solchen Reminiszenzen Wehmut mit. Die „gute alte Zeit“ existiert nur in unserem Erinnerungsvermögen, und dieses verfährt selektiv. Ein Beispiel: „Mr. Leo“ war der beliebteste der drei Brüder und genoß große Sympathien – aber eben doch nicht bei allen Leuten. Als er eines Tages im März 1912 das Gebäude in New Court verließ, trat ihm ein Mann namens William Tebbitt mit erhobenem Revolver in den Weg. Sofort stürzte sich ein Hausdetektiv der Rothschilds auf den Attentäter. Ein Schuß fiel, der Detektiv wurde am Hals verletzt, aber nicht lebensgefährlich, die Polizei verhaftete Tebbitt, und Leopold war gerettet.

Doch insgesamt erfreuten sich die Rothschilds allgemeiner Wertschätzung, und es waren gerade die kleinen Beweise ihrer Großzügigkeit, die den Leuten im Gedächtnis blieben und sie dankbar stimmten. Man wußte, daß Natty die Kosten des alljährlichen Ausflugs der Jüdischen Freischule in den Londoner Kristallpalast bestritt, und daß immer, wenn auf dem Piccadilly ein Umzug stattfand, die Bobbies, die entlang der Route auf Posten standen, sich nachher im Haus 147/148 mit einer Mahlzeit von drei Gängen stärken konnten. Als das 10. Bataillon der Bucks Yeomanry aus dem Burenkrieg zurückkehrte, lud Natty die Offiziere und die Mannschaft zu einem „Lunch“ ein, wie ihn wohl wenige britische Soldaten jemals vorgesetzt bekamen:

Menu
Kalter Lachs in Sauce Tartare
Surrey-Huhn und Zunge
York-Schinken in Aspik
Taubenpastete
Rindslende
Kalbsbraten und Schinkenpastete
Lammkeule in Minzensauce
Salat
Obsttortelettes
Champagner-Gelée

Charlotte Russe
Käse und Zwieback
Erdbeeren in Sahne
Rheinwein, Rotweinbowle, Faßbier
Mineralwasser

Nach diesem Mahl überreichte Natty jedem seiner Gäste eine silberne Taschenuhr.[9]

Welch seltsamer, ja fast rührender Zug im Bild dieses streng wirkenden, schemenhaft fahlgrauen Mannes, der keiner herzlichen, menschlichen Beziehung fähig war, sich aber so rückhaltlos den einfachen Leuten zuwandte! Die Mitarbeiter in der Bank, seine Pächter und Tausende Bewohner des Londoner East End, sie alle wußten von Lord Rothschilds Bautätigkeit, seinen Fürsorgeaktionen, den Beweisen seiner persönlichen Freigiebigkeit, und der Name Rothschild erweckte bei ihnen durchaus freundliche Gefühle. Viele Jahre später sagte ein alter Markthändler über ihn: „Er hatte ein Herz fürs Volk, wir wußten, er stand auf unserer Seite. Es war so, als würden wir ihn alle kennen. Jeder vertraute ihm, vom König bis hinunter zum Plakatträger."[10]

Bei den Politikern verlor Lord Rothschild allerdings immer mehr an Sympathien. Im Jahre 1895 traten die Unionisten wieder und verstärkt in Erscheinung, ihnen ging es ihnen in erster Reihe um die Zusage der Einführung von Alterspensionen. Unter Lord Rothschilds Vorsitz wurde ein Ausschuß gebildet, um ein geeignetes System auszuarbeiten. Als dieses Gremium in seinem Bericht staatliche Pensionen für undurchführbar erklärte, bewirkte es damit empörte Proteste vieler Parlamentarier, namentlich aus dem Kreis um David Lloyd George. Natty kritisierte viele Maßnahmen der fortschrittlichen Kabinette Campbell-Bannerman und Asquith im Zeitraum zwischen 1906 und 1911 und lehnte das Konzept ab, zwecks Finanzierung von Aufgaben im Sozialbereich die Steuern zu erhöhen. Seine Begründung: Damit schwinde für den Kapitalisten der Anreiz, sein Geld einzusetzen, und der Arbeiter werde sich bei Minderung seines kärglichen Lohns nicht mehr anstrengen wollen. Aus Nattys Sicht ging alles, was unsinnig war, auf das Konto des Premierministers Asquith und seines Schatzkanzlers Lloyd George. Die beiden dachten doch sogar daran, den Frauen das Wahlrecht zu geben! Aber unbeirrbar folgte die Regierung dem eingeschlagenen Kurs, und Lord Rothschild trat immer offener in Opposition. Im Jahre 1909 präsidierte er einer Versammlung in der City im Rahmen einer Protestaktion gegen Lloyd Georges damalige Budgetvorlage. Diese sah Steuererhöhungen vor, um Mittel für eine staatliche Altersversicherung aufzubringen und die Kosten jenes Flottenbauprogramms zu bestreiten, durch das sich

Großbritannien gegen die Gefahren einer massiven Aufrüstung des Deutschen Reiches schützen wollte. Lloyd George erwiderte mit einer seiner berühmtesten Tiraden:

„Ich glaube, Lord Rothschild geht zu weit. Wir sollen in diesem Land keine Temperenzreform haben. Warum nicht? Weil es Lord Rothschild in einem Rundschreiben an die Peers sagte. Wir müssen mehr Dreadnoughts* haben. Warum? Weil Lord Rothschild dies auf einer Versammlung in der City sagte. Aber wenn wir sie haben, dann dürfen wir nicht dafür bezahlen. Warum nicht? Weil es Lord Rothschild auf einer anderen Versammlung sagte. Man darf keine Grundsteuern und keine Steuerzuschläge einheben. Warum nicht? Weil Lord Rothschild im Namen der Bankiers eine Protestnote unterzeichnete, die besagt, er werde das nicht dulden. Es darf keine Steuern auf Rückerstattungen geben. Warum nicht? Weil Lord Rothschild als Präsident einer Versicherungsgesellschaft sagte, das ginge nicht an. Es darf keine Steuern auf unerschlossene Grundstücke geben. Warum nicht? Weil Lord Rothschild Präsident einer Industriebaugesellschaft ist. Es sollte keine Alterspensionen geben. Warum nicht? Weil Lord Rothschild einem Komitee angehörte, das erklärte, dies sei nicht durchführbar. Jetzt möchte ich wirklich wissen, ist Lord Rothschild der Diktator dieses Landes? Sollen wir es tatsächlich zulassen, daß alle Wege zu Finanz- und Sozialreformen einfach mit einer Verbotstafel versperrt werden: ‚Keine Durchfahrt. Auf Anordnung von Nathaniel Rothschild‘?“[11]

Die französiche Rothschild-Bank war ebenso traditionsgebunden wie die britische. Edmond, immer nur mit Vorbehalten Finanzmann, bildete das Bindeglied zwischen seinen älteren Brüdern und Edouard und Robert, den Männern der neuen Generation. Ihren Führungsstil in der Zeit vor dem Ersten Weltkrieg konnte man nicht gerade als dynamisch bezeichnen.

„Die Pariser Rothschild sind als internationale Finanzunternehmer altersmüde geworden. Die etlichen hundert Millionen, die sie angehäuft haben, genügen ihnen. Sie möchten sich fortan nur noch in Ruhe ihrer Vermögensverwaltung widmen.“[12]

Diese Feststellung in der Wiener „Neuen Freien Presse“ ist wohl nicht weit vom wahren Sachverhalt entfernt. Doch selbst wenn die

* Vor dem Ersten Weltkrieg allgemein gebräuchliche Bezeichnung für moderne Großkampfschiffe, so benannt nach dem 1906 gebauten Prototyp, dem britischen Linienschiff „Dreadnought“ (Fürchtenichts).

Rothschilds offenbar in einen Schlummer versanken, konnte es vorkommen, daß ihnen ein Erfolg in den Schoß fiel.

Im Jahr 1910 begannen Henry Deterding von der „Royal Dutch Petroleum Company" und Marcus Samuel von der „Shell Transport and Trading Company", Ölfelder im Kaukasus aufzukaufen. Aber ihren großen Coup landeten sie 1912. Sie traten an das Haus de Rothschild Frères heran, das zwei stagnierende Erdölgesellschaften besaß.

> „Ihre (die Rothschildschen) Ölgesellschaften sind ein paar Jahre ohne Dividende geblieben. Dazu sind die Rothschilds über die letzten Pogrome in Rußland verstimmt. Sie wollen sich aus dem Zarenreich zurückziehen. Deterding und Marcus Samuel traten die Erbschaft an. Die beiden großen Rothschildgesellschaften im Kaukasus, die ‚Banito' und die ‚Mazut', fallen ihnen für einen Spottpreis zu. Rothschild läßt sich dafür knapp vier Millionen Gulden Aktien der Royal Dutch und 240 000 Pfund Aktien der Shell geben."[13]

Wahrscheinlich war es Edmond, damals intensiver denn je mit seinen palästinensischen Siedlungsprojekten beschäftigt, der dafür stimmte, daß die Bank ihre „Vorposten" in den staubigen Weiten Rußlands aufgebe. Aber nach rein kommerziellen Gesichtspunkten erschien der Verzicht auf Anteile an der Erdölindustrie gerade in jener Zeit sicherlich als ein unüberlegter Schritt. Doch wie es sich fügte, nahm die Sache eine sehr günstige Wendung. Royal Dutch Shell wurde zur zweitgrößten Erdölfirma der Welt und hielt diese Position auch später, trotz der Schwierigkeiten mit dem in Rußland an die Macht gekommenen Sowjetsystem. Das Bankhaus Rothschild Frères hatte für seine Ölfelder „lächerliche" Shell-Aktien in Zahlung genommen – die im Lauf der Jahre einen außerordentlichen Kursanstieg verzeichneten. Außerdem war den Pariser Rothschilds durch diesen Verkauf ein Millionenverlust erspart geblieben, als die Bolschewiken nach 1917 ausländischen Besitz enteigneten. All dies zusammen ergab einen besonderen Glücksfall. Die Konkurrenten freilich hielten ihn für ein neues Paradebeispiel schlauen Taktierens der Rothschilds.

Auf dem Gebiet der Fürsorge und der Sozialreformen waren die französischen Familienmitglieder sogar noch aktiver als ihre englischen Verwandten. Zu Beginn dieses Jahrhunderts führten sie neuartige Wohlfahrtsmaßnahmen ein. Auch setzten sie ihre verschiedenen gemeinnützigen Aktionen fort, besonders im Gesundheitswesen. Seit 1874 erhielt jeder Pariser Stadtbezirk aus einem eigens dafür errichteten Rothschild-Fonds jährlich 100 000 Francs zur Verteilung an bedürftige Familien. Im Jahr 1905 wurde in der Rue Manin (Paris 19ᵉ) eine Augenklinik mit zweiundsechzig Spitalsbetten und einem Ambulatorium eröffnet. Die Entstehungsgeschichte dieses Krankenhauses zeigt den gewaltigen Abstand, der die Rothschilds von gewöhnlichen Sterblichen trennte und auf welche Weise manche diese Kluft zu überbrücken suchten. Einige Jahre vorher war Adolph Asche ins Auge geraten und hatte eine leichte Irritation verursacht. Natürlich konsultierte er einen der führenden Fachärzte. Dieser bemerkte, wohl etwas unwirsch, es gebe viele Leute, die an weit schlimmeren Beschwerden litten, aber sich nicht leisten könnten, deswegen zum Doktor zu laufen. Daher sorgte der prominente Patient in seinem Testament durch eine „Fondation Ophthalmologique Adolphe de Rothschild" für die kostenlose augenärztliche Behandlung der Bürger von Paris.

Den Charakter einer Pionierleistung hat auch das Wirken der französischen Familie auf dem Sektor des Wohnhausbaus. Alphonse, Gustave und Edmond errichteten 1904 die „Fondation Rothschild", um in den Pariser Arbeitervierteln mietengünstige Wohnanlagen zu schaffen: „habitations à bon marché", abgekürzt HBM.* Dies war ein sehr wichtiges Ereignis der französischen Sozialgeschichte. Wie immer dachten die Rothschilds in großen Dimensionen. Die Bauprojekte, die sie in Angriff nahmen, wurden in einem bisher beispiellosen Ausmaß finanziert. Einige der besten Architekten jener Zeit führten die Planungen durch, und mit dem Bau wurde erst nach ausführlichen Studien der Bauweise von Arbeiterwohnhäusern in Europa und Amerika begonnen. Die Wohnblocks als solche wurden nicht bloß rein funktionell konzipiert, sondern Gärten und Höfe waren wichtige Elemente der Anlagen, deren Gemeinschaftsbereiche mit Wandgemälden und Kacheldekor verschönert wurden. Die sanitären Einrichtungen waren auf dem damals modernsten Stand, die Rothschildschen Miethäuser gehörten zu den ersten, die von Anfang an mit Gas- und Elektrizitätsleitungen, Wäschereien sowie Müllabfuhr ausgestattet waren. Die Planer bemühten sich, alle Bedürfnisse der künftigen Bewohner zu berücksichtigen und entsprechend dafür zu sorgen. Deshalb sahen sie auch Apotheken mit kostenloser Verteilung von Medikamenten vor, sowie Kindergärten und eine Betreuung von Kindern berufstätiger Eltern, Lebensmittelläden und sogar einen eigenen Verleih von Fieberthermometern, damit die Mieter selbst ihren Gesundheitszustand überwachen könnten. Ebenso waren Behandlungsmöglichkeiten für Kranke eingeplant, Geburten, Todesfälle, Heiraten und Erkrankungen in jeder Familie wurden registriert, zu dem Zweck, aufschlußreiches statistisches Material zu sam-

* Zu unterscheiden von der auf James' Initiative entstandenen „Fondation de Rothschild", die zur Dachorganisation für eine Reihe von Sozial- und Gesundheitsprojekten wurde.

meln, das für eine Verbesserung der Lebensbedingungen verwendet werden sollte.

Wie ein Autor sagte, ist es verständlich, daß die erste dieser neuartigen Wohnanlagen „der Louvre des Arbeiterwohnbauwesens" genannt wurde. Denn: „Sie war tatsächlich ein *Museum,* welche alle Theorien und technischen Errungenschaften auf dem Gebiet des sozialen Wohnbaus vor Augen führte, aber auch ein *Dorf,* dazu bestimmt, die Vielfalt des Lebens zu umfassen . . . Und schließlich war sie eine *Schule,* wo die Arbeiter, aus ihren Elendsquartieren befreit, lernen konnten, unter den bestmöglichen Verhältnissen zu leben."[14]

Gewiß, all das war eine auf dem Reißbrett vorgeplante Entwicklung. Ein Versuch, durch Privatinitiative das zu schaffen, was nach der Überzeugung der Rothschilds der Staat nicht bieten konnte und auch nicht bieten sollte. Im Konzept und in der Verwirklichung grandios, zeigten die Wohnanlagen, ebenso deutlich wie die prächtigen Paläste, die sie selbst bewohnten oder die staatspolitischen Entscheidungen, die sie mitbestimmten, die Rothschilds auf dem Höhepunkt ihrer Machtfülle. In der Realität freilich war es nicht möglich, Trennungslinien zwischen den Reichtümern, sozialen Bestrebungen und der politischen Einflußnahme zu ziehen. Um die Jahrhundertwende hatten alle drei Komponenten noch beträchtliches Gewicht.

Doch die Zeiten änderten sich.

KAPITEL 23
Zwischen Endzeit und Aufbruch

Später geborene Generationen können wahrscheinlich gar nicht ermessen, welch tiefen psychischen Schock der Erste Weltkrieg bei den Menschen bewirkte, die ihn miterleben mußten. Es war nicht nur das Massensterben in den Schützengräben, die Dezimierung der Jugend eines ganzen Erdteils, was die einfachen Leute aufwühlte und das Selbstgefühl der Nationen erschütterte. Es war vielmehr die zögernd gewonnene Erkenntnis, daß im Schlamm der flandrischen Granattrichterfelder, in den Weiten des Ostens und in den Felsregionen der Alpenfront auch das vertraute alte Europa verblutete. Den Rothschilds schlug dieser Krieg sogar noch tiefere Wunden als vielen ihrer Zeitgenossen.

Es war Armageddon, der große Endkampf aus der biblischen Prophezeiung, vor dem die älteren Familienmitglieder gewarnt hatten und den sie mit allen ihnen zu Gebote stehenden Mitteln zu verhindern suchten. Die meisten von ihnen sollten das Kriegsende nicht erleben, aber sie konnten kaum daran zweifeln, was dieser Krieg für ihre Kinder und Kindeskinder bedeuten würde: Zum ersten- und einzigenmal würden Rothschilds in zwei feindlichen Lagern kämpfen, unter dem Zwang, sich zwischen ihren Geburtsländern und der Familie zu entscheiden. Menschenleben und materielle Werte waren bedroht. Und nach vier Jahren des Ringens? Alle Staaten am Ende ihrer Kräfte, die Wirtschaft in den Ruin getrieben. Jahrhundertealte Herrscherdynastien verschwanden von der Bildfläche oder sanken zu politischer Bedeutungslosigkeit herab. Das alte Europa, jenes Europa, in dem die Rothschilds ihren Aufstieg genommen und das sie mitgeformt hatten, existierte nicht mehr. Der Gang der Ereignisse wurde nicht mehr in der höfischen Sphäre bestimmt, auch konnten führende Privatbankiers große Entwicklungen nicht mehr beeinflussen, sei es durch die Zusage eines Millionendarlehens oder durch eine beiläufige Andeutung vor dem richtigen Zuhörer. Vielleicht hegten die alten Männer gar nicht den Wunsch, das Europa zu überleben, in dem sie aufgewachsen waren. Sicherlich lag Schicksalsergebenheit darin, daß sie ihre Landsitze dem Militär für Ausbildungslager überließen und jene hohen Besteuerungen hinnahmen, die sie immer als wirtschaftspolitisch verfehlt abgelehnt hatten. Das waren patriotische Gesten, aber sie kamen von Männern, denen böse Vorahnungen das Herz schwer machten.

Am 13. August 1914, neun Tage nach Kriegsbeginn, schrieb Lloyd George an seinen Bruder William: „Soeben erhielt ich einen von den Rothschilds unterzeichneten Brief, in dem sie mir dazu gratulieren, wie ich die größten Schwierigkeiten bewältigte, die es in unserem Finanzwesen je gab."[1] Laut der Familienüberlieferung ließ sich Natty bei seinem Einsatz für das Land in dieser Krisenzeit nicht von persönlichen Absichten leiten. Sofort stellte er seine eigenen und die Ressourcen der Bank zur Verfügung des Premierministers Asquith und seiner Regierung. Er nahm an einer Sitzung der führenden Wirtschaftsexperten, Finanzmänner und Industriellen teil, die der Schatzkanzler Lloyd George einberief, zwecks Erörterung von Taktiken, um Panikstimmung in der Londoner City zu verhindern und den kriegswirtschaftlichen Maßnahmen eine gediegene Grundlage zu geben. Der Kommentar des Walisers nach der Diskussion: „Nur der alte Jude redete vernünftig."[2] Trotz ihrer Meinungsverschiedenheiten hatten die beiden Männer Hochachtung voreinander. Als Lloyd George Jahre später danach gefragt wurde, welche Idealbesetzung der Ministerposten seines Kabinetts er sich denken könnte, erwiderte er ohne zu zögern: „Als Schatzkanzler Lord Rothschild."[3] Natty war nicht Theoretiker, sondern Pragmatiker. Seine Ansichten über staatliche Interventionen und über Sozialreformen, die

Die englischen Rothschilds 1914–1939

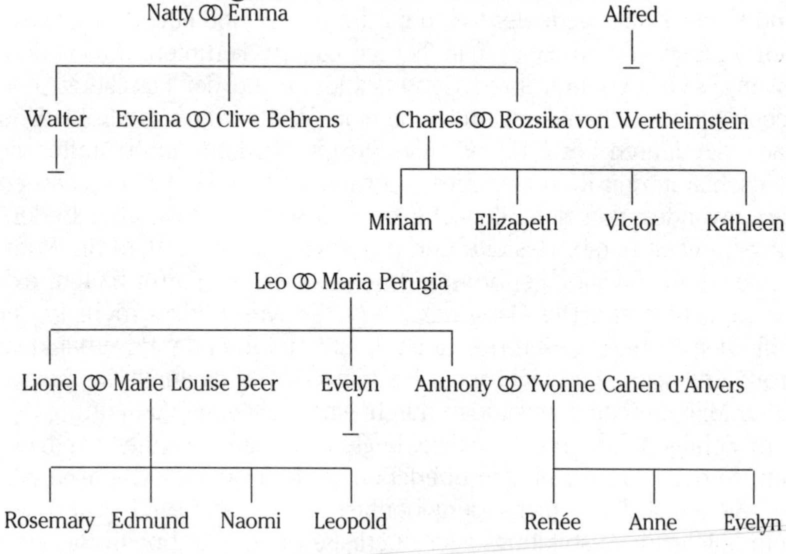

aus Steuergeldern finanziert wurden, waren allgemein bekannt. Dennoch zählte er zu den ersten, die eine wesentliche Erhöhung der Einkommensteuer zur Deckung der durch den militärischen Konflikt bedingten Ausgaben befürworteten.

Lord Rothschild stand nun im fünfundsiebzigsten Lebensjahr und hatte nur mehr wenige Monate vor sich. Aber bis zuletzt und trotz seiner zunehmenden Hinfälligkeit tat er, was ihm möglich war, um seinem Land zu dienen. Auf eigene Kosten ließ er ein großes Kontingent von Militärgewehren aus den USA beschaffen, da das Kriegsministerium zu wenige Waffen für die Infanterieausbildung hatte.[4] Lord Haldane, ein guter Freund der Familie, erinnerte sich an einen Besuch in Nattys Stadthaus am Piccadilly zu Beginn des Jahres 1915, um die Hilfe des alten Herrn zu erbitten. Haldane, der damals zeitweilig das Außenministerium leitete, hatte Probleme mit einem Schiff, das aus Südamerika unterwegs war und einen Bruch der Neutralität beging, da es Nachschubgüter für die Deutschen geladen hatte. Er fand Natty auf einem Ruhebett liegend und offensichtlich schwerkrank vor, wurde aber freudig begrüßt: „Haldane! Ich weiß nicht, weswegen Sie kommen, außer um mich zu sehen, aber ich nahm mir vor, wenn Haldane mich bitten sollte, ihm einen Scheck über 25 000 Pfund zu geben und keine Fragen zu stellen, dann werde ich es sofort tun." Der Minister erklärte ihm sein Problem, und prompt veranlaßte Lord Rothschild eine Weisung, die zur Folge hatte, daß die Fahrt des Schiffes gestoppt wurde.[5] Wenige Tage später starb er. Die Post brachte ganze Säcke voll Beileidschreiben, und in den Zeitungen erschienen bewegende Nachrufe, aber den überzeugendsten Beweis der Anteilnahme gaben die riesigen Menschenscharen, die an einem trüben Aprilvormittag jenes Jahres 1915 den Weg seines einfachen Leichenbegängnisses säumten. Lloyd George notierte: „Die Straßen zum Friedhof waren voll von armen Juden, die gekommen waren, um von dem großen Fürsten Israels, der die Armen und Elenden seines Volkes nie vergessen hatte, in Demut Abschied zu nehmen."[6] Aber es waren nicht nur Nattys Glaubensgenossen, die ihm die letzte Ehre erwiesen. Auch Tausende andere Männer und Frauen hatten Grund, des ersten Lord Rothschild in Dankbarkeit zu gedenken.

Für Nattys jüngeren Sohn Charles wirkte sich der Krieg katastrophal und wahrscheinlich sogar tödlich aus. Er war körperlich nie sehr robust und gehörte zu jenen Menschen, deren Stimmung zwischen Euphorie und Depression schwankt. Die Übernahme der Pflichten in der Bank und in der Familie brachte nun ungeheure Belastungen, die sein Bruder Walter nicht mit ihm teilen mochte. Dann fand Charles im Jahre 1906 Rózsika, und plötzlich erschien die Welt viel heller und freundlicher. Rózsika v. Wertheimstein entstammte einer ungarisch-jüdischen Familie mit stolzer Ahnenreihe, aber kleinem Vermögen. Er lernte sie während eines Urlaubs in den Karpaten kennen. Für ihn war es die große Liebe auf den ersten Blick. Sie war nicht nur schön und sportlich – so hatte sie die erste ungarische Meisterschaft im Damentennis gewonnen und als erste Frau einen Vorhand-Spezialschlag perfektioniert –, sondern auch hochintelligent und ungemein lebenstüchtig. Um sieben Jahre älter als Charles, von großer Willensstärke, war sie die ideale Stütze für einen Mann, den Ängste und Anfälligkeit rasch niederdrückten. Vielleicht sah er in ihr auch unbewußt die Muttergestalt, die ihm fehlte. Denn er hatte, wohl nicht ohne Grund, immer das Gefühl, daß seine eigene Mutter all ihre Zuneigung an ihren „Liebling" Walter verschwendete.

Charles und Rózsika heirateten 1907, bei Kriegsausbruch hatten sie schon vier Kinder. Im Sommer 1914 reisten sie in Begleitung der beiden älteren Töchter nach Ungarn, um Rózsikas Verwandte zu besuchen. Charles, der nicht über die Möglichkeit eines bewaffneten Konfliktes nachdenken wollte, beurteilte die internationale Situation optimistisch und ging unbeschwert in den Wäldern von Nagyvarad (heute rumänisch Oradea) auf Schmetterlingsfang. Da traf ein Telegramm ein, in dem ihn sein Vater vor den Gefahren warnte, die ihm und seiner Familie drohten, wenn sie nicht alle unverzüglich zurückkehrten. Eilig brachen Charles und Rózsika westwärts auf. Teils per Bahn und teils zu Fuß unterwegs, wobei sie die müden, verstörten Kinder streckenweise auf dem Rücken trugen, erreichten sie Dover erst nach einwöchiger Odyssee. Wenige Stunden nach ihrer Ankunft auf britischem Boden begann der Krieg.

Die nächsten vier Jahre brachten für den psychisch äußerst labilen Charles schier unerträgliche Heimsuchungen. Er war aus Überzeugung Internationalist und Pazifist, aber nun stand Europa im verheerendsten Krieg seiner Geschichte. Seine eigenen und die Verwandten seiner Frau kämpften als Soldaten auf beiden Seiten. Außerdem hatte er in der Heimat enorme Probleme zu bewältigen. Nach Nattys Tod übernahm er zwar als Seniorpartner die Leitung des Bankhauses N. M. Rothschild and Sons, aber erst nach einem Zwist mit seinen Onkeln. Lionel wurde freigestellt, um als sein Helfer zu fungieren, aber seine anderen Cousins waren beim Militär. Die Bürde von New Court wog daher sehr schwer und wurde noch schwerer, als Leo und Alfred während des Krieges starben. Zu alledem hatte er eine Bestandsaufnahme des Besitzes seines verstorbenen Vaters durchzuführen, woraus zum erstenmal in der Familiengeschichte die Zahlung sehr hoher Erbschaftssteuern resultierte. Damit noch nicht genug, war Rózsika nun dem unbegründeten

Haß vieler Briten ausgesetzt, die jedem Menschen, der in irgendeiner Weise zu Österreich in Beziehung stand, sehr feindselig begegneten.

Im Herbst 1916 erlitt Charles einen totalen Nervenzusammenbruch, er mußte sich zur Kur und Erholung in die Schweiz begeben. Aber die räumliche Entfernung von England enthob ihn nicht seiner vielen Sorgen und Obliegenheiten. Wie seine Tochter betont, war Rózsika, die daheim blieb, durchaus in der Lage, ihn zu vertreten.

Charles kehrte gerade zur Unzeit nach England zurück, um ein Opfer der Grippeepidemie von 1918 zu werden. Diese fürchterliche Geißel, nach der Sterblichkeitsziffer der Pest vergleichbar, kostete weltweit insgesamt 20 Millionen Menschen das Leben, und die fünfzigfache Zahl trug bleibende schwere Schädigungen davon. Charles selbst erkrankte an Encephalitis lethargica, einer Form der Gehirnentzündung mit den Symptomen Teilnahmslosigkeit, Schläfrigkeit und Melancholie, deshalb damals auch Schlafgrippe genannt. Wie bei vielen anderen Erkrankungen des Gehirns und des Zentralnervensystems – etwa der Multiplen Sklerose und der Schüttellähmung – gab es keine Heilung in diesem Fall, aber auch keinen tödlichen Verlauf. So lebte Charles von einem Tag zum nächsten, mit Anfällen unterschiedlicher Heftigkeit, die für seine Familie fast so quälend waren wie für ihn selbst. Oft mußten ihn seine Frau und seine Kinder fast gewaltsam in Gespräche verwickeln oder im Fortissimo klavierspielen, alles nur, um ihn überhaupt wachzuhalten.

Andere Rothschilds wurden direkt in den Krieg verwickelt. Charles' Cousins Lionel, Evelyn und Anthony standen im wehrfähigen Alter. Sie dienten als Offiziere in der Bucks Yeomanry, und während jener ersten Kriegstage, als man allgemein an ein baldiges, siegreiches Ende der Kämpfe glaubte, brannten sie alle darauf, an die Front zu kommen. Lionel, der Älteste, rechnete fast täglich mit dem Marschbefehl, der ihm aber verwehrt wurde – von der höchsten Autorität. König Georg V., ein alter Freund der Familie, legte Wert darauf, daß einer der jungen Rothschilds während des Krieges in der Bank blieb. Im Jahr 1914 waren Lionels Vater Leopold und seine Onkel alte Männer und Charles ein Dauerpatient. Die vernünftige Entscheidung des Königs hatte aber für Lionel psychische Folgen. Das ganze Land befand sich in einem Rauschzustand von blindem Patriotismus, Rekrutierungskommandos kamen in jede Stadt, jedes Dorf und riefen die männliche Bevölkerung auf, ihre Männlichkeit zu beweisen. Und die braven Burschen marschierten unter dem klingenden Spiel der Militärkapellen ab, von weinenden, aber dennoch stolzen Ehefrauen und Bräuten verabschiedet und fest entschlossen, ihre Pflicht für König und Vaterland zu erfüllen. Viele der jungen Männer, die, aus welchen Gründen auch immer, nicht einrückten, wurden von ihrem Gewissen und von Gefühlen der Scham geplagt.* Manche erhielten per Post anonym vier weiße Federn zugesandt, in England das Zeichen für die Verachtung wegen Feigheit. Sie lasen den stummen Vorwurf in den Mienen der Leute, die geliebte Menschen an der Front verloren hatten. Deshalb wehrte sich Lionel so sehr gegen den königlichen Einspruch, der ihn im Hinterland festhielt, während Brüder, Freunde und Bankangestellte ihr Blut für das Vaterland vergossen. Er setzte sich zwar sehr intensiv bei den Rekrutierungen ein, aber seine eigene Schonung hinterließ bleibende Auswirkungen: Er wurde zum Einzelgänger.

Und was für ihn die Situation verschlimmerte: Seine Brüder taten sich besonders hervor. Evelyn ging an die Westfront und wurde im November 1915 schwerverwundet in die Heimat gebracht. Binnen weniger Monate stand er wieder im Einsatz, und im März 1916 wurde er in Meldungen von General Sir Charles Monro namentlich erwähnt. Mittlerweile hatte Anthony den unter einem Unstern stehenden Vorstoß nach Gallipoli mitgemacht. Bei dem kühnen Versuch, die Dardanellen zu erobern, durchlitten britische, australische und neuseeländische Truppen ein achtmonatiges Inferno auf dem Küstenstreifen der Meerenge, niedergehalten vom schweren Artilleriefeuer der Türken. Aus der Sicht der Entente war die einzige erfolgreiche Etappe des gesamten Unternehmens die Evakuierung der Streitkräfte im Januar 1916. Damals war Anthony bereits einer von Tausenden Verwundeten, die mit Mühe an Bord der vor der Küste ankernden Lazarettschiffe gebracht wurden. Der Fehlschlag der Gallipoli-Landung ermöglichte den Türken, große Truppenverbände in den Nahen Osten zu verlegen, eine akute Bedrohung des Suezkanals und britischer Interessen in den Erdölgebieten. Um dies zu verhindern, wurden die britischen Positionen auf Sinai und in Palästina erheblich verstärkt. Auf diesem Kriegsschauplatz kamen zwei Rothschilds zum Einsatz.

Die Operationen verliefen als langsamer Vormarsch nach Norden, meist durch öde Wüsten- und Buschzonen, mit Überraschungsangriffen, um den Feind aus einer Reihe von Stützpunkten zu werfen. In einem dieser Gefechte fand Evelyn den Tod. Er war dreißig und noch ledig. Neben ihm fiel sein Freund und Verwandter Neil Primrose, der ältere Sohn und Erbe von Lord Rosebery.

Nicht nur die jungen Rothschilds brachten Opfer. Natty und Alfred überließen große Teile der Landschaftsparks in Buckinghamshire auf Kriegsdauer den Militärbehörden, und in Aston Clinton zog eine Reser-

* Die britische Armee zog als Berufsheer in den Krieg. Nach den hohen Mannschaftsverlusten der ersten Monate mußten die Einheiten, noch immer auf der Basis freiwilliger Meldung zum Wehrdienst, aufgefüllt bzw. neu aufgestellt werden.

vedivision samt Stab ein. Inmitten der idyllischen Gehege, wo einst die Rothschilds und deren Gäste Fasane geschossen hatten, wurden Tausende Rekruten ausgebildet. Die Alleen, Lichtungen und Einstände des Wildes, von Landschaftsgärtnern mit großer Sorgfalt angelegt, verschwanden unter Reihen von Zelten und Baracken, Schützengräben, Exerzierplätzen, Schießständen und Stacheldrahtverhauen.

Alfred traf der Ausbruch der Feindseligkeiten besonders hart. Die meiste Zeit seines Lebens war er ein hochgradiger Hypochonder, beobachtete dauernd seinen Gesundheitszustand und ließ seinen Arzt tagtäglich auf Kontrollvisite kommen. Nun, als Greis und Nervenbündel, machte ihn der Krieg völlig kopfscheu. Er lebte ständig in der Angst, bei einem Luftangriff in Stücke gerissen zu werden und ließ deshalb über seinem Stadthaus ein großes Drahtnetz ausspannen, in dem Glauben, damit deutsche Fliegerbomben abfangen zu können.

Noch ärger als die physische, kreatürliche Furcht plagte ihn die Zerstörung seiner Wunschträume. Viele Jahre hatte er die Überzeugung gehegt, daß enge Beziehungen – ja sogar ein formelles Bündnis – zwischen Großbritannien und dem Deutschen Reich die beste Grundlage für die Erhaltung des Friedens böten. Gegen Ende des 19. Jahrhunderts, als sich zwischen den beiden Staaten in der Kolonialpolitik Meinungsverschiedenheiten ergaben, hatte er persönlich die Initiative ergriffen, um die Lage zu entschärfen. Er hatte in Halton und Seymor Place inoffizielle Treffen von britischen Ministern und deutschen Diplomaten arrangiert. Im Jahre 1892 hatte er sogar in einem ausführlichen Schreiben an den deutschen Botschafter Hermann Freiherr v. Eckhardstein, das zur Weitergabe an den Reichskanzler Bernhard v. Bülow bestimmt war, mahnend darauf hingewiesen, daß Berlin so wenig unternehme, um die Spannungen zu beseitigen:

> „... seit ein paar Jahren hat die deutsche Presse beständig gegen England geschrieben... Ich weiß ganz gut, daß die Presse in Deutschland sowohl wie in England eine freie ist, und daß man ihr keine besondere Politik vorschreiben kann, aber wenn die Presse eines Landes Gerüchte verbreitet in betreff einer freundlichen Macht, die absolut falsch sind, so könnte die Regierung ganz gut die erste beste Gelegenheit benutzen, um zu erklären, wie sehr sie es bedauert, daß solche falsche Nachrichten verbreitet werden.
>
> Dieses ist der Fall gewesen in betreff unserer Armee in Südafrika, und diese Gerüchte haben nicht nur die in diesem Lande wohnenden Deutschen empört... Man hätte auch gern hier gesehen, daß die Karikaturen unserer königlichen Familie, die in den öffentlichen Straßen verkauft werden, von der Polizei angehalten und konfisziert

worden wären – kurz und gut, in der letzten Zeit ist die Politik Deutschlands England gegenüber eine Art ‚Pin prick‘-(Nadelstich-) Politik gewesen, und obgleich eine Stecknadel nicht ein sehr imponierendes Instrument ist, können doch wiederholte Stiche eine Wunde hervorbringen ...“[7]

Aber hochrangige Persönlichkeiten schenkten einer etwas absurden Figur wie Alfred de Rothschild kaum Beachtung. Ihm fehlte das geistige und moralische Format anderer Familienmitglieder, denen man in früheren Jahren in den Staatskanzleien respektvoll zugehört hatte. Für kurze Zeit zumindest, zwischen dem Januar und dem April 1901, schien man sich der von ihm verfochtenen Auffassung anzunähern. Alfred hatte das seinige dazugetan, um ein Treffen zwischen dem britischen Außenminister Lord Lansdowne, dem führenden liberalen Unionisten Joseph Chamberlain und Repräsentanten des Deutschen Reiches zu organisieren, mit dem Ziel, ein Defensivbündnis anzubahnen. Aber die Gespräche waren im Sand verlaufen. Die britische Außenpolitik blieb weiterhin isolationistisch, und wie in Deutschland verhielt sich auch in England die Öffentlichkeit ablehnend. Wenige Jahre später schuf der Abschluß der britisch-französischen Entente, zusammen mit einem bereits gültigen französisch-russischen Pakt, ein Gegengewicht zum Dreibund der „Mittelmächte“ Deutsches Reich, Österreich-Ungarn und Italien. Damit ergab sich eine Polarisation, die unweigerlich zum bewaffneten Konflikt führen mußte.

Während seiner letzten Lebenszeit war Alfred ein vereinsamter, von Ängsten gepeinigter Melancholiker. Viele seiner alten Gefährten waren nicht mehr (Marie Wombwell starb 1913), seine Welt war dahin, und in tiefster Resignation trennte er sich auch von ihren Symbolen. Er verließ Halton, den Schauplatz seiner extravaganten und manchmal skandalumwitterten Feste. Im Haus wurden nun Offiziere einquartiert, die Rasenflächen waren dicht mit Baracken und Zelten besetzt, und kanadische Holzarbeiter fällten die Buchen, um aus den Stämmen Pfosten und Laufbretter für Schützengräben zu machen.[8] Alfred betrauerte den Verlust von nahen Verwandten und Freunden, aber den tiefsten Schmerz bereitete ihm der Tod des Kriegsministers Feldmarschall Lord Kitchener, der in den „guten, alten Zeiten“ häufig Gast am Seymour Place und in Halton gewesen war. Kitchener, die treibende Kraft hinter den umfassenden Rekrutierungsaktionen, welche den Stand der britischen Armee von zwanzig auf siebzig Divisionen erhöhten, ging mit dem Kreuzer *Hampshire* unter, der am 5. Juni 1916 bei den Orkney-Inseln auf eine Mine lief. Alfred überlebte ihn nur um achtzehn Monate. In seinem Testament setzte er 25 000 Pfund für den Gedächtnisfonds aus, „beseelt von dem Wunsch, den verewigten Lord Kitchener zu ehren“.

Das nahe Waddesdon wurde nicht so stark in Mitleidenschaft gezogen wie Halton. Doch selbst dort hinterließ der Krieg seine Spuren. Miß Alice, die „Allgewaltige“, die Gebieterin über makellos samtige Rasenflächen und sorgfältig angelegte Blumenrabatten, hatte den Besitz geerbt, als ihr Bruder Ferdinand 1898 im Alter von neunundfünfzig Jahren gestorben war. Diese Dame, der Typus einer „Kommandeuse“, führte in Waddesdon ein sehr strenges Regiment. Wenn sie ausfuhr, mußten immer sechs Lakaien in Livree vor dem imposanten Portal des Hauses antreten, als Spalier auf ihrem Weg zu der Equipage oder dem Auto. Außer dem Kutscher oder dem Chauffeur hatte sie auf ihren Ausfahrten ein Bedienter eigens und nur zu dem Zweck zu begleiten, für sie den Schlag des Fahrzeugs zu öffnen und zu schließen. Jedes Hausmädchen, daß sich erdreistete, schwanger zu werden, hatte mit sofortiger Entlassung zu rechnen. Dennoch blieb Alice den Leuten als großzügige, gerechte Herrin mit liebenswerten Schrullen in Erinnerung. Sie war eine ausgezeichnete Schützin, und Bedienstete erinnern sich ihrer noch immer als einer alten Dame, die, auf einem speziell für sie gemachten Jagdstuhl im Gehölz sitzend, Fasane mit der Treffsicherheit eines bewährten Nimrod herunterholte. Die Leute entsinnen sich auch noch des Papageienhauses, in dem Miss Alice jeden der Vögel dazu abrichtete, wie ein Drillsergeant zu fluchen.[9] Im Haus selbst ergänzte sie die von Ferdinand hinterlassene Einrichtung, ihr wichtigster persönlicher Beitrag war eine bemerkenswerte Sammlung von Harnischen.

Aber die größte Aufmerksamkeit widmete sie der Gartenbaukunst, in diesen Fragen war sie eine Expertin mit sehr genauen Vorstellungen. Sie konnte nicht auf Fundamenten von anderer Hand aufbauen, nicht einmal auf solchen ihres verehrten Bruders. Also führte sie in den Gehegen und Glashäusern umfassende Veränderungen durch. Dann kam der Krieg, und Miss Alice brachte ein nach ihren Begriffen sehr großes Opfer: Sie befahl, den samtigen Rasen wachsen zu lassen, um Heu zu gewinnen, und die Rosenstöcke auszugraben, um Platz für Kartoffeln zu schaffen ...

Die französischen Rothschilds, deren Heimat zum militärischen Operationsgebiet wurde, bewahrten während des ganzen Krieges kühlen Kopf, auch waren ihnen bewaffnete Konflikte nichts Neues. Die Familie hatte die Stürme von 1830, 1848 und 1870/71 überstanden, und so war es einfach selbstverständlich geworden, auch in wirren Zeiten auf seinem Posten auszuharren. Bei Beginn der Kämpfe wurden die meisten Kinder zu ihren englischen Verwandten geschickt, doch sobald der Bewegungskrieg in den Stellungskrieg überging, kehrten sie nach Paris zurück. Selbst als die Deutschen während der letzten Offensiven nur rund 70 Kilometer von der Hauptstadt entfernt waren und sie aus der Luft bombardierten, wurden die Frauen und Kinder nicht weiter als auf Rothschild-Besitzungen bei Bordeaux evakuiert.

Die französischen Rothschilds 1914–1939

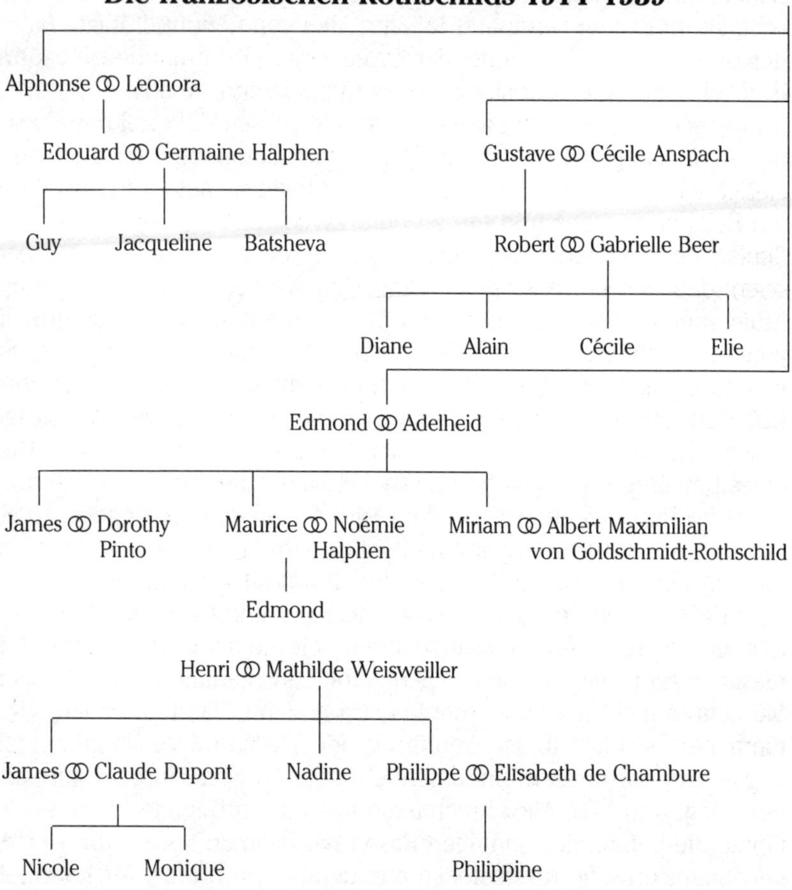

Mitglieder der Familie standen auf verschiedene Weise im aktiven Kriegseinsatz. Die jungen Männer rückten ein. Henris ältester Sohn James war einer der ersten französischen Militärpiloten, und noch Jahre später erinnerte sich sein Bruder lebhaft daran, wie er den jungen Helden beneidete, der, auf Urlaub vom Schlachtfeld, überall von hübschen Mädchen umschwärmt war.[10] Auch Edmonds beide Söhne zogen die Uniform an. James, bei Ausbruch des Krieges sechsunddreißig Jahre alt, und sein jüngerer Bruder Maurice waren einander in allem und jedem unähnlich. Bis auf eines: beide waren rebellische Naturen, die sich weigerten, jenen Verhaltensmustern zu folgen, die man von ihnen als Rothschilds erwartete.

Maurice wurde nicht völlig ohne Grund „das schwarze Schaf der Familie" genannt. Als Sechsundzwanzigjähriger erbte er 1907 von Jules, seinem kinderlos verstorbenen Cousin zweiten Grades, ein unermeßliches Vermögen, zu dem das Schweizer Château de Pregny mit all seinen Schätzen gehörte. Er genoß seinen Reichtum in vollen Zügen und legte eine hervorragende Sammlung moderner Malerei an, denn mit dem typischen Spürsinn der Rothschilds erkannte er die Bedeutung der Werke von Künstlern wie Picasso, Braque und Chagall, lange bevor diese in Mode kamen. Private Vergnügen waren ihm viel zu wichtig, um Zeit mit Arbeit zu vergeuden, und als sein Vater versuchte, ihn in die Bank zu gängeln, lehnte er rundweg ab. Solch „verantwortungsloses" Betragen mißbilligten die älteren Familienmitglieder ebenso wie seine anderen Streiche. Auf seinem Weg gab es eine endlose Stafette von Frauen, auch nach seiner Heirat im Jahr 1909. In Paris hieß es, daß keine junge Dame vor Baron Maurice sicher sei, und eine Cousine erinnert sich daran, wie er mit ihr eine faunische Verfolgungsjagd um den Tisch veranstaltete: damals war sie gerade erst fünfzehn und er war zweiundvierzig!

Noch frevelhafter waren in den Augen der übrigen Rothschilds seine Finanzspekulationen. Er spielte mit seinem Geld an der Börse, und zwar meist ohne Erfolg. Auf ausgelassenen Parties war er in seinem Element. Sein Benehmen verstieß gegen jegliche Konvention. Kurzum: er war einer von jenen reichen jungen Herren ganz nach dem Sinn der Klatschkolumnisten. Eine der Geschichten, die durch die Presse ging, handelte von einer Episode, die sich ereignete, als er an der Riviera Ferien machte. Während er mit Freunden beiderlei Geschlechts im Meer schwamm, bemerkte er zu seinem Ärger, daß der kurz vorher gekaufte Badeanzug im Wasser einlief. Wütend streifte er ihn ab, und wieder an den Strand stapfend, schwang er ihn über dem Kopf in der Luft und rief den Leuten, die amüsiert zusammenrannten, immer wieder den Namen des Händlers zu, der ihm diesen Schund angedreht hatte.

Aber in Maurice steckte viel mehr als bloß die Frivolität eines reichen Playboy. Sein späteres Leben bewies, daß ihm nicht nur das Rothschildsche soziale Verantwortungsgefühl in vollem Maß gegeben war, sondern auch eine ansehnliche Portion von Geschäftssinn auf dem Finanzsektor. Bei Ausbruch des Krieges meldete er sich sofort freiwillig, wegen seiner Sprachkenntnisse und seiner internationalen Kontakte wurde er einem britischen Stab als französischer Verbindungsoffizier zugeteilt.

Jimmys Revolte war von kürzerer Dauer, nahm aber viel abenteuerlichere Formen an. Nach vier schönen Jahren in Cambridge, wo er mehr Zeit beim Studium der Rennergebnisse als über Büchern verbracht hatte, eröffnete sich die für ihn unerfreuliche Aussicht, in der Rue Laffitte einzutreten. Es lag nicht etwa daran, daß er kein Verständnis für das Bankenwesen gehabt hätte, aber er hatte eine heftige Abneigung gegen sein Geburtsland entwickelt. Das Frankreich der Jahrhundertwende stand im Zeichen der Dreyfus-Affäre, und viele junge Juden empfanden es fast als eine persönliche Beleidigung, daß sich der Antisemitismus bis in die höchsten Gesellschaftskreise ausbreitete. Jimmy tat seine Ansichten unzweideutig kund und verlor dadurch mehrere Freunde. Statt sich in solch einer reaktionären Welt irgendwie einzurichten, entwich er lieber unter angenommenem Namen nach Australien. Achtzehn Monate lang, während seine Eltern verzweifelt nach ihm fahnden ließen, verdiente er seinen Lebensunterhalt in verschiedenen Berufen, so etwa als Laufbursche eines Wettbüros bei Pferderennen und als Landarbeiter auf einer Ranch. Schließlich wurde er ausfindig gemacht und kehrte pflichtschuldig zu Rothschild Frères zurück. Wirklich froh war er in der Bank freilich niemals. So oft wie möglich überquerte er den Ärmelkanal, und 1913 heiratete er eine junge Engländerin, Miß Dorothy Pinto. Er wurde Edmonds rechte Hand bei den Palästina-Projekten, und in seiner Begeisterung für die jüdische Siedlerbewegung in Palästina kam er fast seinem Vater gleich.

Der Kriegsbeginn bot Jimmy eine willkommene Unterbrechung des Bankalltages. Auch er wurde als Angehöriger der französischen Armee einer britischen Einheit zugeteilt. Nach einem langen Lazarettaufenthalt wegen eines Unfalls, bei dem er unter einem umgestürzten Militärlastwagen eingeklemmt war, erlebte er das Kriegsende in Palästina. Als Sohn des ungemein beliebten Baron Edmond konnte er dem britischen Befehlshaber im Nahen Osten, General Allenby, sehr wertvolle Dienste leisten. Eine seiner größeren Aktionen war die Aufstellung eines Bataillons aus Bewohnern der jüdischen Ansiedlungen. Unter den Soldaten dieser Einheit befand sich ein gewisser David Ben Gurion.

Aus der älteren Generation waren es Henri und seine Frau, die auf dem zivilen Sektor am eifrigsten ihre patriotischen Pflichten erfüllten. Der ungewöhnliche Baron Henri fand wahrscheinlich zum erstenmal in seinem Leben eine wirkliche Aufgabe. Nach den ersten Jahren und den Geburten dreier Kinder war diese Ehe, die er vor allem deshalb geschlossen hatte, um dem übermächtigen Einfluß seiner Mutter zu entgehen, schal geworden. Die Gatten lebten halb und halb getrennt, Mathilde fühlte sich in der Welt der noblen Pariser Gesellschaft wohl, ihr Kalender war voller Termine und Pferderennen, Parforcejagden, Diners und Opernbesuchen. Henri indes hatte Rothschildsche Wesenzüge geerbt, die unbefangene Freude an derlei „leichtfertigem Tun" völlig unmöglich machten: Geistesschärfe, Fleiß und ein tiefes Pflichtgefühl. Widersprüchliche Regungen machten ihm arg zu schaffen. Seine Interessen waren sehr weitgespannt, doch er wollte nur Spitzenleistungen vollbringen, was bedeutete, daß er seinen Tatendrang auf weniges beschränken mußte. Er brauchte das Gefühl, anderen Menschen nützlich zu sein, dabei war er infolge seiner Erziehung eher kontaktarm. Er war wie ein Arzt, der niemanden leiden sehen kann, wie ein Kinderarzt, der Kinder nicht versteht, wie ein Erfinder ohne rechte Vorstellung vom Marktwert.

Wie schon erwähnt, war sein erster Impuls, sich durch das geschriebene Wort mitzuteilen. Sein vielfältiges Schaffen umfaßte auch Theaterstücke, ja sie standen für ihn im Vordergrund, denn Henri war der Phantasiewelt der Bühne verfallen. Wenn er Gesellschaft suchte, dann im Kreis der Schauspieler und der Impresarii. Einige seiner rund fünfzig dramatischen Arbeiten wurden aufgeführt, aber die Theaterleute schätzten ihn nicht nur wegen seines Talents, sondern zumindest ebensosehr wegen seines Geldes. Für Inszenierungen brauchte man Finanziers, und Baron de Rothschild zeigte sich großzügig. Am 18. Mai 1909 hatte er sogar Anteil an einem der großen kulturellen Ereignisse dieses Jahrhunderts.

Einige Monate vorher war über das Pariser Gastspiel eines neuen russischen Ballettensembles verhandelt worden. Dann geriet der Zar mit dem Impresario in Streit und zog seine Förderung in letzter Minute zurück. Wie man aus St. Petersburg hörte, hatte diese Truppe sehr Sehenswertes zu bieten, und der Direktor des Pariser Théâtre du Châtelet wollte eine Absetzung der Gastspielabende unbedingt vermeiden. Da trat Henri de Rothschild als Retter auf. Gemeinsam mit zwei Freunden übernahm er die Garantie für die Kosten der Tournee. Die Eröffnungsvorstellung war ein Wendepunkt in der Geschichte des europäischen Musiktheaters, denn das Ensemble war das Ballett Russe unter der Leitung des genialen Serge Diaghilev, und zum erstenmal erlebte das Pariser Publikum die choreographischen Meisterleistungen Michael Fokines und die epochale Tanzkunst Anna Pavlovas und Vaslav Nijinskys.

Henris medizinische Interessen galten seiner eigenen Tätigkeit und den Arbeiten anderer Forscher. In seinem Studierzimmer und seinem Privatlabor in L'Abbaye de Vaulx de Cernay führte er seine Experimente durch und legte Aufzeichnungen an, die 127 Veröffentlichungen über Kleinkindernahrung ergaben. Er blieb in enger persönlicher Verbindung mit seinem Hôpital Marcadet und stiftete Geldbeträge für mehrere Wissenschaftler an anderen Instituten. Besonders faszinierten ihn die Forschungen von Pierre und Marie Curie über das Phänomen der Radioaktivität. Als das „Institut du Radium" geschaffen wurde, um die Eigenschaften des neuentdeckten Elementes zu untersuchen, finanzierte er das erste Gramm Radiumbromid. Später, 1919, zählte er zu den Gründern der „Fondation Curie".

Doch mit dem Theater und der Medizin waren die Energien und Talente dieses Mannes keineswegs ausgeschöpft. Er hatte eine Passion für Autos, deshalb errichtete er eine Fabrik, die unter dem Markennamen „Unic" Lastwagen und Taxis auf den Markt brachte. Andere Erzeugungsbetriebe des Barons stellten Seife und Senf her. Alle diese Firmen boten Waren bester Qualität an, aber alle scheiterten oder wurden von Konkurrenten aufgekauft – „Unic" z. B. ging schließlich in Renault auf –, weil Henri kein Interesse an den tagtäglichen Abwicklungen der Geschäftsführung hatte. Er nahm niemals selbst an den Vorstandssitzungen teil, delegierte aber nie ausreichende Entscheidungsgewalt an seine Direktoren, die für einen besseren Geschäftsgang seiner Unternehmen hätten sorgen können.

Jedes dieser Projekte war an sich sinnvoll, doch es fehlte ihnen die große gemeinsame Zielsetzung. Diese schuf der Krieg. Henri, der Vielseitige, widmete sich voll und ganz dem Dienst fürs Vaterland: Als Industrieller stellte er seine Unic-Fabrik auf die Erzeugung von Sanitätsfahrzeugen um. Als medizinischer Erfinder entwickelte er eine mobile Ausrüstung zur Behandlung von Verbrennungen, die auch an der Front eingesetzt werden konnte. Außerdem stellte er luftdichte Behälter her, um die Eisernen Rationen der Soldaten, Streichwurst etwa und Marmelade, frisch und keimfrei zu halten. Als Experte für Kleinkindernahrung organisierte er die kostenlose Verteilung von pasteurisierter Milch in ganz Paris. Mittlerweile hatte sich seine Frau ebenso spontan zum freiwilligen Kriegseinsatz gemeldet. Sie vertauschte ihre kostbaren Toiletten und Pelze gegen eine Schwesterntracht, und für die vorbildliche Betreuung Verwundeter wurde ihr das französische Kriegskreuz verliehen.

Zwei der österreichischen Rothschilds, die einzigen Kriegsdienstpflichtigen, rückten schon 1914 ein. Von Salberts fünf Söhnen war der jüngste bereits verstorben und der älteste wegen Geisteskrankheit konfiniert. Der drittgeborene, Louis, hatte als Erbe die Leitung der Bank übernommen und war daher unentbehrlich. Somit blieben Alfons und Eugen, die beide kein Interesse fürs Geschäft zeigten. Eugen war sogar bereits beim Militär. Nach dem in gehobenen Kreisen obligaten Einjährig-Freiwilligenjahr hatte er sich aktivieren lassen und war Oberleutnant im k. u. k. 6. Dragonerregiment „Albrecht Prinz von Preußen". Alfons, der eine charmante, gescheite Engländerin geheiratet hatte, folgte eher akademischen Neigungen. Er studierte Rechtswissenschaft bis zum

Doktorat, übte den Juristenberuf aber nicht aus. Als Reserveoffizier, ebenfalls bei den „Sechser-Dragonern“, wurde er bei Kriegsbeginn einberufen und kam 1915 als Oberleutnant an die Italienfront, wo auch sein Bruder eingesetzt war. Beide überlebten die fürchterlich verlustreichen Isonzo-Schlachten, und wenn ihnen auch die bitteren, demütigenden Begleiterscheinungen des Zusammenbruchs 1918 nicht erspart blieben, so konnten sie doch halbwegs wohlbehalten zu ihren Familien nach Wien zurückkehren.

Die österreichischen Rothschilds 1914–1939

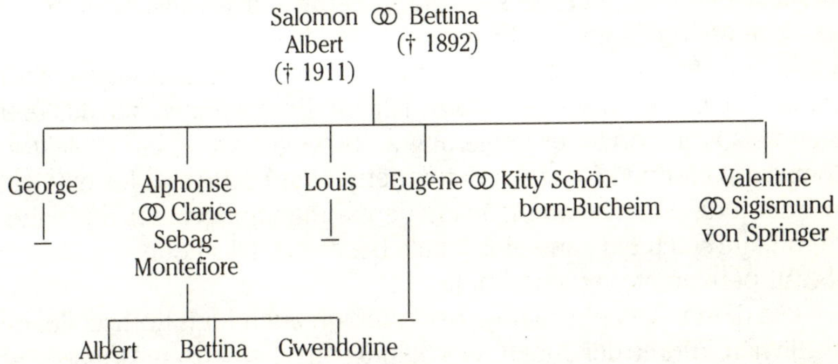

Durch den Verlauf des Ersten Weltkrieges ergaben sich auch völlig neue Voraussetzungen für die Verwirklichung der Ziele des Zionismus. Der Zerfall des großen Osmanischen Reiches war bereits klar vorauszusehen, und dies bedeutete, daß die Idee der Errichtung eines Judenstaates in Palästina zum erstenmal zur konkreten Möglichkeit wurde. Aus diesem Grund wurden im Kreis der Rothschilds die gegensätzlichen Meinungen darüber entschiedener verfochten denn je. Edmond hatte weiterhin die Besiedlung betrieben, und um sie dauerhafter zu sichern, hatte er 1900 die administrativen Vollmachten einer für diesen Zweck gebildeten Körperschaft übertragen, der „Jewish Colonisation Association“, deren Präsident er auf Lebenszeit blieb. Im Lauf der Jahre hatte sich seine eigene Einstellung zu den zionistischen Bestrebungen gewandelt. Seine ursprüngliche Ablehnung jüdisch-nationalistischer Tendenzen war auch durch seine Antipathie gegen den recht unverfrorenen auftretenden Theodor Herzl und durch den Ärger über das Verhalten mancher Siedler bestimmt gewesen. Herzl seinerseits hatte seine bittere Enttäuschung über die Rothschilds hinausposaunt, die sich nach seiner Meinung geweigert hatten, ihre „geschichtliche Mission“ zu übernehmen. Und was die nach Palästina eingewanderten Kolonisten betraf, so splitterten sie sich ständig in Gruppen und Klüngel auf, stritten miteinander und vergeudeten die Mittel, die ihnen Edmond zur Verfügung gestellt hatte. Doch von solch negativen persönlichen Erfahrungen ganz abgesehen, betrachtete er die Dinge als Pragmatiker. Er konnte sich einfach nicht vorstellen, *wie* ein Judenstaat als politische Einheit entstehen sollte, solange der Sultan des Osmanischen Reiches über Palästina herrschte. Aber hinter dem Exterieur eines Finanzmagnaten und Realpolitikers gab es den tief religiösen Juden Edmond de Rothschild, den der Traum von einem wiederentstandenen Israel mit den rabiatesten Nationalisten zusammenführte.

Als die Türkei 1914 in den Krieg mit Frankreich und Großbritannien verwickelt wurde, änderte sich die Gesamtsituation fast über Nacht: nun konnte der Traum wahr werden. Wenige zweifelten am Sieg der Briten auf dem nahöstlichen Kriegsschauplatz. Demnach würde Großbritannien in der Lage sein, den Türken Bedingungen zu diktieren. Wenn also die Londoner Regierung zu bewegen wäre, ein Protektorat über die palästinensischen Juden zu errichten und Pläne für eine Heimat der jüdischen Nation in die Friedensverhandlungen einzubeziehen, dann hätte solch ein Land eine legale Basis, die, falls nötig, mit Waffengewalt behauptet werden könnte.

Viele dieser Gedankengänge beeinflußten auch Lord Rothschild, den weltlichen Führer der Juden aller Länder. In den letzten Monaten seines Lebens wandelte sich Natty vom entschiedenen Verfechter der Assimilation zum aktiven Förderer des Zionismus. Seine fortgesetzten Hilfsmaßnahmen für die leidenden Glaubensbrüder brachten ihm deutlicher als den meisten seiner Zeitgenossen zum Bewußtsein, daß sich die allgemeine Lage der Juden in Europa eher verschlechterte als besserte.

Mancherorts ging die Verfolgung in Rußland und den anderen osteuropäischen Staaten weiter, daher gewann die Frage der Umsiedlung stetig an Aktualität. Bei den Gesprächen mit Spitzenpolitikern fand er einige von ihnen, besonders Balfour und Lloyd George, dem Gedanken einer starken jüdischen Präsenz im Nahen Osten durchaus zugänglich. Kurz vor seinem Tod erörterte er mit Herbert Samuel, dem Vorsitzenden des „Local Government Board“ eine schriftliche Diskussionsgrundlage, die der Minister dann für das Kabinett ausarbeitete und in der er seinen Kollegen eindringlich nahelegte, Palästina zu beanspruchen, „wohin die in alle Weltgegenden zerstreuten Juden in Scharen zurückkehren und zu gegebener Zeit die Selbstregierung übernehmen würden“.[12] Damals ergab sich daraus noch nichts, aber die Vorstellung, daß Großbritannien seine Position als Weltmacht dazu nützen würde, eine Geste von weitreichender Bedeutung zu setzen, war verlockend. Dazu kam die Erwägung unter außenpolitischen Gesichtspunkten, daß die Existenz eines befreundeten Staates im Nahen Osten auf lange Sicht von großem Vorteil wäre.

Der britische Palästina-Feldzug verlief anfangs nicht sehr günstig, aber 1917 wendete sich das Kriegsglück: im Herbst begann General Allenby eine Großoffensive, und am 9. Dezember marschierten seine Truppen in Jerusalem ein. Mittlerweile warb das britische Kriegskabinett intensiv um Unterstützung für die Entente, und zwar vor allem bei den jüdischen Kreisen in den USA, die im April in den Krieg eingetreten waren. Als sich abzeichnete, daß Großbritannien eine sehr wichtige Rolle bei der Neuverteilung der bisher türkischen Herrschaftsgebiete spielen werde, wollte man die Chance natürlich wahrnehmen, die sich gerade bot. So waren im Jahr 1917 die Vorbedingungen für einen Dialog mit dem internationalen Judentum gegeben. Edmond erkannte dies:

> „Als ich meine Kolonien in Palästina schuf, hatte ich vor Augen, daß eine Zeit kommen könnte, in der das Geschick Palästinas in der Schwebe sein würde, und ich wünschte mir, daß die Welt zu solch einem Zeitpunkt mit den Juden rechnen müßte. Während der letzten zehn bis fünfzehn Jahre haben wir vieles erreicht. Wir wollten in den kommenden Jahren noch mehr tun. Die gegenwärtige Krise überraschte uns mitten im Aufbruch, aber man muß mit den Tatsachen rechnen, und nun müssen wir die Gelegenheit nützen, die wahrscheinlich niemals wiederkehren wird.“[13]

Doch der Mann, der heute noch als der Vater des modernen Israel verehrt wird, war an den Verhandlungen nicht persönlich beteiligt. Seit mehreren Jahren war er leidend, und außerdem hielt er sich selbst nicht für einen politischen Kopf. Er betraute seinen älteren Sohn Jimmy mit seiner Vertretung. James de Rothschild und seine junge englische Frau Dorothy begeisterten sich für den Gedanken einer Heimat der Juden. Ebenso Charles und Rózsika. Aber Jimmy betätigte sich als aktiver Vorkämpfer, soweit es seine militärischen Verpflichtungen erlaubten. Während seiner Rekonvaleszenz nach dem Unfall verbrachte der hochgewachsene, gertenschlanke junge Mann mit dem Monokel – ein Merkmal, wie geschaffen für Karikaturisten! – viel Zeit in England in Gesprächen mit interessierten Kreisen. Der profilierteste Exponent war Chaim Weizmann, Präsident der „English Federation of Zionists“, ein fähiger Forschungschemiker, dessen kriegswichtige Arbeiten auf dem Gebiet der Sprengstoffe bereits Aufsehen erregt hatten. Doch den Rothschilds gelang es, auch unter den führenden Persönlichkeiten der englischen Gesellschaft und Politik Förderer zu gewinnen, so etwa Neil

Primrose, der, wie schon erwähnt, später in Palästina fiel, und seine Schwester Lady Crewe.

Aber in jener Phase trat überraschend ein anderes Familienmitglied ins Rampenlicht, ein Mann, dem kaum jemand die Rolle einer Galionsfigur der zionistischen Bewegung zugetraut hätte: Walter Rothschild. Dieser Koloß von hundertzwanzig Kilo kam zwischen seinen Vitrinen voller ausgestopfter Tiere und seinen Insektensammlungen hervor, um seine Pflicht zu tun, so wie er sie auffaßte. Sein Vater war das weltliche Oberhaupt des Judentums gewesen, und Walter selbst, dem sich alle Dinge in krasser Vereinfachung darstellten, glaubte daran, daß er diese Verantwortung ebenso selbstverständlich geerbt habe wie Nattys Peers-Würde. Gleich seinem Vater und seinem Bruder war er überzeugter Zionist, daher betrachtete er es als die natürlichste Sache der Welt, daß er, der bisher nur geringes Interesse an internationaler Politik bekundet hatte, nun mit aller Energie die Idee des Zionismus verfechten sollte.

Dies bedingte mehrere Gespräche mit dem Außenminister Balfour, private und offizielle Treffen mit jüdischen Spitzenpersönlichkeiten und Interessensgruppen, Verbindungen zu ausländischen zionistischen Organisationen, Einsatz aller Argumente, die er aufbieten konnte, Maßnahmen gegen die in der Presse und in Privatkorrespondenz massiv auftretende Opposition antizionistischer Juden und, als die Regierung in dieser Frage lieber Zurückhaltung übte, viele eindringliche Briefe an Balfour, in dem für Walter charakteristischen, bündigen Stil:

„Lieber Mr. Balfour,
einen Punkt vergaß ich am Freitag zu erwähnen, doch ich glaube, Sie könnten die Aufmerksamkeit des Premierministers darauf lenken. Während der letzten Wochen brachten die offiziellen und halboffiziellen deutschen Zeitungen viele Erklärungen in dem Sinn, daß bei den Friedensverhandlungen die Mittelmächte die Bedingung stellen müßten, Palästina zu einem jüdischen Siedlungsgebiet unter *deutschem* Schutz zu machen. Daher halte ich es für wichtig, daß die britische Deklaration all solchen Schachzügen zuvorkomme. Wenn Sie, wie zugesagt, eine Vereinbarung für das von mir vorgeschlagene Gespräch treffen können, dann teilen Sie dies bitte Dr. Weizmann mit, da ich in einer besonderen Angelegenheit für einige Tage verreisen werde und Dr. Weizmann mich rascher erreichen kann, als wenn die Nachricht direkt an mich geschickt würde, denn in Tring wird niemand dafür Zuständiger anwesend sein, da auch meine Mutter verreist ist.

Ihr ergebener
Rothschild“[14]

Das Resultat all dieser Bemühungen war die berühmte Balfour-Deklaration:

„Foreign Office
2. November 1917

Lieber Lord Rothschild,

ich habe die große Freude, Ihnen im Namen der Regierung Seiner Majestät die folgende Sympathiekundgebung für die jüdisch-zionistischen Bestrebungen zu übermitteln, die dem Kabinett vorgelegt und von demselben gebilligt wurde:

‚Die Regierung Seiner Majestät steht der Errichtung einer nationalen Heimstätte für das jüdische Volk in Palästina voll Wohlwollen gegenüber und wird nach besten Kräften dazu beitragen, daß dieses Ziel erreicht werde. Unter der eindeutigen Voraussetzung, daß nichts unternommen werde, was die bürgerlichen und religiösen Rechte in Palästina existierender nichtjüdischer Volksgruppen oder die Rechte und den politischen Status von Juden in allen anderen Ländern beeinträchtigen könnte.'

Ich wäre dankbar, wenn Sie die ‚English Federation of Zionists' von dieser Deklaration in Kenntnis setzen wollten.

Ihr ergebener
Arthur James Balfour"

Dies war eine bewußt doppelsinnig gehaltene Stellungnahme. Walter sagte, daß ihm das Wort „Nation" lieber gewesen wäre als „Heimstätte", aber es sei besser, rasch etwas Positives in die Hand zu bekommen, als an Einzelheiten zu mäkeln. Ob er damit recht oder unrecht hatte, das war, ist und bleibt ein strittiger Punkt. Zweifellos war die Balfour-Deklaration ein Dokument der Ersten Stunde. Andere Mächte und in der Folge auch der Völkerbund billigten die darin zum Ausdruck gebrachten Grundsätze, und diese weitreichende moralische Verpflichtung war entscheidend für die Gründung des jüdischen Staates, als die Zeit dafür gekommen war.[15]

Diese Entwicklung der Dinge versetzte die britischen Zionisten in helle Begeisterung. Bei einer Kundgebung im Londoner Royal Opera House sprach außer anderen Rednern Jimmy de Rothschild vor einem großen Auditorium über die Herausforderungen der Zukunft. Für all jene Juden, die nicht selbst anwesend sein konnten, berichteten die Zeitungen ausführlich über Jimmys Ansprache:

„Die britische Regierung als die Stimme einer aufgeklärten, großzügigen Demokratie, habe den zionistischen Plan gebilligt. Was man nun vom jüdischen Volk erhoffe, seien nicht mehr Pläne, sondern Taten, und er (Jimmy) hoffe, daß sich in naher Zukunft Scharen moderner Makkabäer den Einzug durch das Bergland von Judäa erkämpfen würden. Die jüdische Forderung gehe nach Gerechtigkeit, und dies sei auch die Basis für die Ansprüche der Araber und der Armenier, Ansprüche zu deren voller Anerkennung und Wahrung die Juden sich verpflichteten. Großbritannien sei die Ziehmutter der neugeborenen jüdischen Nation, und er blicke dem Tag entgegen, an dem diese Nation, an Widerständen gewachsen, aber voll stolzer Hoffnungen sich durch ihre Leistungen als eine echte Tochter erwiesen habe."[16]

Diese Versammlung lief nicht ohne unvorhergesehene Zwischenfälle ab, ja in einem Moment drohte sie der Kontrolle zu entgleiten. Die Zuhörer im Saal waren vor Freude außer Rand und Band, und immer noch mehr Leute versuchten, sich hereinzudrängen. In dem Trubel konnten sich die Redner kein Gehör verschaffen, und der Vorsitzende, Lord Rothschild, sah ein, daß er ordnend eingreifen müsse. Seine massige Gestalt erhob sich hinter dem langen Tisch und mit einer Stimme, die sich an Lautstärke mit der jedes Baritons oder Basses messen konnte, der je auf dieser edlen Bühne gestanden war, rief er: „Ruhe!" Das wirkte sofort. Mehr hatte Walter nicht gewollt. Er setzte sich wieder – und unter seinem Gewicht brach der Stuhl zusammen. Aber seine bloße Anwesenheit war so respektgebietend, daß kein einziger in dem großen Auditorium zu lachen wagte.

Doch dieser plötzliche Vorstoß einiger Rothschilds in die Führung des politischen Zionismus wirkte auf die meisten anderen Familienmitglieder nicht überzeugend und rief bei einigen von ihnen offene Feindseligkeit hervor. Leo widersprach sehr energisch, und nach seinem Tod schrieb seine Witwe Marie Brandbriefe an Rózsika, in denen sie Walter voll Abscheu des Verrats an den Grundsätzen der Assimilation an der Familie und an seinem eigenen Vater bezichtigte. Offenbar schwebte ihr als Schreckensbild vor, daß *alle* Juden, ohne Unterschied, und ob sie nun wollten oder nicht, in die angestrebte neue Heimat verfrachtet werden sollten. Sofort nach dem Bekanntwerden der Balfour-Deklaration gründete ihr Sohn die „League of British Jews" und übernahm zugleich die Führung. Ziel dieser Vereinigung war die Abwehr der „Tendenz . . . den Juden eine andere Nationalität zu okroyieren, sei es neben jener unseres Geburtslandes oder zusätzlich zu der des Landes, in dem wir leben und arbeiten."[17]

Andere Verwandte gebärdeten sich nicht ganz so aufgeregt, aber die vorherrschende Stimmung scheint Unruhe und Besorgnis gewesen zu sein. Man meinte, daß das Auftreten einer politisch aktiven internationalen jüdischen Bewegung nur die Antisemiten herausfordern könnte, die sich im Verlauf dieser Sturmjahre ohnehin lauter meldeten. Schon vor der Veröffentlichung von Hitlers „Mein Kampf“ bezeichneten Sozialtheoretiker und politische Agitatoren die „Geldjuden“ als die Schuldtragenden der wirtschaftlichen Zerrüttung. Begreiflich also, daß manche der Rothschilds nervös wurden, wenn alle Welt nun den illustresten jüdischen Namen mit dem Zionismus in Verbindung brachte.

Doch das waren nicht die einzigen Gründe für Konflikte innerhalb der Familie. Alfreds letzte Geste war ein viele Jahre vor seinem Tod abgefaßtes Testament, das für beträchtliche Aufregung sorgte. Als er im Januar 1918 starb, stellte sich heraus, daß er den Großteil seines Vermögens in der Höhe von 1½ Millionen Pfund Außenstehenden vermacht hatte. Die Haupterben waren der Earl und die Countess of Carnavon. Almina erhielt 50 000 Pfund und ihr Gatte 25 000 Pfund. Außerdem erbten sie gemeinsam das Haus am Seymour Place samt der wunderbaren Einrichtung. Auch ihren beiden Kindern hatte Alfred je 25 000 Pfund hinterlassen.

Dieser unerwartete Geldregen spielte eine wichtige Rolle in der Geschichte der größten archäologischen Entdeckung unseres Jahrhunderts. Seit einigen Jahren widmete sich Lord Carnavon der Ägyptologie, im besonderen Ausgrabungen im Tal der Könige. Die nun verfügbaren gewaltigen Summen ermöglichten ihm, seine Arbeiten nach dem Krieg mit unverminderter Energie fortzusetzen. Im Jahre 1922 wurden seine Bemühungen von aufsehenerregendem Erfolg bekrönt, als sein Kollege Howard Carter die herrlichen Schätze des Tutanchamon-Grabes entdeckte. Doch kaum weniger dramatisch war Lord Carnavons jäher Tod im Jahr darauf, durch eine Infektion nach einem Insektenstich. Die Sensationspresse schlachtete allerlei Geschichten über den „Fluch der Pharaonen“ aus. Treffender wäre es gewesen, über den „Fluch der Rothschilds“ zu schreiben. Die Geschichte zeigte, daß es nur wenigen Menschen vergönnt war, den Rothschilds Geld zu entreißen und sich dieses Reichtums lange zu erfreuen.

Den Besitz Halton und 25 000 Pfund hinterließ Alfred seinem Neffen Lionel, die gleiche Summe fiel dessen Bruder Anthony zu. Davon abgesehen hatte kein Familienmitglied durch Alfreds Hinscheiden nennenswerten materiellen Gewinn. Der Erblasser bedachte seine Verwandten mit Legaten von Gemälden und Porzellan, damit mußten sie sich zufriedengeben. Eines der Vermächtnisse war sogar ein allerletzter boshafter Streich des Verstorbenen. Seiner Schwägerin Emma hinterließ er ein Gemälde von Jean Baptiste Greuze, mit dem Titel „Le Baiser Envoyé“. Es zeigte eine spärlich bekleidete französische Kurtisane, die dem Betrachter eine Kußhand zuwarf. Alfred wußte, daß dieses Bild der sittenstrengen Emma ein Ärgernis sein werde. Damit hatte er recht: Sie gab es sofort an Rózsika weiter.

Lionel dachte nur daran, Halton möglichst bald loszuwerden. Alfreds einstiger Stolz war ihm nichts als eine Last. Er hatte dieses Haus nie gemocht, aber nun, mit dem stark gelichteten Park und den Reihen häßlicher Militärbaracken bot es ein äußerst tristes Bild. Lionel wollte rasch verkaufen und mit einer Undankbarkeit, die man nur schäbig nennen kann, zog der Staat aus der Ungeduld des neuen Besitzers Vorteile. Die Militärverwaltung hatte die Bedingungen des Pachtvertrages überschritten und Areale einbezogen, die ihr rechtlich nicht zustanden. Nun, so kurz vor dem Waffenstillstand, sah sich das Kriegsministerium in einem Dilemma: laut Vertrag war der Besitz binnen sechs Monaten wieder in den ursprünglichen Zustand zu versetzen. Das wäre eine sehr kostspielige Angelegenheit geworden. Andererseits brauchte die Royal Air Force, die damals aus dem Royal Flying Corps der Armee entstanden war, ein Ausbildungszentrum, und dafür hätte sich Halton sehr gut geeignet. Aber der Ankauf des Besitzes wäre noch teurer gekommen – es sei denn zu einem Schleuderpreis.

Natürlich kam es so. Das Ministerium war in der besseren Position. Unmittelbar nach dem Kriegsende waren große Liegenschaften nicht sehr gefragt, und in seinem damaligem Zustand besaß Halton wirklich keine besondere Anziehungskraft. Nach mehrmonatigem Feilschen erwarb der Staat das Haus, 3000 Morgen Grund, das Dorf Halton, alle Höfe und Wohnhäuser und die Forste um 112 000 Pfund. Schon allein die Entfernung der Behelfsbauten und der Ausrüstung wäre viel teurer zu stehen gekommen, ganz zu schweigen von den Kosten der Errichtung einer RAF-Schule an anderem Ort.

Welcher Wandel hatte sich binnen weniger Jahre in „Rothschildshire“ vollzogen. Die prächtigen Paläste, wo Könige, Staatsmänner, Künstler, Schriftsteller und die berühmten Schönheiten der Belle Epoque Gastfreundschaft feudalen Stils genossen hatten, standen nun leer oder dienten anderen, banalen Zwecken. Annie und Constance verbrachten nur wenige Wochen des Jahres in Aston Clinton. Mentmore war immer wieder längere Zeit hindurch geschlossen. Alice lebte in glanzvoller Einsamkeit in Waddesdon. Tring Park wurde von Walter, seinen Tieren und seiner hochbetagten Mutter bewohnt. Die meisten Rothschilds der älteren Generation waren dahin, und die Nachfolger hatten sehr hohe Erbschaftssteuern zu entrichten. Nur zwei männliche Rothschilds im heiratsfähigen Alter wollten die Traditionen pflegen und fortsetzen, und von diesen beiden verblieb nur einer, nämlich Anthony, auf dem Familienbesitz Ascott. Lionel erwarb mit dem Geld aus dem

Verkauf von Halton ein Gut in Hampshire. Doch wenn man einer Geschichte Glauben schenken darf, empfahl er sich zumindest nicht mit wehmütigen Seufzern, sondern mit einem kräftigen Paukenschlag. Bevor er ging, feierte er ein saturnalisches Abschiedsfest. Als die neuen Bewohner in das leere Herrenhaus Halton einzogen, fanden sie in fast allen Räumen geleerte Flaschen verstreut, und im Bassin des Hallenschwimmbades wogte schal gewordener Champagner.[18]

Und diese Entdeckung hatte eine gewisse symbolische Bedeutung.

Teil IV
1918–1988

KAPITEL 24
Die Jahre neuer Bewährung

Im Ersten Weltkrieg zerbrachen die politischen, wirtschaftlichen und sozialen Ordnungen des alten Europa, und die siegreichen Ententemächte setzten sie nur so notdürftig wieder zusammen, daß niemand die Mängel übersehen konnte. Damit war der Boden für Demagogen, internationale Spekulanten und Gewerkschaftsbosse bereitet. Die so lange gültige deutliche Unterscheidung zwischen dem Herrn und dem Diener, dem Arbeitgeber und dem Arbeitnehmer, wurde nicht mehr als Gegebenheit anerkannt, und die gesellschaftlichen Hierarchien fielen den Kräften der Gleichmacherei und der Sozialrevolution zum Opfer. Die alten territorialen Rivalitäten der Staaten verschärften sich erheblich durch die Polarisierung der kommunistischen und der faschistischen Ideologien. Die alten Wirtschaftsstrukturen standen unter schweren Belastungen, und Europa trieb unweigerlich in eine Phase krasser Instabilität, in der die Währungs- und Aktienkurse außer Kontrolle gerieten, Industrieunternehmen und Banken zusammenbrachen, die Arbeitslosigkeit rasant anstieg, die Inflation in schwindelnde Höhen schnellte und Regierungen stürzten.

Die Rothschilds hatten in dieser Welt nicht mehr den gleichen Einfluß wie vordem. Als die ausgemergelten „Jarrow Marchers“ mit ihren Parolen südwärts zogen, weigerte sich Lady Rothschild in Tring, den Lunch einzunehmen. Das war eine persönliche, vielleicht etwas pathetische Geste der Solidarität, aber auch die Geste der Hilfslosigkeit einer Dame, deren Mann einst noch mitgeholfen hatte, den großen Dockerstreik beizulegen.

Es war nicht mehr selbstverständlich, daß die Rothschilds das Vertrauen von Ministerpräsidenten und Fürstlichkeiten genossen und als deren Ratgeber wirkten. Politiker neuen Gepräges traten in Erscheinung, die aus Rücksicht auf ihre Wähler den Umgang mit Finanzmagnaten eher mieden. Überdies fiel den europäischen Privatbanken im nun viel komplizierter gewordenen weltwirtschaftlichen Gesamtgefüge trotz ihres alten Rufs eine neue, weniger bedeutende Rolle zu. Als wirtschaftliche Großmächte profilierten sich die USA und Japan. Die Finanzierung des industriellen Wiederaufbaus der Nachkriegszeit, die Reparationszahlungen, die den Verlierern auferlegt wurden, die Stabilisierung der neuen – und zum Teil nicht lebensfähigen – Nationalstaaten – all das war nicht mehr eine Frage von Anleihen, die bei Rothschild oder Baring aufgenommen wurden. Diese Aufgaben konnten nur der Völkerbund, Regierungsinstanzen, Zentralbanken, Aktiengesellschaften und multinationale Konzerne erfüllen.

Die drei Rothschild-Banken verabsäumten es schlicht und einfach, sich der veränderten Welt der zwanziger und dreißiger Jahre anzupassen. Sie konnten sich auch nicht darauf berufen, daß die Zeit eben aus den Fugen sei. Sie agierten zu unflexibel. Was in den Vorkriegstagen ihre Neigung zu einem Konservativismus war, in dem man sich so schön und behaglich eingerichtet hatte, das war zehn Jahre später zu einem starren Festhalten am Gewohnten geworden. Als der zweiundzwanzigjährige Guy 1931 bei Rothschild Frères eintrat, stellte er voll Bestürzung fest:

> „An allem und jedem haftete die Vergangenheit. Das Personal war von der Größe des ‚Namens' und den daraus erwachsenden Verpflichtungen durchdrungen. Immer und überall stieß man auf Überbleibsel aus dem vorigen Jahrhundert, darunter manche, die keinerlei Daseinsberechtigung mehr hatten. Die Geschichte des Hauses sprach ebenso deutlich aus den sichtbaren Relikten wie aus den alten Geschichten, die jeder so gern erzählte . . . Inmitten der Requisiten einer veralteten Organisation wirkte nur das Telefon modern, allerdings diente es meist eher als eine Art Dekorationsstück, denn mein Vater benützte es häufiger über die Hausvermittlung für Gespräche mit Leuten in der Bank selbst, als für Telefonate nach auswärts."[1]

Genauso verhielt es sich im alten Sitz der Wiener Bank in der Renngasse. Zweifellos gab schon die Zeitlosigkeit ein trügerisches Gefühl der Sicherheit. In diesen Mauern waren seit den Tagen der Fünf Frankfurter Entscheidungen getroffen worden, die sich auf die Geschicke von Monarchen, Staaten und Großunternehmen auswirkten. In dem saalartigen Raum, der einfach „das Zimmer" genannt wurde – es war in gleichem Stil in allen drei Banken vorhanden –, saßen die Teilhaber an denselben großen Mahagonischreibtischen wie ihre Väter und Großväter.

Was für die Gebäude, die Einrichtung und den geschäftlichen Alltag galt, traf auch auf die Teilhaber zu. In der Generation der damals älteren Rothschilds gab es sehr viele talentierte, intelligente Männer und

Frauen, aber nicht einen einzigen Finanzmann von schöpferischer Phantasie. Baron Edouard, der Seniorpartner bei Rothschild Frères, wurde von seiner Tochter Batsheva* wie folgt charakterisiert: „Einer der letzten Gentlemen des Jahrhunderts, mit einem hochentwickelten Ehrgefühl."[2] Eben das war er: ein reicher Herr, der zufällig eine Bank führte. Er hatte keine neue Strategie, keine dynamischen neuartigen Methoden, um neuen Anforderungen zu begegnen. Er war, wie sein Sohn Guy sagte, „verfangen zwischen zwei Anschauungsweisen", denen des alten und des neuen Europa. Es machte ihm viel mehr Freude, seinen Pferden auf der Rennbahn zuzusehen, als an seinem Schreibtisch in der Rue Laffitte zu sitzen. Dies galt auch für Alberts Sohn Louis in Wien, der sich vor allem für Polo und Alpinistik interessierte. Leos Sohn Lionel in England bezeichnete sich als „Gärtner von Beruf und Bankier aus Liebhaberei".[3] Sein Bruder Anthony, zweimal Primus in Cambridge und Experte für chinesische Keramik, hätte lieber ganz für sich auf dem Land gelebt, selten versäumte er es, sich während der Schußzeit zwei Tage pro Woche für die Jagd freizuhalten. Das waren also, wie wir sagen können, jene Bedauernswerten, denen die Last zufiel, das Imperium der Rothschilds zu verwalten, aus dem die gesamte Familie die meisten ihrer Einkünfte bezog, dem aber andere Verwandte wie Jimmy, Maurice, Eugen, Alfons und Walter den Rücken gekehrt hatten.

Die Rothschilds trugen zwar nur weniges zur Lösung der großen wirtschaftlichen Probleme ihrer Epoche bei, aber wenn die Krise die Familie direkt betraf, traten sie sofort einmütig und energisch in Aktion, ganz wie in alten Zeiten.

Während der späteren zwanziger Jahre verhielten sich viele Bankiers und Finanzgrößen der westlichen Welt wie Leute, die eine Straße beschreiten, die zusehends enger, kurvenreicher und schließlich zu einer Schlucht wird, aber unverdrossen weiterziehen, mit der Hoffnung, der Pfad werde sich hinter der nächsten Kurve wieder zu einer Fahrbahn weiten. Rundum zeigten sich überall Anzeichen des wirtschaftlichen Niedergangs: Marktflauten, steigende Arbeitslosigkeit, sinkende Industrieproduktion. Doch als treue Anhänger des kapitalistischen „Laissez-faire"-Prinzip glaubten sie, sich durch Investitionen aus der Klemme ziehen zu können. Die einzigen Alternativen dazu waren staatliche Eingriffe in die Wirtschaft und internationale Zusammenarbeit, doch für solche Konzepte war die Welt noch nicht ganz reif.

Besonders kritisch gestaltete sich die Situation in Österreich. Von der

* Madame Batsheva de Rothschild erhielt von ihren Eltern den Vornamen Bethsebée, wählte aber die hebräische Form, als sie sich in Israel niederließ.

habsburgischen Donaumonarchie waren 1918 nur die „deutsch-österreichischen“ Kernlande übriggeblieben, Kaiser Karl lebte im Exil, wo er wenige Jahre nach dem Zusammenbruch verstarb, und das politische Leben der jungen Republik wurde von den Auseinandersetzungen zwischen den konservativen Christlichsozialen und den zum Teil ziemlich radikal linken Sozialdemokraten beherrscht, wobei als zweite Kraft des bürgerlichen Lagers die national orientierten Großdeutschen auftraten. Beharrlich klammerten sich viele Politiker und führende Männer der Wirtschaft an die große Illusion, daß aus den Trümmern des alten Reiches etwas fast ebenso Glanzvolles emporsteigen werde – eine Art wirtschaftlicher Konföderation von Bruderländern, alle selbständig, aber alle mit Blickrichtung auf Wien als Impulszentrum und Geldgeber. Deshalb finanzierten die österreichischen Großbanken weiterhin industrielle und kommerzielle Vorhaben in den nunmehrigen Nachfolgestaaten. Wie sie in den Zeiten, als Österreich-Ungarn die Fundamente seiner Industrie legte, Kredite gewährt hatten, so machten sie auch nach 1918 Darlehen flüssig, diesmal um die Industrie zu sanieren. Aber diese „neue Wirtschaftsordnung“ war ein Wunschtraum, genährt von Männern, die sich unter dem Schock der Niederlage und auf der Suche nach einer neuen staatlichen Identität Selbsttäuschungen hingaben. Es war die Alternative zu einer anderen Hoffnung, der sich immer mehr Österreicher verschrieben: der Vereinigung mit Deutschland zu einem neuen, mächtigen, stolzen mitteleuropäischen Staat.

Das Konzept eines gemeinsamen Wirtschaftsraumes hatte zwei schwerwiegende Fehler. Der Rang Wiens als internationales Bankenzentrum war ein Trugbild. Und die Wirtschaft der Kleinstaaten, in die österreichische Banken Geld pumpten, lag fast unrettbar darnieder. Diese Schwächen hätten nicht unbedingt zu einem katastrophalen Ergebnis geführt, wäre man bei den Aufwendungen nach vernünftiger Überlegung vorgegangen. Aber das war nicht der Fall. In dem Glauben, der Hoffnung oder aber dem Wunschdenken, daß bei ausreichender Stützung die Industrie wieder flottzumachen wäre und damit wieder Vollbeschäftigung und nationaler Wohlstand einzögen, boten die Banken langfristige Darlehen für Unternehmen, von denen viele nur noch tiefer in die Verschuldung gerieten. Die Kreditgeber ihrerseits beschafften die erforderlichen Summen zum Großteil von Banken in Übersee, die nicht ganz so optimistisch dachten und daher nicht bereit waren, langfristig Kredite zu gewähren. Mit anderen Worten: Bald nach dem Krieg verfielen die Wiener Bankiers in die fatale Gepflogenheit, selbst kurzfristig Geld aufzunehmen und langfristig weiterzugeben.[4]

Mit dieser Lage sah sich Baron Louis konfrontiert, als er in der Nachkriegszeit das Bankhaus S. M. Rothschild und Söhne leitete. Sein älterer

Bruder Alfons hatte abgerüstet und führte das Leben eines reichen Privatiers. Er widmete sich der Philatelie und Studien der klassischen Philologie. Seine Tochter erinnert sich, daß er fast immer einen griechischen oder lateinischen Text bei sich hatte, und häufig zog er sich mit dem einen oder anderen gelehrten Besucher zurück, um ausgefallene Einzelheiten der Geschichte oder Literatur der Antike zu erörtern. Seine Markensammlung enthielt Rarissima, sie besaß philatelistischen Weltrang und hätte ihm, wie sich später herausstellen sollte, wohl das Leben retten können.

Eugen sah seine militärische Karriere jäh beendet, als die k. u. k. Armee aufgelöst wurde.* Vor die Notwendigkeit gestellt, nun einen Zivilberuf zu ergreifen, erwog er, die Leitung des größten Industriekomplexes der Familie zu übernehmen, der alten Wittkowitzer Eisenwerke, die sich nun auf tschechoslowakischen Gebiet befanden. Aber ihm fehlten die erforderlichen geschäftlichen Fähigkeiten. Deshalb wandte er sich ganz seinen Liebhabereien zu. Er hatte die Kunstliebe der Rothschilds geerbt, sein besonderes Interesse galt dem Schaffen Tizians, er schrieb sogar eine durchaus ernstzunehmende Monographie über den großen venezianischen Meister und hätte sie auch veröffentlicht, wäre ihm nicht ein Kunsthistoriker mit der Publikation eines ähnlichen Werkes zuvorgekommen.

Im Jahre 1925 heiratete er. Die Dame seiner Wahl war eine der größten Schönheiten jener Zeit, Gräfin Kitty Schönborn-Buchheim, gebürtige Amerikanerin und bereits geschieden. Ein hinreißendes, sprühendes Geschöpf, und obgleich sie zum Zeitpunkt ihrer zweiten Eheschließung schon über vierzig Jahre alt war, erregte sie überall Aufsehen. Als sie einmal in Paris zu spät in der Loge eines Theaters erschien und das Publikum sofort nur sie anblickte, unterbrach Sacha Guitry, der eben als Hauptdarsteller einer seiner bezaubernden Konversationskomödien auf der Bühne stand, prompt sein Spiel mit den Worten: „Ich werde fortfahren, sobald die Schönste Platz genommen hat.“[5] Ungewiß ist, ob dieses Kompliment als Ausdruck aufrichtiger Bewunderung oder aber sarkastisch gemeint war.

Eugen und seine Gattin nahmen ständigen Aufenthalt in Paris, nicht zuletzt deshalb, weil Kitty bei der Familie und deren Kreisen keinen Anklang fand. Eine „Geschiedene“, noch dazu mit leichter Hand fürs Geldausgeben, das waren in der seriösen Wiener Gesellschaft nicht gerade die besten Empfehlungen. Die österreichische Hauptstadt war nicht mehr so wie in den letzten Friedensjahren von Kaiser Franz Jo-

* In der Republik wurde zunächst eine vorwiegend sozialdemokratisch ausgerichtete „Volkswehr“ formiert und ab 1920 das Bundesheer, eine zahlenmäßig schwache Freiwilligenarmee.

sephs langer Ära: Arbeitslosigkeit und Armut machten sich im Gesamtbild allzu deutlich bemerkbar. Ein frivoler Lebensstil paßte wohl kaum in eine Stadt, wo es zu Demonstrationen und Hungerkrawallen kam.

Daher ging die Verantwortung für die weitreichenden Rothschildschen Geschäftsinteressen in Mittel- und Osteuropa auf Louis über – den gutaussehenden, charmanten, sportiven Junggesellen. Er glänzte nicht gerade als Geschäftsmann, aber er besaß in hohem Maß Stil. Er war elegant, überlegen und selbstsicher. Man erzählte sich eine für seine ganze Art bezeichnende Geschichte: Als junger Mann begutachtete er privat die New Yorker Untergrundbahn, im Hinblick auf eine eventuelle Beteiligung an diesem Unternehmen. Der Zug, in dem er fuhr, mußte längere Zeit in einem der Tunnels halten, im Waggon wurde es unerträglich heiß und stickig. Doch der untadelige Österreicher zeigte keine Spur von Mißbehagen, ja er legte nicht einmal seinen Mantel ab.

Louis blieb körperlich fit und geistig rege. Er liebte noblen Sportarten: Alpinistik, Jagd in Schillersdorf, Parforce und Polo. Er war ein hervorragender Herrenreiter, einer der ganz wenigen Österreicher, die das Sonderrecht hatten, regelmäßig die wunderbaren Lipizzanerhengste der Spanischen Reitschule in Wien zu reiten. Im Alter von fünfundfünfzig Jahren, das war 1937, machte es ihm gar nichts aus, sich von einem Fenster im ersten Stockwerk seines Stadtpalais auf einem schmalen Sims vorzuwagen, um eine verirrte Katze zu bergen. Der Wirtschaftshistoriker Eduard März nannte ihn einen Mann, der „mit einer souveränen Geste die Angriffe eines in die Barbarei absinkenden Zeitalters parierte“.[6] Es war diese Ausstrahlung ruhigen Selbstvertrauens und der traditionsreiche Name seiner Familie, was Louis für das Wiener Bankenwesen so wertvoll machte.

Wie die Schwesterfirmen in Paris und London lief das Unternehmen, dem er vorstand, nach der seit langem gewohnten Weise. Während der ersten Nachkriegsjahre setzte sich die österreichische Bank dafür ein, der Industrie in der neuen Tschechoslowakischen Republik eine gesunde Basis zu schaffen, aber das war die einzige konkrete Initiative. Im Juli 1921 ließ sich Louis zu einem Schritt bewegen, den sein Vater und sein Onkel all die Jahrzehnte hindurch geflissentlich vermieden hatten: er übernahm die Präsidentschaft der Creditanstalt. Als Philipp Gomperz im Namen der Bank diese Entscheidung begrüßte, gestand er unbewußt ein, wie schlecht es um das österreichische Finanzwesen bestellt war:

> „Baron Rothschild bringt uns den Glanz seines Namens, die internationale Position seines Hauses und vor allem eine vornehme und be-

deutende Persönlichkeit. Bei dem furchtbaren Niederbruch Österreichs ist in der Wertung des Auslandes nichts stehen geblieben als die gefestigte Position unserer Großbanken. Durch die Annahme dieser Wahl bestätigt Baron Rothschild nicht nur die Liebe für unser Institut, sondern erfüllt auch eine patriotische Pflicht."[7]

Die Rothschilds hatten innerhalb von Österreichs erster Bank immer beträchtlichen Einfluß und waren im Aufsichtsrat vertreten. Auch besaßen sie ein Drittel der gesamten Aktien. Doch seit Anselm im Jahr 1860 als Vizepräsident zurückgetreten war, hatten sie eine führende Position stets abgelehnt, um in der Öffentlichkeit nicht mit der Finanzpolitik der Monarchie identifiziert zu werden. Louis hätte besser daran getan, dieser Linie treu zu bleiben. Aber er stand unter erheblichem Druck, sowohl von seiten der Bank selbst wie auch von Spitzenpolitikern, die dem maroden Staat mit allen Mitteln ausländische Investitionen sichern wollten. So spannte er den guten Namen Rothschild vor den schwankenden Karren der Creditanstalt. Das Vehikel blieb zwar noch für einige Jahre in Fahrt, aber der schließliche Wagenbruch konnte dadurch nicht verhindert werden.

Die ersten Sturmzeichen der herannahenden Katastrophe zeigten sich deutlich 1929, im Jahr des großen Wallstreet-Krachs. Eine Folge dieses Zusammenbruchs war wachsende Unsicherheit auf dem internationalen Kapitalmarkt. Nun fanden sich die meisten Großbanken nur zu kurzfristigen Krediten mit einer durchschnittlichen Laufzeit von drei Monaten bereit. Dadurch gerieten die Wiener Geldinstitute in noch größere Bedrängnis.

Eines von ihnen befand sich bereits in ärgsten Schwierigkeiten: die Bodencreditanstalt, eigentlich eine Hypothekenbank, war knapp vor dem Zusammenbruch. (Ein interessanter Aspekt: als 1910 der bisherige Vorstand der Präsidialkanzlei des Ministerpräsidiums, Rudolf Sieghart, eine Art Grauer Eminenz der österreichischen Politik, zum Gouverneur der Bodencreditanstalt ernannt wurde, setzte Salbert alle Hebel in Bewegung, um Kaiser Franz Joseph von der Bestätigung abzuraten. Seine Bemühungen waren vergeblich und Sieghart war es, der die Bank nun in den Ruin geführt hatte.) Der österreichische Bundeskanzler Dr. Johannes Schober wollte Louis zwecks einer Unterredung zu sich bitten, aber dieser war zur Jagd in einem entlegenen, dicht bewaldeten Revier. Es dauerte Tage, bis der höchst irritierte Schober ihn endlich aufstöberte. Was dann geschah, wurde nie eindeutig geklärt. Vermutlich sprach Schober den Wunsch, ja die Weisung aus, die Creditanstalt möge die darniederliegende Bank auffangen. Und dem Vernehmen nach sagte Louis dies mit großem Widerstreben zu, nicht ohne dem

Bundeskanzler warnend zu entgegnen, das sei eine verfehlte Entscheidung, die man zu bereuen haben werde. Wenn der Baron die drohende existentielle Krise tatsächlich voraussah, dann tat er jedenfalls nichts, um sie zu verhindern.

Aller Wahrscheinlichkeit nach war zum Zeitpunkt des Gesprächs zwischen Schober und Louis die folgenschwere Entscheidung bereits gefallen und als Patriot, zudem ohne vernünftige Ratschläge seiner eigenen Mitarbeiter anhören zu können, stellte sich der Baron Rothschild hinter die Regierung. Wer auch immer für den Entschluß verantwortlich war, „den Leichnam der Bodencreditanstalt zu übernehmen“, wie es Eduard März formulierte, es war eine Verirrung von gigantischen Dimensionen.

> „Die Leitung der Creditanstalt hätte das sprichwörtliche Menetekel erkennen und eine Übernahme der bankrotten Bodencreditanstalt entweder verweigern oder aber die österreichische Regierung zwingen sollen, diesen Sprung in die Bresche weitaus großzügiger zu honorieren, als es der Fall war. Dies war für die Creditanstalt vielleicht die letzte Chance, die herannahende Katastrophe dadurch abzuwenden, daß sie in den Verhandlungen mit der Regierung ihre Karten offen auf den Tisch gelegt hätte.“[8]

Im Verlauf der nächsten achtzehn Monate verschlechterte sich die finanzielle Situation ständig. Am 8. Mai 1931 mußten die Direktoren der Creditanstalt der Bundesregierung vertraulich mitteilen, daß die Passiva der Bank ihre Aktiva überstiegen und daß sie nicht mehr in der Lage sei, die Geschäfte weiterzuführen. Irgend etwas mußte geschehen, und zwar rasch, bevor die Situation öffentlich bekannt würde. Es war undenkbar, die Creditanstalt in den Bankrott treiben zu lassen, sie war das größte Unternehmen des Landes, mit einer Bilanz, die fast dem österreichischen Staatshaushalt entsprach. Bei einem Zusammenbruch würde sie die gesamte Volkswirtschaft mitreißen. Louis gehörte zu jenen Persönlichkeiten, die mit den Spitzenpolitikern für das Wochenende des 9. und 10. Mai in Klausur gingen, um einen Rettungsplan auszuarbeiten. Das Haus S. M. Rothschild und Söhne selbst war damals keineswegs in bester Verfassung. Der Rückgang der Nachfrage nach Eisen und Stahl hatte Wittkowitz schwer getroffen, und Louis war einem anderen notleidenden Institut, der niederländischen Amstel Bank, beigesprungen. (Ein Jahr später machte sie bankrott.) Aber der Baron zögerte nicht, einen beträchtlichen Teil seines Privatvermögens einzusetzen und andere Familienmitglieder um Hilfe zu bitten, was wohl noch schwieriger gewesen sein muß. Für den Sanierungsfonds, der aus Mitteln des Bundes, der Banken und privater Quellen gespeist wurde, sagte er enorme Summen zu: 16,7 Millionen Schilling zur Abdeckung der Verluste der Creditanstalt und 30 Millionen Schilling zwecks Stützung.

Um diese Verpflichtungen zu erfüllen, mußten Louis und seine Brüder Aktien, Grund- und Familienbesitz veräußern. Alfons' Tochter Bettina erzählt, daß Louis eines Tages kam, als ihr Vater gerade im Badezimmer war. Leichthin sagte der Besucher: „Übrigens, ich habe versprochen, dein Gut in X zu verkaufen." „Ah so?" erwiderte Alfons ebenso nonchalant. „Na ja. Aber fragen hättest du mich vorher schon können."[9] Louis selbst, der etwa fünfzig Prozent der Verbindlichkeiten des österreichischen Familienzweigs einlöste, übersiedelte aus seinem Palais in der Theresianumgasse in ein etwas bescheideneres Haus in der Nähe und ging zum erstenmal daran, seine Besitzungen auf eine wirtschaftlich solide Basis zu stellen. Für das Gut Schillersdorf z. B., dessen Erhaltung – nur zum Vergnügen – Millionen gekostet hatte, wurde ein neuer Verwalter angestellt, mit der Weisung, die Nutzflächen und Forste gewinnbringend zu bewirtschaften.

Doch von solchen und anderen Beispielen methodischen ökonomischen Denkens abgesehen, ist das Eindruckvollste an dieser Episode – der schlimmsten Finanzkrise, welche die Rothschilds bis dahin erlebten – der „Stil" an sich, die noble Haltung, die Louis und seine Verwandten wahrten. Nichts gibt besser Zeugnis vom Reichtum und der Einigkeit der Rothschilds und von der Bedeutung, die sie dem Namen der Familie beimaßen, als der scheinbare Gleichmut, mit dem sie diese materiellen Einbußen hinnahmen. Die Pariser und die Londoner Bank waren vom Wiener Haus völlig unabhängig. Kurz vor Ausbruch des Ersten Weltkriegs hatten sie die offiziellen Verbindungen gelöst und ihr gemeinsames Konto gelöscht. Aber nun stand die Ehre des Namens Rothschild auf dem Spiel, also wäre es unvorstellbar gewesen, Baron Louis seinem Schicksal zu überlassen.

In aller Stille, nach außen hin sogar ohne Kraftakt, in Wahrheit aber mit gewaltiger Anstrengung, stellten Paris und London die Summen zur Verfügung, die das Haus S. M. Rothschild und Söhne davor bewahrten, in den Strudel des Bankenkrachs mitgerissen zu werden. Obwohl alle Darlehen bis 1939 zurückerstattet waren, kam sie die Rettungsaktion teuer zu stehen. Namentlich die Londoner Bank verausgabte sich fast bis zur Erschöpfung. Rothschild Frères hatte größere Reserven, aber auch diese wurden für den Notfall förmlich geplündert. Als die niederländische Amstel Bank in die Pleite schlitterte, war es das französische Haus, das Louis auslöste und dann weitere Darlehen flüssigmachte.

Die Welt erfuhr natürlich nie, wie schwer die großen Bankiers betroffen wurden. Nicht einmal andeutungsweise durfte bekannt werden, daß die Rothschilds fast gestrandet waren. Das hätte einen schlechthin katastrophalen allgemeinen Vertrauensverlust bedeutet. Banken mochten entstehen und vergehen, aber die Rothschilds sind ewig – glaubten zumindest die meisten Leute. Hätte der Anschein jemals dagegen gesprochen, dann wären weltweite schwere Erschütterungen die Folge gewesen.

Selbst Louis und Alfons in Wien lebten so weiter, als sei nichts geschehen. Bettina, die zum Zeitpunkt der Creditanstaltskrise sieben Jahre alt war, erinnert sich kaum irgendwelcher Sparmaßnahmen, die sie nach 1931 zu spüren bekommen hätte. Es gab nach wie vor wunderbare Ferien in Schillersdorf und Langau. Eine „Saison" lang hielten ihre Eltern zwar in Wien nicht offenes Haus, aber im nächsten Jahr verlief alles wieder wie gewohnt. Alfons erörterte mit seinem Verwalter in Langau verschiedene Methoden, um den Besitz ertragreicher zu machen, doch oft endeten solche Gespräche etwa mit folgenden Erwägungen:

„Wird dadurch nicht das Rotwild vergrämt?"

„Warscheinlich schon, Herr Baron."

„Na, dann lassen wir's lieber."[10]

Dr. Miriam Rothschild, die als Dreiundzwanzigjährige jenes schicksalhafte Wochenende im Mai 1931 bei Alfons und dessen Frau verbrachte, weiß noch genau, daß in den Gesprächen kein einziges Mal die Creditanstalt erwähnt wurde.[11] Es wäre krasse Übertreibung zu sagen, daß die Rothschilds über diese Krise einfach hinwegglitten, aber das war jedenfalls der Eindruck, den sie erweckten und bei der Außenwelt ganz bewußt erwecken wollten.

Tatsächlich war es nicht Louis, sondern einem anderen Verwandten beschieden, bei der langwierigen, schwierigen Sanierung der österreichischen Wirtschaft die Hauptrolle zu spielen. Ökonomisch war der Kleinstaat von einem ständigen Zustrom ausländischen Kapitals abhängig. Deshalb trat die Bundesregierung, so der britische Geschäftsträger in Wien, Sir Eric Phipps, „den Bittgang zu den Rothschilds an, damit diese sich im Ausland für sie verwendeten".[12]

Das Ergebnis: Die großen ausländischen Gläubigerbanken der Creditanstalt bildeten ein „Austrian Creditanstalt International Committee", in Österreich als „Auslandsgläubigerkomitee" bezeichnet. Vorsitzender war Lionel de Rothschild, Seniorpartner des Londoner Hauses. Wieder einmal übernahm ein Rothschild die Führung bei internationalen Verhandlungen, die nicht nur Finanz-, sondern auch politische Fragen betrafen. Und es ging dabei hart auf hart. Die Beteiligten vertraten völlig verschiedene Interessen. Die amerikanischen Bankiers wollten ihr Geld retten. Die österreichische Bundesregierung versuchte verzweifelt, den Staatsbankrott abzuwenden. (Während der ersten Phase der Gespräche hatte sie Sicherstellungen für die Bank geboten.) Der Völkerbund – vor dem Österreich seine Finanzpolitik verantworten mußte – war um die Stabilität Europas besorgt. Die französische Regierung lehnte es ab, der ehemaligen Feindmacht gegenüber Großmut walten zu lassen.

Viereinhalb Jahre zogen sich mühsame Gespräche und Verhandlungen hin, und man darf es in erster Reihe der Geduld und dem Taktgefühl Lionels sowie des Repräsentanten der Bank of England, Sir Robert Kindersley, zuschreiben, daß eine für alle Seiten zufriedenstellende Regelung erzielt werden konnte. Schließlich war die Creditanstalt saniert, allerdings hatte sie sich dabei zu einer viel „schlankeren", rein österreichischen Bank gewandelt, die nun weitgehend unter staatlicher Kontrolle stand. Das Auslandsgläubigerkomitee hatte Entscheidendes bewirkt, nicht nur für die Rettung Österreichs, sondern auch für die Erholung Europas von der Wirtschaftskrise.[13]

Es ist seltsam, daß Lionel der Familie weniger durch seine Tätigkeit in der Londoner City, sondern eher durch sein Tun auf dem Besitz Exbury in Erinnerung blieb. Als er über sich sagte, er sei „von Beruf Gärtner und aus Liebhaberei Bankier" unterspielte er seine sehr konkreten Leistungen während der Wirtschaftskrise. Und selbst über seine Beteiligung an den Bestrebungen des Auslandsgläubigerkomitees gibt es eine Anekdote, die sein Sohn Edmund noch immer gern erzählt. An einem Freitagnachmittag fand eine Sitzung statt, aber Lionel wollte unbedingt den Zug um 4.35 Uhr erreichen, um in sein geliebtes Hampshire zu fahren. Zehn heikle Punkte standen auf der Tagesordnung, dennoch erledigte sie Lionel im Eiltempo, bis sich der Vertreter der Lazard's Bank, ein Mr. Tyzer, ausgerechnet in den Punkt 10 verbiß. Der Vorsitzende unterbrach ihn: „Sagen Sie, Tyzer, haben Sie ein Furunkel am Hals?"

„Ja, schon, aber ich wollte . . ."

„Oh, ich weiß ein wunderbares Mittel gegen Furunkel." Lionel kritzelte ein paar Worte auf seinen Notizblock, riß das Blatt ab und reichte es über den Tisch. „Hier, lassen Sie sich das machen, und wenn es nicht wirkt, stifte ich zehn Pfund für einen wohltätigen Zweck, ganz nach Ihrer Wahl. Also, wo sind wir stehengeblieben? Bei Punkt zehn? Nicht ganz zufrieden, Tyzer? Na, dann streichen wir ihn. Einverstanden? Gut. Das war dann wohl alles, Gentlemen. Ich danke Ihnen, guten Tag."[14]

Zweifellos setzten Lionel, Louis und andere Rothschilds ihrer Generation bei ihrem persönlichen Verhältnis zum Bankwesen auch auf ein psychologisches Moment: den Bluff. Wenn sie den Eindruck erweckten, dies sei ein angemessener, gesitteter Zeitvertreib, und nur einer von vielen, denen sich ein Herr bisweilen widmen könne, dann geschah es teils um Vertrauen zu schaffen und teils zur Tarnung ihrer eigenen Unsicherheit vor der Welt, in der sie lebten.

KAPITEL 25
„Eine einzige lange Party“

Für die beiden Jahrzehnte zwischen den Weltkriegen könnte gelten, was Dickens über die Epoche nach 1780 sagte: „Es war die beste und die schlimmste Zeit“. Nun lebte man in F. Scott Fitzgeralds „Jazz Age“, der Ära seines Großen Gatsby, in den Jahren der Hollywood-Träume und zugleich der bittersten Armut. Wer Geld und auch genügend Zeit hatte, um damit ganz nach eigenem Belieben zu verfahren, fand in Europa die besten Möglichkeiten und Anregungen. Die Rothschilds gehörten jedenfalls zu dieser Kategorie von Menschen. Mitglieder der Familie waren mit ihrer gewohnten Dynamik auf den verschiedensten Gebieten aktiver denn je.

In der Zurückgezogenheit von Tring Park vollendete Walter sein ungewöhnliches Lebenswerk. Vierzehn Stunden pro Tag arbeitete dieser absonderliche, völlig in seinem Fach aufgehende Zoologe in seinem Museum am Aufbau seiner erstaunlichen Bestände:

Allgemeine Schausammlung

2000 ausgestopfte Säugetiere, darunter 1 Quagga, 13 Gorillas, 228 Beuteltiere, 24 Ameisenigel etc., außerdem 200 Schädel, 300 Geweihe, 2400 ausgestopfte Vögel, darunter 62 Paradiesvögel, 520 Kolibris, 62 Kasuare etc.

630 Reptilien, darunter 144 Riesenschildkröten.

914 Fische.

Eine exemplarische Sammlung wirbelloser Tiere

Studienabteilung

1400 Decken und Schädel von Wirbeltieren

300 000 Vogelbälge

200 000 Vogeleier

300 getrocknete Reptilien

2¼ Millionen Lepidoptera (Tausende Arten)

300 000 Käfer[1]

Aufgrund ihrer Studien in der Sammlung schrieben Walter und seine Kustoden zahlreiche Bücher, Abhandlungen und Monographien. Allein das Periodicum des Tring Museums „Novitates Zoologicae“ wuchs in den fünfundvierzig Jahren seines Erscheinens auf vierzig stattliche Bände an.

Walters wichtigste wissenschaftliche Leistung lag auf dem Gebiet der systematischen Klassifikation. Denn die Aufnahme all dieser vielen Exemplare war nicht bloß ein weiterer Ausdruck Rothschildscher Sammelleidenschaft. Nur durch die Ansammlung einer großen Zahl von Spinnen, Motten oder Vögeln und durch gründliche Untersuchung war es möglich, wesentliche Unterschiede zwischen solchen Exemplaren festzustellen, die einem ungeschulten Auge gleichartig erschienen. Diese Pionierarbeit im Bereich der zoologischen Klassifikation sicherte Walter einen Ehrenplatz in der Geschichte der Naturwissenschaften, und sein Beitrag bleibt in Erinnerung durch die Benennung von mehr als 250 Species und Subspecies von Pflanzen, Vögeln, Fischen, Säugetieren, Amphibien, Insekten, Spinnen usw., die er als erster bestimmte und katalogisierte. Darüber weiß Batsheva de Rothschild zu berichten, die nun als Leiterin eines Tanzensembles in Tel Aviv lebt. Auf einer Pressekonferenz während einer Tournee durch Kenya begann ein Journalist sein Interview mit der Frage nach ihrem Namen. Sie antwortete: „Rothschild“. Darauf der Journalist lächelnd: „Aha, dann heißen Sie also wie unsere Giraffe.“[2] Denn im Jahr 1903 hatte Walter eine Giraffen-Unterart mit fünf statt vier Stirnzapfen entdeckt, die später ihm zu Ehren „Giraffa camelopardalis rothschildii“ benannt wurde.

Das Gehirn in Lord Rothschilds wuchtigem Schädel war ein Computer zoologischer Informationen, und sein Besitzer konnte sofort die ausgefallensten Einzelheiten angeben, ohne in einem der 30 000 Bände seiner Museumsbibliothek nachschlagen zu müssen. Eine der vielen köstlichen Geschichten, die seine Nichte in ihrer Biographie erzählt, handelt davon, daß der damals sechsundsechzigjährige Walter in seiner Daimler-Limousine auf der Fahrt durch den Londoner Hyde Park zufällig einen Chauffeur erblickte, der mit einer Decke über dem Arm neben einem wartenden Wagen stand. „Halten Sie an, Christopher!“ rief er ganz aufgeregt seinem eigenen Fahrer zu. „Diese Decke ist aus Fellen von Baumkänguruhs gemacht!“ Sofort stieg er aus, sprach den Besitzer des betreffenden Stückes an und überredete ihn schließlich zum Verkauf.[3]

Er bewohnte Tring Park mit seiner Mutter bis zu deren Tod und überlebte sie nicht lange. Emma starb 1935 im Alter von einundneunzig Jahren, und Walter folgte ihr einunddreißig Monate später ins Grab. Nichts störte die Beziehung zwischen Mutter und Sohn, die sich seit seiner Kindheit kaum verändert hatte. Davon zeugt eine kleine Episode aus Miriam Rothschilds Erinnerungen:

„Als Emma eines Nachts erwachte, sie stand damals im achtzigsten Lebensjahr, da erblickte sie im gedämpften warmen Licht ihrer Nachttischlampe Walter am Fußende ihres Bettes in einem Reinseidenpyjama. ‚Mama', sagte er sichtlich verstört, ‚ich bin vergiftet!'

Emma schaltete die Beleuchtung ein. Ohne ihre Perücke und ihr täuschend echt aussehendes künstliches Gebiß wirkte sie im Bett immer recht schmächtig und eingeschrumpft, zu klein für ihr weites, altmodisches Nachthemd.

‚Ich finde, du siehst blendend aus, Walter. Wahrscheinlich hast du schlecht geträumt.'

‚Nein, ganz und gar nicht.' flüsterte Walter. ‚Einer der Fasane für das Museum ist verschwunden, und jetzt weiß ich auch, was mit ihm geschehen ist. Gestern abend hatten wir Fasan zum Souper, Mama. Das Präparationsmittel ist eine hochgiftige Substanz. Ich habe Schmerzen, ja, ja, ich bin vergiftet, ganz sicher!'

‚So? Dann müßte das Gift auch bei *uns* wirken', erwiderte Emma gelassen. ‚Denn auch ich habe ein Stück gegessen und fühle mich trotzdem ganz wohl. Ist schon gut, Walter. Morgen wird es dir wieder bessergehen.'

Nach langem stummem Überlegen drehte er sich um, verließ folgsam den Raum und ging wieder zu Bett."[4]

Im Jahre 1923 führte eine erschütternde Tragödie Walters Schwägerin und deren vier Kinder in jene merkwürdige Welt von Tring. Es war das Jahr, in dem Charles Rothschild, von seiner Krankheit um den Verstand gebracht, Selbstmord verübte. Für die Kinder, damals zwischen zehn und fünfzehn Jahren alt, ein schwerer Schock. Der Vater, so wie ihn Miriam in Erinnerung behielt, jener Mann, der sie und ihre Gouvernante während der Teezeit immer zum Lachen gebracht hatte,[5] war schon seit langem aus ihrem Gesichtskreis verschwunden und infolge seines Leidens der Familie gänzlich entzogen. Aber daß er unter solchen Umständen nun unwiderruflich dahin war, das machte den Verlust so schmerzlich.

Rózsika, das einzige erwachsene Mitglied dieses Familienzweiges mit administrativem Geschick, übernahm allmählich die Führung des Landgutes Tring. Mit ihren Kindern verbrachte sie dort einen großen Teil des Jahres, „alle in einen pompösen goldenen Käfig zusammengesperrt", wie Miriam später über diese Zeiten sagte.[6] Eine merkwürdige Umwelt für junge Menschen in ihren Entwicklungsjahren, besonders für Victor, den einzigen Sohn von Charles und Rózsika, gerade zwölf Jahre alt, als sein Vater starb. Für ihn war es eine Welt der Frauen – eine taube Großmutter, eine Mutter, die über den Verlust ihres Mannes nie ganz hinwegkam, seine Schwestern und eine Reihe von „Nannies" und Gouvernanten, zwischendurch aber schreckliche Internate, wo ihn andere Kinder einen „widerlichen kleinen Juden" nannten.[7] Es war auch die Welt des exzentrischen Onkels Walter, der so schwer zu Kindern Kontakt fand und dennoch fähig war, seine eigene große Liebe zu den Naturwissenschaften an Victor und dessen Schwester Miriam weiterzugeben.

Im Jahr 1931 ging mit Walter eine tiefe Veränderung vor. Die finanziellen Forderungen jener Peeress, die ihm seit den neunziger Jahren stets auf den Fersen geblieben war, hatten nie aufgehört und wurden nun noch energischer geltend gemacht. Seltsamerweise rang sich Walter noch immer nicht zu dem Entschluß durch, jemanden ins Vertrauen zu ziehen oder um Rat zu fragen. Nun setzte ihm die Erpresserin die Daumenschrauben so rücksichtslos an, daß Walter zu einem unvorstellbaren Schritt gezwungen war: Er verkaufte einen Teil seiner Sammlung. Typisch für ihn, daß er die Verhandlungen geheimhielt. Nicht einmal seine Mutter erfuhr davon, bis sie in den Zeitungen über den Verkauf las. So wurden 295 000 Vögel, planmäßig im Verlauf von Jahrzehnten aus allen Weltgegenden gesammelt und in Tring sorgfältig katalogisiert, in Kisten verpackt und nach Amerika verschickt. Auf den alternden Mann wirkte sich diese Trennung katastrophal aus. Sein Biograph berichtet: „In der Zeit nach dem Verkauf schien Walter zu verfallen. Sein Schweigen war nicht mehr vom Drang des Unausgesprochenen erfüllt, sondern öde. Er fühlte sich müde, war zerstreut und verbrachte nur zwei Stunden vor dem Lunch im Museum."[8]

Das Rätsel um die Identität der mysteriösen Erpresserin ist wohl unlösbar, um so mehr, da die einzige noch lebende Person, die es könnte, sich geschworen hat, nie darüber zu sprechen. Dr. Miriam Rothschild, die in ihrer Biographie Walters die Existenz dieser skrupellosen Frau aufzeigte, vertritt die Ansicht, daß das Geheimnis, das er so beharrlich wahrte, niemals enthüllt werden sollte. Sie sagt nur, daß die Peeress und ihr ebenso gemeiner Gatte schon in diesem Leben bitter büßten und daß, wie sich wies, der irdischen Gerechtigkeit Genüge getan wurde.[9]

Ein anderer Rothschild, der mit Walter die Begeisterung für die Naturwissenschaften und die Wesensart des Einzelgängers gemeinsam hatte – wenn auch nicht bis zum Exzentrischen –, war sein Cousin Lionel. Man könnte wohl Symbolisches darin erblicken, daß dieser Mann, den der Erste Weltkrieg, an dem er nicht teilnehmen konnte, so tief bewegte, seine schöpferischen Kräfte in allererster Linie den Blumen widmete. In Wahrheit war er ein geborener Gärtner mit einer wirklichen großen Liebe zur Botanik. Sie überdauerte sogar die Passionen seiner Jugendjahre, das Autofahren etwa, das, wie Lionel behauptete, seit der Erfindung der Stoßdämpfer viel von seinem Reiz verloren hatte. Vor 1914 hatte er ein Haus auf dem Stammgut der Familie Mitford in Exbury erworben, und die Erträge aus dem Verkauf von Halton ermöglichten ihm den Ankauf des gesamten Besitzes.

„Immer ans Ganze denken", dies könnte ein Motto der Rothschilds sein, und in Exbury folgte Lionel jedenfalls den Familientraditionen. Er sah sich als Eigentümer eines Areals von 250 Morgen minderer, stark mit Unterholz durchwachsener Waldungen zwischen dem New Forest und dem Nebenfluß Beaulieu, und er beschloß, dieses Gebiet in einen der schönsten Landschaftsgärten Englands zu verwandeln. Darin sollte es auch ein Arboretum geben, für Exemplare aller Baumarten, die man in Britannien anpflanzen konnte – der einzige Teil seines großen Plans, den er nicht völlig zu realisieren vermochte –, ferner künstliche Seen und Wasserläufe, ein Alpinum und vor allem eine Unzahl von Rhododendren, durchsetzt mit Immergrün ebenso wie alljährlich neu grünenden und blühenden Gewächsen: Azaleen, Magnolien, Kamelien, Buschwerk und seltenen Bäumen, die in einem bewaldeten Gebiet ganz natürlich gedeihen, aber hier eben in sinnvoller Anordnung, um dem Besucher eine Folge wechselnder Ausblicke zu bieten. Die erste Aufgabe war der Umbau des bestehenden bescheidenen Hauses in einen neo-georgianischen Landsitz, das letzte bedeutende Beispiel der Rothschildschen Herrenhausarchitektur, wo Lionel im traditionellen Stil Gäste empfangen konnte. Selbst dort hatte sich das Menschenwerk nach der Natur zu richten. Als der Architekt sich darüber beklagte, daß ein schon recht alter Magnolienbaum im Weg stehe, wurde er angewiesen, diese Fläche auszusparen.

Die Arbeiten an dem Haus und im weiteren auf dem gesamten Besitz erforderten die Verlegung Hunderter Handwerker und Arbeiter in eine dünn besiedelte Gegend Hampshires. Den Herrn auf Exbury schreckten die damit verbundenen Komplikationen nicht im mindesten. Er baute ganz einfach Unterkünfte für die Arbeitstrupps. Der kleine Weiler am Rand des Besitzes wuchs zu einem ansehnlichen Dorf mit einem Laden, einer Wäscherei, einer Bäckerei, einem Versammlungssaal und all den anderen Einrichtungen, deren Beistellung Großgrundbesitzer aus dem Haus Rothschild als ihre Verpflichtung erachteten. Als es soweit war, das Gelände zu roden und den Garten anzulegen, wurde weder an Ideen noch an Geld gespart. Lionel, der an jedem Freitagnachmittag aus der Londoner City nach Exbury eilte, überwachte den Bau einer kleinen Werkseisenbahn für den Transport von Felsblöcken, Geräten und Bauholz. Er ließ ältere Bäume zum Einsetzen herbeischaffen und ließ Löcher dafür mit Dynamit in den Boden sprengen. Für die Bewässerung der gesamten Gartenanlage wurden Quellen erschlossen und Rohrleitungen in der Gesamtlänge von mehr als 40 Kilometern verlegt.

Mittlerweile durchstreiften einige Angehörige eines sehr ungewöhnlichen Berufszweiges ferne Länder, um Exemplare seltener Pflanzen zu sammeln. Die führenden Pflanzenjäger jener Zeit standen in Lionels Dienst, Männer, die Anstrengungen und Gefahren in China, Tibet, Japan, dem malayischen Archipel und den Hochgebirgsregionen Asiens, Europas und Amerikas auf sich nahmen, und deren Abenteuer genug Stoff für ein eigenes Buch bilden. Lionel wollte so viele Exemplare von Rhododendren und Azaleen als nur möglich an einem Ort versammeln, um entsprechende Vielfalt zu schaffen, die Blütezeit zu verlängern und Versuche mit der Hybridisation vorzunehmen. In den aus Teakholzrahmenwerk bestehenden Gewächshäusern Exburys – sie sind nach mehr als sechzig Jahren noch immer erhalten – pflegten seine Gärtner auf einer Gesamtfläche von 2 Morgen Setzlinge, zogen Pflanzen und führten Kreuzungen von Blumen durch. Sie brachten mehr als 1200 neue Hybriden hervor, von denen nicht weniger als 452 der Eintragung in das Register der englischen Königlichen Gartenbaugesellschaft für würdig befunden wurden. Im Freigelände ausgesetzt, boten sie vor dem Hintergrund dichten Laubs das leuchtende Bild eines reichen Blütenflors in Rot, Orangegelb, Hellgelb, Rosa, Weiß, Purpur und anderen subtilen Farbtönen. Von den vielen Preisen, die er mit seinen Blumen errang, schätzte er die Victoria-Medaille am höchsten, verliehen für seine persönlichen hervorragenden Verdienste um die Hortikultur. Dieser eher menschenscheue Mann sonnte sich im Beifall der Fachwelt. Wenn er einen Pokal oder eine Prunkschüssel erhielt, die als Wanderpreis weitergegeben werden mußte, dann ließ er in Silber eine Kopie anfertigen, zur dauernden Erinnerung an seinen Triumph.

Er war ein sehr zurückhaltendes Naturell, das sich eher durch stille Begeisterung als durch Gefühlsäußerungen mitteilte. Es gibt Geschichten über seine augenscheinliche Entrückung aus der Welt der gewöhnlichen Sterblichen. Als er eines Tages durch einen der Büroräume der Bank ging, erblickte er auf einem der seitlichen Tische eine hübsche Besteckkassette. Auf seine Frage erfuhr er, daß einer der höheren Angestellten heiraten werde, das Besteck sei das Geschenk seiner Kollegen. Er betrachtete es genauer und sagte dann: „Das ist aber nicht sehr gut. So wird er ja nie mehr als zwölf Personen zum Dinner einladen können!“[10]

Ihm selber waren solche Beschränkungen nicht auferlegt. Lionel mochte im allgemeinen reserviert sein, aber das hielt ihn und seine Frau nicht davon ab, die traditionelle Rothschildsche Gastfreundschaft zu pflegen. Freunde, Kollegen, Gartenfachleute und Mitglieder der Society kamen zu Besuch nach Exbury oder auf Lionels Jacht „Rhodora". Nach zehnjähriger unermüdlicher Arbeit waren die Gartenanlagen für den Empfang der höchsten Gäste bereit. König George V. und Königin Mary kamen, um dieses neueste Rothschildsche Wunderwerk zu bestaunen. Der Prinz von Wales traf in seinem Privatflugzeug ein. Der Herzog von York – bald danach König George VI. – wurde von seiner Gemahlin begleitet, auch sie wollten die Schönheiten von Lionel de Rothschilds irdischem Paradies kennenlernen. Die allzu üppigen Zeiten „Mr. Alfreds" waren vorbei, aber Lionels Wochenendgäste fanden niemals Anlaß, an dem reichhaltigen Exbury-Frühstück, den erlesenen Weinen aus eigenem Keller, den Tennisplätzen, dem Jagdrevier und der Blütenpracht in den stillen Gehegen irgend etwas zu bemängeln. Am Sonntagnachmittag wurde fürsorglich alles für die Rückfahrt arrangiert, und am Montagmorgen brauste Lionel zur Bahnstation Beaulieu Rod, um den Zug nach London zu erreichen. In seiner Aktenmappe waren stets zwei frische Eier, die ließ er sich im Speisewagen zum Frühstück hartkochen.[11]

Auch Waddesdon erfüllte weiterhin seine Funktion als Retiro für die Mächtigen und Berühmten. Im Jahre 1923 erbte Jimmy de Rothschild den Besitz nach dem Tod der imposanten Alice. Dieser Jimmy, hochelegant gekleidet und mit Monokel, wirkte ganz und gar wie ein Engländer und sprach Englisch ohne den leisesten Anflug eines fremden Akzents. Nach dem Krieg hatte er dauernden Wohnsitz in England genommen und war britischer Staatsbürger geworden. Aber Waddesdon fiel ihm überraschend als Erbschaft zu, und die neue Herrin, „Mrs. James", fand die Aussicht, plötzlich ein Haus im großen Stil der Rothschilds führen zu müssen, nicht gerade verlockend. Trotz mancher Einsparungen – so meinten die neuen Besitzer z. B., es sei nicht mehr vertretbar, einen beträchtichen Teil der riesigen Glashausanlagen tropischen Pflanzen vorzubehalten – wurde die Tradition von Waddesdon aufrechterhalten. Jimmy war von 1928 bis 1945 liberaler Parlamentsabgeordneter für die Isle of Ely, und obgleich seine Partei im Niedergang begriffen war, fanden viele politische Treffen in Baron Ferdinands Landhaus statt, wie sich Jimmys Witwe mit ironischem Unterton erinnert:

„Ich glaube sagen zu können, daß unsere Freunde, selbst so dominierende Persönlichkeiten wie Mr. Asquith und Mr. Churchill, Waddesdon als einen Ort betrachteten, wo sie sich von ihren Anstrengungen erholen und ihre Mußestunden genießen konnten, bei Golf, Bésigue, Bridge und Mah-Jongg, den beliebtesten Spielen jener Zeit.* Politische Diskussionen waren weitgehend auf die Zeit nach dem Dinner beschränkt, wenn sich die Damen, gemäß englischer Gepflogenheit, aus dem Eßzimmer zurückzogen und die Herren dort verblieben, um, von weiblichen Wesen ungestört, vielleicht ein ernsthaftes Gespräch zu beginnen. Solch männlicher Gedankenaustausch mochte für die Beteiligten ersprießlich gewesen sein, mir blieb er vor allem deshalb im Gedächtnis, weil er schier endlos dauern konnte."[12]

Eine Erweiterung, die Jimmy in Waddesdon vornahm, war die Errichtung eines Gestüts. Seine Leidenschaft für den Rennsport hatte er seit seiner Jugend unvermindert beibehalten. Diese Vorliebe erklärte er immer damit, daß er sich bei seinem ersten Besuch auf einem Rennplatz, dem Derby von 1898, für das Pferd mit den geringsten Gewinnchancen entschieden und darauf erfolgreich gesetzt habe. Leider hatte er seither selten Erfolge zu verzeichnen, weder als Wettender noch als Rennstallbesitzer. Ein zynisch veranlagter Freund bemerkte dazu, viele Leute pflegten auf Außenseiter zu setzen, aber nur James de Rothschild habe die Fähigkeit, Außenseiter auch zu züchten.

Interessanterweise war es ausgerechnet Jimmys jüngerer Bruder Maurice – das „schwarze Schaf", der „Tunichtgut", der „Taugenichts" -, der bald nach dem Kriegsende plötzlich ins öffentliche Leben trat. Er ging in die Politik. Bis 1925 betätigte er sich als Abgeordneter für das Departement Hautes-Pyrénées. Er erfreute sich großer Beliebtheit und war Wegbereiter mehrerer wichtiger Sozialreformen, z. B. des Baues von Arbeiterwohnhäusern. Nach 1926 vertrat er im Senat das Departement Hautes-Alpes. Während jener Jahre wurde Genf zum Sitz des Völkerbundes, und häufig empfing Maurice die führenden Staatsmänner der Epoche in seinem nahen Schloß Pegny. Gegen Ende der dreißiger Jahre wurde das Château zum Treffpunkt für Politiker wie Winston Churchill, Paul Reynaud und Léon Blum, die über das Erstarken des deutschen Nationalsozialismus beunruhigt waren und in einem Zeitalter des „appeasement", der Beschwichtigungstaktiken, vergeblich versuchten, auf internationaler Ebene einen Widerstand gegen Hitler zu organisieren.

Während jener Phase unternahm Maurice auch seinen ersten Vorstoß ins Geschäftsleben. Dieser war sehr erfolgreich, führte aber zu

* Bésigue, französisches Kartenspiel, Mah-Jongg, ursprünglich chinesisches Spiel mit dominoartigen Steinen oder Karten.

einem, wie sich wies, endgültigen Bruch mit der älteren Linie des französischen Familienzweigs: Maurice stellte das Kapital für die Firma „Immeuble Construction de Paris“ zur Verfügung, die Grundstücke aus dem Besitz der Stadt Paris erwerben und erschließen sollte. Vor dem Beginn ihrer Tätigkeit mußte sie eine Bürgschaft angeben und die übernahm Maurice. Unter dem Namen Rothschild. Edouard und sein Cousin Robert waren empört. Sie glaubten, dies sei wieder eines von Maurices Luftgeschäften, und sobald es unweigerlich fehlschlüge, müßte die Bank für die Bürgschaft einstehen. Deshalb sagten sie ihm, durch sein Verhalten habe er sich selbst ausgeschlossen, man lege keinerlei Wert darauf, daß er den Platz seines kürzlich verstorbenen Vaters in der Rue Laffitte einnehme. Daraufhin ließ sich Maurice seinen Anteil an Rothschild Frères in bar ausbezahlen und ging seiner eigenen Wege. Übrigens florierte Immeuble Construction de Paris, und einige Jahre später trennte sich Maurice mit ansehnlichem Gewinn von seinen Partnern. Bald nach der Geburt seines einzigen Sohnes Edmond wurde seine Ehe geschieden, fortan blieb er allein und widmete sich ganz seinen Investitionen und der Politik.[13]

Die ältere Linie des französischen Familienzweiges teilte ihre Zeit zwischen den Verpflichtungen in der Bank und den Freuden des Reichtums. Gleich Jimmy waren die Herren begeisterte Anhänger des Sports der Könige. Edouard hatte ein Gestüt in Deauville, wo er einige hervorragende Vollblütler züchtete. Sein bestes Pferd war der Hengst „Brantôme“, der als Zwei- und Dreijähriger unschlagbar war und mehrere klassische französische Rennen gewann, darunter den „Prix de l'Arc de Triomphe“. Dann war es mit ihm vorbei, ganz plötzlich. Eines Tages vor einem Rennen in Chantilly brach er den Stallknechten aus, raste in kopfloser Panik durch die Stadt und blieb erst in einer Sackgasse stehen. Nach diesem unerklärlichen Zwischenfall wurde das Pferd völlig unberechenbar und mußte aus dem Rennsport genommen werden.

Auch die meisten jüngeren französischen Rothschilds liebten das Turf, das für sie ein fester Bestandteil des Gesellschaftslebens war, dem während der zwanziger Jahre das Auto bestechende neue Möglichkeiten erschloß, wie sich Edouards Sohn Guy erinnert:

> „Dann entdeckte ich Biarritz. Der September war der Höhepunkt der Saison. Ich war zwanzig, gerade das Alter für Parties, und Biarritz war eine einzige lange Party von einem Morgen zum nächsten, inmitten einer Schar von Spaniern und Südamerikanern, die alle sehr jung, rasch entflammt, ohne Hemmungen waren.
>
> Täglich zur Mittagszeit begann vor dem Hôtel du Palais die Parade

der Autos, eines so blitzblank wie das andere: Rolls-Royce, Packards, Bentleys, Duesenbergs, Hispanos, am Steuer arrogante junge Männer in Begleitung von Traummädchen, die sich ebenso hochmütig und unnahbar gaben. Vor dem Golfspiel auf dem neuen Green von Chiberta mit sonnengebräunten Sprößlingen der ältesten vornehmsten Familien Europas und Südamerikas fuhren wir zum Schwimmen an den Küstenstreifen, der ‚das Liebesnest' genannt wurde, oder zum Fuß des ‚Jungfrauenfelsens'. Sobald wir uns nach dem Golf umgezogen hatten, gab es keine Frage. Man ging natürlich in die Basque Bar, um dort die Clique von Aristokraten und Abenteurern zu treffen, die alle nach Vergnügen, Champagner und Eroberungen dürsteten. Ich glaube, damals dinierte ich nie mit weniger als zwanzig Gästen, von denen sich viele allabendlich wieder einluden, auch verstieß ich niemals gegen die schon traditionelle Gepflogenheit, den Abend im ‚Sheherazade' zu beschließen, einem Restaurant und Nachtlokal draußen auf dem Land."[14]

Baron Henri startete in Paris wieder einmal eines seiner Projekte, sein spektakulärstes Unternehmen: Er baute ein Theater, das „Pigalle". Nach dem Krieg hatte er sich neuerlich seiner ersten Liebe zugewandt, der Bühne. Immer war er in Gesellschaft von Schauspielern und Schauspielerinnen zu finden, viele von ihnen waren häufig Gäste auf seiner Motorjacht, die sinnigerweise „Eros" hieß. Im Jahre 1926 starb Henris Frau Mathilde, die für seine Theaterbesessenheit immer nur ein überlegenes Lächeln übrig gehabt hatte. Nun gab es nichts, was Henri von seiner kostspieligen Geliebten, der Bühne, hätte abbringen können.

Das „Théâtre Pigalle", mit einem exorbitanten Kostenaufwand nach dem damaligen Stil des Art Déco hypermodern gestaltet, mit viel Chrom und schon Neonbeleuchtung, wurde 1929 mit einer Premiere eröffnet, welche die Spitzen der französischen Gesellschaft und hochgeborene Besucher aus ganz Europa versammelte. Doch auch dieses Unternehmen erwies sich für Henri als ein finanzielles Debakel. Selbst bei ständig ausverkauftem Haus waren die Betriebskosten und die Ausgaben für extravagante Inszenierungen nicht zu decken. Nach einigen Jahren verlor Henri das Interesse an seinem neuen Spielzeug. Er schrieb auch kein Theaterstück mehr. Zwar ließ er sich nichts anmerken, aber wahrscheinlich hatte ihm das Pigalle das Herz gebrochen.

Sein Sohn Philippe hatte bei den Planungen für das Theater eng mit ihm zusammengearbeitet. In jenen Jahren machte der junge Mann, wie sein Vater, den Eindruck eines genial veranlagten Menschen, der lohnende Aufgaben suchte. Voll Begeisterung verschrieb er sich dem Rennsport, beteiligte sich an Rennen aller Arten, ob mit Jachten, Bobschlitten, Autos oder gar Flugzeugen. Er unternahm eine Weltreise, aber im Blitztempo. Er interessierte sich für alle neuen Strömungen in der Kunst, im Theater und beim Film. Dann beschloß er, Filmregisseur zu werden. Im Jahre 1932 gründete er eine Produktionsfirma, sie drehte einen der ersten französischen Tonfilme, „Lac aux Dames“.

Doch im Grund hatte er sein Ziel bereits gefunden, eine Laufbahn, der er sich mit stetig wachsender Hingabe widmete und die ihn schließlich zum bedeutendsten Geschäftsmann unter den Rothschilds seiner Generation machte. Schon sehr bald nach dem Kriegsende faßte er eine Liebe zu Mouton, dem Familienweingut in Pauillac. Seit dem Kauf durch seinen Urgroßvater hatte sich kein Rothschild besonders darum gekümmert. Ganz anders Philippe. Ihm gefiel der Ort, er mochte die Leute, und ihn faszinierte die Aufgabe, erlesene Weine zu produzieren und zu verkaufen. Er war überzeugt, daß das Verfahren verbessert werden könnte, und als ihm sein Vater nach 1922 diesen Besitz überließ, ging er daran, um seine Vorstellungen in die Tat umzusetzen.

Während der folgenden Jahre wurden Strom und Fließwasser eingeleitet, tadellose Zufahrtsstraßen angelegt und das Haus sowie die „chais“ (Kellereien) umgebaut. Aber die entscheidende Veränderung erfolgte 1924. Bis dahin wurde die Ernte immer im Faß nach Bordeaux gebracht, wo sie die „negotiants“, die „Fachleute“, für den Verkauf an den Groß- und Kleinhandel in Flaschen abfüllten. Philippes neue Idee bestand einfach darin, die Vermittler auszuschalten, den Wein während der ersten, wichtigen Jahre seiner Lagerung unter Kontrolle zu behalten, am Ort selbst abzufüllen und direkt zu verkaufen. Dieser Vorgang wurde „mis en bouteille au Château“ genannt. Heute verfährt man mit den besten oder zumindest den teuersten Bordeaux-Weinen nach dieser Methode. Aber 1924 erschien eine derartige Erwägung hirnrissig, denn sie bedingte große Ausgaben für Lagerräume und Abfüllanlagen. Indes, die Kostenfrage schreckte die Rothschilds niemals ab, wenn es darum ging, eine gute Idee zu verwirklichen. So wurde der „Grand Chai“ errichtet, die schlichte große Halle, in der Hunderte Fässer unter idealen Bedingungen lagern und den Besucher auch heute noch der Zauber der in Reihen mächtiger Behältnisse ruhenden Kreszenzen und der feine Duft nach Rotwein und Eichenholz umfängt. Andere Weingutbesitzer wurden darauf aufmerksam. Sie sahen ja, daß die Château-Abfüllung dem Produkt einen besonderen Rang verlieh und zudem eine höhere Gewinnspanne brachte. Bald hatte Philippe, der Neuling, seine erhabenen Nachbarn bewogen, mit ihm ein Konsortium zu bilden, das er „Association des Premiers Crus“ nannte.

Aber kein noch so großer Aufwand für die Reorganisation und keine noch so kluge Vermarktung konnten eine gute Ernte gewährleisten. Es gab eben gute und schlechte Weinjahre. So war es immer gewesen und würde es immer sein. Was sollte man mit Wein anfangen, der nicht ganz den Qualitätsnormen genügte, um unter dem anspruchsvollen Etikett „Mouton Rothschild" angeboten zu werden? Nach einiger Überlegung erfand Philippe einen neuen Namen: „Mouton Cadet". Das Unmögliche war möglich gemacht: ein Wein der Spitzenklasse zu einem mäßigen Preis. Binnen kürzester Zeit hatte sich Philippe de Rothschild einen Namen im Handel mit Frankreichs ruhmreichstem Produkt gemacht. Aber damit setzte er noch lange nicht den Schlußpunkt.

Eine einzige lange Party – ja, das war es. Ob im tollen Wirbel schikker Badeorte an der Riviera oder in der stillen Schönheit eines englischen Gartens, die Rothschilds und deren Freunde genossen ihren Reichtum. Doch nur die Träumer glaubten, daß es immer so weitergehen könnte. Überall gab es soziale Unruhe. Auf dem europäischen Festland führte politische Feindschaft zu Attentaten, Ausschreitungen und der Aufstellung beängstigend radikaler paramilitärischer Verbände.

In Österreich trug die Bewältigung der Creditanstalt-Krise kaum zur Entspannung der politischen Lage bei. Wenn sie überhaupt etwas bewirkte, dann eine Stärkung der Positionen der Heimwehr und der Deutschnationalen. Die Feindseligkeit und die Befürchtungen von Politikern des linken Flügels kommen in der Rede zum Ausdruck, die Robert Danneberg am 27. Oktober 1931 im zerstrittenen Parlament hielt:

> „Die Regierung hat in dieser kritischen Stunde Ende Mai Vollmachten gebraucht, um den Gefahren, die der Wirtschaft und der Währung von einem Zusammenbruch des größten Bankinstituts drohten, wirksam zu begegnen. Am 28. Mai hat der Nationalrat diese Vollmachten beschlossen, und auch wir Sozialdemokraten haben in dieser Stunde der Gefahr der Wirtschaft des Landes der Regierung diese Vollmachten bewilligt.
>
> Hohes Haus! Wir werden jetzt dafür in den Versammlungen ‚Rothschild-Sozialisten' genannt, und zwar von denselben Herren, deren Oberhäupter Pfriemer und Steidle (Heimwehrführer) dem Herrn Rothschild noch vor zwei Jahren ihre Aufwartung gemacht haben, von denselben Herren, deren Bewegung mit dem Gelde des Herrn Rothschild und der anderen Banken aufgepäppelt worden ist . . . Das kann man der Bevölkerung gar nicht oft genug erzählen; das muß jedem Menschen eingehämmert werden! (Zwischenrufe) Das ist gar keine Lüge! Erinnern Sie sich nur an die Reden, die der Herr Steidle gehalten hat, der offen erklärte, er nehme das Geld, wo-

her er es bekomme. Nun, deutlicher hat man das nicht zu sagen gebraucht.

Im übrigen möchte ich die Herren dieses Hauses einladen, einen Untersuchungsausschuß einzusetzen, der gerichtliche Funktionen ausüben kann ... die Bücher der Creditanstalt, die Bücher der Bodencreditanstalt, die in Wien und die in Paris liegen ... genau untersuchen ... und feststellen kann, wie viele hunderttausend Schilling die christlichen und die jüdischen Bankdirektoren der Heimwehrbewegung seit dem Jahre 1927 gegeben haben.

Wir werden ‚Rothschild-Sozialisten' genannt auch von dem Hakenkreuzlergeschmeiß, von dem Herrn, der seine politische Karriere, die er jetzt als Oberführer der Hakenkreuzler macht, als Streikbrecher im Dienste des Herrn Sieghart begonnen hat* ... Solche Leute nennen uns heute ‚Rothschild-Sozialisten'!"[15]

Achtzehn Monate später brach die Demokratie in Österreich zusammen. Ein Jahr lang regierte der christlichsoziale Bundeskanzler Dr. Engelbert Dollfuß mit Hilfe des „kriegswirtschaftlichen Ermächtigungsgesetzes" aus dem Jahre 1917, immer bestrebt, die extreme Rechte und die Linke in Schach zu halten. Am 25. Juli 1934, kurz nach der Errichtung eines autoritären „ständestaatlichen" Systems am 1. Mai 1934, wurde er im Verlauf eines nationalsozialistischen Putsches ermordet. Der Umsturzversuch scheiterte, aber der Anschlußgedanke gewann in Österreich immer mehr Anhänger, seit in Deutschland Hitler an der Macht war und vieles tat, um die nationale Einheit und das nationale Selbstgefühl wiederherzustellen. Diesseits und jenseits der Grenze wurde auf die Vereinigung Österreichs und Deutschlands hingearbeitet. Am 9. März 1938 verkündete Bundeskanzler Dr. Kurt v. Schuschnigg die Abhaltung einer Volksabstimmung über den Anschluß. Hitler hatte nicht die Absicht, eine freie Willensäußerung des österreichischen Volkes zuzulassen und befahl den Einmarsch.

Diese Wendung traf die Rothschilds völlig überraschend. Sie waren schon an nationalsozialistische Parolen gewöhnt und hatten sich eingeredet, die Drohung mit dem Einmarsch sei nichts anderes als eines der üblichen Propaganda-Schlagworte. Wenige Tage vor der Krise waren Alfons und Clarice nach London gereist. Dort fand eine große philatelistische Ausstellung statt, und Alfons hatte seine eigene Sammlung, eine der besten der Welt, als Leihgabe zur Verfügung gestellt. Das Ehepaar

* Gemeint ist Alfred Frauenfeld, Führer der österreichischen NSDAP, ursprünglich Angestellter der Bodencreditanstalt. Der Redner bezog sich auf Frauenfelds Verhalten während eines Bankbeamtenstreiks im Jahr 1923.

war auch zum Diner im Buckingham Palace eingeladen und hatte deshalb einige besonders wertvolle Schmuckstücke mitgenommen, was sich als ein Glücksfall erwies.

Die Nachrichten aus Österreich versetzten Alfons und Alice in helle Aufregung. Sie wußten nur zu gut, was den Juden in Deutschland angetan wurde. Ihr sechzehnjähriger Sohn Albert war wohl bei ihnen in London, aber die Töchter Bettina (13) und Gwendoline (10) waren zu Hause geblieben. In größter Sorge rief Alfons seinen Bruder an und beschwor ihn, mit den beiden Mädchen sofort Wien zu verlassen. Aber Louis tat das Ganze leichthin ab. Kein Grund zu Befürchtungen. Hitler werfe sich wieder einmal in Pose. Der Spuk werde in ein paar Tagen verflogen sein.

In diesem Fall trieb der souveräne Louis die Nonchalance zu weit. Entweder war er wirklich davon überzeugt, daß keine Gefahr drohe, oder er gab sich so überlegen, um eine Panik zu verhindern. Sein Instinkt als Bankier riet ihm sicherlich, alles zu bagatellisieren, was einen Verlust des allgemeinen Vertrauens bewirken könnte. Aber er hatte auch ein anderes Motiv: die Treue zu seinen Angestellten. Seiner Auffassung nach durfte er sie nicht im Stich lassen, so lange er auf seinem Posten gebraucht wurde, um Gutes zu tun. Am 12. März überschritten die deutschen Truppen die Grenze.

Clarice und Alfons waren in Todesängsten. Sie reisten auf schnellstem Weg nach Zürich und führten weitere Telefongespräche mit Wien. Wenige Stunden vor dem Einmarsch brachte Louis seine Nichten zu einem Zug in die Schweiz. Bettina und Gwendoline kamen nur bis Innsbruck. Dort wurden sie von den Nazis aus dem Waggon geholt und in Gewahrsam genommen. Es dauerte mehrere Stunden, bis die beiden verstörten Mädchen weiterreisen und die Schweizer Grenze überschreiten konnten, und dies nur deshalb, weil inzwischen die Nachricht von der Verhaftung ihres Onkels Louis eingetroffen war.[16] Auf Hitlers Schwarzer Liste standen nicht wenige prominente Österreicher, aber der Name des führenden jüdischen Bankiers im Land war ziemlich weit oben verzeichnet. Der Moment für die entscheidende Auseinandersetzung zwischen den Kräften des kämpferischen, menschenvernichtenden Antisemitismus und dem alten Haus Rothschild war gekommen.

Bei dieser Bewährungsprobe gab Baron Louis ein Musterbeispiel mannhaften Verhaltens. Keine Sekunde erlaubte er dem Gegner, seine Würde anzutasten oder ihn moralisch zu übertrumpfen. Während der folgenden schweren Monate wahrte er seine gewohnte patrizische Haltung und blieb letztlich Sieger. Binnen weniger Stunden nach dem Einmarsch fuhr beim Palais des Barons ein Auto vor. Zwei Uniformierte stiegen aus und läuteten. Als der Kammerdiener öffnete, sagten die Fremden in barschem Ton, sie wünschten seinen Herrn zu sprechen. Der Diener bat sie zu warten, während er die Mitteilung überbrachte. Bald kehrte er zurück, höflich und gleichmütig. Er bedaure sehr, aber Baron Rothschild sei beim Diner und könne nicht gestört werden. Wenn die Herren sich vielleicht für einen anderen Termin anmelden wollten . . . Damit schloß er das Portal, und verblüfft zogen die beiden davon.

Mehrere Stunden, während seine Diener, Kollegen und Freunde ihn beschworen, doch sofort abzureisen, hatte Louis damit verbracht, seine Angelegenheiten zu ordnen und finanzielle Verfügungen für seine Haus- und Bankangestellten zu treffen. Er ließ sich weder drängen noch kopfscheu machen. Am nächsten Morgen, als er alles getan hatte, was ihm möglich war, fuhr er zum Flughafen. Er kam fast bis zur startbereiten Maschine, erst in letzter Minute wies man ihn ab. Am frühen Nachmittag wurde er in seinem Palais verhaftet, und selbst dann ließ er seine Häscher warten, indessen er in aller Gemütsruhe das Mittagessen beendete.

Länger als ein Jahr war Louis Häftling, stetig wechselnden Haftbedingungen ausgesetzt: einmal Verhören unterzogen, dann zur Zwangsarbeit abkommandiert und wieder mit Glacéhandschuhen angefaßt. Es lag einfach daran, daß die Machthaber nicht wußten, was sie mit ihm anfangen sollten. All die Zeit war es ihnen nicht gelungen, ihn seelisch und physisch „fertigzumachen". Aus Paris und London wurde ständig seine Freilassung gefordert, und Edouard hatte die besten Anwälte beauftragt, mit den Deutschen zu verhandeln. Deren Hauptziel war, so viel Rothschildschen Besitz als nur möglich in die Hand zu bekommen, vor allem die Wittkowitzer Eisen- und Kohlenwerke, die das Reich als Lieferanten für seine Rüstungsindustrie brauchte. Aber Louis hatte vorgebaut. Durch ein geradezu geniales Ausweichmanöver hatte er den wertvollen Konzern der Konfiskation entzogen. Das Ausscheiden eines anderen Hauptaktionärs hatte die Gelegenheit zu einer Strukturreform des Unternehmens geboten. In einer Reihe schwieriger Unterhandlungen hatte Louis die tschechoslowakische und die österreichische Regierung zu überzeugen gewußt, daß der Bestand von Wittkowitz besser gesichert wäre, wenn die Besitzrechte einem ausländischen Unternehmen übertragen würden. Das Resultat: Die Aktienmehrheit ging auf die Londoner „Alliance Insurance Co." über, und Hauptaktionär von Alliance war noch immer das Bankhaus N. M. Rothschild and Sons. Hitlers Gefolgsleute versuchten es mit allen erdenklichen Drohungen und Nötigungen, aber Louis tat die Sache mit einem Achselzucken ab. Er hatte nichts mehr damit zu schaffen. Falls der Führer Wittkowitz wollte, würde er mit den englischen Besitzern verhandeln müssen. Und Hitler, der noch nicht auf eine Konfrontation mit Großbritannien vorbereitet war, blieb letzten Endes nichts anderes übrig. Der Preis: 2 Millionen Pfund. Und Baron Louis' Freiheit.

Schließlich waren die Vereinbarungen perfekt, die Dokumente unterzeichnet. Eines Abends wurde im Wiener Gefängnis die Zellentür des Häftlings Louis Rothschild geöffnet, und man teilte ihm mit, er könne gehen. Aber der unerschütterliche Baron hatte noch eine Überraschung für seine Bewacher.

„Wie spät ist es?" fragte er.

„Kurz nach acht Uhr, Herr Baron."

„Schon viel zu spät. Jetzt kann ich keinen meiner Freunde stören. Ich gehe morgen früh."

Und genau so geschah es.

Nicht alle Familienmitglieder kamen in diesen bösen Zeiten so glimpflich davon. Baron Edmonds jüngste Tochter Miriam hatte im Jahr 1910 ihren Cousin Albert v. Goldschmidt-Rothschild geheiratet. Sie lebten in Paris, ein glückliches, verliebtes Paar. Bei Kriegsausbruch im Sommer 1914 wollte Albert nach Deutschland zurückkehren. Miriam weigerte sich, ihn zu begleiten. Es kam zur Trennung, aber der Gefühlskonflikt hinterließ bei beiden tiefe Spuren.

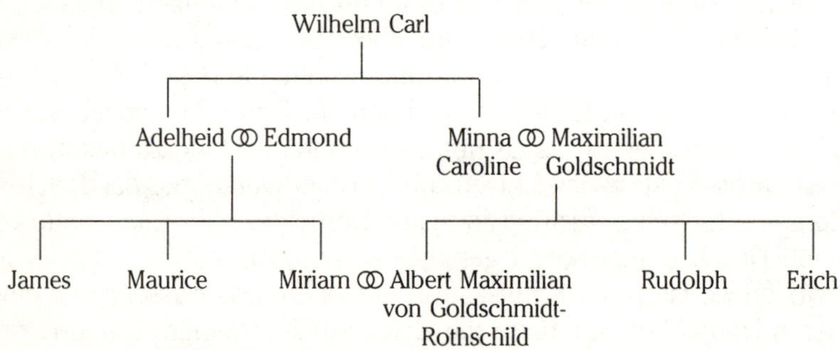

Miriam, von manchen als die gescheiteste Rothschild-Dame ihrer Generation betrachtet, wurde zur Einsiedlerin. Einigen Trost fand sie in ihrer wunderbaren privaten Gemäldegalerie, ihrer Bibliothek und in dem Bestreben, sich ein enzyklopädisches Wissen auf vielen Gebieten anzueignen. Aber diese Frau mit ihrem hochentwickelten Verständnis für Kunst, Politik und Philosophie hatte andererseits gar kein Talent für die Bewältigung des praktischen Lebens. Auch gab sie so wenig auf ihr Äußeres, daß ihr eines Tages ein Passant auf der Straße einen Geldschein in die Hand drückte, mit den Worten: „C'est pour vous, ma pauvre." (Somit war sie wohl die einzige Trägerin des Namens Rothschild, die je eine milde Gabe empfing!) Ebenso weltfremd war sie, was den Schutz ihres Besitzes betraf. Bei Ausbruch des Zweiten Weltkrieges beschloß sie, ihre unschätzbare Sammlung „zur Sicherheit" in einer Sanddüne bei Dieppe vergraben zu lassen. Im Jahre 1945, als danach gesucht wurde, war alles spurlos verschwunden.

Alberts psychische Reaktion auf die schmerzliche Trennung nahm die Form einer partiellen Lähmung an, die ihn für einige Jahre in den Rollstuhl bannte. Das Paar wurde schließlich geschieden, und 1923 heiratete Albert wieder. Doch was der Erste Weltkrieg begonnen hatte, brachte der Zweite zu Ende. Wie so viele deutsche Juden flüchtete Albert 1939 in die Schweiz. Dieser plötzliche Massenzustrom bereitete der Regierung in Bern arges Kopfzerbrechen. Berlin erklärte es für einen unfreundlichen Akt, „Feinden des deutschen Volkes" Asyl zu gewähren, und die Schweizer wollten sich als absolut neutral zeigen. Daher wurde erwogen, Albert zurückzuschicken. Statt sich den Schrecknissen von Auschwitz oder Dachau auszusetzen, schied der verzweifelte Mann lieber freiwillig aus dem Leben.[17]

Die französischen Rothschilds 1939–1985

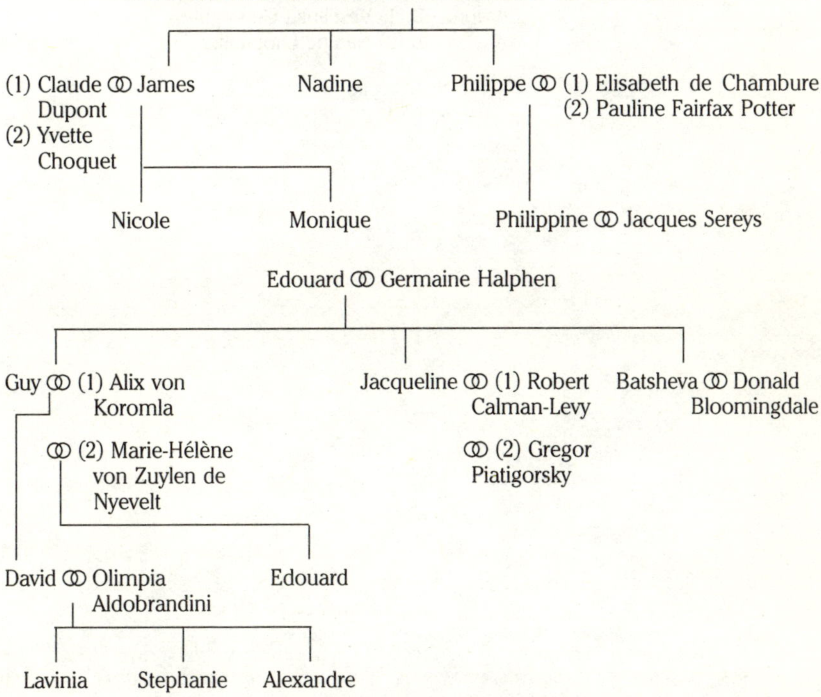

Robert ⚭ Gabrielle Nelly Beer

Diane
⚭ (1)
Anatole Muhlstein
⚭ (2)
Guiseppe Benvenuti

Alain
⚭ Mary Chauvin du Treuil

Cécile

Elié
⚭ Liliane Fould-Springer

Beatrice
⚭ (1)
Armand de la Beaumelle
⚭ (2)
Pierre Rosenberg

Eric

Robert

Nathaniel
⚭ Nili Limon

Nelly
⚭ Adam Munthe

Elisabeth
⚭ Marc Leland

Raphael

Esther

James ⚭ Dorothy Pinto

Maurice ⚭ Noémie Halphen

Miriam ⚭ Albert Maximilian von Goldschmidt-Rothschild

Edmond ⚭ (1) Veselinka Gueorguieva
⚭ (2) Nadine Lhopitalier

Benjamin

KAPITEL 26
Sprung in die „Wirklichkeit“

Der Krieg brachte den Rothschilds viele neue böse Erfahrungen. Ihre Häuser wurden geplündert, ihr Besitz verfiel der Beschlagnahme, ihre Männer lernten das Leben an der Front und in Gefangenenlagern kennen, Freunde und Verwandte verschwanden in den Konzentrationslagern von Auschwitz, Buchenwald und Theresienstadt. In dieser Entwicklung kamen die Rothschilds erstmals in enge, längerfristige Verbindungen mit den USA, und sie wuchsen in den Jahren zwischen 1939 und 1945, wie Batsheva es formulierte, „in die Wirklichkeit hinein“.[1]

Sie erinnert sich ihrer Kindheit in Paris, Ferrières, Deauville und verschiedenen Nobelkurorten als einer Zeit sehr geringen Kontakts mit der Welt der Durchschnittsmenschen, einer Zeit, in der ihr die Eltern, die sich gern großzügig zeigten, jeden Wunsch erfüllten. Ihre Neigungen führten sie zu den Naturwissenschaften, deshalb studierte sie Biologie. Ihre ältere Schwester Jacqueline war das künstlerisch begabte Familienmitglied. Wie fast ein Jahrhundert früher Mathilde, war sie hochmusikalisch und wurde Schülerin eines der größten Klaviervirtuosen jener Epoche, Alfred Cortot. Wenn sie sich auch nicht zu einer Konzertpianistin internationalen Rufs entwickelte, so tat sie doch das nächstbeste: In zweiter Ehe heiratete sie einen Musiker, und zwar Gregor Piatigorsky, einen der bedeutendsten Cellisten des 20. Jahrhunderts. Mit ihm übersiedelte sie kurz vor Ausbruch des Krieges nach Amerika.

Batshevas Bruder Guy und ihre Cousins zweiten Grades Alain und Elie waren schon bei Beginn der Kampfhandlungen zur französischen Armee eingerückt, die vergebens versuchte, die deutschen Divisionen aufzuhalten, welche die Maginot-Linie überrollten und aus dem eroberten Belgien über die Grenze vorstießen. Der nun einundsiebzigjährige Edouard hielt so lange wie möglich in der Rue Laffitte die Stellung, doch als im Juni 1940 die deutschen Truppen bis Paris vorrückten, verlagerte er die besten Objekte seiner Kunstsammlung in ein Versteck in Deauville und reiste mit seiner Frau und seiner jüngeren Tochter ab. Heute sagt Batsheva, die damals sechsundzwanzig war, daß sie mit ihren Eltern ging, weil sie sich einfach nicht dazu aufraffen konnte, einen

Trennungsstrich zu ziehen. Eigentlich erwog sie, nach England zu emigrieren, um sich dort für irgendeine Verwendung im Kriegseinsatz zu melden, aber schließlich fügte sie sich dem Drängen ihres Vaters und ihrer Mutter.

Selbst ein so stolzer Hüter der Traditionen wie Edouard sah ein, daß es unmöglich war, auf seinem Pariser Posten auszuharren, wie es sein Vater und sein Großvater in ähnlichen Krisenzeiten getan hatten. Denn nun kannte man die schreckliche Wahrheit über die Konzentrationslager. Zu dritt fuhren sie in einem Auto los, und auf den Landstraßen passierten sie immer wieder Gruppen und ganze Kolonnen anderer Flüchtlinge. Sie kamen bis nach Spanien und von dort nach Portugal. Ihr Ziel war New York, wo Jacqueline sorgenvoll auf Nachrichten von ihnen wartete. Aber damals hatten Tausende Menschen die gleichen Absichten, alle Flüge waren ausgebucht. Endlich gelang es ihnen, wenigstens zwei Plätze zu ergattern, es hatte den Anschein, als müsse Bethsabée doch in Europa bleiben. Fast in letzter Minute überließ ihr ein großmütiger Amerikaner sein Ticket, und so konnten sie gemeinsam den Atlantik überqueren.[2]

New York sollte der Treffpunkt mehrerer exilierter Rothschilds sein. Kurz vor Ausbruch des Krieges hatte Alain sich mit Mary Chauvin de Treuil verheiratet, und als er an die Front ging, ließ er sie in Paris mit einer kaum einjährigen Tochter und einem zweiten, noch ungeborenen Kind zurück. Dort erfuhr sie im März 1940, daß ihr Mann verwundet in Gefangenschaft geraten sei. Während sie von Ängsten gequält und hilflos noch abwartete, kam eine Nachricht von Alain: Sie solle so rasch wie möglich Europa verlassen. Zunächst reiste sie in Begleitung einer englischen Kinderschwester nach Lafite und dann nach Spanien. Dort erreichte sie das letzte Schiff mit Kurs Südamerika, und im September traf sie aus Brasilien in New York ein. Sehr bald nach ihrer Ankunft wurde sie von einem Sohn entbunden, dem sie den Namen Eric gab. In der Familie nicht gebräuchlich, aber als Zeichen einer Dankbarkeit, zu der sie allen Grund hatte. Kurz vor dem Abmarsch an die Front hatte Alain von seinem alten Freund Eric Warburg ein Fernglas zum Geschenk erhalten. Dieses trug er im Einsatz am Riemen umgehängt. Eine deutsche Gewehrkugel, die ihn sonst in die Brust getroffen hätte, prallte vom Metallgehäuse ab und verletzte nur seinen Arm.[3]

Die Brüder Alain und Elie gerieten beide schon in den allerersten Kriegstagen in deutsche Gefangenschaft und verbrachten fünf Jahre in verschiedenen Lagern. Alain hob die faire Behandlung durch die Sieger hervor: Die meisten Wehrmachtsoffiziere waren Soldaten alter preußischer Schule, die sich an die überlieferten Kriegsregeln hielten, gefangenen Offizieren gegenüber Ritterlichkeit übten und gar nicht daran interessiert waren, Juden zwecks Repressalien auszusondern. Die einzige antisemitische Regung, die Alain zu spüren bekam, äußerten andere gefangene französische Offiziere, die, meist vergeblich, auf einer strengen Trennung von ihren jüdischen Kameraden bestanden. Eines Tages erging beim Morgenappell im Gefangenenlager in Lübeck der Befehl: „Alle Juden einen Schritt vortreten." Alain und seine Freunde gehorchten. Doch ebenso ein katholischer Feldgeistlicher. Wütend ging der deutsche Kommandeur auf ihn zu. „Ich sagte, ‚alle Juden', Herr Pfarrer. Sie sind doch offensichtlich kein Jude." Darauf der Priester: „Na ja, man kann nie wissen, ob die eigene Großmutter . . ."[4]

Elie hatte weniger Glück. Wegen mehrerer Ausbruchsversuche wurde er in das Schloß Colditz in Sachsen verlegt, das am strengsten gesicherte deutsche Kriegsgefangenenlager. Auch dort setzten seine französischen Offizierskameraden eine Art „Rassentrennung" durch, und er wurde mit anderen Juden separiert. Aber er brachte es sogar zuwege, zu heiraten. Vor dem Krieg hatte er sich mit Liliane Fould-Springer verlobt, einer Kindheitsfreundin. Sie entkam mit ihren Eltern nach Amerika, und 1942 wurde das Paar ferngetraut – in einer sehr düsteren Zeit ein Beweis des ungebrochenen Glaubens an die Zukunft.

Ein anderes Familienmitglied, der „Renegat" Maurice, war an einer der spannendsten und sogar historisch bedeutsamsten Episoden der ersten Kriegsjahre beteiligt. Im Mai 1940 wurde Winston Churchill britischer Premierminister, mit der ungeheuren Aufgabe, dem deutschen Vormarsch Einhalt zu gebieten. Die Gesamtlage hätte kaum schlimmer sein können: Frankreich stand kurz vor dem Zusammenbruch. Das Gros der britischen und der französischen Streitkräfte wurde in den Raum um Dünkirchen abgedrängt. Es war nur mehr eine Frage von Wochen oder Tagen, bis sich die Deutschen der Hauptstadt Paris bemächtigen würden. Churchill brauchte geeignete Mittel, um den Geist des Widerstandes in Frankreich lebendig zu erhalten. Dieses Problem erörterte er mit seinem Kriegsminister Anthony Eden. Beide kamen zu dem Schluß, daß ehestens ein Geheimtreffen mit dem französischen Ministerpräsidenten Paul Reynaud und seinem Kriegsminister Georges Mandel erforderlich sei. Wie konnte solches in die Wege geleitet werden? Es war viel zu riskant, die üblichen diplomatischen Verbindungen einzusetzen. Da erinnerte sich Eden seines Freundes Maurice de Rothschild, Senatsmitglied des französischen Parlaments und mit allen führenden Politikern persönlich bekannt. Telefonisch teilte er dem Baron mit, worum es ging. Wenige Tage später flogen die Briten nach Paris und wurden incognito ins Hotel Ritz gebracht, wo Maurice ein privates Diner für die vier Staatsmänner vorbereitet hatte. Während der Gespräche präsidierte er der Tafel. Man beschloß, einen Mann nach London zu entsenden, der das entsprechende Charisma besaß, um als Zentralgestalt den ungebrochenen Kampfesmut eines „Freien Frankreich“ zu verkörpern, ein Oberst namens Charles de Gaulle. Binnen eines Monats war Reynauds Kabinett gestürzt, und der hochgewachsene, aber auch hochfahrende Offizier hatte in London eine französische Exilregierung gebildet. Reynaud verbrachte die Kriegszeit in Internierungslagern in Frankreich und Deutschland.

De Gaulle war ganz sicherlich nicht die Führungspersönlichkeit, die sich Maurice gewünscht hätte, er brachte diesem Mann weder Sympathien noch Vertrauen entgegen. Natürlich zählte seine Meinung überhaupt nicht, da seine Funktion ausschließlich im Arrangement dieses Treffens bestand.[5] Bald geriet Maurice in Schwierigkeiten, weil er sich gegen Marschall Petain stellte, der im Juni die Nachfolge Reynauds angetreten hatte und sofort einen Waffenstillstand mit dem Großdeutschen Reich forderte. Maurice wollte nach England gehen, aber dagegen sprach sich De Gaulle aus, der den Baron de Rothschild ebensowenig schätzte, wie dieser ihn. Außerdem hatte der Brigadegeneral – er war inzwischen befördert worden – nicht das mindeste Interesse daran, daß jemand, der die wahren Umstände seiner Berufung nach London kannte, frei herumging und diese Geschichte womöglich publik machte. Auf seine persönliche Intervention hin wurde Maurice nach Nassau auf den Bahamas entsandt, dort verbrachte er eineinhalb Jahre in einem goldenen Käfig des Exils, ausschließlich von den Geldmitteln lebend, die ihm sein Bruder Jimmy überwies.

Als Marschall Petain im Juni 1940 mit den deutschen Invasoren eine Übereinkunft erreichte und Oberhaupt des neuen „Etat Français“ mit Regierungssitz in Vichy bleiben durfte, war eine der Bedingungen in den Abmachungen zwischen den Deutschen und ihren kollaborierenden französischen Partnern die Beschlagnahme des Besitzes aller „Staatsfeinde“. Davon waren natürlich auch die Rothschilds betroffen. Edouard, Robert und Henri, die sich durch ihre Flucht ins Ausland als Gegner des neuen Regimes deklariert hatten (Edouard und Robert emigrierten nach Amerika, Henri ging nach Portugal), wurden ihrer französischen Staatsbürgerschaft und ihrer zurückgelassenen Vermögenswerte für verlustig erklärt. Außerdem wurden sie in Abwesenheit zu lebenslänglicher Haft verurteilt. Das gleiche galt für Maurice, dem es geglückt war, nach den Bahamas zu entkommen.

Nicht so einfach gestaltete sich die Flucht für Maurices geschiedene Frau und den Sohn aus dieser Ehe. Auch ihnen entzog die Vichy-Regierung die Staatsbürgerschaft, und es war nur eine Frage der Zeit, wann sie jemand bei den Behörden denunzieren würde. Noèmie entschloß sich, nicht länger zu warten. Ende Juni 1940 fuhr sie mit dem dreizehnjährigen Edmond und einer Gouvernante im Auto in die Schweiz. Ihr Ziel war Pregny, der Besitz ihres Exgatten. Aber das riesige Schloß war abgeschlossen und als Zufluchtsort für zwei Damen und einen halbwüchsigen Jungen sowieso gänzlich ungeeignet. Also richteten sich die drei in einem Nebengebäude ein, und mit 1000 Schweizer Franken monatlich, die ihnen Jimmy überwies, fanden sie das Auslangen. „Die ortsansässige Bevölkerung war nicht sehr freundlich zu uns", sagt Edmond heute darüber, „aber daraus kann man den Leuten keinen Vorwurf machen. Wenn sie Flüchtlingen Asyl gewährten, gaben sie sich eine Blöße, und sie konnten nicht darauf bauen, daß die Deutschen ihre Neutralität immer und ewig respektieren würden."[6]

Um diese Zeit waren auch die österreichischen Rothschilds in New York eingetroffen. So sonderbar es klingt, Alfons und seine Angehörigen, die mit knapper Not dem Anschluß Österreichs entgangen waren, gerieten bei Kriegsausbruch um Haaresbreite nochmals in die Falle. Alfons hatte sich dafür entschieden, den Sommer 1939 in der Schweiz zu verbringen. Es war teils ein Urlaub und teils ein Kuraufenthalt. Er hatte ein Herzleiden, das sich infolge zweier plötzlicher tragischer Wendungen verschlimmerte. Die eine war der Zwang, seine vertraute persönliche Umwelt und sein Heimatland zu verlassen, die andere war der Tod seines einzigen Sohnes. Der sechzehnjährige Albert starb 1938 laut Diagnose an einer Sepsis des Kehlkopfes, wahrscheinlicher ist, daß er an Leukämie litt, einer Krankheit, über die man damals noch nicht viel wußte. Albert war der letzte direkte männliche Nachkomme Salomons. Von den drei lebenden Söhnen Salberts unternahmen zwei nichts, um Erben für das österreichische Haus in die Welt zu setzen, und Alfons' andere Kinder waren Mädchen. Seit Anselms Tod hatten die Wiener Rothschilds auffallend wenig Sinn für das „Dynastische". Offenbar lebte jeder lieber sein eigenes Leben, ohne sich Gedanken über die Zukunft der Bank zu machen. Fast will es scheinen, als hätten sie sich in ihr Schicksal ergeben, das sie immer wieder mit Verhängnissen heimsuchte. Alfons hatten das organische Leiden und seine persönliche Tragödie die Lebensfreude genommen, er wurde zum Melancholiker und verlor sich in wirre Träumereien. Vielleicht konnte oder wollte der alternde Mann sich einfach nicht mehr der Erkenntnis stellen, welch apokalyptisches Grauen nun in Wahrheit über Europa hinwegging. Er hatte schon genug erduldet und vermochte sich psychisch nicht mehr auf die Möglichkeit einzustellen, daß er aus seinem Schweizer Asyl ebenso verjagt werden könnte, wie er aus Österreich vertrieben worden war.

Gewiß, man durfte noch immer hoffen. Während der ersten Kriegsphase 1939/40 geschah nicht viel. Doch bald strömten die Flüchtlinge zu Tausenden über die Grenze, vorwiegend Juden. Die Schweizer Regierung wurde unruhig. Im Frühjahr 1940 entschlossen sich Alfons und Clarice, die Rückkehr nach England zu versuchen. Per Bahn in Etappen quer durch Frankreich gelang es ihnen, die Kanalküste zu erreichen, kurz bevor sich die zurückweichenden britischen und französischen Verbände in Dünkirchen sammelten. Einige Monate genoß das Paar die großzügige Gastfreundlichkeit der englischen Cousins, aber an einen Verbleib auf Kriegsdauer war nicht zu denken. Lionel und Anthony, die genug eigene Probleme hatten, wiesen immer wieder darauf hin, daß die österreichischen Rothschilds in Amerika sicherer wären. Da Hitler eine Invasion der Britischen Inseln vorbereitete, sei es besser, rechtzeitig weiterzureisen, als später erneut zu einer Flucht mit all ihren Schrecknissen gezwungen zu sein. Also packten Alfons und die seinigen wieder die Koffer und überquerten den Atlantik. Bald nachdem sie sich in New York eingerichtet hatten, tauchte dort Lionels vierzehnjähriger Sohn Leo auf und wohnte bis 1945 bei ihnen. Aber Alfons selbst, bereits schwerkrank, überlebte die weite Reise nicht sehr lange, er starb 1942. Mit Zivilcourage und Charakterstärke stellte sich seine Witwe dem Problem, bei erheblich verminderten Einkünften zwei halbwüchsige Töchter in einem fremden Land großzuziehen. Obwohl der Kontrast zu ihrem vordem in Österreich gewohnten Lebensstil beträchtlich war, so sagt Bettina in der Rückschau, fanden sie sich in den neuen Verhältnissen gut zurecht, ja sie hatten nicht einmal Heimweh nach den Sommersitzen und weiten Parklandschaften ihrer Kindheit.[7]

Die Emigranten, namentlich jene aus der jüngeren Generation, faßten in dem Land, das ihnen Zuflucht und Verheißungen bot, rasch Wurzeln. Bettina heiratete 1943 den jungen amerikanischen Diplomaten Matthew Looram, ihre französische Cousine Batsheva studierte an der Columbia University, arbeitete später in der Industrie und half in einer Wohlfahrtsorganisation für Frauen mit. Im Jahre 1948 heiratete sie in die vornehme Familie Bloomingdale ein. Louis gestaltete sein Leben so angenehm wie möglich und fand in der gehobenen amerikanischen Gesellschaft viel Anklang. Im Alter von vierundsechzig Jahren entsagte er dem Junggesellendasein und ehelichte eine andere österreichische Emigrantin, Hildegard Gräfin Auersperg.

Im Jahre 1942 traf der einundsechzigjährige Maurice auf dem Umweg über Kanada in New York ein. Er brachte keine Vermögenswerte mit. Alles, was er besessen hatte, war entweder von der Vichy-Regierung beschlagnahmt oder in der Schweiz gebunden, und wenn er es vermeiden wollte, sein Alter als armer Mann zu verbringen, blieb ihm nur eines: er mußte sich auf seinen findigen Kopf verlassen. Also begann er wieder, wie einst in seiner Jugend, auf den Börsen- und Produktenmärkten zu spekulieren. Diesmal mit größerem Erfolg. Er nahm

Geld zu geringem Zinsfuß auf – kaum eine Bank hätte gezögert, einem Rothschild Kredite zu gewähren! – und da er wußte, daß in einer Zeit der Konflikte und in der Phase des nachfolgenden Wiederaufbaus Rohstoffe im Wert nur steigen konnten, investierte er hohe Summen in Kupfer, Eisen, Leichtmetalle, Diamantenminen sowie Kaffee- und Zukkerrohrplantagen. Wie ein neuer „N. M." nützte er die Gezeiten des Kriegsgeschehens zu seinem eigenen Vorteil. Mit dem Telefon und den Finanz- und Wirtschaftsteilen der Presse als einzigen Hilfsmitteln, ohne je ein Büro zu eröffnen, sammelte er das erste Rothschildsche Vermögen an, das nicht aus dem Bankwesen stammte.

Aber nicht alle Familienmitglieder entgingen den schrecklichsten Auswirkungen des Krieges. Im Juni 1940 fuhr Philippe mit seiner Frau und seiner Tochter Philippine zunächst nach Mouton. Von dort wollte er selbst ins Ausland reisen, um Verbindungen mit anderen Franzosen aufzunehmen, die sich nicht zu Vichy bekannten. Lili und Philippine schickte er zu Freunden in der Dordogne, wo die beiden, wie er hoffte, in der ländlichen Abgeschiedenheit vor Gefahren sicher sein würden. Aber er kam nicht bis an sein Ziel, unterwegs wurde er in Marokko von Agenten Vichys verhaftet und nach Frankreich zurückgebracht. Acht Monate später aus der Haft entlassen, fuhr er sofort zu seinen Angehörigen. Er versuchte, seine Frau zu überzeugen, daß sich die Kriegslage rapide verschlechterte und daß sie deshalb mit ihm nach England gehen sollte. Aber das lehnte sie ab. Da sie selbst keine Jüdin sei, so meinte sie, habe sie nichts zu befürchten. Sie begriff einfach nicht, daß jedem Menschen, der in irgendeiner Beziehung zu den Rothschilds stand, Gefahr von den Deutschen drohte. Frankreich war ihr Heimatland, und dort würde sie bleiben. Sie sprach nicht Englisch und hatte kein Verlangen danach, ohne Freunde in einem fremden Land zu leben. Deshalb blieb nur eine Trennung. Lili ging mit ihrer Tochter nach Paris, und dort hielten sich die beiden bis 1944 auf. Vorsichtshalber nahm Lili wieder den Titel an, den sie vor ihrer Ehe geführt hatte: Comtesse de Chambure. Die kleine Philippine wurde nach der Konfession ihrer Mutter katholisch getauft – die erste geborene Rothschild christlichen Bekenntnisses.

Bis in das Jahr 1944 gab es keinen Grund zu ernstlicher Besorgnis, aber nach der Landung der Alliierten in der Normandie begannen die Deutschen mit einer systematischen Säuberung von allen „unerwünschten Elementen". Philippine, die damals neun Jahre alt war, erinnert sich genau des Tages, es war der 22. Juni, als zwei Gestapobeamte ins Haus kamen, um ihre Mutter zu vernehmen. Das Personal versteckte das Kind im Keller, doch die Deutschen bestanden darauf, sich auch die Kleine „vorzuknöpfen", weitere Ausflüchte waren sinnlos. Philippine betrat das Wohnzimmer und stellte sich neben ihre Mutter, die sehr gefaßt wirkte. Die Deutschen fragten: „Wo ist dein Vater?" Philippine war bereits für solch einen Fall vorbereitet worden und antwortete: „Ich weiß es nicht, er ist fort." Lili erhob sich von ihrem Stuhl, ihre Tochter weiß heute noch, daß sie damals einen schwarzen Samtblazer und einen Tartanrock trug.

„Nun wissen Sie alles, meine Herren. Ich nehme an, daß Ihnen das genügt."

„Nein. Sie müssen für weitere Verhöre mitkommen." Die beiden blickten Philippine an. „Und was tun wir mit dem Mädel?" fragte der eine auf Deutsch.

„Ach, lassen wir sie hier", erwiderte sein Kollege. „Ich hab' selber so eine Göre daheim."

Lili gab ihrer Tochter einen Kuß. „Geh jetzt. Wir sehen uns bald wieder." Im Gestapoauto wurde sie in die berüchtigte Dienststelle in der Rue de Saussier gebracht. Sie kehrte niemals zurück. Der Ablauf ihrer letzten Lebenstage wurde später aus Augenzeugenberichten rekonstruiert. Sie war unter den Hunderten französischen Männern und Frauen, die im letzten Zug aus Paris zum Vernichtungslager Ravensbrück zusammengepfercht wurden. Am Ziel wurden sie brutal mißhandelt und getötet.

Philippine wurde bei Verwandten auf dem Land in Sicherheit gebracht. Einige Tage später tauchte dort ein Fremder in Uniform auf. Es dauerte einige Sekunden, bis das kleine Mädchen in ihm den Vater erkannte, den es zum letztenmal vor zweieinhalb Jahren gesehen hatte. Lili war nicht das einzige Familienmitglied, das ins KZ verschleppt wurde. Rózsika verlor eine Schwester, diese wurde mit Fleischerhacken umgebracht, einer ihrer Brüder hatte noch „Glück", er überlebte Dachau.

Für Philippe war der Krieg inzwischen sehr wechselvoll verlaufen. Nachdem er auf abenteuerlichen Umwegen bis nach England gekommen war, verbrachte er die nächsten Jahre in Ausbildungslagern der britischen Armee. Gegen Ende Juni 1944, als die in der Normandie gelandeten Verbände der Alliierten einen Brückenkopf gebildet hatten, überquerte auch Philippes Einheit den Ärmelkanal. Seine Aufgabe war es, Verbindungen zwischen den Befreiern und den Befreiten herzustellen und die zivilen Behörden bei ihren Bemühungen um Ordnung zu unterstützen. Keineswegs eine leichte Aufgabe. Zwangsläufig kam es zu gewissen Reibungen, sobald die erste Begeisterung über den Einzug der „Tommies" schwand und die harte Realität des Lebens in einem militärisch besetzten Gebiet spürbar wurde. Auch mußte man verhindern, daß die französischen Bürger jeden Kollaborateur lynchten, der ihnen in die Hände fiel. Philippe zog zusammen mit General Leclercs berühmter französischer 2. Panzerdivision in Paris ein, und dort erfuhr er von der Verhaftung seiner Frau. Lili, aller Wahrscheinlichkeit nach tot und, auch das konnte er ermitteln, sein Haus in Mouton Stabsquartier eines Kommandos der deutschen Luftwaffe – damit schien das Leben für ihn seinen Sinn verloren zu haben. Doch überglücklich konnte er feststellen, daß zumindest seine kleine Philippine gerettet war.

Henri Rothschild erlebte den Wiederaufbau der Nachkriegszeit nicht mehr. Dieser vielseitig begabte Mann starb 1946 in Lausanne. Während der Kriegsjahre hatte er in Portugal wahrhaftig eine Zuflucht gefunden, vielleicht nicht nur vor bewaffneten Konflikten und Verfolgung, sondern auch vor allen Fehlschlägen und Enttäuschungen des menschlichen Daseins.

Die Kriegserlebnisse des Baron Guy waren ebenso dramatisch, wenn auch nicht so tragisch wie die seines Cousins. Er gehörte zu jenen französischen Truppen, die aus Dünkirchen, wo er sich das französische Kriegskreuz verdiente, nach England evakuiert wurden. Sofort kehrte er nach Frankreich zurück, doch bei Waffenstillstand rüstete auch er ab und lebte mit seiner Frau Alix einige Zeit in der unbesetzten Zone, die der Vichy-Regierung unterstand. Aber dann wurde jenes Gesetz erlassen, das den Rothschilds ihren Besitz und ihre Staatsbürgerschaft nahm. Nun blieb nichts anderes, als dem Beispiel der Verwandten zu folgen. Im Oktober 1941 reisten Guy und Alix über Spanien und Portugal in die Vereinigten Staaten. Auch sie ließen sich in New York nieder, im Kreis von Verwandten, alten und neuen Freunden.

Bald wurde ihnen ein Sohn geboren, und ebenso bald gründete Guy gemeinsam mit seinem Vater und Robert eine kleine Kapitalgesellschaft. Ihre erste Tätigkeit war kaum etwas anderes als eine sehr dringend erforderliche Bestandsaufnahme all ihrer beweglichen und umsetzbaren Vermögenswerte – Anleihen, Aktien, Devisen, Eigentum in Übersee. Die Trennung von Privatbesitz und Bankkapital und die rechtliche Klärung der Frage, welche Gelder eingefroren waren und welche nicht, war eine langwierige, komplizierte Prozedur. Dadurch wurde zwar nur ein kleiner Bruchteil des ungeheuren Rothschild-Kapitals verfügbar, aber das war noch immer besser als gar nichts. Nach und nach wurden verschiedene Guthaben gefordert und neuerlich angelegt, und in einem winzigen gemieteten Büro an der Fifth Avenue entstand ein neues Unternehmen. Niemand konnte damals voraussagen, was sich aus dieser Keimzelle entwickeln würde.

Aber Guy wollte den Krieg nicht jenseits des Atlantiks verbringen, weit vom Schuß und in Gesellschaft von Frauen, Kindern und älteren Männern. Er meldete sich zu den Streitkräften des Freien Frankreichs.

Auf der Geleitzugsfahrt mit Kurs auf die Britischen Inseln wurde sein Transporter von einem deutschen U-Boot versenkt, und er selbst mußte von der Besatzung eines Begleitschiffes aus dem Wasser geholt werden. Wenige Tage nach der Ankunft in Schottland war Guy bereits in Waddesdon und leerte mit seinem Cousin Jimmy eine Flasche Lafite Jahrgang 1895 – solche fast surrealistisch anmutende Wendungen erlebten die Rothschilds in jenen Kriegszeiten. In London erhielt er eine Funktion in General de Gaulles Stab, bei der Schulung und Abkommandierung französischer Verbindungsoffiziere für britische und amerikanische Einheiten. Einige Wochen nach der Invasion der Alliierten an der Küste der Normandie war Guy wieder in der Rue Laffitte, stürmisch begrüßt von der kleinen Gruppe der Angestellten, die in der Bank weiterarbeiten durften.

Das Schwesterhaus in London stand 1939 vor einem ähnlichen Problem wie 1914. Lionel und Anthony waren beide schon in vorgerücktem Alter, und es mangelte an entsprechendem Nachwuchs für die leitenden Positionen. Victor, ein willensstarker, eigensinniger junger Mann, hatte New Court entschlossen den Rücken gekehrt. Seine schwierige Kindheit hatte ihn ungemein empfindlich gemacht, und er schützte sein wahres Ich durch einen Panzer aus Selbstsicherheit und brillantem Intellekt. Er besaß einen scharfen, analytischen Geist und beendete seine Studien, nach Familientradition in Harrow und Cambridge, mit Auszeichnung. Dabei kam ihm sein in Ashton und Tring geschultes Verständnis für naturwissenschaftliche Forschung sehr zustatten. Aber er war nicht der Typus des einseitigen Gelehrten, sondern nebenbei auch ein Pianist von Graden, der sich für Bach ebenso begeisterte wie für Jazz, ein geübter Kricketspieler und ein Sammler im Rothschildschen Stil. Er legte eine hervorragende Sammlung von Büchern und Handschriften des 18. Jahrhunderts an und war ein gründlicher Kenner der Werke Jonathan Swifts. Viele Schriftsteller und Künstler aus dem modischen Bloomsbury-Kreis zählte er zu seinen persönlichen Freunden. Aber als die Forderung an ihn herantrat, weigerte er sich, auch das Bankfach in seine Tätigkeiten einzubeziehen. Im Jahre 1931 sah er sich kurz in New Court um und fand dort vieles auszusetzen.

> „Es war ein ziemlicher Schock, im Alter von einundzwanzig Jahren zu hören, daß man von mir erwartete, ich solle zumindest versuchen, das Leben eines Bankiers in der Londoner City zu führen. Das tat ich, aber zu einem ungünstigen Zeitpunkt. Im Jahre 1931 herrschte weltweit Rezession, die City schien im Absterben zu sein, öde und recht unerfreulich. Ich fand keinen Gefallen am Bankwesen,

das im Grund darin besteht, Geld in Bewegung zu setzen: von Punkt A, wo es liegt, zu Punkt B, wo es gebraucht wird."[9]

So ging Victor zwecks Forschungen wieder nach Cambridge, und 1935 erhielt er einen Lehrauftrag am Trinity College. Während der nächsten Jahre war er ganz in seinem Element. Er hatte nun eine junge Frau und galt allgemein als einer der hoffnungvollsten jungen Naturwissenschaftler des Landes. Seine Tätigkeit, das Studium der Bewegung des Sperma und des Befruchtungsvorgangs, und seine Vorlesungen am Zoologischen Institut brachten ihm Erfüllung. Wenn er nicht im Labor arbeitete, hatte er den Sport und die anregende Gesellschaft intelligenter Freunde. Er war Mitglied der „Apostles", eines exclusiven Debattierclubs, der nur den besten Köpfen offenstand. Im geistigen Klima von Cambridge erlebte man damals eine sehr bewegte, ja aufregende Zeit. Politische Ideen waren im Zustand der Gärung, und der Zusammenbruch der alten Ordnungen stellte denkende Menschen vor eine Herausforderung. An der Universität gab es Scharen begeisterter Idealisten, die da glaubten, sie wüßten Abhilfe für die Mißstände und Übel in der Welt. Manche schrieben zornige Gedichte und Artikel für die linksgerichtete Presse, andere meldeten sich für den Kampf im Spanischen Bürgerkrieg. Andere wieder wurden von der Sowjetunion angeworben, als geheime Vorhut der kommenden Weltrevolution.

Victor, der nach Walters Tod 1937 dritter Baron Rothschild wurde, war kein Marxist. Jahre später erklärte er: „In jenen Zeiten hatte ich keine Ahnung von Politik und Ideologien, da ich, wie ich meinte, zu sehr mit meiner wissenschaftlichen Arbeit, dem Sport und dem Gesellschaftsleben beschäftigt war, um viel Zeit für irgend etwas anderes zu erübrigen."[10] Aber er war jedenfalls Sozialist, und zwar prägten zwei Elemente seine politischen Auffassungen: das von seinen Vorfahren ererbte Gefühl für soziale Verantwortung und sein wacher Sinn für die größten Probleme jener Tage: Massenarbeitslosigkeit, der Aufstieg des Nationalsozialismus und des Faschismus sowie das offenkundige Versagen des Laissez-faire-Kapitalismus. Vielleicht lag seiner Weltanschauung auch eine gewisse Enttäuschung und Hilflosigkeit zugrunde. Seit je hatten die Rothschilds immer aktiv eingegriffen, um gesellschaftliche Übelstände zu mildern, in schier aussichtlosen Situationen setzten sie ihr philanthropisches Wirken und ihr politisches Gewicht ein, doch wie schon erwähnt, das Europa der Epoche nach 1918 lehnte den Paternalismus ab, und die Rothschilds hatten zu den Beratungen im engsten Kreis der Mächtigen keinen Zugang mehr.

Zu Victors Altersgenossen in Cambridge gehörten einige junge Männer, die glaubten, sie könnten doch etwas unternehmen. Sein Freund

Anthony Blunt z. B., Kunsthistoriker von Rang und Experte für das Werk Nicolas Poussins. Rothschild war beeindruckt von der Bildung, dem Geist und der klugen Konversation des etwas Älteren, und auch von dessen, wie er es sah, „hohen moralischen oder ethischen Prinzipien". Er meinte, Blunt sei einer der wenigen Menschen, die man um Rat fragen könne.[11] Im Temperament völlig verschieden war der schillernde Guy Burgess, der extravagante Parties gab und sich ganz offen als Kommunist und Homosexueller bekannte. Andere Kollegen waren Donald Maclean und Kim Philby. Gemeinsam mit Burgess und Blunt bildeten sie den später berüchtigten Cambridge-Kreis. Alle vier wurden in den dreißiger Jahren als Sowjetagenten angeworben, unterwanderten den Staatsdienst und fügten dem britischen Sicherheitssystem erheblichen Schaden zu. Die gesellschaftlichen Kontakte zu solchen Männern aus seinen goldenen Zeiten in Cambridge sollten Lord Rothschild Jahre danach viel Kummer bereiten.

Während Victor die akademische Laufbahn einschlug, trat sein Cousin Edmund, den fast jeder Eddy nannte, 1938 pflichtschuldig in die Bank ein. Er war Lionels Sohn, um sechs Jahre jünger als Victor und der einzige aus dem Nachwuchs, der für New Court in Betracht kam. Aber schon ein Jahr später brach der Krieg aus, und Eddy rückte wieder zu seinem Regiment ein, der Royal Bucks Yeomanry. Im Jahre 1942 starb sein Vater. Eddy wurde beurlaubt, um die Besitzverhältnisse zu ordnen, und aus dem Amt des Premierministers wurde ihm nahegelegt, wieder in New Court zu arbeiten. Man sieht, die Geschichte wiederholte sich. Aber Eddy wollte sich nicht binden lassen, wie Lionel damals im Jahr 1914. Er ging zu seiner Einheit zurück, und Anthony blieb auf sich allein gestellt, um die Bank durch die Kriegszeit zu führen.

Eine schwierige, dornenvolle Aufgabe. Während der Luftschlacht um England, 1940, war Anthony nicht nur für die Geschäftsgebarung verantwortlich, sondern auch für die Sicherheit des Personals und wichtiger Dokumente. Lange Zeit des Krieges wohnte er auch in New Court, blieb Tag und Nacht verfügbar, stets auf dem Posten, um bei jeglichem Notfall einzugreifen, eine vertraute Erscheinung für die Brandwachen und Luftschutzwarte, die während der Dunkelheit ihre Runden durch die Anlagen machten. Viele Angestellte wurden nach Tring Park versetzt, das nun als Ausweichquartier für den Bankbetrieb diente.

Die prekären Kriegsverhältnisse lehrten Anthony auch, daß es unbedingt erforderlich sei, für die Zukunft vorzusorgen. In solchen Zeiten waren Familienunternehmen besonders gefährdet. Er wußte z. B., daß die Partnerschaft zu bestehen aufhören würde, falls ihm selbst oder seinem Bruder etwas zustieß. Dieses vordringliche Problem wurde 1941 organisatorisch gelöst: durch die Gründung einer eigenen Gesellschaft

„Rothschild Continuation", die als Partner der Bank auftrat. Die Klugheit dieses Schachzugs erwies sich ein Jahr später, bei Lionels Tod. Der Aufbau von Rothschild Continuation war der erste Schritt – wenn auch 1941 wahrscheinlich nicht als solcher geplant – zur Umwandlung eines Familienunternehmens in eine private Handelsgesellschaft.

Doch soweit überhaupt möglich, wahrte die Bank die Atmosphäre des „ungestörten Geschäftsbetriebes". Nach der Luftschlacht um England wurden wieder die berühmten New Court Lunches veranstaltet. Viel Prominenz versammelte sich an Anthonys Tafel, und bei keinen anderen inoffiziellen Treffen im London der Kriegszeit wurden so viele sachliche Gespräche über militärische, politische und wirtschaftliche Fragen geführt. Am 4. Mai 1945 etwa war Churchills Privatsekretär John Colville unter den Gästen, zu denen auch der Premierminister von Kanada zählte.[12]

Eddy und Victor standen im Fronteinsatz. Eddy war bei dem britischen Expeditionskorps, das 1940 den deutschen Vormarsch in Frankreich aufzuhalten versuchte. Zuletzt kommandierte er fünfhundert Mann, die von ihrem Regiment abgeschnitten waren und kurz nach dem Fall Dünkirchens von Cherbourg aus nach England evakuiert wurden. Später diente er als Artilleriemajor im Nordafrika-Feldzug, machte die Kampfhandlungen in Italien mit und kam bis nach Jugoslawien. Wie er selbst sagte, erlebte er einen „interessanten Krieg". Nach der deutschen Kapitulation in Tunesien war er für die Verpflegung von 10 000 Gefangenen verantwortlich, er nahm an der Schlacht um Monte Cassino teil und wurde auch Augenzeuge einer unrühmlichen Episode: der Auslieferung von Russen, die auf deutscher Seite gekämpft hatten, an die Rote Armee. Einige Zeit widersetzte sich die britische Regierung diesem Ansinnen, doch als sich die Sowjets weigerten, britische Kriegsgefangene in den nun von der Roten Armee besetzten Gebieten Deutschlands in die britische Zone zu überstellen, wurde der Befehl gegeben, den Forderungen Moskaus zu entsprechen. Eddy mußte machtlos mitansehen, wie Hunderte unglückliche Menschen auf Lastwagen verladen wurden, zum Transport hinter die sowjetischen Linien – und in den sicheren Tod.

Aber der Krieg hatte auch seine anekdotischen Momente. Gern erzählt Eddy die Geschichte seiner Verhandlungen mit einem Partisanenkommandeur wegen eines umstrittenen Geländestreifens. Der Jugoslawe wußte, daß er im Unrecht war, konnte dies aber nicht zugeben, ohne das Gesicht zu verlieren. Also wurde beschlossen, die Entscheidung durch ein Fußballmatch zwischen Major de Rothschilds Soldaten und den Partisanen herbeizuführen. Falls die Briten gewännen, würden die Jugoslawen das umstrittene Terrain übergeben. Sollten sie selber aber den Sieg davontragen, dann würden sie eine großzügige Geste setzen, d. h., das Gelände räumen. Schließlich gab es ein gewaltiges Gelage, bei dem so viel gesoffen wurde, daß das Ergebnis keineswegs allen Beteiligten klar war. Aber Eddy ist nach wie vor überzeugt davon, daß seine Leute die Oberhand behielten.

Es lag nahe, einen Mann vom Intellekt Lord Victor Rothschilds während des Krieges für Aufgaben im Rahmen des militärischen Geheimdienstes heranzuziehen. Er wurde bei der Sabotageabwehr eingesetzt und war vor allem mit dem Aufspüren und Entschärfen von Sprengkörpern beschäftigt, die häufig als harmlose Objekte getarnt wurden, etwa als Gemüsekisten.

Das war eine sehr gefährliche Tätigkeit, sie trug ihm denn auch die Georgsmedaille ein. Auch als Vernehmungsoffizier wurde er eingesetzt. Mit seiner Verstandesschärfe, frei von Emotion, aber mit zwingender Logik, durchschaute er die Finten spionageverdächtiger Personen und gefangener deutscher Offiziere. Er führte auch die Nachforschungen über eines der umstrittensten Ereignisse des Zweite Weltkrieges. Im Juli 1943 fand General Wladyslaw Sikorski, Oberhaupt der polnischen Exilregierung, bei einem Flugzeugabsturz in Gibraltar den Tod. Kurz vorher hatte er die diplomatischen Beziehungen zur Sowjetunion abgebrochen, was für die Alliierten in einer kritischen Kriegsphase sehr bedenklich war. Zweifellos hatten manche Kreise Interesse an der Beseitigung dieses eigensinnigen alten Soldaten, und Sabotage lag durchaus im Bereich des Möglichen. Lord Rothschild wurde beauftragt, die Wahrheit zu ergründen. Die Resultate seiner Ermittlungen wurden geheimgehalten. Und dabei blieb es.[13]

Eine andere seiner Aufgaben war der Schutz des Premierministers vor möglichen Anschlägen. Dies bedingte genaue Kontrolle der vielen Zigarren, die Churchill ständig von Verehrern erhielt. Und nicht bloß Zigarren waren zu überprüfen.

> „Eines Tages, als der Premierminister gerade über den Parliament Square zum Unterhaus ging, sprach ihn ein französischer General an, salutierte und überreichte ihm einen Virginia-Schinken (eine Delikatesse, auch Honigschinken genannt, da das Fleisch mit Honig bestrichen und dann gebraten wird). Winston freute sich sehr und meinte, den hätte er gern zum Frühstück am nächsten Morgen. Großes Entsetzen. Wie konnte der Schinken ohne sein Wissen getestet werden und für das Frühstück am nächsten Morgen verfügbar sein? Ein hauchdünnes Stück wurde entnommen, ohne die Oberfläche zu verletzten, das war geradezu ein chirurgischer Eingriff. Aber was sollte man mit der Probe anfangen, da viel zu wenig Zeit für eine

bakteriologische Untersuchung blieb? Nach einer Blitzkonferenz wurde, wie gewöhnlich, eine Lösung gefunden. Man fütterte mit dem Schinkenscheibchen die Katze der medizinischen Forschungsstelle und hielt sie dann stundenlang unter genauer Beobachtung. Da sie die Atzung überlebte, bekam der Premierminister am nächsten Morgen seinen Virginia-Schinken zum Frühstück."[14]

Eine ähnliche Situation ergab sich 1944, als Churchill von einem französischen Bewunderer eine Kiste 1798er Armagnac zum Geschenk erhielt. Rothschild bestand auf Ausfolgung einer dreizehnten Flasche. Die Prüfung solch eines exquisiten Brandy war eine der angenehmsten Begleiterscheinungen seines äußerst anstrengenden Dienstes.[15]

Als die Armeen der Alliierten 1944/45 nach Deutschland vordrangen, wurde die Beschaffung von Informationen wichtiger denn je. Es kam darauf an, den Krieg so rasch wie möglich zu beenden, um sinnlose Verluste zu vermeiden. Eddy gehörte zu einer Gruppe, die in der Pariser Aveneu de Marigny gefangene deutsche Offiziere verhörte, darunter auch Otto Skorzeny, der mit einem Sonderkommando im September 1943 durch eine Luftlandeaktion in Campo Imperatore in den Abruzzen den nach seinem Sturz dort internierten Benito Mussolini befreit hatte.[16]

Der Krieg hielt Victor nicht davon ab, weiterhin gesellschaftlichen Umgang mit den Größen des Landes zu pflegen, ein Geburtsrecht der Rothschilds. Am 7. Februar 1944 z. B. gab er in einem Salon des Londoner Savoy Hotels ein Dinner für einige Freunde, unter ihnen der Premierminister samt Frau und Tochter, der Informationsminister Brendan Bracken und Churchills Vertrauter, John Colville, der in seinem Tagebuch vermerkte: „Das Dinner war ausgezeichnet, zu den Weinen aus der Kellerei von Tring zählten ein Pol Roger 1921, der Rothschild Château Yquem und ein ausgezeichneter alter Brandy. Nach der Mahlzeit trat ein außerordentlich geschickter Zauberer auf, wie der Premierminister erklärte, der beste, den er je sah."[17] Die Rothschilds gehörten eben zu jenen Leuten, die gegen die kriegsbedingten Einschränkungen abgeschirmt waren.

Der Geheimdiensteinsatz entsprach Lord Rothschilds Naturell, nicht nur weil er ungemein klug und scharfsinnig war, sondern auch, weil er zwei in der Familie weitervererbte Wesenszüge besaß: den Drang, im Mittelpunkt zu stehen und die Neigung, Dinge geheimzuhalten. Andere ehemalige Offiziere des MI5* veröffentlichten ihre Erinnerungen an

* Military Intelligence, die britische militärische Geheimdienstorganisation.

die Kriegszeit unter mehr oder minder strikter Einhaltung ihrer Schweigepflicht. Victor indes ließ kaum etwas über seine Tätigkeit verlauten. Eine positive Wendung brachte der Krieg für sein Privatleben. All die Jahre stand ihm als Helferin Tessa Mayor zur Seite, eine tapfere, gescheite Frau, die sich durch ihren Einsatz den Orden des Britischen Empire erwarb. Im Jahre 1946 wurde Lord Rothschild von seiner ersten Gattin geschieden und heiratete Tessa.

Miriam, Charles Rothschilds älteste Tochter, stand ihrem Bruder Victor geistig kaum nach. Sie war eine ausgezeichnete naturwissenschaftliche Forschungskraft, eine große Naturfreundin, und sie bezeichnete sich selbst als die letzte aus einer aussterbenden Gattung – der Gilde der wahrhaftigen Amateure unter den Biologen. Die Spannweite ihrer Interessen zeigt sich in ihren dreihundert Arbeiten zu den verschiedensten Themen, von der Messung ultravioletter Strahlung in einer Höhe von 13 000 Metern bis zum Liebesleben der Schnecken und der Wanderung von Schmetterlingen. Miriam hätte nach dem Beispiel ihres Bruders eine rein akademische Laufbahn einschlagen können, aber Rothschilds folgen selten den Konventionen. Die Verbindung von Geist, materieller Unabhängigkeit und der Zaubermacht des Familiennamens ermöglichten ihr einen eigenen Weg. Damit schuf sie sich auch in Fachkreisen einen hervorragenden Ruf.

Es war Miriams Vater, der ihr solche Wege wies. Charles sagte seinen Töchtern, seiner Meinung nach sei durch die üblichen Prüfungen nichts zu gewinnen, das sei bloß Zeitverschwendung. Miriam befolgte seinen Rat: als Siebzehnjährige belegte sie gleichzeitig zwei Fächer, englische Literatur und Zoologie, trat aber nie zu Prüfungen an. Trotzdem erkannten ihre Lehrer, daß sie rascher vorankam als die meisten ihrer Studienkollegen. Als ihr die Universität Oxford Jahre später das Ehrendoktorat verleihen wollte, machten die Zuständigen eine peinliche Entdeckung: Nun stellte sich nämlich heraus, daß Miriam überhaupt keinen akademischen Grad besaß und somit die Voraussetzungen nicht erfüllte. In aller Eile und ganz diskret mußte man für diesen Ausnahmsfall die Bestimmungen ändern. Das gleiche Problem ergab sich, als ihr eine Gastprofessur am Royal Free Hospital zuerkannt werden sollte.

Unter anderem setzte Miriam die Arbeiten ihres Vaters über die Flöhe fort. Zu Charles Rothschilds Zeiten kamen Forschungen über diese Tiere große praktische Bedeutung zu, denn sie waren die Überträger der Beulenpest. Daher wurde Charles Rothschild auch der Pestkommission beigezogen. In späteren Jahren befaßte man sich mit den Flöhen als den Überträgern der Myxomatose, einer aus Südamerika eingeschleppten epidemischen Krankheit der Kaninchen, die zugleich eine natürliche Dezimierung der Tiere herbeiführte. Aber in Australien, wo sich die Wildkaninchen in unvorstellbarem Ausmaß vermehrten, gab es keine Flöhe, und die Krankheit wurde weitaus weniger wirksam durch Stechmücken übertragen. Die australische Regierung beschloß, die entsprechende europäische Art von Flöhen ins Land zu bringen, in der Hoffnung, auf diese Weise die Kaninchenplage einzudämmen. Miriam wurde aufgefordert, bei diesem Versuch mitzuwirken. Zunächst löste sie das Problem, Flöhe auf Hauskaninchen zu züchten und machte dabei die Entdeckung, daß die Vermehrung dieses Insekts durch die Hormone des Wirtstieres bestimmt wurde und daher nur auf trächtigen Weibchen erfolgen konnte. Außerdem entdeckte sie in Spanien eine für heiße Klimazonen besser geeignete Art des Kaninchenflohs und züchtete eine entsprechende Population auf ihren zahmen Kaninchen in Ashton.* Diese wurden dann nach Australien versandt. Doch der Transport solcher von Schädlingen befallener Tiere erwies sich als ungemein schwierig, und es bedurfte telefonischer Erklärungen des Unterhauses, um sie nach Indien einzuführen und dann weiterzubefördern. Schließlich wurden die Kaninchen an ein australisches Laboratorium geliefert, aber leider zu einer Zeit, als die Fachkräfte auf Urlaub waren und nur ein einziger Laborant den Dienst versah. In sonst löblichem Pflichteifer bestäubte er die Tiere reichlich mit Insektiziden. Unverdrossen organisierte Miriam eine zweite Sammelaktion in Spanien.

Vor dem Kriegsbeginn arbeitete sie zeitweise im Landwirtschaftsministerium in Washington, doch 1940 kehrte sie nach England zurück, um in den staatlichen Informationsdienst in Bletchley einzutreten – wo das berühmte Enigma-Dechiffriergerät entwickelt wurde. Mittlerweile war auf dem Gelände ihres Gutes in Ashton Wold ein großes Flugfeld angelegt worden, und während der Wartezeit bis zu ihrer Einberufung nach Bletchley hatte sie nach einigen Stunden am Simulator für die Pilotenausbildung einen genialen Einfall: Aus Sattelgurten ließ sie den ersten Sicherheitsgurt herstellen und in ihrem Austin 10 montieren – mehr als vierzig Jahre bevor diese Ausstattung für alle Autos in Großbritannien obligatorisch wurde.

Für Miriam ergab sich eine völlig unerwartete Wendung, als sie 1942 einige Urlaubstage im Herrenhaus von Ashton verbrachte, das auf Kriegsdauer in ein Rekonvaleszentenheim umgewandelt worden war. Die Leiterin erzählte ihr von einem Patienten, der knapp der Amputation eines Armes entgangen war und immer wieder beteuerte, er habe

* Sie lebte damals auf diesem Besitz, den sie nach dem Tod ihrer Mutter geerbt hatte.

mit Miriams Mutter Briefe gewechselt und würde gern die Tochter kennenlernen. Miriam hielt ersteres für sehr unwahrscheinlich, aber die Heimleiterin blieb dabei. „Ich habe ihm gesagt, daß Ihre Mutter gestorben ist. Er ist übrigens Ungar und heißt Georg Lanyi." Um sich Klarheit zu verschaffen, lud Miriam den merkwürdigen jungen Mann zum Tee ein.

Und er kam, ein gutaussehender sechsundzwanzigjähriger Sergeant. Aus der Tasche zog er einen Brief auf dem Briefpapier von Ashton Wold, mit der Unterschrift Rózsika Rothschild. Datiert etwa sechs Monate vor ihrem Tod. Mr. Lanyi wurde eingeladen, mit ihr Verbindung aufzunehmen. Er erklärte, wie er zu diesem Schreiben gekommen war. Kurz vor dem Krieg war er aus Ungarn ausgewandert, wie so viele andere Juden, die von der Annäherung des Reichsverwesers Admiral Horthy an Hitler böse Folgen befürchteten. Nach seiner Ankunft in England hatte er als Schriftsteller und Journalist gearbeitet. Ein Zeitungsartikel über die Landung von Emigranten in Harwich hatte Miriams Mutter so tief beeindruckt, daß sie beschloß, mit dem Verfasser in Kontakt zu treten. Der Krieg und Rózsikas Tod verhinderten dies, und nur durch eine seltsame Fügung, ohne eigenes Zutun, hatte er schließlich doch die Möglichkeit, der lange vorher ausgesprochenen Einladung nachzukommen.

Nun folgte eine typische Kriegsromanze und anschließende Ehe. Aber es waren nicht nur die üblichen Umstände des Kriegsalltags, welche die beiden zusammenführten. Was zählte, war die Tatsache, daß Mitglieder von Georgs Familie ebenso wie einige von Miriams Verwandten mütterlicherseits durch die Deutschen den Tod gefunden hatten. Dieses gemeinsame Schicksal schuf ein tiefes Gefühl der Verbundenheit.

Zwangsläufig brachten die nächsten Jahre eine harte Bewährungsprobe. Georg meldete sich freiwillig zu einer rein jüdischen Einheit im Rahmen des No 10 Commando,* die, in Sabotage und Nahkampf ausgebildet, für den Einsatz hinter den feindlichen Linien bestimmt war. Von Anfang an rechnete man mit Verlusten von mehr als 50 Prozent. Diese Soldaten waren Einzelkämpfer eines geheimen Krieges, deshalb führten sie nach außenhin das Leben normaler Bürger. Praktisch bedeutete das für Miriam, daß ihr Mann, ohne Vorwarnung, meist mitten in der Nacht, abberufen wurde, um an einer Commando-Aktion an der niederländischen oder der französischen Küste teilzunehmen. Es

* Die Commandos waren die britischen Sondereinheiten des Zweiten Weltkriegs, ebenso wie beim damals aufgestellten Special Air Service (SAS) wurden geschlossene Abteilungen aus Emigranten und Soldaten anderer als der britischen Nationalität (Franzosen und Belgier) aufgestellt.

war immer möglich, daß er von solch einem Einsatz nicht zurückkehrte. Tatsächlich blieb er nach einem nächtlichen Erkundungsvorstoß, für den er später mit dem britischen Military Cross ausgezeichnet wurde, im Gebiet bei Calais verschollen. Das war kurz vor der Invasion in der Normandie. Die britischen Behörden hatten den Soldaten dieser Einheit nicht die britische Staatsbürgerschaft zuerkannt, aber in Anbetracht des erhöhten Risikos im Fall einer Gefangennahme hatte man ihre Namen anglisiert, und so hieß Miriams Gemahl George Lane. Nach sechs Wochen qualvollen Wartens erfuhr Miriam, die damals schon schwanger war, daß George in Frankreich gefangengenommen worden war. Doch da sie wußte, was ihm drohte, falls seine wahre Identität entdeckt würde, minderte sich ihre Angst kaum. Gerade als die ersten deutschen V 2-Raketen auf England niedergingen, wurde ihr Kind geboren, starb aber schon wenige Tage später.

Während die Alliierten bereits auf deutsches Gebiet vorstießen, kam schließlich die gute Nachricht, daß George aus einem Lager in Spangenberg in Hessen geflüchtet war. Eines Tages tauchte er völlig überraschend in Lord Rothschilds Pariser Dienststelle auf.

Miriam und George wurden glücklich wieder vereint. Ein ganzes Jahr lang war ihr erster Gedanke beim Erwachen immer: „Es ist wahr, der Krieg ist vorbei!" Mittlerweile hatten sich die Behörden entschlossen, den Überlebenden von Georges Einheit die britische Staatsbürgerschaft zu verleihen.[19]

Ashton Wold war nicht das einzige Rothschildsche Haus, das im Krieg anderen Zwecken diente. Piccadilly 148 wurde ein Offiziersklub der alliierten Streitkräfte, aber dieser Bau war, strenggenommen, kein Rothschild-Haus mehr. Bereits 1937 hatte der Verkauf stattgefunden, die Veräußerung der Einrichtung war für den Kunst- und Antiquitätenmarkt eines der großen Ereignisse jenes Jahres, das Verzeichnis der Objekte füllte einen 250 Seiten starken Versteigerungskatalog, die bedeutendsten Stücke waren auf 64 Farbtafeln abgebildet. Philippe entdeckte ihn, als er in London war, und hatte das nachdenklich stimmende Erlebnis, im Haus seiner Kindheit nun als ein Fremder empfangen zu werden. In Tring Park waren, wie schon erwähnt, den ganzen Krieg hindurch mehrere Abteilungen der Bank untergebracht.

Exbury House wurde 1942 von der britischen Kriegsmarine requiriert, und dort wurden einige der Pläne für die Landung in der Normandie ausgearbeitet. Mit Lionels Landsitz selbst gingen die Einquartierten schonend um, aber die Gartenanlagen litten sehr. Ohne das zahlreiche Personal, das die Illusion einer blühenden harmonischen Naturszenerie aufrechterhielt, verwilderte alles, Gesträuch, Farnkräuter und Efeu überwucherten die Gehege, die Wasserläufe versumpften, und umgestürzte

Bäume versperrten die verschlungenen Pfade. Sechs Rentner aus dem Dorf waren emsig am Werk, um die besten Exemplare der dortigen Flora durchzubringen und das Gewächshaus in Ordnung zu halten, aber sie konnten die Verwahrlosung des Besitzes nicht verhindern, der nicht nur den Urkräften der Natur, sondern auch den Angriffen des Feindes preisgegeben war. Während der Luftschlacht um England wurden auf dem Gelände Feuer entzündet, um deutsche Bomber vom nahen Southampton abzulenken. Edmund de Rothschild erinnert sich des Abends, an dem er seinen Kommandeur mitbrachte, der seinen Vater kennenlernen wollte. Während des Dinner teilte der Diener den Herren mit, daß Brandbomben den Garten getroffen hatten, und alle gingen ins Freie, um den Brand des Unterholzes und die Bemühungen der Feuerwehr zu beobachten. Als Lionel lakonisch vorschlug, wieder zu Tisch zu gehen, rief der Offizier entsetzt aus: „Aber ich kann doch nicht mit einem Mann Portwein trinken, während ich zusehe, wie sein Besitz niederbrennt!“[20]

Jimmy de Rothschild und seine Frau Dolly leisteten auf verschiedene Weise ihren Beitrag in den schweren Kriegszeiten. Wie schon erwähnt, gewährten sie ihren enteigneten Verwandten beträchtliche finanzielle Unterstützung. Aber im näheren Umkreis gab es viel mehr zu tun. Trotz nachlassender Sehkraft übte James weiterhin seine Tätigkeit als Parlamentsmitglied aus. Eines Tages, im Jahr 1944, geschah ihm im Unterhaus eine seltene, feierliche Würdigung. Nach einer improvisierten Rede, in der er dem britischen Volk für die Aufnahme so vieler verfolgter und geflüchteter Juden dankte, erhoben sich seine Parlamentskollegen zu einer stummen Sympathiekundgebung. Doch einige Monate später, im März 1945, erntete er ganz andere Reaktionen, und zwar bei der Beantwortung von Fragen in seiner neuen Funktion als Unterstaatssekretär im Versorgungsministerium. Die Opposition ging mit ihm so scharf ins Zeug, das Churchill erklärte, wenn das Unterhaus nochmals so rüde auf Rothschild losgehe, werde er ihn zum Geheimen Staatsrat ernennen.[21]

Und dann natürlich gab es noch Waddesdon mit seiner fabelhaften Einrichtung zu betreuen. Zu Kriegsbeginn ließen Jimmy und Dolly die kostbarsten ihrer Schätze in Kisten verstauen und im Keller lagern. Dies erwies sich um ein Haar als katastrophaler Mißgriff. Als die beiden einige Wochen später nachsahen, um sich davon zu überzeugen, daß die Gemälde unversehrt waren, entdeckten sie, daß sich auf einer der Leinwände eine Art Schimmelbelag gebildet hatte. In aller Eile mußten die Watteaus, Dous, Gainsboroughs und Bouchers wieder in die Wohnräume gebracht werden, zur sicheren Verwahrung wurden mehrere der Werke an ein Museum in Kanada geschickt. Aber Jimmy und

Dolly widerstrebte es, ihr großes Haus wie ein ausgeräumtes Museum einfach leerstehen zu lassen, während andere Menschen litten und obdachlos waren. Schon kurz vor dem Krieg waren sie intensiv an einer Rettungsaktion für deutsch-jüdische Kinder beteiligt.

Im September 1938 ging die SS im Zug einer Einschüchterungskampagne gegen das Philanthropin vor, die von den Rothschilds gegründete Frankfurter Knabenschule. Da die Leiter des Instituts, Hugo und Lilli Steinhardt, noch Schlimmeres gewärtigten, versuchten sie, Mittel und Wege zu finden, um ihre Schützlinge aus Deutschland wegzubringen. Von ihren Töchtern tatkräftig unterstützt, richteten sie Hilfsappelle an alle Persönlichkeiten, die ihnen nur einfielen. Zu Beginn des Jahres 1939 wurde ein an Lord Rothschild, London, adressierter Brief in Waddesdon zugestellt. Sofort entsandte Jimmy einen Bevollmächtigten nach Deutschland, zwecks Verhandlungen mit den Behörden über die Ausreise jener Kinder, deren Eltern damit einverstanden wären. Während des Frühjahres durften dreißig Jungen mit dem Ehepaar Steinhardt Frankfurt verlassen. Sie wurden auf dem Besitz Waddesdon in einem Haus mit dem Namen „The Cedars" (Die Zedern) untergebracht. Dort verblieben sie den ganzen Krieg hindurch. Schließlich zerstreuten sich die „Cedar Boys", wie man sie dort nannte. Einer von ihnen wurde später ein hoher israelischer Diplomat, ein anderer brachte es zum Unternehmer in Puerto Rico. Von ihren in Frankfurt verbliebenen Schulkameraden hat man niemals wieder gehört.

Bald kamen noch mehr Kinder nach Waddesdon. Während der Luftschlacht um England wurden sie zu Hunderten vor den Bombenangriffen aus den südlichen Stadtteilen Londons evakuiert und im Haus untergebracht. So tollten die längste Zeit des Krieges kleine Jungen und Mädchen durch die Gänge und fuhren mit klebrigen Fingern über die Seidentapeten der Räume, welche der kinderlose Ferdinand eingerichtet und die altjüngferliche Alice so sorgsam gehütet hatte. Der Park wurde zum Treibstofflager. Unter dem schützenden Laubdach der Bäume stellte das Militär Baracken auf und stapelte darin Benzin- und Dieselölfässer. Ein Zufallstreffer deutscher Bomber hätte Waddesdon in ein Flammeninferno verwandelt.

Doch der Besitz überstand den Krieg unversehrt. Würde dieses günstige Geschick auch dem Reichtum und der durch ihn symbolisierten Eintracht der Rothschilds beschieden sein?

KAPITEL 27
Wandlungen des Familien-Imperiums

Für die englische Bank kam Lionel de Rothschilds Tod im Jahr 1942 zum denkbar ungünstigsten Zeitpunkt. Sie hatte wohl die Wirtschaftskrise und deren Nachwirkungen überstanden, aber nur unter beträchtlichen Schwierigkeiten. Die Zerrüttung der Verhältnisse durch den Zweiten Weltkrieg brachte sie fast an den Rand des Zusammenbruchs. Wieder einmal bewährte sich die familiäre Solidarität. Wie die Londoner Rothschilds ihren Verwandten im Exil finanziell geholfen hatten, so sprangen jene Familienmitglieder, die dazu in der Lage waren, nun New Court bei. Lord Rothschild erhöhte die Kapitalreserven der Bank aus seinen eigenen, Ressourcen und auch die Rue Laffitte steuerte einiges bei. Im Jahr 1947 trat „Mr. Edmund", wie er selbst sagte, „als sehr junger Juniorpartner" bei seinem Onkel ein. Damals war „N. M. Rothschild nur mehr ein kleines Unternehmen, ich unterschrieb alle Anweisungen und kannte persönlich sämtliche Angestellte der Bank und der Scheideanstalt – und in vielen Fällen auch ihre Kinder."[1]

So konnte es aber nicht bleiben. Für die Rothschilds im Bankwesen war die Stunde der Wahrheit gekommen. Wenn sie wieder ihre Führungsrollen in der internationalen Finanzwelt einnehmen wollten, dann würden sie expandieren, modernisieren und die victorianischen Korridore von New Court neuen Männern und neuen Ideen öffnen müssen. Aber konnte die alte Bank sich aus eigener Kraft reformieren? Anthony, der seit dem Tod seines Bruders bis zu dem Tag im Jahr 1956, als ihn selbst ein Schlaganfall aus New Court verbannte, die Geschäfte führte, war ein starker Charakter, ein Mann mit sehr dezidierten Ansichten, seinen Kollegen und Angestellten erschien er sicherlich nicht als der wagemutige Erneuerer. Ein langjähriger Mitarbeiter in New Court berichtet, wie sehr sein Chef die Methoden der neuen Generation von Handelsbankleuten mißbilligte, die sich bemühten, Geschäfte durch Werbung „oder durch häufige Flugreisen anzubahnen, was er für vulgär hielt. Er verabscheute es, sich nur wegen möglicher wertvoller Kontakte mit Leuten gutzustellen, die er nicht besonders schätzte. Er selbst reiste nicht und saß auch nicht in den leitenden Gremien der zahlreichen Körperschaften, die ihn gern aufgenommen hätten. ‚Man weiß doch, wo wir zu finden sind', sagte er über potentielle Kunden. ‚Wenn die Leute Geschäfte mit uns tätigen wollen, dann sollen sie kommen und mit uns reden.' Aber *wenn* sie kamen und ihr Auftreten gefiel ihm nicht, dann komplimentierte er sie kurzerhand hinaus, ohne Rücksicht darauf, wie ertragreich die vorgesehene Geschäftsverbindung hätte sein können."[2]

Dennoch war es gerade Anthony, der mit einer Reorganisation begann, die zur Basis des künftigen Wachstums wurde. Aber auch zum Anlaß für Unfrieden innerhalb der Familie. Knapp vor 1939 und während des Krieges hatten, wie schon berichtet, einige von Anthonys Verwandten Beträge in bar aus ihren persönlichen Vermögen überführt, um New Court am Leben zu erhalten. Nun erhoffte sich Anthony weitere Zuwendungen von ihnen, doch unter anderen Voraussetzungen. Im Jahre 1947 war die Aufgabe bewältigt, N. M. Rothschild and Sons aus einem Familienunternehmen in eine Privatfirma umzuwandeln, mit „Rothschilds Continuation" als Holdinggesellschaft. Lord Rothschild und Lionels Söhne Eddy und Leopold behielten zwar alle ihre Anteile, aber die Majorität hatte Anthony. So ging die Kontrolle über N. M. Rothschild auf ihn und seine Erben über. Durch die ungleiche Verteilung der Eigenmittel und die Entscheidung, die Machtbefugnisse dem Nachwuchs der Familie zu übertragen, setzte sich Anthony nach den Worten von Victors Sohn Jacob über „eineinhalb Jahrhunderte Rothschildscher Geschichte" hinweg.[3] Jacob ist auch nicht der einzige Verwandte, der noch Jahre nach Anthonys Tod die Methoden kritisierte, nach denen die Reorganisation durchgeführt wurde.

Damals freilich scheint niemand Zweifel oder Vorbehalte geäußert zu haben. Lord Rothschild, der kein Interesse an der Bank hatte, ja nicht einmal darauf bedacht war, sein Privatvermögen wesentlich zu mehren, gab sich mit seinem Anteil von 20 Prozent zufrieden. Eddy, gerade aus dem Feld zurückgekehrt und der erst zwanzigjährige Leo, der noch nicht in New Court eingetreten war, akzeptierten die von den älteren Familienmitgliedern getroffene Vereinbarungen. Das neue Konzept hatte gewiß vieles für sich.

Im Grund ging es darum, eine Trennung zwischen der Eigentümerschaft der Bank und der Leitung der tagtäglichen Abwicklung der Geschäfte zu vollziehen. Dadurch eröffneten sich nun für die Firma N. M. Rothschild bessere Möglichkeiten, einige der begabtesten und ambitioniertesten Fachkräfte der Londoner City zu verpflichten, während die höchste Entscheidungsgewalt nach wie vor in den Händen der Familie verblieb. Was das Verhältnis der Anteile betraf, mag Anthony angeführt haben, daß diese Regelung nur recht und billig sei. Er und sein Bruder hatten während der Wirtschaftskrise und des Krieges tapfer die Stellung gehalten. Victor hatte sich für ein Leben als Wissenschaftler entschieden – was Anthony selbst so gern geworden wäre – und erhob ganz offenkundig keinen Anspruch auf ein Stimmrecht bei der Führung von New Court. In der neuen Ära konnte sich aber das Haus nicht den Luxus leisten, Partner mitzutragen, die nichts für das Unternehmen leisteten. Wie bereits dargelegt, waren einige der Probleme, mit denen alle Rothschild-Bankhäuser in früheren Zeiten zu kämpfen hatten, aus der Teilhaberschaft von Familienmitgliedern entstanden, denen das Interesse oder das Talent für das Finanzfach fehlte. Anthony mag die gleiche Auffassung vertreten haben wie vordem das französische Haus, als es, wenn auch aus anderen Gründen, Maurice ausschloß, nämlich daß besondere Rechte auch besondere Pflichten voraussetzen. Allerdings blieb bei einer solchen Konzentration der Entscheidungsgewalt auf eine einzelne Linie der Familie die Erwägung ausgeklammert, wie und wo sich in künftigen Generationen das spezifisch Rothschildsche Talent für Bankgeschäfte ausprägen könnte. Zweifellos erschien dies damals nicht *so* wichtig. Niemand konnte voraussehen, daß eben diese Frage dreiunddreißig Jahre später zu einem scharfen Konflikt führen sollte.

In einer bestimmten Hinsicht bewährte sich Anthonys Strategie: New Court wurde zum Anziehungspunkt für einige sehr fähige junge Männer, unter ihnen David Colville, der Bruder von Winston Churchills Privatsekretär. Der 1. Juli 1960 war für die Rothschilds ein historisches Datum: Colville wurde Teilhaber bei N. M. Rothschild and Sons. Einhundertachtundvierzig Jahre lang hatte die Familie die Weisungen des sterbenden Mayer Amschel getreulich befolgt. Seine Richtlinien waren der Bankiersdynastie von großem Nutzen gewesen, hatten sie aber auch an den Rand der Katastrophe geführt. Nun taten die Rothschilds den großen Schritt, diese Regel außer Kraft zu setzen und die Leitung der Bank Männern anzuvertrauen, die eher durch ihre Fähigkeiten im Finanzfach als durch Blutsverwandtschaft dazu prädestiniert waren. Wie Anthony einmal zu seinem Sohn sagte: „Du hast das Glück, daß du dir gute Leute leisten kannst. Das Problem besteht darin, die richtigen auszuwählen."[4]

Eine andere neue Entwicklung, die Anthony guthieß, betraf das veränderte Verhältnis zu Bindungen in den USA. Nach mehr als einem Jahrhundert, in dem sie Nordamerika bloß als einen Vorposten ihres Handelsimperiums betrachtet hatten, wußten die Rothschilds nun, daß eine aktive Präsenz in der Wallstreet für ihre Gesamtstrategie von entscheidender Bedeutung war. Das kleine Unternehmen „Amsterdam Incorporated", während des Krieges an der Fifth Avenue gegründet, verzeichnete stetiges Wachstum und gewann nun den Rang einer wichtigen Rothschildschen Tochterfirma. In den fünfziger Jahren wurde sie unter dem Namen „New Court Securities“ zu einer Investmentbank ausgebaut, das Stammkapital brachten das Pariser und das Londoner Haus auf.

Die englischen Rothschilds 1939–1985

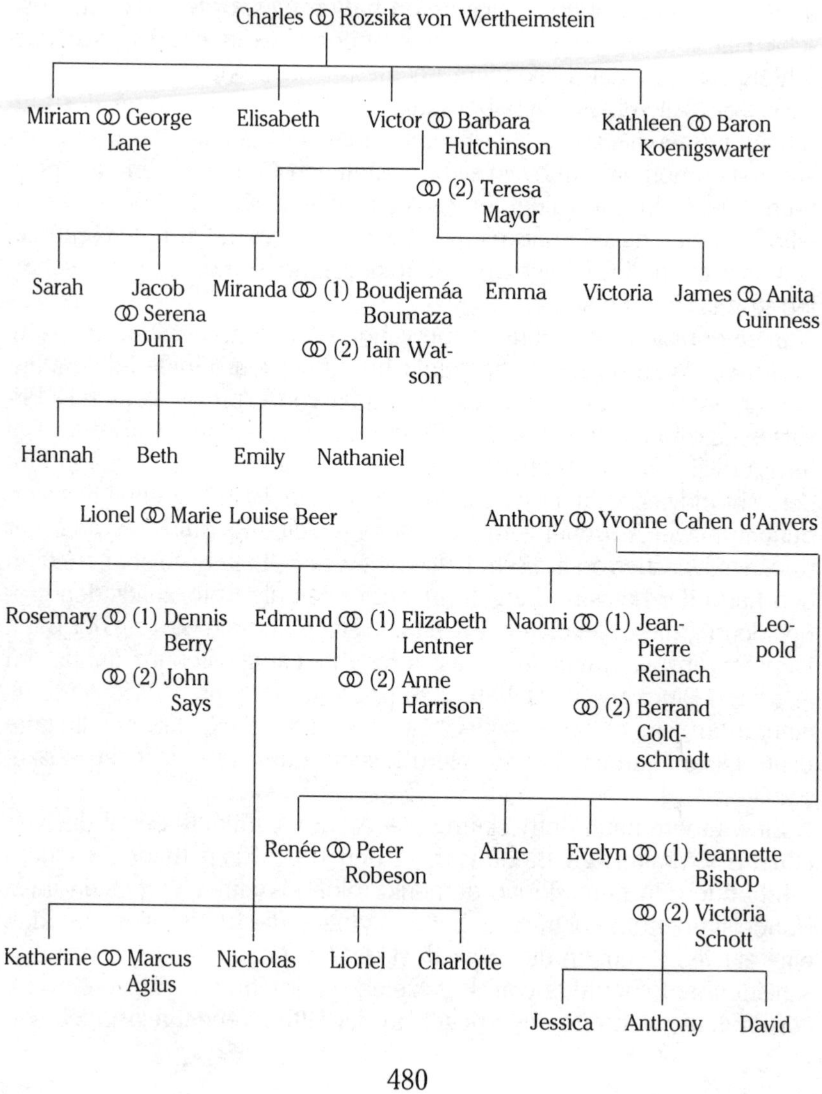

Dieses amerikanische Unternehmen war nur ein Teilbereich im Rahmen des neuen, bewußt internationalen Kurses der Rothschilds. Die Interessen der Bank waren natürlich immer weltweit orientiert, aber in früheren Generationen war es dabei in erster Linie um Anleihen für fremde Staaten gegangen. Die rapide Expansion des Handels und der Industrie in der westlichen Welt während der fünfziger Jahre hingegen erforderte ein viel breiteres Angebot einschlägiger Leistungen. Man mußte Finanzverträge und Kredittransfers zwischen Staaten erstellen, die komplizierte, strenge Währungsbestimmungen hatten. Man mußte multinationale Konzerne beraten, die neue Unternehmen gründeten. Man mußte Konsortien für große technische Projekte wie Bau- oder Bergbauvorhaben organisieren. Man mußte Beraterfunktionen bei Fusionen ausüben und diese durchführen. Und schließlich: man mußte nicht nur über Fachwissen auf dem Finanzsektor, sondern auch über die Kenntnis all der neuen technischen Sparten verfügen: Kernkraft, Computer, Lasergeräte. Daraus ergab sich die Notwendigkeit, auf der ganzen Welt Zweigfirmen zu errichten.

Auf seiner Suche nach neuen Märkten wurde Edmund zum unermüdlichen Weltreisenden. Schon bald nach dem Krieg erkannte er, daß das besiegte Japan zu einem Industriegiganten der modernen Welt heranwachsen werde, und er ergriff die Initiative, um zwischen London und Tokio neue geschäftliche Brücken zu schlagen. Er lernte die Sprache, unternahm mehrere Japanreisen, und 1962 wurde er gebeten, zwecks Festigung der Wirtschaftsbeziehungen eine Delegation aus der City of London nach Tokio zu führen. Edmund übernahm schließlich den zweiten Platz in dieser Handelsmission, die am Ziel sehr positiv aufgenommen wurde. Noch heute zeigt er Besuchern in seinem Büro in New Court den Orden des Heiligen Schatzes 1. Klasse, den ihm Kaiser Hirohito verlieh. Ein berechtigter Stolz, denn Edmund war einer von nur drei Ausländern – und noch dazu der jüngste –, die dieser hohen Auszeichnung für würdig befunden wurden.

Eines steht fest: Die Rothschilds haben ihr Talent für weit vorausschauende Planung und für das Denken in großen Dimensionen keineswegs eingebüßt. Das zeigte sich auf einer von Leopolds Brasilienreisen. Die Bank hielt ihre langjährigen Verbindungen zu dem Land aufrecht und war nach dem Krieg wesentlich an der Tilgung von dessen Überseeschulden beteiligt. Diesmal kam Leopold auf dem Seeweg nach Rio de Janeiro. Ein Mitarbeiter wies ihn auf die vier Kilometer breite Meerenge zwischen der Metropole und der am anderen Ufer gelegenen Stadt Niteroi hin mit der Bemerkung: „Wie schade, daß es keine Brücke gibt. Das wäre für die Wirtschaft enorm wichtig." Leopold nickte. „Dann bauen wir eben eine." Das Ergebnis war die Bildung eines Konsortiums zur Errichtung einer der imposantesten modernen Brückenbauten der Welt: sie verkürzt die Dauer der Fahrt, die früher nur per Fähre oder auf einer 60 Kilometer langen Straße möglich war, auf wenige Minuten.

Doch das beachtlichste Projekt, bei dem die Rothschilds in den fünfziger Jahren Pate standen, war zweifellos die Gründung von „Brinco", der „British Newfoundland Corporation". Im Jahre 1952 stattete Joseph Smallwood, der Premierminister von Neufundland, dem britischen Premierminister Winston Churchill einen Besuch ab. Im Konferenzsalon von Downing Street 10 entrollte er eine Übersichtskarte seines zum Großteil unerschlossenen Landes. Wortreich schilderte er die unermeßlichen Schätze – Holz, Mineralvorkommen, Wasserkraft –, die nur darauf warteten, genutzt zu werden. Was ihm vorschwebe, so sagte er seinem Gastgeber, sei ein Konsortium von Privatfirmen mit dem Sitz in London, die Bildung einer Gruppe also, die bereit wäre, die Konzession für die Erschließung eines Gebietes im Ausmaß von 50 000 Quadratmeilen in Labrador (insgesamt 70 000 Quadratmeilen) und von 10 000 Quadratmeilen auf Neufundland – das sind etwa die Hälfte der Fläche des Landes – zu übernehmen. Churchill zeigte sich sehr beeindruckt. „Das ist ein gewaltiges, aber kein imperialistisches Konzept." Er versprach, sich dafür einzusetzen. Als sein Gast sich empfohlen hatte, fragte der Premierminister seinen Privatsekretär Jock Colville: „Wer aus der City käme dafür in Betracht?" Just an jenem Tag war Colville in New Court zum Lunch eingeladen, also sagte er: „Rothschild."

Smallwood begab sich nach New Court, um Anthony seinen Plan darzulegen und lernte in ihm eine respektgebietende Persönlichkeit kennen, „korrekt, aufrecht, präzise und immer auf Einzelheiten bedacht, wie ein Bankier eben sein soll."[5] Noch dazu war Anthony der kanadische Staatsmann sofort sympathisch. Smallwood wurde zu einem der berühmten Lunches in New Court eingeladen, von erlesener Qualität, aber im starren Rahmen der Tradition ablaufend: nur ein Glas Sherry in „The Room", wo um punkt ein Uhr die Jalousien bis zur Hälfte herabgelassen wurden, als Zeichen dafür, daß die Partner zu Tisch gegangen waren; der Platz des Ehrengastes an der Schmalseite der ovalen Tafel, das abrupte Ende der Mahlzeit beim Glockenschlag um zwei Uhr. Aber diesmal hatten die Konventionen keine Geltung. Mr. Anthony erhob sich nicht mit seiner gewohnten Pünktlichkeit. Das Gespräch dauerte bis drei Uhr, denn der Seniorpartner war von Smallwoods begeisterter Darstellung fasziniert:

> „Dies ist wahrscheinlich das größte Lager unerschlossener Naturschätze, das es heute noch auf der Welt gibt. Es ist britisch, und wir

wollen, daß es britisch bleibt. Hier in London befinden sich die Zentralen von mehr Unternehmen als irgendwo anders auf der Welt. Unternehmen, die bis in die fernsten Winkel der Erde vorgedrungen sind, in den Dschungel, in die Eiswüsten, sie haben Eisenbahnen gebaut, Bergwerke angelegt, Pionierarbeit geleistet ... Meine Erwägung: wir wollen, daß ihr kommt und etwas daraus macht. Ihr sollt nicht kommen und euch nur bequem hinsetzen. Daran sind wir nicht interessiert. Denn das gibt es bei uns schon seit Jahrhunderten. Wir wollen Entwicklung und sind auch bereit, uns großzügig zu zeigen. Für den Anfang würden wir euch zwanzig-, dreißig- oder sechzigtausend Quadratmeilen geben. Auch siebzig- oder achtzigtausend, es ist genug vorhanden."[6]

Als der Kanadier seinen Vortrag beendet hatte, dankte ihm Anthony höflich und sagte zu, den Plan einigen seiner Freunde in der City zu unterbreiten, die daran interessiert sein könnten. Das geschah. Einvernehmlich wurden die Grundzüge einer Beteiligung von N. M. Rothschild and Sons festgelegt, dann überließ es Anthony seinem Juniorpartner, die Einzelheiten auszuarbeiten. In den folgenden Jahren widmete Edmund einen beträchtlichen Teil seiner Zeit diesem Projekt, das sogar nach den Begriffen der Rothschilds von ungeheuren Ausmaßen war. Ein neues Unternehmen wurde geschaffen: die British Newfoundland Corporation Ltd., abgekürzt Brinco. Das Bankhaus N. M. Rothschild and Sons war einer der Gründungsteilhaber, zusammen mit Rio Tinto, Bowaters, Anglo-American, English Electric, Frobishers und der Anglo-Newfoundland Development Corporation. Doch es gibt keinen Zweifel darüber, welches der Mitglieder dieses Führungsgremiums die treibende Kraft des Vorhabens war. Dies würdigte Joseph Smallwood in seinen Erinnerungen, wenn er schrieb:

„Der große Name in der ganzen Saga von Brinco und Churchill Falls lautet Rothschild. Das Haus Rothschild in seiner Gesamtheit und Edmund de Rothschild im besonderen. Niemals gab es einen Mann, der sich für ein Projekt vom ersten Augenblick an so unermüdlich und rückhaltlos einsetzte, wie dieser bescheidene, patriotische Engländer."[7]

Binnen weniger Monate wurde das Riesenwerk in Angriff genommen. Holzfällerlager entstanden, Probebohrungen liefen an, in die unendlichen menschenleeren Weiten drangen Männer und Fahrzeugkolonnen vor, um Straßen, Stauräume und Ansiedlungen anzulegen. Schon 1973 wurde das Kernstück des Brinco-Projekts eröffnet, das Kraftwerk, das den prachtvollen Hamilton-Wasserfall – im Gedenken an Sir Winston in Churchill Falls umbenannt – zur Energiegewinnung nützt und in der Lage ist, aus seinem Turbinenhaus 5 225 000 Kilowatt an das kanadische Stromnetz zu liefern.

Mittlerweile hatte auch das französische Haus durch Rothschildsche Tatkraft neue Impulse erhalten. Robert starb 1946, und Edouard war ein hoher Siebziger. Daher übernahm die jüngere Generation das Steuer. Guy, Alain und Elie fanden bei ihrer Rückkehr aus dem Krieg eine abgewirtschaftete Bank in einem abgewirtschafteten Land vor. Die meisten Räumlichkeiten der Rue Laffitte waren von den Deutschen für andere Zwecke beschlagnahmt worden. Viele der einstigen Angestellten waren bereits im Ruhestandsalter, die Vermögenswerte minimal, nur wenige Kunden, fachgerechte Finanzberatung gleich Null. Guy, der die Leitung übernahm, gibt offen zu, daß er, trotz seiner jahrelangen Tätigkeit bei Rothschild Frères in der Vorkriegszeit, praktisch nichts über das Bankwesen wußte. Aber er dachte keinen Augenblick daran, den Laden einfach zu sperren. Zunächst betrieb er gemeinsam mit seinen Cousins energisch die Rückgabe aller konfiszierten Vermögenswerte, dann zogen sie so viele Rothschild-Gelder wie nur möglich zusammen, denn die Bank war wohl unterkapitalisiert, aber einzelne Familienmitglieder verfügten über beträchtliche Beteiligungen an verschiedenen Wirtschaftsunternehmen. So legte die neue Führungsgeneration auch einen neuen Kurs fest. Rothschild Frères sollte aus einer reinen Handelsbank in einen Konzern des Finanz- und Wirtschaftswesens umgewandelt werden, eine Handelsbank mit Hunderten Sparten, um die anvertrauten Gelder für ein breites Spektrum geschäftlicher und industrieller Investitionen zu nützen. Zu einem Zeitpunkt, als die meisten französischen Banken Anteile veräußerten, erschien dies als der nächstliegende Weg. Über diese Taktik der Nachkriegsjahre sagte Guy später:

> „Sie betraf die Umwandlung der Familienfirma in ein größeres Unternehmen, somit die Eröffnung von Filialen in Paris und anderen Großstädten. Als wir die Untersuchung der Möglichkeiten weiterführten, traten andere Faktoren ins Blickfeld, vor allem die Frage der Größenordnung. Auf einem Gebiet, wo der Umfang an sich bis zu einem gewissen Grad von der Machtstellung abhängt, wird eine Bank von ihren Konkurrenten verdrängt, sofern sie eine bestimmte Größe nicht erreicht . . . Die meisten Unternehmen tendieren daher zum Wachstum und vielfach zu Fusionen, um immer größere Einheiten zu bilden . . . Gutes Management erfordert heute eine gründlich durchdachte Organisation, deren Kosten auf den größtmögli-

chen Geschäftsumfang verteilt werden müssen ... für uns alle stand außer Frage, daß in einem wirtschaftlich expandierenden Frankreich die Rothschilds ihre traditionelle Spitzenposition halten müßten."[8]

Dies bedingte eine ständige Ausweitung der Geschäftsbereiche – auf Erdöl, Bergbau, Tiefkühlanlagen, Schiffahrt, Hotels etc., etc. Im Jahr 1967, zur 150-Jahr-Feier von Rothschild Frères, wurde eine wichtige strukturelle Veränderung bekanntgegeben: die Bank wurde zu einer Gesellschaft unter dem Namen „Banque Rothschild". Das neue Unternehmen entstand aus einer Fusion, bei der die Familie mit 40 Prozent beteiligt war. 60 Prozent befanden sich im Besitz des anderen großen Rothschild-Konzerns, der Compagnie du Nord, Nachfolgerin der Compagnie du Chemin de Fer du Nord.

Wie Edmund, konnte Guy seine kommerzielle Tätigkeit nicht auf die Bank allein beschränken. Jene Leistung, von der er noch immer voller Stolz spricht, war die Bildung des französischen Bergbaukonzerns „Imetal". In der Erkenntnis, daß der schon in der Nachkriegszeit gegebene Bedarf an Rohstoffen weit in die voraussehbare Zukunft andauern werde, übernahm er einen Sitz im Aufsichtsrat der Bergbaugesellschaft Rio Tinto – als wichtiger Teilhaber hatte das Haus Rothschild Frères Anspruch auf zwei Sitze –, und, wie er selbst sagt, lernte er direkt in der Praxis viel mehr, als er sich je in einem Lehrgang der Harvard Business School hätte aneignen können.[9] Auf dieses Wissen gestützt, aktivierte er zwei kleine Firmen, die schon seit dem 19. Jahrhundert im Familienbesitz waren: „Pennaroya", ein Kohlenbergbau-Unternehmen und die „Societé le Nickel", zur Ausbeutung der Nickelvorkommen in Neu-Kaledonien. Durch den Erwerb neuer Konzessionen, die Verbesserung der Produktionsmethoden und die Initiative zu einer Reihe von Zusammenlegungen und Übernahmen schufen Baron Guy und seine Associés einen multinationalen Konzern für den Abbau von Erzen ohne Eisengehalt.

Die ungewöhnliche Renaissance der Rothschilds war eines der großen Ereignisse in der internationalen Finanzwelt. Praktisch vom Nullpunkt aus erreichten die beiden verbleibenden Banken wieder ihre traditionelle Vorrangstellung. Das gleiche hätte in Wien geschehen können, aber Baron Louis entschied sich ganz bewußt gegen eine Wiedergründung der Wiener Bank. Er hatte in Amerika Wurzeln gefaßt und war glücklich verheiratet. Außerdem hatte er keine Söhne, die sein Erbe antreten würden. Mit ihm und seinem Bruder Eugen, der auch in Amerika lebte, würde der Mannesstamm, den Salomon zu Beginn des 19. Jahrhunderts begründet hatte, aussterben. Aber das waren nicht die einzigen Erwägungen, die ihn zu solchen Verzicht bestimmten. Nach dem Krieg reiste er nach Wien, und was er dort zu sehen bekam, machte ihn traurig und skeptisch. Die Nachricht „Rothschild ist wieder da“ ging wie eine Botschaft der Hoffnung durch die schwer getroffene Stadt. Die Leute eilten herbei, um ihn zu begrüßen und an seine Großzügigkeit zu appellieren. Alte Freunde, entfernte Verwandte, frühere Angestellte, Bekannte, ja sogar einer der einstigen Gefängnisaufseher aus der Zeit seiner Haft, kamen mit ihren Geschichten über Schicksalsschläge und ihren Bitten, sei es um finanzielle Unterstützung, um Intervention bei den Behörden oder Hilfe für die Auswanderung. Das alles bot ein tristes Bild, wie das Wien selbst, das er geliebt hatte. Ganze Straßenzüge lagen in Trümmern, Prachtbauten wie die Staatsoper und das Burgtheater, mit denen ihn so viele schöne Erinnerungen verbanden, waren schwer beschädigt, und die Stadt war in vier Besatzungszonen der alliierten Mächte geteilt. Louis sah keinen Grund zu einer Rückkehr, geschweige denn zu einer Wiederaufnahme der Geschäftstätigkeit. Seine Hauptsorge galt dem Wohl alter Angestellter der Familie und der Bank, doch dies war durch die von Anselm getroffene und für die Familie noch immer gültige Verfügung geregelt, langjährigen Mitarbeitern Pensionen auszuzahlen.

Allerdings gab es für Louis, Eugen und Alfons’ Witwe Clarice Wichtiges zu erledigen: Sie mußten sich um die Rückerstattung ihres von den Deutschen beschlagnahmten Eigentums bemühen. Das erwies sich als ein langwieriges und schwieriges Unterfangen. Die Auffindung und Bestimmung der meisten Kunstwerke aus der Sammlung bot kein besonderes Problem, denn die Objekte waren in die Saline von Altaussee im steirischen Salzkammergut verlagert worden. Dies war eines der berühmten Verstecke geraubter Kulturschätze, welche die vordringenden Armeen der Alliierten 1945 entdeckten. In den langen, kühlen, trockenen Stollen befanden sich, reihenweise in Kisten verpackt, Gemälde, Skulpturen und Möbelstücke, aus ganz Europa zusammengeholt und hier auf Befehl Hitlers gehortet. Eine interalliierte Sonderkommission hatte die Aufgabe, diese Kostbarkeiten ihren rechtmäßigen Besitzern zurückzustellen, wenn diese ermittelt werden und Nachweise für ihren Anspruch erbringen konnten. Zum Glück hatten Louis und Eugen vor dem Krieg genaue Inventarlisten des gesamten wertvollen Familienbesitzes angelegt, somit fiel es ihnen nun nicht schwer, die Stücke zu bestimmen.[10] Eine andere Sache freilich war es, sie außer Landes zu bringen. Nach langwierigen Verhandlungen um die Ausfuhrgenehmigung kam es zu einer Kompromißlösung, und etliche der Rothschildschen Kunstschätze blieben in Österreich zurück. Noch schwieriger gestaltete sich die Rückstellung von Haus- und Grundbesitz. Das meiste davon befand sich in der nunmehrigen sowjetischen Besatzungszone und zählte zum beschlagnahmten „deutschen Eigentum“. Vergeblich erhob die Familie den Einspruch, daß enteigneter jüdischer Besitz nicht als deutsch bezeichnet werden könne. Erst 1955, nach dem Ende der Besatzungszeit, war sie in der Lage, die Rückgabe ihrer Liegenschaften zu betreiben. Die Güter, Schlösser und Landhäuser hinter dem Eisernen Vorhang waren natürlich für immer verloren. Wittkowitz wurde von der ČSSR verstaatlicht. Ebenso das wunderbare Schillersdorf, das nun zu einer Attraktion des tschechoslowakischen Fremdenverkehrs wurde. Heute ist es unter dem tschechischen Namen Šuleřovice ein Hotel mit angeschlossener Fachschule.

Die österreichischen Rothschilds behielten weiterhin ihre Wohnsitze im Ausland. Louis kehrte in sein Haus in Long Island zurück und blieb bis zu seinem Lebensende aktiv. Bezeichnend, daß er beim Schwimmen in der Montego-Bucht den Tod fand, im Alter von dreiundsiebzig Jahren. Bezeichnend auch, daß er die Verfügung getroffen hatte, seinen Leichnam nach Österreich zu überführen. Im Januar 1955 erfolgte die Beisetzung in Wien. Eugen, seit 1946 verwitwet, heiratete 1952 als Achtundsechzigjähriger zum zweitenmal, eine um vierundzwanzig Jahre jüngere Frau. Jeanne war ihm eine gute Gattin, die beiden lebten einige Zeit in England und übersiedelten dann nach Monte Carlo, wo Eugen im Alter von zweiundneunzig Jahren verstarb.

Aber Clarice und ihre Kinder pflegten weiterhin die Verbindungen zu Österreich. Alfons' Witwe hatte sich intensiv an dem Kampf um den Familienbesitz beteiligt und behielt das Gut in Langau. Sie setzte einen fähigen Verwalter ein, und mit Hilfe ansässiger Familien, die seit Generationen im Dienst der Rothschilds standen, wandelte sie das schöne Waldgebiet aus einem Jagdrevier allmählich in einen Forstwirtschaftsbetrieb um. Mehrere Monate alljährlich bewohnten sie oder ihre Töchter und Schwiegersöhne Salberts altes Jagdhaus im Dorf, nun Sitz der Gutsverwaltung. Sie verbesserten die Straßen und erbauten ein Sägewerk, legten einen Skilift an und machten aus Langau-Mairhöfen einen kleinen Wintersportort für Einheimische und Tagesgäste aus Wien.

Im Jahre 1974 kehrten die letzten der österreichischen Rothschilds heim, Gwendoline war 1972 gestorben. Nach einem Wanderleben im diplomatischen Dienst der USA beschlossen Matthew und Bettina Looram, sich in Langau niederzulassen. Sie bauten sich ein schönes Haus in den Bergen, mit Ausblick auf bewaldete Steilhänge und wilde Wasserfälle. Von diesem Adlerhorst aus führten sie den Besitz, unternahmen Skitouren, gingen auf die Jagd – und manchmal besuchten sie ihre reicheren Verwandten. Bettina lacht nur über die Tatsache, daß sie eine Rothschild ist, die sich mit ein paar tausend Morgen Grund „begnügen“ muß. In ihrer Stimme schwingt kaum ein Unterton des Bedauerns mit, wenn sie sagt: „Die Bank ist weg. Die Eisenwerke und Kohlengruben von Wittkowitz sind weg. Schillersdorf, die anderen schönen Schlösser, das Wiener Stadtpalais, alles weg. Übriggeblieben ist nur das schöne Langau, der Ort, den Großvater Albert liebte, und der auch bei seinen jüngsten Nachkommen noch immer hohen Anwert findet."[11]

Batsheva, die wie Bettina während des Krieges im amerikanischen Exil lebte, kehrte nicht mit ihrem Bruder Guy nach Frankreich zurück, sondern siedelte sich schließlich in Israel an, allerdings nicht aus religiöser oder zionistischer Überzeugung. Zum erstenmal kam sie 1951 ins Land, vor dem Ende ihrer kurzen Ehe. Sie bereiste den neuen Staat mit dem berühmten amerikanischen Tanzensemble unter der Leitung von Martha Graham, wahrscheinlich die bedeutendste schöpferische Persönlichkeit in der Entwicklung des modernen Tanzes. Dieser Kontakt hatte sich eigentlich durch Zufall ergeben. Seit vielen Jahren interessierte sich Batsheva für Körperkultur. Vor dem Krieg nahm sie in Paris Unterricht bei einem Lehrer, dessen Methode sich auf Yoga stützte. Später in New York besuchte sie eine Ballettschule, um die Wechselwirkung zwischen Tanz und Yoga gründlicher zu studieren. Doch im Kurs sagte ihr jemand: „Sie sollten ein Stockwerk höher gehen, zu Martha Graham." Die Begegnung veränderte Batshevas Leben völlig. Martha, damals eine Fünfzigerin, war von zwingender persönlicher Dynamik, als Tänzerin, Choreographin und Lehrerin übte sie außerordentliche Wirkung auf die Welt des Tanzes und des Balletts aus, befreite diese Kunstgattung von den Hemmungen durch klassische Formalismen und machte sie zum Mittel für den Ausdruck elementarer Gefühle. Martha Graham war einer jener magischen Menschen, die immer etwas hervorzaubern, ob sie nun ihre Truppe zu einer großartigen Aufführung anspornte, voll Charme Förderern Spenden entlockte oder Komponisten vom Rang Aaron Coplands dazu bewog, Werke für sie zu schreiben. Und Batsheva de Rothschild geriet in ihren Bann.

„Wenn eine Frau aus dem Haus Rothschild eigene Erfolge anstrebt, dann am besten weit außerhalb der traditionellen Rothschildschen Betätigungsfelder. Einige von uns mußten sich *gegen* die Familie bewähren – oder *trotz* der Familie", sagt Batsheva selbst.[12] Manche ihrer begabten Vorfahrinnen im 19. Jahrhundert dachten wohl ebenso, aber die meisten von ihnen konnten sich nicht völlig frei entfalten, waren in die Form der Rothschildschen Grundsätze und Erwartungen gepreßt. Um die Mitte des 20. Jahrhunderts war diese Form bereits zerschlagen, doch das machte es den Rothschildschen Frauen nicht leichter, ihre ureigene Bestimmung zu entdecken. Sie hatten Geld. Sie führten einen Namen, der die meisten Türen öffnete. Aber „Rothschild", das war nicht nur ein Zauberschlüssel: für jemanden, der aus eigener Kraft Erfolge erringen wollte, konnte der Name auch wie ein Mühlstein sein. Zudem hatten diese Frauen Wesenszüge geerbt, die mitunter Probleme schufen: Ungeduld, der Drang, möglichst rasch greifbare Ergebnisse zu sehen, und der Antrieb, von sich und anderen Höchstleistungen zu fordern. Batsheva erkennt diese Eigenschaften in ihrem eigenen Charakterbild. „Ich setze mich nur für das Außerordentliche ein. Sobald es um Kompromisse geht, passe ich.“[13]

Im Medium des Tanzes fand sie eine Ausdrucksform, die sie, vielleicht unbewußt, für ihre Energien und Talente gesucht hatte. Sie reiste mit Martha Grahams Truppe und übernahm die Funktion der Garderobenchefin, um an einer vom amerikanischen Außenministerium geförderten Asientournee mit dem Endziel Teheran teilzunehmen. Das nächste Vorhaben organisierte sie persönlich: ein Gastspiel in dem aufregenden neuen Staat Israel – eine Nation im Zeitraffer, eine Nation, die ganz bewußt, schnell und aus sich heraus alle kulturellen und zivilisatorischen Errungenschaften eines modernen Landes hervorbrachte. Der Name Rothschild stand dort in hohen Ehren. Im Jahre 1954 wurden die Gebeine Edmonds und seiner Frau Adelheid, 1934 bzw. 1935 verstorben, aus Frankreich überführt und in Ramat Hanadiv auf der Anhöhe über dem freigelegten alten Hafen Caesarea beigesetzt. Das Doppelgrab, nun eine weltliche Pilgerstätte, trägt die schlichte Inschrift: „Hier ruhen Baron Edmond de Rothschild, der ‚Vater des Landes‘ und seine Gemahlin Baronin Adelheid, eine Frau, die zu Gott betete.“

Drei Jahre später starb der Sohn jenes Paares, James de Rothschild. Testamentarisch hinterließ er 16 Millionen israelische Pfund für den Bau des Parlamentsgebäudes, der Knesset. Dies war der letzte Akt einer langen Geschichte stetig gesteigerten Wirkens für das zionistische Ideal über einen Zeitraum von mehr als sechzig Jahren. Doch bald entdeckte Batsheva, daß man mit dem in Israel hochgeachteten Familiennamen auch realistischere Vorstellungen verband.

Von 1958 an verbrachte sie immer mehr Zeit in Israel. „Die Leute baten mich um Rat und Hilfe bei den verschiedensten Problemen, von Familienkonflikten bis zur Schulung für Linkshänder.“[14] Sie förderte eine Reihe von Projekten, etwa auf dem Wohnbausektor oder in der Form einer naturwissenschaftlichen Stiftung, aber sie beschränkte sich nicht darauf, bloß Geld zur Verfügung zu stellen, das war niemals die Art der Rothschilds. Sie gehörte Ausschüssen an, beteiligte sich an Planungen und tat alles, was möglich war, um Fachleuten, die solche Pläne in die Tat umsetzen sollten, freie Hand zu geben.

Eben jener Wunsch, Begabten und Berufenen die entsprechenden Mittel zu bieten, führte 1967 zur Gründung der Bat-Dor-Schule und ein

Jahr später zum Aufbau der Bat-Dor Dance Company. In Tel Aviv bestand bereits ein solches Institut, geschaffen von Jeanette Ordman, einer Koryphäe moderner Tanzkunst. Die Begegnung mit Batsheva war nur eine Frage der Zeit und führte zur Gründung einer neuen Schule, wahrscheinlich der ersten, in der junge Kräfte in den Sparten des klassischen Balletts ebenso wie in den Stilformen des modernen Tanzes ausgebildet werden. So entstand auch ein neues Ensemble mit Madame de Rothschild als Organisatorin und Jeanette Ordman als künstlerische Leiterin und Erster Tänzerin. Diese Bat-Dor Dance Company erwarb sich bald einen internationalen Ruf und zog junge Künstler aus aller Welt an. Mit einem faszinierenden Repertoire unternahm sie Tourneen durch ganz Europa, Afrika und Nordamerika. Schließlich nahm Batsheva die israelische Staatsbürgerschaft an und änderte ihren Vornamen von der französischen auf die hebräische Form.

Ihre Schwester Jacqueline blieb mit ihrem Mann in Amerika. Nach seinem Tod im Jahr 1976 ließ sie sich in Los Angeles nieder. Sie erbringt außerordentliche Leistungen auf so auseinanderliegenden Gebieten wie Tennis und Bildhauerei, und im Schach errang sie den Großmeistertitel.[15]

Maurice, das einstige Schwarze Schaf der Familie, kehrte aus dem Exil mit einem stark vergoldeteten „Vlies" zurück – um bei dem Bild zu bleiben. Aber in Genf erwartete ihn eine böse Überraschung. Während seiner Abwesenheit waren unehrliche Personen mit seinem gesamten Schweizer Barvermögen verschwunden. Dennoch war er nun, durch Erbschaft und eigenen Fleiß, der Reichste in der ganzen Familie. Durch fast planmäßig erscheinende Fügungen, wie Kinderlosigkeit in anderen Linien, Verwandtenehen und das Aussterben von Mannesstämmen hatte ihn das Schicksal zum Alleinerben des bei weitem größten Anteils der unermeßlichen angesammelten Vermögenswerte der Rothschilds gemacht.

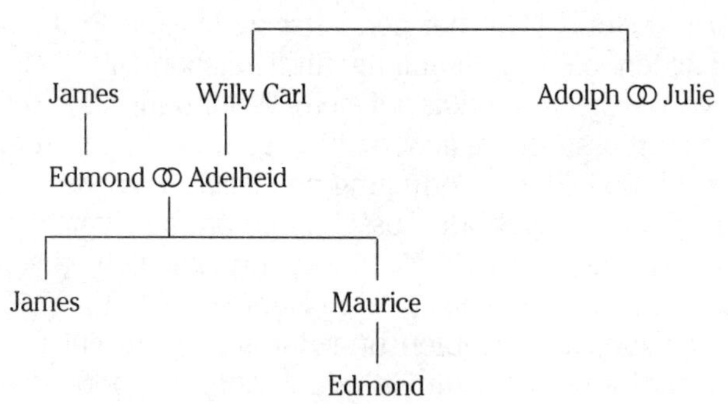

Von Adolf kam das verbliebene Vermögen des neapolitanischen Zweiges. Adelheid war die Miterbin ihres Vaters, des letzten Oberhauptes des Frankfurter Hauses. Edmond hatte einen beträchtlichen Teil des französischen Vermögens geerbt. All dieser fast unvorstellbare Reichtum war an James und Maurice übergegangen, und der jüngere der Brüder hatte seinen Besitz während der vierziger Jahre durch kluge Manipulation seines Privatvermögens noch vermehrt. Als Maurice nach Pregny zurückkehrte und wieder in dem riesigen prächtigen Palast über dem Genfer See Wohnung nahm, arbeitete er weiter wie bisher. Das Château ersetzte nur sein New Yorker „Büro" als Impulszentrum seines ausgedehnten Finanzsystems. Bequem auf einem Sofa ruhend, von fünf Telefonen umgeben, kaufte und verkaufte er auf den Kapitalmärkten der Welt. Er besaß bereits große Anteile am Bergbau in Gebieten mit raschem Wirtschaftwachstum wie Südafrika, Kanada und dem Kongo, und erwarb stetig neue hinzu, teils mit Krediten in Schweizer Franken, die er zu geringem Zinsfuß aufnehmen konnte. Aber dieser geborene Unternehmer beschränkte sich nicht auf Geschäfte mit Fremdfinanzierung. Er machte sich auch seine Kenntnisse der schönen Künste zunutze und entwickelte sich zu einem Kunst- und Antiquitätenhändler von Graden. Als er 1957 starb, ging sein sagenhafter Besitz an Bargeld, Aktien, Realitäten und Kunstwerken an seinen einzigen Sohn Edmond über, einen jungen Mann von einunddreißig Jahren, den er kaum gekannt hatte.[16] Und dieser Edmond sollte ein ganz neues Rothschildsches Banken- und Handelsimperium schaffen.

KAPITEL 28
„Le style Rothschild“

Dank der Bemühungen von Baron Guy de Rothschild begann 1960 für Ferrières eine zwölfjährige Glanzzeit, als Ziel und Schaubühne des internationalen Jet-set. Das große Schloß, seit Beginn des Krieges unbewohnt, von den Deutschen ausgeräumt und beschädigt, zwanzig Jahre lang der Verwahrlosung überlassen, hatte sich in einem traurigen Zustand befunden. Die Restaurierung, der Einbau einer Zentralheizung, die Säuberung und Neubepflanzung des verwilderten Gartens, die Neueinrichtung der Räume mit kostbaren Möbeln und Kunstwerken – all dies kostete Millionen. Aber Baron Guy hegte keinen Zweifel daran, daß die Gesamterneuerung solche Unsummen wert sei. Ferrières wurde zu einem Symbol der Verjüngung im zweifachen Sinn: Drei Jahre früher hatte sich Guy von seiner jüdischen Frau scheiden lassen, um Marie-Hélène van Zuylen de Nyefelt zu heiraten, eine lebhafte Blondine, achtzehn Jahre jünger als er und Katholikin. Dieses stürmische neue Liebeserlebnis glich einem einzigen berauschenden Höhenflug: Guy fühlte sich wieder jung. Doch er wollte nicht nur ein sichtbares Zeichen seines eigenen neuen Lebensglückes setzen. Indem er Ferrières etwas von seiner Pracht aus den Vorkriegstagen zurückgab, dokumentierte er damit auch, daß sich die Glücksgöttin Fortuna den Rothschilds wieder zugewendet hatte.

Das neugestaltete Schloß wurde zur Szene für eine Reihe raffinierter Diners, Maskenbälle und Feste. Prominenz aus aller Welt war bei den Rothschilds zu Gast: Filmstars, Fürstlichkeiten, Jet-setters, Künstler, Politiker. Und was ihnen geboten wurde! Die achthundert Gäste etwa, die am „Surrealistenball“ teilnahmen, erlebten eine Nacht völliger Verzauberung, wie sich Guy selbst später voll Stolz erinnerte:

> „Als die Gäste über die Haupttreppe emporschritten, wirkte alles ruhig, harmonisch, grandios wie sonst . . . außer daß Scharen von Lakaien mit Katzenköpfen auf den Stufen, den Geländern und den Treppenabsätzen in den groteskesten Stellungen eingeschlafen zu sein schienen. Dann begann eine endlose Reise durch ein dämmeri-

ges Labyrinth, einen Wald aus schwarzen Bändern, die man, im Dunkel tastend, wie dichtes Geäst teilen mußte. Da und dort tauchten plötzlich einige der livrierten Katzen mit Fackeln auf, unheimliche Tiergespenster inmitten gigantischer Spinnweben ... Der Weg war so lang, daß die Gäste schließlich nach so viel wonnigem Gruseln die letzten Tore dieser surrealistischen Hölle mit einem Seufzer der Erleichterung durchschritten. Sie betraten den Tapisseriensalon, unverändert in Gold, Rot und Rosa, wo Marie-Hélène mit dem Haupt einer Diamantentränen weinenden Hindin und ich selbst, mit einem Stilleben auf einer riesigen Schüssel als Kopfschmuck, mit halblauten Ausrufen des Entzückens die tollen Neuankömmlinge in ihren Verkleidungen zu erkennnen glaubten. Dazu spielte, unsichtbar gemacht, ein Pianist Musik von Satie."

Zu diesem extravaganten bal masqué war nur eingeladen, wer Sinn für das Besondere und auch das Geld besaß, um sich ganz solchen Freuden hingeben zu können. Jeder hatte beträchtliche Summen aufgewendet, denn die Kostüme sollten an Phantastik und Kostbarkeit mit der vom Gastgeber geschaffenen bizarren Szenerie wetteifern. Das Bankett, zu dem die versammelten Gäste Platz nahmen, war ebenso schwelgerisch wie absonderlich.

„Auf jedem Tisch, mit einem Tischtuch gedeckt, das den Himmel vorstellte, gab es ein Mittelstück, nach den Ideen eines surrealistischen Malers oder Dichters so gestaltet, daß es zugleich verrückt und poetisch wirken sollte. So befand sich z. B. auf dem Tisch mit der Devise ‚Eier à la florentine' ein Hügel aus gekochtem Spinat, darin steckte der Leib eines großen Vogels, mit Frauenbrüsten garniert. Der mit viel Beifall bedachte Höhepunkt war eine von acht Männern getragene riesige Schüssel, darin eine auf Rosen gebettete nackte Frau, alles aus gesponnenem Zucker modelliert, eßbar und dazu bestimmt, zerhackt zu werden. ‚Dessert der Barbaren.'" Das tolle Treiben dauerte bis in die Morgendämmerung. „Jeder war von sich selber entzückt, jeder genoß die Magie des Ortes, kurzum alle waren verzaubert."[1]

Wenn die sechziger Jahre tatsächlich die „swinging Sixties" waren, dann durchlebte sie niemand so intensiv wie die französischen Rothschilds. Zu keinem Zeitpunkt seit den zwanziger Jahren stand ihnen solcher Reichtum zur Verfügung, seit dem fin de siècle hatten sie nie solche Machtfülle besessen. Denn in jenen Zeiten des Aufschwungs bis zum Beginn der siebziger Jahre, als die Rothschilds einige ihrer Führungspositionen in der Finanzwelt und der vornehmen Gesellschaft zurückgewannen, erlebten sie auch eine neue Phase politischen Einflusses, natürlich in ganz anderer Form als einst ihre Großväter. Es entsprach Nattys Auffassung von seiner Verpflichtung gegenüber der Regierung und der Nation, auf die Träger der Politik einen gewissen Druck auszuüben und ihnen Ratschläge zu erteilen. Alphonse traf sich häufig mit Ministern und Abgeordneten zu vertraulichen Gesprächen. Beide hatten ihre klar festgelegten politischen Ansichten und sprachen sie auch offen aus. Beide mußten sich über kritische Einwände von Gegnern und Journalisten hinwegsetzen, denen solche Einflußnahme bedenklich und von eng begrenzten Gruppeninteressen diktiert erschien. Aber sechzig Jahre später war die Welt eben ganz anders. Nun gab es ein weit verbreitetes Mißtrauen gegenüber jeglichen Beziehungen zwischen dem Staat und dem Großunternehmertum. Wer ein öffentliches Amt bekleidete, war gesetzlich verpflichtet, all seine geschäftlichen Verbindungen offen einzubekennen. Eindeutige Bestimmungen wurden erlassen, um organisiertes Einwirken auf Parlamentsabgeordnete und Interventionen bei Ministerien zu verhindern. Politiker, Industrielle und Bankiers, die diese Regeln mißachteten, riskierten gefährliche Skandale und den Vorwurf der Korruption. Daher konnte man nur auf der Ebene des persönlichen Umgangs Einfluß nehmen.

Georges Pompidou, von 1962 bis 1968 französischer Ministerpräsident und von 1969 bis 1974 Staatspräsident, war sein ganzes Leben lang ein Freund der Rothschilds, nicht zuletzt als ehemaliger Direktor in der Pariser Bank. Der Tag nach den Wahlen von 1962 war für die Presse ein Großkampftag. Auf einen kürzlichen sensationellen Rennsieg Baron Guys anspielend, schrieb eine Zeitung: „Pompidou aus dem Rothschild-Stall gewinnt den Grand Prix Matignon."* Auf diesen Grundton waren auch andere Schlagzeilen und politische Karikaturen eingestimmt. Die Angegriffenen ließen sich dadurch in ihren Sympathien füreinander nicht beirren. Mehrere Jahre trafen sich Baron Guy und der Ministerpräsident einmal pro Monat zu einem privaten Mittagessen, und die Rothschilds standen oft auf den Gästelisten offizieller Veranstaltungen. Die beiden Herren hatten über viele Fragen die gleichen Ansichten, vor allem über die Aufgabe der Regierung, die freie Marktwirtschaft zu unterstützen und dem sozialistischen Druck zu widerstehen. Pompidou wußte den fachlichen Rat seiner Freunde in Finanzbelangen ebenso zu schätzen wie ihren Zuspruch während der dunkleren Phasen seiner Amtszeit, besonders auch während der Welle von

* Das Hôtel Matignon ist die offizielle Residenz des französischen Ministerpräsidenten.

Studentenunruhen, Streiks und Massendemonstrationen, die Frankreich im Jahr 1968 erschütterten. In politischer und wirtschaftlicher Hinsicht war die Beziehung zwischen Pompidou und Rothschild absolut korrekt, aber sie machte die Bankiersfamilie bei den Parteien der Linken nicht gerade beliebter, und als diese Parteien an die Macht kamen, zeigten sie unverhohlen ihre Abneigung.

Aber vorläufig war alles noch in ein rosiges Licht getaucht. Guy modernisierte das Rothschildsche Gestüt, und er selbst, seine Cousins sowie seine Neffen waren oft bei den großen Rennen diesseits und jenseits des Ärmelkanals zu sehen. Sie verzeichneten mit ihren Züchtungen beachtliche Erfolge, darunter das beste Pferd, das je die Farben Blau-Gelb zum Sieg führte, ein junger Hengst mit dem Namen „Exbury", nach Edmonds englischem Besitz. Er schien förmlich von der neuen Dynamik der Rothschilds mitgerissen zu werden, denn um die Mitte der sechziger Jahre gewann er viele klassische Rennen in Frankreich und England.

Marie-Hélène war nicht die einzige berühmte Rothschildsche Grande Dame jener neuen Belle Epoque. In Pregny glänzte Baron Edmonds Gemahlin Nadine als charmante Gastgeberin bei Parties, die kaum weniger raffinierter waren als in Ferrières. Für ihren „Boldini-Ball" im September 1975 dekorierte sie den Rundbau der Reitbahn auf dem Gelände des Schlosses mit Draperien aus mauvefarbener und violetter Seide. An den Wänden hingen sieben große Damenporträts, die Giovanni Boldini, der gefeierte virtuose Gesellschaftsmaler, um die Jahrhundertwende in Paris geschaffen hatte. Die Baronin ließ eine Tanzfläche verlegen, eigens eine Heizung einbauen, Beleuchtung installieren, Grünpflanzen und Apfelbäumchen malerisch verteilt aufstellen und sorgte selbstverständlich für ein schwelgerisches Mahl. Zu den fünfhundert Gästen, die alle gebeten wurden, in Kostümen der Jahrhundertwende zu erscheinen, zählten die Herzogin von Orléans, Prinz Victor Emanuel von Neapel, Hélène Rochas, Yul Brynner, Estée Lauder, Ted Kennedy, Audrey Hepburn, Gina Lollobrigida, Gloria Swanson und Gregory Peck. Wie Nadine selbst später schrieb:

„Der Stil Rothschild verkörpert nicht nur schöne Häuser, das feine Nebeneinander von Komfort und Museumsstücken. Er bedeutet auch eine bestimmte Lebensart, eine besondere Art, Gäste zu empfangen – man kann sie perfekt nennen –, die allen Familienmitgliedern eigen ist."[2]

Die Geschichte von Edmond und Nadine liest sich wie ein modernes Märchen – eine Verbindung von „Aschenbrödel" und „Sindbad". Nach dem Tod seines Vaters erbte Edmond nicht nur ein Vermögen, das ihn weltweit zum reichsten aller lebenden Rothschilds machte, sondern auch einige Verpflichtungen. Darin lag eine der Ironien des Schicksals, sogar in zweifacher Hinsicht, denn der Sohn des aus der Familie „Ausgestoßenen" war selbst ein Außenseiter. Ohne eigenes Zutun war der reichste Rothschild auch ein Rothschild ohne Familie. Sein Vater hatte ganz bewußt die Beziehungen zu der Bank abgebrochen, aber Edmond geriet durch eine Reihe von Umständen ins Abseits. Zwischen ihm und seinen Cousins gab es einen sehr großen Altersunterschied, und er war ausschließlich im mütterlichen Verwandtenkreis aufgewachsen. Seine Entwicklungsjahre hatte er einsam in der Schweiz verbracht. Nach dem Krieg, als er soweit gewesen wäre, in die Bank einzutreten, gab es diese Möglichkeit nicht, oder wie er selbst sagte: „So eine Bank war ja gar nicht da." Im Jahre 1949 ging er nach Südamerika, um dort für die „Commerciale Transocéan" zu arbeiten, eine Import-Exportfirma im Besitz seiner Cousins. Das dauerte etwa ein Jahr. Da er nichts Besseres zu tun hatte, studierte er Rechtswissenschaft, aber niemals mit der ernstlichen Absicht, den Juristenberuf auszuüben.[3]

Im Alter von vierundzwanzig Jahren entschloß er sich zur geschäftlichen Selbständigkeit. Bei seiner Herkunft und vor allem mit dem aneifernden Beispiel seines Vaters vor Augen, wäre dies als der logische, ja einzig richtige Schrittt erschienen. Aber Edmond betont, daß es keineswegs das Nächstliegende war. Er stand seinem Vater nicht nahe, wenn die beiden zusammenkamen, hatten sie einander wenig zu sagen. Von dieser Seite waren also keine nützlichen Ratschläge zu erwarten. Ebensowenig von Verwandten aus dem übrigen Familienkreis. Sein Großvater war Offizier und sein Onkel väterlicherseits ein Amateur. „Ich hatte keinerlei Schulung im Finanzwesen", gesteht er freimütig ein. „Bevor ich Geschäftsmann wurde, besaß ich keine einzige Aktie, keinen Pfandbrief. Das Bilanzenlesen mußte ich mir selbst beibringen." Aber er hatte beim Start schon eine Vorgabe, wie sie wenigen zuteil wird, die nicht Rothschild heißen: Sein Großvater hatte ihm eine Million Dollar hinterlassen. Mit diesem Kapital und dem Darlehen eines befreundeten Bankiers begann er alles zu kaufen und zu verkaufen, was gerade gute Gewinne verhieß – Liegenschaften, Waren verschiedener Art, Import- und Exportgüter. Zu dem Zeitpunkt, als er sein väterliches Erbe antrat, hatte er die erforderlichen Kniffe bereits gelernt, allerdings schreibt er seinen anhaltenden Erfolg der Tatsache zu, daß er fähige Ratgeber hatte. Der Handel mit Immobilien blieb die Basis seiner geschäftlichen Tätigkeit, aber er führte auch spezielle Finanzoperationen durch, legte sein Geld in aussichtsreichen „Projekten" an. „Später erfuhr ich, daß man das Risikokapital nennt", sagte er ganz unbefangen.[4]

Edmonds schickes Büro in der eleganten Faubourg Saint-Honoré wurde zum Mittelpunkt eines rasch anwachsenden Kommerzimperiums. Eines der Unternehmen, an denen er sich in seiner Anfangszeit beteiligte, war eine kleine Firma, die „ein interessantes, ganz neues Urlaubsgefühl" zu schaffen trachtete. Edmond erwarb einen Anteil von 35 Prozent an dieser „kleinen Firma" die sich „Club Méditerranée" nannte und im Verlauf der folgenden Jahrzehnte zum erfolgreichsten Reise- und Urlaubsveranstalter der Welt aufstieg. Aber Edmond de Rothschild hatte nicht den magischen Finger des Königs Midas. Einige seiner Projekte, so z. B. sein Vorstoß auf das Gebiet der Diskontladenketten, schlugen gründlich fehl. Doch insgesamt überwogen die Gewinne bei weitem die Verluste, und sehr bald zeigte sich, daß es nun in Paris ein zweites Rothschild-Unternehmen gab, in allem so mächtig und von so gutem Ruf wie Rothschild Frères. Als seine Cousins 1968 ihr Bankhaus reorganisierten, konnte Edmond das tun, was ihm, wie er glaubte, früher verwehrt war: er gründete seine eigene Privatbank mit der Zentrale in der Schweiz.[5]

Trotz dieser greifbaren Erfolgsbeweise gab es für Edmond im Leben wichtigere Dinge, als Geld zu verdienen. Er war niemals der hartgesottene Geschäftsmann nach dem Sinn des alten N. M., dazu bereit, sich „mit Leib und Seele, Geist und allem" seiner geschäftlichen Tätigkeit zu widmen. In den fünfziger und sechziger Jahren gewannen der Glaube und das Land seines Volkes für ihn immer mehr an Bedeutung. Er war nicht zur strengen Einhaltung der Gebote des Judentums erzogen worden, und als er in seinen frühen Mannesjahren den Glauben seiner Väter „entdeckte", wirkte diese Erkenntnis um so stärker. Nun wurde er mit solcher Vehemenz zum eifrigen Zionisten, daß sein Vater und sein Onkel Jimmy ihn von einer Reise nach Israel abbringen mußten, aus Angst, er könnte etwas tun, was ihnen töricht erschienen wäre. Die Suez-Krise von 1956 berührte ihn tief. Im Jahr darauf starb sein Onkel Jimmy. Nun war Edmond der einzige direkte männliche Nachkomme des „Vaters Israels", und dies empfand er als eine große persönliche Verpflichtung.

Während seines ersten Aufenthalts in Israel, im Jahr 1958, wurde ihm zum erstenmal bewußt, was sein Großvater in Wahrheit für diese neue Nation bedeutete, und er wollte dieser Familientradition unbedingt durch persönlichen Einsatz folgen. Deshalb führte er Gespräche mit David Ben Gurion. Dieser weise Staatsmann freute sich zwar über die Begeisterung des jungen Gastes, riet ihm aber, wohltätiges Wirken seiner Tante Dorothy zu überlassen und bei dem zu bleiben, was er am besten verstand: die Finanzen. „Verwenden Sie Kapital, um Arbeitsplätze zu schaffen", so lautete Ben Gurions Ratschlag. Daher setzte sich Edmond während der nächsten Jahre unternehmerisch für den gefährdeten jüdischen Staat ein. Er baute die erste Pipeline vom Roten Meer zum Mittelmeer, um dringend benötigtes iranisches Erdöl nach Israel zu leiten, außerdem errichtete er eine pharmazeutische Fabrik und gründete die „Israel General Bank".[6]

Wie immer man in Tel Aviv über Edmonds Tätigkeit denken mochte, innerhalb der eigenen Familie wurde er dafür nicht allgemein geschätzt und bewundert. Jimmys Witwe war keineswegs angetan von ihrem Neffen, der, wie sie fest glaubte, aus dem Ruf seines Großvaters für sich Kapital schlug. Nach dem Tod ihres Mannes hatte sie die Initiative ergriffen, um in dem neuen Staat sein Aufbauwerk fortzusetzen. Sie wahrte die philanthropische Linie, die Edmond senior und Jimmy vorgezeichnet hatten, aber mit neuen Zielsetzungen. Nun waren nicht Siedlungsgebiete wichtig, sondern technische, wissenschaftliche und kulturelle Vorhaben, um die Lebensbedingungen der Israelis zu verbessern und ihre Unabhängigkeit zu festigen. Dorothy errichtete eine Stiftung mit dem Namen „Hamadiv", die Gelder für die verschiedensten Zwecke zur Verfügung stellte: für die hebräische Universität in Jerusalem, den Aufbau des Bildungsfernsehens, Ankäufe für Kunstgalerien, die Ausstattung neuer Spitäler und Altenpflegeheime, die Behindertenhilfe, die Besetzung von Lehrstellen an Volkshochschulen, die Verleihung von Preisen für technische und naturwissenschaftliche Leistungen, die Anlage eines Viehzuchtzentrums und vieles mehr. Später beteiligten sich auch andere Rothschilds an verschiedenen Sozialprojekten in Israel. Keiner von ihnen folgte Edmonds Beispiel auf dem Wirtschaftssektor.

Zweifellos paßten seine Liaison und spätere Ehe mit einer Schauspielerin, die noch dazu keine Jüdin war, nicht ganz zu dem Bild eines frommen Diaspora-Juden, der selbstlos für sein Volk arbeitete. Edmonds erste Ehe, 1958 geschlossen, war gescheitert. An sich weiter kaum verwunderlich, denn es ist gewiß nicht leicht, mit solch einem vor Einfällen und Ambitionen schier berstenden Energiebündel von einem Mann zu leben. Von seiner Frau wurde erwartet, daß sie zehn – ! – Häuser führte, darunter die Pariser Stadtwohnung, den Landsitz Armainvilliers östlich von Paris sowie das Schloß Pregney samt allen seinen Anlagen. Sie mußte die Honneurs an einer Festtafel machen, zu der ihr Gemahl Geschäftsfreunde und Politiker aus mehreren verschiedenen Staaten einlud. Sie mußte wendig genug sein, um sofort auf seine plötzlichen Eingebungen und Entscheidungen zu reagieren, sei es zum Segeln, zum Pferderennen oder zu einem raschen Aufbruch, um das nächste Flugzeug nach New York, Tel Aviv oder Nairobi zu erreichen.

1960 lernte Edmond eine junge rotblonde Schauspielerin und Tänzerin kennen. Es konnte wohl keinen größeren Unterschied geben als zwischen dem Multimillionär und der achtundzwanzigjährigen Nadine Lhopitalier, Künstlername Nadine Tallier. Sie war ein uneheliches Arbeiterkind aus einem tristen Pariser Stadtviertel. Als Vierzehnjärige wurde sie Hilfsarbeiterin in einer Fabrik. Dann führte sie die Nebenbeschäftigung als Künstlermodell in die viel romantischere Welt des Films. Zuerst wirkte sie als Komparsin mit, später als Double für prominente Stars in Nacktszenen. Nadine war klug genug, um zu erkennen, daß äußere erotische Reize eine vergängliche Gabe sind. Deshalb hatte sie jede Gelegenheit genützt, um nicht nur körperlich buchstäblich in bester Form zu bleiben, sondern sich auch weiterzubilden. Bei ihren Streifzügen lernte sie möglichst viel über Kunst, Mode und Lebenskultur – die Dinge eben, über die die feinen Leute reden. Bevor ihr Edmond begegnete, war sie bereits kurz mit dem Sohn eines englischen Peers so gut wie verlobt, doch eines Abends bei einem Diner erregte sie die Aufmerksamkeit des Barons de Rothschild. Er kam auf sie zu und machte ihr ein Kompliment für ihren prachtvoll wirkenden Anhänger: „Sie tragen einen sehr schönen Diamanten – schade nur, daß er nicht echt ist.“[7]

Drei Jahre lang lebten die beiden zusammen, und während jener Zeit wurde Edmond von seiner Frau geschieden. Nun mußte er den nächsten Schritt reiflich überlegen. Er würde Nadine nicht bitten, zum Judentum überzutreten, aber die Folgen einer Eheschließung mit einer Katholikin mußten sehr sorgfältig erwogen werden. Edmond zögerte. Und Nadine wurde schwanger. Als er seinen Entschluß gefaßt hatte, war sie für die Dauer der Schwangerschaft ans Bett gefesselt, denn der Arzt befürchtete Komplikationen. Deshalb fand die Trauung in Nadines Schlafzimmer statt. Nur wenige Freunde waren anwesend, die Braut saß auf einem Stuhl, und der Bräutigam sprach neben ihr stehend seine Gelöbnisse. Viel später schrieb Nadine in ihrem Erinnerungsbuch:

„‚In der Familie hältst du es keine vierundzwanzig Stunden aus‘, hatte mir meine Freundin, als ich heiratete, vorausgesagt. Seit vierundzwanzig Jahren teile ich nun schon das Leben von Edmond. Vierundzwanzig Jahre, in denen ich jeden Augenblick genossen habe. Vierundzwanzig Jahre, in denen ich mit Begeisterung so viel gearbeitet habe wie manches Mitglied des Managements.“[8]

Theoretisch sprach manches gegen einen glücklichen Verlauf dieser Ehe. Tatsächlich aber erwies sie sich als eine von Edmonds besten Spekulationen, vor allem deshalb, weil seine Frau, die Schauspielerin, hart daran arbeitete, die anspruchsvollste Rolle ihres Lebens zu lernen.

Baron Elie wies darauf hin, daß es oft die einheiratenden Damen sind, die „plus Rothschild que les Rothschilds“ werden. Er nannte seine eigene Frau als Beispiel für einen Menschen, der sich die Geschichte und die Traditionen der Rothschilds ganz zu eigen machte.[9] Andere ebenso typische Fälle kommen einem in den Sinn: Mrs. James de Rothschild, nun das älteste lebende Familienmitglied, mit einem reichen Schatz an Geschichten über drei Generationen von Verwandten ihres Gemahls. Sie war schon zu Jimmys Lebzeiten eine vollendete Gastgeberin in Waddesdon und nach seinem Tod eine begeisterte Sachwalterin der Rothschildschen Intentionen in Israel. Baron Philippes zweite Frau Pauline war der planende und leitende Kopf bei der Entstehung des modernen Schloßes Mouton. Clarice, vor ihrer Ehe mit Alfons eine stille Engländerin, teilte nicht nur das schwere Los ihrer angeheirateten österreichischen Familie, sondern setzte sich nach dem Krieg auch am energischesten für die Rückgabe des Besitzes ein, und immer fühlte sie sich Land und Leuten von Langau enger verbunden als die beiden „Einheimischen“ Louis und Eugen.[10]

Es liegt eine gewisse Ironie in der Tatsache, daß mehrere Rothschild-Töchter dem Familienkreis entfliehen mußten, um ihren eigenen Weg zu finden, während einige eingeheiratete Rothschildsche Frauen ihre Erfüllung in der völligen Identifizierung mit der Dynastie fanden. Ganz gewiß verhielt es sich so mit Nadine Lhopitalier. Sie entwickelte sich zu einer Rothschildschen Dame nach den besten Traditionen des 19. Jahrhunderts. Aus eigenem Antrieb trat sie zum Judentum über und bewährte sich bald als zauberhafte Gastgeberin und unermüdliche Reisegefährtin mit viel Verständnis für geschäftliche Dinge und als tatkräftige Helferin bei sozialen Vorhaben. So fand Edmond, wie Guy mit Geld, Erfolg und einer schönen jungen Frau gesegnet, daß er in den sechziger Jahren oft Grund zum Feiern hatte. „Es war ein wundervoller Abschnitt unseres Lebens, und wir machten das Schönste daraus“, sagt er selbst. Außer Festen und Reisen zu exotischen Drehorten mit Freunden aus Hollywood gab es Jachtreisen, Safaris in Afrika, Skiurlaube und viele anderen Freuden.[11]

Nicht zufrieden mit seiner Stellung als internationaler Geschäftsmann, Bankier und Führer der Judenschaft, beschloß Edmond 1972, sich einem weiteren traditionellen Betätigungsfeld der Rothschilds zuzuwenden: er erwarb ein Weingut in Médoc. Seine Motive dafür waren eine persönliche Vorliebe für edlen Wein, der Reiz einer neuen Aufgabe und die Aussicht auf gute Geschäfte. In der Nachkriegszeit hatten zumindest die Spitzenreiter unter den Weinproduzenten zu kämpfen, um Gewinne zu erzielen. Aber dann kamen eben jene „Swinging Sixties“. In der gesamten westlichen Welt galt es plötzlich als „in“, Wein zu trinken. Besonders die reichen Amerikaner fanden Geschmack an französischem Rotwein, und die anderen kauften ihn sowieso, weil es eben dazugehörte und allmählich zu einer guten Investition wurde. Binnen eines Jahrzehnts stieg der Preis erstrangiger Médoc-Sorten auf das Zehnfache. Die beste Zeit, um ins Weingeschäft einzusteigen. Aber Edmond hatte nicht die Absicht, mit seinen Cousins in Lafite und Mouton zu konkurrieren. Denn eine Lage ersten Ranges wäre, wenn überhaupt, in der damaligen Hochkonjunktur nur zu stark überhöhtem Preis zu haben gewesen. Der Baron entschied sich statt dessen für eine „cru bourgeois", nämlich das Gut Château Clarke in Listrac, etwa zehn Kilometer von Pauillac. Seine Zielgruppe waren jene Käuferschichten, die guten Wein schätzten, sich aber die besten Gewächse nie oder nur selten leisten konnten. Dies war, wie er richtig beurteilte, ein weltweit rasch anwachsender Kundenkreis. Die Cousins in Lafite, mit denen Edmond seine Pläne erörterte, fanden diese Einschätzung der Situation offenbar beherzigenswert, denn ein Jahr darauf kauften sie selbst ein Weingut der „cru bourgeois" – der „bürgerlichen" Güte –, Château la Cardonne.

Der neue Besitzer von Château Clarke ging an sein Unternehmen mit dem typischen Elan, der Geschäftstüchtigkeit und Voraussicht der Rothschilds heran. Er ließ mehr als die Hälfte der alten Weinstöcke ausgraben und durch neue ersetzen, er erbaute große neue Preßhäuser und Kellereien und kaufte die modernsten Geräte. Eine erhebliche Investition, die Jahre brauchte, um sich zu amortisieren, aber Edmond rechnete damit, daß sich der Aufwand lohnen würde. Man konnte nicht aus einer sentimentalen Liebe zu den Traditionen an alten Gebäuden und überholten einfachen Verfahrensweisen festhalten.[12]

Vom „Krieg der Weingärten" handelt eine der beharrlich weitergegebenen – und phantasievoll ausgeschmückten – Geschichten aus dem Rothschildschen Sagenschatz. Wie bereits erwähnt, gab es wohl eine Rivalität zwischen Mouton und Lafite, als Mayer Amschel noch ein unbedeutender Ghettojude war. Aber die Auswirkungen solchen Wettstreits bekamen eher die Verwalter und die Arbeitskräfte als die Besitzer selbst zu spüren. Bis zu dem Zeitpunkt, als Baron Philippes Interesse an Mouton erwachte, nahm die „Herrschaft" nie in Pauillac Aufenthalt, und Besuche aus Paris waren selten. Die unvorteilhafte Bewertung seines Produkts von 1855 war Nat, dem ersten Rothschildschen Besitzer von Mouton, sicherlich ein Ärgernis, ließ aber seinen Sohn und seinen Enkel gleichgültig. Wahr ist indes, daß sich ein eher gemütliches Aushandeln des Verkaufspreises der jährlichen Fechsung in der Zeit nach dem Zweiten Weltkrieg zu einer erbitterten Fehde zwischen den Lafite-Rothschilds und den Mouton-Rothschilds steigerte, oder genauer gesagt zu einem Duell zwischen Elie und Philippe.

Mitbesitzer von Lafite waren Guy, Alain, Elie und Jimmy. Im Jahr 1946 machten sie sich Sorgen um die Zukunft des Weingutes. Seit Jahren hatte es mit Verlust gearbeitet, und die Familie konnte sich einen solchen Passivposten nicht mehr leisten. Der damals neunundzwanzigjährige Elie erklärte sich bereit, die Sache in die Hand zu nehmen. Dieser hochgewachsene schlanke junge Mann mit der kühnen Nase und der brüsken Art betrachtete Lafite als eine Herausforderung. Er führte strenge Qualitätskontrollen ein, zog die Zügel straff, spornte die Mitarbeiter zu erhöter Leistung an und war binnen zwei Jahren in der Lage, den anderen Teilhabern eine bescheidene Dividende gutzuschreiben. Elie war Château Lafite förmlich verfallen, und das war das Problem. Auf den beiden benachbarten Weingütern saßen nun zwei Herren, die den Weinbau aus und mit Passion betrieben. Zudem waren sie nach Temperament und Charakter völlig verschieden und einander nicht sehr gewogen. Philippe, um fünfzehn Jahre älter, war seit langem mit dem Gebiet und dessen Bewohnern vertraut. Elie hingegen war der Neuling, der mit einer von sentimentalen Anwandlungen unberührten Denkungsart daherkam. Philippe war ein Showman, Elie gab sich als zurückhaltender Patrizier. Der einzige den beiden gemeinsame Wesenszug war Willensstärke.

Philippe, ein geborener Public-Relations-Experte mit viel Sinn fürs Theatralische, war Feuer und Flamme für jede Methode, nach der sich wirksam für sein Weingut, die Güte des Produkts und die Landschaft des Médoc als solche werben ließ. Als er 1945 zurückkehrte, war Mouton in traurigem Zustand. Von Bombenangriffen der Alliierten waren Schäden an Gebäuden und Krater in den Weingärten geblieben. Die Deutschen hatten den Betrieb zwar aufrechterhalten, aber im Umkreis auch häßliche Geschützstellungen gebaut, das Schloß ausgeplündert und während der späteren Phase des Krieges die Parkettböden zum Verheizen herausgerissen. Wenn Mouton jemals wieder zu bewirtschaften sein sollte, waren Instandsetzungen durchzuführen und neue Pläne auszuarbeiten. Puncto Wiederaufbau fand Philippe, daß Deutsche nun gutmachen könnten, was Deutsche zerstört hatten. In Lagern der Gegend gab es Hunderte Kriegsgefangene, und einige von ihnen wurden in Mouton eingesetzt, um die militärischen Anlagen zu beseitigen, im Haus aufzuräumen und das Gelände zu säubern.

Was die Zukunft betraf, so mußten unter harten Wettbewerbsbedingungen in einem Europa der Nachkriegs-Kargheit Märkte neu geschaffen werden. Eine der Möglichkeiten, um Mouton-Wein auf dem Regal des Händlers von anderen Marken zu unterscheiden, bestand in der Verwendung eines phantasievollen Etiketts. In den zwanziger und dreißiger Jahren hatte Philippe häufig derlei Versuche angestellt. Nun beauftragte er einen jungen Künstler, eigens ein Etikett zur Erinnerung an das Kriegsende zu entwerfen, mit Winston Churchills berühmten V – Victory – als graphischem Element. Die Idee schlug ein, sie gab allen Flaschen jener Jahresernte eine besondere Note, einen Blickfang, durch den Kenner sie leicht ausmachen konnten. Deshalb beschloß der Baron, diese Linie fortzusetzen. Es gelang ihm, die größten zeitgenössischen Künstler für exklusive Entwürfe zu gewinnen, und in den folgenden Jahren zeigten die Château Mouton Rothschild-Flaschen auf ihren Etiketten Werke von Meistern wie Georges Braque, Salvador Dali, Pablo Picasso, Henry Moore, Marc Chagall, Wassily Kandinsky und Andy Warhol.

Als sein Vater Henri 1946 starb, fiel das Weingut allen drei Kindern zu, aber Philippe zahlte seinen Bruder und seine Schwester sofort aus. Dies war wahrscheinlich für ihn der Punkt, ab dem es kein Zurück mehr gab. Vor dem Krieg hatte er zwar Neuerungen in Mouton eingeführt, aber nicht sehr viel Zeit dort verbracht. Selbst bei der Heimkehr ins Zivilleben hatte er erwogen, wieder in die Filmbranche zu gehen oder einen anderen Beruf zu ergreifen. Doch nun widmete er sich ganz der kompletten Instandsetzung des Besitzes. Damit nahm er sich viel vor. Es kam ja nicht bloß darauf an, die Kulturen wieder zum Tragen zu bringen, die Kellereien zu modernisieren und Nebengebäude in eine wunderschöne Residenz namens Grand Mouton umzugestalten. Es galt auch, aus dem Schloß die größte Touristenattraktion des Landstriches Médoc zu machen.

Bei alldem half ihm seine zweite Frau, ihm selber an Einfallsreichtum und Begeisterung ebenbürtig. Pauline Potter, die Philippe 1954 heiratete, war eine amerikanische Modeschöpferin und Gesellschaftsgröße. Für die Wiedergeburt von Mouton brachte sie außerordentlichen künstlerischen Spürsinn mit. Sie war es, die ihrem Gemahl bei der Verwirklichung seiner Königsidee beistand. Der Gedanke kam ihm an seinem fünfzigsten Geburtstag. Er würde im ältesten Teil der Gebäudeanlage ein Weinmuseum einrichten. Das Ehepaar fahndete auf der ganzen Welt nach Gemälden, venezianischem Glas, Gobelins, Renaissancekelchen, chinesischer Keramik, Tonfiguren aus Lateinamerika, römischen Mosaiken – allem, was wertvoll und schön war und mit dem Weinbau und dem Weingenuß in Beziehung stand. In Mouton wurden uralte Kellereien in sechs Galerien umgewandelt, wo die einmaligen Bestände mit größter optischer Wirkung ausgestellt, ja förmlich inszeniert werden konnten. Das Museum wurde 1966 eröffnet und erhielt sofort seinen Rang als eine der besten kulturhistorischen Schausammlungen der Welt. Ein Besuch dort ist ein unvergeßliches Erlebnis. Die alten Kellergewölbe bilden einen wunderbaren, einfachen Rahmen für bedeutende Kunstschöpfungen aus einem Zeitraum von mehr als viertausend Jahren.[13]

All diese Vorgänge blieben in der Nachbarschaft nicht unbemerkt, wo Baron Elie den Ruf von Lafite neu zu festigen trachtete, freilich nach konventionelleren Methoden. Gags lehnte er ab und setzte statt dessen auf den alten Inbegriff hervorragender Qualität, die Klassifikation von 1855. In jenem Jahr waren die besten Lagen des Médoc bewertet worden, und Lafite hatte den ersten Rang erhalten, betrachtete sich seither immer als „le premier des premiers", obwohl die drei anderen Schloßweingüter, denen auch dieser Ritterschlag zuteil geworden war, sich damit nicht einverstanden erklären konnten. Es war nur natürlich, daß die neue Leitung in Lafite, intensiv um kommerziellen Erfolg bemüht, diese 1855 verliehene Auszeichnung so nachdrücklich als nur möglich ausspielte. In den zwanziger Jahren hatte Philippe die Gruppe der Fünf gebildet, in der Latour, Margaux, Haut Brion, Lafite – die „Premier Cru"-Weingüter – und Mouton vertreten waren. Ein kühnes Unterfangen, aber es hatte funktioniert, weil die Geschäfte schlecht gingen und Baron Philippes Idee gut war. Doch der Weiterbestand dieser Gruppe bedeutete eine dauernde Anfechtung der Klassifikation von 1855. Im Jahr 1952 berief Elie eine Versammlung der Premier Cru-Besitzer ein, und man nahm Strukturreformen vor, die nur mehr eine Gruppe der Vier ergaben.

Sobald Philippes Zorn verraucht war, plante er seine Gegenoffensive. Er beschloß eine Art Levée en masse der Weinbautreibenden zu organisieren, für einen Feldzug zur Abschaffung der nun hundert Jahre alten Rangordnung und zur Einführung neuer Bewertungsmaßstäbe. Zwangsläufig spaltete dieser Plan die Weinproduzenten des Médoc in zwei Lager: Jene die glaubten, sie könnten durch eine Neubewertung gewinnen, waren dafür. Wer befürchtete, er könnte in einer neuen Rangliste schlechter abschneiden als bisher, der sprach sich dagegen aus. Selbst als Philippe genügend Rückhalt hatte, mußte er sich durchs Dickicht der Bürokratie vorkämpfen. Zu diesem Zeitpunkt nahm der Konflikt bereits gehässige Formen an. Die beiden Cousins sprachen kaum mehr miteinander. In der Presse erschienen beleidigende Äußerungen, und boshafte Geschichten über die gute Gesellschaft des Médoc machten die Runde.

Die Fehde zog sich mit wechselvollem Verlauf zwanzig Jahre hin. Philippes Eingabe gelangte bis ins Landwirtschaftsministerium und wurde über den ganzen Instanzenweg wieder an die Handelskammer von Bordeaux zurückgeleitet. Damals hatte die Frage bloß noch akademischen Charakter. Als einzige Tatsache hatte sich herausgestellt, daß keine Methode der Neubewertung allgemeine Billigung fände. Nur: angesichts der Hochkonjunktur jener Jahre war dies kaum mehr von Bedeutung, denn sämtliche Weingutbesitzer machten damals glänzende Geschäfte. Warum sollte man also an einem System herumpfuschen, das trotz seiner Mängel tadellos funktionierte? Aber nun ging es um den Stolz, die „Obristen" waren fest verschanzt, und der Ehre mußte Genüge getan werden. So endete die Affäre 1973, wie sie begonnen hatte, mit einer Konferenz der Gruppe der Vier. Baron Elie, damals sowieso schon im Begriff, seine Stellung dem Neffen Eric zu übergeben, ließ sich dazu bewegen, seinen Einspruch gegen die Aufnahme von Château Mouton Rothschild unter die Premiers Crus zurückzuziehen. Philippe und seine Weingartenarbeiter feierten dieses Ereignis mit einem Umtrunk von Mouton '24, und eine neue Version des alten Trotzsprüchleins wurde geprägt:

„Premier je suis, second je fus. Mouton ne change."[14] (Erster bin ich, zweiter war ich. Mouton ändert sich nicht.)

Aber über dem Fest lag ein Schatten. Pauline war ernstlich erkrankt, sie litt an Herzbeschwerden. Die Jahre zwischen 1970 und 1976 verstrichen mit Kuren und mit Konsultationen von Ärzten auf der ganzen Welt. Doch es gab keine Heilung. Im März 1976 starb Pauline in Kalifornien. Zum erstenmal in seinem langen Leben, als Mittsiebziger, war Philippe völlig verzweifelt. Als er den ersten, schlimmsten Schmerz überwunden hatte, wandte er sich den anderen Menschen und Werten zu, die auch nach dem unersetzlichen Verlust seinem Dasein noch Sinn und Inhalt geben konnten: Philippine, die Dichtung und Mouton. Seine Tochter hatte einen Schauspieler namens Jacques Sereys geheiratet, aber sie blieb ihrem Vater sehr nahe, und ab 1981 übernahm sie jene Agenden, die Philippe nun zu sehr anstrengten. Sie fungierte als eine Art Sonderbotschafterin für Mouton, organisierte eine Wanderausstellung, hielt Vorträge und gab Interviews für die Presse und das Fernsehen.

Der völlig doppelsprachige, hochgebildete alte Herr hegte eine tiefe Liebe zur französischen und englischen Literatur. Er veröffentlichte einen Band eigener Lyrik und schrieb 1950 die Gesangstexte für Darius Milhauds „Vendange". Aber die größte Beachtung fanden seine Übertragungen englischer Poesie. Im Jahre 1960 erschien seine französische Nachdichtung der Werke von Christopher Fry. Etwa zur selben Zeit begann er die Arbeit an einer Anthologie elisabethanischer Lyrik, und in den siebziger Jahren publizierte er seine Fassungen von Marlowes „Doctor Faustus" und „Tamburlaine".

Mouton war nach Philippes Konzept noch nicht vollendet. Es gab dort immer Arbeit: den Ausbau und die Verbesserung der Anlagen, die Verwirklichung jener Pläne, die er gemeinsam mit Pauline gefaßt hatte.

Aber es gab auch ein neues eigenständiges Projekt, das Philippe beschäftigte. Seit vielen Jahren wurde in Kalifornien Weinbau betrieben. Die meisten Franzosen, sofern sie überhaupt je davon gehört hatten, glaubten, ein kalifornischer Wein, das sei doch nicht ernst zu nehmen. Aber gegen Ende der sechziger Jahre stellten Kenner fest, daß manche der amerikanischen Fechsungen sehr gut waren. Philippes Erwägung ging dahin, daß sie durch die Mitwirkung seiner Fachleute noch besser werden und mit dem Prestige des Namens Rothschild große Marktchancen haben könnten. Es dauerte seine Zeit, bis sich für die Idee auch eine günstige Gelegenheit bot: 1978 sandte Philippe eine Einladung an Robert Mondavi, einen der führenden Weinproduzenten des Napa-Tales, rund 130 km nördlich von San Francisco.

Mondavi reiste mit seiner Frau nach Mouton, und er, ein etwas „naturbelassener" Amerikaner, war überwältigt von dem Luxus, den Tafelfreuden, dem Wein, eben dem Stil, der allem das besondere Gepräge verlieh. Über Philippe sagte er, dieser wirke „ganz und gar wie ein Baron und dabei wie ein alter Kumpel, mit ihm redet man so leicht".[15] Das entscheidende Gespräch fand eines Morgens in Philippes Schlafzimmer statt. Der alte Herr verbrachte die frühen Stunden des Tages immer im Bett, aber an der Arbeit, umgeben von Telefonen und Schriftstücken und in Gesellschaft seines auf der Bettdecke ruhenden Hundes aus der Rasse der Golden Retriever, getreu seiner Lebensregel: „Das Nachdenken fällt leichter, wenn die Füße höher liegen, als wenn sie herunterbaumeln." Nach dreistündigen harten, aber freundschaftlichen Verhandlungen einigten sich die beiden über die Ausgangsbasis für ein ganz ungewöhnliches Vorhaben: neue Weinbauflächen, neue Kelterung und ein Produkt, für das beide ihre Sachkenntnis einsetzten. Da dies Zeit erfordern würde, beschlossen sie, sogleich zu beginnen und kelterten ihren ersten Wein unter Verwendung von Rebsorten bereits vorhandener Kulturen. Ans Werk machte sich ein Team von Fachkräften aus Napa und aus Pauillac. Im April 1980 wurde auf Pressekonferenzen in Paris und San Francisco die neue, einmalige Verbindung vorgestellt. Französische Weinproduzenten hatten zwar schon früher Grundstücke in Kalifornien erworben, aber niemand war auf die Idee gekommen, zwei Gruppen erfahrener, eingeschworener Experten zusammenzuführen, um einen neuen Wein der Spitzenklasse hervorzubringen.

Mit seinen achtundsiebzig Jahren gab Philippe de Rothschild noch immer die Impulse für ungeahnte Neuerungen!

KAPITEL 29
Im Zeichen der Selbstbehauptung

Im Lebensstil gab es immer deutliche Unterschiede zwischen dem englischen und den französischen Rothschilds. Personen des englischen Familienzweiges legten größeren Wert auf die Privatsphäre als ihre Cousins, sie vergnügten sich auf eine gleichsam diskretere Weise. Evelyns Lieblingssport war Polo, oftmals zusammen mit Mitgliedern der königlichen Familie gespielt, Edmund ging gern fischen, Jacob spielte Tennis, Leopold hatte großen Spaß am Segeln, wenn er nicht gerade Neuerwerbungen in seine kostbare Sammlung von Porzellan und Porträts der englischen Schule einordnete. Das alles ist weitgehend eine Frage des Temperaments, aber es kam natürlich auch auf den unterschiedlichen persönlichen Reichtum an. Nach Jimmys Tod im Jahr 1957 war sein hinterlassener Besitz mit hoher Erbschaftssteuer belastet. Rechtzeitig hatte er die Verfügung getroffen, Waddesdon Manor an den National Trust zu übergeben. Keiner der jüngeren Rothschilds konnte oder würde sich wünschen, in solchem Prunk zu leben. In der Widmung an den Staat lag die einzige Möglichkeit, das Schloß, seine wunderbaren Sammlungen und die zauberhafte Parklandschaft zu erhalten und Baron Ferdinands düstere Prophezeiung zu widerlegen:

> „Eine künftige Generation mag den größten Nutzen aus einem Werk ziehen, das für mich Herzenssache war. Allerdings befürchte ich, daß Waddesdon das Schicksal der meisten Güter teilen wird, deren Besitzer keine Nachkommen haben, nämlich dem Verfall preisgegeben zu werden. Möge der Tag noch fern sein, an dem sich im Garten Unkraut ausbreiten wird, die Terrassen zu Staub zerbröckeln, die Bilder und Möbel den Ärmelkanal oder den Atlantik überqueren und nachts von den verödeten Türmen das melancholische Knarren der Wetterfahnen ertönen wird.“[1]

Auch Exbury House war nun leer und still. Nach dem Krieg kümmerten sich Edmund und seine Mutter um den Besitz, bewohnten aber lieber ein nahegelegenes kleineres, komfortableres Haus. Die Instandsetzung des Gartens war schon ohne die Erhaltung des Schloßes kostspielig und schwierig genug. Unverdrossen gingen die neuen Besitzer an die Aufgabe, den Wildwuchs in Schranken zu halten, Rasenflächen und Wege zu säubern und abgestorbene oder überwucherte Bäume und Sträucher durch Neupflanzungen zu ersetzen. Als diese Arbeit getan war, wurde Exbury Gardens wieder zugänglich gemacht, aber nicht für gekrönte Häupter und kleine Gruppen privilegierter Gäste. Nun waren es breitere Bevölkerungsschichten, die dazu angeregt wurden, Ausflüge zu unternehmen und mit ihren Eintrittsgeldern zu der Erhaltung des Besitzes beizutragen. Und wie bei Publikumsattraktionen eben üblich, kam im Lauf der Jahre eine Art von Kleingewerbe hinzu: der Verkauf gedruckter Führer und Ansichtskarten, Wegweiser, ein Restaurant und eine Gärtnerei, die Topfpflanzen, Torf und Gartengeräte anbot. Die Gewächshäuser wurden auf kommerzielle Produktion umgestellt. Außer neuem Bestand für Exbury selbst lieferten sie an Kindergärten und städtische Institutionen die berühmten Hybriden, die Mr. Lionel gezogen hatte. Exbury wahrte seinen Rang im Spitzenfeld der Gartenbaukunst, man experimentierte dort auch mit neuen Methoden, wie der vegetativen Vermehrung.

Lord Rothschild ließ sich während der Nachkriegsjahre nicht in ein starres Schema einordnen. Sein reger Geist, der immer danach verlangte, Neues zu entdecken, sein Bedürfnis, sich „nützlich“ zu machen und sein Drang, im Mittelpunkt des Geschehens zu stehen, führten ihn in neue Bereiche. Im Jahre 1958 verließ er Cambridge, da er sich von seinen Forschungen keine „schöpferisch“ auswertbaren Resultate mehr erwartete und die Befürchtung hegte, jetzt werde ihn das Schreckgespenst der Langeweile heimsuchen. Er ging in die Industrie, zur Royal Dutch Shell, wo er schließlich Koordinator des gesamten Forschungsprogramms wurde. Das blieb er bis 1970.

Doch auch diese Tätigkeit füllte seine enorme Kapazität keineswegs aus, deshalb fungierte er auch in verschiedenen staatlichen und halbstaatlichen Ausschüssen. Dazu kamen immer wieder inoffizielle Aufgaben. Er genoß das Vertrauen vieler britischer und ausländischer Staatsmänner und Politiker, die sich oft an ihn um Rat wandten. Obwohl er nicht mehr dem MI5 angehörte, wurde er manchmal in Sicherheitsfragen konsultiert, und zuweilen konnte er durch seine persönlichen internationalen Kontakte den staatlichen Interessen dienen.[2] Wieder verkehrte ein Träger des Namens Rothschild mit der Prominenz von Westminster, Whitehall und Downing Street. Aber diese einflußreiche Position hatte auch ihre Schattenseiten.

Die fünfziger und sechziger Jahre brachten persönliche Probleme, manche davon unerwartete „Spätfolgen“ jener schon weit zurückliegenden, geistig so anregenden Zeiten in Cambridge. Lord Rothschild hatte mit keinem seiner Studienkollegen außer Anthony Blunt, der ebenfalls in den Sicherheitsdienst eingetreten war, engen Kontakt gehalten. Obgleich die beiden völlig verschiedene Aufgaben erfüllten, ergab es sich, daß sie gemeinsame Freunde und Kollegen hatten, in erster Linie Guy Liddell, der von 1946 bis 1951 die Nummer zwei bei MI5 war. Einige Zeit stand Liddell auf gutem Fuß mit Guy Burgess, deshalb geriet er später automatisch in Verdacht, ungerechte Mutmaßungen beeinträchtigten den weiteren Verlauf seiner Karriere, und von Victor stammt der verbürgte Ausspruch: „Wenn ich von jemandem mit Sicherheit sagen kann, daß er treu zu seinem Land stand, dann von Guy Liddell."[3]

Burgess war 1940 ins Foreign Office eingetreten, wo auch Donald Maclean sofort nach dem Universitätsstudium aufgenommen worden war. Beide gehörten einer von Blunt organisierten Agentenzelle an, die Moskau mit Geheimmaterial belieferte. Im Jahre 1951 kam der große Spionageskandal ins Rollen. Gegen Maclean richtete sich der Verdacht der Weitergabe von Informationen an die Russen. Blunt verhalf ihm zur Flucht, und im letzten Augenblick entkam der Verräter, gemeinsam mit Burgess, in die Sowjetunion. Eine Lähmung erfaßte den britischen Sicherheitsdienst, auch andere Personen wurden verdächtigt – außer Blunt. Er war bereits in hohe Ränge der Hierarchie aufgestiegen, war Knight Commander des Royal Victorian Order und Mitglied der Legion of Honour, Inhaber mehrerer Ehrendoktorate und hatte mit Auszeichnung verschiedene akademische Positionen bekleidet. Im Jahre 1945 wurde er zum Kustos der Königlichen Privatgalerie ernannt, somit hatte er ein Hofamt inne. Solche Männer sind über jeden Verdacht erhaben; das müssen sie auch sein. Wenn hochverdiente Staatsbürger wie Blunt als Verräter entlarvt würden, wem könnte man dann noch trauen? Einer, der sehr wohl durchleuchtet wurde, war der damals für MI6 tätige Kim Philby, ebenfalls aus Blunts Agentenring. Man befand ihn für einwandfrei, aber ein Jahr später zog er es vor, aus dem Dienst auszuscheiden und in den Journalismus abzuwandern. Zu jenem Zeitpunkt war Rothschilds Freundschaft mit Philby bereits vorbei. Sie hatten einander 1950 aus den Augen verloren.[4]

Leider machte Blunts Name 1963 wieder Schlagzeilen. Ein Jahr zuvor war Philby enttarnt worden und nach Moskau geflohen. Nun erst zeigte sich in aller Klarheit, wie intensiv Sowjetagenten während der dreißiger Jahre in Cambridge gearbeitet hatten. Offenbar waren Scharen von Studenten angeworben worden. Manche hatten sich seither von ihren Jugendverirrungen losgesagt, andere hatten sich der Spionage verschrieben, einige von ihnen hatten hohe Positionen erreicht, wo ihnen streng geheime Informationen zugänglich waren. So galt es nun, dreißig Jahre später, ein weites Feld auszuleuchten. Die nächste Entlarvung erfolgte in den USA. Im Jahr nach Philbys Absprung gestand ein amerikanischer Staatsbürger namens Michael Straight, er sei während seiner Studienzeit in Cambridge in den sowjetischen Spionagering hineingezogen worden. Als seinen Anwerber nannte er Anthony Blunt. Mit dieser Aussage konfrontiert, gab Blunt den Verrat zu. Daraufhin geriet das „Establishment" in helle Aufregung. Die Veröffentlichung der Tatsachen würde ein Kesseltreiben der Presse auslösen, ja die damalige konservative Regierung gefährden. Die ganze üble Affäre mußte also vertuscht werden. Als Gegenleistung für ein umfassendes Geständnis über sein Agentennetz bot man Blunt sogar Straffreiheit an.

Nur sehr wenige Personen wurden in vollem Umfang in die Fakten eingeweiht, und daß Victor de Rothschild zu ihnen gehörte, war ein Beweis absoluten Vertrauens. Er selbst war über diese Aufdeckung entsetzt, fühlte sich wie vor den Kopf geschlagen. Später schrieb er, all das sei schier unglaublich gewesen, „aber es gab keinen Zweifel und warum sollten ‚die' mir einen grausamen sinnlosen Streich spielen wollen? Zu welchen Geständnissen sollte ich veranlaßt werden? Die Antwort lautet kurz und bündig: zu keinen. Wie ‚man' wußte, war ich kein Sowjetagent."[5] Im Zuge der Ermittlungen über Cambridge-Absolventen jener Zeiten hatten die Behörden auch über Victor Nachforschungen angestellt, die keinerlei Verdachtsmomente ergaben. Damit war, wie er wohl hoffte, die Angelegenheit erledigt. Leider irrte er. Bald sollte alles erneut zur Sprache kommen.

Im Jahre 1971 begann die Zeit von Lord Rothschilds größtem Einfluß. Premierminister Edward Heath beschloß, eine völlig neuartige Institution zu schaffen, den „Central Policy Review Staff", bekannter unter der Bezeichnung „Think Tank". Heath lud Victor ein, den Vorsitz zu übernehmen. Das ganze Konzept war so ungewöhnlich, daß der Regierungschef Mühe hatte, auch nur zu erklären, was er sich von dieser neuen Gruppe eigentlich erwartete. Hier Lord Rothschilds Darstellung des ersten Gesprächs:

„Mr. Heath: ‚Seltsam, daß wir einander noch nie begegneten.' Dann eine Kunstpause. Ich wußte nicht, was ich darauf erwidern sollte. Nach einer Weile sagte ich ziemlich ratlos: ‚Herr Premierminister, glauben Sie nicht, daß es besser wäre, einen Nationalökonomen zum Leiter zu machen?' Mr. Heath: ‚Ich selber habe in Oxford Volkswirtschaft studiert.' Wieder so eine Art Gedankenstrich, schließlich raffte ich mich zu der Frage auf: ‚Herr Premierminister, können Sie mir ein Beispiel für die Probleme nennen, welche die Gruppe lösen soll?' Mr. Heath: „Ja, Concorde.' In diesem Moment glaubte ich wahrzunehmen, daß zwei

Herren, die sich diskret im Hintergrund hielten, nämlich Sir Burke Trend und Sir William Armstrong, betroffen zusammenzuckten. Wenn ich mir eine solche Reaktion nicht bloß einbildete, waren sie nicht ohne Grund peinlich berührt, denn eine Stunde früher hatten sie mir erklärt, gerade mit Themen wie der Concorde werde sich der Think Tank der Regierung nicht zu befassen haben."[6]

Was der Premierminister tatsächlich brauchte, war ein unpolitisches Gremium gut informierter Fachleute der verschiedensten Sparten, die den leeren Raum zwischen dem Kabinett und der komplizierten Welt der Naturwissenschaften und der Technik überbrücken konnten. Eine Institution, die in der Lage war, für die Regierung grundsätzliche Fragen zu erörtern, Informationen zu verarbeiten und in einer leicht verwendbaren Form vorzulegen, heikle Probleme zu überdenken und Lösungsvorschläge zu unterbreiten. Victor mit seiner Überzeugung von der Unfehlbarkeit der Logik, seiner Ausstrahlung von Autorität und seiner kritischen Einstellung gegenüber dem bürokratischen Apparat war der richtige Mann für diese Funktion. Er sammelte um sich einen Kreis fähiger, für die Sache begeisterter junger Köpfe, und es bereitete ihm große Freude, mit ihnen zusammenzuarbeiten. Das war anregend, es war wichtig – und es war etwas Neues! Im Verlauf der nächsten dreieinhalb Jahre erstellte der Think Tank für die Regierung Dutzende von Berichten über die unterschiedlichsten Themen, etwa die Rassenbeziehungen, die britische Computer-Industrie, die Kernreaktoren und die bevölkerungspolitischen Entwicklungstendezen. Dieses Team betätigte sich, vereinfacht ausgedrückt, als eine Art Verarbeitungsmaschine: Oben wurden äußerst komplizierte, fachliche Informationen hineingetan, und unten kamen, fertig verpackt, Zusammenfassungen und Empfehlungen für die politische Tagespraxis heraus.

Die Position des Leiters dieses „Central Policy Review Staff" brachte bemerkenswerte Vorrechte. Lord Rothschild fand bei allen Führungskräften und Experten offene Türen. Er war nur dem Premierminister verantwortlich und weder der Wählerschaft, noch den obersten Instanzen des Staatsdienstes Rechenschaft schuldig. Er übte sogar herbe Kritik an den Methoden von Westminster und Whitehall, und nicht wenige Minister wie auch hohe Staatsbeamte hatten ihre Vorbehalte gegen Victor Rothschild. Was sie störte, waren seine nur ungefähr festgelegten Vollmachten und sein, wie es schien, unbeschränkter Zugang zu Schriftstücken der Ministerien.

Im Jahre 1973 bildete wieder die Labour Party unter Harold Wilson die Regierung, und ein Jahr später demissionierte Lord Rothschild aus dem Think Tank. Wie er ausdrücklich betonte, war der Grund dafür nicht etwa seine Ablehnung des neuen Premierministers, sondern das eigene Bedürfnis nach einem Wechsel. „Ich war müde geworden und machte mir Sorgen. Ich nahm zuviel inneren Anteil an den Dingen, statt über ihnen zu stehen. Wenn das eintritt, soll man lieber gehen."[7] Doch eigentlich hatte sich diese Entscheidung bereits während des letzten Abschnittes der vorigen Regierungsära angebahnt, als Lord Rothschild in einer Rede warnend darauf hingewiesen hatte, daß Großbritannien unweigerlich in den wirtschaftlichen Niedergang treiben werde, wenn man nicht vom festgelegten Kurs abweiche. Edward Heath war über diese Ansprache sehr ungehalten.[8]

Victor hatte ein Alter erreicht, in dem sich die meisten Männer ins Privatleben zurückziehen und ganz jenen Liebhabereien widmen, von denen sie bis dahin der Beruf abhielt. Aber Lord Rothschild suchte nach neuen, schwierigen Aufgaben. Statt seinen privaten Neigungen zu frönen, änderte er sie sogar. Er gab seine bibliophile Sammeltätigkeit auf und schenkte alle seine Erstausgaben und seinen einmaligen Bestand an Manuskripten Jonathan Swifts einem College in Cambridge. „Ich habe alles bekommen, was ich wollte und was überhaupt zu haben war."[9] Unter der Anleitung eines führenden Gelehrten aus Cambridge begann er das Studium der mathematischen Statistik.

Aber er brauchte auch eine Stellung in der Öffentlichkeit. Durch seine Ernennung zum Vorsitzenden einer Königlichen Kommission für das Glücksspiel wurde diesem Wunsch einigermaßen entsprochen. Er entschloß sich auch, wieder in das Familienunternehmen einzutreten. Allerdings kehrte er nach New Court nicht als Bankier im strengen Sinn des Wortes zurück. Seine alte Abneigung dagegen, „Summen bloß von Punkt A, wo sie liegen, zum Punkt B zu befördern, wo sie gebraucht werden", wie er zu sagen pflegte, hatte sich nie gemindert. Im Grund war er ja noch immer Naturwissenschaftler und wollte alles Menschenmögliche für neue technische Entwicklungen tun. So wurde er Direktor der „Biotechnology Investements Ltd.", später in „N. M. Rothschild Asset Management Ltd." umbenannt, eines in Finanzfragen von N. M. Rothschild and Sons beratenen eigenständigen Unternehmen, das ein breitgefächertes Spektrum naturwissenschaftlicher und technischer Projekte mit den notwendigen Mitteln versorgte. Dies genügte wenigstens zum Teil seinem inneren Bedürfnis nach einer ununterbrochenen Abfolge immer neuer Herausforderungen.

Dr. Miriam Rothschild freut sich über den Titel, den ihr ein Journalist gab: „Königin der Flöhe". Nach dem Zweiten Weltkrieg setzte sie ihre Laufbahn als Privatgelehrte fort. Sie schrieb Artikel, Bücher und Abhandlungen über die verschiedensten naturwissenschaftlichen Themen. Ein in Zusammenarbeit mit anderen Fachleuten durchgeführtes Forschungsvorhaben erregte beträchtliches Interesse, denn es erbrachte die Entdeckung des Sprungmechanismus der Flöhe. Darüber wurde nicht nur in Amerika, sondern auch in sowjetischen Zeitungen berichtet. Miriam wies nach, daß dieses Insekt mit Hilfe einer gummiartigen Substanz in seinen Hüftgelenken eine Beschleunigung von 149 g erreicht – d. h. eine Elastizität, die dem mit 149 multiplizierten eigenen Körpergewicht entspricht –, also das Zwanzigfache einer Mondrakete bei Wiedereintritt in die Erdatmosphäre. Allerdings meint Miriam, den bewußten Ehrentitel habe sie sich wohl eher durch die in Zusammenarbeit mit einem pensionierten Staatsbeamten namens Harry Hopkins geleistete genaue Bestandsaufnahme der Flohartensammlung ihres Vaters verdient. Eine Fleißaufgabe, die sie in erster Linie übernahm, um den Herzenswunsch ihrer Mutter zu erfüllen, Charles' großer Pionierleistung auf diesem Gebiet die gebührende Anerkennung zu sichern, und tatsächlich ist die umfangreiche Monographie ein Denkmal seines Gelehrtenfleißes und seines außerordentlichen Fachwissens. Miriam bezeichnet diese Tätigkeit als „ein freiwillig getragenes härenes Gewand". Noch dazu waren die Vorbereitungen für die Drucklegung und die Durchsicht sowie Bestimmung von 7000 Zeichnungen mit dem ganz normalen Leben einer jungen Familie in Einklang zu bringen, denn all das konnte nur an den Abenden erledigt werden. „Es machte mir viel mehr Spaß, mit meinen Kindern zu spielen, als die Hinterteile von Flöhen zu beschreiben."[10]

Im Jahre 1952 erfuhr das Werk offizielle Würdigung, denn in der Verleihungsurkunde zu Miriams Medaille des Order of the British Empire werden „Verdienste um die Taxonomie der Nahrungsbestandteile" ausdrücklich erwähnt. „Ja, das war ein Rekord", antwortete sie einmal auf die Frage eines Reporters. „Immerhin habe ich mehr langweilige Texte geschrieben, als alle anderen Rothschilds." Dies ist typisch für den selbstironischen Abstand und den ehrlichen Stolz, mit dem sie öffentliche Anerkennung betrachtet. So dienen die Fotos und offiziellen Dokumente, all die Belege für die Wertschätzung, die man ihr zollt, als Wandschmuck ihrer winzigen Küche. Unter den diversen Urkunden zur Verleihung von Ehrendoktoraten, Medaillen und Diplomen – für preisgekrönte Jersey-Rinder und Blumenzucht, ebenso wie für wissenschaftliche Leistungen – hat den schönsten Platz das Diplom ihrer Ehrenmitgliedschaft einer Veteranenvereinigung der amerikanischen Luftwaffe.

In den siebziger Jahren wurde ihr der Naturschutz allmählich wichtiger als die Forschung. „Fünfzig Jahre lang durch eine Messingröhre zu schauen, das genügt", sagte sie, denn mit der Veröffentlichung eines Buches über die Histologie der Insekten nahm sie Abschied von der Mikroskopie. Eines Morgens erwachte sie mit der Erkenntnis, es sei zu spät, den Pflanzenschutz weiterhin nur nach den von ihrem Vater aufgestellten Richtlinien zu betreiben. Die moderne Chemie und die Technik haben durch den massiven Einsatz von Bulldozern, Entwässerungsanlagen, Motorpflügen und Sprühmitteln die Blumen im freien Feld fast ausgerottet. Die Zeit war reif dafür, diese schwindende bunte Vielfalt der Flora durch die Anlage von Parks, Hausgärten, Freigeländen, Wiesen und die Begrünung von Straßenrändern wieder zurückzubringen.[11]

Es war der richtige Augenblick für solch eine Aktion, denn noch immer gab es Menschen, die sich wehmütig an Fluren voller Butterblumen und an von Veilchen gesäumte Hohlwege erinnerten. Weitgehend als Folge von Miriams energischen Bemühungen kam die Anpflanzung von Feldblumen plötzlich in Mode. Auf der traditionellen Blumenschau im Londoner Stadtteil Chelsea wurden nun auch Primeln und Schlüsselblumen gezeigt. Eine große Auswahl wildwachsender Blumen war an den Verkaufsständen des National Trust und in Gartenzentren zu haben, und offizielle Naturschutzorganisationen begannen mit entsprechenden Forschungen. Feldblumen wurden auf den Müllhalden der Städte gezogen, und die Bewohner von Landsitzen erkannten plötzlich den ästhetischen Reiz natürlicher Flora. Eine neue Ära des Naturschutzes war eingeleitet, die Ära der Wiederherstellung von Biotopen und Errichtung von Naturschutzgebieten. Die Königin der Flöhe war nun auch zur „Lady der Feldblumen" geworden, eine sinnige Würdigung ihrer Tatkraft, Beharrlichkeit und Begeisterung.[12]

In den sechziger und siebziger Jahren vollzogen sich in New Court und in der Rue Laffitte bedeutsame Entwicklungen. 1963 saß Edmund zusammen mit seinem Bruder Leopold und seinen Cousins Evelyn und Jacob im bewußten „Zimmer". Jacobs akademischer Werdegang wies ihn bereits als einen Senkrechtstarter aus. Er brach völlig mit der Familientradition. Die meisten englischen Rothschilds hatten in Harrow und Cambridge studiert, er indes war nach Eton und Oxford gegangen. Sein Vater und sein Großvater waren Naturwissenschaftler, Jacob studierte Geschichte. Charles war nur zögernd Bankier geworden, Victor hatte widerwillig und vergeblich versucht, sich in der City einzuleben. Jacob aber hielt freudig seinen Einzug in New Court. Man vermutete, daß er die Berufung auf einen Lehrstuhl erwarten durfte, doch sanfter Druck der Familie bewog ihn, einer akademischen Laufbahn zu entsagen und seine sehr beachtlichen Talente dafür einzusetzen, dem Haus N. M. Rothschild and Sons ein moderneres, dynamischeres Image zu verleihen.

Einige Jahre arbeitete er bei verschiedenen Firmen in der Londoner City und bei Morgan Stanley in New York. Das war seine Lehrzeit, in der er sich die erforderlichen Kenntnisse auf den Sachgebieten der Finanzen aneignete, bevor er 1963 seinen Posten in der Bank antrat. Sehr bald errang sich der schlanke junge Mann mit dem markanten Gesicht und dem scharfen, agilen Verstand die Achtung, wenn auch nicht immer die Bewunderung von Konkurrenten in beiden Hemisphären. Er zeichnete für eine Reihe glänzender Abschlüsse mitverantwortlich, einige davon hielten, was sie versprachen, andere nicht, doch jedenfalls mußte die Konkurrenz zur Kenntnis nehmen, daß die Rothschilds wieder in voller Fahrt waren. In einem Interview aus dem Jahr 1967 legte Jacob seine Auffassungen prägnant dar:

„Für uns sind Einfälle ebenso wichtig wie das Kapital ... Wir müssen Katalysatoren des Handels sein und dürfen nicht in Unbeweglichkeit verharren. Wir müssen immer wieder versuchen, die Initiative in die Hand zu bekommen."[13]

An diese Leitsätze hielten sich nun die neuen Männer. Unbelastet von den einstigen Hemmungen gegenüber offenem Wettbewerb, übernahmen sie eine führende Rolle in der neuen aggressiven Kommerzwelt der Aufkäufe und der Fusionen, der multinationalen Gesellschaften und übernationalen Organisationen, wie der Europäischen Kohle- und Stahlunion (an deren Kapitalaufbringung N. M. Rothschild and Sons beteiligt war).

Eine schärfere Gangart in New Court erforderte mehr Personal. Der Bankbetrieb sprengte sowieso bereits den vorgegebenen Rahmen der verfügbaren Räume, und deshalb erwarb man ein Gebäude auf der anderen Straßenseite der St. Swithin's Lane hinzu. Aber die jungen Rothschilds stellten fest, daß in der „lieben alten Bank" eine wirtschaftliche Nutzung der Räume nicht mehr möglich war. Im Jahre 1966 machten Bulldozer Nathan Rothschilds Bau dem Erdboden gleich. An seiner Stelle entstand ein moderner Büroblock aus Beton und Glas. Weniger malerisch, weniger „romantisch", aber insgesamt besser auf die Erfordernisse einer Kommerzbank des 20. Jahrhunderts abgestimmt. „N. M.s" großes Familienbildnis ziert nun eine Empfangshalle, in der sehr wenig von Tradition zu bemerken ist: Die Besucher sitzen in funktionellen Fauteuils, während Empfangspersonal in funktioneller blauer Kleidung an funktionellen Telefonen den Sekretärinnen die nächsten Gesprächstermine ankündigt.

Drei Jahre, nachdem ihre englischen Cousins in das neue Bankgebäude eingezogen waren, nahmen die französischen Rothschilds die Neugestaltung in der Rue Laffitte in Angriff. Die Arbeiten begannen 1968 und dauerten zwei Jahre. Der Bau, der nun die Pariser Geschäftswelt in Erstaunen versetzte, sah ganz anders aus als die üblichen Firmenzentralen. Von den benachbarten Fassaden aus der Epoche des Zweiten Kaiserreichs deutlich abgehoben, zeigt er zur Straße eine Front aus weißem Stein und Glas, gegliedert durch mit Ziersträuchern und Magnolien bepflanzte Terrassen. Wie Baron Guy betont, wurde „große Sorgfalt auf die Einrichtung der Büros und auch der Kassensäle verwendet, mit Bedachtnahme auf das Ästhetische und den Komfort."[14] Diese Einstellung war kennzeichnend für alle Projekte, welche die französische Familie verwirklichte, von ihren eigenen Landhäusern bis zu HBMS. Nichts offenbart einprägsamer die unterschiedlichen Stilbegriffe des französischen und des englischen Zweigs der Rothschilds als die modernen Bürogebäude in der Rue Laffitte und in New Court.

Aber der tiefere Grund für die Errichtung beider Bauten war der gleiche: das Erfordernis zu expandieren. Die Banque Rothschild mit 65 Prozent ihrer Anlagen in Unternehmen außerhalb des Bankwesens war faktisch ein sehr beachtlicher Industriekonzern. Ein Beispiel: Imetal war so groß und mächtig geworden, daß 1975 der Ankauf der amerikanischen Firma Copperweld vor dem US-Bundesgerichtshof angefochten wurde, mit der Begründung, die geplante Übernahme verstoße gegen die amerikanischen Anti-Trust-Gesetze. Die amtliche, in Pittsburgh durchgeführte Untersuchung rief große Aufregung hervor, es gab Gewerkschaftsdemonstrationen und negative Presseberichte über europäische Kommerzgiganten, die redliche kleine amerikanische Firmen aufsaugen – eine interessante Umkehrung der gegenwärtig herrschenden Tendenzen. Doch schließlich fiel die Entscheidung zugunsten von Imetal. In einem Land, das sich vor allem zum Grundsatz des freien Unternehmertums bekennt, den Erfolg an sich als die Rechtfertigung der Methoden betrachtet und der Devise „Big ist beautiful" huldigt, war es für die Gegner der Rothschilds schwierig, ihren Standpunkt zu behaupten.

Aber die Zeiten änderten sich, und die Zukunft sollte der Familie einige sehr böse Überraschungen bringen. Auf die euphorischen sechziger Jahre folgten die siebziger Jahre, das Jahrzehnt der Erdölkrise, der ansteigenden Inflation, der Unsicherheiten auf dem Industriesektor, der wachsenden Arbeitslosigkeit und eines Verfalls der Moral in der gesamten westlichen Welt. Die Rothschilds waren gegen diesen drastischen Wandel der Verhältnisse nicht gefeit. Es gab keine rauschenden Feste mehr, nicht etwa deshalb, weil sie für die Rothschilds unerschwinglich geworden wären. Guy nannte einen sehr einfachen und einleuchtenden Grund: „Das paßte eben nicht mehr in die Zeit."[15] Und Edmond formulierte es noch genauer: „Unser Sohn Benjamin und seine Generation waren ernster, ihnen lag nichts an einem aufwendigen Lebensstil. Deshalb schlossen wir dieses Kapitel unseres Lebens ab."[16]

Im Jahr 1975 ließ das Oberhaupt des französischen Familienzweiges alle seine Schätze aus dem Schloß in Ferrières entfernen und übergab das Gebäude sowie 340 Morgen Grund der Universität Paris. Als die Pforten des leeren Palastes geschlossen wurden, endete damit auch eine Ära. Die Gemälde, die Möbel und die Wandfelder aus bemaltem Leder fanden eine neue prächtige Heimstätte in Guys nunmehrigem Stadthaus, dem Hôtel Lambert auf der Ile St-Louis mitten im Herzen von Paris. Doch nichts konnte darüber hinwegtäuschen, daß eine symbolische Verbindung zur Vergangenheit durchtrennt worden war. Das pretiöse Traumreich, das Guy und Marie-Hélène in Ferrières geschaffen hatten, erwies sich eben nur als Traum, ein Nachklang aus den zwanziger Jahren, oder sogar aus dem fin de siècle, in der modernen Welt fehl am Platz.

Während des Überganges zum nächsten Jahrzehnt hatten die Rothschild-Banken zwei Krisenphasen durchzustehen. Die eine, die den gleichmäßigen Gang der Dinge im Londoner Haus empfindlich störte, war interner Natur, aber die Medien machten daraus ein internationales Ereignis. Als Vorstandspräsident seit 1975 war Jacob eigentlich die Zentralfigur in New Court, aber der Hauptteilhaber war nun sein Cousin Evelyn. Einige Jahre war es ihm offenbar recht, den jüngeren Mann seine glänzende und recht erfolgreiche Karriere machen zu lassen. Er selber widmete sich indessen vor allem seinem Hauswesen und seinen vielen sonstigen Interessen. 1966 hatte er das um neun Jahre jüngere Fotomodell Jeanette Bishop geheiratet, eine strahlende Schönheit. Es war eine Liebesheirat, und einige Zeit waren die beiden sehr glücklich miteinander. Aber dann bewirkte der große soziale Unterschied der Herkunft Spannungen, und Jeanette verfiel in Depressionen. Der schwerste Schlag war wohl die Diagnose, daß Mrs. de Rothschild keine Kinder haben werde. In gütlichem Einvernehmen wurden 1971 die beiden geschieden und blieben Freunde.[17] Zwei Jahre später heiratete Evelyn wieder. Bis 1978 hatte ihm seine zweite Frau Victoria bereits eine Tochter und zwei Söhne geboren. Zur gleichen Zeit veränderte sich aber das Klima der gesamten Wirtschaft, und das ergab Schwierigkeiten für Jacobs Bankstrategie. Daraufhin entschloß sich Evelyn, eine aktivere Rolle in New Court zu übernehmen, um Herr im eigenen Haus zu sein.

Was sich im Lauf der nächsten Jahre ereignete, ist offenkundig, doch natürlich gibt es verschiedene Meinungen darüber, warum es geschah und von welchen Beweggründen sich die Hauptbeteiligten leiten ließen. Evelyn glaubt, daß es Meinungsverschiedenheiten über die Finanzpolitik des Hauses waren, die den Konflikt auslösten. All das vollzog sich in der Phase eines raschen Wandels der technischen Strukturen im Finanzwesen, weitgehend durch den verstärkten Einsatz von elektronischer Datenverarbeitung und Satellitentechnik. Ab der Mitte der siebziger Jahre mußten sich Finanzfachleute daran gewöhnen, daß Nachrichten binnen weniger Sekunden um die Erde gingen, die Märkte rascher und empfindlicher reagierten und Vertreter auf weit voneinander entfernten Kontinenten sehr komplexe Geschäfte tätigen konnten, indem sie ihre Finger auf einer elektronischen Tastatur spielen ließen. Doch in der Londoner City blieb das Finanzwesen noch immer in Spezialgebiete aufgeteilt – Banken, Börsenmaklerfirmen, Effektenhandel, Versicherungen, Investmentgesellschaften u. a. m. Gleichzeitig errangen auf den Kapitalmärkten der Welt amerikanische und japanische Konzerne eine beherrschende Stellung, denn sie vereinigten sämtliche, oder zumindest die meisten Sparten des Geldgeschäftes unter ihrem eigenen Dach. Jacob hatte die Absicht, N. M. Rothschild and Sons unter Verwendung von Fremdkapital in ein Großunternehmen umzugestalten, das fähig wäre, mit den Giganten in Wettstreit zu treten. Evelyn hingegen wollte die Bank nach wie vor als Privatfirma führen, mit behutsamem Ausbau und Konkurrenzfähigkeit innerhalb eines enger begrenzten Bereichs.[18]

Als die beiden Cousins weiterhin grundverschiedene Strategien verfolgten, wurde eine klare Entscheidung unvermeidlich. Sie kam im Jahr 1980. Eine tiefe Meinungsverschiedenheit bei wichtigen Entschlüssen mußte rasch bereinigt werden. Lord Rothschild wurde als Vermittler bemüht. Victor selbst meint, daß er in dem Konflikt über den Dingen stand.[19] Jacob indes sagte, daß er nicht die Unterstützung fand, die er von seinem Vater erwartet hätte. Tatsächlich war das Ergebnis vorgezeichnet, oder wie es Jacob vorwurfsvoll formulierte: „Man kann nicht gegen jemanden gewinnen, der die Abstimmung in der Hand hat." Aber das Verhalten seines Vaters traf ihn sehr schmerzlich.[20] Die unmittelbare Folge war eine Verlegenheitslösung, die es Jacob ermöglichte, sich mit Anstand zurückzuziehen, doch jeder wußte, daß er in Wahrheit entlassen worden war.

Das war eine schwierige Zeit für alle Beteiligten. Für Evelyn noch belastender durch ein Verhängnis, das über ihn persönlich hereinbrach und seinen Namen monatelang für die Medien interessant machte. Im November 1980 verschwand seine geschiedene Frau Jeanette mit einer befreundeten Dame auf einer Reise durch die Marken in Mittelitalien. Ihr Wagen wurde verlassen auf einer einsamen Bergstraße gefunden. Natürlich erregte der Vorfall allgemein große Aufmerksamkeit. Waren die beiden Opfer von Entführern geworden? Obwohl Jeanette schon zum zweitenmal verheiratet war, führte sie in ihrem Paß noch immer den Namen aus erster Ehe und hatte sich im Hotel in Sarnamo als „Rothschild, Dorothy, Jeanette Ellen" eingetragen. Eine offensichtlich so reich verschwägerte Frau, schutzlos in einem wilden Land, nur mit einer Begleiterin unterwegs – geradezu eine Einladung an die sizilianischen Banden, die seit langem jene Gegend unsicher machten. Die Carabinieri befragten Evelyn. Hatte er eine Lösegeldforderung erhalten? Nein. Polizeiliche Spurensicherung erbrachte keine Ergebnisse. Nur weil Jeanettes Exgatte weiterhin Nachforschungen betrieb und eine Belohnung für zweckdienliche Hinweise aussetzte, blieb diese makabre Geschichte nicht ohne ein Schlußkapitel. Im Januar 1982 wurden die Leichen der beiden Frauen auf einem mehrere Kilometer von der Fundstelle des Autos entfernten bewaldeten Hang entdeckt. Wieder hatte die Sensationspresse einen „Knüller". Der offizielle Befund der italienischen Behörden lautete: „Tod durch Unglücksfall". Jeanette und ihre Freundin waren von einem Schneesturm überrascht worden, und nach kurzem Unterschlupf in einer leerstehenden Hütte hatten sie versucht, sich zu Fuß durchzuschlagen. Mit tragischem, aber fast unvermeidlichem Ausgang.

Dieser Hypothese stellte die Presse aber nicht zufrieden. Monate hindurch blieb das „Geheimnis von Sarnamo" ein Thema für Journalisten, deren Nachforschungen, ob verbürgt oder zweifelhaft, eine reißerische Geschichte aufrollten: von der Unfähigkeit der Polizei, von amtlichen Verschleierungstaktiken und von Bauern, die sich zu sehr vor den kriminellen Elementen der Gegend und ihrer Vendetta fürchteten, um auszusagen, was sie wirklich über den Fall wußten, der, wie sie glaubten, ein Doppelmord war. Ob Wahrheit oder bloße Vermutung – es war eine böse Zeit für alle, die einer schönen Frau nahegestanden waren, welche bei einem mißlungenen Entführungsversuch den Tod gefunden haben mochte. Vielleicht nur deshalb, weil sie einen berühmten Namen trug . . .[21]

Der Aufruhr in der englischen Bank war nur ein Sturm im Wasserglas, verglichen mit der Katastrophe, die bald darauf die Rue Laffitte betraf. Im Mai 1981 wurde François Mitterrand zum Präsidenten der Französischen Republik gewählt. Sein erklärtes Ziel: die Rettung des Landes aus der Wirtschaftsflaute durch die Verwirklichung eines radikal sozialistischen Programms. Binnen Jahresfrist verstaatlichte er das gesamte private Bankwesen. Das Portal des prächtigen Gebäudes in der Rue Laffitte zeigte nun eine neue Inschrift: „Europćene de Banque". Nach einhundertfünfundsechzig Jahren war das wie ein jäher Streich des Fallbeils. Guy und Alain waren sehr erbittert, sie empfanden diese Wendung als einen Schlag ins Gesicht. In einer Stellungnahme für „Le Monde" sprach Guy offen aus, was er dachte. Er betonte, daß sich die Rothschilds einen einzigartigen Ruf erworben hatten, und erklärte:

„Sie wurden zu sprichwörtlichen Symbolgestalten des Reichtums, eines Reichtums, den sie ohne falsche Schuldgefühle in ihrem Lebensstil bekunden. Außerdem schuf Generationen hindurch die Erbfolge an der Spitze des Unternehmens das Erscheinungsbild einer Dynastie – was bloße Phantasie ist. Im Geschäftsleben sind sie für eine gewisse Kompetenz und für Redlichkeit bekannt. Doch da man sie mit der Hypertrophie des Privatkapitals identifizierte, wurden sie zu „Unberührbaren" gestempelt. Man müßte glauben, sie wären die einzigen Kapitalisten in Frankreich! Im Ausland denkt man darüber ganz anders. In Amerika wird andauernder Erfolg als ein günstiges Zeichen bewertet. In England werden ihre erwiesenen beruflichen Fähigkeiten und ihr Ruf anerkannt und als einer der finanziellen Pluspunkte des Staatswesens gefördert.

Unzählige Bürger schätzen die vielen Spitäler, Schulen, Waisenhäuser, Rekonvaleszenten- und Altersheime, die Gebärkliniken, Sanatorien und Sozialeinrichtungen jeglicher Art, welche die Familie Rothschild erbaute, ausstattete und betrieb, sowie die Zahl der Kunstwerke, welche sie den Museen stiftete, die vielen Künstler, Wissenschaftler, Ärzte und Schriftsteller, denen die Familie ihre Hilfe angedeihen lassen konnte, was sie als glückliche Fügung betrachtet. Die Politiker aber, eingedenk des Neides gegen die Reichen, der ein Charakterzug der Franzosen ist, wollen nichts mit ihnen zu tun haben."

Er schloß mit den Worten: „Unter Petain ein Jude, unter Mitterrand ein Paria – das reicht mir. Während eines einzigen Menschenlebens zweimal auf Trümmern neu aufzubauen, das ist zuviel verlangt. Zum Abgang genötigt, habe ich beschlossen zu streiken."[22]

Am meisten schmerzte die zwangsläufige Trennung von so vielen alten Angestellten. Tief bewegt nahm man Abschied voneinander, bevor Guy nach Amerika reiste, um künftig ständig dort zu leben. Elie verlegte seinen Wohnsitz nach London und übernahm auch die Präsidentschaft der Zürcher Rothschild-Bank. Alain starb zwei Jahre später.

Aber es gab noch immer Rothschilds in Paris. Alains Sohn Eric und Guys Sohn David waren jung und innerlich anpassungsfähig genug, um zu erkennen, daß es sich hier nur um die Wiederholung einer Krisensituation handelte, wie sie die Familie bereits mehrmals erlebt hatte. 1982 erklärte David im Gespräch mit einem Journalisten: „In zehn Jahren wird man sehen, was aus der Européenne de Banque – und auch, was aus den Rothschilds wurde . . .[23]

Epilog

Während der letzten Jahre gruben sich zumindest einige Familienmitglieder durch jene merkwürdige „Mauer des Schweigens“, hinter der sich ihre Ahnen verschanzt hatten, Gänge ins Freie. Manche frühere Rothschilds, Ferdinand etwa, führten wohl Tagebücher oder schrieben Erinnerungen nieder, aber eindeutig nicht zur Veröffentlichung bestimmt. Selbst unter Henris zahlreichen literarischen Werken gibt es nur zwei Texte autobiographischen Charakters, und diese beschränken sich auf Schilderungen seiner Kindheit und Jugend. Wie faszinierend wären verbürgte Aussagen von N. M., Betty oder Baron Lionel. Eine Darstellung seiner Welt um die Mitte des 19. Jahrhunderts aus der Feder des Großen Barons wäre ein historisches Dokument von erheblicher Bedeutung. Doch leider fehlte solchen ungewöhnlichen Menschen entweder die Zeit oder aber die Neigung, ihre Betrachtungen für die Nachwelt aufzuzeichnen. Die einzige Ausnahme von solcher Zurückhaltung bildete Constance Battersea, die Tochter von Anthony Rothschild, deren 1922 publizierten „Reminiscences“ denn auch sehr rasch vergriffen waren. Ansonsten wahrten die Rothschilds strenge Diskretion.

Um so interessanter ist eine förmliche Flut der Selbstdarstellung zu Beginn der achtziger Jahre. Im Jahre 1983 erschienen zwei bemerkenswerte Biographien und eine Autobiographie. Anka Muhlstein schrieb ein Buch über ihren Ururgroßvater Baron James. Dr. Miriam Rothschild schilderte das Leben und Werk ihres exzentrischen Onkels Walter, und Baron Guy brachte ein Buch heraus, das er im Geist schon seit der Verstaatlichung seiner Bank mit sich herumgetragen hatte. Miriams Bruder, Lord Rothschild, hatte bereits 1977 eine Sammlung halb autobiographischer Essays veröffentlicht, ein zweiter Band folgte 1984. Im selben Jahr gingen Baron Philippes Memoiren und Baronin Nadines Darstellung ihres Ehelebens mit Edmond in Druck. All das deutete darauf hin, daß sich im Verhältnis der Familie zur Öffentlichkeit ein Wandel vollzog. Wie die Banken nun nicht mehr darauf warten konnten, daß ihnen die Geschäfte von selbst ins Haus kamen, so sahen auch die einzelnen Rothschilds ein, daß es nicht mehr anging, in patrizischer Distanz zu Kommentaren und kritischen Äußerungen der Medien zu verharren. Sie wollten sich auch äußern und ihre eigenen Auffassungen öffentlich kundtun. Natürlich gibt es nach wie vor Familienmitglieder, die ihre Privatsphäre sorgsam hüten, Evelyn und Victor z. B., aber immer mehr Rothschilds erkennen, daß vieles in ihrem Leben gleichsam Allgemeingut ist. Sie publizieren nicht nur, sondern stehen auch Journalisten und Fernseh-Interviewern in einem Maß Rede und Antwort, wie es noch vor einigen Jahren undenkbar gewesen wäre.

Manchmal freilich empfinden sie die bohrende Neugierde der Medien als peinlich, wie alle Prominenten. Jacob scheute sicherlich das Aufsehen, das seinen Bruch mit Evelyn bewirkte, doch fehlte sein Name selten auf den Titelblättern der Zeitungen. Seit jenem schweren Tag im Jahr 1980, an dem er N. M. Rothschild and Sons für immer verließ, verfolgten Finanzkolumnisten sehr aufmerksam seine weitere Karriere, und sie war auch aller Beachtung wert. Binnen vier Jahren erreichte dieser hochgewachsene, entwaffnend gelassene Geschäftsmann, was kein anderer Rothschild seit den Tagen des Urgroßvaters Nathan zuwege gebracht hatte. Es gibt sogar deutliche Parallelen zwischen der Laufbahn Jacob Rothschilds und dem Werdegang von N. M., dem Mann, der das Familienunternehmen verließ, um sich selbständig zu machen, da „in Frankfurt nicht genug Platz für uns alle“ war. Der energiegeladene Einwanderer eroberte die englische Finanzwelt im Sturm. Ebenso Jacob. Nathan errang mit atemberaubender Geschwindigkeit innerhalb weniger Jahre aufsehenerregende Erfolge, die Beobachter sprachlos machten. Desgleichen Jacob. Der Gründer des Londoner Bankhauses geriet ins Blickfeld der Journalisten und Karikaturisten. Ebenso Jacob. Der Aufstieg des neuen Mannes in die Höhenregionen des Finanzwesens vollzog sich so rasch, daß ein findiger Reporter dafür die Anspielung „Jacobsleiter“ prägte, eine Metapher, die während der folgenden Jahre natürlich bis zum Überdruß bemüht wurde.

Als Jacob New Court im Zorn verließ, war er fest entschlossen zu beweisen, daß seine von der Bank abgelehnten Ideen durchaus vernünftig waren. Aber die Triebkraft seines Ehrgeizes war nicht bloß verletzter Stolz. Er hatte die Veränderungen auf dem Finanzsektor sehr sorgfältig beobachtet, daraus seine Schlüsse gezogen und entsprechend geplant. Jacob zählte zu jenen fortschrittlichen Geistern in der Londoner City, die einen grundlegenden Umschwung prophezeiten. Fester denn je war er davon überzeugt, daß die Zukunft den großen, möglicht vielseitigen Unternehmen gehört. Auf einer Konferenz von Finanzfachleuten im Oktober 1983 führte er aus:

„Wir haben damit zu rechnen, daß mehrere Finanzkonzerne auf den Plan treten, die übergreifend bisher getrennte Teilgebiete bearbeiten. Und ich glaube, nun kommt es darauf an, daß einer oder zwei Konzerne im Vereinigten Königreich bereit sind, sofort einzusteigen, um bei den neuen Abgrenzungen der Wettbewerbsbedingungen auf dem Finanzsektor eine aktive Rolle zu spielen."[1]

Er selbst hatte seinen Worten bereits die Tat vorangehen lassen. Im Jahre 1980 hatte er mit jenem Teil der Vermögenswerte der Familie operiert, für die er im besonderen verantwortlich war. Es handelte sich um „Rothschild Investment Trust", ein kleines Unternehmen, das aber in dem Ruf stand, Kundengelder bei expandierenden Firmen verschiedener Sparten sehr günstig anzulegen. Da ihm New Court bei seinen künftigen Finanzgeschäften die Verwendung des Namens Rothschild untersagte, änderte er die Fimenbezeichnung auf R. I. T. Nun ging er daran, seinen Betrieb – mit Aktiva in der Höhe von 99 400 000 Pfund – zu einem großen Dienstleistungsunternehmen auf dem Finanzsektor auszubauen. Zwecks Kapitalaufstockung und um die besten Fachleute verpflichten zu können, fusionierte er im Mai 1982 mit einer anderen Treuhandgesellschaft, der „Northern". Schon vor dem Jahresende war die R. I. T. N., wie sie nun hieß, wesentlich an einer Londoner Börsenmaklerfirma beteiligt. Außerdem erwarb sie Anteile von Unternehmen, die sich auf Geschäftsvermittlungen, Büromaschinen-Leasing und Versicherungsdeckungsfonds spezialisierten. Im August 1983 zog die R. I. T. N. mit einem fünfzigprozentigen Anteil an einer New Yorker Handelsbank in der Wallstreet ein. Zwei Monate später erregte auf den Kapitalmärkten die Nachricht von einer kolossalen Fusion zwischen R. I. T. N. und der Charterhouse-Bankengruppe Aufsehen. Ende des Jahres 1983 hatte die Welt eine neue Rothschild-Bank: „Charterhouse J. Rothschild", mit 400 Millionen Pfund Kapitalisierung eine der größten Handelsbanken in der Londoner City. Aber Jacob war noch nicht am Ziel. Seit einiger Zeit interessierte er sich für „Hambro Life", eine führende Versicherungsgesellschaft mit dem Ehrgeiz, in andere Sparten zu expandieren. Bisher war Jacobs Unternehmen zu klein, um Marco Weinberg von der Hambro ein verlockendes Angebot machen zu können. Nun war es Weinberg selbst, der die Initiative ergriff und einen Zusammenschluß vorschlug.

Das war der Punkt, an dem Jacobs „Expreßzug" plötzlich und völlig überraschend zum Halten kam. Nach mehrmonatigen Verhandlungen wurde das Hambro-Projekt, dessen Verwirklichung einen Konzern mit Aktiva von mehreren Milliarden ergeben hätte, abgeblasen. Ein schwerer Rückschlag für Jacobs Gesamtstrategie. Wie er Aktionären mitteilte, hatte er eine Organisation schaffen wollen, „die in der Lage wäre, gleichrangig mit den großen Universalbanken der USA in Konkurrenz zu treten.“[2] Statt dessen verblieb ihm nun ein Sammelsurium verschiedener Firmen, darunter viele in falschen Nestern abgelegte „Kuckuckseier“. Aber mehrere Betriebe boten großen Anreiz für junge Leute, die andere Finanzimperien aufbauten. Während des folgenden Jahres veräußerte Jacob die meisten seiner Anteile – mit beträchtlichem Gewinn.

Das Ergebnis dieses „Rückzugs aus Moskau“, wie er es nennt, war die Bildung von „Rothschild Holdings“, eines stark geschrumpften Unternehmens, das aber nach dem Stand vom März 1986 über Aktiva in der Höhe von 603,5 Millionen Pfund verfügte. Es war wieder eine Treuhandgesellschaft, doch finanziell weitaus potenter als die alte R. I. T. So konnte sich die J. Rothschild Holding z. B. bei wichtigen Firmenübernahmen oder Zusammenschlüssen einschalten, und zwar durch Überbrückungskäufe von Aktien der betreffenden Unternehmen, die aller Voraussicht nach auf Grund der bevorstehenden Verhandlungen einen Kursanstieg verzeichnen würden. Dieses neue kommerzielle Spiel der Mächtigen, „Arbitrage“ genannt, entwickelte sich zu einem der markantesten Phänomene des modernen internationalen Finanzwesens. Ein Spiel, bei dem einige der verwegensten Teilnehmer Unsummen verdienten. Jacob und seine Aktionäre schnitten dabei gut ab, und er hat die Absicht, noch lange am Spieltisch zu bleiben.

Die Verkleinerung bedingte auch die Auflassung eines hypermodernen Firmensitzes, den man mit einem Kommandomodul im „Krieg der Sterne“ verglich, und die Übersiedlung in etwas bescheidenere Räumlichkeiten. Nichts an diesem neuen Büro ist besonders auffällig, aber das Firmenzeichen über dem Eingang weist auf eine stolze Ahnenreihe hin, denn es zeigt, wie New Court zum Trotz, fünf Pfeile in einem Köcher. Kurz nach seinem Ausscheiden aus N. M. Rothschild and Sons, entdeckte Jacob, daß das von der Bank seit je geführte Symbol niemals als Schutzmarke eingetragen wurde. Also übernahm er es und ließ es nun seinerseits registrieren. Der ausgestoßene Rothschild trägt das Sinnbild Rothschildscher Einheit und Eintracht zur Schau – welch köstliche Ironie!

Als sei er mit seiner ruhelosen beruflichen Tätigkeit nicht voll ausgelastet, wurde Jacob, wie ein Jahrhundert vor ihm Alfred, ins Treuhändergremium der National Gallery berufen. Zweifellos fand man, dieser Rothschild mit seinem ererbten Kunstsinn und seiner Geschäftstüchtigkeit sei der ideale Finanzverwalter der Galerie in einer Epoche rücksichtsloser Konkurrenz, wenn es bei den großen internationalen Kunstauktionen um die Ersteigerung von Meisterwerken geht. Im Jahr 1985 wurde er zum Vorsitzenden des Treuhänderausschusses ernannt, und als solcher stand er sofort im Brennpunkt der Auseinandersetzungen über strittige Fragen, wie dem Plan eines Zubaus – den ersten Entwurf hatte Prinz Charles als ein „ungeheuerliches Karbunkel" bezeichnet – und die Bestellung eines neuen Direktors, der keine Berufserfahrungen als Kustos hatte. Ein Gespräch mit Jacob Rothschild ähnelt einem Privatseminar an einer Universität. Er hat etwas von einem freundlichen Professor an sich, gibt sich ganz ungezwungen, aber wenn man eine flaue Bemerkung fallenläßt oder ein zu wenig durchdachtes Urteil äußert, dann reagiert er sehr scharf. Er ist ein Mann, der präzises Denken erwartet, und in seinem Team können sich nur jene Kollegen halten, die ihm an intellektuellem Format ebenbürtig sind.

Jacob ist auch der erste, der anerkennt, daß sich sein Cousin Evelyn als Topmanager von N. M. Rothschild and Sons glänzend bewährte. In einer für Handelsbanken traditionellen Stils schwierigen Phase, als amerikanische Finanzgiganten wie die „Citibank" in London Niederlassungen eröffneten und der Wettbewerb eine Intensität erreichte wie nie zuvor, gewann New Court mehr Kommerzkunden als die Konkurrenz. Im Jahre 1986 verwaltete allein das Trust Management eine Gesamtsumme von 4½ Milliarden Pfund an Kundengeldern, das Fünfzigfache der Beträge des Jahres 1981. Aber dieser Anstieg der Geschäfte wurde nicht dadurch erzielt, daß man mit aller Macht Zusammenschlüsse oder Übernahmen anstrebte. Eine Äußerung Evelyns aus dem Sommer 1986 wurde vielfach als eine Anspielung auf die Taktiken seines Cousins gedeutet: „In der City herrscht beträchtliche Besorgnis über das Tempo, in dem mehrere neue Gruppen für finanzielle Dienstleistungen gebildet wurden. Ich teile solche Skepsis. Wir haben bereits einige der negativen Folgen gesehen."[3] Daher unternahm N. M. Rothschild and Sons keine Versuche, Firmen aufzukaufen, die sich auf andere Sparten des Finanzwesens spezialisierten. Man beschränkte sich auf bescheidene Anteile im Sektor der Börsenmakler und wartete ab, wie der Markt reagieren werde.

Auch im heutigen Hochbetrieb von New Court ist die Tradition noch immer mächtig. Nach wie vor erhält jeder Angestellte zu Weihnachten einen Truthahn und einen Jahresbonus. Nach wie vor beschäftigt das Unternehmen keine Gewerkschaftsmitglieder, und unter den Mitarbeitern scheint noch immer die Meinung vorzuherrschen, daß die Rothschilds „für ihre Leute sorgen". Die Scheideanstalt der Bank stellt noch immer Goldbarren her, und N. M. Rothschild and Sons ist noch immer das wichtigste britische Goldhandelshaus. Die absonderlichste Verbindung zur Vergangenheit schafft vielleicht jenes Ritual, das täglich im sogenannten „Gold Fixing Room" stattfindet. Dort sind die führenden Londoner Goldhändler an einem Konferenztisch versammelt, um einvernehmlich den Goldpreis festzusetzen. Jeder hat vor sich ein Telefon und eine kleine englische Flagge, den Union Jack. Diese Flaggen werden nach unten geklappt und die Verhandlungen beginnen. Alle mündlichen Vereinbarungen müssen eingehalten werden. Wenn aber ein Teilnehmer zwecks Weisungen sein Büro anrufen möchte oder bloß ein paar Minuten Bedenkzeit braucht, dann stellt er seinen Union Jack wieder auf, ruft „Flaggen hoch!" und alles kommt zum Stillstand. Schließlich sagt der den Vorsitz führende Rothschild-Repräsentant: „Ich bitte um die Angebote." Daraufhin nennen die Händler ihre Summen, und diese werden telefonisch an die Bank of England durchgegeben. Dieser Routinevorgang ist eine ebensolche unwandelbare Gepflogenheit der City of London, wie die traditionelle nächtliche „Zeremonie der Schlüssel" im Tower.

Evelyn ist sehr traditionsbewußt. Als ein echter Rothschild kann man sich auch kaum völlig von der Vergangenheit lösen, zumal wenn man eine Bank leitet, die sich noch am selben Ort befindet, wo der Ururgroßvater vor hundertachtzig Jahren seine geschäftliche Tätigkeit begann. Deshalb hält Evelyn an dem Grundsatz fest, das Haus N. M. Rothschild and Sons weiterhin als Privatbank zu führen, die Entscheidungsgewalt in den Händen der Familie zu belassen und sich auf jene Dinge zu konzentrieren, welche die Rothschilds so gut beherrschen. „Heute gibt es in der City vierhundertachtzig Banken", sagt er. „Wenn wir im Spitzenfeld bleiben wollen, dann müssen wir erstklassige Leistungen bieten."[4] Es gibt nur wenige, die ihm für seine zielbewußte Geschäftsgebarung nicht Respekt zollen würden. Kritik kann das Oberhaupt des Hauses N. M. Rothschild and Sons getrost überhören, aus zwei Gründen. Da ist erstens der Status in der internationalen Finanzwelt, als die einzige der alten Banken mit ununterbrochener Erbfolge und der magischen Kraft eines großen Namens. Als reines Familienunternehmen hat das Haus fast alle seine Konkurrenten in der Londoner City überlebt. Nur bei Baring's steht noch immer ein Nachfahre des Begründers am Steuer, aber Baring's ist ein wesentlich kleineres Geldinstitut als N. M. Rothschild and Sons. Evelyn ist Vorsitzender des „Accepting Houses Committee", der Elite der City, darin sind sechzehn Banken vertreten, die besonders gute Beziehungen zu der „alten Dame in der Threadneedle Street" – der Bank of England – haben, was ihnen auch eine ganz besondere Kreditwürdigkeit verleiht. Dies bedeutet, daß Evelyn persönlich in seiner Position als Vorsitzender in der inoffiziellen Hierarchie der Londoner City die Rangstufe unmittelbar nach dem Gouverneur der Bank of England einnimmt.

Der zweite Grund für Evelyns Zuversicht ist das anhaltende Wachstum seiner Bank. Er leitet eine Gruppe von Tochterfirmen und Zweigstellen mit Büros in Guernsey, Zürich, New York, Hongkong, Singapur, Sidney und Melbourne. Durch diese Büros und Repräsentanzen bietet Rothschild Bank- und Investmentdienstleistungen in allen Finanzzentren der Welt. Nick MacAndrew, einer der vier Vorstandsdirektoren, erklärt, daß N. M. Rothschild and Sons nun international aktiver denn je ist.

„Die Gruppe berät Regierungen, Multis und Multimillionäre. Versicherungsgiganten überqueren den Atlantik, um sich die Rothschildsche Kenntnis des Anleihen- und Währungsmarktes zunutze zu machen. Bergbaumagnaten rechnen damit, daß die Techniker der Gruppe verheißungsvolle Gold- und Silbervorkommen ausfindig machen, der Bankensektor der Gruppe hat eine Schlüsselstellung im weltweiten Edelmetallhandel und legt so manchen Goldbarren in die eigenen Tresore."[5] Die Bank berät in allen kommerziellen Belangen, von Zusammenschlüssen bis zu Eurobonds, vom Modus der Exportfinanzierung bis zur Privatisierung der ‚British Gas'."

Beharrlich wies Evelyn alle Vorschläge zurück, mit Fremdkapital zu arbeiten, vielmehr zeigte er deutlich, daß ein Rothschild auch heute noch, wann immer erforderlich, aus eigenem Kapital aufbringen kann. Im Sommer 1986 emittierte Rothschilds Continuation mit Erfolg eine Anleihe mit veränderlichem Zinssatz ohne festgelegte Laufzeit im Wert von 30 Millionen Dollar, womit der Beweis für Evelyns Auffassung wohl erbracht ist.

Er mag ein Traditionalist sein, er ist aber auch ein Realist. So trägt er z. B. der Tatsache Rechnung, daß man in Fragen des Managements, streng getrennt von der Eigentümerschaft, vielleicht vom „dynastischen" Prinzip wird abgehen müssen. In New Court gibt es noch zwei andere Rothschilds: Edmunds Bruder Leopold und seinen Sohn Lionel. Und Evelyns eigene Söhne werden vielleicht eines Tages seine Nachfolge antreten, aber von ihm selbst stammt die verbürgte Feststellung: „Jedes Unternehmen sollte so gut wie nur möglich geführt werden. Die Nachfolge von Familienmitgliedern nur auf Grund des Geburtsrechtes ist völlig verfehlt."[6] Wer auch immer Evelyns berufliches Erbe zu übernehmen hat, wird ein perfekter Fachmann sein müssen, mit der Bereitschaft, seine anderen Neigungen dem Finanzwesen unterzuordnen. Dabei ist Evelyn selbst keineswegs einseitig. Neben der Führung der Bank findet er Zeit, um leitende organisatorische Funktionen bei der Universitätsklinik des Londoner St. Mary's Hospital, dem Wirtschaftsmagazin „The Economist" und im britischen Rennsport auszuüben.

So demonstrieren die beiden Rivalen von 1980 jeder auf seine eigene

Weise, daß auf den Kapitalmärkten der Welt der Name Rothschild nicht bloß ein legendärer Begriff ist. Das ererbte, angeborene Talent für das Finanzfach zeigt sich heute in der Familie so deutlich wie je.

Inzwischen bewiesen auch die französischen Cousins eindrucksvoll, daß die Rothschilds nicht abgeschrieben werden können. Eine kuriose Eigenheit des gemeinsamen Familiensymbols besteht darin, daß die Pfeilspitzen in England nach unten, in Frankreich aber nach oben zeigen. N. M. Rothschild and Sons übernahm sein Firmenzeichen aus dem Freiherrnwappen, dort ist auf zwei der vier Felder in Blau ein Arm dargestellt, der fünf silberne Pfeile mit abwärts gerichteten Spitzen hält. Vielleicht aus der Erwägung, daß aufwärts weisende Spitzen eine zielstrebige, optimistische Einstellung andeuten, drehten die Franzosen die Pfeile um hundertachtzig Grad.* Ihre beachtliche Erholung seit 1981 spricht jedenfalls für ungebrochenen Mut, ohne jede Spur von Selbstzweifel. Zum Zeitpunkt der Verstaatlichung fungierte als Generaldirektor der Paris-Orléans Holding Baron Eric, ein besonnener, energischer Mann von einundvierzig Jahren, dessen eher beiläufig wirkende Art täuscht. Eine Kindheit in Amerika, danach Jahre in englischen Schulen und das Studium an der Technischen Hochschule Zürich formten ihn zu einem modernen, kosmopolitischen Geschäftsmann. Er hatte sich im Konzern hinaufgearbeitet, beginnend bei einer der Rothschildschen Tochterfirmen auf dem Transportsektor. Dabei hatte er sich genaue Kenntnis der Unternehmensstruktur angeeignet und ein starkes Verantwortungsgefühl gegenüber den Untergebenen entwickelt. Nun ging er gemeinsam mit seinem Cousin David daran, zu sammeln, was von dem Wirtschaftsimperium übriggeblieben war und daraus eine neue Startrampe zu bauen.

Sie besaßen 100 Millionen Francs, welche die Familie als ihren Anteil als Entschädigung vom Staat erhalten hatte. Sie besaßen ihre Weingüter und ihre Anteile an der internationalen Rothschild-Gruppe. Und sie besaßen die Paris-Orléans. Diese einstige Eisenbahngesellschaft war nun eine Holdingfirma für ein Sammelsurium relativ kleiner Rothschildscher Wirtschaftsunternehmen, von Erdölraffinierien bis zu Tiefkühlanlagen. Eric und David faßten alle diese Hilfsquellen zusammen und stellten einen Teil des Kapitals für die Gründung einer neuen Privatbank bereit. Anders als die älteren Familienmitglieder, welche die Verstaatlichung als einen persönlichen Schlag empfanden, betrachteten die beiden jungen Männer sie als eine Möglichkeit. „Eine sehr aufregende Zeit für eine neue Bank, besonders dann, wenn sie einer starken internationalen Gruppe angehört", erklärte Eric dem Autor, und auf die

* Auch Jacob Rothschild wählte für sein Firmenzeichen diese Form.

Ereignisse von 1981 zurückblickend, sagte er: „Mitterrand glaubte, sein Höllengebräu werde die Familie erledigen, aber statt dessen wirkte es belebend.“[7] Die alte Banque Rothschild war ein Industriekonzern, in dem 65 Prozent der Mittel für den Einsatz außerhalb des reinen Finanzsektors bestimmt waren. Noch dazu wurde die hohe Beteiligung am Abbau und der Verarbeitung von Erzen ohne Eisengehalt infolge des Absinkens der Weltmarktpreise zu einer Belastung. Die Enteignung durch den Staat versetzte die Rothschilds in die Lage, ihren Aktionsbereich einzuengen und sich auf das zu konzentrieren, was sie am besten verstanden. Sogleich nach der Verstaatlichung schufen sie sich in der Paris-Orléans eine Startrampe zum Einsatz ihrer fachlichen Fähigkeiten für Finanzberatung und Investment-Management. Einige Angestellte folgten den beiden Rothschilds in ihr neues Unternehmen, und viele alte Kunden hielten ihnen die Treue. Wenige Monate später bewarben sie sich um die Konzession für die Eröffnung einer neuen Bank.

Das war eine ganz bewußte Herausforderung an die sozialistische Regierung. Guys vieldiskutierter Artikel in „Paris Match“ hatte zu massiver Parteinahme provoziert und Mitterrand wurde von weiten Kreisen des Antisemitismus verdächtigt. Dieser Rückhalt in der Öffentlichkeit trug dazu bei, eine Situation zu schaffen, in der David im Januar 1983 einen persönlichen Triumph einheimste. Er hatte die Kühnheit besessen, sich um die Mitgliedschaft beim Jockey Club zu bewerben. Seit Edmonds Aufnahme gegen starken Widerstand damals im Jahr 1868 war dieser exklusive Kreis noch mehr zum Reservat des Hochadels geworden, ja trotz ihres begeisterten Wirkens für den Rennsport hatte fast ein Jahrhundert lang keiner der Rothschilds diese begehrte Auszeichnung erhalten. Daher erregte Davids Nominierung großes Interesse. Befürworter und Gegner schrieben Hunderte von Briefen, in denen sie auf Davids Verdienste um den Pferdesport hinwiesen, seit er die Leitung des Rothschild-Gestüts übernommen hatte. Zur geheimen Abstimmung kamen die Mitglieder in Rekordzahl nach Paris. Davids Förderer deuteten dies als ein schlechtes Zeichen, aber letzlich machte ihr Kandidat das Rennen, allerdings wurde gemäß den Clubregeln nicht bekanntgegeben, mit wie vielen Gegenstimmen.[8]

Mittlerweile stieß auch die wichtigere Bewerbung auf ebenso hartnäckigen Widerstand. Ohne Gesichtsverlust konnte die Regierung unter keinen Umständen einer Wiederkehr der Rothschilds in eine Machtposition des französischen Bankenwesens zustimmen. Und was die Situation noch verschlimmerte: mit ihrem politischen Kurs hatte sich die Regierung in Schwierigkeiten gebracht. Viele der verstaatlichten Banken, einschließlich der Européenne de Banque, steckten in den roten Zahlen. Baron Guys 1985 veröffentlichte Autobiographie wurde, wie schon erwähnt, zu einer weiteren Waffe für die Kritiker, denn darin tat er seine politischen Gegner voll Hohn mit den Worten ab: „Die gigantische Ahnungslosigkeit der Linken in Wirtschaftsfragen ist eine Konstante des politischen Lebens in Frankreich.“[9] Kaum verwunderlich also, daß David und Eric mehr als zwei Jahre lang harte Kämpfe mit den Behörden auszutragen hatten. Sie beantragten für ihr neues Unternehmen wieder den alten Namen Rothschild Frères, aber davon wollte die Regierung nichts wissen. Eine neuerliche Verwendung des Familiennamens kam nicht in Frage. Schließlich wurde die Konzession für ein Unternehmen erteilt, das die Bezeichnunng „P. O. (Paris-Orléans) Banque“ führen sollte. Das neue Pariser Bankhaus öffnete im Juli 1984 seine Pforten. Die Rothschilds waren wieder im Geschäft.

Der verbotene Name erschien auch nicht auf dem Briefpapier der jüngsten Rothschild-Bank, aber präsumtive Kunden wurden nicht im Zweifel über die Ursprünge gelassen: Unter dem wohlbekannten Motiv des Familienwappens stand im Prospekt zu lesen:

> „Die fünf Pfeile der Familie Rothschild symbolisieren die fünf Söhne von Mayer Amschel, welche Frankfurt zu Ende des 18. Jahrhunderts verließen, um ein internationales Netz von Bankhäusern zu schaffen.
>
> James de Rothschild begann 1817 seine Tätigkeit in Paris und erwarb sich rasch den Ruf eines ausgezeichneten Finanzmannes. Seine Nachkommen waren am Aufstieg und an der Industrialisierung Frankreichs beteiligt, sie investierten auf jenen Gebieten, die für den Fortschritt besonders wichtig waren, wie Bergbau, Elektrizität und Verkehrswesen, namentlich jene Gesellschaft, welche die Eisenbahnlinie Paris–Orléans anlegte, P. O. wurde zu einer Finanz-Holdinggesellschaft, und von ihr übernahm die P. O. Banque ihren Namen. Mit der P. O. Banque trat die Familie Rothschild nach zweijähriger Unterbrechung (1982–1984) wieder ins Bankenwesen ein.“

Um das Nervenzentrum des französischen Rothschild-Unternehmens in der Rue Rabelais nahe bei den Champs-Elysées zu erreichen, muß man an einer Schranke vorbei, bei der ein Gendarm auf Posten steht. Dies nicht etwa zum Schutz der Rothschilds, aber im Nebengebäude befindet sich die Israelische Botschaft. Auf dem Weg zu den vornehm unauffällig angelegten Büros der P. O. Banque im 1. Stockwerk gelangt man in eine Halle, deren Wände und Fauteuils in einem matten Grünton gehalten sind. Aus einem repräsentativen Porträt blickt der Große Baron den Besucher an, seine Züge strahlen Ruhe und Selbstsicherheit aus. Und dort begegnet man einigen Nachkommen, denn in diesen Räumen befindet sich nicht nur die Bank, sondern auch das Privatsekretariat der Rothschilds.

Baron Guy verbringt dort täglich mehrere Stunden, zwischendurch führt er seinen schwarzen Pudel aus oder geht zum Mittagessen in sein Stammrestaurant in derselben Straße. Seit die Rothschilds erneut im Finanzwesen vertreten sind, hat sich sein Groll aus dem Jahr 1981 gemildert. Er kehrte aus seinem selbstgewählten amerikanischen Exil nach Paris zurück und nahm wieder Wohnung in seinem palaisartigen Haus auf der Ile St-Louis. Da er seine Erbitterung überwunden hat, blickt er nun wieder in die Zukunft. Er ist stolz auf das Unternehmen, das sein Sohn und sein Neffe aufbauen und gibt sogar zu, daß die alte Bank selbst ohne das Eingreifen von Monsieur Mitterrand schon längst für Veränderungen reif gewesen wäre. „Das Gebäude in der Rue Laffitte war zu groß, und unsere Beteiligungen mußten durchforstet werden", sagte er dem Autor. „David und Eric entscheiden sich nun für neue Investitionen, sie sind viel flexibler." Aber die jüngste Vergangenheit hinterließ ihre Narben. Die leuchtend blauen Augen verdunkeln sich, wenn Guy von der „alten Bank" und den Angestellten spricht, die nun nicht mehr für die Rothschilds arbeiten. Heute noch bringt er es nicht übers Herz, durch die Rue Laffitte zu fahren.[10]

Auch Baron Elie wohnt in der Rue Rabelais, wenn er in Paris ist. Obwohl er die meiste Zeit in London verbringt, behält er sein schönes Domizil in der französischen Hauptstadt. Dort stellte er im Verlauf eines erlesenen Mittagessens seine Betrachtungen über die Familie an. „Man kann wohl sagen: was immer wir auch tun, wir sind Professionals." Mein Gastgeber, schlank, grauhaarig, lebhaft, distinguiert, hat in seinen achtundsechzig Jahren vieles „getan" und sprach angeregt über sein wechselvolles Leben als Bankier, Kriegsgefangener bei den Deutschen, Polospieler, Kunstsammler – im besonderen der modernen Malerei – und Weingutsbesitzer. Als wahrer Professional war er ganz bei der Sache und zeigte sich gut informiert. Das Louis-Quinze-Speisezimmer, groß genug für ein Bankett im privaten Kreis, die erlesenen Gerichte, der Wein, natürlich Château Lafite, all das sprach für den Stil des Hausherrn, doch noch eindrucksvoller waren Baron Elies jugendliche Begeisterung und seine sehr entschieden vorgetragenen Ansichten. Am lebhaftesten wurde er nicht, wenn er Fragen des Finanzwesens oder der Weinkultur erörterte, sondern bei einem ganz anderen Thema: den Wohlfahrtseinrichtungen der Familie.[11]

Er ist nicht der einzige, den die hundertdreißigjährige Tradition der Leistungen auf dem Gebiet der sozialen und medizinischen Fürsorge mit Stolz erfüllt. Eric, nun Präsident der Fondations Rothschild, unternimmt weite Reisen, um über den aktuellen Wissensstand und technische Neuerungen auf dem laufenden zu bleiben, und David spricht für sie alle, wenn er sagt: „Das Leben besteht nicht nur aus Arbeit und Vergnügen. Wir müssen auch Pflichten gegenüber unseren Mitbürgern haben. Deshalb wurde die Fondation für uns zu einer Selbstverständlichkeit.“[12]

Einige Spitäler, Forschungszentren und Heime wurden zur Gänze oder zum Teil dem staatlichen Wohlfahrtsystem eingegliedert, aber die Rothschilds sind noch immer aktiv beteiligt, sogar in den Ausschüssen staatlicher Institutionen. Und sie setzen noch immer neue Initiativen. 1975 wurde in einer psychiatrischen Klinik, die Alain 1960 im 13. Arrondissement von Paris gegründet hatte, die technisch modernste Anlage zur Behandlung geistig behinderter Kinder eingebaut. Ein Jahr danach spendete Nadine der Kardiologischen Abteilung des Hôpital Broussais die Einrichtung eines Operationssaals und 1985 statteten Edmond und die Fondation Rothschild dieses Krankenhaus mit einem der modernsten Diagnosegeräte aus, die in Frankreich in Verwendung stehen, samt einem nuklear-magnetischen Resonanz-Scanner.

Doch zweifellos liegt die Institution in der Rue Picbus der Familie besonders am Herzen. Dort eröffnete James ein jüdisches Spital als erste all der großen Rothschildschen Wohlfahrtseinrichtungen. Es ist noch immer in Betrieb, aber nun als Geriatrie-Zentrum ohne konfessionelle Einschränkungen. Betrieb, Führung und Ausbau liegen nach wie vor in den Händen der Rothschilds. Solches Wirken bringt zwar keine Schlagzeilen, dennoch wird darauf ebensoviel Sorgfalt und Konzentration verwendet wie auf die Pflege der Weinkulturen in Lafite und Mouton, ein Millionengeschäft oder die Begutachtung eines Gemäldes, das für die Kunstsammlungen erworben werden soll.

Die Gründung der neuen Bank brachte den Rothschilds einen stärkeren beruflichen Zusammenschluß als jede andere Unternehmung seit mehr als sechzig Jahren. Zu den Teilhabern der P. O. Banque zählten N. M. Rothschild and Sons und Baron Edmond. Das neue Unternehmen erklärte sich als „une banque d'affaires privée et internationale – eine Bank für private und internationale Handelsangelegenheiten“ – zuständig für Bankdienstleistungen aller Art und überwiegend aus dem Familienkreis mit Kapital versorgt. David glaubt, daß eine Beteiligung an der weltweiten Rothschild-Gruppe einen starken Anreiz für Kunden bietet und daß der private Status planmäßiges Wachstum vereinfacht, „denn dadurch fällt es leichter, während der ersten Jahre Gewinn systematisch zurückzuhalten“.[13] Die Ergebnisse der ersten zwei Jahre deuten darauf hin, daß diese Einschätzung richtig sein könnte. Während verstaatlichte Konkurrenten eine schwierige Phase durchzustehen hatten, verdreifachte die Paris-Orléans Holding ihre Aktienwerte, und die Bank wies nach Abzug der Steuern eine Rendite von 25 Prozent aus. In dieser Etappe überlebten die Rothschilds auch wieder einmal ihre politischen Gegner. Inzwischen kamen erneut konservative Kräfte in Frankreich ans Ruder und verschrieben sich der Privatisierung. Mancher enteigneter Rothschild-Industriebesitz könnte bald rückerstattet werden. Aber noch aufschlußreicher ist die Tatsache, daß der Name Rothschild wieder aufscheint. Im Jahr 1986 wandelte sich die P. O. Banque zu „Rothschild et Associés".

Einer der Eckpfeiler des Rothschildschen Bankgefüges im ausklingenden 20. Jahrhundert ist das New Yorker Büro. In den Jahren 1981/82 wurde das amerikanische Unternehmen völlig reorganisiert. Nach den von Guy und Evelyn persönlich gegebenen Richtlinien übernahmen das Londoner und das Pariser Haus striktere Kontrollfunktionen, ersetzten New Court Securities durch eine neue Gesellschaft, „Rothschild Incorporated", und schufen die Voraussetzungen, damit sie sich zu einer wichtigen Kraft im Finanzwesen der Vereinigten Staaten entwickeln könnte. So weit die Planung. Wie sich aber erweisen sollte, war es schwierig, sie zu verwirklichen. Eines der Probleme entstand durch interne Meinungsverschiedenheiten. Edmond, nun das reichste Familienmitglied, lehnte eine Beteiligung ab. Dem Präsidenten von New Court Securities mißfiel die neue Unternehmensstruktur, und er trat zurück. Im Jahr 1984 empfahl sich auch ein weiterer Rothschild aus dem Direktorium: Elies Sohn Nathaniel ging zu Jacob nach London. Aber eigentlich hat der etwas flaue Beginn der neuen Bank seine historischen Ursachen. Heutige Rothschilds müssen für den geringen persönlichen Einsatz ihrer Vorfahren in den USA büßen. Wohl gab es seit dem Zweiten Weltkrieg eine bescheidene Vertretung in New York, doch dem binnenländischen Amerikaner blieben die Rothschilds fremd, ihr Name hat dort nicht die magische Kraft wie in allen anderen internationalen Finanzzentren. Das neue Unternehmen wird sich sehr anstrengen müssen, um in Amerika an Boden zu gewinnen.

Es gibt bereits Anzeichen dafür: Rothschild Inc. entwickelte ein dynamisches Konzept, das einzige, das Erfolg verheißt. Der erste Schritt war die Auswahl eines hervorragenden Kopfes für den Posten des Topmanagers. Die Entscheidung fiel für den Wirtschaftsjuristen Bob Pirie, einen harten Geschäftsmann, der sich in der ausschlaggebenden Gesellschaft von Long Island bewegt, gute politische Verbindungen hat und selbst aktiv in der Politik in Erscheinung tritt. Der Harvard-Absolvent und Vertraute mehrerer hochgestellter Persönlichkeiten in England und dem übrigen Europa sammelt seltene Bücher, hat einen Landsitz, geht in Massachusetts auf die Jagd und kreuzt mit seiner

Jacht vor der Küste von Maine. Unter seiner Präsidentschaft begann das Unternehmen seine Tätigkeit auf dem Gebiet der Arbitrage und der Unternehmenskäufe sowie -verkäufe, spezialisiert auf die zähen Verhandlungen über die finanziellen Bedingungen für Übernahmen und Fusionen. Aber den Kunden wird auch ein breites Spektrum der Dienstleistungen einer Handelsbank geboten. Anders als einst vor langer Zeit Belmont, scheint Pirie die volle Rückendeckung durch seine Auftraggeber zu haben. Dazu wird ein Ausspruch David Rothschilds zitiert: „Wir möchten uns aus einem kleinen Unternehmen entwickeln, um etwas besser sichtbar zu werden. *Wie* die Bank das erreicht, bleibt mehr oder weniger Bob überlassen."[14] Und eine von Bobs Methoden ist die Hebung des Image der Rothschilds, um den Amerikanern, oder zumindest jenen, auf die es ankommt, deutlich vor Augen zu führen, welche Leistungen die Familie nicht nur im Bankwesen, sondern auch auf den Gebieten der Kultur, der Wissenschaft und der edlen Weine erbrachte. Wenn jemand die Fähigkeit besitzt, den Rothschild-Mythos auf fremden Boden zu verpflanzen, dann Robert S. Pirie.

In Frankreich sind die anfänglich aus Liebhaberei betriebenen Weingüter nun ein integrierender Bestandteil der Familienunternehmen. Eric setzt den von Elie begonnenen Aufbau einer eigenen Domäne fort. Sie umfaßt nun nicht nur Lafite, das benachbarte Duhart-Milon und La Cordonne, sondern 1984 wurde auch Château Rieussec, ein führendes Weingut der Sauterne erworben. Ein Betrieb, der achtzig Jahre lang finanziell kaum je interessant war, liegt jetzt im Spitzenfeld. Dazu Eric: „Alljährlich lautet die große Frage nicht, ob wir Gewinn oder Verlust schreiben werden, sondern wie hoch der Gewinn sein wird."[15]

Und Baron Edmond, der ein Sechstel der Weinbauflächen besitzt, meint dazu: „Ein Lafite wird nicht einfach verkauft und gekauft. Er wird – erworben."[16] Mit einem Einzelhandelspreis von 400–500 Pfund pro Kiste ist der Château Lafite aus den Ernten der letzten Jahre mehr denn je ein Wein für den reichen Mann. Doch als im Dezember 1985 bei Christie's eine Flasche Lafite Jahrgang 1787 um die unfaßbare Summe von 105 000 Pfund versteigert wurde, lag dieses Ergebnis sogar über der Grenze dessen, was ein Rothschild zu zahlen bereit gewesen wäre. Eric in seinem originellen schwarzen Samtgewand, das er abends gern lässig im Schloß trägt, halb Morgenrock und halb Salonrock der Jahrhundertwende, gibt zu, daß er diese Flasche gern für die einzigartige Vinothéque in der Kellerei von Lafite erworben hätte, aber er hatte nicht mitgeboten. Ich befragte ihn über die alte Rivalität mit Mouton. Er winkte ab: „Ach, als der Streit wegen der Klassifikation vorbei war, verlief das im Sand. Philippe folgt einer anderen Gebarung. Er ist ein ‚Händler', der einen Weingarten besitzt. Wir bleiben beim Weinbau als solchem und bearbeiten eine ganze Gruppe von Lagen." Als Grundbesitzer eines recht großen Teils von Haut Médoc, wohl das ertragreichste Weinbaugebiet der Welt (241 km^2), sind die Rothschilds gewiß nicht bloß „Winzer". Mit der Vielfalt ihrer Kulturen beschränken sie sich nicht mehr auf Prestigesorten, sondern zielen darauf ab, Bordeaux-Weine aller Preisklassen zu erzeugen. Ihr neuestes Vorhaben ist die Gründung von „Savour Club", einer Weinversandfirma, die Kunden in Frankreich, Belgien und der Bundesrepublik Deutschland beliefert.[17]

Baron Philippe war bereits leidend und starb im Januar 1988 als Mittachtziger. Aber während der letzten Lebensjahre entsprangen seinem wachen Geist noch immer Ideen, so klar und gehaltvoll wie der Wein, der unter seinen berühmten Etiketten verkauft wird. Von seinem Baldachinbett aus entwarf der Baron Pläne und gab organisatorische Richtlinien. Häufig unternahm er noch Reisen. Einen Teil des Jahres verbrachte er immer in seinen Häusern in Paris und London. Im Februar 1984 war er in Napa Valley bei der Präsentation von „Opus One", ein Ereignis, auf das die Fachkreise des Weinbaues, durch geschickte Öffentlichkeitsarbeit entsprechend neugierig gemacht, schon gespannt warteten, denn die ersten Verkäufe hatten einen amerikanischen Weinrekord erbracht. Das war im Juni 1981, als eine Kiste versteigert wurde und nach lebhaftem Bieten der Zuschlag bei 25 000 Dollar erging. Die Freigabe für den Handel, drei Jahre später, erfolgte zu einem geringeren Preis, aber „Opus One" erreichte sein Ziel: die Geltung eines Spitzenweines mit entsprechendem Prestige, faktisch, wenn auch nicht dem Namen nach, ein premier cru aus dem Napa Valley. Zu Hause nahm Philippe, von seiner ebenso tatkräftigen Tochter unterstützt, weitere Verbesserungen in Mouton vor. Der heutige Besucher kommt auf seiner Fahrt durch Médoc an vielen Schlössern vorbei, die als historische Bauwerke ungleich eindrucksvoller sind, doch um so besser erkennt man, was in Mouton Rothschild geleistet wurde. Die blendend weißen kiesbestreuten Zufahrtswege werden täglich mit der Harke bearbeitet, die Rasenflächen und Hecken sind bestens gepflegt und bilden den vollendeten Rahmen für die harmonisch abgestimmte Anlage alter und neuer Gebäude aus sandfarbenem Stein. Schon allein das Museum mit seinen kostbaren Objekten in den einfachen alten Kellergewölben lockt Touristen in von Jahr zu Jahr steigender Zahl in eine Gegend, die dem Fremdenverkehr erstaunlich geringe Zugeständnisse macht.

Der „junge Mann" unter den weinbautreibenden Rothschilds, Baron Edmond, erzielt in Schloß Clarke beachtliche Erfolge. Es wird einige Zeit dauern, bis die beträchtlichen Kosten der Neubepflanzung und der Bauten gedeckt sind, aber schon der Name Rothschild macht eine Flasche um ein paar Francs teurer, und Edmonds Weine gibt es ab der Preisklasse von 50 Francs, sehr hoch für eine cru bourgeois. Wie Philippe war auch Edmond in Napa Valley und lernte viel aus den kalifornischen Methoden des Weinbaues. Dieser größte aller heute lebenden Unternehmer aus dem Haus Rothschild ist von der amerikanischen Tüchtigkeit sehr beeindruckt und verwertete seine Erfahrungen bei der Umgestaltung seines Besitzes in Médoc.

Clarke hat weder den landschaftlichen Reiz von Mouton noch die vornehme Atmosphäre von Lafite. Alles ist auf die fachgerechte, eingespielte Produktion und den Verkauf des Weins eingestellt, von den computergesteuerten Stahlzisternen bis zur genauen Berechnung des Anteils auf dem Markt, für den das Erzeugnis bestimmt ist. Das Haus, das Edmond aus alten Garagen für seine seltenen Aufenthalte in Listrac umbauen ließ, ist nach Rothschildschen Begriffen bescheiden. Nur in einer eigenen Suite von Gesellschaftsräumen herrscht der unverwechselbare Rothschildsche Stil. Dort hat Edmond einen Bankettsaal samt Küche und eine Bibliothek, in der fast alle Bücher über Bordeaux-Weine zu finden sind. Das anschließende Arbeitszimmer des Barons ist in hellem Eichenholz gehalten, mit reich intarsierten Wandfeldern. Diese Teile der Einrichtung haben schon manche Reisen hinter sich. Edmond brachte sie aus Paris, wo sie einst sein Stadthaus zierten. Hundert Jahre früher hatte sie Adolph in Italien erworben, sie stammen aus einem fürstlichen Renaissance-Palast und tragen noch immer das Datum ihrer Entstehungszeit: 1497. Edmonds neuestes Vorhaben führte ihn allerdings weit von Bordeaux weg. Auf der Karibik-Insel St. Kitts startete er einen neuen Drink: Cane Spirit Rothschild.

Das grandiose Schloß von Pregny, die letzte der großen Rothschildschen Residenzen, ist noch immer Edmonds Hauptwohnsitz. Alljährlich verbringt er dort mehrere Monate und wenn möglich ansonsten die Wochenenden. Das Paradoxe daran: Pregny ist das einzige seiner Domizile, das nicht ihm gehört. „Als junger Kerl sagte ich einmal leichthin und recht albern meinem Vater, daß man daraus ein schönes Hotel machen könnte. Ich glaube, daran mußte er immer denken, denn er übrgab das Schloß der Stadt Genf, damit ich mir nicht einfallen ließe, so etwas wirklich zu tun."[18] Mit den Genfer Behörden traf Edmond eine Vereinbarung, die ihm selbst und nach ihm seinem Sohn Benjamin das Wohnrecht in Pregny sichert. Edmond und Nadine haben sich in den Dutzenden Räumen des Schlosses entsprechend eingerichtet, Benjamin, nun schon über zwanzig, hat seine eigene luxuriöse Wohnung, und es bleibt noch immer genug Platz für Freunde und Berufskollegen, die häufig zu Besuch kommen.

Edmond selbst bewegt sich in der Pracht von Pregny ohne jede

Pose. Den Titel Baron findet er ziemlich absurd und er tut alles, um den Leuten jede Befangenheit zu nehmen. Der Besuch bei einem in fürstlichem Glanz lebenden Multimillionär stimmt ja schon im vorhinein nicht gerade auf Zwanglosigkeit ein, besonders wenn man im Taxi vor den Freitreppen der Schloßfassade eben in dem Moment ankommt, als eine Kolonne schwarzer Limousinen abfährt. Dies erlebte ich bei unserem ersten Gesprächstermin, und ich erwartete, in ein pompöses Vestibül geführt zu werden, um dort zu warten, bis ich nach wichtigen Gästen an die Reihe käme. Wohl schritt ein Diener die Treppe herab, um mir die Wagentür zu öffnen, doch kaum war ich ausgestiegen, da schüttelte mir schon ein stämmiger, lebhafter Herr mit gelocktem Haar freundlich die Hand und stellte sich als Edmond de Rothschild vor. „Ein paar internationale Bankiers", erklärte er mit einer Handbewegung zu den verschwindenden Autos. Zwei Stufen auf einmal nehmend, ging er mir durch eine große Marmorhalle voraus, in ein wohnliches Arbeitszimmer mit weitem Ausblick auf den Genfer See. „Wenn Sie Notizen machen wollen, setzen sie sich am besten auf meinen Platz." Er deutete auf den lederbezogenen Direktoren-Drehstuhl hinter dem fast unvermeidlichen Louis-Seize-Schreibtisch.

Das Gespräch verlief so ungezwungen, wie es begonnen hatte. Edmond erzählte ganz offen und mit der gleichen Sanguinik von Erfolgen wie von Fehlschlägen. Zu Anfang des Jahres 1984 hatte er sich genötigt gesehen, seinen Anteil von 30 Prozent an der Bank of California dem japanischen Konzern Mitsubishi zu verkaufen, was sich bald als eine glückliche Fügung erwies, denn wenige Monate später geriet die Bank in Schwierigkeiten. Dafür mußte sein Spielzeughandel, der größte in Frankreich, 1985 schwere Markteinbußen verzeichnen, weil man nicht berücksichtigt hatte, daß sich das Interesse der Kinder auf Elektronik und Computerspiele verlagerte. Der Umsatz des Unternehmens sank von 60 Millionen auf 10 Millionen ab. Doch zur selben Zeit steuerte Edmond schon neue Ziele an. Eine Zigarette nach der anderen wurde in seiner Spitze zu Asche, während er davon berichtete. Ebenso wie Jacob erkannte er klar die Möglichkeiten, die sich durch eine Reorganisation auf dem Sektor der finanziellen Dienstleistungen eröffneten. Im Jahr 1984 erwirkte er die Genehmigung der Bank of England für die Gründung einer Firma zum Handel mit Wertpapieren und Obligationen. In bescheidenen Büros richtete er eine kleine Privatbank ein, eines der vielen verschiedenen Unternehmen im Verband seiner Genfer Holding-Gesellschaft. Klein mag sie sein, aber dieses dritte Rothschildsche Geldinstitut in London ist drauf und dran, sich einen Platz auf dem Gebiet der Anlageberatungen und des Investment zu erobern. Kaum war dieses Projekt verwirklicht, stieg Edmond groß ins italienische Bankenwesen ein. Im Frühjahr 1985 erwarb er 37 Prozent der Banca Tiburtina und führt sie gemeinsam mit der Banco di Lavoro, Italiens größtem Geldinstitut unter staatlicher Kontrolle. Diese Engagements, ebenso wie jene in Frankreich, der Schweiz, den USA und Israel sowie bei der P. O. Banque zeigen Edmond als einen Rothschild im Sinn der Fünf Frankfurter.

Diese Parallelen prägen sich auch in seinen religiösen Auffassungen aus. Wenn er von Israel spricht, dann voll leidenschaftlicher Anteilnahme. Der Sechstagekrieg des Jahres 1967 ist ihm noch immer lebhaft in Erinnerung. Als der französische Rundfunk am Morgen des 5. Juni die Nachricht vom Beginn der Kämpfe brachte, war Edmond gerade im Bad. Sofort rief er Alain an, das weltliche Oberhaupt der französischen Judenschaft. Wenige Stunden später saßen die beiden Cousins in einem Flugzeug mit dem Ziel Tel Aviv, am nächsten Tag kam Nadine nach. Die drei waren unter den ersten Zivilisten, die tief bewegt die wiedereroberte alte Stadt betraten. Er bekam feuchte Augen, als er sich wieder ins Gedächtnis rief, wie er gemeinsam mit Ben Gurion an der nach fast eintausendneunhundert Jahren den Juden zurückgegebenen Klagemauer betete. Sechs Jahre später kämpfte Israel im Jom-Kippur-Krieg wieder gegen seine arabischen Nachbarn. Diesmal erreichte Edmond die Meldung, als er zu einem Diner in Lugano unterwegs war. „Ich fühlte mich elend, die Sorge peinigte mich, aber ich mußte mehrere Stunden lang Konversation machen. Es war einer der schlimmsten Abende meines Lebens."

Edmond glaubt, daß er in Israel versagte, und das bedrückt ihn viel stärker als ein beruflicher Rückschlag. Gern hätte er dort politischen Einfluß ausgeübt wie sein Freund Henry Kissinger, aber das war nicht möglich. Er fühlt sich enttäuscht, weil er glaubt, daß der neue Staat seine Richtung verlor und daß er selbst nicht die Macht hatte, dies zu verhindern. Der gegenwärtigen Führung und ihren Entscheidungen in den Nahost-Konflikten steht er sehr kritisch gegenüber. Er sorgt sich um die Moral und das religiöse Leben der Nation und befürchtet eine, wie er es nennt, Levantisierung. Über seinem Denken lastet der Schatten jenes anderen, älteren Edmond. „Ich bin stolz auf unser Wirken für das Spital und das Institut für Molekularbiologie, das mein Großvater gründete. Aber in Israel wäre er mit mir nicht zufrieden gewesen. Ich habe nichts erreicht." Dies schien er eher im Selbstgespräch als zu mir zu sagen. „Meine Beziehung zu Israel ist wie eine Ehe, welche die Erwartungen nicht erfüllte. Ich bin bitter enttäuscht, aber gefühlsmäßig noch immer gebunden." Er riß sich aus seiner Gedankenverlorenheit. „Natürlich ist die gesamte Familie, ob Franzosen oder Engländer, Israel fester verbunden denn je."[19]

Das trifft wirklich zu. Von persönlichen Interessen am jüdischen Staat abgesehen, nehmen viele Familienmitglieder regen Anteil an dem nach Alains Tod 1983 gegründeten „Institut Alain de Rothschild", das die Belange der französischen Judenschaft wahrnimmt. Man kann sagen, daß die meisten heutigen Rothschilds aus religiöser Sicht keine frommen, „praktizierenden" Juden sind oder zumindest nur fallweise die Gebote ihres Glaubens befolgen. Dennoch waren sie nie aktiver in ihrem Einsatz für Israel – ein Land, in dem sie sich nach wie vor nicht ansiedeln würden. Paradoxerweise waren es gerade die Ereignisse des Jahres 1948, die ihnen ermöglichten, ihren Zionismus mit der Assimilation in Einklang zu bringen. Sie blieben Juden der Diaspora, doch sie haben das Gefühl, daß der Triumph ihrer Glaubensgenossen in Palästina auch ihnen eine Befreiung brachte. So sieht es jedenfalls Guy de Rothschild:

> „Wir, die Juden der Diaspora, sind stolz auf die Israelis, auf ihren Mut und ihre militärische Tapferkeit. Nach jahrhundertelanger Demütigung wurde der Welt bewiesen, daß der Jude Ehre und Würde besitzt. Wir sind nun weniger empfindlich gegen Feindseligkeit, gegen die Zweifel, ob uns die anderen akzeptieren, gegen die Angst, daß neuerlich eine Katastrophe über uns hereinbrechen könnte. Israel ist nicht unser Land, seine Flagge ist nicht die unsere. Aber Israel befreite einen Teil unseres ureigensten Wesens."[20]

Eines erreichte Edmond sicherlich: Ihm gelang es, jene Kluft zwischen den Cousins zu schließen, die sich in der jüngeren Vergangenheit geöffnet hatte. Nun beteiligt er sich im vollen Ausmaß an ihrer beruflichen Tätigkeit und ihren Sozialaktionen. Er trug wesentlich dazu bei, wieder jene Eintracht – die Conkordia des Rothschildschen Wappenspruchs – zu schaffen, die heute ein Hauptcharakteristikum der Familie ist.

Im Jahr 1980 suchten die Geister der Vergangenheit Lord Rothschild wieder heim. Ein Jahr zuvor war Anthony Blunt gestorben, und die Regierung hatte endlich die Wahrheit über seinen Hochverrat veröffentlicht. Natürlich gab es einen Aufschrei in der Presse, nicht nur über das bestürzende Sündenregister der Vier aus Cambridge – Blunt, Burgess, Maclean und Philby –, sondern auch über die Taktik, Blunts Mittäterschaft seit ihrer Aufdeckung sechzehn Jahre früher zu verheimlichen. Neuerlich wurden Mutmaßungen über Spionagefälle in den Höhenregionen der englischen Hierarchie angestellt. Wessen guten Ruf schützte die Regierung in ihrer peinlichen Situation? Man sprach von einem „fünften Mann" aus Blunts Kreis und von „Maulwürfen" im Sicherheitssystem. Sir Roger Hollis, ehemals Leiter von MI5, geriet in Verdacht. Daraufhin ordnete Mrs. Thatcher interne Untersuchungen an, sie erwiesen Hollis' Unschuld. Aber einige Zeitungen und manche Parlamentsmitglieder gaben sich damit nicht zufrieden. Sie erhoben die Frage, worin das „nationale Interesse" denn bestehe und wie die Beziehungen zwischen dem britischen Geheimdienst, anderen Institutionen des Staatsapparates, der Regierung, dem Parlament und der Fleet Street geregelt werden sollten. Während der achtziger Jahre machten diese Themen immer wieder Schlagzeilen.

Lord Rothschild wußte selbstverständlich, daß er unschuldig war. Vor seiner Ernennung zum Leiter des Think Tank hatte man ihn gründlich durchleuchtet. MI5 war über seinen Kriegseinsatz genau informiert und hatte keinen Grund, an seiner Loyalität zu zweifeln. Aber Victor wußte auch, daß es in Sicherheitsbelangen keine hundertprozentige Unbedenklichkeit gab. Zur Blunt-Affäre sagte er: „Über solch einen Schock kommt man nie ganz hinweg. Man fragt sich: was ist mit John, mit Peter und Thomas usw.? Der Geheimdienst stellt die gleichen Fragen und natürlich noch viele andere. In jener Sphäre ist ein Personalakt niemals abgeschlossen."[21]

Vor allem aber: Lord Rothschild wußte, daß er nichts für den guten Ruf seines Namens unternehmen konnte. Er war noch immer an die Geheimhaltungsparagraphen gebunden. Diese strikte Verpflichtung, noch zwingender durch seinen eigenen Patriotismus und die Loyalität gegenüber Freunden, hielt ihn auch davon ab, vor die Öffentlichkeit zu treten. So wahrte er nach außen hin stoischen Gleichmut. Und schwieg.

Doch dann kamen noch im Jahr 1980 Meldungen, daß ein anderer ehemaliger Agent von MI5 das Schweigegebot zu brechen beabsichtige. Peter Wright, von Haus aus Naturwissenschaftler, war seit 1955 beim Sicherheitsdienst. Nach seinem Ausscheiden wandte er sich der Landwirtschaft zu, merkte aber bald, daß sich sein Ruhestand nicht so gestaltete, wie er es erhofft hatte. Er fühlte sich geprellt. Ihn ärgerte die Erkenntnis, daß er seine Tage als reicherer Mann beschließen könnte, wenn er seine Kontakte und sein Wissen rechtzeitig gezielt genützt hätte. Deshalb ging er nach Australien, um dort, außer Reichweite britischer Gerichte, seine Memoiren zu publizieren. Das Resultat war „Spycatcher, The Candid Autobiography of a Senior Intelligence Officer". Der britischen Regierung war das Buch zu offenherzig. 1985 erwirkte sie eine gerichtliche Verfügung, um das Erscheinen zu verhindern. In London war man entschlossen, an Wright ein Exempel zu statuieren, um andere pensionierte Geheimdienstleute von Verstößen gegen den Geheimhaltungsparagraphen und staatsschädigenden Behauptungen abzuschrecken.

Wrights Versuch, „Spycatcher" in Australien herauszubringen, führte zwar zu einem langwierigen, aufsehenerregenden Gerichtsverfahren, aber indessen kam es zu Teilabdrucken in der britischen Presse, ungehinderter Veröffentlichung in den USA und zur Verbreitung „eingeschmuggelter" Exemplare in anderen Ländern. Als es der britischen Regierung nicht gelang, die Auslieferung von Wrights Memoiren in Australien zu vereiteln, begann sie, unter Bemühung britischer und einiger ausländischer Gerichtshöfe, einen Feldzug, um Zeitungen an der Veröffentlichung von Teilen und Auszügen des Buches zu hindern. Gerade deshalb blieb das Thema für die Medien noch monatelang aktuell, zu Lord Rothschilds heftigem Mißfallen. Denn in Wrights Memoiren und in der Presseberichterstattung über den Prozeß erschien er als ein in Geheimdienstkreisen sehr einflußreicher Mann. Trotzdem veranlaßte ihn keine dieser angeblichen Enthüllungen zu einer öffentlichen Stellungnahme. Anderes freilich konnte er nicht widerspruchslos hinnehmen, nämlich neuerliche Mutmaßungen über die Identität des „fünften Mannes". Mehrere Blätter brachten reißerisch aufgemachte Reportagen über Victors Vergangenheit, in der Hoffnung, diesen sehr zurückhaltenden Privatmann aus seiner Reserve zu locken. Lord Rothschild fühlte sich von alledem tief verletzt. Am 3. Dezember 1986 reagierte er überraschend mit einem sehr energisch gehaltenen Brief an den „Daily Telegraph". Dieses Schreiben wurde am nächsten Tag auf der Titelseite abgedruckt:

„Sehr geehrte Redaktion, sehr geehrte Leser,

mindestens seit 1980 bis jetzt brachte die Presse Unterstellungen in dem Sinn, ich sei der „fünfte Mann", mit anderen Worten: ein Sowjetagent.

Der Chef von MI5 sollte öffentlich erklären, daß unzweideutige – ich wiederhole: unzweideutige – Beweise dafür vorliegen, daß ich kein Sowjetagent bin und niemals einer war. Falls ihn die ‚Bestimmungen' daran hindern, solch eine Erklärung abzugeben, was ich in Anbetracht der gegenwärtig herrschenden Stimmung bezweifle, dann möge er es durch seinen Rechtsberater oder durch eine andere zuständige Instanz tun.

Ich selbst unterliege der Geheimhaltungspflicht, aber ich schreibe diesen Brief, da Schweigen als ein Zeichen des Gegenteils von völliger Unschuld gedeutet werden könnte.

Bis auf weiteres werde ich keine andere öffentliche Erklärung an die Presse richten.

Ihr sehr ergebener
Rothschild"[22]

Die Regierungschefin reagierte prompt mit einer Presseaussendung:

> „Nun habe ich mich eingehender mit Lord Rothschilds Brief in der gestrigen Ausgabe des „Daily Telegraph“ befaßt, in dem er sich auf Verdächtigungen bezog, er sei ein Sowjetagent. Ich erachte es für wichtig, an der Gepflogenheit früherer Kabinette festzuhalten, keine Kommentare zu Sicherheitsbelangen abzugeben, bin aber bereit, in der Frage, die Lord Rothschild in seinem Schreiben aufwarf, eine Ausnahme zu machen. Wie mir mitgeteilt wurde, liegen uns keine Beweise dafür vor, daß er jemals Sowjetagent war.“

Kein Wort über Lord Rothschilds große Verdienste um sein Land, und obgleich man im Parlament darauf drängte, weigerte sich Mrs. Thatcher, ihrer Stellungnahme irgendwelche konkrete Aussagen beizufügen.

Diese Vorgänge können vielleicht am besten dazu dienen, einen widersprüchlichen Sachverhalt zu illustrieren: Der Rothschildsche Einfluß mochte noch immer so mächtig sein wie vor hundert Jahren, aber die britische Öffentlichkeit ist nicht mehr bereit, diesen Einfluß zu dulden. Wer sonst als ein Rothschild konnte fünfunddreißig Jahre hindurch, ohne längere Zeit eine wesentliche Stellung in der Regierung oder im Staatsdienst zu bekleiden, in den obersten Regionen der Staatshierarchie solches Gewicht haben? Gewiß, er hatte Beachtliches geleistet, aber nicht mehr als so manche andere prominente Briten. Er war weder eine einmalige Geistesgröße noch ein Superagent des Geheimdienstes. Auch die mysteriösen Machenschaften im geschlossenen Kreis der „Old Boys“, will heißen in der Bruderschaft der Jugendfreunde, bieten keine ausreichende Erklärung für Victors Rolle als Graue Eminenz ohne offizielle Funktion. Hier handelt es sich vielmehr um eines jener Phänomene, welche Wirrköpfe und Fanatiker dazu bringen, sich in die alte Theorie der „Verschwörung des Weltjudentums“ zu verrennen. Man mußte gar nicht so weit gehen. Victor wuchs in der bewußten oder unbewußten Überzeugung auf, daß das Oberhaupt der Familie Rothschild eine besondere Verpflichtung gegenüber seinem Land wahrzunehmen habe. Offenbar teilten führende Persönlichkeiten diese Ansicht.

Doch im letzten Drittel des 20. Jahrhunderts sind die britische Presse und die Bevölkerung dem, wie manche es nennen würden, „übermächtigen Einzelnen“ nicht gewogen. Wenn einst Natty Politiker gängelte, gern in Geheimverhandlungen mitsprach und den Verlauf der Innen- und Außenpolitik beeinflußte, dann liebte ihn der einfache Mann dafür. Aber das ist hundert Jahre her. Victor konnte nicht dem Beispiel seines Vorfahren folgen, ohne Neid, Verdacht und Abneigung zu erregen. Die Spatzen zausen die Eule, weil sie im Tageslicht nichts zu suchen hat. Der Widerspruch kann nur dann eine Erklärung finden, wenn wir festhalten, daß keine der geltenden Normen auf die Rothschilds anwendbar ist, auch wenn das eine anfechtbare Hypothese bleibt.

Innerhalb der Familie besteht sicherlich das Bewußtsein, daß man als Rothschild etwas Besonderes ist. Die Einheit, auf die Mayer Amschel so großen Wert legt, wird noch immer gewahrt, trotz der heutigen weiten Verzweigung und individuellen Verschiedenheiten der Familienmitglieder. Vielleicht wäre Gemeinschaft ein besseres Wort dafür als Einheit. Alle Rothschilds unserer Zeit, ganz gleich ob sie das gemeinsame Erbe als Ansporn oder als Belastung betrachten, haben das Gefühl, einem Kreis von Ausnahmemenschen anzugehören. Sicherlich sind auch starke zentrifugale Kräfte am Werk, die manche Familienmitglieder mit sich forttragen, zu einer höchst eigenwilligen Lebensführung. Die Ehe ist ein solcher Faktor, das Mißvergnügen an dem gängigen, landläufigen Rothschildbild ein anderer.

Unbestreitbar übt die stärkste Wirkung aber das Talent aus, die Begabung an sich. „Die Rothschilds sind alle so interessant", wie Edmunds zweite Frau Anne während eines Spaziergangs durch die Rhododendronkulturen in Exbury sagte. Sie muß es wissen, denn sie war die meiste Zeit ihres Lebens mit der Familie eng verbunden. Im Jahre 1940 lernte sie Eddy kennen und heiratete nach dem Krieg einen seiner Freunde. Beide führten glückliche Ehen und verloren kurz nacheinander ihre Partner. 1982 heiratete der Witwer die Witwe. Exbury wurde für die beiden zum Mittelpunkt ihres Daseins – nicht bloß als Einnahmequelle, so wichtig das auch ist, sondern um anderen Menschen die Möglichkeit zu bieten, sich daran zu erfreuen.

Ihre Begeisterung wirkt ansteckend, wie ich bald merkte, als sie mit mir einen Rundgang durch den Besitz unternahmen. Edmund, jovial und ein wenig wie ein alter Onkel, spazierte zwischen den Bäumen und dem üppigen Blütenflor umher, er sprach über seine geliebten Pflanzen, ja er redete sogar mit ihnen, denn er glaubt daran, daß er seine Rhododendren und Azaleen durch freundlichen Zuspruch dazu bringen kann, ihr Bestes zu geben. „Du bist wirklich wunderschön", beteuerte er einem seiner liebsten Rothschild-Hybriden, „Idealist", dessen edle Blüten in feinen Schattierungen von Rosenrot bis zu einem grün angehauchten Gelb inmitten eines Gehölzes prangte. „Sehen Sie diese beiden Exemplare der Species Cupressus sempervirens?" Edmund wies auf zwei grüne schlanke Flammen, die das sie umgebende Buschwerk überragten. „Gezogen aus den Ablegern eines Kranzes vom Katafalk des Herzogs von Wellington bei seinem Begräbnis im

Jahr 1852." Rüstig schritt er weiter durch die Gehege, dabei schüttelte er Geschichten und Anekdoten aus dem Ärmel wie ein altgedienter Fremdenführer. „Einer der ungewöhnlichsten Pflanzensammler, die für meinen Vater arbeiteten, war George Forrest. Der nahm unglaubliche Härten und Gefahren auf sich, um in der Wildnis seltene Arten zu finden. Einmal, als er sich gerade in Pater Dubenards Missionsstation in Tibet aufhielt, wollten ihn ein paar einheimische Mönche fangen. Forrest entkam mit zwölf Mann, wurde aber acht Tage lang verfolgt. Schließlich holte ihn der Feind ein und stand ihm am anderen Ufer eines Wasserlaufes gegenüber. In die Enge getrieben, sah Forrest plötzlich drüben auch Dubenard und vermutete, daß ihn die Kerle als Gefangenen mitgeschleppt hatten. Der alte Priester bedeutete ihm, am Ufer weiterzuziehen. Das tat Forrest und fand einen Pfad, auf dem er flüchten konnte." Edmund blieb plötzlich stehen, blickte seine Zuhörer an, und nach einer Kunstpause zwecks größter rhetorischer Wirkung, fügte er hinzu: „Erst später erfuhr Forrest, daß Pater Dubenard einige Tage vor dieser Begegnung am Fluß getötet worden war . . ." Unsere Exkursion endete, als wir auf einen etwas konsternierten, betagten Besucher trafen, der sich auf dem weiten Gelände Exburys hoffnungslos verlaufen hatte. „Warten Sie hier auf mich", sagte Edmund zu dem alten Mann, lief zu seinem Wagen, holte den Wanderer und brachte ihn zu seiner Gruppe zurück.

Während der Fahrt zum Lunch in ihrem Haus – es gab einen wunderbaren Lachs, von Edmund selbst gefangen – erzählte mir Anne, daß eine der Hauptbeschäftigungen des Paares darin bestehe, die Scharen von Durchschnittstouristen zu betreuen und hinter ihnen sauber zu machen. Lächelnd erinnerte sie sich eines Besuchers, der ihr zusah, wie sie weggeworfene leere Zigarettenpackungen und Knabbergebäcksäckchen aufsammelte. Schließlich kam er heran und sagte: „Ich hoffe, Sie werden dafür ordentlich bezahlt. Die Rothschilds können es sich weiß Gott leisten!" Die Wahrheit ist: sie können es sich nicht ohne weiteres leisten. Sie müssen sich gehörig anstrengen, sowohl auf dem touristischen Sektor des Unternehmens wie auch beim kommerziell betriebenen Gartenbau. Erst in letzter Zeit wurde es möglich, Exbury House, das seit dem Krieg leergestanden war, zu modernisieren und wieder zu beziehen. Doch es ist nicht nur der große Besitz, um den sich Anne kümmern muß. Da gibt es auch ihre erwachsenen Stiefkinder, die alle ihr interessantes Eigenleben haben. Ein Sohn ist Bankier, der zweite leitet seine eigene Film- und Fernsehproduktion, und eine Tochter ist Konzertsängerin.

Allgemein betrachtet, sind ungewöhnliche Fähigkeiten seltene Ausnahmsfälle. Die meisten Familien können sich nur weniger besonders begabter Mitglieder rühmen. Bei den Rothschilds scheint aber großes Talent die Regel zu sein. „Einer unserer Wesenszüge ist, daß wir uns intensiv für viele Dinge interessieren. Mein Vater z. B. schrieb neben seiner naturwissenschaftlichen Arbeit auch einige sehr lesenswerte Aufsätze über Numismatik." Dies sagte mir Miriam während einem meiner Besuche in ihrem Heim bei Peterborough. Die Fahrt nach Ashton Wold ist so, als begebe man sich in Dornröschens Reich. Menschliche Behausungen muß man hinter sich lassen und fast drei Kilometer weit auf einem die Wagenachsen arg strapazierenden naturbelassenen Weg durch Dickicht dahinholpern. Die Fahrbahn wird schließlich zu einem schmalen Pfad, der eine Kurve beschreibt und in einem von überwucherten Blumenbeeten gesäumten Hof endet. Auch das Haus selbst ist gänzlich von Efeu eingesponnen, so daß es wie ein Stück natürlichen Wachstums des Waldes wirkt, ein verborgener, verzauberter Ort. Das Innere aber ist komfortabel und geräumig. Offensichtlich bildet die Tür die Schranke für die unberührte Natur, allerdings füllen Feldblumen die Vasen, und im Haushalt scheint eine Meute temperamentvoller kleiner Collies den Ton anzugeben. In diesem feudalen Domizil inmitten einer Wildnis empfängt Miriam ganz im gebotenen Rothschildschen Stil Gäste von Rang aus aller Welt, meist Naturwissenschaftler. Von hier korrespondiert sie mit Fachkollegen, hier studiert sie Schmetterlingsarten und schreibt Abhandlungen über sie. Miriam, Geburtsjahrgang 1908, sprüht vor Esprit, hat viel Humor und einen reichen Schatz von Erinnerungen. Sie erzählt sehr bunte, manchmal sogar gewagte Geschichten und streut in die Konversation gern Pointen und Feststellungen ein, die zum Widerspruch reizen sollen. Damit hält sie die Gesprächspartner in Spannung.

Ihre eigene Energie führt sie auf das Wesenserbe der Familie zurück, die Fähigkeit, unentwegt „interessiert und neugierig" sein zu können. Als sie 1981 zum Mitglied der Royal Society ernannt wurde, war dies ein weiterer Rothschild-Rekord, denn Miriam und ihr Bruder Victor – dreiunddreißig Jahre zuvor Mitglied geworden – sind das einzige Geschwisterpaar, dem diese Auszeichnung zuteil wurde.

Als eine geborene Rothschild, wie auch als Naturforscherin, findet sie nicht zuletzt gewisse typische Merkmale ihrer eigenen Familie interessant. „Anders als früher tun sich so viele aus der jüngeren Generation in akademischen und kulturellen Berufen hervor." Mehrere von Victors eigenen Kindern und denen seiner Schwestern schlugen erfolgreich literarische, künstlerische und wissenschaftliche Laufbahnen ein. Im französischen Zweig gibt es heute einen Maler, einen Schriftsteller und einen hochangesehenen Kinderarzt.

Doch ebenso stark wie der Impuls, der Mitglieder jeder Generation erneut zum Wagnis anspornt, wirkt die zentripetale Kraft, welche die Familie zusammenhält. Im Umgang mit den Rothschilds gewinnt man den Eindruck, daß sich eben doch nicht alles ändert. Einige ihrer großartigen Residenzen sind dahin: Ferrières steht leer. Mentmore verlor durch eine der größten Kunstauktionen dieses Jahrhunderts seine Kostbarkeiten. Waddesdon gehört dem Staat, ebenso Ascott, allerdings wohnen Evelyn und seine Familie nach wie vor dort. Aber die Rothschilds sind noch immer *da,* weiterhin erfüllen sie ihre überkommenen Funktionen als Bankiers, Weingutsbesitzer, Sammler, Pferdezüchter, Kunstexperten, Männer von Einfluß und Gestalten des öffentlichen Lebens. Und der Familiensinn bleibt fast so mächtig wie je. Lord Rothschild erstellte einen genauen Stammbaum, jeder Name hat darauf seine Nummer. Die meisten seiner Verwandten haben Exemplare davon und halten Victor auf dem laufenden über alle Geburten, Eheschließungen und Todesfälle, so daß im Abstand von jeweils einigen Jahren erweiterte, aktualisierte Fassungen herausgegeben werden können. Die mir persönlich bekannten Rothschilds bekunden reges Interesse am Tun ihrer Verwandten. Lionel de Rothschild, dem ich sehr viel Hilfe bei meinen Recherchen verdanke, ging mit mir einmal die Liste aller lebenden Familienmitglieder durch, es waren Dutzende, und über jeden einzelnen wußte er prompt etwas zu sagen. Diese wechselseitige Anteilnahme gibt es noch. Familienmitglieder, die ich interviewte, teilten mir bereitwillig ihre eigenen Erinnerungen mit, aber ebenso gern wollten sie merkwürdige Fakten hören, auf die ich bei meinen Nachforschungen gestoßen war.

Symbolische Bedeutung hatte für mich ein sommerlicher Sonntagnachmittag, als ich zu einem Wohltätigkeitskonzert im „Tempel" eingeladen war, einem neoklassizistischen Gebäude im Park von Gunnersbury House. Es war warm, der kleine Raum war dicht besetzt, nicht gerade die idealsten Bedingungen für eine Veranstaltung. Aber zwei Stunden lang waren wir wie verzaubert, als Charlotte de Rothschild für uns ein richtiges „Divertimento", wie es vor etwa hundert Jahren in Gunnersbury, Aston Clinton oder Ferrières geboten worden sein mag, wieder zum Leben erweckte. Sie sang Lieder von Chopin, Rossini, Liszt, Sullivan und natürlich auch von Mathilde de Rothschild, deren Vokalkompositionen sie gesammelt und für die Interpretation eingerichtet hatte. Zwischen den Musikstücken erzählte sie Anekdoten über N. M., Alfred, den Großen Baron und Connie. Dieses Programm hatte ein junges, sehr modern denkendes Familienmitglied gestaltet, geleitet von liebevollem Eingehen auf die Traditionen und dem Stolz auf das Erbe, vor allem aber angeregt durch die weiterwirkenden Kräfte des Phänomens Rothschild.

Die unmittelbar Beteiligten finden verschiedene Deutungen für dieses Phänomen. Philippe betrachtete es als einen Mythos, und Lord Rothschild sagte einmal zu einem Journalisten, die Familie sei ein „Relikt aus der Vergangenheit". Für Evelyn steht die Bank im Vordergrund, und aus seiner Sicht wären die Rothschilds nichts ohne ihre finanzielle Basis. Baron Elie hingegen ist überzeugt, daß sich der Erfolg auf so vielen Gebieten aus einer gleichsam hochgezüchteten Tüchtigkeit erklärt, dem Bestreben, in allem, was man tut, fachmännisch vorzugehen. Miriam sagte mir, „das eigentliche Geheimnis der Rothschilds ist ihr unglaublicher Fleiß". Lionel erzählt davon, wie sehr er sich in Cambridge anstrengen mußte, um die beste Note zu erringen, denn eine mäßige Leistung wäre unvorstellbar gewesen. Er zieht daraus den Schluß, daß ein markanter Zug des Rothschildschen Wesenserbes der Drang ist, den höchsten Standard zu erreichen. Nadine meint, der Schlüssel zum Erfolg der Familie sei „ihre Fähigkeit, sich jeder Situation realistisch und vorausschauend anzupassen".

Eines steht außer Zweifel: schon der Name an sich hat die Kräfte einer Zauberformel. Edmond wies mich nachdrücklich darauf hin, welch große Bedeutung diesem einen Wort „Rothschild" für den Wiederaufstieg der Familie nach dem Zweiten Weltkrieg zukam. Batsheva gab ehrlich zu, daß ihr der Name für ihr Tanzensemble Türen öffnete, die sonst verschlossen geblieben wären. Der Name auf dem Etikett erhöht den Preis einer Flasche Wein um einige Francs, ja es gibt wohl kaum einen anderen Familiennamen, den so viele völlig verschiedene Objekte tragen, von einem Spital in Frankeich bis zu einer afrikanischen Giraffe, ja sogar bis zu einem traditionellen Wiener Gebäck mit Schokoladenguß, das „Rothschildbiskotten" genannt wird. Natürlich war es der von dynamischen, begabten Einzelpersonen geschaffene Ruf, der dem Namen solches Gewicht verlieh, doch unbestreitbar trägt in Wechselwirkung der Name an sich nun dazu bei, neues Ansehen zu erwerben und das Überkommene zu bewahren.

Vererbung, Mythos, gezielte Arbeit und die Möglichkeiten, die sich durch den Reichtum und die persönlichen Verbindungen ergaben – all dies wirkte mit, um einer der ungewöhnlichsten Familien der neueren Geschichte – ja vielleicht sogar *der* ungewöhnlichsten – ihr Gepräge zu verleihen. Wenige Geschlechter, ausgenommen die Herrscherdynastien in Monarchien mit erblicher Thronfolge, vermochten sieben Generationen hindurch ihre Macht zu behaupten. Den Rothschilds gelang es deshalb, weil sie immer wieder außerordentlich befähigte Männer und Frauen hervorbrachten.

Ob sich dies mit so seltener Konsequenz auch in Zukunft stetig wiederholen wird, darüber werden die Historiker späterer Zeiten zu berichten haben.

Anmerkungen

1.

1 Ein Großteil der Judengasse wurde in den neunziger Jahren des 19. Jhdts. niedergerissen, nachdem das Ghetto bereits aufgehört hatte zu existieren. Der Straßenplan jedoch blieb für ein weiteres halbes Jahrhundert unverändert. Die Bomben des Jahres 1944 machten das Zentrum von Frankfurt praktisch dem Erdboden gleich, und im Zuge des Wiederaufbaus der Nachkriegszeit verschwand die Judengasse vollständig. Die letzten wieder aufgefundenen Reste wurden 1988/89 überbaut.

2 Zit. nach Historisches Museum Frankfurt, *Historische Dokumentation 16.–18. Jh., Informationsblätter* Abt. 5–6, Frankfurt 1975.

3 Ebd.

4 Kant, Immanuel: *Vermischte Schriften.* Leipzig 1921, S. 389 f.

5 Weill, Alexandre: *Pensées.* Paris 1875. S. 65.

6 Berghoeffer, Christian Wilhelm: *Mayer Amschel Rothschild, der Gründer des Rothschildschen Bankhauses.* Frankfurt 1924. S. 3.

7 Eine Unterscheidung muß getroffen werden zwischen Jiddisch, einer Mischung aus Worten deutschen, hebräischen und slavischen Ursprungs, und dem Judendeutsch, einer Transliteration deutscher Worte in die hebräische Schrift. Das letztere verwendeten Mayer Amschel und seine fünf Söhne gewöhnlich in ihrem privaten Briefwechsel.

8 Mendelssohn, Moses: *Jerusalem oder Über religiöse Macht und Judentum.* Berlin 1783. 2. Abschnitt. S. 25 f.

2.

1 Für eine vollständige Erörterung des steigenden Reichtums Mayer Amschels s. Gille, B.: *Histoire de la Maison Rothschild* (bis 1870). Paris 1965. S. 39. und Corti, Egon Cäsar Conte: *Der Aufstieg des Hauses Rothschild.* Leipzig 1927/28. S. 30 f. Die zu entrichtende Vermögenssteuer betrug 1773 zweitausend Gulden und 1796 fünfzehntausend Gulden. Als Mayer Amschels älteste Tochter Jeanette heiratete, war es ihm möglich, sie mit der eindrucksvollen Mitgift von fünftausend Gulden auszustatten.

2 Das Gefecht ist in den Stadtannalen als berühmter Sieg verzeichnet, und das Hessendenkmal erinnert an die 56 deutschen Soldaten, die bei der Kampfhandlung starben.

3 Die von Rothschild durchgeführten Kredittransaktionen betrugen:

1796/97	Frankfurt	100,000 Fl	à 4%
1799	Wittgenstein	23,000 Fl	à 4%
1801	Dänemark	180,000 Fl	à 4½%
1802	Dänemark	200,000 Fl	à 4½%
1802	Dänemark	120,000 Fl	à 4½%
1802	Bayern	500,000 Fl	à 4% und 4½%
1803	Dänemark	200,000 Th	à 4½%
1804	Hessen-Darmstadt	200,000 Th	à 4½%
1804	Dänemark	200,000 Th	à 4½%
1804	Baden	700,000 Th	

1805	Dänemark	200,000 Th	à 4½%
1806	Dänemark	200,000 Th	à 4½%
1806	Dänemark	1,305,000 Th	à 4½%
1806	Hessen-Darmstadt	111,000 Th	à 5%

Diese Information entstammt den Hessen-Kassel-Archiven nach Sauer, J.: *Finanzgeschäfte der Landgrafen von Hessen-Kassel. Ein Beitrag zur Geschichte der Kurrheinischen Haus- und Staatsschätze und zur Entwicklungsgeschichte des Hauses Rothschild.* Fulda 1930. S. 145–147.

4 Berghoeffer. S. 12 f.

5 Zit. nach Rothschild, Victor Lord: *Random Variables.* 1984. S. 111.

6 Zit. nach Davis, R. W.: *The English Rothschilds,* 1799–1915. 1983. S. 38.

7 *Unveröffentlichte Memoiren* des Baron George de Worms, mit freundlicher Genehmigung von Mrs. Sylvia Anderson.

8 s. Barnett, R. D.: *Anglo Jewry in the Eighteenth Century.* in: Lipman, V. D. Hg.: *Three Centuries of Anglo-Jewish History.* 1961. S. 61.

9 Chapman, S. D. M.: *The Foundation of the English Rothschilds: N. M. Rothschild as a Textile Merchant,* 1799–1811. 1977. S. 5.

10 Berghoeffer. S. 12 f.

11 s. Chapman. passim.

12 s. o.

13 s. o.

14 Austin, S.: *A Tour ...* 1832, S. 167, 380.

3.

1 *Berlin Dekret,* 21. Nov. 1806.

2 Zit. nach Corti, I. S. 53.

3 *The Morning Herald.* 5. Aug. 1836.

4 Buxton, C. Hg.: *Memoirs of Sir Thomas Powel Buxton,* Bart. London 1872. S. 161.

5 Corti. I. S. 58.

6 Ebd. S. 64.

7 Chapman legt in seiner Studie über Nathan nahe, daß James der vorgesehene Partner Nathans war. Es scheint jedoch unwahrscheinlich, daß ein 16jähriger Junge (wie es James im Jahr 1808 war, als diese Pläne erörtert wurden) mit der Organisation der blockadebrechenden Aktivitäten der Rothschilds betraut werden hätte können. James stand nur ein Jahr vor seiner Volljährigkeit, als er sich 1812 schließlich in Paris niederließ.

8 s. Demachy, J. Hg.: *Les Rothschild, une famille de financiers juif au XIX siècle.* Paris 1896. I. S. 139.

9 Buderus zum Kurfürsten, 2. Nov. 1810. Zit. nach Corti. S. 100.

10 Nathan stand wahrscheinlich in keinem offiziellen Teilhaberverhältnis zu M. A. Rothschild and Sons. Die Quellen und Autoren widersprechen einander, und die ganze Wahrheit wird sich wohl niemals klären lassen.

4.

1 Zit. nach Davis. S. 28.

2 Zit. nach Corti. I. S. 99.

3 Ebd. S. 101.
4 Ebd. S. 105.
5 Zit. nach Davis. S. 37.
6 Stead, R.: *Bygone Kent.* 1892. S. 225–227.
7 Ich bin Mr. M. B. Cullen zu großem Dank verpflichtet für die Zurverfügungstellung von Details und Dokumenten, seine Familiengeschichte betreffend.

5.

1 s. Corti, I, S. 133 f.; Gille. I. S. 46 ff.; Davis. S. 30. und Muhlstein, A.: Baron James: *The Rise of the French Rothschilds.* 1983. S. 46 f. Diese Quellen stimmen, die Rothschildschen Aktivitäten zu dieser kritischen Zeit betreffend, nicht alle überein. Die Interpretation der Ereignisse ist meine eigene.
2 Loewe, L. Hg.: *Diaries of Sir Moses and Lady Montefiore.* 1983. S. 19.
3 s. Gille. I. S. 42.
4 Ebd. S. 46 f.
5 s. z. B. Muhlstein. S. 37 f.
6 Mayer Amschels Testament befindet sich im Archiv des Historischen Museums Frankfurt und ist veröffentlicht in Berghoeffer. S. 171 ff.
7 Zit. nach Lord Rothschild: *Random Variables.* S. 124–157.
8 Zit. nach Davis. S. 30.
9 Ebd. S. 33.
10 s. Corti. I. S. 170.
11 *The Graphik*, 13, Aug. 1885.
12 s. Corti. I. S. 173.
13 Lord Rothschild. *Random Variables.* S. 223.
14 Für eine vollständige Untersuchung dieser Geschichte s. Lord Rothschild: *Random Variables.* S. 127 ff.

6.

1 Zit. nach Muhlstein. S. 73 f.
2 Zit. nach *Transactions of the Jewish Historical Society of England, XIII.* S. 339.
3 Friedrich von Gentz an Adam Muller, Dez. 1818. Zit. nach Corti. I. S. 222 f.
4 *La Renommée.* Paris. 3. Sept. 1819.
5 Zit. nach Heine, Heinrich: *Sämtliche Werke in 7 Bänden.* 6. Bd. über Ludwig Börne. Stuttgart o. J. S. 17 f.
6 Battersea, Constance Lady: *Reminiscences.* London 1922. S. 2.
7 Staatsarchiv Wien. Karton 231. f. 17 Anm. 113. 3. Nov. 1821.
8 Zit. nach Corti. I. S. 188 f.
9 Ebd. S. 192 f.
10 Buxton. S. 160.
11 *The Gentleman's Magazine.* 229. Nov. 1871. S.733 f.
12 Zit. nach Corti. I. S. 210.
13 Pückler-Muskau, Hermann Fürst von: *Briefe eines Verstorbenen.* Stuttgart 1831. 3. Bd. s. 61 f.
14 Ebd. III. 160 ff.
15 Ebd. IV. S. 332 f.

16 Heine. *Sämtl. Werke.* 3. Bd. S. 278 f.
17 Muhlstein. S. 55.
18 Ebd. S. 49.
19 Ebd. S. 55.
20 Ebd. S. 59.
21 Diese Anekdote verdanke ich Baron Elie de Rothschild.
22 Corti. I. S. 220 ff.
23 *The Gentleman's Magazine,* I, 1810. S. 610.
24 Corti. I. S. 208.
25 Zit. nach Lord Rothschild: *Random Variables.* S. 113.
26 s. Balla, I.: *The Romance of the Rothschilds.* 1913. S. 155 f.
27 Heine. *Sämtl. Werke.* 3. Bd. S. 279.

7.

1 Zit. nach Corti. I. 283 f.
2 Gower, F. L.: *Letters of Harriet Countess Granville, 1810–1845.* 1894. II. S. 156.
3 Girardin, D. de: *Lettres Parisiennes.* Paris 1861. S. 283.
4 *The Morning Herald,* 5. Aug. 1836.
5 Niecks, F.: *Frederic Chopin as a Man and Musician.* 1902. II. S. 165.
6 Heine. Sämtl. Werke. 7. Bd. S. 244 f.
7 Ebd.
8 *The Times,* 23. Nov. 1825.
9 Eine vollständige Darstellung dieser Episode findet sich in: Lord Rothschild: *Random Variables.* S. 144 ff.
10 Worms, *Unveröffentlichte Memoiren.*
11 Rothschild, Ferdinand Baron de: *Unveröffentlichte Memoiren.* Ausführlich zitiert bei Mrs. James de Rothschild: *The Rothschilds at Waddesdon Manor.* 1979. S. 10 f.
12 Worms, *Unveröffentlichte Memoiren.*

8.

1 Zit. nach Corti. I. S. 230 f.
2 1836 erkannte Frankfurt das Unvermeidbare und trat dem Deutschen Zollverein bei. Frankfurts Wiedererstarken und der Niedergang Offenbachs vollzogen sich in der Folge mit gleicher Geschwindigkeit. Frankfurt errang seinen wirtschaftlichen Aufschwung jedoch um den Preis der Abhängigkeit von Preußen.
3 Zit. nach Corti. I. S. 172.
4 s. Geiger, L.: *Die deutsche Literatur und die Juden.* Berlin 1910. S. 94 f.
5 Muhlstein. S. 76.
6 Roth, C.: *History of the Great Synagoge.* 1950. S. 236.
7 *The Times,* 19. Feb. 1828.
8 Zit. nach Corti. I. S. 397.
9 *Le Moniteur Universel,* 3. Aug. 1830.
10 Zit. nach Muhlstein. S. 102.
11 Zit. nach Corti. II. S. 203.

12 Ebd.
13 Corti. I. S. 427.
14 Ebd. II. S. 142.
15 Zit. nach Muhlstein. S. 141.
16 s. Weinstock, H.: *Rossini, a Biography.* 1968. S. 191 f.
17 *The Times,* 3. Aug. 1836.
18 Ebd.
19 Disraeli, B.: *Conningsby, or The New Generation.* 1844 (Penguin Ed. 1983). S. 235 f.

9.

1 Feydeau, Ernest: *Memoires d'un coulissier.* Paris. 1837. S. 125.
2 Ebd. S. 138.
3 Zit. nach Corti. II. S. 234.
4 Zit. nach Muhlstein. S. 152.
5 Ebd. S. 172.
6 Der wahre Besitzer, für den Scott handelte, war ein französischer Aristokrat, Aimé-Eugene Vanderberghe, dessen finanzielle Gebarung äußerst verwikkelt war. s. Ray, C.: *Lafite – The Story of Chateau Lafite-Rothschild.* 1985. S. 40 f.
7 Lady Battersea. S. 54.
8 Cohen, Lacy: *Lady de Rothschild and her Daughters, 1821–1931.* 1935. S. 147.
9 Maurois, André: *Lélia, the Life of George Sand.* 1953. S. 279.
10 Muhlstein. S. 154.
11 Heine. *Sämtl. Werke.* 7. Bd. S. 306.
12 s. Weinstock. S. 460.
13 Zit. nach Davis. S. 60.
14 Zit. nach Muhlstein. S. 157.
15 Zit. nach Davis. S. 60
16 Epstein, I.: *Judaisme.* 1959. S. 209 f.
17 Karl Marx. *New York Daily Tribune,* 4. Jan. 1856.
18 Hess, M.: Rom und Jerusalem. Bd. 3–5 der Reihe Jüdische Handbücher. Wien 1919. S. 146.
19 Cohen. S. 11 f.
20 Ebd. S. 15.
21 Ebd. S. 17 f.
22 Zit. nach Davis. S. 26.
23 Ebd. S. 63
24 Cohen. S. 38 f.
25 BM. Add. Mss. 47948. Anthony an Louisa. 17. Nov. 1842.
26 Lady Battersea. S. 66.

10.

1 Muhlstein. S. 203 f.
2 Zamoyski, A.: *Chopin, a Biography.* 1979 S. 259.
3 Woodham-Smith, C.: *The Great Hunger.* 1962. S. 164.

4 Ebd. S. 165.
5 Ebd.
6 Staatsarchiv Wien. R 245. 15. Nov. 1843.
7 Lady Battersea. S. 62 f.
8 Feydeau. S. 160 f.
9 Zit. nach Muhlstein. S. 181.
10 Cohen. S. 50
11 Ebd. S. 53.
12 Worms: *Unveröffentlichte Memoiren.*
13 Ebd.
14 Zit. nach Muhlstein. S. 181.
15 Ebd. S. 184 f.
16 Ebd. S. 187.
17 Ebd. S. 162.
18 Zit. nach Corti. II. S. 289 f.

11.

1 Stanley, A. P.: *The Life and Correspondence of Thomas Arnold;* D. D. I. 1877. S. 28. Für eine detailliertere Untersuchung dieser Problematik s. Gillam, A.: *The Emancipation of the Jews in England, 1830–1860.* New York 1982.
2 Zit. nach Davis. S. 70.
3 Zit. nach Wolf, L.: *The Queen's Jewry.* 1923. S. 47.
4 Zit. nach Davis. S. 71.
5 Ebd.
6 Ebd. S. 78.
7 Ebd.
8 Ebd.
9 *The Gentleman's Magazine.* 229. Nov. 1871. S. 734.
10 Zit. nach Davis. S. 75.
11 Ebd. S. 77.
12 *Punch,* 10. Apr. 1847.
13 Zit. nach Davis. S. 75 f.
14 Gillam. S. 100.
15 Ebd.
16 Cohen. S. 42.
17 *Punch.* 1851.
18 Pinnery, T. Hg.: *Letters of Thomas Babington Macaulay.* 1981. S. 227 f.
19 Cohen. S. 47.

12.

1 Cohen. S. 31.
2 Lady Battersea. S. 233.
3 Cohen. S. 73.
4 *Illustrated London News,* 7. März 1857.
5 Davis. S. 64.
6 Ray. Lafite. S. 28.

7 Zit. nach Bouvier, J.: *Les Rothschild.* Paris 1967. S. 159.
8 s. Gille. II. S. 98.
9 Feydeau. S. 149 f.
10 Rothschild, Guy Baron de: *The Whims of Fortune.* 1985. S. 8 f.
11 Muhlstein. S. 208 f.
12 Zit. nach Corti. II. S. 337 f.
13 Bouvier, J. und R. Cameron: *Une lettre inédite de Presigny à Napoleon III (1855) àpropos de la rivalité Rothschild-Pereire. in: Revue Historique.* Paris. Juli–Sept. 1963.
14 s. März, Eduard: *Österreichische Industrie- und Bankpolitik in der Zeit Franz Josephs I.* Wien 1968.

13.

1 Worms, *Unveröffentlichte Memoiren.*
2 Als Salomon, der Sohn von Baron James, 1861 New York besuchte, äußerte er sich sarkastisch über die amerikanische Gesellschaft, vom erhabenen Standpunkt eines Pariser „sophisticate" aus, aber der Belmontsche Unterhaltungsstil begeisterte ihn: „The season of parties has begun, but New York has not been particularly brilliant. Still, Belmont has given a magnificent ball which will mark an epoch in the annals of New York society. The flowers, the ladies and the clothes competed in beauty and brilliance and I confess the spectacle was charming. Diamond, S. Hg.: *A Casual View of America: The Home Letters of Salomon de Rothschild, 1859–1861.* New York 1962. S. 90.
3 s. Gille. II. S. 582.
4 Ebd. S. 581.
5 Ebd.
6 Ebd. S. 582 f.
7 Ebd. S. 586.
8 Lady Battersea. S. 77, 84, 87.
9 Diamond. S. 66.
10 Ebd.
11 Ebd. S. 70 f.
12 Ebd. S. 90
13 Katz, I.: August Belmont: *A Political Biography.* New York 1968. S. 144 f.
14 Lady Battersea. S. 87.

14.

1 Stern, F.: *Gold and Iron: Bismarck, Bleichröder and the Building of the German Empire.* 1977. S. 73.
2 Cohen. S. 126. Es soll in der Familie das Gerücht existiert haben, daß Evys Gesundheit möglicherweise durch eine Verletzung beeinträchtigt gewesen sei, die sie sich während ihrer Schwangerschaft bei einem leichten Zugsunglück zugezogen hätte. (s. Mrs. James de Rothschild. S. 13.) Ich habe jedoch keinerlei zeitgenössische Belege für diese Theorie gefunden. Der gewaltige Schock, den Evys Tod auslöste, legt nahe, daß er vollkommen unerwartet eintrat.

3 s. Bury, J. P. T.: *The Identity of "C. de B.".* in: *French Historical Studies.* III. Nr. 4. 1964. S. 538–541.; und Henrey, R.: *Letters from Paris 1870–1875.* Written by C. de B., a Political Informant to the Head of the London House of Rothschild. 1942.
4 Henrey. S. 19 f. Die Berichte datieren vom 2. Aug., 21. Sept. und vom 29. Juli 1867
5 Zit. nach Davis. S. 146.
6 Zit. nach Gille. II. S. 604.
7 Weinstock. S. 322.
8 Zit. nach Muhlstein. S. 210.
9 Ebd. S. 211.
10 Ebd.

15.

1 Ramm, A. Hg.: *The Political Correspondence of Mr. Gladstone and Lord Granville 1868–1876.* London. Camden Society, 3. Reihe. 1 xxxii. 1952. I. 113.
2 Ebd. II. S. 881.
3 Ebd. I. S. 250.
4 Cohen. S. 144 f.
5 Brief von F. Bergman an Leonora, 1. Jan. 1871. Zit. nach Baron Guy de Rothschild. S. 12 f.
6 Ebd.
7 Ebd.
8 Ebd.
9 Salingré, H.: *Im großen Hauptquartier, 1870/71.* Berlin 1910. S. 144.
10 Henrey. S. 34.
11 Ebd. S. 77.
12 Ebd. S. 110.
13 Ebd. S. 166 f.
14 Lady Battersea. S. 75.
15 Henrey. S. 111.
16 Corti. II. S. 415.
17 Brief eines Direktors der Crédit Lyonnais, 4. März 1871. Zit. nach Bouvier. S. 214. Für Details der Finanzverhandlungen und der damit verbundenen Zahlungen s. Stern. S. 145 ff.
18 Henrey. S. 133 f.
19 Zit. nach Gille. II. S. 603.
20 Ebd. II. S. 595.
21 Taylor, A. J. P.: *The Struggle of Mastery in Europe, 1848–1918.* 1954. S. 211.
22 Ramm. I. S. 297, 314.
23 Ebd. I. S. 483 f.

16.

1 Lady Battersea. s. 160.
2 Ebd. S. 9.
3 Cohen. S. 130

4 Ebd. S. 131.
5 Ebd. S. 134.
6 Ebd. S. 135.
7 Ebd. S. 37.
8 Ebd. S. 35 f.
9 Lady Battersea. S. 156 f.
10 Cohen. S. 138 f.
11 Ebd. S. 153 f.
12 Ebd. S. 154.
13 BM. Add. Mss. 47948, 168. Alfred an Louisa, 2. Nov. 1872.
14 BM. Add. Mss. 47948, 173. Charlotte an Louisa, 8. Nov. 1872.
15 Cohen. S. 158.
16 BM. Add. Mss. 47848, 174. Queen Victoria an Louisa, 9. Nov. 1872.
17 BM. Add. Mss. 47848, 178. Lord Stanley an Louisa, 26. Nov. 1872.
18 BM. Add. Mss. 47848, 170. G. Samuel an Anthony, ohne Datum.
19 BM. Add. Mss. 47848, 172. Betty an Louisa, 4. Nov. 1872.
20 s. Lady Brassey: *The Voyage of the Sunbeam.* 1878.
21 Lady Battersea. S. 153.
22 Ebd. S. 52.
23 Ferdinand de Rothschilds unveröffentlichte Erinnerungen, zit. von Mrs. James de Rothschild. S. 24 f.
24 The Graphic, 17. Mai 1890.
25 Vincent, J. Hg.: *The Crawford Papers.* 1984. S. 49.
26 Ponsonby, Arthur Baron: *Henry Ponsonby, Queen Victoria's Private Secretary. His Life from his Letters.* 1942. S. 261.
27 Mrs. James de Rothschild. S. 73.
28 Vincent. S. 49, 600.
29 *Aylesbury Plus,* 28. Mai 1986.
30 Cohen. S. 259.

17.

1 Cohen. S. 73.
2 Lady Battersea. S. 26 f.
3 Dieser Vorfall ist einer derjenigen, um den sich viele romantische Legenden ranken. Lord Rothschild hat sich in seiner Monographie *You Have It, Madam,* veröffentlicht 1980 und aufgenommen in *Random Variables,* der Bank- und Staatsarchive bedient, um ein minutiöses Verzeichnis der Transaktion zu erstellen. Diese Arbeit ist eine zwar kurze, jedoch maßgebende Studie und bildet die Grundlage meiner diesbezüglichen Abhandlung.
4 Zit. nach Lord Rothschild: *You Have It, Madam.* S. 15 f.
5 Ebd. S. 27.
6 Ebd. S. 20.
7 Ramm. II. 1020.
8 Lord Rothschild: *You Have It, Madam.* S. 22.
9 Ramm. II. 1052.
10 Für weitere Details über diesen diplomatischen Akt und die Rolle der Rothschilds dabei s. Knight, G. A.: *The Rothschild-Bleichröder Axis in Action, An Anglo-German Co-operative 1877–1878.* in: *The Leo Baeck Yearbook.* 1983.

S. 43–57. Für eine ausgezeichnete Studie über die Verflechtungen von Politik und Finanz dieser Periode (in der auf Rothschilds Aktivitäten in bedeutendem Ausmaß Bezug genommen wird) s. Stern. op. cit.

11 Nicht alle Todesanzeigen und Kommentare waren derart überschwenglich. Ein Kollege Bleichröders berichtete diesem, daß nur wenige Leute aufrichtig trauerten, da Lionel es nicht verstanden hatte, sich beliebt zu machen und sich in kaum einer Weise für die Armen eingesetzt hatte. Zit. nach Stern. S. 479.

18.

1 *The Graphic,* 14. Feb. 1874.
2 Ebd.
3 Cohen. S. 97.
4 Zit. nach Mrs. James de Rothschild. S. 12.
5 Vincent. S. 599.
6 *Le Baron Alphonse de Rothschild* in: *Librairie de L'Art.* Paris 1905. S. 14. Eine Kopie dieser kaum bekannten, großzügig illustrierten Monographie verdanke ich Baron Elie de Rothschild.
7 Ebd. S. 28.
8 Worms: *Unveröffentlichte Memoiren.*
9 Hurst, J.: *Enquête sur la question sociale en Europe.* Paris 1879. S. 370.
10 Halévy, J.: *Trois diners avec Gambetta.* Paris 1929. S. 25 f.
11 Zit. nach Bouvier. S. 216.

19.

1 Brief von Balfour an Lady Wemys Zit. nach Dugdale, B. E. C.: *Arthur James Balfour, First Earl of Balfour.* II. 1936. S. 35. s. auch Rothschild, Miriam: *Dear Lord Rothschild: Birds, Butterflies and History.* 1983. S. 38. Dr. Rothschild liefert eine ausführliche biographische Skizze von Natty, im 5. Kapitel als Davis. op. cit. Kapitel 9.
2 BM. Add. Mss. 47193. 76/77.
3 Dr. Miriam Rothschild im Gespräch mit dem Autor.
4 Für eine ausführlichere Behandlung dieses Themas s. Adam, A. E.: *Beechwoods and Bayonets. The Book of Halton.* 1983. S. 19–23.
5 Dr. Miriam Rothschild im Gespräch mit dem Autor.
6 Vincent. S. 600.
7 Miriam Rothschild: *Dear Lord Rothschild.* S. 11.
8 *Vanity Fair,* 13. Mai 1884.
9 s. Adam. S. 28 ff.
10 Miriam Rothschild: *Dear Lord Rothschild.* S. 11.
11 Carnavon, Henry Earl of: *No Regrets.* 1976. S. 6.
12 Ebd. S. 10.
13 Ebd. S. 13 f.
14 Lady Battersea. S. 48.
15 Ebd. S. 186.
16 Cohen. S. 240 f.
17 Lady Battersea. S. 409.

18 Ebd. S. 415 f.
19 Ebd. S. 430.
20 Rothschild, Henri Baron de (unter dem Pseud. André Pascal): *Croisière autour de mes souvenirs.* Paris 1933. S. 151.
21 Ebd. S. 152 f.
22 Littlewood, J.: Milady Vine: The Autobiography of Philippe de Rothschild. 1984. S. 6.
23 Rothschild, Henri Baron de: *Croisière.* S. 161.
24 Ebd. S. 238–240.
25 Mrs. Bettina Looram im Gespräch mit dem Autor.
26 Valentin wuchs, trotz ihrer Behinderung, zu einer intelligenten jungen Frau heran. Sie liebte es besonders, ins Stummfilmkino zu gehen. Sie konnte es mehr als die übrigen Zuschauer genießen, da sie von den Lippen ablesen konnte, was die romantischen Helden und Heldinnen tatsächlich zueinander sagten.
27 Mrs. Bettina Looram im Gespräch mit dem Autor.

20.

1 Für die Briefe von James an Salomon sowie für eine Erörterung ihrer Bedeutung s. Gelber N.: *Österreich und die Damaskusaffäre im Jahre 1840, nach bisher unveröffentlichten Akten.* In: *Jahrbuch der Jüdisch-Literarischen Gesellschaft.* XVIII. 1926. S. 21–64.
2 Zit. nach Davis. S. 198.
3 Ebd. S. 20
4 White, J.: *Rothschild Buildings: Life in an East End Tenement Block, 1887–1920.* 1980. S. 20.
5 Ebd. S. 24, 31, 258. Whites Buch ist eine ausgezeichnete Studie über das Leben in den Gebäuden, enthält jedoch keine Einschätzung der Beweggründe Lord Rothschilds und seiner Kollegen.
6 Zit. nach Davis. S. 299.
7 Ebd. S. 228.
8 Zit. nach Finestein, L., in: *Lipman.* Anglo Jewish History. S. 113.
9 Drumont, E.: *La France juive.* Paris 1943. ed. I. S. 322.
10 Wittelsbacher Ausgleichs-Fonds und Winnifred Wagner: *Hg.: König Ludwig II. und Richard Wagner. Briefwechsel.* Karlsruhe 1936. III. Bd. S. 229 f.
11 Stern. S. 521.
12 Vincent. S. 62.
13 Zit. nach Wistrich, R. S.: *Socialisme and the Jews: The Dilemmas of Assimilation in Germany and Austria–Hungary.* 1982. S. 34 f.
14 Proudhon, Pierre Joseph: *Césarisme et christianisme.* Paris. I. 1883. S. 139.
15 Genaue Zahlen sind nicht bekannt. Schätzungen über die Bevölkerung um 1880 schwanken zwischen 13.920 und 35.000. s. Schama, S.: *Two Rothschilds and the Land of Israel.* 1978. S. 58. Die Unterlagen zu diesem Abschnitt stützen sich zum Großteil auf Schamas Arbeit. Eine große Hilfe war mir auch Mrs. James de Rothschild, deren Erinnerungen an ihren Schwiegervater Baron Edmond noch sehr lebendig sind und zusätzlich ein notwendiges Korrektiv zu einigen von Schamas Schlußfolgerungen.

16 Margalith, I.: *Le Baron Edmond de Rothschild et la colonisation juive en Palestine, 1882–1899.* Paris 1957. S. 171.
17 Zit. nach Schama. S. 71.
18 Ebd. S. 75.
19 Diese Geschichte findet sich in: Druck, D.: *Baron Edmond de Rothschild: The Story of a Practical Idealist.* New York 1928. S. 101–103. Der Autor gibt jedoch keine Quellen an.
20 Schama. S. 94.
21 Herzl, Theodor: *Der Judenstaat.* Köln 1896. S. 9 f.
22 Herzl, Theodor: *Tagebücher.* Berlin 1922. I. Bd. S. 504, 494.

21.

1 Zit. nach Davis. S. 185. Davis' Bericht ist zu lesen als eine nützliche Zusammenfassung der ägyptischen Krise aus der Sicht der englischen Rothschilds.
2 Ebd. S. 195.
3 Ebd. S. 196 f.
4 Ab diesem Zeitpunkt kam es innerhalb des englischen Familienzweiges zu weiteren Titeländerungen. Die ältere Linie entfernte das „de" aus dem Namen. Demzufolge war Nattys ältester Sohn als „The Honourable Walter Rothschild" bekannt. Die anderen Linien der Familie behielten das „de", ließen jedoch den ausländischen Titel „Baron" weg. Nattys Bruder hieß fortan also Alfred de Rothschild oder einfach „Mr. Alfred", aber niemals „Baron Alfred".
5 Davis. S. 197.
6 Ebd. S. 197 f.
7 Zit. nach Maurois, André: *Cecil Rhodes.* 1953. S. 44.
8 Davis. S. 215.
9 Haldane, R. B.: *An Autobiography.* 1929. S. 144.
10 Zit. nach Davis. S. 205. Für eine genaue Bewertung der Rolle der Rothschilds in der britischen Politik zu dieser Zeit s. Ebd. S. 160–220.
11 Ebd.
12 Vincent. S. 92 f.
13 Miriam Rothschild: *Dear Lord Rothschild.* S. 296.
14 Ebd. S. 301.
15 *Lord Roseberrys Tagebuch.* Zit. nach Davis. S. 171 f.
16 Ebd. S. 301.
17 Dr. Miriam Rothschild erzählte mir von Nattys Stolz auf seine Leistung; sie hatte die Information von ihrem Vater. Für eine Darstellung wie es zur Auflösung des Streiks kam s. Purcell, E. S.: *Life of Cardinal Manning,* II. 1973. S. 662 ff.

22.

1 Miriam Rothschild: *Dear Lord Rothschild.* S. 57. Dr. Rothschilds detaliertes und unterhaltsames Buch vermittelt ein lebhaftes Bild ihres Onkels Walter und weiters beachtliche bislang unveröffentlichte Informationen über viele der Familienmitglieder.
2 Ebd. S. 68.

3 Ebd. S. 70.
4 Ebd. S. 64 f.
5 Vincent. S. 105.
6 Ich verdanke Dr. Miriam Rothschild viel an Information über ihren Vater.
7 Palin, R.: *Rothschild Relish.* 1970. S. 42.
8 Ebd. S. 140 f.
9 Miriam Rothschild: *Dear Lord Rothschild.* S. 85.
10 Ebd. S. 46.
11 Ebd. S. 41 f. Dr. Rothschild führt an, daß diese Darstellung ihren Großvater karikiere, der jedoch nicht vollständig negativ zu sehen sei, sondern seinerseits diverse Alternativvorschläge für Reformmaßnahmen vorantrieb.
12 *Neue Freie Presse,* 19. Juli 1932.
13 Ebd.
14 Dumont, M. J.: *La Fondation Rothschild et les premières habitations à bon marché de Paris. 1900–1914.* Sorbonne. Diss. Paris 1981. S. 101.

23.

1 Rowland, P.: *Lloyd George.* 1975. S. 285.
2 Miriam Rothschild: *Dear Lord Rothschild.* S. 45.
3 Ebd.
4 Dr. Miriam Rothschild im Gespräch mit dem Autor.
5 Haldane. S. 163.
6 Miriam Rothschild: *Dear Lord Rothschild.* Anm. 23 c.
7 Es war weit verbreitet, daß Encephalitis lethargica durch den Grippevirus übertragen werde, und ein starkes Ausbrechen der Krankheit fiel mit der Epidemie von 1918 zusammen. Nichtsdestotrotz konnte ein Zusammenhang nie bewiesen werden, und es ist sogar unwahrscheinlich, da diese Art der Encephalitis in den zwanziger Jahren ausstarb. Rothschild, Miriam: *Nathaniel Charles Rothschild. 1877–1923.* 1979. S. 5. Weitere Details aus dem Gespräch Dr. Miriam Rothschilds mit dem Autor.
8 Alfred an von Bülow, über Baron von Eckardstein, 20. Feb. 1892. Zit. nach Corti. II. S. 483 f.
9 Adam. S. 60.
10 Aylesbury Plus, 28. Mai. 1986.
11 Littlewood. S. 15.
12 Mackintosh, A. Hg.: *H. H. Asquith, Memories and Reflections 1852–1927.* II. 1928. S. 65.
13 Nach Chaim Weizmann in: *Letters and Papers.* IV. 1974. S. 117.
14 s. Miriam Rothschild: *Dear Lord Rothschild.* S. 264 f.
15 Dies ist eine gezwungenermaßen kurzgehaltene Darstellung der Entwicklungen, die zur Verabschiedung der Balfour Deklaration führten. Mehrere verschiedene Gruppen von Zionisten traten in Aktion, entzweiten sich jedoch nicht selten untereinander. Für genaue Details s. Stein, L.: *The Balfour Declaration.* 1961. Für den Beitrag von Walter Rothschild s. Miriam Rothschild: *Dear Lord Rothschild.* Dr. Rothschild zieht Familienpapiere und persönliche Erinnerungen heran, um frühere Ansichten über die Beteiligung ihres Onkels an der Zionistenbewegung richtigzustellen.

16 Zit. nach Schama. S. 209.
17 Zit. nach Stein. S. 565.
18 Für genauere Details über den Verkauf von Halton s. Adam. S. 65 ff.

24.

1 Baron Guy de Rothschild. S. 57–59.
2 Mme Batsheva de Rothschild im Gespräch mit dem Autor.
3 Mr. Edmund de Rothschild im Gespräch mit dem Autor.
4 Ich verdanke Prof. Eduard März viel an Information über die Situation des österreichischen Bankwesens.
5 Mrs. Bettina Looram im Gespräch mit dem Autor.
6 Prof. Eduard März im Gespräch mit dem Autor.
7 März, Eduard: *Austrian Banking and Financial Policy. Creditanstalt at a Turning Point, 1913–1923.* 1984. S. 550.
8 März, Eduard, in: *International Business in Central Europe, 1918–1936.* Leicester 1983. S. 434. Ich diskutierte ziemlich ausführlich über die Frage nach der Verantwortlichkeit der Krise der Creditanstalt mit Prof. März, dem Historiker der Bank, und mit Dr. Dieter Stiefel vom Institut für Wirtschafts- und Sozialgeschichte, Wirtschaftsuniversität Wien. Das Problem ist der Mangel an Beweisen. Die führenden Politiker Österreichs waren nach Stiefels Worten „small men out of their depth in international politics." Wenn sie gesehen hätten, was mit den führenden Banken geschah, so wäre ihre eigentliche Reaktion gewesen, dieses zu vertuschen und Rothschild in Unkenntnis zu lassen, um mit Hilfe seines Einflusses weiterhin ausländische Investitionen anzulocken und Unheil abzuwenden. Sollte Louis zu einem bestimmten Zeitpunkt Kenntnis über die Vorkommnisse gehabt haben, so konnten doch bis heute dafür keinerlei Beweise gefunden werden.
9 Mrs. Bettina Looram im Gespräch mit dem Autor.
10 dto.
11 Dr. Miriam Rothschild im Gespräch mit dem Autor.
12 Zit. nach Stiefel, Dieter: *The Reconstruction of the Creditanstalt.* in: *International Business in Central Europe, 1918–1939.* Leicester 1983. S. 420.
13 Für eine genaue Studie der Arbeit des Internationalen Komitees Österreichische Creditanstalt s. Stiefel. S. 415–436.
14 Mr. Edmund de Rothschild im Gespräch mit dem Autor.

25.

1 Miriam Rothschild: *Dear Lord Rothschild.* S. xxii–xxiii.
2 Mme Batsheva de Rothschild im Gespräch mit dem Autor.
3 Miriam Rothschild: *Dear Lord Rothschild. S. 74.*
4 Ebd. S. 290 f.
5 Ebd. S. 92.
6 Ebd. S. 288.
7 Bakewell, J.: Lord Rothschild in: *The Observer,* Jan. 1978.
8 Miriam Rothschild: *Dear Lord Rothschild.* S. 304.
9 Dr. Miriam Rothschild im Gespräch mit dem Autor.
10 Die Geschichte wird berichtet in: Palin. S. 118 f. Palin war ein Augenzeuge dieses Ereignisses. Außerdem berichtet er von einem anderen Vorfall, den

er nicht persönlich beobachtet hat. Lionels Sohn Edmund versicherte mir zwar, daß es nicht den Tatsachen entspricht, aber da mir die Geschichte derart gut gefallen hat, möge man mir nachsehen, daß ich sie hier erwähne. Lionel wurde gebeten, vor der Städtischen Gartenbaugesellschaft eine Ansprache zu halten. An besagtem Abend waren Dutzende Angestellte versammelt, um zu hören, welchen Rat ihnen der große Gärtner für die Bepflanzung ihrer Vorstadtgrundstücke geben würde. Mr. Rothschild wurde gebührend vorgestellt, und er eröffnete seine Rede mit den Worten: „No garden, however small, should contain less than two acres of woodland." Palin. S. 118.

11 Ich verdanke Mr. Edmund de Rothschild diese Information über seinen Vater.
12 Mrs. James de Rothschild. S. 110.
13 Ich verdanke Baron Edmond de Rothschild diese Information über seinen Vater.
14 Baron Guy de Rothschild. S. 66.
15 Wiener Sozialdemokratische Bücherei: *Hochverräter der Wirtschaft und der Republik.* Wien. S. 5–7.
16 Mrs. Bettina Looram im Gespräch mit dem Autor.
17 Dr. Miriam Rothschild im Gespräch mit dem Autor.

26.

1 Mme Batsheva de Rothschild im Gespräch mit dem Autor.
2 dto.
3 Baron Eric de Rothschild im Gespräch mit dem Autor.
4 dto.
5 Diese Geschichte, die, wie ich glaube, bis heute nicht in den Chroniken des II. Weltkrieges aufscheint, wurde mir von Maurices Sohn Baron Edmond de Rothschild berichtet.
6 Baron Edmond de Rothschild im Gespräch mit dem Autor.
7 Mrs. Bettina Looram im Gespräch mit dem Autor.
8 Baronne Philippine de Rothschild im Gespräch mit dem Autor.
9 Details über Victors frühe Jahre in: Rothschild, Victor Lord: *Meditations of a Broomstick.* 1977, sowie in: Bakewell: *Lord Rothschild.* In: *The Observer,* Jan. 1978; *The Autocrat Who Lost His Way.* In: *The Observer,* 29. März 1987.
10 Lord Rothschild: *The File is Never Closed. Random Variables.* S. 203 f.
11 Ebd.
12 Colville, J.: *The Fringes of Power.* 1985. S. 597.
13 Pincher, Chapman in: *The Sunday Express,* 7. Dez. 1986.
14 Lord Rothschild: *Meditations of a Broomstick.* S. 26.
15 Ebd.
16 Pincher. op. cit.
17 Colville. S. 471.
18 Bakewell. op. cit.
19 Schriftlicher Bericht über ihre Erfahrungen während der Kriegszeit von Dr. Miriam Rothschild.

20 Mr. Edmund de Rothschild im Gespräch mit dem Autor.
21 Ebd. S. 580.

27.

1 Mr. Edmund de Rothschild im Gespräch mit dem Autor.
2 Palin. S. 187.
3 The Hon. Jacob Rothschild im Gespräch mit dem Autor.
4 Mr. Evelyn de Rothschild im Gespräch mit dem Autor.
5 Smallwood, J.: Churchill Falls. in: *The Atlantic Advocate.* Juli 1967. S. 9.
6 Smith, P.: Brinco: *The Story of Churchill Falls.* Toronto. 1975. S. 12 f.
7 Smallwood, J.: I Chose Canada. Toronto. 1973. S. 470.
8 Baron Guy de Rothschild. S. 155–157.
9 Baron Guy de Rothschild im Gespräch mit dem Autor.
10 Lionel de Rothschild im Gespräch mit dem Autor.
11 Mrs. Bettina Looram im Gespräch mit dem Autor. Ihr verdanke ich viele Details über die österreichischen Rothschilds.
12 Mme Batsheva de Rothschild im Gespräch mit dem Autor.
13 dto.
14 dto.
15 Baron Edmond de Rothschild im Gespräch mit dem Autor.

28.

1 Baron Guy de Rothschild. S. 234–236.
2 Rothschild, Nadine Baronne de (in Zusammenarbeit mit G. de Sarigné): *Baronin von Beruf.* München 1987. S. 150.
3 Baron Edmond de Rothschild im Gespräch mit dem Autor.
4 dto.
5 dto.
6 dto.
7 Nadine de Rothschild. S. 68.
8 Ebd. S. 270.
9 Baron Elie de Rothschild im Gespräch mit dem Autor.
10 Mrs. Bettina Looram im Gespräch mit dem Autor.
11 Baron Edmond de Rothschild im Gespräch mit dem Autor.
12 dto.
13 Littlewood. S. 217 ff. s. auch: *Mouton Rothschild. Paintings for the Labels, 1945–1981.* Boston 1983. S. 106–115.
14 Littlewood. S. 218 ff.
15 Ray, C.: Robert Mondavi of the Napa Valley. 1984. S. 115.

29.

1 Mrs. James de Rothschild. S. 31.
2 Pincher, C. in: *The Sunday Express,* 7. Dez. 1986.
3 Lord Rothschild: *Random Variables.* 1984. S. 204.
4 Ebd.
5 Ebd. S. 203.
6 Ebd. S. 75.

7 Bakewell. op. cit.
8 Fallon, J.: *M. Magazine,* Okt. 1986. S. 133.
9 Ebd.
10 Dr. Miriam Rothschild im Gespräch mit dem Autor.
11 dto.
12 dto.
13 Wechsberg, J.: *Hochfinanz international.* München 1966. S. 355.
14 Baron Guy de Rothschild. S. 158.
15 Baron Guy de Rothschild im Gespräch mit dem Autor.
16 Baron Edmond de Rothschild im Gespräch mit dem Autor.
17 Knightley, Philipp: *Murder on a Mountain.* in: *The Sunday Times Magazine,* 21. Nov. 1982.
18 Mr. Evelyn de Rothschild im Gespräch mit dem Autor.
19 Lord Rothschild im Briefwechsel mit dem Autor.
20 The Hon. Jacob Rothschild im Gespräch mit dem Autor.
21 Knightley. op. cit.
22 Baron Guy de Rothschild. S. 272.
23 The Banker, Aug. 1982. S. 108.

Epilog

1 Lambert, R.: *Jacob Rothschild Spreads His Wings.* in: *Financial Times,* 4. Nov. 1983.
2 J. Rothschild Holdings plc. Annual Report 1985. S. 3.
3 Lascelles, D.: *Endangered Species.* in: *Financial Times,* 27. Juni 1986.
4 Mr. Evelyn de Rothschild im Gespräch mit dem Autor.
5 McAndrew, N.: *The Rothschild Influence.* in: *Personal Investor,* April 1986.
6 Lascelles. op. cit.
7 Baron Eric de Rothschild im Gespräch mit dem Autor.
8 The Evening Standard, 21. Jan. 1983.
9 Baron Guy de Rothschild. S. 268.
10 Baron Guy de Rothschild im Gespräch mit dem Autor.
11 Baron Elie de Rothschild im Gespräch mit dem Autor.
12 Clerc, C.: *Fondations Rothschild. 130 ans de solidarité.* Paris 1982. S. 41.
13 Lewis, Paul: *Awaiting a Restoration in France.* In: *International Herald Tribune,* 6. März 1986.
14 Ipsen, E.: *The High Roller at Rothschild Inc.* In: *Institutional Investor,* März 1986. S. 131.
15 Baron Eric de Rothschild im Gespräch mit dem Autor.
16 Baron Edmond de Rothschild im Gespräch mit dem Autor.
17 Baron Eric de Rothschild im Gespräch mit dem Autor.
18 Baron Edmond de Rothschild im Gespräch mit dem Autor.
19 dto.
20 Baron Guy de Rothschild. S. 261.
21 *The Daily Telegraph,* 4. Dez. 1986.
22 Ebd. 6. Dez. 1986.
23 Knightley, Philipp: *Philby: How I Got Away.* In: *The Sunday Times,* 30. März 1988.

Bibliographie

Wenn nicht anders angegeben, so ist der Erscheinungsort gedruckter Publikationen London

Quellen

Unveröffentlicht

Archives Nationales, Paris
Briefe im Besitz von Mr. M. B. Cullen
British Library London. The Battersea Papers
Museen der Stadt Wien
Österreichische Nationalbibliothek, Wien
Österreichisches Staatsarchiv/Finanzarchiv, Wien
Worms, Baron George de: Unveröffentlichte Memoiren im Besitz von Mrs. S. Anderson

Veröffentlicht

Austin, S. (Hg.): *A Tour in Germany, Holland and England in the Years 1826, 1827 and 1828 by a German Prince.* London 1832
Battersea, Lady Constance: *Remininscences.* London 1922
Brennan, F. (Übers.): *Pückler's Progress.* London 1937
Buxton, C. (Hg.): *Memoirs of Sir Thomas Powell Buxton, Bart.* London 1872
Carnavon, Henry Earl of: *No Regrets.* London 1976
ders.: *Ermine Tales.* London 1980
Churchill, Winston: *Great Contemporaries.* London 1937
Cohen, Lucy: *Lady de Rothschild and her Daughter 1821–1931.* London 1935
Colcille, J.: *The Fringes of Power.* London 1985
Diamond, S. (Hg.): *A Casual View of America: The Home Letters of Salomon de Rothschild 1859–1861.* New York 1962
Drumont, Edouard: *La France juive.* Paris 1943 (Neuausgabe)
Feydeau, Ernest: *Memoires d'un coulissier.* Paris 1837
Girardin, D. de: *Lettres Parisiennes.* Paris 1861
Gower, F. L.: *Letters of Harriet Countess Granville 1810–1845.* London 1894
Haldane, R. B.: *An Autobiography.* London 1929
Halevy, J.: *Trois diners avec Gambetta.* Paris 1929
Heine, Heinrich: *Sämtliche Werke in sieben Bänden.* Stuttgart, o. J.
Henrey, R.: *Letters from Paris 1870–1875, Written by C. de B., a Political Informant to the Head of the London House of Rothschild.* London 1942
Herzl, Theodor: *Der Judenstaat.* Köln 1896
ders.: *Tagebücher.* Berlin 1922
Hess, Moses: *Rom und Jerusalem,* Bd. 3–5 der Reihe *Jüdische Handbücher.* Wien 1919
Loewe, L. (Hg.): *Diaries of Sir Moses and Lady Montefiore.* London 1983
Mackintosh, A. (Hg.): *H. H. Asquith, Memories and Reflections 1852–1927.* London 1928
Mendelssohn, Moses: *Jerusalem oder Über religiöse Macht und Judentum.* Berlin 1783
Pinnery, T. (Hg.): *Letters of Thomas Babington Macaulay.* London 1981
Ponsonby, Baron Arthur: *Henry Ponsonby, Queen Victoria's Private Secretary. His Life from his Letters.* London 1942
Pope-Hennessy, J. (Hg.): *Baron Ferdinand de Rothschild's Livre d'Or.* Cambridge 1957
Proudhon, Pierre Joseph: *Césarisme et christianisme.* Paris 1883
Pückler-Muskau, Hermann Fürst von: *Briefe eines Verstorbenen.* Stuttgart 1831
Ramm, A. (Hg.): *The Political Correspondence of Mr. Gladstone and Lord Granville 1868–1876.* London Camden Society, 3rd series, London, 1952
Rothschild, Arthur Baron de: *Histoire de la poste aux lettres depuis ses origines les plus anciennes jusqu' à nos jours.* Paris 1873
Rothschild, Ferdinand Baron de: *Unveröffentlichte Erinnerungen,* ausführlich zitiert bei Mrs. James de Rothschild, op. cit.
Rothschild, Guy Baron de: *The Whims of Fortune.* London 1985
Rothschild, Henri Baron de: *Exposé des Travaux Scientifiques.* Paris 1906
ders.: *Les Timbres poste et leurs amis.* Paris 1938

ders.: *Cent ans de Bibliophilie 1839–1939. La Bibliothèque James de Rothschild.* Paris 1939
ders.: *Un bibliophile d'autrefois, le Baron James-Eduard de Rothschild.* Paris 1934
ders. unter dem Pseud. André Pascal: *Croisière autour de mes souvenirs.* Paris 1933
Rothschild, James Edward Baron de: *Catalogue des livres composant la bibliothèque de feu M. le Baron J. de Rothschild.* Paris 1884–1920
Rothschild, Nadine Baronne de (in Zusammenarbeit mit G. de Sarigné): *La baronne rentre à cinq heures.* Paris 1984 (deutsch: *Baronin von Beruf.* München 1987)
Rothschild, Lord Victor: *Meditations of a Broomstick.* London 1977
ders.: *Random Variables.* London 1984
ders.: *Rothschild Family Tree 1450–1973.* London 1973
Rothschild, the Hon. Walter: *The Avifauna of Laysan and the Neighbouring Islands.* London 1893
ders.: *Extinct Birds.* London 1907
Rothschild, Willy Baronne de: *30 Melodies de la Baronne Willy de Rothschild.* Paris o. J.
Stanley, A. P.: *The Life and Correspondence of Thomas Arnold.* London 1877
Toussenel: *Les Juifs, rois de l'epoque.* Paris 1888
Vincent, J. (Hg.): *The Crawford Papers.* London 1984
Vincent, J. R. (Hg.): *Disraeli, Derby and the Conservative Party: The Political Journals of Lord Stanley, 1849–1869.* London 1978
Weizmann, Chaim: *Trial and Error* (Autobiographie). London 1949

Sekundärliteratur

Die wichtigeren Werke, die auf unmittelbarem Quellenmaterial beruhen, sind mit einem * gekennzeichnet.

Unveröffentlicht

* Dumont, M. J.: *La Fondation Rothschild et les premières habitations à bon marché de Paris, 1900–1914.* Dissertation Paris 1981

Veröffentlicht

Adam, A. E.: *Beechwoods and Bayonets. The Book of Halton.* London 1983
Ayer, J.: *Century of Finance, 1804–1904; The London House of Rothschild.* London 1905
Balla, I.: *The Romance of the Rothschild.* London 1913
Berghoeffer, Christian Wilhelm: *Mayer Amschel Rothschild, der Gründer des Rothschildschen Bankhauses.* Frankfurt 1924
Blake, R.: *Disraeli.* London 1966
* Bouvier, J.: *Les Rothschild.* Paris 1967
Buckle, G. und Monypenny, W. F.: *The Life of Benjamin Disraeli, Earl of Beaconsfield.* London 1910–1920
Chadwick, G. F.: *The Works of Sir Joseph Paxton.* London 1961
* Chapman, S. D.: *The Foundation of the English Rothschilds: N. M. Rothschild as a Textile Merchant, 1799–1811.* London 1977
* Corti, Egon Cäsar Conte: *Der Aufstieg des Hauses Rothschild.* Leipzig 1927/28
ders.: *Die Rothschilds,* neubearb. und weitergef. von Walter Gong. Frankfurt 1962
Cowen, A. und R.: *Victorian Jews Through British Eyes.* Oxford 1986
Cowles, V.: *The Rothschilds: A Family of Fortune.* London 1973
* Davis, R. W.: *The English Rothschilds, 1799–1915.* 1983
Demachy, J. (Hg.): *Les Rothschild, une famille de financiers juifs au XIX siècle.* Paris 1896
Disraeli, Benjamin: *Conningsby or The New Generation.* London 1844
Druck, D.: *Baron Edmond Rothschild. The Story of a Practical Idealist.* New York 1928
Dugdale, B. E. C.: *Arthur James Balfour, First Earl of Balfour.* London 1936
Egremont, M.: *Balfour: A Life of Arthur James Balfour.* London 1936
Emanuel, C. H. L.: *A Century and a Half of Jewish History.* London 1910
Epstein, I.: *Judaism.* London 1959
Flint, J.: *Cecil Rhodes.* London 1976
Foster, R. F.: *Lord Randolph Churchill.* Oxford 1981

Gardiner, A. G.: *The Life of Sir William Harcourt.* London 1923
Gavoty, B.: *Frederic Chopin.* New York 1977
Geiger, L.: *Die deutsche Literatur und die Juden.* Berlin 1910
* Gillam, A.: *The Emancipation of the Jews in England, 1830–1860.* New York 1982
Gille, B.: *Histoire de la Maison Rothschild* (bis 1870). Paris 1965
Grigg, J.: *Lloyd George: The People's Champion, 1902–1911.* London 1978
Holland A. J. und Edmund de Rothschild: *Our Exbury.* Southampton 1982
Holmes, C.: *Anti-Semitism in British Society, 1876–1939.* London 1979
Hurst, J.: *Enquête sur la question sociale en Europe.* Paris 1879
James, R. R.: *Lord Randolph Churchill.* London 1959
Katz, I.: *August Belmont: A Political Biography.* New York 1968
* Lipman, V. D. (Hg.): *Three Centuries of Anglo-Jewish History.* London 1961
Littlewood, J. Milady Vine: *The Autobiography of Philippe de Rothschild.* London 1984
Margalith, I.: *Le Baron Edmond de Rothschild et la Colonisation Juive en Palestine, 1882–1899.* Paris 1957
* März, Eduard: *Österreichische Industrie- und Bankpolitik in der Zeit Franz Josephs I.* Wien 1968
* ders.: *Austrian Banking and Financial Policy: Creditanstalt at a Turning Point, 1913–1923.* London 1984
Maurois, André: *Disraeli, A Picture of the Victorian Age.* London 1927
ders.: *Cecil Rhodes.* London 1953
ders.: *Lelia, the Life of George Sand.* London 1953
Morton, Frederic: *The Rothschilds: A Family Portrait.* London 1962
Muhlstein, A.: *Baron James: The Rise of the French Rothschilds. London 1983.*
Newman, E.: The Life of Richard Wagner. London 1947
Niecks, F.: *Frederic Chopin as a Man and Musician.* London 1902
Palin, R.: *Rothschild Relish.* London 1970
Phillips, C. E. und P. N. Barber: *The Rothschild Rhododendrons: A Record of the Gardens at Exbury.* London 1967
Poliakov, Leon: *Histoire de l'antisemitisme.* Paris 1968
Ray, C.: *Robert Mondavi of the Napa Valley.* London 1984
ders.: *Lafite – The Story of Chateau Lafite-Rothschild.* London 1985
Read, C. H.: *The Waddesdon Bequest* (Die Sammlung von Schmuck, Metallarbeiten und anderen Kunstwerken, Schenkung des Barons Ferdinand Rothschild an das British Museum). London 1899
ders.: *The Waddesdon Bequest* (Katalog). London 1902
Rhodes, James R.: *Rosebery.* London 1963
Roth, C.: *History of the Great Synagogue.* London 1950
ders.: *The Magnificent Rothschilds.* London 1939
* Rothschild, Mrs. James de: *The Rothschilds at Waddesdon Manor.* London 1979
* Rothschild, Miriam de: *Nathaniel Charles Rothschild, 1877–1923.* London 1979
dies.: *Dear Lord Rothschild: Birds, Butterflies and History.* London 1983
* Rothschild, Lord Victor: *'You have it, Madam': The Purchase in 1875, of Suez Canal Shares by Disraeli and Baron Lionel de Rothschild.* London 1980
ders.: *The Shadow of a Great Man.* London 1982
Rowland, P.: *Lloyd George.* London 1975
Salingré, H.: *Im Großen Hauptquartier, 1870/71.* Berlin 1910
* Schama, S.: *Two Rothschilds and the Land of Israel.* London 1978
Smallwood, J.: *I Chose Canada.* Toronto 1973
Smith, P.: *Brinco: The Story of Churchill Falls.* Toronto 1975
Stead, R.: *Bygone Kent.* London 1892
Stein, L.: *The Balfour Declaration.* London 1961
* Stern, F.: *Gold and Iron: Bismarck, Bleichröder and the Building of the German Empire.* London 1977
Taylor, A. J. P.: *The Struggle for Mastery in Europe, 1848–1914.* London 1954
Wechsberg, Joseph: *Hochfinanz international.* München 1966
Weill, Alexandre: *Pensées.* Paris 1875
Weinstock, H.: *Rossini, a Biography.* London 1968
* White, J.: *Rothschild Buildings: Life in an East End Tenement Block, 1887–1920.* London 1980

Wittelsbacher Ausgleichs-Fonds und Winifred Wagner (Hg.): *König Ludwig II. und Richard Wagner, Briefwechsel.* Karlsruhe 1936
Wistrich, R. S.: *Socialism and the Jews: The Dilemmas of Assimilation in Germany and Austria-Hungary.* London 1982
Wolf, L.: *The Queen's Jewry.* London 1923
ders.: *Essays in Jewish History.* London 1934
Woodham-Smith, C.: *The Great Hunger.* London 1962
Zamoyski, A.: *Chopin, a Biography.* 1979

Aufsätze, Periodika, Kataloge etc.

Bouvier, J. und R. Cameron: *Une lettre inédite de Presigny à Napoléon III (1855) à propos de la rivalité Rothschild–Péreire.* In *Revue historique.* Paris 1963
Bury, J. P. T.: *The identity of 'C. de B.'.* In: *French Historical Studies,* III, Nr. 4, 1964
Clerc, C.: *Fondations Rothschild. 130 Ans de Solidarité.* Paris 1982
'Connoisseur', London. 'Notable collections of Mr. Alfred de Rothschild in Seamore Place' *von Mrs. Stewart Erskine, Bd. III, Nr. 10, Juni 1902*
Dairnvaell, G.: Histoire édifiante et curieuse de Rothschild Ier, Roi des Juifs par Satan. Paris 1846
Davis, C.: *A description of the works of art forming the collection of Alfred de Rothschild.* London 1884
Eriksen, S.: *Waddesdon Manor.* London 1982
Gelber, N.: *Österreich und die Damascusaffäre im Jahr 1840 nach bisher unveröffentlichten Akten.* In: *Jahrbuch der Jüdisch-Literarischen Gesellschaft.* XVIII, 1926
Historisches Museum Frankfurt, Historische Dokumentation 16.–18. Jahrhundert, Informationsblätter Abt. 5–6. Frankfurt 1975
The House of Rothschild. In: *The Gentleman's Magazine.* 229, November 1871
Knight, G. A.: *The Rothschild-Bleichröder Axis in Action. An Anglo-German Cooperative 1877–1878.* In: *The Leo Baeck Year Book* London 1983
Le Baron Alphonse de Rothschild. In *Librairie de l'art,* Paris 1905
Mouton Rothschild, Paintings for the Labels, 1945–1981. Boston 1983
Novitates Zoologicae, A journal of zoology, 1.–40. Bd. Hg. von Walter Rothschild, Ernst Hartert und K. Jordan, 1894–1938, 41. Bd. hg. von Miriam Rothschild und K. Jordan, Tring. 1938/39
Ramm, A.: *Great Britain and France in Egypt 1876–1882.* In: *France and Britain in Africa.* London 1971
Rosebery, Hannah: *Catalogue of Mentmore and its contents.* Edinburgh 1884
Rothschild. Baron und Baronin Carl: *Katalog der Kunstsammlung von Baron und Baronin Carl von Rothschild in Günthersburg und am Untermainquai Nr. 15.* Frankfurt 1895
Rothschild, Henri de: *Lettres, autographes et manuscripts de la collection Henri de Rothschild. T. I. Moyen Age – XVIe siècle.* Paris 1924
ders.: *Trois cent autographes de la donation Henri de Rothschild.* Paris 1933
Rothschild, Lord Victor: *The Rothschild Library. A catalogue of the collection of eighteenth-century books and manuscripts formed by Lord Rothschild.* Cambridge 1954
Rubens, A.: *The Rothschilds in Caricature.* In: *Transactions of the Jewish Society of England,* XX. London 1968/69
Smallwood, J.: *Churchill Falls.* In: *The Atlantic Advocate,* London 1967
Sotheby & Co., Auktionshaus: *Versteigerungskatalog der Sammlung deutscher, niederländischer u. a. gold- und vergoldeter Silberarbeiten des 15.–18. Jahrhunderts, größtenteils aus dem Nachlaß von Carl Baron Rothschild sowie aus dem Besitz von Baron Lionel de Rothschild und des ersten Lord Rothschild.* London 1937
Stiefel, Dieter: *The Reconstruction of the Creditanstalt.* In: *International Business and Central Europe, 1918–1939.* Leicester 1983
Wolf, L.: *Lord Rothschild: an appreciation.* In: *Daily Chronicle,* 1. April 1915
ders.: *The Rothschilds.* In: *Jewish Chronicle Supplement,* Nr. 88, April 1928
ders.: *The political problems of the Rothschilds.* In: *Jewish Chronicle Supplement,* Nr. 103, Juli 1929

Namensregister
(ohne Rothschild)

Rothschild: Die Familie

(h. = verheiratet mit)